Ausgabe Deutschland

Volkswirtschaft
Bernhard Beck
verstehen

vdf Hochschulverlag AG
an der ETH Zürich

ISBN-13: 978-3-7281-3036-5
ISBN-10: 3-7281-3036-2

© 2006, vdf Hochschulverlag AG an der ETH Zürich

Folien für den Unterricht:

Die Grafiken der vorliegenden Publikation wurden teilweise als Unterrichtsfolien aufbereitet und können über unseren Internet-Katalog www.vdf.ethz.ch gratis bezogen werden (Format pdf).

Bibliografische Information
Der Deutschen Bibliothek

Die Deutsche Bibliothek verzeichnet diese Publikation in der Deutschen Nationalbibliografie; detaillierte bibliografische Daten sind im Internet über http://dnb.ddb.de abrufbar.

Vorwort

Wir leben in einer der reichsten Regionen der Erde, wir waren noch nie so reich. Trotzdem sind wir ständig mit Knappheit konfrontiert. Auch die riesigste Welt würde nicht ausreichen, alle unsere Wünsche zu erfüllen. Zudem gibt es Länder, in denen es bei vielen Menschen nicht einmal für das bloße Überleben reicht. Überall, wo Knappheit besteht, stehen wir vor ökonomischen Entscheidungen. Welche Wünsche sollen erfüllt werden? Wie sollen die knappen Ressourcen eingesetzt werden? Wer bekommt wie viel? Unser Wohlstand hängt davon ab, wie wir mit diesen Fragen umgehen.

Seit den 90er Jahren vertraut man zur Lösung dieser Fragen vermehrt auf die Marktkräfte. So verschiedene Länder wie Russland, Indien, Uganda oder Mexiko sind daran, ihre wirtschaftspolitischen Regeln radikal in Richtung Markt zu verändern. Und auch in Westeuropa wird den Marktkräften mehr Raum gewährt. Die Frage, wie die Organisation der Wirtschaft ausgerichtet werden soll, ist zu einem politischen Dauerthema geworden. Wo sollen die Marktkräfte zum Zuge kommen? Wie stark sollen die Märkte dem internationalen Wettbewerb geöffnet werden? Wo müsste der Staat oder die Staatengemeinschaft eingreifen? Welche Rolle spielen weltweite Konzerne, welche Funktion haben Gewerkschaften und andere Verbände? Je drängender solche Fragen, desto wichtiger wird das Studium der Ökonomie! Vielleicht wird es Sie sogar faszinieren.

Einerseits staunen wir über das ungeheuer vielfältige und verlockend präsentierte Angebot, das dem neuesten Stand der Technik und der Mode entspricht; anderseits sind wir täglich mit Problemen konfrontiert, welche die Marktwirtschaft begleiten: soziale Unsicherheit, Umweltzerstörung, Arbeitslosigkeit …

Dieses Buch macht Sie damit vertraut, wie Märkte funktionieren. Es analysiert ihre beeindruckenden Leistungen und zeigt die Ursachen für ihre Mängel und ihr Versagen auf.

Wo Märkte versagen, greift der Staat korrigierend und lenkend ein. Wie löst der Staat die Probleme? Wo schafft er neue? Wo und warum versagt auch er? Darüber wird in diesem Buch eingehend diskutiert. So gewinnen Sie Kriterien, mit denen Sie sich ein kritisches und unabhängiges Urteil bilden können.

Dank

Kritische Fragen in Kursen und Seminaren haben den Anstoß zu diesem Buch gegeben. Während des Schreibens, beim Entwickeln von Ideen und beim Präzisieren der Gedanken konnte ich auf die hilfreiche Unterstützung von Spiros Arvanitis, Michael Bernegger, Angelika Bopp, Michael Breuer, Andres Frick, Rudolf Gamper, Thomas Gross, Thomas Hirt, Bernd Knappmann, Matthias Knecht, Carlo Knöpfel, Angelika Rodlauer, Werner Schlegel, Daniel Schmuki, Hans Sonderegger und Marcel Voekt zählen. Ich danke ihnen für die Zeit und die Energie, die sie für dieses Buch aufgewandt haben.

Nun freue ich mich auf die Kritik eines breiteren Publikums. Für alle Reaktionen und Hinweise bin ich dankbar.

Bernhard Beck
Spielweg 1
CH-8037 Zürich

Zum Autor

Dr. Bernhard Beck
Wirtschaftswissenschaftler und Dozent an der Fernfachhochschule Schweiz, der Hochschule für Technik und Informatik Bern und der Hochschule für Angewandte Psychologie Zürich.
Forschungstätigkeit am Seminar für Sozialökonomie der Universität Zürich 1979 bis 1982 und an der Konjunkturforschungsstelle der ETH 1986 bis 1990. Ausgedehnte Reisen in Asien und Afrika; arbeitete für das Welternährungsprogramm der UNO im Tschad.

Übersicht

Inhaltsverzeichnis

ÖKONOMISCHE GRUNDFRAGEN

MÄRKTE

MARKTVERSAGEN UND STAAT

WOHLSTAND UND WIRTSCHAFTSWACHSTUM

GESAMTWIRTSCHAFTLICHE INSTABILITÄT

Ökonomische Grundfragen

1. Grundfragen jeder Volkswirtschaft

1.1 Bedürfnisse, Konsumwünsche und Konsumgüter

Volkswirtschaft

alle Einrichtungen und Verfahren, mit denen eine Gesellschaft Güter zur Bedürfnisbefriedigung produziert und verteilt (Alle wichtigen Fachbegriffe und ihre englische Übersetzung finden Sie im Glossar am Ende des Buches.)

Warum wirtschaften wir? Weil wir nicht im Schlaraffenland leben. Die meisten Güter, die wir zur Befriedigung unserer Bedürfnisse brauchen, müssen wir herstellen. Wir wirtschaften, um unsere Bedürfnisse zu befriedigen, um unseren Lebensunterhalt zu bestreiten. Alle Einrichtungen und Verfahren, mit denen ein Volk Güter zur Bedürfnisbefriedigung produziert und verteilt, machen eine Volkswirtschaft aus.

Welches sind nun aber unsere Bedürfnisse? Sie sind uns nicht immer klar bewusst, nicht selten bleiben sie uns verborgen, und so gibt es verschiedene Theorien darüber. Berühmt geworden ist die Vorstellung des amerikanischen Psychologen Abraham H. Maslow. Er hat die menschlichen Bedürfnisse in einer Pyramide angeordnet, mit den körperlichen Bedürfnissen an der Basis und dem Bedürfnis nach Selbstverwirklichung an der Spitze.

Grafik 1.1:
Unseren Bedürfnissen entspringen Konsumwünsche, die wir mit Konsumgütern befriedigen möchten.

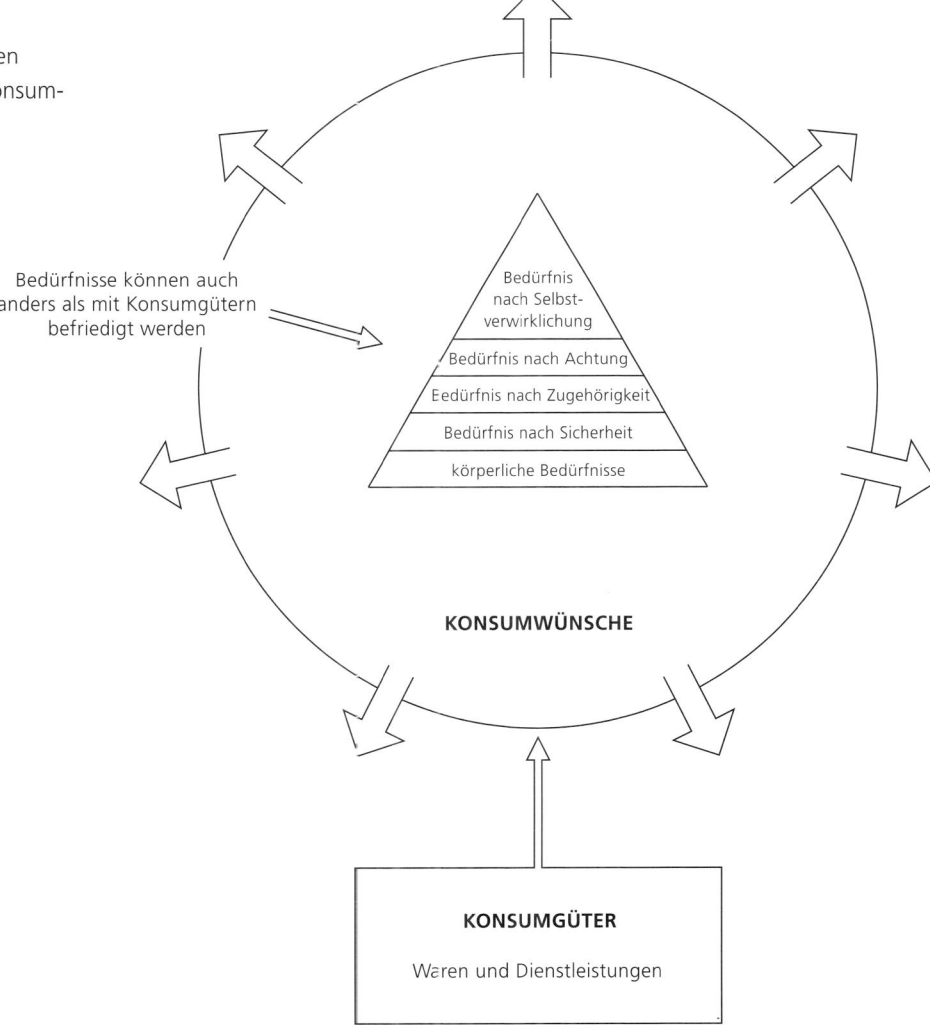

Bedürfnisse können auch anders als mit Konsumgütern befriedigt werden

Bedürfnis nach Selbstverwirklichung

Bedürfnis nach Achtung

Bedürfnis nach Zugehörigkeit

Bedürfnis nach Sicherheit

körperliche Bedürfnisse

KONSUMWÜNSCHE

KONSUMGÜTER

Waren und Dienstleistungen

Bedürfnisse

Konsumwünsche

Konsumgüter

Wir wollen die einzelnen Stufen noch etwas genauer betrachten und uns dabei fragen, was wir alles tun, um die verschiedenen Bedürfnisse zu befriedigen:

■ Solange wir hungern und frieren, haben wir Bedürfnisse, die sofort zufrieden gestellt werden müssen. Um diese körperlichen Bedürfnisse zu befriedigen, brauchen wir Lebensmittel, Kleider und eine geheizte Wohnung. Sind wir krank, wollen wir einen Arzt sehen, brauchen Medikamente oder gehen ins Krankenhaus zur Behandlung.

■ Gleich meldet sich aber auch unser Sicherheitsbedürfnis, denn wir wollen unsere Bedürfnisse nicht nur vorübergehend, sondern dauerhaft befriedigt wissen. Darum pflegen wir unsere Gesundheit. Wir versichern uns gegen Arbeitslosigkeit oder sparen für das Alter. Wir montieren Treppengeländer und installieren Alarmanlagen, wir geben uns Gesetze und unterhalten eine Polizei, die uns schützt.

■ Darüber hinaus haben wir auch Bedürfnisse nach Zugehörigkeit und Achtung: Wir wünschen menschlichen Kontakt, Geborgenheit, Zuwendung und Anerkennung. Wir möchten ein gemütliches Heim, haben ein Telefon, wir machen Einladungen, Feste und Geschenke. Wir tragen nicht nur warme und bequeme Kleider, sondern auch schöne, modische oder teure. Wir haben Ansprüche im Berufsleben und bilden uns weiter. Wir wollen Erfolg, Unabhängigkeit und Anerkennung für unsere Leistungen. Wir steigern unser Selbstwertgefühl, indem wir etwas gelten.

Der Lebensstandard spielt eine große Rolle bei Achtung und Zugehörigkeit. Wer etwas hat, gilt etwas. Deshalb vergleichen wir unseren Lebensstandard mit dem anderer Menschen. Dabei würde es die meisten von uns schmerzen, wenn wir uns nicht das leisten könnten, was für die große Mehrheit selbstverständlich ist. Umgekehrt fühlen sich viele Menschen besser, wenn sie mehr haben als die anderen. Das gibt ihnen ein angenehmes Gefühl der Überlegenheit.

■ Schließlich haben wir das Bedürfnis nach Selbstverwirklichung. Wir wollen unsere Person nach unseren eigenen Vorstellungen entfalten. Wir informieren und emanzipieren uns. Wir bringen Kultur in unsere Arbeit und unsere Freizeit. Wird dies verhindert, kann das zu Sinnkrisen führen.

Selbst wenn wir mit diesem Bedürfnis in geistig-seelische Bereiche aufgestiegen sind, heißt das noch lange nicht, dass die Ökonomie nicht mehr tangiert wird. Auch hier produzieren wir eine breite Palette von Gütern. Eine stark wachsende Kultur-, Ferien- und Freizeitindustrie will uns Möglichkeiten zur Selbstverwirklichung anbieten.

Fazit: Unseren (nicht immer bewussten) Bedürfnissen entspringen mehr oder weniger konkrete, bewusste Konsumwünsche, die wir mit Konsumgütern stillen möchten.

Dabei verstehen wir unter Konsumgütern alles, was wir hervorbringen und leisten, um unsere Konsumwünsche zu erfüllen, also Lebensmittel, Wohnungen und Strom, Medikamente und ärztliche Dienstleistungen, Türschlösser, Versicherungen und Polizeischutz, Telefone und

Konsumgüter
Waren und Dienstleistungen,
die direkt die Konsumwünsche erfüllen

Telefongespräche, Autoreparaturen und Ferienreisen, Theatervorführungen, Videospiele und psychologische Beratungen.

Wie die Aufzählung all dieser Konsumgüter zeigt, sind Güter **nicht nur Waren, sondern auch Dienstleistungen.** Eine Ware, beispielsweise eine Pille, kann uns wieder gesund machen – aber auch eine Dienstleistung, beispielsweise ein guter ärztlicher Rat oder eine Massage, kann den gleichen heilenden Effekt haben. Konsumgüter sind, wie das Wort sagt, alle Waren und Dienstleistungen, die gut sind für die Befriedigung unserer Konsumwünsche.[1]

Vergessen wir aber nicht, dass unsere Bedürfnisse nicht nur mit Gütern befriedigt werden können. So lassen sich unsere Bedürfnisse nach Sicherheit, Zugehörigkeit und Achtung auch durch Familie, Freundschaften, Vereine oder durch die Integration in die Arbeitswelt befriedigen. Selbstverwirklichung ist beim Musizieren, auf einem Spaziergang oder bei der Arbeit möglich.

1.2 Unabsehbare Wünsche

Wohlstand und Konsumwünsche

In armen Gesellschaften werden vor allem die körperlichen Bedürfnisse mit Konsumgütern befriedigt. Mit zunehmendem Einkommen hingegen vergrößert sich der Anteil der Konsumgüter, welche die Bedürfnisse der oberen Stufen der Maslowschen Pyramide befriedigen. So stagniert bei uns beispielsweise der Konsum von Brot oder Milch seit langem, die Ausgaben für Auslandsreisen hingegen nehmen immer noch steil zu. Mit steigendem Lebensstandard wachsen die Wünsche. Was gestern noch Luxus war, ist heute für viele selbstverständlich. Wir müssen davon ausgehen, dass unsere Wünsche nach Konsumgütern unabsehbar sind.

demonstrativer Konsum (Statuskonsum, Geltungskonsum)

Auf eindrückliche Art unersättlich sind wir bei Konsumwünschen, die den Bedürfnissen nach Zugehörigkeit und Achtung entspringen. In unserer Gesellschaft werden diese Bedürfnisse in hohem Maße mit Gütern

---

[1] Und das Gegenteil? Dinge, die uns lästig sind und die wir weit weg wünschen, wie Abfall, Gestank oder überflüssige Ratschläge? Diese werden konsequenterweise mit dem unschönen Wort **Ungüter** bezeichnet (im Englischen »bads«).

befriedigt. Wer sich beispielsweise überlegen fühlen will, trumpft mit demonstrativem Konsum auf und wertet seine Person vielleicht mit einem besonders schnittigen Auto auf. Dadurch fühlen sich viele Menschen mit einem gewöhnlichen Auto vergleichsweise arm; in ihnen wird der Wunsch nach einem teuren Auto geweckt. Mit steigendem Wohlstand erfüllen sich immer mehr Leute diesen Wunsch und fühlen sich wieder besser. Wer sich jetzt überlegen fühlen will, muss ein noch teureres Konsumgut anschaffen, eine Yacht oder ein kleines Hallenbad. Wir kaufen, um mit Meiers mithalten zu können und um sie zu übertreffen.

Je höher also das allgemeine Konsumniveau, desto größer ist der Konsum, der das Verlangen nach Zugehörigkeit und Achtung stillt. Im Gleichschritt mit dem allgemeinen Konsumniveau steigen die Konsumwünsche der Ärmeren, die sich arm fühlen, wenn ihnen der Zugang zu den Gütern versperrt bleibt, die für eine Mehrheit selbstverständlich geworden sind.

1.3 Ressourcen

Um Konsumgüter zu produzieren, setzen wir die vielfältigsten Mittel ein:
- Um beispielsweise einen Zahn zu reparieren, setzen wir die Arbeitskraft einer Zahnärztin, ihre Praxisräume und ihre teure Praxisausrüstung ein.
- Oder um Feriengäste zu verwöhnen, benötigt man die Arbeit von Hotelpersonal und Köchen, ein schönes Hotel, vielleicht einen Tennisplatz und eine schöne Landschaft.

Produktionsfaktoren, Ressourcen
die für die Produktion von Gütern eingesetzten Mittel – von der Natur gegeben oder von Menschen geschaffen

Die für die Produktion von Gütern eingesetzten Mittel nennt man Produktionsfaktoren oder Ressourcen. Viele sind uns von der Natur gegeben – andere haben wir Menschen selbst geschaffen. Alle Produktionsfaktoren lassen sich jedoch einer der fünf folgenden Gruppen zuordnen:

Arbeitskraft, Wissen

1. Zur Arbeitskraft zählen wir jede Form von körperlicher und geistiger Arbeit. Dazu gehört das Know-how: das organisatorische, technische und erfinderische Talent sowie das vielfältige Wissen, das sich die Arbeitskräfte angeeignet haben und einsetzen.

Kapitalgüter = Investitionsgüter
alle von Menschen hergestellten Waren und Dienstleistungen, die zur Produktion verwendet werden

2. Kapitalgüter sind alle Güter, die wir hergestellt haben, um damit weitere Güter (Konsum- oder wieder Kapitalgüter) zu produzieren. Diesen Aufbau von neuen Kapitalgütern nennt man Investitionen, und Kapitalgüter heißen entsprechend auch Investitionsgüter. Dazu gehören Gebäude, Maschinen, Lastwagen, Leitungen und Straßen. Zu den Kapitalgütern gehören auch das Wissen, das in Büchern und Datenbanken gespeichert ist, sowie die Patente, die oft geheim gehaltenen Produktionsverfahren und die Organisationssysteme der Unternehmen. Solch firmeneigenes Know-how kann für ein Unternehmen wertvoller sein als seine Maschinen.
Ist auch ein Personenwagen ein Kapitalgut? Brauchen Sie ihn für Sonntagsausflüge, dann ist er ein Konsumgut, ein Gut, das direkt Ihre Konsumwünsche erfüllt. Wird er als Taxi gebraucht, ist er ein Kapital-

gut, mit dessen Hilfe das Konsumgut Taxifahrten produziert wird. Und was ist ein Computer? Dies hängt davon ab, ob er für Videospiele oder für die Buchhaltung eines Geschäftes verwendet wird. Wird ein Gut direkt zur Bedürfnisbefriedigung ge- oder verbraucht, ist es ein Konsumgut; werden damit andere Güter produziert, ein Kapitalgut.

Boden, Bodenschätze

3. Ein von der Natur gegebener Produktionsfaktor ist der Boden. Auf ihm wird angepflanzt und auf ihn stellen wir unsere Gebäude und legen Straßen, Wege und Spielplätze an. Zum Boden zählen wir auch die Bodenschätze, die sich noch im Boden befinden.[2]

Umweltgüter

4. Neben dem Boden tritt eine weitere Kategorie von natürlichen Ressourcen immer stärker in unser Bewusstsein, nämlich die Umweltgüter: frische Luft, Sonnenschein, eine schützende Atmosphäre, schöne Landschaften mit einer Vielfalt von Pflanzen und Tieren, ein klarer Sternenhimmel, Nachtruhe. Natürlich konsumieren wir die Umweltgüter einmal ganz direkt: Wir atmen gerne frische Luft und brauchen sie für den Motor unseres Autos. Umweltgüter werden aber auch für die Produktion eingesetzt: So ist die wichtigste Ressource für den Tourismus die Schönheit der Landschaft.

unternehmerische Tätigkeit
Die Fähigkeit, die Produktionsfaktoren zu kombinieren. Ein Unternehmer entscheidet, was wie produziert wird, führt Neuerungen ein und trägt Risiken für seine Entscheidungen.

5. Je mehr Produktionsfaktoren verfügbar sind, desto größer ist die mögliche Produktion. Kann ein Bäcker sechs Angestellte und zwei Backöfen einsetzen, kann er mehr produzieren als ein Bäcker, dem nur die Hälfte der Ressourcen zur Verfügung steht. Aber dafür gibt es keine Garantie. Der Bäcker mit den wenigen Ressourcen hat vielleicht bessere Ideen für Backmethoden, Brote und Verkaufskanäle. Es kommt nicht nur darauf an, welche Ressourcen man hat, sondern auch, wie gut man sie nutzt. Hier kommt ein fünfter Produktionsfaktor zum Zug: die unternehmerische Tätigkeit. Ein Unternehmer oder eine Unternehmerin sieht die Gelegenheit für neue Produkte, bringt die nötigen Ressourcen zusammen und trägt das Risiko eines Fehlschlages. Wer unternehmerisch tätig ist, hat demnach zwei wesentliche Funktionen: Entscheidungen treffen und Risiken tragen. Wenn unser Bäcker seine eigene Backstube führt, übernimmt er beide Aufgaben. Doch in vielen Unternehmen, vor allem in größeren, sind diese beiden Aufgaben getrennt. Die Entscheidungen werden von bezahlten Managern (Arbeitskräften) gefällt, und die finanziellen Risiken werden von den Eigentümern (z. B. den Aktionären) getragen.

---

[2] Wo würden Sie hier das Erdöl einreihen? Wenn es noch im Boden ist, zu den Bodenschätzen, zum Boden. Aber bis das Öl in einem Rotterdamer Tanklager ist, hat man unzählige Arbeitsstunden von Ölbohrern, Tankermatrosen oder Buchhalterinnen eingesetzt, weiter auch Boden und Kapitalgüter für Transportwege, Büros, Raffinerien und Lager. Schließlich wurden bei all dieser Geschäftigkeit auch bei der Natur einige Anleihen gemacht: Werden z. B. Öltanker sauber geputzt, sind nachher manchmal die Strände mit Öl verschmutzt.
Alle Ressourcenarten werden also ausgiebig genutzt, bis das Öl in Rotterdam ist. Das Öl in den Tanklagern ist aber noch kein konsumfertiges Gut, sondern erst ein **Zwischenprodukt.** (Zwischenprodukte werden in Statistiken, wenn sie nicht separat als Vorräte oder Lager erfasst werden, zu den Kapitalgütern gezählt.) Es muss weiterverarbeitet und -transportiert werden, bis es unsere Wünsche stillen kann.

Grafik 1.2:
Das ökonomische Problem –
knappe Ressourcen
für unabsehbare Konsumwünsche

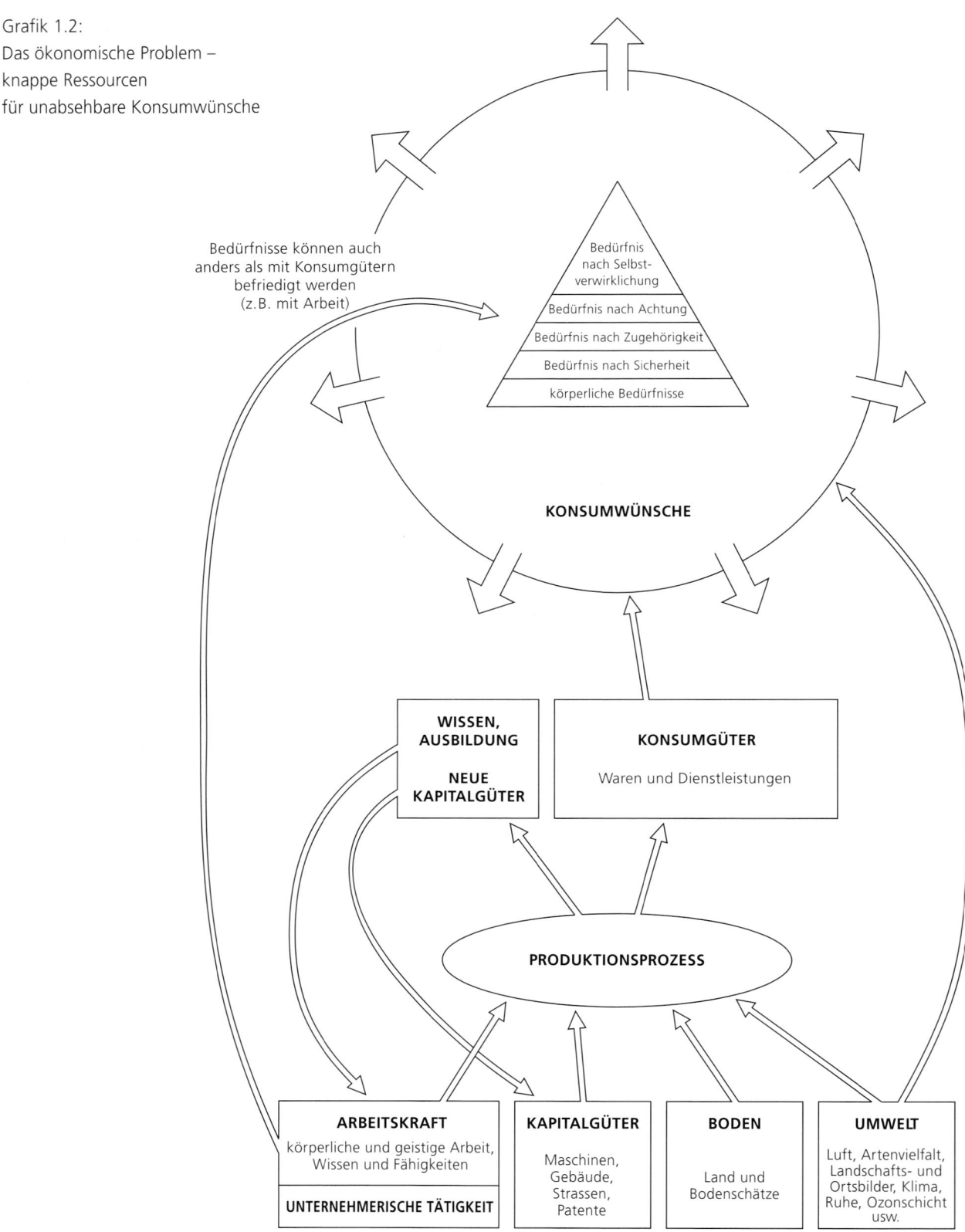

Bedürfnisse können auch
anders als mit Konsumgütern
befriedigt werden
(z.B. mit Arbeit)

Bedürfnis
nach Selbst-
verwirklichung

Bedürfnis nach Achtung

Bedürfnis nach Zugehörigkeit

Bedürfnis nach Sicherheit

körperliche Bedürfnisse

KONSUMWÜNSCHE

**WISSEN,
AUSBILDUNG**

**NEUE
KAPITALGÜTER**

KONSUMGÜTER

Waren und Dienstleistungen

PRODUKTIONSPROZESS

ARBEITSKRAFT
körperliche und geistige Arbeit,
Wissen und Fähigkeiten

UNTERNEHMERISCHE TÄTIGKEIT

KAPITALGÜTER

Maschinen,
Gebäude,
Strassen,
Patente

BODEN

Land und
Bodenschätze

UMWELT

Luft, Artenvielfalt,
Landschafts- und
Ortsbilder, Klima,
Ruhe, Ozonschicht
usw.

Für die Produktion von fast allen Gütern – seien es nun Waren oder Dienstleistungen – ist jeweils der Einsatz von allen fünf Produktionsfaktoren nötig. Dabei schaffen wir auf dem Weg von den Produktionsfaktoren bis hin zu den Konsumgütern unzählige Zwischenprodukte: z. B. Dünger, Kunststoffe, Kupfer, Schrauben, Zeitungspapierrollen, Baumwollgarne oder Seidenstoffe.

Anteile an der Produktion

Natürlich schwankt der Anteil der Produktionsfaktoren von Gut zu Gut. Zur Betreuung von Kindern oder für Rechtsstreitigkeiten müssen vor allem Arbeitsstunden eingesetzt werden. Dienstleistungen sind also in der Regel arbeitsintensiv. Hingegen werden Waren meistens mit großem Einsatz von Maschinen hergestellt. Besonders kapitalintensiv werden etwa Stoffe gewoben oder Zigaretten gedreht. Weizen wird mit großem Einsatz von Boden und Maschinen hergestellt. Und die Aluminiumproduktion oder der Straßen- und der Lufttransport beanspruchen in überdurchschnittlichem Maße Umweltgüter.

1.4 Knappheit und Opportunitätskosten

Knappheit

Sie herrscht dort, wo der Wunsch nach Ressourcen oder Gütern größer ist als ihre Verfügbarkeit. Sie ist das grundlegende Problem, mit dem sich wirtschaftende Menschen auseinander setzen.

Wir haben unsere Konsumwünsche als unabsehbar kennen gelernt. Im Vergleich dazu sind die Konsumgüter und die Ressourcen knapp:

- Knapp sind sicher die Arbeitskraft und die unternehmerische Tätigkeit, die wir einsetzen können und wollen – obwohl einige sehr gerne arbeiten, weil sie in der Arbeit direkt Bedürfnisse befriedigen. Aber auch für Arbeitswütige hat der Tag nur 24 Stunden. Was würden Sie nicht alles tun, wenn Sie nur genügend Zeit und Energie hätten![3]
- Knapp sind aber auch der Boden und die Kapitalgüter. Wer hätte nicht gerne eine größere Wohnung und etwas mehr Platz in seinem Wohnviertel und vielleicht zugleich modernere Verbindungen in alle Welt! Es müsste ja nicht gerade eine Villa mit eigenem Golfplatz sein. Und welche Firma hätte nicht gerne noch leistungsfähigere Maschinen und das neueste Wissen!

freie Güter

Güter, die in so großen Mengen vorhanden sind, dass sie eine Gesellschaft problemlos frei und gratis zur Verfügung stellen kann

- Ursprünglich waren Luft und Stille, wie die anderen Umweltgüter auch, im Überfluss vorhanden. Luft, Wasser, Sand, Steine, Ruhe und schöne Landschaften konnten früher problemlos als freie Güter unbeschränkt gebraucht werden. Durch die Bevölkerungsvermehrung und durch unsere Fähigkeit, immer mehr Ressourcen zu verwerten, wurden aber immer mehr freie Güter zu knappen Gütern. Heute müssen wir erkennen, dass die meisten Umweltgüter knapp und damit nicht mehr frei sind.

Unsere Wünsche zielen weit über die zur Verfügung stehenden Ressourcen hinaus. Verglichen mit unseren Wünschen, sind die Ressourcen knapp. Das grundlegende wirtschaftliche Problem ist die Knappheit der

---

[3] Allein in Europa gibt es über zwanzig Millionen Arbeitslose. Wie kann da die Arbeitskraft knapp sein? Knapp ist sie nur verglichen mit unseren Wünschen, nicht aber im Vergleich zu unserer Nachfrage auf den Märkten. Der Unterschied zwischen einem bloßen Konsumwunsch und einer Nachfrage (zu der auch noch die Fähigkeit und der Wille Geld auszugeben gehören) wird im Abschnitt 2.1 besprochen. Und die Arbeitslosigkeit ist das Thema der Kapitel 17 bis 19.

Ressourcen und damit auch der Konsumgüter. Darum sind wir gezwungen, uns zu entscheiden, welche Wünsche in höherem und welche Wünsche in geringerem Maße erfüllt werden sollen.

Das bedeutet, dass wir uns entscheiden müssen, für welche Wünsche wir unsere knappen Ressourcen einsetzen wollen. Wir müssen uns Gedanken machen über die bestmögliche Zuteilung der knappen Ressourcen. Die ökonomische Fachsprache nennt das die bestmögliche »Allokation der Ressourcen«.

So können wir beispielsweise auf dem gleichen Boden nicht gleichzeitig alte Baudenkmäler erhalten und neue Wohnungen bauen. Oder welchen Wünschen soll z. B. ein Bergtal dienen? Soll dieses Tal zur Gewinnung von Elektrizität überschwemmt werden? Oder soll dort ein Truppenübungsplatz zu unserer militärischen Sicherheit beitragen? Soll es die Wanderer aus dem nahen Kurort erfreuen? Oder sollen dort wieder wilde Tiere hausen? Entscheiden wir uns für das eine, kostet es uns die Alternativen.

Wollen wir bewusst wählen, müssen wir die Höhe des Opfers kennen, das mit dem Verzicht auf die nächstbeste nicht gewählte Alternative entsteht. Das Opfer, das mit diesem Verzicht entsteht, nennt man Alternativkosten oder Opportunitätskosten. Die Alternativkosten sind also die kostbarsten Güter und Ressourcen, die aufgegeben werden müssen, um ein Ziel zu erreichen. Es sind die Kosten, auf die es ankommt, wenn wir unsere Entscheidungen beurteilen wollen. Sie zeigen uns an, welche Kosten uns aus unseren Entscheidungen entstehen.

Denken auch Sie in Alternativkosten? Welche Vor- und Nachteile, Nutzen und Kosten wägen Sie ab, bevor Sie ins Kino gehen? Der Nutzen besteht im Vergnügen und vielleicht sogar in intellektueller Bereicherung. Und die Kosten? Rechnen Sie nur mit den 10 Euro für die Eintrittskarte? Nein, Sie berücksichtigen auch, was Sie verpassen, wenn Sie ins Kino gehen. Regnet es und langweilen Sie sich? Oder scheint die Sonne und Sie könnten in einem See baden gehen? Bei schönem Wetter sind die Alternativkosten für einen Filmbesuch sehr hoch. Weil wir alle nicht nur mit den Eintrittskosten, sondern mit den Opportunitätskosten rechnen, sind die Kinos bei Regenwetter besser besucht.

Allokation

Zuteilung von knappen Ressourcen für die Herstellung von Gütern

Opportunitätskosten, Alternativkosten

entgangener Nutzen der nächstbesten nicht gewählten Alternative;

das, was wir aufgeben müssen, um ein Ziel zu erreichen

Nutzen

Ausmaß der Befriedigung oder Freude, die wir z. B. durch den Konsum oder den Besitz eines Gutes erlangen

1.5 Produktionsmöglichkeitenkurve und Wirtschaftswachstum

Die Grundideen der Knappheit und der Opportunitätskosten stellen die Ökonomen gerne in einem einfachen Modell dar – der Kurve der volkswirtschaftlichen Produktionsmöglichkeiten. Wohl wissend, dass eine moderne Volkswirtschaft Millionen von Waren und Dienstleistungen erzeugt, wird hier die Vielfalt auf zwei verschiedene Güter, z.B. Spielfilme (Konsumgüter) und Maschinen (Kapitalgüter), reduziert.

Grafik 1.3:
Die Kurve der volkswirtschaftlichen Produktionsmöglichkeiten

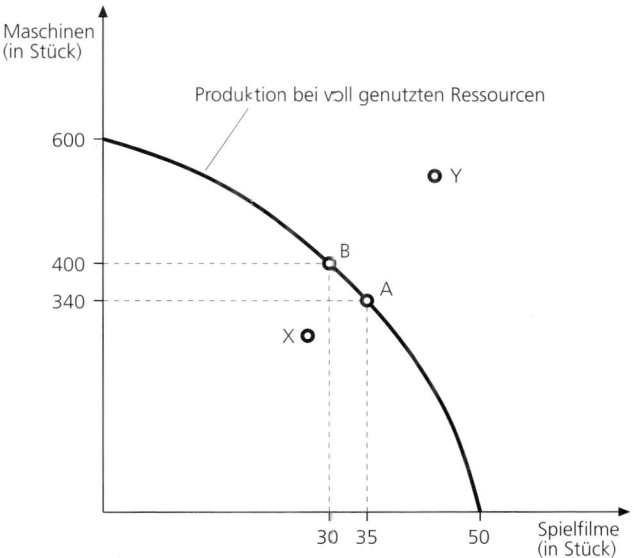

Produktionsmöglichkeitenkurve
zeigt die verschiedenen Güterkombinationen, die eine Volkswirtschaft mit den vorhandenen Ressourcen und der gegebenen Produktionstechnik produzieren kann.

Die Kurve der volkswirtschaftlichen Produktionsmöglichkeiten gibt die verschiedenen Mengenkombinationen an, die möglich sind, wenn alle Produktionsfaktoren voll genutzt werden. Würden im Beispiel der Grafik 1.3 alle Ressourcen der Filmindustrie zugeteilt, könnten 50 Filme produziert werden. Würden keine Filme und dafür nur Maschinen hergestellt, würde die Höchstmenge von 600 Maschinen erreicht. Zwischen diesen beiden Extremen liegen alle Punkte auf der Kurve, z.B. der Produktionspunkt A. Hier ist eine Produktion von 35 Filmen und 340 Maschinen möglich.

**voll ausgelastete
Produktionskapazitäten**

Befindet sich eine Volkswirtschaft auf der Produktionsmöglichkeitenkurve, nutzt sie ihre knappen Ressourcen voll aus. Bei voller Nutzung aller Ressourcen kann sich eine Volkswirtschaft entlang der Produktionsmöglichkeitenkurve bewegen, z.B. in Richtung Punkt B. Dort werden 400 Maschinen produziert – dafür nur noch 30 Filme. Um 60 Maschinen mehr zu produzieren, muss also auf 5 Filme verzichtet werden. Sind alle Ressourcen genutzt, kann die Produktion eines Gutes nur auf Kosten der Produktion eines anderen Gutes ausgedehnt werden.

Opportunitätskosten

Auf der Produktionsmöglichkeitenkurve treten die Alternativkosten deutlich hervor: Geht man auf der Kurve von Punkt A nach Punkt B, belaufen sich die Alternativkosten auf 5 Filme für 60 Maschinen.[4]

nicht ausgelastete Produktionskapazitäten

Allerdings gibt es keine Garantie dafür, dass wir unsere Ressourcen immer voll nutzen, statt sie zu verschwenden. **Die Produktionsmöglichkeitenkurve zeigt die mögliche Produktion, nicht die tatsächliche.** Tatsächlich geschieht es nicht selten, dass die tatsächliche Produktion niedriger ist als die mögliche. Wir leisten nicht immer so viel, wie wir wirklich könnten. Und noch häufiger fällt uns auf, wie ringsum Ressourcen nicht voll genutzt werden.

z. B. Arbeitslosigkeit

Punkte innerhalb der Produktionsmöglichkeitenkurve (z. B. Punkt X) repräsentieren nicht ausgelastete Produktionskapazitäten. Zu besonders großer Ressourcenverschwendung kommt es im Fall von Massenarbeitslosigkeit. Gesellschaften produzieren dann eindeutig weniger als mit den vorhandenen Produktionsfaktoren möglich wäre.

Punkte außerhalb der Kurve der volkswirtschaftlichen Produktionsmöglichkeiten (z. B. Punkt Y) sind mit den verfügbaren Ressourcen und Technologien nicht erreichbar. Doch dies muss nicht so bleiben.

Erweiterung der Produktionsmöglichkeiten

Im Laufe der Zeit steigt die Bevölkerungszahl und mit ihr die Zahl der Arbeitskräfte. Zudem wird weiter in neue Kapitalgüter, Wissen und Ausbildung investiert. **Mit mehr und besseren Ressourcen und dank technischem und organisatorischem Fortschritt erweitern sich die Produktionsmöglichkeiten.** Mehr und kostbarere Güter können hergestellt werden.

Wirtschaftswachstum
Eine Ausdehnung der Produktionsmöglichkeiten führt zu mehr und begehrteren Waren und Dienstleistungen.

Die ausgeweiteten Produktionsmöglichkeiten sind in der Grafik 1.4 durch die neue, nach außen verschobene Kurve repräsentiert. Nun können sowohl mehr Filme als auch mehr Maschinen hergestellt werden. Diese Zunahme der gesamtwirtschaftlichen Produktionsmöglichkeiten ist der Kern des Wirtschaftswachstums. Dank Wirtschaftswachstum können

---

[4] Vielleicht fragen Sie sich, warum die Kurve der volkswirtschaftlichen Produktionsmöglichkeiten nach oben gekrümmt ist. Damit ist dargestellt, dass es in der Regel Arbeitskräfte wie auch andere Ressourcen gibt, die sich eindeutig besser für die eine oder die andere Produktion eignen. Je ausschließlicher ein Land Filme produziert, desto weniger geeignet sind die noch verbleibenden Ressourcen für den weiteren Ausbau der Filmindustrie. Nicht jeder Maschinenbauer ist ein guter Schauspieler. Die Alternativkosten von Filmen, ausgedrückt in entgangenen Maschinen, werden immer größer, sodass die Kurve in der Grafik 1.3 nach rechts immer steiler wird.

mehr von den einen Gütern produziert werden, ohne dass darum auf die Produktion von anderen Gütern verzichtet werden muss.

Grafik 1.4:
Wirtschaftswachstum: vergrößerte Produktionsmöglichkeiten durch mehr und bessere Ressourcen sowie technischen und organisatorischen Fortschritt

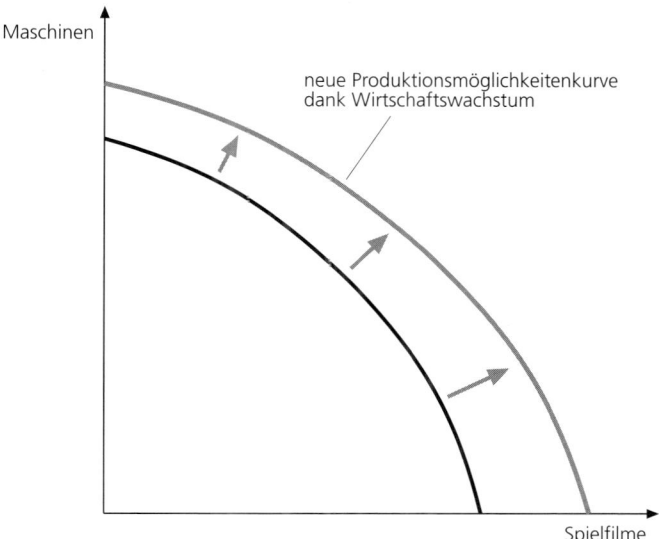

1.6 Drei wirtschaftliche Grundfragen

Jede Gesellschaft steht vor Knappheiten. Dies gilt sowohl für einen abgeschiedenen Stamm im Dschungel als auch für eine komplizierte moderne Gesellschaft. So muss sich jede Gesellschaft mit drei grundlegenden, voneinander abhängigen wirtschaftlichen Grundfragen auseinander setzen: WAS sollen wir produzieren? WIE sollen wir das tun und FÜR WEN?

WAS?

1. Was soll produziert werden und in welchen Mengen und in welcher Qualität? Mehr Fleisch oder Gemüse, Tafelkirschen oder Kirschwasser? Verstärkte Sicherheit dank besseren Krankenhäusern, Versicherungen, Waffen oder Friedensforschung?

Konsum oder Investitionen?

Sollen wir heute auf etwas Konsum verzichten, weniger Konsumgüter herstellen und stattdessen mehr Ressourcen in Maschinen, Fabrikanlagen, Ausbildung und Forschung stecken? Durch solche Investitionen können wir in Zukunft noch mehr und noch bessere Güter produzieren.

WIE?

2. Wie sollen die Güter produziert werden?

Technik

Es gibt immer viele Möglichkeiten, ein Gut zu produzieren, jedes Mal mit einer anderen Technik und einem anderen Mix von Produktionsfaktoren. Auf welch vielfältige Arten können wir etwa Energie gewinnen, Häuser bauen oder Nahrungsmittel produzieren!

Arbeitsorganisation
Beteiligung am Erwerbsleben
(vgl. Interview S. 241)

Wie lange, wie intensiv oder wie gehetzt arbeiten wir? Können alle, die wollen, mitarbeiten oder gibt es viele Arbeitslose? Diese Fragen nach der Arbeitsorganisation und der Beteiligung an der Produktion sind zentral, denn mit Arbeit verfolgen wir meistens zwei Ziele: Einerseits produzieren wir, um unseren Lebensunterhalt zu verdienen –

anderseits gewinnen wir durch Arbeit Sicherheit, nehmen am gesellschaftlichen Leben teil und verwirklichen uns selbst.

3. Ist einmal bestimmt, was produziert wird und wie, bleibt noch die besonders umstrittene Frage nach der Verteilung: Wer darf die produzierten Konsumgüter genießen und wem sollen die neuen Kapitalgüter gehören? Wer wird reich und wie? Wer ist arm und warum? Welche Verteilung ist gerecht? (Gerechtigkeitskonzepte werden das Thema des Abschnitts 10.2 sein.)

Was heißt wirtschaften?

Erinnern Sie sich? Wir haben mit der Feststellung begonnen, dass wir wirtschaften, um unseren Lebensunterhalt zu bestreiten. Jetzt können wir die wirtschaftlichen Ziele noch etwas präziser fassen:

Wirtschaften heißt, erstens mit den knappen Ressourcen ein möglichst großes und qualitativ gutes Güterangebot zu schaffen und zweitens es möglichst gerecht zu verteilen.

Volkswirtschaftslehre
die Lehre darüber, wie eine Gesellschaft ihre knappen Ressourcen bestmöglich verwenden kann

So ist die Volkswirtschaftslehre die Lehre von der bestmöglichen Verwendung der knappen Mittel einer Gesellschaft.

1.7 Sechs grundlegende Koordinationsmechanismen

Bis hierher haben wir das wirtschaftliche Grundproblem erkannt und die wirtschaftlichen Ziele bestimmt. Nun gehen wir einen Schritt weiter. Wie wird das Ganze organisiert? Wo fallen Entscheidungen und wie sieht die Koordination zwischen den einzelnen Wirtschaftseinheiten aus?

1. Solidarität in Kleingruppen

Einfach ist die Organisation für eine sich selbst versorgende Familie auf einer abgeschiedenen Waldlichtung. Die Zahl der Individuen ist überblickbar und alle kennen einander. Alle beurteilen mit, was jemand braucht und was jede und jeder leisten kann. Auch die anderen Ressourcen sind überschaubar. So werden die täglich anfallenden wirtschaftlichen Fragen am Familientisch diskutiert und entschieden. Verantwortungsgefühl und sozialer Druck genügen in der Regel, damit sich alle an die gefällten Entscheidungen halten. Diesen Koordinationsmechanismus – persönlichen Austausch, gegenseitige Hilfe und Kontrolle – kann man als Solidarität bezeichnen.

2. Tradition

Viele Entscheidungen werden an die nächste Generation weitergegeben. So kann z.B. festgelegt werden, dass keine Schweine, aber viele Rinder gehalten werden, dass die Frauen Holz und Wasser holen, die Männer pflügen und die Kinder die Ziegen hüten. Die Überlieferung wirkt so stark, dass viele wirtschaftliche Fragen nicht mehr diskutiert werden müssen.

Je größer die Gemeinschaften – je stärker Menschen sich über viele Dörfer und Täler hinweg koordinieren –, desto notwendiger und ausgefeilter werden allgemein anerkannte Verhaltensregeln: Gewohnheiten, Sitten, und Bräuche. Viele Regeln (zwischenmenschliches Verhalten, Ruhezeiten, Speise- und Anbauvorschriften) werden religiös begründet (z.B. durch die biblischen zehn Gebote).

Solidarität und . . .

Auch in einer modernen Gesellschaft spielt die Solidarität in Kleingruppen eine fundamentale Rolle: So wird die Aufgabenteilung in den Haushalten weitgehend durch Solidarität in der Familie festgelegt. Solidarität spielt auch im Vereinsleben oder unter Arbeitskolleginnen und -kollegen eine große Rolle. Menschen arbeiten miteinander, Erwerbsarbeit wäre sonst gar nicht auszuhalten.

. . . allgemein anerkannte Verhaltensregeln bilden . . .

. . . weiterhin Fundamente unserer Gesellschaft und unserer Wirtschaft.

Traditionen werden immer stärker hinterfragt, doch gesellschaftliche Normen bilden auch heute die Basis unseres Zusammenlebens. Und mit sozialem Druck (von einem Lob über eine hochgezogene Augenbraue, Klatsch und Spott bis zum Ausschluss aus der Gesellschaft) zwingen wir uns gegenseitig, die Normen einzuhalten. Die Gehirnforschung hat sogar die Stelle in unserem Hirn gefunden, die uns mit Lust belohnt, wenn wir Menschen bestrafen, die sich nicht an die gängigen Regeln halten.[5]

Daneben werden auch immer noch Berufswahl, Ausbildung und Karriereverlauf von Frauen und Männern stark durch die Tradition bestimmt. In der Tradition verankert ist die Sonntagsruhe, und traditionell gehen Büroangestellte später zur Arbeit als Fabrikarbeiter und Handwerker.

Doch in modernen Gesellschaften genügen die beiden Koordinationsmechanismen Solidarität und Tradition bei weitem nicht mehr. Aus mindestens zwei Gründen ist unsere Situation viel komplizierter:

Arbeitsteilung, Spezialisierung

- Heute erarbeiten wir unseren Lebensunterhalt in Arbeitsteilung mit jeweils Millionen von Personen auf der ganzen Welt. (Über die Vorteile dieser Arbeitsteilung können Sie im Kapitel 20 mehr lesen.) Je nach Beruf arbeiten wir für Hunderte oder Zehntausende. An den Gütern, die wir verbrauchen, haben Millionen gearbeitet. Sind Sie jeweils auch überrascht, im Nachspann eines Filmes zu lesen, wie viele Leute an der Produktion beteiligt waren? Und denken Sie außerdem an die große Zahl von Menschen, die den Filmleuten Material, Transport, Kostüme und Logis zur Verfügung stellten! Und wie viele mehr haben am Kinogebäude gebaut, Polsterstoffe gewoben, Eintrittskarten gedruckt usw.?

Anonymität

- Keiner der zahlreichen Beteiligten an dieser Filmvorführung kennt Sie. Auch wusste niemand, dass gerade Sie sich diesen Film ansehen würden. Sie haben den Film und den Zeitpunkt mehr oder weniger nach eigenem Gutdünken ausgewählt. Sie sind so individualistisch wie möglich und machen den anderen auch möglichst wenig Vorschriften. Von den Millionen, mit denen Sie in Arbeitsteilung stehen, kennen Sie nur einige wenige.

Weil Solidarität in Kleingruppen und Tradition nicht mehr ausreichen würden, um unsere komplizierte Wirtschaft zu lenken und die notwendigen Entscheidungen zu treffen, leisten heute mindestens vier weitere Mechanismen diese Koordination, nämlich Hierarchie in Unternehmen und in Form staatlicher Gewalt, Interessensolidarität sowie Märkte.

---

[5] Dominique De Quervain, Ernst Fehr, Urs Fischbacher: The Neural Basis of Altruistic Punishment, Science 2004, Bd. 305, S. 1254

3. Hierarchie (d. h. Führung und Unterordnung) in Unternehmen

Unternehmen sind durch ein kompliziertes Regelwerk von Kompetenzen und Verantwortungen organisiert. Doch wie Unternehmen funktionieren, ist nicht das Thema dieses Buches; damit befassen sich vor allem betriebswirtschaftliche Fachbereiche wie Organisationslehre, Personalführung oder Rechnungswesen.

4. Hierarchie im Staat

Noch differenzierter sind die Regeln in staatlichen und suprastaatlichen Organisationen (Gemeinden, Länder, Bund, EU, WTO, UNO usw.). Denken Sie an die vielen Gesetze und Verordnungen, die unser Zusammenleben regeln und die der Staat falls nötig auch mit Zwang durchsetzt. Außer der Volkswirtschaftslehre beschäftigen sich v. a. die Staats-, die Rechts- und die Politikwissenschaften mit den staatlichen Zielen, den politischen Prozessen und den Resultaten staatlicher Aktivitäten.

5. Interessensolidarität

In politischen Kämpfen steht Interessensolidarität an vorderster Stelle. Sie funktioniert in politischen Parteien, Bürgerinitiativen, Unternehmerverbänden, Gewerkschaften, Umweltverbänden, Konsumentenorganisationen, aber auch in Kartellen und Vereinen. Nicht persönliche Beziehungen wie bei der Solidarität in Kleingruppen, sondern gleiche Interessen bewegen die Mitglieder, »zusammenzustehen«.

6. Tausch, Kauf und Verkauf auf Märkten

Die Volkswirtschaftslehre interessiert sich vor allem dafür, wie sich die unzähligen Akteure (die verschiedenen Unternehmen, staatliche Organisationen, Haushalte und Verbände) untereinander koordinieren. In den hoch entwickelten Volkswirtschaften geschieht dies vor allem mit Hilfe von Märkten. Sie sind zu einem großen Netz verwoben; unser Wirtschaftssystem nennt sich deshalb vereinfachend »Marktwirtschaft«.[6]

Marktwirtschaft

Alle sechs Koordinationsmechanismen (Solidarität in Kleingruppen, Tradition, Hierarchie in Unternehmen und im Staat, Interessensolidarität sowie Märkte) spielen eine wichtige Rolle in einer modernen Volkswirtschaft.

Ohne solidarische Bindungen und traditionelle Regeln könnten Märkte, Unternehmen und staatliche Ordnung nicht funktionieren. Und erst eine staatliche Rechtsordnung macht Märkte möglich. Anderseits ermöglichen nur Märkte die Koordination zwischen Milliarden von Individuen und Unternehmen mit den verschiedensten Wünschen und Leistungen.

Weil alle sechs Koordinationsmechanismen unsere Wirtschaft lenken, sprechen wir von einem gemischtwirtschaftlichen System.

---

[6] Im Gegensatz dazu hat sich in den 1920er Jahren in Russland ein ehrgeiziges System herausgebildet. Es bestimmte nach dem 2. Weltkrieg die Wirtschaft in Ost- und Mitteleuropa sowie in China. Zudem hatte es eine große Ausstrahlung auf die Wirtschaftspolitik in vielen Entwicklungsländern. Bei diesem System übernahm der Staat die Planung der Wirtschaft. Er entschied gleichsam als Topmanagement der Riesenunternehmung Volkswirtschaft die wirtschaftlichen Grundfragen. Volkswirtschaften mit einer solchen extrem hierarchischen Organisation bezeichnet man als **Planwirtschaften** oder auch als **Zentralverwaltungswirtschaften.**

Ende der 80er Jahre brach dieses System (bis auf wenige Ausnahmen wie Kuba und Nordkorea) zusammen. Die Gründe dafür sind vielfältig: Die Planungsbehörde hatte – verbunden mit einem undemokratischen politischen System – wenig Anreize, sich nach den Wünschen der Konsumenten zu richten. Zudem wussten die Planer viel zu wenig über Wünsche, Knappheiten von Ressourcen, Produktionskapazitäten und Verbesserungsmöglichkeiten. Und die untergebenen Angestellten hatten wenig Anreize, genaue Informationen nach oben weiter zu geben. Das System behinderte gute Leistungen und neue Ideen – und es belohnte diese auch kaum.

**Koordinationsmechanismen
im Spannungsfeld:
persönliche Beziehung –
Zwang – Tausch**

Fünf der sechs Koordinationsmechanismen können dargestellt werden als Flächen im dreipoligen Spannungsfeld von Tausch, Zwang und persönlicher Beziehung – eingebettet in einer darunter liegenden Ebene, der Tradition.

Solidarität in Kleingruppen enthält neben großen Anteilen von persönlicher Beziehung auch kleinere von Tausch und Zwang. Bei der Interessensolidarität nimmt die Bedeutung von Tausch und Zwang zu. In Hierarchien ist Zwang vorherrschend, gemildert durch Tausch und persönliche Beziehungen. Auf Märkten schließlich dominiert der Tausch, wobei die staatliche Ordnung und oft auch persönliche Beziehungen ebenfalls Einfluss haben.

Grafik 1.5:
Die sechs Koordinationsmechanismen
in einer modernen Volkswirtschaft

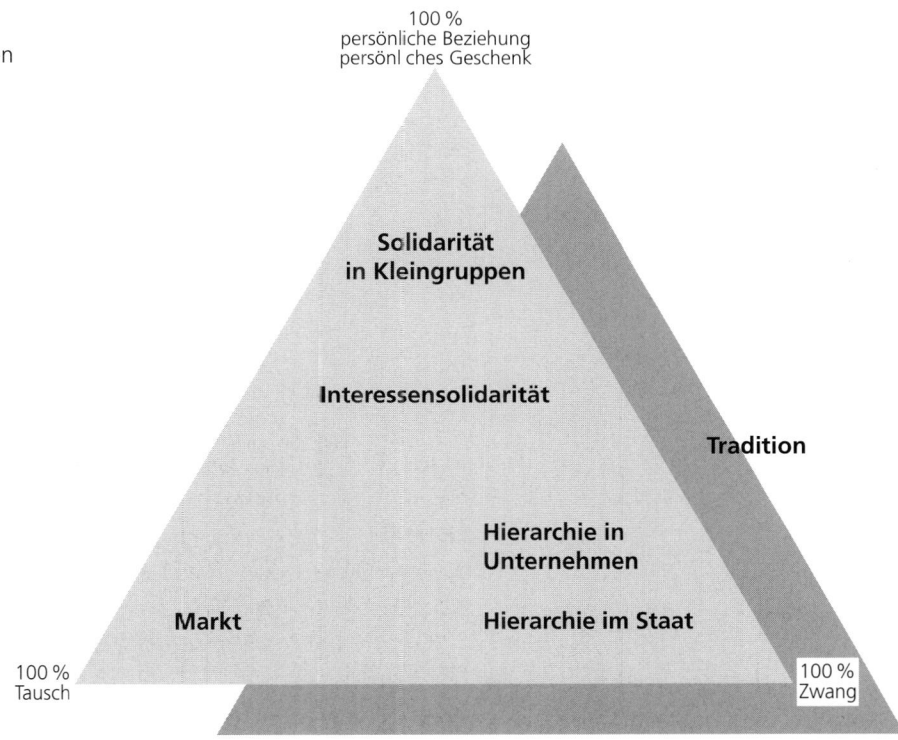

Ausblick

In den nächsten fünf Kapiteln werden wir uns vor allem mit Märkten beschäftigen. Zuerst fragen wir uns, wie einzelne Märkte funktionieren, und dann, wie ein reines System von Märkten wirtschaftliche Probleme regeln würde.

Erst wenn wir das verstanden haben, untersuchen wir, welche Probleme die Märkte nicht lösen (und welche sie sogar schaffen). Damit verstehen wir, warum auch in einem Marktsystem der Staat viele wirtschaftliche Aktivitäten koordiniert und kontrolliert und warum er selber als Unternehmen oder Auftraggeber auftritt.

Zuvor aber noch einige Bemerkungen zur Volkswirtschaftslehre als Wissenschaft.

1.8 Volkswirtschaftlich denken

1.8.1 Komplexe Wirtschaft und Modelle

Sie kennen unsere Wirtschaft aus eigener Anschauung. Zu Ihrem täglichen Lebensunterhalt gehört, dass Sie zu Hause kochen und putzen. Weiter arbeiten Sie vermutlich wie weitere 40 Millionen in Deutschland außerhalb des Hauses in einem der 3 Millionen Unternehmen. In über 500 000 Läden können Sie eine nicht mehr überschaubare Zahl von Artikeln aus der ganzen Welt kaufen. Dabei verändert sich die Wirtschaft laufend: Es gibt täglich neue Produkte, die Preise verändern sich, am Arbeitsplatz müssen Sie sich auf neue Produktionsverfahren einstellen, Betriebe werden geschlossen, neue eröffnet.

Welchen der vielen Phänomene sollen wir nun besondere Beachtung schenken? Problemen wie Arbeitslosigkeit, wirtschaftlicher Unsicherheit, Armut oder Umweltverschmutzung? Oder den täglich publizierten Preisen für Erdöl, Aktien und fremde Währungen? Schon nach ein paar Stunden des Sammelns würden wir in einem Meer von Daten ertrinken.

Modell
stark vereinfachtes Abbild der Wirklichkeit, das die Erklärung komplexer Zusammenhänge erleichtern soll

Um die Datenvielfalt zu meistern, um Zusammenhänge zu sehen, um das komplexe Wirtschaftsgeschehen zu verstehen, muss sich die Wirtschaftswissenschaft stark vereinfachte Abbilder, Modelle, der komplexen Wirtschaft machen – wie auch z. B. die Physik oder die Psychologie, für ihr Gebiet.

Nur vereinfachte Abbilder sind hilfreich, denn »ein Modell, das die ganze Buntheit der Wirklichkeit berücksichtigt, wäre nicht nützlicher als eine Landkarte im Maßstab 1:1«, wie die englische Ökonomin Joan Robinson dazu bemerkt hat. So wie ein guter Künstler mit nur wenigen Strichen den Ausdruck einer Person vermitteln kann, möchte auch ein Ökonom in seinem Bild alle unnötigen Details weglassen und nur das Wesentliche hervortreten lassen.

Erste Modelle, bei denen viele Einzelheiten fehlen, damit man das Wesentliche sieht, haben Sie schon kennen gelernt: die Produktionsmöglichkeitenkurve oder die Stilisierung unserer vielfältigen Koordinationstätigkeiten auf bloß sechs Grundmechanismen.

Mikroökonomie
befasst sich mit den Entscheidungen von Haushalten und Unternehmen sowie ihrem Zusammenwirken auf einzelnen Märkten.

Vom 2. Kapitel an werden Sie auf Modelle stoßen, die einzelne Märkte abbilden. Wir betreiben damit Mikroökonomie. D. h. wir beleuchten die Wirtschaft im Kleinen, aus der Sicht der einzelnen Konsumenten und Unternehmen: Warum sinken die Kaffeepreise nach einer guten Ernte? Warum werden z. B. Wohnungen und Taxifahrten immer teurer, aber Fotoapparate und Telefongespräche immer billiger? Wie reagieren Unternehmen und Konsumenten auf höhere Energiepreise? Welche Auswirkungen haben Monopole, Alkoholsteuern oder festgesetzte Lebensmittelpreise? Wie funktioniert das Geflecht der Märkte und wo müssen Märkte durch gezielte Staatstätigkeit ergänzt werden? Kurz: Wie treffen Haushalte und Unternehmen ihre Entscheidungen und wie wirken sich diese auf einzelnen Märkten aus?

Makroökonomie

analysiert gesamtwirtschaftliche Größen wie z. B. Wirtschaftswachstum, Wechselkurse, Arbeitslosigkeit oder Inflation.

Vor allem ab dem 2. Kapitel beginnen wir dann, uns vorwiegend mit der Wirtschaft im Großen zu befassen, wir betreiben Makroökonomie: Wie entwickelt sich das Volkseinkommen? Warum schwanken seine Zuwachsraten? Warum gibt es Zeiten, in denen zwar immer noch einige Preise fallen, die meisten aber stark steigen? Warum verändern sich die Wechselkurse? Warum gibt es Arbeitslosigkeit? Um solche Fragen zu beantworten, kümmern wir uns nicht mehr um die einzelnen Akteure und Märkte, sondern versuchen Erklärungen mit Modellen, welche die ganze Wirtschaft darstellen.

Zwischen den beiden Betrachtungsweisen bestehen natürlich Wechselbeziehungen. Fragt man nach dem Funktionieren der Wirtschaft im Großen, ist es nützlich, mit dem Spiel oder dem Kampf von Angebot und Nachfrage auf den einzelnen Märkten vertraut zu sein. Wer sich umgekehrt in die Besonderheiten einzelner Märkte vertieft, muss wissen, wie diese im Ganzen eingebettet sind.

Mikro- wie makroökonomische Modelle werden uns zu interessanten Einsichten verhelfen. Wie treffend aber ein vereinfachendes Abbild ist, wird sich daran zeigen, wie gut es die komplexe Wirklichkeit beschreiben und erklären kann. Allerdings sträubt sich die Wirklichkeit häufig gegen eine eindeutige Erfassung. Oft kann das eigentlich Interessante datenmäßig gar nicht erfasst werden. Die dicken Bände der statistischen Ämter täuschen darüber hinweg, wie wenig Gesichertes wir über die Wirtschaft wissen. So sind beispielsweise die offiziellen Arbeitslosenzahlen in fast allen Ländern stark umstritten. Mit ungenauen Daten über die Wirklichkeit ist es natürlich schwierig zu entscheiden, welche ökonomischen Erklärungsmodelle die relevanten Aspekte der Wirklichkeit besser erfassen und welche weniger.

Bedenken wir, dass sich die Wirtschaft dauernd ändert – und mit ihr die Theorien darüber –, erstaunt es uns nicht mehr, dass sich die Ökonominnen und Ökonomen oft uneinig sind. Trotzdem gibt es in der wissenschaftlichen Diskussion auch viel Übereinstimmung. Nur hören wir in den Medien wenig davon. Es ist eben interessanter, Personen zuzuhören, die einander heftig und wortreich widersprechen, als solchen, die sich vernünftig zunicken.

1.8.2 Werturteile und Wirtschaftspolitik

positive Aussagen

versuchen die Welt zu beschreiben und zu erklären, wie sie ist.

normative Aussagen

beziehen sich darauf, wie die Welt sein sollte.

Einig sind sich die Ökonominnen und Ökonomen eher dann, wenn sie sich auf positive Aussagen beschränken, wenn sie nur Fakten sammeln und mit Hilfe von Modellen beschreiben und erklären, wie die Wirtschaft funktioniert.

Doch Wirtschaftswissenschaft wird nicht nur betrieben, um die Gesellschaft besser zu verstehen, sondern auch, um sie zu beeinflussen. Wirtschaftswissenschaftler sollen das Wirtschaftsgeschehen auch bewerten und Vorstellungen darüber entwickeln, wie die Wirtschaft effizienter und gerechter funktionieren könnte. Normative Aussagen werden verlangt: Wie hoch sollen die Bildungs- oder die Kulturausgaben sein? Soll die

Zentralbank ihre Zinsen anheben oder senken? Wie gerechtfertigt ist großer Reichtum angesichts von Armut? Wie stark sollen sich heutige Generationen zugunsten von zukünftigen zurückhalten?

Hier kann die Ökonomie Fragen herausarbeiten und die erwarteten Wirkungen darstellen. Aber normative Fragen kann die Ökonomie nicht allein entscheiden. Die Antworten hängen von persönlichen Werturteilen und Interessen ab. Normative Fragen können nur im Prozess der öffentlichen Meinungsbildung geklärt und politisch entschieden werden. Ökonominnen und Ökonomen versorgen Wahlberechtigte, Politikerinnen, Beamte, Unternehmen, Wirtschaftsverbände und Haushalte mit Informationen, Argumenten und auch Ratschlägen. (Eine Liste mit Forschungsinstituten, die in der Politikberatung tätig sind, finden Sie Seite 420/21.)

Zu wessen Gunsten der wirtschaftliche Verlauf beeinflusst werden soll, ist natürlich heftig umstritten. So wird auch klarer, warum in den Medien so verschiedene Meinungen über ökonomische Probleme bestehen. Die wirtschaftlichen Diskussionen in den Massenmedien sind beherrscht von wirtschaftspolitischen Auseinandersetzungen. Dort werden die unterschiedlichen Interessen mit möglichst wissenschaftlich klingenden Argumenten verteidigt. Und je weniger das Publikum die wirtschaftlichen Zusammenhänge kennt, desto leichter lässt es sich von vordergründigen Argumenten der Interessenvertreter täuschen. In solchen Auseinandersetzungen sprechen also nicht nur hehre wahrheitssuchende Wissenschaftler, sondern vor allem Wirtschaftspolitiker. Die Wirtschaftsinteressen sind zu handfest, als dass die wirtschaftlichen Fragen allein den Wissenschaftlern überlassen werden.

Fragen zum 1. Kapitel, Grundfragen

1. Ordnen Sie jedem Fachbegriff die passende Ziffer zu:

..... Volkswirtschaft
..A.. Konsumgüter
..h.. Produktionsfaktoren, Ressourcen
..o.. Kapitalgüter, Investitionsgüter
..... unternehmerische Tätigkeit
..f.. Knappheit
..g.. Freie Güter
..m. Allokation
..i.. Opportunitätskosten, Alternativkosten
..... Nutzen
..k.. Kurve der volkswirtschaftlichen Produktionsmöglichkeiten
..... Wirtschaftswachstum
..... Volkswirtschaftslehre
..... Modell
..... Mikroökonomie
..... Makroökonomie
..... positive Aussagen
..... normative Aussagen

a Waren und Dienstleistungen, die direkt die Konsumwünsche erfüllen

b Stark vereinfachtes Abbild der Wirklichkeit, das die Erklärung komplexer Zusammenhänge erleichtern soll

c Zeigt die verschiedenen Güterkombinationen, die eine Volkswirtschaft mit den vorhandenen Ressourcen und der gegebenen Produktionstechnik produzieren kann.

d Alle Einrichtungen und Verfahren, mit denen eine Gesellschaft Güter zur Bedürfnisbefriedigung produziert und verteilt

e Beziehen sich darauf, wie die Welt sein sollte.

f Sie herrscht dort, wo der Wunsch nach Ressourcen oder Gütern größer ist als ihre Verfügbarkeit.

g Güter, die in so großen Mengen vorhanden sind, dass sie eine Gesellschaft problemlos frei und gratis zur Verfügung stellen kann

h Die für die Produktion von Gütern eingesetzten Mittel – viele sind uns von der Natur gegeben, andere sind von Menschen geschaffen

i Analysiert gesamtwirtschaftliche Größen wie z.B. Wirtschaftswachstum, Wechselkurse, Arbeitslosigkeit oder Inflation.

j   Entgangener Nutzen der nächstbesten nicht gewählten Alternative; das, was wir aufgeben müssen, um ein Ziel zu erreichen

k   Die Lehre darüber, wie eine Gesellschaft ihre knappen Ressourcen bestmöglich verwenden kann

l   Ausdehnung der Produktionsmöglichkeiten, die zu mehr und begehrteren Waren und Dienstleistungen führt

m   Zuteilung von knappen Ressourcen für die Herstellung von Gütern

n   Versuchen die Welt zu beschreiben und zu erklären, wie sie ist.

o   Alle von Menschen hergestellten Waren und Dienstleistungen, die zur Produktion verwendet werden

p   Befasst sich mit den Entscheidungen von Haushalten und Unternehmen sowie ihrem Zusammenwirken auf einzelnen Märkten.

q   Die Fähigkeit, die Produktionsfaktoren zu kombinieren

r   Ausmaß der Befriedigung oder Freude, die wir z. B. durch den Konsum oder den Besitz eines Gutes erlangen

2. Welches sind die zwei wichtigsten Unterschiede zwischen Bedürfnissen (definiert nach Maslow) und Konsumwünschen?

3. Welche fünf Kategorien von Produktionsfaktoren werden im Text unterschieden?

4. Wie unterscheiden sich Konsum- und Kapitalgüter?

5. Wie unterscheiden sich Kapital- und Investitionsgüter?

6. Sind Umweltgüter immer freie Güter?

7. Worin besteht der Unterschied zwischen freien und knappen Gütern?

8. Der Aufenthalt in staatlichen Krankenhäusern ist in Großbritannien gratis. Sind sie damit ein freies Gut? Warum?

9. Ist ein Multimillionär, der sich keine Sorgen um sein Geld macht, auch mit Knappheit konfrontiert?

10. Welches vor allem sind die Alternativkosten der Terrassenlinde in der Karikatur S.10?

11. Was bedeutet es für eine Volkswirtschaft, wenn sie sich innerhalb der Produktionsmöglichkeitenkurve befindet?

12. Wodurch könnte die Produktionsmöglichkeitenkurve nach innen verschoben werden?

13. Welche der drei volkswirtschaftlichen Grundfragen wird bei den folgenden neun Entscheidungen vor allem angesprochen? Die Zuordnung ist nicht immer eindeutig, auch Mehrfachnennungen sind möglich.

WAS?	WIE?	FÜR WEN?	
O	O	O	Sony will einen neuen Tonträger auf den Markt bringen.
O	O	O	Siemens reorganisiert und verkleinert seine Führungsspitze.
O	O	O	Anstatt mit dem Auto nach Sizilien in die Ferien zu fahren, fliegt eine Familie nach Tunesien.
O	O	O	Bei Tarifverhandlungen fordert die Gewerkschaft der Bauarbeiter 4 % mehr Lohn, die deutsche Bauindustrie bietet 2,5 %.
O	O	O	Ein Verpackungsautomat soll die Arbeit von 8 Packerinnen übernehmen.
O	O	O	Der Eigentümer eines baureifen Grundstücks entschließt sich, einen Wohnblock zu erstellen.
O	O	O	Um die Produktion einer Kamera zu verbilligen, wird sie mit weniger Bauteilen geplant.
O	O	O	Ein Hobbykoch wird nächsten Samstag für alle seine Freunde und Freundinnen kochen.
O	O	O	Der Bundestag beschließt, die Altersrenten zu erhöhen.
O	O	O	Aufgabe der Arbeitsagenturen ist, Arbeitslose wieder in den Arbeitsprozess einzugliedern.

14. Welche sechs Koordinationsmechanismen werden im Text unterschieden?

15. Überlegen Sie sich: Worin besteht der Unterschied, ob Sie jemandem ein Buch schenken oder ob Sie es an einer Bücherbörse gegen ein anderes tauschen.

16. Was versteht man unter einer Zentralverwaltungswirtschaft?

17. Wann handelt es sich um positive, wann um normative Aussagen und Fragen?

pos.	norm.	
O	O	Neue Flugzeuge sind leiser als alte.
O	O	Der Flugverkehr sollte eingeschränkt werden.
O	O	Warum verdienen Zahnärzte mehr als Blumenbinderinnen?
O	O	Sozialhilfeempfänger sollten zu einer Gegenleistung verpflichtet werden.
O	O	Je höher die Arbeitslosigkeit, desto höher auch die Zahl der Sozialhilfeempfänger.
O	O	Oslo ist die Hauptstadt Finnlands.
O	O	Während die Steuerbelastung für die Mittelschicht gestiegen ist, ist sie für die Reichsten gesunken.

1. Grundfragen

Märkte

2. Angebot und Nachfrage

2.1 Was ist ein Markt?

Angebot

Nachfrage

Konsumwünsche und Nachfrage

Unter einem Markt können wir uns zunächst einmal einen Wochenmarkt vorstellen.

- Dorthin kommen vor allem Bäuerinnen und Gemüsehändler, um ihre Ware zu verkaufen. Sie sind die Anbieterinnen und Anbieter, und ihr Gemüse ist das Angebot.
- Das Gemüse wollen vor allem Hausfrauen kaufen. Die möglichen Käuferinnen und Käufer nennt man Nachfragerinnen und Nachfrager, und ihre Fähigkeit und ihren Willen zu kaufen nennt man Nachfrage.

Wer aber erhält auf dem Markt Spinat, Gurken oder Kartoffeln? Nicht, wer die größten Bedürfnisse hat, auch nicht, wer die Dringlichkeit seiner Konsumwünsche am eindrücklichsten darstellen kann oder wer die besten Beziehungen zur Marktaufsicht hat. Zwar können sich alle um das Gemüse bemühen, das sie für ihre Bedürfnisse brauchen. Aber Gemüse erhält nur, wer fähig und auch bereit ist, dafür einen Preis zu zahlen. Fürsorgliche Eltern wollen diese bittere Wahrheit ihren Kindern möglichst lange vorenthalten – aber die Kleinen merken es dann doch bald: Im Laden wird einem kaum etwas geschenkt. Nur wer das nötige Geld hat und dann noch bereit ist, es auszugeben, kann auf einem Markt seine Konsumwünsche stillen.

Wichtig ist, zu unterscheiden zwischen dem Konsumwunsch einerseits und der Nachfrage, die durch Geld ausgedrückt werden muss, anderseits. Auf dem Markt wirkt direkt nur diese Nachfrage, nicht das Bedürfnis oder der Konsumwunsch.

Grafik 2.1:
Auf einem Markt treffen sich Anbieter und Nachfrager.

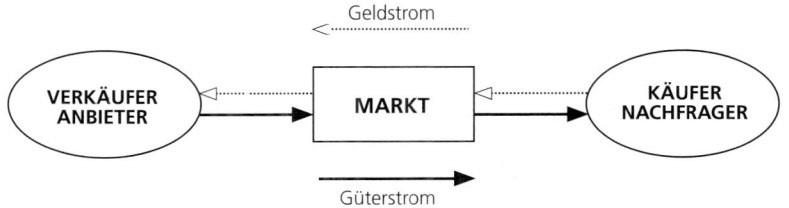

Markt
bezeichnet in der Ökonomie jedes Zusammentreffen von Angebot und Nachfrage.

In der Ökonomie wird jedes Zusammentreffen von Angebot und Nachfrage als Markt bezeichnet. Angebot und Nachfrage treffen sich im Laden um die Ecke, in Einkaufszentren oder bei Theaterfestivals. Es gibt Börsen für Wertpapiere, Devisen oder Rohstoffe mit ausgefeilten Regeln. Andere Märkte, etwa für alte Autos, sind nur locker organisiert. Es kann laut zu- und hergehen wie am Fischmarkt oder an der Aktienbörse alten Stils. Man telefoniert miteinander wie beim Erdölmarkt, oder es werden Tage in Ausstellungen und Sitzungszimmern verbracht, wie beim Kauf von Maschinen.

Wettbewerb und Marktformen

Auf vielen Märkten gibt es mehrere Anbieter, die gleiche oder ähnliche Produkte verkaufen. Jeder Verkäufer hat dort nur wenig Einfluss auf den Preis, weil die Nachfrager auch bei einem anderen kaufen können. Und wo viele Käufer sind, hat auch kein einzelner Käufer ein solches Gewicht, dass er den Preis bestimmen könnte. So werden Marktpreis und Menge nicht von einem einzelnen Nachfrager oder Anbieter diktiert. Vielmehr ergeben sich Mengen und Preise durch das Zusammenwirken aller Marktteilnehmer.

Allerdings beobachten wir nicht selten, dass es so wenige Anbieter oder auch Nachfrager gibt, dass sie Einfluss auf die Preise nehmen können. So haben die Ökonomen für ihr wichtigstes Untersuchungsobjekt, den Markt, eine Klassifizierung entwickelt, die sich vor allem an der Zahl der Marktteilnehmer orientiert:

vollständige Konkurrenz

Niemand kann den Marktpreis beeinflussen. Bedingungen für vollständige Konkurrenz sind:
1. sehr viele Anbieter und Nachfrager,
2. Güterqualität und Verkaufsservice einheitlich (homogenes Gut),
3. vollständige Information aller Marktteilnehmer,
4. freier Marktzutritt oder -austritt

- Ein Markt, auf dem so viele Anbieter und Nachfrager konkurrieren, dass ein Einzelner die gehandelten Preise nicht beeinflussen kann, nennt man Wettbewerbsmarkt, Konkurrenzmarkt oder Markt mit vollständiger Konkurrenz. Bis man von vollständiger Konkurrenz spricht, müssen vier Bedingungen erfüllt sein: (1) Die Anbieter wie die Nachfrager müssen sehr zahlreich sein. (2) Die Güterqualität wie der Verkaufsservice müssen gleich sein, sodass es den Käufern gleichgültig ist, wo sie kaufen. (3) Alle Marktteilnehmer müssen über Qualität und Preise der gehandelten Güter informiert sein. (4) Es muss den Unternehmen frei stehen, in den Markt einzutreten oder den Markt zu verlassen. Es gibt wenige Märkte, wo alle vier Bedingungen zutreffen – ein gutes Beispiel für einen Markt mit vollständiger Konkurrenz ist der Weltmarkt für Weizen.

Monopol

- Eine reine Form am anderen Ende des Spektrums ist das Monopol. Das ist ein Markt mit nur einem einzigen Anbieter. Die alte Deutsche Post war Alleinanbieterin von Telefongesprächen. Wer telefonieren wollte, hatte keine Möglichkeit, zu einem anderen Anbieter auszuweichen, der Wettbewerb war ausgeschaltet.

Oligopol

- In der komplexen Wirklichkeit treffen wir meistens auf Marktformen, die zwischen der vollständiger Konkurrenz und dem Monopol liegen. So kaufen wir häufig auf Märkten, die nur von wenigen Anbietern beliefert werden, z.B. von Rewe, Aldi, Lidl, Spar und Edeka. Ein Markt mit wenigen Anbietern heißt Oligopol.

monopolistische Konkurrenz

- Am weitesten verbreitet ist die Marktform der monopolistischen Konkurrenz. Hier gibt es zwar viele konkurrierende Anbieter, doch die angebotenen Güter sind nicht völlig gleichartig. So stehen zwar die Sportschuhfirmen in scharfer Konkurrenz untereinander, doch für Kenner gibt es große Unterschiede zwischen einem Adidas-, einem Nike- und einem Fila-Schuh. Damit hat Fila ein Monopol über ihre einzigartigen Modelle – doch die Unterschiede sind nicht so groß, dass die Kunden nicht mehr auswählen könnten.

Nachfragemonopol, Nachfrageoligopol

- Bei allen vier aufgezählten Marktformen sind die Nachfrager immer sehr zahlreich. Es gibt aber auch Fälle, in denen nur eine beschränkte Zahl von Käufern auftreten. So profitieren Großunternehmen oft von starken Machtpositionen gegenüber kleinen Lieferanten. Hat ein

Käufer eine Monopolstellung, spricht man von einem Nachfragemonopol, beherrschen wenige Käufer einen Markt, von einem Nachfrageoligopol.

Ausblick

Wir werden uns erst im 8. Kapitel wieder mit den verschiedenen Marktformen und Einschränkungen des Wettbewerbs beschäftigen, und Informationsprobleme werden Thema des 9. Kapitels sein. Vorläufig wollen wir uns einzig auf die Märkte mit vollständiger Konkurrenz konzentrieren. Diese Märkte sind am einfachsten zu analysieren. Weltfremd werden wir dadurch nicht, denn einige der damit gewonnenen Erkenntnisse gelten auch für die komplizierteren Marktformen.

Überblick über das 2. Kapitel

Den Einstieg in die Markttheorie nehmen wir in drei Schritten: Zuerst untersuchen wir das Nachfrageverhalten (Abschnitte 2.2 und 2.3), dann wenden wir uns der Angebotsseite zu (2.4 und 2.5), um schließlich Angebot und Nachfrage aufeinander treffen zu lassen (2.6).

2.2 Die Bestimmungsgründe der Nachfrage

Nachfrage
Menge an Gütern, die Käufer auf Märkten erwerben wollen

Essen Sie gerne Hotdogs? Dann könnten Sie volkswirtschaftliche Gesetze entdecken, indem Sie Ihr eigenes Nachfrageverhalten untersuchen. Warum kaufen Sie Hotdogs? Warum gerade diese bestimmte Menge? Was hat Ihre Entscheidung beeinflusst?

Bedürfnisse
Konsumwünsche

Am Anfang einer Nachfrage stehen Bedürfnisse. Beeinflusst unter anderem durch Werbung, Mode oder Kunst, erwachsen aus den Bedürfnissen konkrete Konsumwünsche. Unser Geschmack bildet sich dauernd um, und so können sich die Wünsche stark verändern. Welche Bedürfnisse (nach Maslow) befriedigen Sie mit Hotdogs? Warum gerade damit?

Preis
der in Geld ausgedrückte Tauschwert eines Gutes oder einer Ressource auf einem Markt

Als nächstes berücksichtigen Sie sicher den Preis. Läge der Preis für einen Hotdog bei 5 Euro, würden Sie sicher wenig kaufen und auf anderes Fastfood ausweichen. Bei einem Preis von einem Euro hingegen würden Sie mehr kaufen. Je höher der Preis, desto weniger werden Sie kaufen – und je tiefer der Preis, desto mehr.

beschränktes Budget

Warum beachten Sie die Preise auch dann, wenn Sie Hotdogs über alles lieben? Weil Ihr Budget beschränkt ist. Und weil Sie mit einem beschränkten Budget in der großen Mehrheit sind, ist Ihr Marktverhalten derart verbreitet, dass man daraus ein ökonomisches Gesetz formulieren kann, **das Gesetz der Nachfrage: Je höher der Preis für ein Gut, desto kleiner die nachgefragte Gütermenge.**

Einkommen

normale Güter
Ihre Nachfrage steigt mit steigendem Einkommen.

Glücklicherweise verändern sich Ihre Budgetrestriktionen manchmal zum Positiven. Verdienen Sie mehr, können Sie öfter auswärts essen gehen und mehr Geld für Hotdogs ausgeben. Verdienen Sie hingegen weniger, können Sie sich vielleicht auch weniger Hotdogs leisten. Meistens steigt oder fällt die Nachfrage nach einem Gut mit dem Einkommen. Man spricht in diesem Fall von einem normalen Gut.

inferiore Güter
Ihre Nachfrage sinkt mit steigendem Einkommen.

Doch gibt es auch Güter, die mit höheren Einkommen weniger gekauft werden. Sie nennt man inferiore Güter. Steigen unsere Einkommen, wechseln wir nämlich zu höherwertigen und teureren Produkten. Wir kaufen dann mehr Wein, Autos, Ferienreisen und Bücher und dafür weniger von inferioren Gütern wie Bier, Kartoffeln, Speck und Bohnen, Margarine oder Tabak.

Preise verwandter Güter

Ringsum gibt es laufend neue Produkte, die Ihren Konsum beeinflussen. Was geschieht z.B., wenn der Preis für Hamburger sinkt? Nach dem Gesetz der Nachfrage werden Sie jetzt etwas mehr Hamburger essen. Zudem werden Sie vielleicht weniger Hotdogs essen, denn die beiden Produkte befriedigen ähnliche Wünsche.

Substitutionsgüter
Güter, die einander ersetzen können, sodass ein Preisrückgang beim einen Gut die Nachfrage nach dem anderen Gut senkt

Können zwei Güter einander derart gut ersetzen, dass ein Preisrückgang beim einen Gut die Nachfrage nach dem anderen Gut sinken lässt, spricht man von Substitutionsgütern. Andere Substitute sind Butter und Margarine, öffentlicher und privater Verkehr oder Kinobesuche und Videokassetten.

Komplementärgüter
Güter, die miteinander gebraucht werden, womit ein Preisrückgang beim einen Gut auch die Nachfrage nach dem anderen Gut erhöht

Und was geschieht mit Ihrem Hotdog-Konsum, wenn der Eintrittspreis für Fußballspiele fällt? Nach dem Gesetz der Nachfrage gehen Sie jetzt öfter ins Stadion. Damit werden Sie auch mehr Hotdogs essen – Fußball und Würste gehören für viele Leute zusammen. Güter, die sich so gut ergänzen, dass ein Preisrückgang bei einem Gut auch die Nachfrage nach einem anderen Gut erhöht, nennt man Komplementärgüter. Beispiele für komplementäre Güter sind Automobile und Benzin, Skis und Skischuhe, Videogeräte und Videokameras oder (auch wenn Sie das manchmal ärgern mag) Kinobesuche und Popcorn.

Erwartungen

Schließlich wird Ihr Kaufinteresse auch von Ihren Zukunftserwartungen bestimmt. Erwarten Sie, dass morgen die Hotdog-Preise kräftig sinken? Dann werden Sie heute weniger davon essen, um morgen und übermorgen umso stärker zu schlemmen. Oder rechnen Sie damit, in Zukunft mehr zu verdienen? Dann können Sie schon heute mehr Geld für Hotdogs ausgeben und die Umstehenden großzügig zu einer Runde einladen.

Grafik 2.2:
Bestimmungsgründe der Nachfage

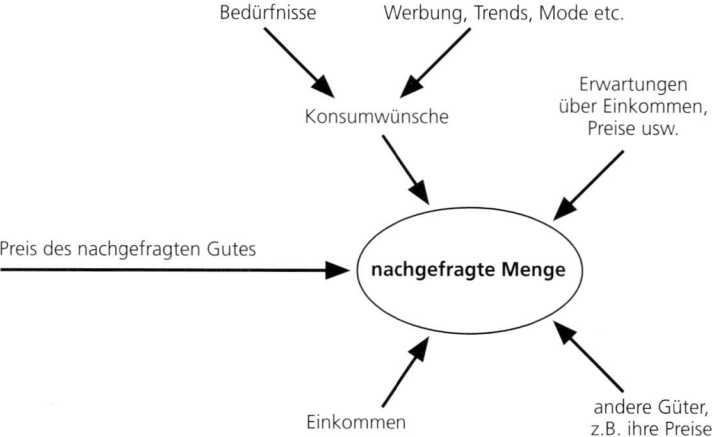

2.3   Die Nachfragekurve

Wie Grafik 2.2 nochmals zusammenfasst, beeinflussen viele Variablen den Konsum von Hotdogs. Doch stellen Sie sich für diesen Abschnitt vor, alle diese Variablen würden konstant gehalten, mit der einzigen Ausnahme des Preises.

individuelle Nachfrage

Nun schätzen wir ab, wie viele Hotdogs eine Person bei verschiedenen Preisen kaufen würde. Thomas z. B. würde sich bei einem Preis von 5 Euro selten einen Hotdog leisten, vielleicht einmal im Jahr. Zum Preis von 3 Euro hingegen würde er 10 Hotdogs genießen, und bei 1 Euro würde er manchmal bis an die Grenze zur Übelkeit gehen und auf einen Konsum von 50 Hotdogs pro Jahr kommen. Die Tabelle 2.1 zeigt die jährlichen Mengen, die Thomas bei verschiedenen Preisen kaufen würde.

Tabelle 2.1:
Nachfragetabelle – die Hotdog-Nachfrage einer einzelnen Person

Preis in € pro Stück	nachgefragte Menge von Thomas Anzahl Hotdogs pro Jahr
1,–	50
2,–	20
3,–	10
4,–	4
5,–	1

Nachfragekurve
eine Linie, die das Verhältnis von Preis und nachgefragter Menge eines Gutes zeigt

Die Information der Tabelle können wir in einer Grafik darstellen. Dabei wird der Preis auf der senkrechten Achse und die Menge auf der waagerechten Achse eingetragen. Das Resultat ist ein Preis-Mengen-Diagramm mit einer Nachfragekurve, die von oben links nach unten rechts fällt.

Grafik 2.3:
Nachfragekurve – Die Hotdog-Nachfrage einer einzelnen Person

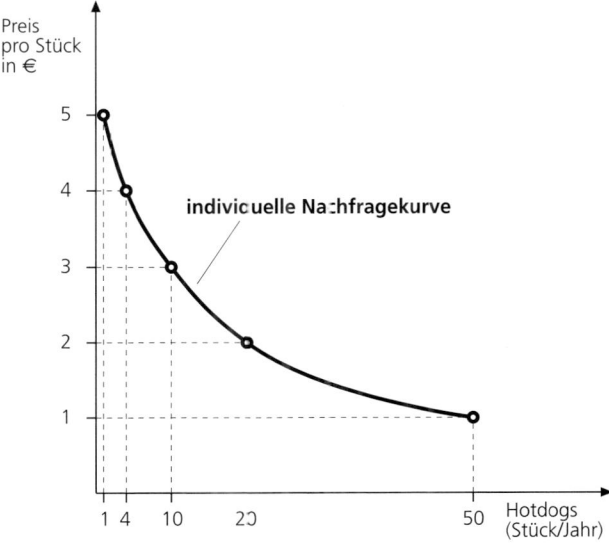

von der individuellen Nachfrage zur Marktnachfrage

Zur Einführung haben wir bis jetzt nur die Nachfrage von einzelnen Personen betrachtet. Nun gehen wir einen Schritt weiter und bestimmen die gesamte Nachfrage auf einem Markt, z. B. die Marktnachfrage nach Hotdogs in einer Stadt.

Zu diesem Zweck werden alle individuellen Nachfragen der Stadt zusammengezählt. In der Tabelle 2.2 sind die ersten drei aufgeführt – die Summe beruht aber auf Hunderttausenden von einzelnen Nachfragen.

Tabelle 2.2:
Die Marktnachfrage nach Hotdogs
ist die Summe
der individuellen Nachfragen

Preis in € pro Stück	Thomas	Ingrid	Nadja	ganzer Markt
1,–	50	10	20	.... 20 Mio.
2,–	20	8	20	.... 12 Mio.
3,–	10	6	16	.... 8 Mio.
4,–	4	4	8	.... 4 Mio.
8,–	1	3	0	.... 1 Mio.

nachgefragte Menge (Spaltenüberschrift über Thomas, Ingrid, Nadja)

Grafik 2.4:
Die Marktnachfrage nach Hotdogs

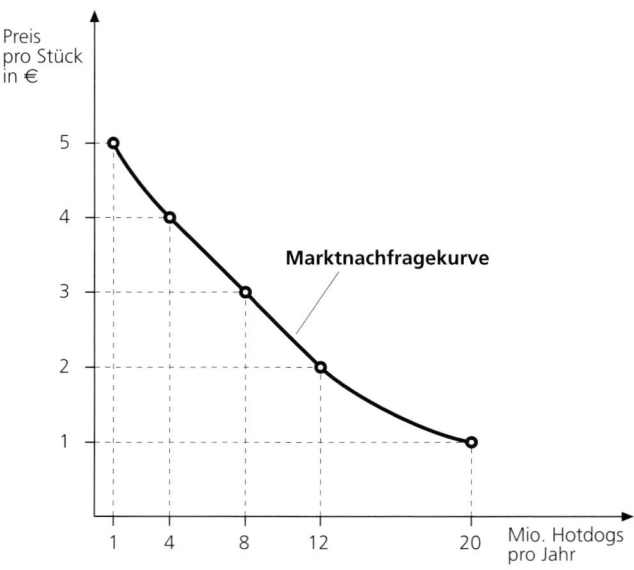

Da die Marktnachfrage die Summe der individuellen Nachfragen ist, zeigt auch die Nachfragekurve des gesamten Marktes für Hotdogs an, dass die nachgefragte Menge zunimmt, wenn der Preis fällt.

Doch der Einfluss der Preise auf die Menge lässt sich nur so einfach darstellen, wenn alle anderen Einflussgrößen (die Intensität der Konsumwünsche, Preise der Substitutions- und Komplementärgüter, Erwartungen, Einkommen – und mit ihnen auch die Anzahl der einzelnen Nachfrager) unverändert bleiben. Damit haben wir natürlich enorm vereinfacht, denn was in unserer Welt verändert sich nicht!

ceteris paribus
lateinische Formel für die Annahme,
dass alles andere unverändert bleibt

Wer aber die Wirkung einer einzelnen Größe analysieren will, muss sich vorstellen können, dass alle übrigen Größen darum herum unverändert bleiben. Für die vereinfachende Annahme, dass sich alle anderen möglichen Einflüsse nicht verändern, dass »alles Übrige gleich bleibt«, wird gern der lateinische Ausdruck »ceteris paribus« verwendet. Damit legen Ökonominnen und Ökonomen offen, dass sie ein vereinfachtes Modell von einer komplexen, sich fortwährend ändernden Wirklichkeit machen. Korrekt ist in diesem Fall die Aussage: Fällt der Preis eines Gutes, nimmt – ceteris paribus – die nachgefragte Menge zu.

die Verschiebung der Nachfragekurve

In einem Preis-Mengen-Diagramm wird der Preis nach oben und die Menge nach rechts eingezeichnet. Im Diagrammfeld stehen also nur Preis und Menge zueinander in Beziehung. Wie können wir da zusätzliche Einflussgrößen sichtbar machen? Diese Frage wird zuerst an einem einfachen Beispiel beantwortet:

Stellen Sie sich einmal vor, dass Hotdogs plötzlich ein besseres Image erhalten. Auch Snobs entdecken endlich, welche Delikatesse ein gut präparierter Hotdog ist. Verändern sich unserer Konsumwünsche in diese Richtung, werden wir mehr Geld für Hotdogs ausgeben, und die Nachfrage nimmt zu.

Wie stellen wir das im Preis-Mengen-Diagramm dar? **Da eine dritte Größe in das Verhältnis der beiden Größen Preis und Menge hineinspielt, verändert sich das Verhältnis von Menge und Preis.** Wir müssen darum eine neue Nachfragetabelle aufstellen und dafür eine neue Umfrage über die Kaufabsichten starten. Die Resultate finden Sie in der Nachfragetabelle 2.3: Zum Preis von 1 Euro würden nun statt 20 neu 28 Millionen Hotdogs gekauft, bei 2 Euro statt 12 neu 20 Millionen, usw.

Tabelle 2.3:
Hotdog-Nachfrage vor und nach einer Imageverbesserung

Preis pro Stück in €	nachgefragte Menge, Mio. Hotdogs	
	mit dem alten, schlechten Image	mit dem neuen, besseren Image
1,–	20	28
2,–	12	20
3,–	8	14
4,–	4	10
5,–	1	7

Die neuen Werte ergeben eine neue Kurve: N_2. Wir zeichnen sie im Diagramm ein und vergleichen sie mit der alten N_1. Die Nachfragekurve hat sich nach rechts, zu größeren Mengen hin, verschoben.

Grafik 2.5:
Hotdog-Nachfrage vor und nach einer Imageverbesserung

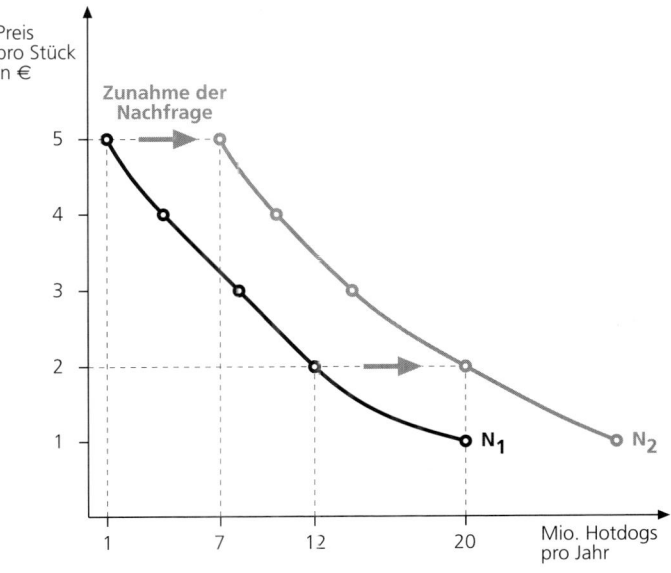

Exkurs: Das Gesetz vom abnehmenden Grenznutzen

Wie die nachgefragte Menge mit sinkenden Preisen zunimmt (und umgekehrt), können wir auf praktisch allen Märkten beobachten. Darum wollen wir hier noch etwas tiefer bohren. Den Einstieg verschafft uns die nebenstehende Karikatur, in der das Wesentliche bereits gesagt ist.

Die Erfahrung des Schlemmers machen wir jeden Tag: Das zweite Pizza-Stück ist nicht mehr so begehrt wie das erste, das dritte Bier löscht den Durst nicht mehr so großartig wie noch das zweite, usw.

Wir genießen also nicht nur die Freude, die uns Hamburger oder Bier bereiten. Wir erfahren auch etwas über die Freude oder Befriedigung, die wir durch eine **zusätzliche** Einheit eines Gutes erlangen. Allzu oft nimmt dieser sog. **Grenznutzen** ab, wenn wir mit dem Konsum fortfahren.

Tatsächlich ist das Phänomen des abnehmenden Grenznutzens so weit verbreitet, dass in der Ökonomie ein Gesetz daraus formuliert wurde: **Das Gesetz des abnehmenden Grenznutzens sagt, dass jede weitere konsumierte Einheit eines Gutes einen kleineren zusätzlichen Nutzen stiftet.**

Die Grafik 2.6 illustriert, wie der Nutzen mit fortgesetztem Konsum abnimmt. Bis zum fünften Hamburger wird immer noch ein positiver Nutzen erlebt, der Nutzen des sechsten Hamburgers hingegen wird negativ sein. Er wird Brechreiz hervorrufen.

Das Gesetz des abnehmenden Grenznutzens sagt nicht, dass wir den vierten Hamburger oder die zweite Pizza nicht mögen – wir verschlingen sie nur nicht mehr so gerne wie diejenige, die wir davor konsumiert haben.

Auch die Zeit ist hier wichtig: Wurde die erste Pizza letztes Jahr gegessen, kann eine zweite Pizza genauso gut schmecken. Das Gesetz des abnehmenden Grenznutzens trifft in kurzen Zeitperioden stärker zu.

Wie kommt man nun vom abnehmenden Grenznutzen zur Nachfragekurve? Wie viel von einem Gut wir nun zu einem bestimmten Preis kaufen, hängt (ceteris paribus) vom Grenznutzen ab, den uns das Gut stiftet: Je größer der Grenznutzen, den ein Produkt bietet, desto mehr ist ein Konsument zu zahlen bereit.

Wenn nun der Grenznutzen abnimmt, sind Konsumenten für jedes zusätzliche Gut immer weniger zu zahlen bereit. Wir würden viel für den ersten Hamburger bezahlen, für den zweiten schon etwas weniger, usw.

Damit sind wir schon beim Nachfragegesetz: Bei gegebenen Wünschen, Einkommen usw. sind wir nur bereit, weitere Mengen eines Gutes zu kaufen, wenn der Preis fällt.

Grafik 2.6:
Abnehmender Grenznutzen
beim Konsum von Hamburgern

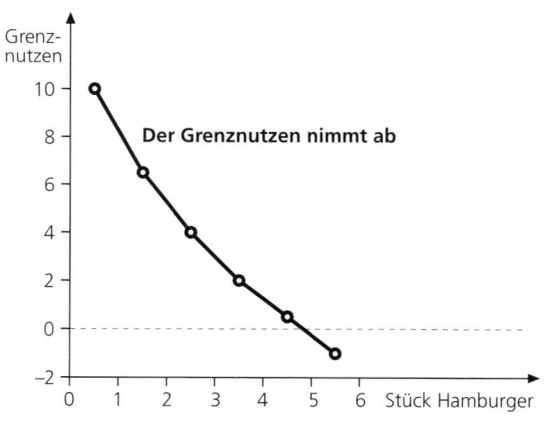

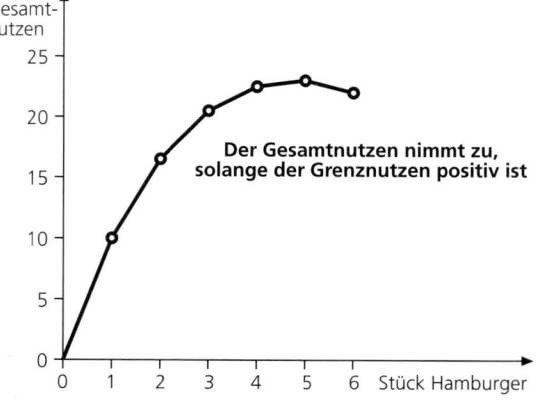

Nach der genau gleichen Logik werden alle Einflüsse auf die Nachfrage (außer dem Preis) sichtbar:

- Nimmt die Nachfrage zu, weil das Einkommen der Jugendlichen zugenommen hat, weil wir einen kalten Winter erleben, weil die Mode weniger Abmagerungsdruck ausübt oder weil Hamburger teurer werden? Dann werden zu jedem Preis der Nachfragetabelle mehr Hotdogs nachgefragt – die Nachfragekurve verschiebt sich (hin zu größeren Mengen) nach rechts.

- Nimmt die Nachfrage ab, weil in den Würstchen gefährliche Substanzen gefunden wurden und vegetarische Falafel immer populärer werden? Kleinere Würstchennachfrage zu jedem Preis der Nachfragetabelle zeigt sich in einer nach links (hin zu kleineren Mengen) verschobenen Nachfragekurve.

Zusammengefasst: Die Nachfragekurve im Preis-Mengen-Diagramm zeigt, welche Mengen zu bestimmten Preisen gekauft würden. Da die nachgefragte Menge mit sinkenden Preisen zunimmt (und umgekehrt), fällt die Nachfragekurve von oben links nach unten rechts.

Um den Einfluss des Preises auf die nachgefragte Menge darzustellen, muss der Einfluss der anderen Bestimmungsgründe konstant gehalten werden. Ändert sich eine dieser Einflussgrößen, verändert sich das Verhältnis von Menge und Preis. Damit verschiebt sich die Nachfragekurve: nach rechts (hin zu größeren Mengen), wenn die Nachfrage zunimmt – und nach links, wenn die Nachfrage abnimmt.

2.4 Die Bestimmungsgründe des Angebots

Angebot
Menge an Gütern, die Verkäufer auf Märkten absetzen wollen

Wo Fastfood nachgefragt wird, wird es auch angeboten. Darum wechseln wir nun die Marktseite. Stellen Sie sich also vor, Sie führten einen Schnellimbissladen. Wovon wird die Menge an Hotdogs abhängen, die Sie verkaufen möchten?

Preis

Ein erster Bestimmungsgrund wird der Preis sein, den Sie mit Hotdogs erzielen. Sind die Preise hoch, werden Sie gute Gewinne damit machen. So werden sie versuchen, mehr Hotdogs anzubieten. Sie werden Überstunden machen, mehr Personal anstellen, neue und leistungsfähigere Geräte kaufen, den Laden ausbauen usw. Kurz: Höhere Preise versprechen höheren Gewinn. Deshalb dehnen Sie das Angebot aus.

Erzielen Sie hingegen niedrigere Preise, sinken die Gewinne. Teure Überstunden lohnen sich nicht mehr. Sie bringen eher kleinere Mengen auf den Markt. Haben Sie sich bisher nur knapp im Geschäft gehalten, steigen Sie vielleicht aus. Kurz: Tiefere Preise schmälern die Gewinne. Deshalb schränken Sie das Angebot ein.

Angebotene Menge und erzielter Preis sind derart eng verknüpft, dass man auch hier ein ökonomisches Gesetz formulieren kann, **das Gesetz des Angebots: Je höher der Preis für ein Gut, desto größer auch die angebotene Gütermenge (ceteris paribus).**

Preise für Inputs

Neben den Einnahmen zählen auch die Ausgaben für die eingesetzten Produktionsfaktoren (Arbeitskräfte, Mobiliar und Geräte, Gebäude) und Zwischenprodukte (Brot, Würstchen, Senf). Steigen die Produktionskosten, drückt dies ebenso auf den Gewinn wie sinkende Verkaufspreise. Steigen also die Input-Preise (und ändert sich sonst nichts), werden Sie weniger anbieten – und umgekehrt.

Technik, Organisation

Die Technik, mit der alle Inputs in Hotdogs verwandelt werden, ist eine weitere wichtige Einflussgröße. Führt ein neuer Führungsstil zu weniger Wechsel beim Personal, gibt es einfachere Programme, mit denen die Buchhaltung bewältigt werden kann? (Leistungsfähigere Maschinen spielen hier ausnahmsweise eine untergeordnete Rolle.) Kann dank organisatorischem und technischem Fortschritt effizienter produziert und verkauft werden, sinken die Kosten und steigt das Angebot.

Erwartungen

Schließlich hängt Ihre heute produzierte und angebotene Menge auch von Ihren Zukunftserwartungen ab. Gehen Sie davon aus, dass die Zahl der heißen Monate zunimmt? Dann stellen sie vielleicht schon heute stärker auf Eiscrème um.

Grafik 2.7:
Bestimmungsgründe des Angebots

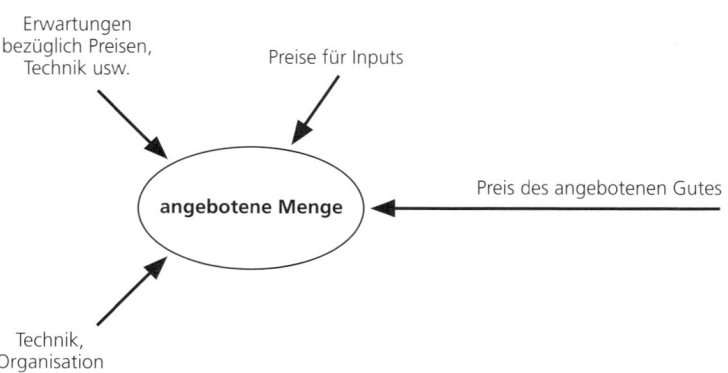

2.5 **Die Angebotskurve**

individuelles Angebot

In diesem Abschnitt sollen Sie lernen, wie die verschiedenen Bestimmungsgründe des Angebots im Preis-Mengen-Diagramm dargestellt werden. Wie schon bei der Nachfrage konzentrieren wir uns zuerst darauf, wie die Menge vom Preis beinflusst wird, und lassen die übrigen Bestimmungsgründe (Inputpreise, Technik und Erwartungen) in unserer Vorstellung unverändert.

Angebotskurve
eine Linie, die das Verhältnis von Preis und angebotener Menge eines Gutes zeigt

Die Angebotstabelle 2.4 zeigt, welche Mengen Ihr Unternehmen bei welchen Preisen anbieten würde. Zu einem Preis von 3 Euro würden Sie 18000 Hotdogs pro Jahr produzieren und anbieten – bei höheren Preisen würden Sie mehr anbieten und bei niedrigeren Preisen weniger. Für nur 1 Euro würden Sie keinen Hotdog mehr produzieren.

Tabelle 2.4:
Angebotstabelle – das Hotdog-Angebot
einer einzelnen Firma

Grafik 2.8:
Angebotskurve – das Hotdog-Angebot
einer einzelnen Firma

Preis in € pro Stück	angebotene Menge
1,–	0
2,–	12 000
3,–	18 000
4,–	24 000
5,–	30 000

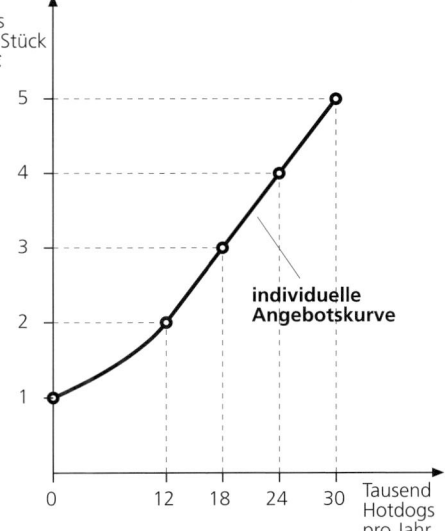

Durch Eintragen in ein Preis-Mengen-Diagramm erhalten wir eine Angebotskurve, die von unten links nach oben rechts ansteigt.

vom individuellen Angebot zum Marktangebot

Analog zur Marktnachfrage erhalten wir auch das Marktangebot durch die Addition aller individuellen Angebote. Tabelle 2.5 zeigt das Angebot Ihrer Firma Speed, zweier Ihrer Konkurrenten sowie die Summe aller Anbieter der Stadt.

Tabelle 2.5:
Das Marktangebot ist die Summe der einzelnen Angebote.

Preis in € pro Stück	angebotene Menge			
	Speed	Gusto	Corner	ganzer Markt
1,–	0	0	12 000	2 Mio.
2,–	12 000	20 000	16 000	8 Mio.
3,–	18 000	36 000	18 000	12 Mio.
4,–	24 000	46 000	20 000	15 Mio.
5,–	30 000	50 000	22 000	17 Mio.

Grafik 2.9:
Die Marktangebotskurve

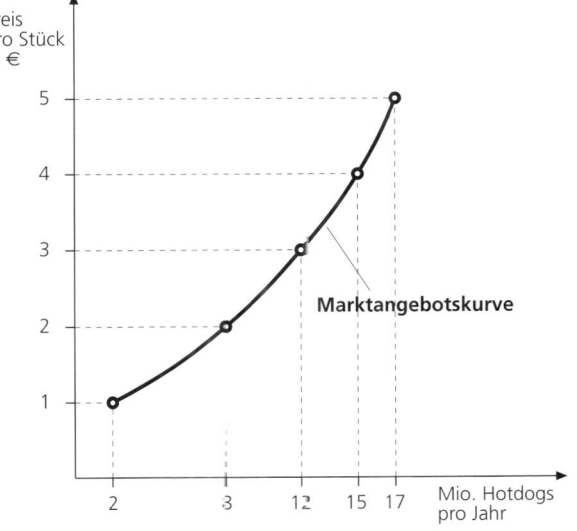

Da das Marktangebot die Summe der individuellen Angebote ist, zeigt auch die Angebotskurve des gesamten Marktes für Hotdogs an, dass – ceteris paribus – die angebotene Menge mit dem Preis zunimmt.

**die Verschiebung
der Angebotskurve**

Die Angebotskurve beschreibt, wie viel die Würstchenbuden der Stadt bei bestimmten Verkaufspreisen anbieten würden – und zwar mit der gegebenen Technik und den momentanen Inputpreisen und Erwartungen. Verändert sich etwas an diesen Rahmenbedingungen, verändert sich auch das Verhältnis von Verkaufspreisen und Mengen. Dies bedeutet eine Angebotstabelle mit neuen Werten und eine neue Angebotskurve.

Was geschieht, wenn z. B. der Brotpreis, die Miete oder die Löhne für Aushilfskräfte sinken? Die Produktionskosten sinken, sodass die Angebotspläne revidiert werden. Im stark übertreibenden Beispiel der Grafik 2.10 würden für 2 Euro 17 Millionen Hotdogs angeboten statt wie bisher 8 Millionen – oder für 4 Euro 24 Millionen anstelle von 15 Millionen. Die Angebotskurve verschiebt sich hin zu größeren Mengen, nach rechts.

Grafik 2.10:
Angebot an Hotdogs vor und nach dem Rückgang der Produktionskosten

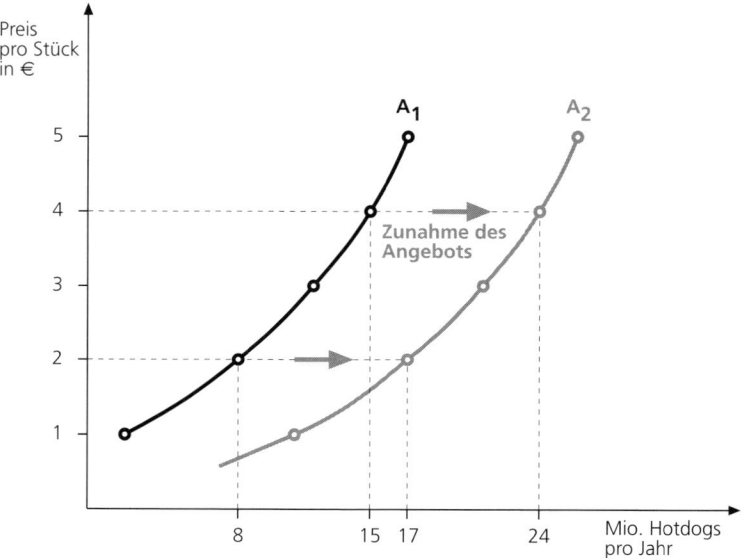

Und was geschieht, wenn die Inputpreise steigen oder die Erwartungen düsterer werden? Dann wird zu jedem Preis der Angebotstabelle weniger angeboten, und die Angebotskurve verschiebt sich hin zu kleineren Mengen, nach links.

Zusammengefasst: Die Angebotskurve im Preis-Mengen-Diagramm zeigt, welche Mengen zu bestimmten Preisen verkauft würden – unter der Annahme, der Einfluss aller anderen Größen bliebe konstant.

Ändert sich eine dieser Einflussgrößen, verändert sich das in der Angebotskurve dargestellte Verhältnis von Menge und Preis. Dann verschiebt sich die Angebotskurve nach rechts, wenn das Angebot zunimmt – und nach links, wenn das Angebot abnimmt.

2.6 Angebot und Nachfrage in Kombination

Nachdem wir Nachfrage und Angebot separat analysiert haben, bringen wir sie hier zusammen. So sind in der Grafik 2.11 für den Hotdog-Markt sowohl Angebots- als auch Nachfragekurven in das gleiche Preis-Mengen-Diagramm eingezeichnet.

Grafik 2.11: Angebotsüberschuss und Nachfrageüberschuss

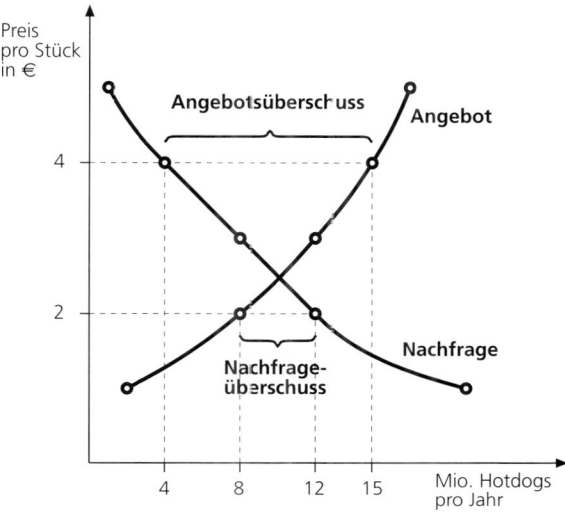

Angebotsüberschuss
Die angebotene Menge übersteigt die nachgefragte Menge zum herrschenden Preis.

Das Diagramm macht deutlich, dass z. B. zu einem Preis von 4 Euro nur 4 Millionen Hotdogs gekauft, aber gerne 15 Millionen angeboten würden. Wir beobachten einen Angebotsüberschuss von 11 Millionen Hotdogs. Bei einem Preis von 4 Euro würden die Würstchenstände fast leer stehen und die Metzger auf riesigen unverkäuflichen Lagern sitzen bleiben. Um diesen Überschuss zu verkaufen, werden die Preise herabgesetzt. Je mehr nun der Preis sinkt, desto weniger wird produziert und desto mehr wird konsumiert – bis der Überschuss verschwindet und der Preiszerfall aufhört.

Nachfrageüberschuss
Die nachgefragte Menge übersteigt die angebotene Menge zum herrschenden Preis.

Läge dagegen der Preis bei 2 Euro, könnten wir einen Nachfrageüberschuss beobachten. 12 Millionen Hotdogs würden nachgefragt, aber nur 8 Millionen produziert. Die nachgefragte Menge wäre um 4 Millionen Hotdogs zu groß, und lange Schlangen würden sich vor den Würstchenbuden bilden. Die Verkäufer würden darum die Preise hinaufsetzen. Höhere Preise gäben einen Anreiz für höhere Produktion und würden gleichzeitig den Konsum drosseln. Je höher der Preis klettert, desto kleiner wird der Nachfrageüberschuss. Der Anpassungsprozess hört auf, wenn die angebotenen und die nachgefragten Mengen gleich groß sind.

Marktgleichgewicht
Angebot und Nachfrage sind gleich.

In der Grafik 2.12 ist der Punkt markiert, in dem sich Anbieter und Nachfrager über Preis und Menge einigen können. Dort, wo sich Angebots- und Nachfragekurven schneiden, beim Preis von 2,50 Euro, werden 10 Millionen Hotdogs sowohl angeboten als auch nachgefragt. Hier liegt das Marktgleichgewicht.

Gleichgewichtspreis
Markträumungspreis
Preis, bei dem die nachgefragte Menge
gleich groß ist wie die angebotene

Gleichgewichtsmenge
angebotene und nachgefragte Menge
zum Gleichgewichtspreis

Der Preis, zu dem die Kaufziele mit den Verkaufszielen übereinstimmen, heißt Gleichgewichtspreis. Zu diesem Preis können sowohl die Anbieter als auch die Nachfrager ihre Pläne erfüllen, die Märkte sind geräumt. Man spricht darum auch vom Markträumungspreis.

Die Menge, auf die sich Käufer und Verkäufer einigen, heißt Gleichgewichtsmenge.

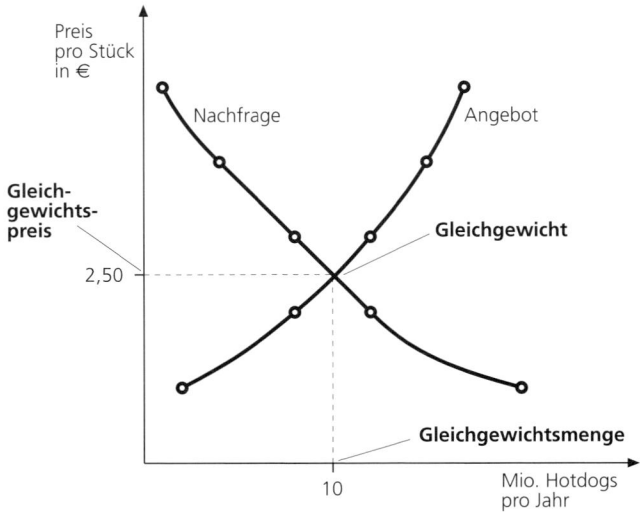

Grafik 2.12:
Marktgleichgewicht, Gleichgewichtspreis und Gleichgewichtsmenge

Was wir auf dem Markt für Hotdogs beobachten, gilt für alle anderen Märkte mit vollständiger Konkurrenz auch, sodass wir folgendes Gesetz von Angebot und Nachfrage formulieren können:

Angebot und Nachfrage hängen zwar von sehr verschiedenen Einflussgrößen ab, doch sie haben einen gemeinsamen Bestimmungsgrund: den Marktpreis des gehandelten Gutes. Dieser Preis wird dafür sorgen, dass sich nach einer längeren oder kürzeren Anpassungszeit die angebotene und die nachgefragte Menge angleichen.

Marktmechanismus
Mechanismus, der durch Angebot,
Nachfrage und Preis gesteuert wird

- **Ist das Angebot größer als die Nachfrage, sinkt der Marktpreis so lange, bis Angebot und Nachfrage übereinstimmen, d. h. bis Angebot und Nachfrage im Gleichgewicht sind.**
- **Ist umgekehrt das Angebot zu gering, steigt der Marktpreis, bis sich früher oder später ein Gleichgewicht zwischen Angebot und Nachfrage einstellt.**

Veränderung von anderen Bestimmungsgrößen (neben dem Preis)

Im Gleichgewicht ist ein Ausgleich zwischen Angebot und Nachfrage erzielt worden – allerdings nur solange alle anderen Einflussgrößen (Produktionstechnik, Inputpreise, Einkommen, Preise für Substitutions- und Komplementärgüter, Erwartungen) unverändert bleiben. Ändert sich bei diesen Einflussgrößen etwas, stimmen vorerst die Kauf- und die Verkaufziele nicht mehr überein. Darauf müssen neue Preise und Mengen ausgehandelt werden.

Veränderung der
Nachfrage

Wie zeigen sich diese Veränderungen im Preis-Mengen-Diagramm? Ein Beispiel, das wir schon einmal analysiert haben, soll uns die Aufgabe erleichtern: Angenommen, das Hotdog-Image habe sich tatsächlich

Präzisierung: Zwei Arten von Preisänderungen

Preise steuern Angebot und Nachfrage. Preisänderungen lassen sich auch leicht beobachten. Und doch müssen wir aufpassen, weil sich – genau genommen – die Preise aus zwei verschiedenen Gründen ändern:

■ Einmal stellen wir fest, dass im Laufe der Jahre praktisch alle Preise steigen: In den 70er Jahren bis zu 7% pro Jahr, Mitte der 80er Jahre schwächer, Anfang der 90er Jahre wieder bis zu 4% und seither wieder schwächer. Diese generellen Preissteigerungen werden Geldentwertung oder **Inflation** genannt.

■ Neben diesen generellen Preisänderungen beobachten wir zudem, dass die einen Preise stärker steigen als die anderen. Bezogen auf den Durchschnitt der Preise sinken also die einen, während die anderen steigen. Deshalb spricht man hier von **relativen Preisen.**
Hier interessieren uns diese relativen, um den Effekt der Inflation korrigierten Preisänderungen, denn sie ergeben sich aus dem Zusammenspiel von Angebot und Nachfrage auf einzelnen Märkten. Mehr zur Inflation werden Sie hingegen erst in den Kapiteln 14 bis 16 erfahren.

dramatisch verbessert. Wir können dann (in der Grafik 2.13 klar sichtbar) zwei aufeinander folgende Anpassungsprozesse unterscheiden:

1. Seit wir die Qualität von Hotdogs höher einschätzen, geben wir mehr Geld dafür aus. Die nachgefragte Menge nimmt für jeden Preis zu, und so verschiebt sich die Nachfragekurve nach rechts.
Und wie verhält sich in diesem Fall das Angebot? Die Schnellimbissläden müssen wir kein zweites Mal befragen. Da sich bei ihnen weder die Einkaufspreise noch irgend etwas anderes verändert hat, ändern sie auch ihre Absichten nicht. Sie werden bei höheren Preisen mehr anbieten und bei tieferen weniger. Die Angebotskurve bleibt hier, wie sie war.

2. In einem zweiten Schritt bildet sich ein neues Marktgleichgewicht mit der neuen Nachfragekurve und der unveränderten Angebotskurve. Die Gleichgewichtsmenge steigt auf 13 Millionen Hotdogs und der Gleichgewichtspreis auf 3.25 Euro.

Warum bleibt die Angebotskurve gleich?

Grafik 2.13:
Die Folgen einer Nachfragesteigerung

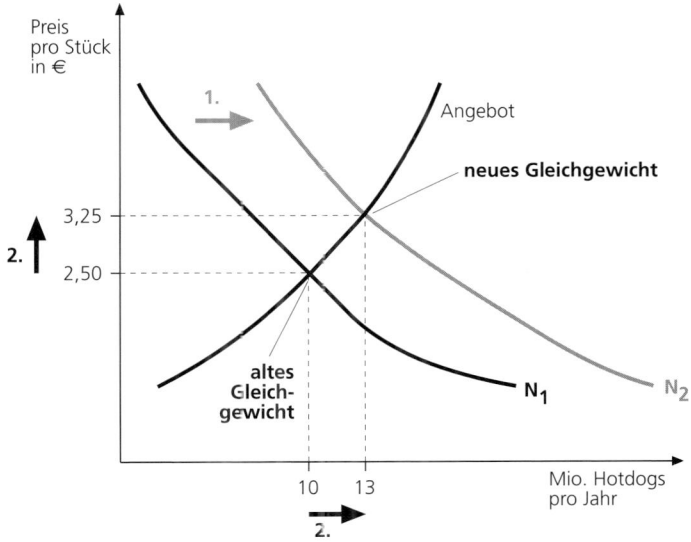

Veränderung des Angebots

Spielen wir noch ein Beispiel durch, bei dem sich das Preis-Mengen-Verhältnis des Angebots verändert, weil sich die Produktionskosten stark erhöhen: Auch hier finden zwei Anpassungsprozesse statt, die wir mit dem Preis-Mengen-Diagramm der Grafik 2.14 leicht nachvollziehen können:

1. Bei höheren Kosten sind die hart kalkulierenden Würstchenbuden nicht mehr bereit, zu den bestehenden Preisen die gleiche Menge anzubieten. Für jeden Preis ihrer Angebotskurve würden sie kleinere Mengen anbieten. Das bedeutet, dass sich die Angebotskurve in Richtung kleinere Mengen nach links verschiebt – oder, was das Gleiche ist, in Richtung höhere Preise nach oben.

   Und die Nachfrage? Die Lust auf Hotdogs wird durch die gestiegenen Produktionskosten nicht tangiert. Die Nachfragekurve bleibt gleich.

2. In einem zweiten Schritt reagieren die Käufer (entlang der alten Nachfragekurve) auf die höheren Preise und konsumieren weniger. Es bildet sich ein neues Gleichgewicht mit einem höheren Preis von 3 Euro und einer kleineren Menge von 8 Millionen Hotdogs.

Warum bleibt die Nachfragekurve gleich?

Grafik 2.14:
Die Folgen eines Angebotsrückgangs

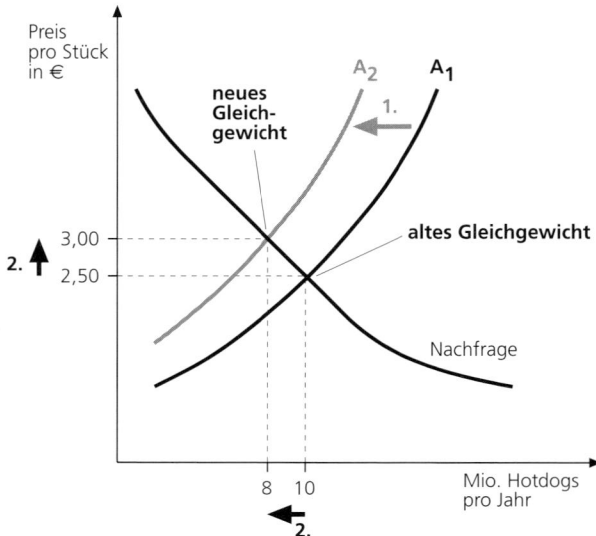

Gleichzeitige Veränderungen bei Angebot und Nachfrage

Haben Sie langsam genug von Hotdogs? Dann soll nur noch erwähnt werden, dass sich natürlich die Angebots- und die Nachfragekurven auch gleichzeitig verändern können. Fällt z.B. eine Kostensteigerung mit einem Wandel der Konsumwünsche zusammen, verschieben sich im Diagramm eben beide Kurven. Das neue Marktgleichgewicht bildet sich dann im Schnittpunkt der beiden neuen Kurven.

Fazit: Verändern sich andere Einflussgrößen als der Preis des gehandelten Gutes, verändert sich das Preis-Mengen-Verhältnis. Damit verschieben sich im Preis-Mengen-Diagramm die Nachfrage- oder Angebotskurven, die genau dieses Verhältnis darstellen.

Sobald sich eine Kurve verschiebt, entsteht ein neuer Schnittpunkt zwischen Angebots- und Nachfragekurven. Der neue Schnittpunkt gibt uns Auskunft über den Preis und die Menge des neuen Marktgleichgewichtes.

Fragen zum 2. Kapitel, Angebot und Nachfrage

1. Ordnen Sie jedem Fachbegriff die passende Ziffer zu:

..... Markt

..... vollständige Konkurrenz

..... Preis

..... normale Güter

..... inferiore Güter

..... Substitutionsgüter

..... Komplementärgüter

..... Nachfrage

..... Nachfragekurve

..... ceteris paribus

..... Grenznutzen

..... Angebot

..... Angebotskurve

..... Angebotsüberschuss

..... Nachfrageüberschuss

..... Marktgleichgewicht

..... Gleichgewichtspreis, Markträumungspreis

..... Gleichgewichtsmenge

..... Marktmechanismus

a Markt, auf dem niemand den Marktpreis beeinflussen kann. Bedingungen dafür sind: 1. sehr viele Anbieter und Nachfrager, 2. Güterqualität und Verkaufsservice einheitlich (homogenes Gut), 3. vollständige Information aller Marktteilnehmer, 4. freier Marktzutritt oder -austritt.

b eine Linie, die das Verhältnis von Preis und nachgefragter Menge eines Gutes zeigt

c eine Linie, die das Verhältnis von Preis und angebotener Menge eines Gutes zeigt

d Güter, die einander ersetzen können, sodass ein Preisrückgang beim einen Gut die Nachfrage nach dem anderen Gut senkt

e bezeichnet in der Ökonomie jedes Zusammentreffen von Angebot und Nachfrage.

f Menge an Gütern, die Käufer auf Märkten erwerben wollen

g angebotene und nachgefragte Menge zum Gleichgewichtspreis

h Menge an Gütern, die Verkäufer auf Märkten absetzen wollen

i Ihre Nachfrage sinkt mit steigendem Einkommen.

j Mechanismus, der durch Angebot, Nachfrage und Preis gesteuert wird

k Die angebotene Menge übersteigt die nachgefragte Menge zum herrschenden Preis.

l der in Geld ausgedrückte Tauschwert eines Gutes oder einer Ressource auf einem Markt

m Befriedigung oder Freude, die wir durch die zusätzliche Einheit eines Gutes erlangen

n Zustand, bei dem Angebot und Nachfrage gleich sind

o Formel für die Annahme, dass alles andere unverändert bleibt

p Ihre Nachfrage steigt mit steigendem Einkommen.

q Preis, bei dem die nachgefragte Menge gleich groß ist wie die angebotene

r Die nachgefragte Menge übersteigt die angebotene Menge zum herrschenden Preis.

s Güter, die miteinander gebraucht werden, womit ein Preisrückgang beim einen Gut auch die Nachfrage nach dem anderen Gut erhöht

2. Was ist der Unterschied zwischen einem Konsumwunsch und einer Nachfrage?

3. Herrscht auf einem großstädtischen Markt für Hotdogs vollständige Konkurrenz? Analysieren Sie aufgrund der Liste der vier notwendigen Bedingungen.

4. Welches sind die wichtigsten Einflussgrößen der Konsumnachfrage?

5. Was zeigt die Nachfragekurve an, die in der Regel von oben links nach unten rechts fällt?

6. Die **Nachfragekurve verschiebt** sich (bei annähernd vollständiger Konkurrenz, ceteris paribus)

nach links	nach rechts	gar nicht	
			Nachfragekurve für Eiscrème,
O	O	O	wenn der Sommer besonders heiss ist,
O	O	O	wenn der Eiscrème-Preis steigt,
O	O	O	wenn die Preise für andere Erfrischungen steigen.
			Nachfragekurve für CDs,
O	O	O	wenn sich die Preise für CD-Player halbieren,
O	O	O	wenn sich die Preise für CDs halbieren,
O	O	O	wenn die Einkommen stark ansteigen,
O	O	O	wenn sich Gerüchte über ein neues Tonträgersystem verbreiten,
O	O	O	wenn die Tantiemen in der Musikbranche steigen,
O	O	O	wenn ein neuer Musikstil Furore macht.
			Nachfragekurve für Hotelübernachtungen im Engadin,
O	O	O	wenn das Engadin durch einen neuen Tunnel erschlossen wird,
O	O	O	wenn die Flüge in den warmen Süden billiger werden,
O	O	O	wenn wegen höherer Löhne für das Hotelpersonal die Hotelpreise steigen,
O	O	O	wenn St. Moritz überraschend als Veranstalter der Winterolympiade einspringt.

7. Welches sind die wichtigsten Einflussgrößen des Angebots?

8. Was zeigt die Angebotskurve an, die in der Regel von unten links nach oben rechts ansteigt?

9. Kann man davon ausgehen, dass sämtliche Wünsche der Nachfrager befriedigt sind, wenn sich ein Markt im Gleichgewicht befindet?

10. Befindet sich ein Markt, der im Gleichgewicht ist, für immer in diesem Zustand?

11. Die Angebotskurve verschiebt sich (bei annähernd vollständiger Konkurrenz, ceteris paribus)

nach links	nach rechts	gar nicht	
			Angebotskurve für Plüschtiere,
O	O	O	wenn Plüsch teurer wird,
O	O	O	wenn Arbeitsgänge standardisiert werden, sodass niedrig qualifizierte Arbeitskräfte die Arbeit verrichten können,
O	O	O	wenn leistungsfähigere Zuschneidemaschinen angeschafft werden,
O	O	O	wenn in Justizvollzugsanstalten vermehrt Tiere genäht und auf Wochenmärkten angeboten werden,
O	O	O	wenn sich auch Jugendliche vermehrt Plüschtiere wünschen.
			Angebotskurve für Automobile,
O	O	O	wenn die Löhne für Autoarbeiter steigen,
O	O	O	wenn dank Automatisierung Arbeitskräfte eingespart werden,
O	O	O	wenn die Preise für Automobile sinken,
O	O	O	wenn die Stahlpreise sinken.

12. Welches Verhältnis zwischen angebotener und nachgefragter Menge wird wohl in den folgenden beiden Aussagen beschrieben?

a) Auf dem Automobilmarkt hat ein »mörderischer Preiskampf« eingesetzt.

b) Der Wohnungsmarkt ist völlig »ausgetrocknet«.

13. Warum sind Flüge nach New York im Februar wesentlich billiger als im September?

14. Das allgemeine Preisniveau steigt um 5 %, die Brotpreise um 7 % und die Flugpreise um 1 %. Wie groß sind ungefähr die um den Effekt der Inflation korrigierten Preisänderungen?

15. Von 1960 bis 1970 stieg in Deutschland der Wohlstand stark an. In dieser Zeit wurde auch mehr Geld für Brot ausgegeben. Die Verkäufe stiegen in den 60er Jahren um 25 % – dabei soll doch Brot ein inferiores Gut sein! Wie erklären Sie sich das?

3. Elastizitäten

Elastizität

ein Maß für die Reaktion einer abhängigen Größe auf eine Einflussgröße

Im letzten Kapitel wurden die verschiedenen Bestimmungsgründe von Angebot und Nachfrage aufgelistet. Zudem wurde auch angegeben, in welche Richtung sich die gehandelte Menge bewegt, wenn sich eine Einflussgröße verändert – so steigt z. B. die nachgefragte Menge normalerweise mit steigendem Einkommen, oder die angebotene Menge sinkt bei tieferen Preisen.

Interessant wäre nun zu wissen, wie groß diese Abhängigkeiten sind. Wie aber misst man die Reaktion der Marktteilnehmer auf Veränderungen von Einflussgrößen? Um diese Frage zu beantworten, gehen wir von einem wichtigen Konzept in der Ökonomie aus, dem Konzept der Elastizität. Elastizitäten geben an, wie stark eine abhängige Größe auf eine Einflussgröße reagiert.

3.1 Die Preiselastizität der Nachfrage

Preiselastizität der Nachfrage

gibt an, wie empfindlich die nachgefragte Menge auf eine Preisänderung reagiert. Sie drückt die prozentuale Veränderung der nachgefragten Menge bezogen auf die prozentuale Veränderung des Preises aus.

Nach dem Gesetz der Nachfrage lässt ein Preisrückgang die nachgefragte Menge ansteigen. Doch wie empfindlich reagiert die Nachfrage auf Preisänderungen? Bei einigen Gütern lösen schon kleine Preisausschläge große Veränderungen aus, bei anderen Gütern bleibt die nachgefragte Menge fast unberührt.

Wie stark die nachgefragte Menge auf eine Preisänderung reagiert, zeigt die Preiselastizität der Nachfrage an. Sie misst das Verhältnis zwischen der prozentualen Veränderung der Menge und der prozentualen Veränderung des Preises.

$$\text{Preiselastizität der Nachfrage} = \frac{\text{prozentuale Mengenänderung}}{\text{prozentuale Preisänderung}}$$

Steigt z. B. der Preis für Butter um 10 %, wird deswegen etwa 15 % weniger Butter gekauft. In diesem Falle ist die

$$\text{Preiselastizität der Nachfrage} = \frac{\text{Mengenabnahme von } 15\,\%}{\text{Preiszunahme um } 10\,\%} = -1{,}5.$$

Beachten Sie, dass die Preiselastizität der Nachfrage negativ ist. Dies drückt aus, dass die nachgefragte Menge zurückgeht, wenn der Preis steigt, oder umgekehrt die Menge zunimmt, wenn der Preis sinkt. Sehr oft wird aber auch nur der absolute Wert angegeben – d. h. in diesem Beispiel einfach nur 1,5.

In der Tabelle 3.1 finden Sie einige typische, recht verschieden große Preiselastizitäten.

elastisch

- Wenn eine Preiselastizität (absolut) größer ist als 1 (wie −1,5 für Butter), sagt man, die Nachfrage sei elastisch. Hier führt eine zehnprozentige Preisänderung zu einer Mengenänderung, die größer ist als 10 %.

- Ist die Preiselastizität (absolut) kleiner als 1 (z. B. −0,5 für Geflügel), spricht man von einer unelastischen Nachfrage (auch wenn »wenig elastische Nachfrage« passender wäre). Hier führt eine zehnprozentige Preisänderung zu einer weniger als zehnprozentigen Mengenänderung.

einheitselastisch

- Liegt schließlich die Preiselastizität genau bei −1 (wie für Benzin in der langen Frist), nennt man die Nachfrage einheitselastisch. Eine Preisänderung von 10 % bewirkt hier eine Mengenänderung von ebenfalls 10 %.

Tabelle 3.1
Ungefähre Preiselastizitäten
der Nachfrage

Butter		−1,5
Schweinefleisch		−1,1
Fisch		−0,7
Geflügelfleisch		−0,5
Eier		−0,2
Mehl		fast 0

Benzin	kurzfristig	−0,3 bis −0,4
	langfristig	−1,0
Elektrizität	kurzfristig	−0,3
	langfristig	−0,5
öffentlicher Verkehr		−0,6 bis −0,9

Quellen:
S. Thiele: Ausgaben- und Preiselastizitäten der Nahrungsmittelnachfrage, Agrarwirtschaft 2/2001
S. Wildner: Die Nachfrage nach Nahrungsmitteln in Deutschland unter besonderer Berücksichtigung von Gesundheitsinformationen, Agrarwirtschaft, Sonderheft 169, 2001
Dienst für Gesamtverkehrsfragen: Elastizitäten des Personenverkehrs in der Schweiz, Bern 1990;
R. K.-H. Dennerlein u. a.: Stromverbrauchsverhalten privater Haushalte, Bern 1987;
G. Foos: Die Determinanten der Verkehrsnachfrage, Karlsruhe 1986.

Bestimmungsgründe der Preiselastizität der Nachfrage

Warum sind die Elastizitäten der Tabelle 3.1 so verschieden? Von welchen Einflussgrößen hängt es ab, ob die Nachfrage nach einem Gut elastisch oder unelastisch ist?

Alternativen

- **Allgemein können wir dort große Preiselastizitäten beobachten, wo die Nachfragerinnen und Nachfrager eine einfache Alternative haben.** So reagiert die Nachfrage nach Schweinefleisch etwas preiselastischer als die Nachfrage nach Geflügel. Denn wird das Schweinefleisch teurer, weicht man gerne auf andere, billigere Fleischarten aus. Wird hingegen das billigere Geflügel teurer, ist ein Ausweichen weniger lohnend.
Sehr preisunelastisch ist die Nachfrage nach Mehl. Wird hier der Preis angehoben, geht die Nachfrage praktisch nicht zurück, weil billigere Alternativen fehlen. Vergessen Sie aber nicht, dass wir in der Regel nicht einfach mehr Geld ausgeben können oder wollen. Es wird immer Leute geben, die früher oder später weniger Mehl kaufen. Denn sie wollen sich in der Regel noch weniger bei Gütern einschränken, die nicht teurer geworden sind. In der Tat ist es schwierig, Güter zu finden, die unabhängig vom Preis einfach in einem bestimmten Ausmaß gekauft werden müssen – so etwa eine obligatorische Versicherung oder ein lebensnotwendiges Medikament.

Marktabgrenzung

- **Die Elastizität hängt stark davon ab, wie eng oder wie breit ein Markt abgegrenzt ist.** Das Marktsegment für Butter beispielsweise ist so eng, dass leicht Substitutionsgüter zu finden sind, z. B. Margarine. Darum reagiert die Nachfrage nach Butter sehr elastisch – wenn der Preis für Margarine unverändert bleibt. Steigen aber die Preise für Butter und Margarine, ist die Nachfrage nach beiden Produkten zusammen preisunelastisch, denn eine Alternative zu Butter und Margarine ist für Haushalte wie Bäckereien schwieriger zu finden.

Zudem können wir einen Markt eng aus der Sicht eines einzelnen Anbieters betrachten, oder wir können den gesamten Markt mit allen Anbietern überblicken. Stellen Sie sich etwa den Zwiebelmarkt in Weimar vor. Welche Folgen hätte dort ein Preisanstieg von 10%? Es würden kaum merklich weniger Zwiebeln gekauft, denn zu Zwiebeln gibt es fast keine Alternative. Doch was würde geschehen, wenn ein einzelner Händler seinen Preis hinaufsetzen würde? Dann könnte er alle seine Kunden verlieren. Aus der Sicht aller Händler zusammen ist also die Nachfrage nach Zwiebeln preisunelastisch. Der einzelne Händler hingegen steht einer sehr preiselastischen Nachfragekurve gegenüber.

Zeithorizont

- **Viele Güter zeigen auf lange Frist eine größere Preiselastizität als kurzfristig.** So wird häufig die Preiselastizität der Benzinnachfrage unterschätzt. Man hört, teureres Benzin halte die Autofahrer nicht zu vermehrtem Benzin sparen an. Tatsächlich reagieren die meisten Leute auf einen Benzinpreisanstieg recht langsam. Lohnende Alternativen eröffnen sich erst mit der Zeit, z. B. wenn das alte Auto ersetzt werden muss. Dann wird ein Benzin sparenderes Auto gesucht, und die Autoindustrie bietet vermehrt solche Autos an. Untersuchungen zeigen denn auch, dass bei einer zehnprozentigen Erhöhung des Benzinpreises der Benzinverbrauch kurzfristig um 3 bis 4% zurückgeht, langfristig um rund 10%.

Ähnlich langsame Reaktionen könnten wir bei steigenden Strompreisen beobachten. Es dauert lange, bis der alte Kühlschrank durch einen Strom sparenden ersetzt ist, und noch länger kann es dauern, bis eine Heizstrom sparende Wärmeisolation eingebaut wird. Weil zuerst investiert werden muss, brauchen höhere Preise ein paar Jahre Zeit, um ihre Wirkung voll entfalten zu können. Würde sich der Strompreis um 10% erhöhen, ginge der Stromverbrauch kurzfristig um nur etwa 3% zurück, langfristig können immerhin etwa 5% nachgewiesen werden.

Kurz: Überall dort, wo für die Anpassung größere Investitionen nötig sind, kann es Jahre dauern, bis die volle Wirkung der Preisänderung eintritt. Dann ist die langfristige Preiselastizität größer als die kurzfristige.[1]

---

[1] Aus diesen Ausführungen können Sie übrigens herauslesen, was in der Ökonomie unter kurz- und langfristig verstanden wird:
- In der **kurzen Frist** kann man sich ohne Investitionen anpassen: Man kann sofort damit beginnen, etwas Benzin sparender zu fahren.
- Die **lange Frist** dauert, bis alle zur Anpassung nötigen Investitionen ausgeführt sind: Man muss ein neues Auto kaufen, um in den Genuss der Benzin sparenden Technik zu kommen.

3.2 Die Preiselastizität und die Neigung der Nachfragekurve

Wie zeigen sich die unterschiedlichen Preiselastizitäten in der Form der Nachfragekurven? Nehmen Sie sich hier ein wenig Zeit und üben Sie mit einem karierten Blatt Papier die Berechnung von Nachfragetabellen und das Zeichnen von typischen Kurven. Diese gemütliche Arbeit könnte Ihnen eine Vertrautheit mit dem Preis-Mengen-Diagramm schenken.

preiselastische Nachfrage

Beginnen wir mit einer preiselastischen Nachfrage: In einer Region kostet ein Kilogramm Butter 4 Euro, und abgesetzt werden davon 100 Tonnen pro Woche, die Preiselastizität beträgt etwa −1,5. Mit diesen Angaben können wir nun ausrechnen, welche Mengen bei welchen Preisen gekauft würden. Und damit wir nicht allzu viel rechnen müssen, gehen wir in 10%-Preis-Schritten vor:

Würde die Butter um 10% billiger (€ 3,65), würden 15% mehr (etwa 115 t) abgesetzt. Würde sie nochmals 10% billiger (€ 3,30), würden nochmals 15% mehr gekauft (etwa 132 t). Und würde die Butter weitere 10% billiger (€ 3,00), würden nochmals 15% mehr gekauft (etwa 152 t). Viel weiter darf man mit der geschätzten Elastizität von −1,5 nicht rechnen, denn Untersuchungen über Elastizitäten beziehen sich meist nur auf einen kleinen Preisbereich!

Auf die gleiche Weise berechnen wir auch die Wirkung einer Preiserhöhung: Würde die Butter um 10% teurer (€ 4,40), würden 15% weniger (noch etwa 85 t) abgesetzt, etc. Nun können wir die Werte in die Grafik eintragen. Wir haben eine Nachfragekurve mit der Elastizität von −1,5 vor uns.[2]

Tabelle 3.2:
Nachfragetabelle:

Butterpreis (€/kg)	Mengen Butter (t/Woche)
3,00	152
3,30	132
3,65	115
4,00	100
4,40	85
4,85	72
5,35	61,5

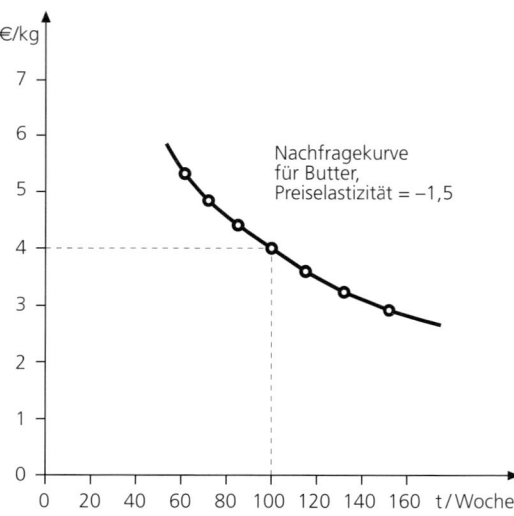

Nachfragekurve für Butter, Preiselastizität = −1,5

Grafik 3.1:
Elastische Nachfrage

---

[2] Berechnen wir die Nachfragekurve nicht in Intervallen von 10%, sondern in feineren, erhalten wir eine leicht andere, genauere Kurve. Mit 1%-Intervallen erreichen wir bei einem Preis von € 5.35 eine Menge von 65 t (statt 61,5 t mit 10%-Intervallen). Doch so genau sind die Schätzungen von Elastizitäten gar nie, dass wir uns an dieser Stelle den Kopf darüber zerbrechen müssten.

einheitselastische und unelastische Nachfrage

Als Nächstes stellen wir eine einheitselastische sowie eine unelastische Nachfrage dar. Als Beispiel dient uns die Nachfrage nach Benzin. In einer Region werden 10 Mio. Liter pro Tag verkauft zu einem Preis von € 1,20 pro Liter. Die Preiselastizität beträgt kurzfristig etwa –0,3 und langfristig etwa –1,0. Auch mit diesen Angaben können wir ausrechnen, welche Mengen bei welchen Preisen gekauft würden. Und auch hier wollen wir der Einfachheit halber in 10%-Intervallen vorgehen. Eine Preiserhöhung von 10% bewirkt einen Mengenrückgang von 3% (kurzfristig) und einen von 10% (langfristig).

Tabelle 3.3:
Nachfragetabelle zur Benzinnachfrage

Benzin-preis (€/Liter)	Benzinmenge Mio. Liter/Tag	
	kurz-fristig	lang-fristig
0,90	10,9	13,3
0,99	10,6	12,1
1,09	10,3	11,0
1,20	10,0	10,0
1,32	9,7	9,1
1,45	9,4	8,3
1,60	9,2	7,5

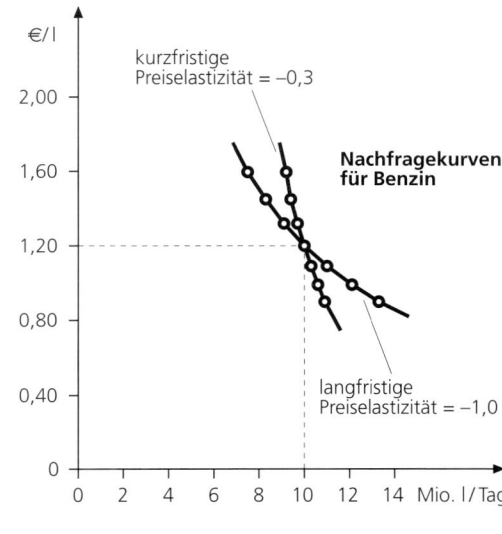

Grafik 3.2:
Preisunelastische und einheitselastische Nachfrage

In der Grafik zeigt sich die kurzfristige preisunelastische Benzinnachfrage in einer steilen Kurve. Der Preis muss stark steigen, bis sich die Menge deutlich (nach links) verringert, und der Preis muss stark fallen, bis sich die Menge (nach rechts) deutlich vergrößert. Weniger steil hingegen verläuft die langfristige Benzinnachfrage mit der Preiselastizität von –1.

vollkommen unelastische Nachfrage

Was geschieht in den Extremfällen bei vollkommen unelastischer und vollkommen elastischer Nachfrage?

Nehmen wir eine Region, in der pro Woche 80 Tonnen Mehl zu einem Preis von 1 Euro pro Kilogramm abgesetzt werden. Wäre die Nachfrage vollkommen preisunelastisch, ginge die nachgefragte Menge nicht zurück, wenn der Preis steigt, und die Menge nähme auch nicht zu, wenn der Preis fällt. Ob der Preis bei einem halben oder bei zwei Euro läge – immer würden 80 Tonnen verkauft. Dies ergibt eine senkrechte Nachfrage-»Kurve«.

Grafik 3.3:
Vollkommen unelastische Nachfrage

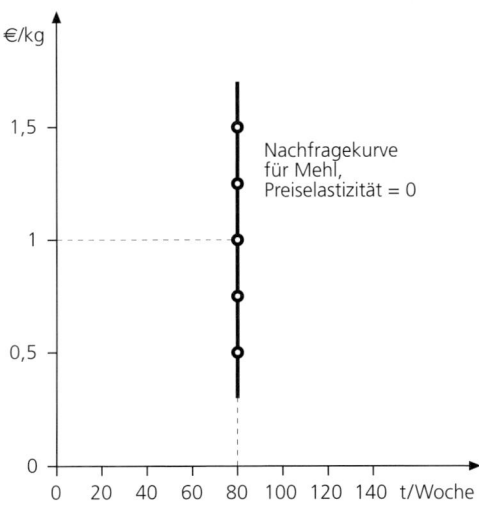

vollkommen elastische Nachfrage

Grafik 3.4:
Vollkommen elastische Nachfrage

Stellen wir uns schließlich vor, auf einem übersichtlichen Markt mit vielen Anbietern und vielen gut informierten Käuferinnen und Käufern koste ein Kilogramm Zwiebeln 60 Cents. Was würde nun geschehen, wenn ein einzelner Händler seinen Preis höher festlegte? Er müsste damit rechnen, dass er alle seine Kunden an die Konkurrenz verliert. Anderseits verlangt der Händler auch nicht weniger als alle anderen, weil er sein Angebot auch sonst verkaufen kann. Mit tieferen Preisen wäre nur sein Gewinn kleiner. Für einen einzelnen Händler im vollkommenen Wettbewerb ist ein anderer Preis als 60 Cents nicht sinnvoll. Das bedeutet, dass er vor einer waagerechten Nachfrage-»Kurve« steht.

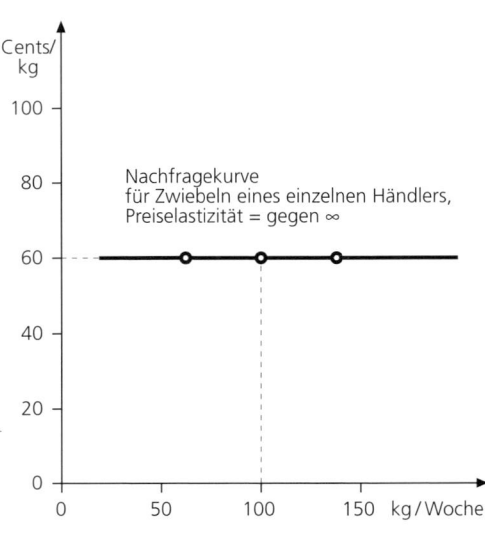

Vorläufiges Fazit: Die Steilheit der Nachfragekurve gibt Auskunft über die Preiselastizität der Nachfrage.

- **Je geringer die Preiselastizität, desto steiler verläuft die Nachfragekurve. Eine vollkommen unelastische Nachfrage (0) zeigt sich in einer völlig senkrechten Nachfrage-»Kurve«.**
- **Je größer die Preiselastizität, desto flacher verläuft die Nachfragekurve. Eine vollkommen elastische Nachfrage (Preiselastizität gegen – ∞) zeigt sich in einer waagerechten Nachfrage-»Kurve«.**

Preiselastizität entlang einer Geraden

Grafik 3.5:
Lineare Nachfragekurve und Nachfragekurve mit konstanter Elastizität

Wir haben Kurven mit konstanter Elastizität gezeichnet, und unsere Geduld wurde mit geschwungenen Kurven belohnt. Nun sind aber die Schätzungen der Elastizitäten nie exakt, und so sollten wir nicht mit ausgeklügelter Geometrie eine Genauigkeit vortäuschen, die gar nicht existiert. Darum könnten wir uns auch mit einer einfachen Geraden zufrieden geben.

Aber Achtung! Eine Gerade hat zwar eine gleichmäßige Neigung – aber das bedeutet nicht eine konstante Preiselastizität. Dies sehen Sie deutlich in

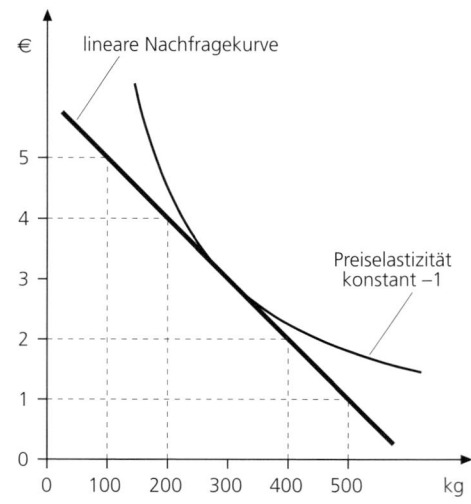

der Grafik 3.5, wo eine Gerade (d. h. eine lineare Nachfragekurve) mit einer Nachfragekurve mit konstanter Elastizität verglichen wird. Relativ zur Kurve wird die Gerade nach links immer flacher und elastischer, während sie nach rechts relativ zur Kurve immer steiler und unelastischer wird.

Sie können dies auch rechnerisch nachprüfen. Tun wir das hier in feinen Schritten von 10 Cents.[3] Pro Preisänderung von 10 Cents verändert sich die nachgefragte Menge um 10 Kilogramm:

- Steigt der Preis von € 5,– auf € 5,10 (also um 2%), sinkt die Menge von 100 auf 90 Kilogramm (also um 10%). Die Preiselastizität beträgt damit –10% / 2% = –5. Die lineare Nachfragekurve ist im Bereich von hohen Preisen elastisch.
- Steigt hingegen der Preis von € 1,– auf € 1,10 (also um 10%), sinkt die Menge von 500 auf 490 kg (also um 2%). Die Preiselastizität beträgt –2% / 10% = –0,2. Im Bereich von tiefen Preisen ist die lineare Nachfragekurve unelastisch.

Die Grafik 3.6 zeigt die Zonen mit den verschiedenen Elastizitäten einer linearen Nachfragekurve. Genau in der Mitte der Geraden (zwischen ihren Schnittpunkten mit den Preis- und Mengenachsen) befindet sich ein Punkt mit der Preiselastizität von –1 (einheitselastisch). Bewegen wir uns nach links oben, wird die Nachfrage immer elastischer – und nach rechts unten immer unelastischer.

Grafik 3.6:
Die Preiselastizität entlang einer linearen Nachfragekurve

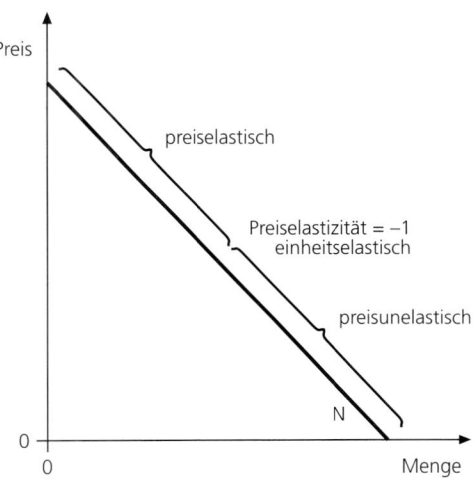

Vermittelt eine lineare Nachfrage-kurve ein realistisches Bild?

In der Realität kann es durchaus vorkommen, dass im Bereich von hohen Preisen die Nachfrage nach einem Gut zunehmend empfindlich auf Preissteigerungen reagiert und dass von einem gewissen Preis an gar nichts mehr verkauft wird. Ebenso beobachten wir Fälle (so etwa beim Salz), in denen die Preise schon so niedrig sind, dass ein zusätzlicher Preisabschlag kaum mehr neue Kunden lockt. Wir beobachten dann eine Sättigungsgrenze. Will man diese Beobachtungen in eine Nachfragekurve einbauen, kann man bewusst (und nicht nur aus Bequemlichkeit) eine lineare Nachfragekurve wählen.

---

[3] Weil sich auf einer Geraden die Elastizitäten ändern, müssen zu ihrer Berechnung möglichst kleine Intervalle gewählt werden. Die genaue Formel zur Berechnung von Elastizitäten lautet demnach: (dM / M) / (dP / P), wobei M = Menge und P = Preis. Immer wenn mit Intervallen gerechnet wird, erhält man streng genommen nur Näherungswerte.

3.3 Preiselastizität der Nachfrage und Umsatz

Umsatz

= Ausgaben der Käufer

= Erlös der Verkäufer

= verkaufte Menge mal Preis

Unternehmen interessieren sich brennend für die Preiselastizität der Nachfrage nach ihren Produkten, denn daraus können sie ablesen, welche Folgen Preisänderungen für ihren Umsatz haben. Der Umsatz, den ein Unternehmen durch den Verkauf seiner Produkte erzielt, hängt von der verkauften Menge und vom Preis ab: Umsatz = abgesetzte Menge mal Preis.

Die Grafiken 3.7 bis 3.9 zeigen nun drei Kurven mit verschiedenen Preiselastizitäten. Überall stieg der Preis von 4 auf 5 Euro.

Umsatz entlang einer unelastischen Nachfragekurve

■ Die Grafik 3.7 zeigt eine preisunelastische Nachfrage. Erhöht sich der Preis um 25%, geht die Menge nur um 10%, von 1000 auf 900 kg, zurück. Der Umsatz steigt darum von 4000 auf 4500 Euro. **Ist die Nachfrage unelastisch, dann steigt der Umsatz mit dem Preis.**

Grafik 3.7:
Umsatz bei unelastischer Nachfrage

Sehen Sie in der Grafik,
wie sich der Umsatz verändert,
wenn der Preis sinkt?

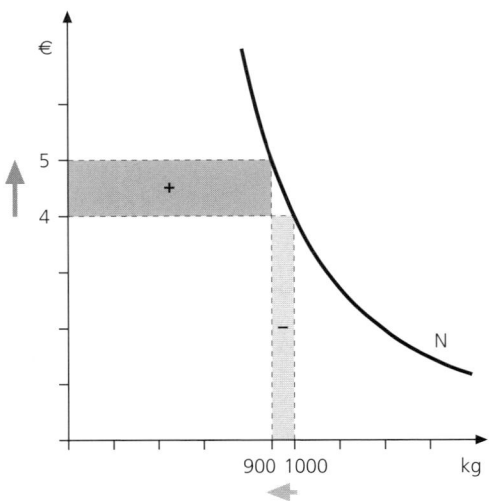

Umsatz entlang einer elastischen Nachfragekurve

■ Das Gegenteil bei elastischer Nachfrage: In der Grafik 3.8 führt eine 25%ige Preiserhöhung zu einem Mengenrückgang von 60%, von 1000 auf 400 kg. Der Umsatz sinkt von 4000 auf 2000 Euro. **Bei elastischen Nachfragekurven sinkt der Umsatz mit steigendem Preis.**

Grafik 3.8:
Umsatz bei elastischer Nachfrage

Und was geschieht
mit sinkendem Preis?

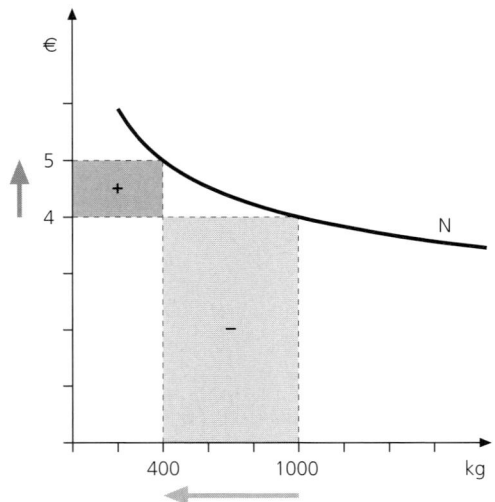

Umsatz entlang einer einheitselastischen Nachfragekurve

■ In der Grafik 3.9 beträgt die Preiselastizität genau −1. Hier löst eine Preisänderung eine prozentual gleich große Mengenänderung aus. Rechtecke unter der Nachfragekurve bleiben also immer gleich groß. **Ist die Nachfrage einheitselastisch, bewirken Preisänderungen keine Umsatzänderungen.**[4]

Grafik 3.9:
Umsatz bei einheitselastischer Nachfrage

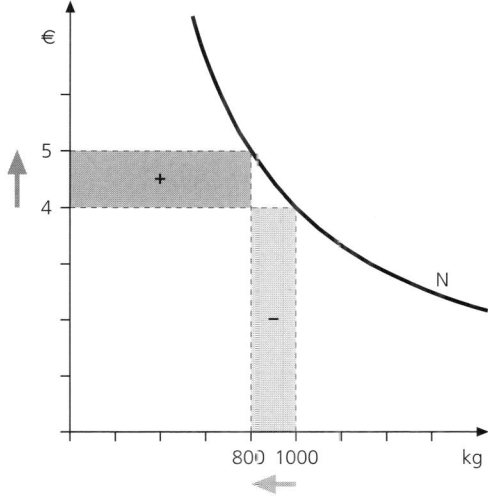

Umsatz entlang einer geraden Nachfragekurve

■ Eine gerade Nachfragekurve, wie sie die Grafik 3.10 zeigt, wird nach rechts immer unelastischer und nach links immer elastischer. Das heißt, im rechten Bereich mit niedrigen Preisen und großen Mengen steigt der Umsatz mit steigenden Preisen – im linken Bereich mit hohen Preisen hingegen führt eine weitere Preiserhöhung zu einem kleineren Umsatz.

Grafik 3.10:
Umsatz bei einer geraden Nachfragekurve

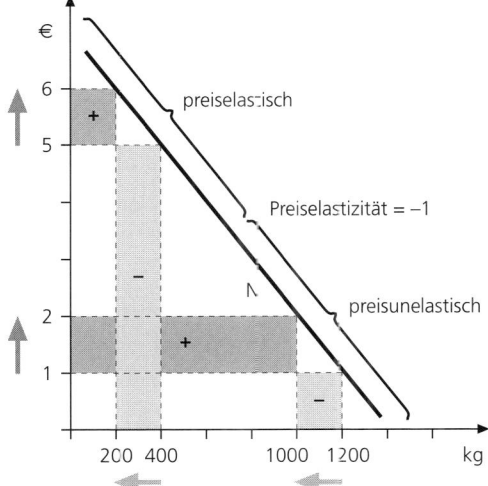

---

[4] In der Grafik steigt der Preis um 25 % und die Menge sinkt nur um 20 %. In der umgekehrten Richtung sinkt der Preis nur um 20 % und die Menge steigt um 25 %. Beide Male erhalten wir also keine Preiselastizität von −1. Je kleiner wir aber die Intervalle wählen, desto eher entspricht die prozentuale Veränderung des Preises der prozentualen Veränderung der Menge.

3.4 Andere Elastizitäten der Nachfrage

Mit den Preiselastizitäten haben wir dargestellt, wie stark die Käufer auf Preisänderungen reagieren. Nun wenden wir uns noch kurz anderen Bestimmungsgründen der Nachfrage zu. So wie für die Preise wurden nämlich auch für andere Einflussgrößen Elastizitätsmaße definiert. Die beiden wichtigsten sind die Einkommenselastizität und die Kreuzpreiselastizität:

Einkommenselastizität der Nachfrage

gibt an, wie empfindlich die nachgefragte Menge auf eine Einkommensänderung reagiert. Prozentuale Veränderung der nachgefragten Menge dividiert durch prozentuale Veränderung des Einkommens.

Die Nachfrage wird unter anderem vom Einkommen der Käufer bestimmt. Die Einkommenselastizität der Nachfrage misst nun, wie stark sich die nachgefragte Menge ändert, wenn sich die Einkommen verändern.

$$\text{Einkommenselastizität der Nachfrage} = \frac{\text{prozentuale Mengenänderung}}{\text{prozentuale Einkommensänderung}}$$

Erinnern Sie sich an die Unterscheidung von inferioren und normalen Gütern aus dem 2. Kapitel?

inferiore Güter

- Bei inferioren Gütern (wie Margarine oder Tabak) führt ein höheres Einkommen zu einer niedrigeren Nachfrage. Hier ist also die Einkommenselastizität negativ.

normale Güter

- Normale Güter hingegen werden vermehrt gekauft, wenn das Einkommen steigt, die Einkommenselastizität der Nachfrage ist darum normalerweise positiv. Hohe positive Werte beobachten wir bei Luxusgütern, die erst mit hohen Einkommen in großen Mengen gekauft werden.

Kreuzpreiselastizität der Nachfrage

gibt an, wie empfindlich die nachgefragte Menge auf die Preisänderung eines anderen Gutes reagiert. Prozentuale Veränderung der nachgefragten Menge dividiert durch prozentuale Veränderung des Preises eines anderen Gutes.

Die Nachfrage nach einem Gut wird auch von Preisen für Güter mit ähnlichen Eigenschaften beeinflusst. Darum werden auch indirekte Preiselastizitäten, Kreuzpreiselastizitäten berechnet. Die Kreuzpreiselastizität der Nachfrage misst also, wie stark sich die nachgefragte Menge ändert, wenn sich der Preis eines anderen Gutes verändert.

$$\text{Kreuzpreiselastizität der Nachfrage} = \frac{\text{prozentuale Mengenänderung}}{\text{prozentuale Preisänderung eines anderen Gutes}}$$

Kreuzpreiselastizitäten geben uns die Gelegenheit, Substitutionsgüter und Komplementärgüter nochmals anzuschauen:

Substitutionsgüter

- Substitutionsgüter sind Güter, die einander ersetzen können, sodass ein Preisrückgang beim einen Gut die Nachfrage nach dem anderen Gut senkt. Die Nachfrage nach Rindfleisch profitiert also von einem Preisanstieg für das Substitutionsgut Kalbfleisch. D. h. Substitute sind Güter mit positiven Kreuzpreiselastizitäten.

Komplementärgüter

- Komplementärgüter sind Güter, die miteinander gebraucht werden. Damit erhöht ein Preisrückgang beim einen Gut auch die Nachfrage nach dem anderen Gut. Die Autonachfrage leidet also unter einem Preisanstieg für das Komplementärgut Benzin. D. h. Komplementärgüter zeigen negative Kreuzpreiselastizitäten.

3.5   Die Preiselastizität des Angebots

Nach dem Gesetz des Angebots wird bei steigenden Preisen mehr angeboten – und bei sinkenden Preisen weniger. Doch auch das Angebot reagiert je nach Art des Gutes verschieden empfindlich auf Preisänderungen.

Wie stark die angebotene Menge auf eine Preisänderung anspricht, zeigt die Preiselastizität des Angebots an. Sie misst das Verhältnis zwischen der prozentualen Veränderung der Menge und der prozentualen Veränderung des Preises.

Preiselastizität des Angebots

gibt an, wie empfindlich die angebotene Menge auf eine Preisänderung reagiert. Sie drückt die prozentuale Veränderung der angebotenen Menge bezogen auf die prozentuale Veränderung des Preises aus.

$$\text{Preiselastizität des Angebots} = \frac{\text{prozentuale Mengenänderung}}{\text{prozentuale Preisänderung}}$$

Steigen z. B. die Preise für Zwiebeln um 10 %, werden deswegen vielleicht um 20 % mehr Zwiebeln angeboten. In diesem Falle ist die

$$\text{Preiselastizität des Angebots} = \frac{\text{Mengenzunahme um 20 \%}}{\text{Preiszunahme um 10 \%}} = 2{,}0.$$

Die Preiselastizität des Angebots ist positiv, weil die Menge und der Preis in die gleiche Richtung zu- oder abnehmen.

Auch bei der Preiselastizität des Angebots wird unterschieden zwischen elastischen, unelastischen und einheitselastischen Angeboten:

elastisch

- Kann das Angebot problemlos ausgedehnt werden, wenn die Preise steigen, nimmt die Menge prozentual stärker zu als der Preis. Als Resultat erhalten wir eine Preiselastizität von größer als 1, und wir sprechen von einem elastischen Angebot.

unelastisch

- Lässt sich hingegen das Angebot nur mit Mühe ausdehnen, nimmt die Menge prozentual schwächer zu als der Preis. Dann resultiert eine Preiselastizität von kleiner als 1, und man spricht von einem unelastischen Angebot.

einheitselastisch

- Nimmt schließlich die Menge stets prozentual genau gleich stark zu wie der Preis, resultiert eine Preiselastizität von 1, und man spricht von einem einheitselastischen Angebot.

Bestimmungsgründe der Preiselastizität des Angebots

Wovon hängt es ab, wie empfindlich Anbieter auf Preisänderungen reagieren? Allgemein können wir dort große Preiselastizitäten beobachten, wo die Unternehmen flexibel reagieren können. Hinter dieser Flexibilität stehen vor allem drei Faktoren:

1. Ressourcen mobilisieren

- Je billiger und einfacher ein Unternehmen Ressourcen mobilisieren kann, desto eher wird es die Produktion ausdehnen, wenn die Preise für seine Produkte steigen. Das Angebot ist also preiselastisch, wenn sich z. B. leicht neue Arbeitskräfte einstellen lassen, wenn nicht alle Maschinen voll ausgelastet sind und die zusätzlichen Rohstoffe problemlos geliefert werden können.

  Anders ist die Situation für eine Firma, die schon an ihren Kapazitätsgrenzen ist und kaum neue Arbeitskräfte mit den passenden Qualifikationen findet, sodass nur mit teuren Überstunden mehr produziert werden könnte. Eine solche Firma wird ihre Produktion nur wenig ausdehnen können, auch wenn die Preise für ihre Produkte stark steigen – ihr Angebot ist preisunelastisch.

2. Lager

■ Bei gut haltbaren und lagerfähigen Produkten können die Lager einfach auf- und abgebaut werden. Hier kann das Angebot leicht auf Preisänderungen reagieren.

Preisunelastischer ist dagegen das Angebot für leicht verderbliche Güter, für Modeartikel, für Geräte mit großem technischem Wandel oder für Dienstleistungen, die ja nicht gelagert werden können.

3. Planungs- und Produktionszeiten

■ Je kürzer die Planungs- und Produktionszeiten sind, desto schneller sind starke Reaktionen auf Preisänderungen möglich, wie z. B. bei Fußbällen, Kaffeemaschinen oder Gartengrills.

Bei größeren Planungs- und Produktionszeiten hingegen wird das Angebot preisunelastisch. Möchte z. B. ein Landwirt, angelockt durch höhere Spargelpreise, mehr Spargel anpflanzen, wird der Spargel erst ein Jahr später auf den Markt kommen. Oder steigen die Seidenpreise, weil Seide Mode wird, braucht die Produktion mehrere Jahre, um zu reagieren. Auch im Maschinenbau gibt es lange Produktionszeiten, obwohl diese dank neuer Techniken stark verringert worden sind. So dauert es heute etwa sechs bis neun Monate, bis ein Großflugzeug hergestellt ist.

Zeithorizont

Fazit: Die Zeit spielt in den meisten Fällen die wichtigste Rolle für die Anpassung des Angebots an Preisänderungen. Kurzfristig kann das Angebot oft nur schwer oder gar nicht verändert werden. Langfristig hingegen kann nicht nur die Produktionskapazität angepasst werden, sondern es können auch neue Anbieter auf- und alte abtreten. **Je länger der Zeitraum, den wir überblicken, desto elastischer wird das Angebot.**

Allerdings gibt es Güter, deren Angebot auch langfristig sehr unelastisch ist. Beispiele sind der Boden oder Kunstwerke verstorbener Künstler. Was dann geschieht, wird im Schlussabschnitt dieses Kapitels analysiert.

3.6 Die Preiselastizität und die Neigung der Angebotskurve

Wie schon die Nachfragekurven werden auch die Angebotskurven nach ihrer Preiselastizität klassifiziert:

unelastisch

■ Ist das Angebot unelastisch, lösen große (prozentuale) Preisänderungen nur geringfügige (prozentuale) Mengenänderungen aus. Auf der senkrechten Preisachse müssen wir stark ansteigen, um auf der waagerechten Mengenachse ein wenig nach rechts zu gelangen: Eine preisunelastische Angebotskurve verläuft steil.

Grafik 3.11:
Unelastische und vollkommen unelastische Angebote

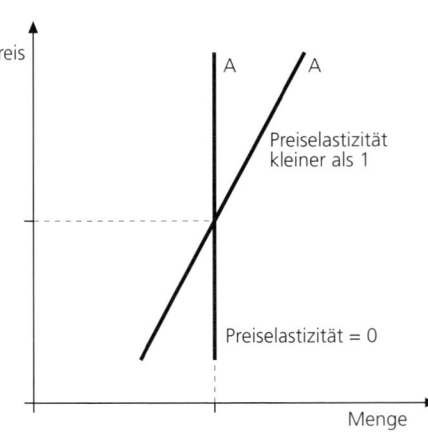

vollkommen unelastisch

einheitselastisch

Grafik 3.12:
Einheitselastische Angebote

- Ist das Angebot vollkommen unelastisch, bleibt die angebotene Menge unabhängig vom Preis immer gleich. Dies zeigt sich in einer senkrechten Angebots-»Kurve«.

- Bei einer Elastizität von genau 1 nehmen Preise und Mengen prozentual gleich stark zu oder ab. Damit würde eine Halbierung des Preises auch zu einer Halbierung der Menge führen. Stellen Sie sich weitere Halbierungen vor, so erkennen Sie leicht, dass jede einheitselastische Angebotskurve durch den Nullpunkt des Preis-Mengen-Diagramms verlaufen muss.

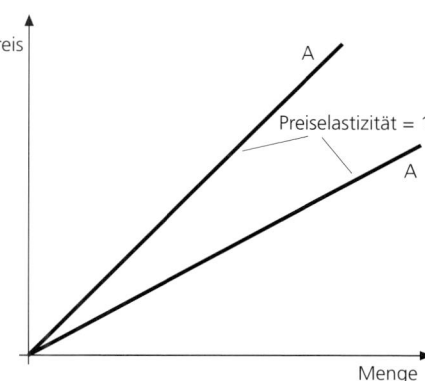

elastisch

- Ist das Angebot elastisch, führen kleine (prozentuale) Preisänderungen zu großen (prozentualen) Mengenänderungen. So müssen wir auf der senkrechten Preisachse nur wenig ansteigen, und schon gelangen wir auf der waagerechten Mengenachse stark nach rechts: Eine preiselastische Angebotskurve verläuft flach.

vollkommen elastisch

Grafik 3.13:
Elastische und vollkommen elastische Angebote

- Schließlich zeigt sich ein vollkommen preiselastisches Angebot in einer waagerechten Angebots-»Kurve«. Der kleinste Preisanstieg würde die angebotene Menge extrem ausdehnen, beim geringsten Preisrückgang würde die angebotene Menge auf null sinken.

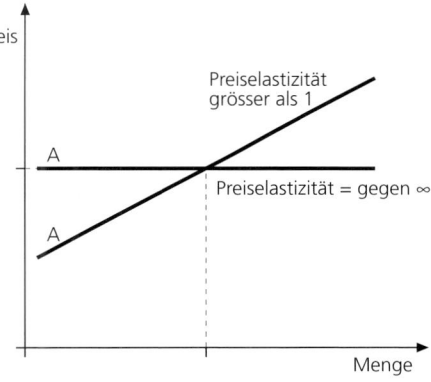

Fazit: Je geringer die Preiselastizität, desto steiler verläuft die Angebotskurve. Und je größer die Preiselastizität, desto flacher die Kurve.

Preiselastizität des Angebots nicht immer konstant

Selbstverständlich ist die Preiselastizität eines Angebots nicht immer konstant. So gibt es viele Unternehmen, die auf einen kleinen Preisanstieg hin ihr Angebot ausdehnen würden, solange sich zusätzliche Ressourcen leicht und billig mobilisieren lassen. Vor allem wenn noch Lager abgebaut werden können, ist das Angebot elastisch, die Angebotskurve verläuft flach. Sind aber die Lager leer und werden mit der Produktionsausdehnung jene Grenzen erreicht, die nur noch mit hohen Kosten überschritten werden könnten, dann müssen die Preise stärker ansteigen, bis die angebotene Menge weiter steigt. Das Angebot wird unelastischer, die Angebotskurve steiler.

Die Abhängigkeit der Angebotselastizitäten von den Produktionskosten wird uns im Kapitel 4 noch eingehend beschäftigen.

3.7 Starres Angebot und Spekulationsblasen

Immer wieder lesen wir in der Zeitung von »horrenden« Preisen, die für Bilder bezahlt werden. So wurden z. B. im Jahre 1987 für van Goghs »Sonnenblumen« 80 Mio. DM (40 Mio. Euro) oder 2004 für Picassos »Garçon à la pipe« 90 Mio. Euro bezahlt. Da diese Preise an Auktionen erzielt werden, also auf einem Markt, fragen wir uns natürlich: Was steht hinter dem Angebot, was hinter der Nachfrage?

beschränktes Angebot

Bei Bildern von verstorbenen Malern, und um solche geht es ja meist, kann die angebotene Menge nicht mehr vergrößert werden. Van Gogh z. B. hat um die tausend Bilder gemalt, davon sind indessen nur noch wenige auf dem Markt erhältlich, weil die allermeisten für immer in Museen verwahrt werden. Die Nachfrage muss sich daher auf die wenigen Bilder richten, die da sind. Auch noch so hohe Marktpreise können in diesem Fall das Angebot nicht mehr erhöhen, außer natürlich durch Fälschen.

Diesem beschränkten Angebot steht ein weltweit enthusiastisches Verlangen nach diesen Bildern gegenüber. Diese Welle wird mit getragen von den Medien, von Ausstellungen und von der Kunstkritik, die begeisterte Texte in den Ausstellungskatalogen schreibt. Wenn nun ein solch hochgejubeltes Bild zum Verkauf kommt, möchte eine nicht übersehbare Zahl von Privatpersonen, Museen und Unternehmen es kaufen. An einer Auktion wird der Preis so lange angehoben, bis nur noch ein einziger Nachfrager übrig bleibt. Auch die Nachfrage nach van-Gogh-Bildern ist preiselastisch, es gibt einen Preis, bei dem nur noch ein einziger Kunstfreund seine Nachfrage aufrechterhält.

Schauen wir die Nachfrage genauer an. Wir können da zwei grundverschiedene Absichten unterscheiden, wenn für so hohe Preise gekauft wird:

Nutzen von Bildern

Ist das Bild für den Privatgebrauch bestimmt, entspricht die Nachfrage einem persönlichen Bedürfnis. In einer Zeit von immer stärker wachsender Vermassung kaufen wir ganz gerne etwas, das die Nachbarn nicht haben – und wer hat schon einen van Gogh! Für das gewonnene Prestige

demonstrativer Konsum

und dafür, dass ich mich sehr stark als Individuum fühlen darf, bin ich auch bereit, viel zu zahlen. Prestige spielt auch bei Firmen eine große Rolle. Sie setzen ihr Image auf allen Märkten ein, auf denen sie konkurrieren. Firmen mit hohem Prestige können auf den Gütermärkten besser verkaufen, auf den Arbeitsmärkten fischen sie die besseren Arbeitskräfte, und auf den Kapitalmärkten sind sie kreditwürdiger. Prestige schlägt sich in höherem Gewinn nieder. Vermutlich kaufte die japanische Versicherungsgesellschaft Yasuda 1987 die »Sonnenblumen« van Goghs aus diesem Grund. Durch den Besitz dieses Bildes wuchs das Prestige der Firma enorm. Eine Werbekampagne mit ähnlichem Ergebnis hätte nicht wesentlich weniger als die 40 Mio. Euro gekostet. Ein van Gogh ist hier ein

Zwischenprodukt

äußerst wirksames Zwischenprodukt in der Produktion von Versicherungsleistungen. Das Gemälde ist so wirksam, dass viele sich darum reißen und bereit sind, viel dafür zu bezahlen.

Doch es gibt auch Käufer, die mit Bildern nichts anfangen können, weder privat noch als Mittel für ihr Geschäft. Diese interessieren uns hier

zukünftiger Verkauf

Spekulation
Kauf- und Verkaufsentscheidungen beruhen auf Erwartungen über zukünftige Preise. Man orientiert sich weniger am direkten Nutzen eines Gutes, sondern beobachtet die anderen Marktteilnehmer und versucht daraus die Preisentwicklung vorauszuahnen.

am meisten. Diese Käufer beobachten die anderen Käufer, sie schielen seitwärts. Manchmal glauben sie, dass die Begeisterung für die Bilder noch zunehmen wird und darum auch die Preise weiter steigen werden. Diese Käufer würden sogar sehr viel Geld auf ihre Vermutung wetten. Was liegt näher, als dass sie solche Bilder selber kaufen, um sie später wieder zu verkaufen? Solche Käufer denken nur an den zukünftigen Verkauf; für die Bilder selber interessieren sie sich kaum, man nennt sie Spekulanten. Sie versuchen durch Kauf und späteren Verkauf aus Preissteigerungen, die höher sind als die Zinsen für das eingesetzte Geld, einen Gewinn zu erzielen. Nun geschieht es nicht selten, dass Spekulanten mit ihren Käufen die Preise weit in die Höhe treiben, es entwickelt sich eine Spekulationsblase. Und wird vermutet, die Preise seien genug gestiegen und würden nun eher fallen, verkaufen Spekulanten möglichst schnell mit Gewinn und tragen dazu bei, dass die Preise wieder fallen, die spekulative Seifenblase platzt.

Grafik 3.14:
Internationaler Kunstpreisindex, basiert auf den Preisen für Kunstwerke von 100 Künstlern verschiedener Länder und Epochen

Quelle: Art Market Research, Oxford Gardens, London

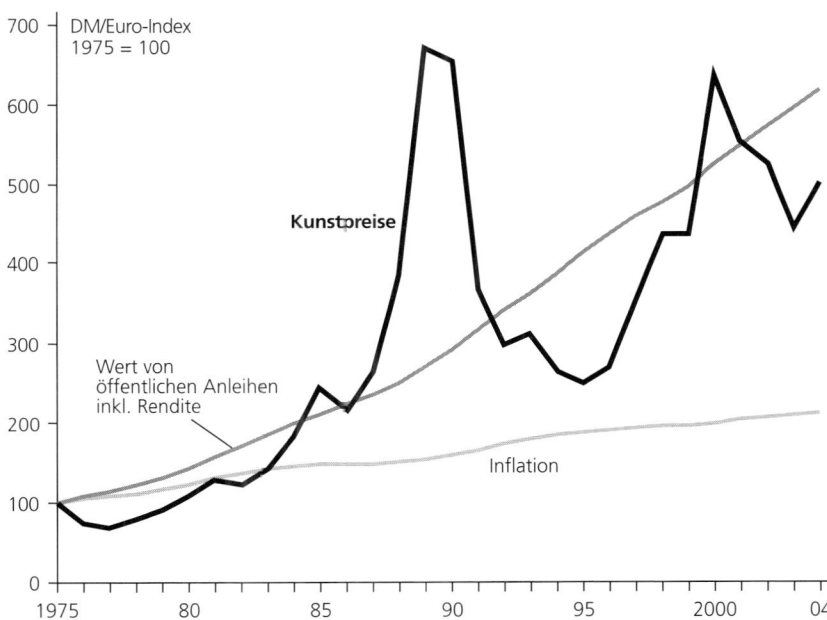

die wichtigste Bedingung für Spekulation

Spekulieren lässt sich nicht mit allen Gütern. Nicht mit Gartenstühlen beispielsweise, denn steigt hier die Nachfrage, kann die Produktion sehr schnell darauf reagieren, sodass die Preise sich bald wieder dem alten Niveau annähern werden. **Auf steigende Preise kann man nur spekulieren, wenn das Angebot für den entsprechenden Zeithorizont extrem preisunelastisch ist,** das heißt,

- falls das Angebot nicht mehr ausgedehnt werden kann (mit Bildern, Antiquitäten, alten Weinen oder mit dem unvermehrbaren Boden),
- falls die Neuproduktion klein ist im Vergleich zum Bestand, der im Handel ist (z.B. mit Gold), und
- falls die Produktion viel Zeit braucht, um auf Preise zu reagieren (so wird mit Kaffee spekuliert, weil die Ernten kurzfristig nicht beeinflusst werden können).

Fragen zum 3. Kapitel, Elastizitäten

1. Ordnen Sie jedem Fachbegriff die passende Ziffer zu:

..... Elastizität

..... Preiselastizität der Nachfrage

..... Umsatz

..... Einkommenselastizität der Nachfrage

..... Kreuzpreiselastizität der Nachfrage

..... Preiselastizität des Angebots

..... Spekulation

a   Prozentuale Veränderung der nachgefragten Menge dividiert durch prozentuale Veränderung des Einkommens

b   Kauf- und Verkaufsentscheidungen beruhen auf Erwartungen über zukünftige Preise.

c   Ein Maß für die Reaktion einer abhängigen Größe auf eine Einflussgröße

d   Gibt an, wie empfindlich die nachgefragte Menge auf eine Preisänderung eines anderen Gutes reagiert.

e   Prozentuale Veränderung der nachgefragten Menge dividiert durch die prozentuale Veränderung des Preises

f   Gibt an, wie empfindlich die angebotene Menge auf eine Preisänderung reagiert.

g   Ausgaben der Käufer = Einnahmen = Erlös der Verkäufer = Menge mal Preis

2. Untersuchungen in den USA über die Preiselastizität der Nachfrage haben Folgendes ergeben:
   • Steigende Taxipreise von 10 % führen zu einem Rückgang der Käufe von 12 %.
   • Steigende Kinopreise von 10 % führen zu einem Rückgang der Kinobesuche von 9 %.
   • Steigende Schuhpreise von 10 % führen zu einem Rückgang der Schuhkäufe von 7 %.

   a) Wie groß ist die Preiselastizität der Nachfrage nach Taxifahrten, Kinobesuchen und Schuhen?

   b) Welche der drei Nachfragekurven wird die steilste sein, welche die flachste?

3. Schätzen Sie die Preiselastizität der Nachfrage ab: elastisch, einheitselastisch, unelastisch?

   a) Frank trinkt jeden Abend einen halben Liter Wein.

   b) Serge gibt 10 % seines Einkommens für Kleider aus.

   c) Die Brotnachfrage aus der Sicht einer einzelnen Bäckerei, in einer Wohngegend mit mehreren Bäckereien

   d) Tom verspielt im Salon täglich 30 €. Nachdem der Preis um 20 % erhöht wurde, spielt er weiter für 30 €.

4. Es gibt Landwirte, die bei einer Missernte einen höheren Umsatz erzielen. Doch es kann auch Landwirte geben, die dann weniger einnehmen. Wovon hängt das ab?
   a) Unter welchen Bedingungen verdienen von einer Missernte betroffene Landwirte mehr?
   b) Unter welchen Bedingungen verdienen sie weniger?

5. Welches Angebot ist wohl kurzfristig preiselastischer, das von Wohnungen oder das von Kleidern? Warum?

6. Die Einkommen steigen. Freuen sich da die Verkäufer von allen Gütern?

7. Die IATA habe folgende Nachfragewerte für Flüge von München nach London ermittelt:

Preis €	nachgefragte Menge für Ferienreisen	Geschäftsreisen
100	1000	2000
125	800	1900
150	600	1800
175	400	1700

   a) Wie groß ist die Preiselastizität der Nachfrage für Ferienreisen und für Geschäftsreisen beim Preisanstieg von 125 auf 150 Euro?

   b) Warum haben wohl Ferienreisende eine andere Preiselastizität als Geschäftsreisende?

8. Studien in England haben ergeben, dass ein Einkommensanstieg von 10 % zu folgenden Reaktionen führt:
   • Die Nachfrage nach Kohle nimmt um 20 % ab.
   • Die Nachfrage nach Kleidern nimmt um 12 % zu.
   • Die Nachfrage nach Tabak nimmt um 5 % ab.
   • Die Nachfrage nach Gemüse nimmt um 9 % zu.

   a) Wie groß ist jeweils die Einkommenselastizität der Nachfrage, ausgedrückt in einer Zahl?

   b) Welches sind normale, welches inferiore Güter?

9. Welche Aussagen sind richtig, welche falsch?

richtig	falsch	
O	O	Entlang einer geraden Nachfragekurve ist die Preiselastizität konstant.
O	O	Je eher Alternativen zur Verfügung stehen, desto preiselastischer die Nachfrage.
O	O	Je weiter ein Markt abgegrenzt ist, desto preiselastischer ist die Nachfrage.
O	O	Eine vertikale Nachfragekurve hat eine Preiselastizität von 0.
O	O	Ist die Nachfrage preisunelastisch, führen Preissenkungen zu größeren Verkäufen.
O	O	Preiselastische Anbieter bieten bei sinkenden Preisen sehr viel weniger an.

10. Bei welchen der folgenden Güter handelt es sich um inferiore, bei welchen um normale Güter? Wo geht es gar nicht um diese Frage? Ein Gut mit:

    a) der Preiselastizität der Nachfrage von −1,5

    b) der Kreuzpreiselastizität der Nachfrage von +1,0

    c) der Einkommenselastizität von −0,3

    d) der Preiselastizität des Angebots von +1,5

    e) einer niedrigen Nachfrage

    f) der Preiselastizität der Nachfrage von −0,1

    g) der Einkommenselastizität von +1,4

11. Ein Uhrenhersteller stellt zwei neue Uhrenmodelle vor.
    • Mit dem ersten Modell soll spekuliert werden,
    • mit dem zweiten aber nicht. Es soll immer zum Preis von 90 Euro über den Ladentisch gehen.
    Was muss er tun, damit sein Wunsch erfüllt wird?
    Wie sehen die Angebotskurven für die beiden Modelle aus?

4. Produktion und Kosten – Gewinnmaximierung unter vollständigem Wettbewerb

4.1 Gewinnmaximierung

Wie sich Unternehmen auf Absatzmärkten verhalten, wurde in den Kapiteln 2 und 3 mit der Angebotskurve dargestellt: Bei höheren Verkaufspreisen werden größere Mengen hergestellt und angeboten, bei tieferen Preisen kleinere. In diesem etwas technischen Kapitel wollen wir noch etwas hinter die Angebotskurve schauen. Zu diesem Zweck wählen wir unter den unzähligen Unternehmen eine kleine Sägerei aus, die einheimische Tannen kauft und zu Konstruktionsholz sägt.

Beginnen wir mit dem Ziel unternehmerischer Aktivität. Allen Unternehmen, kleinen Reisebüros, Fastfoodketten, Maschinenfabriken oder Banken, ist gemeinsam, dass sie einen möglichst großen Gewinn erzielen wollen. Oder mit anderen Worten, sie versuchen, ihren Gewinn zu maximieren. So auch unsere Sägerei. Doch wie berechnet sie ihren Gewinn?

- Auf der Einnahmeseite steht der gesamte Umsatz (Erlös, Verkauf von Brettern),
- auf der Ausgabeseite stehen die gesamten Kosten (Baumstämme, Löhne, Maschinen usw.).

Der Gewinn berechnet sich als Gesamtumsatz minus Gesamtkosten.

Wie erzielt nun die Sägerei den größtmöglichen Profit? Wir werden diese Frage schrittweise angehen. Vorerst werden wir uns auf die Frage konzentrieren, bei welcher Produktionsmenge der größte Gewinn anfällt. Das bedeutet, dass wir den Einfluss aller anderen Größen unverändert lassen. Die Sägerei kann nichts an der Technik, der Qualität der Inputs oder ihrem Produkt ändern.

Die Definition des Gewinns zeigt uns, dass wir sowohl den Umsatz als auch die Kosten im Auge behalten müssen. Dabei können wir es uns mit dem Umsatz vorläufig (bis zum Kapitel 8) einfach machen. Denn solange wir von vollständiger Konkurrenz ausgehen, hat unsere kleine Sägerei keinen Einfluss auf den Preis. Wie viel Konstruktionsholz sie auch verkauft, der Preis verharrt auf dem gleichen Niveau. Die Sägerei steht einer horizontalen Nachfragekurve gegenüber, und der Umsatz entspricht einfach der verkauften Menge mal dem Preis, den alle ringsum auch erzielen.

Um einiges komplexer ist da die Kostenseite. Beginnen wir mit den Fragen, was überhaupt Kosten sind und welche Arten von Kosten anfallen können.

Gewinnmaximierung
der Versuch, den größtmöglichen Gewinn zu erzielen

Umsatz = Erlös
= verkaufte Menge mal Preis

Kosten
Preis für die Nutzung von Inputs bei der Produktion

Gewinn = Profit
Gesamtumsatz minus Gesamtkosten

In diesem Kapitel gehen wir von vollständiger Konkurrenz aus.
Niemand kann den Marktpreis beeinflussen. Bedingungen für vollständige Konkurrenz sind:
1. sehr viele Anbieter und Nachfrager,
2. Güterqualität und Verkaufsservice einheitlich (homogenes Gut),
3. vollständige Information aller Marktteilnehmer,
4. freier Marktzutritt oder -austritt

Exkurs: Werden Gewinne immer maximiert?

Unternehmen werden geführt, um Gewinne zu machen. Aber werden wirklich immer die größtmöglichen Gewinne angestrebt?

Es gibt viele Kleinunternehmer, die als Selbständige weniger verdienen, als wenn sie angestellt wären. Wer lieber sein eigener Chef sein will, tauscht gerne ein größeres Einkommen gegen mehr Unabhängigkeit ein. In diesem Fall wird nicht der Gewinn maximiert, sondern das gesamte Wohlbefinden des Unternehmers.

Trennung von Eigentum und Kontrolle: Ein wichtigerer Grund, die Annahme der Gewinnmaximierung in Zweifel zu ziehen, ist, dass große Unternehmen nicht von ihren Eigentümern geführt werden. Das Eigentum an großen Aktiengesellschaften ist oft verstreut unter Tausenden von Aktionären, die auf Englisch Shareholder genannt werden. Die Manager mögen mehr Interesse an ihrem Status, dem Ausbau ihrer Position oder ihren Gehältern haben als am **Shareholder value,** d. h. an Gewinnen und höheren Aktienkursen, die den Aktionären zugute kommen. So bedeutet beispielsweise Wachstum des Unternehmens mehr Macht, Ansehen und Anerkennung für die Manager und oft auch höhere Gehälter. Dies könnte Manager dazu verführen, ein möglichst großes Unternehmen zu führen statt ein möglichst profitables.

Obwohl die Aktionäre den größtmöglichen Gewinn wollen (und sie im Prinzip die Möglichkeit haben, das Management abzuwählen), könnten die Manager andere Ziele verfolgen. Und doch gibt es wenigstens zwei Gründe, warum vom Ziel der Gewinnmaximierung nicht allzu stark abgewichen wird:

- **Anreize für das Management:** Da die Aktionäre die Macht des Managements kennen, geben sie ihm Anreize, im Sinne der Aktienbesitzer zu agieren. Dank Gewinnbeteiligungen und Aktienbesitz betrachten die Manager Gewinne als wichtiges Ziel.
- **Drohung von Übernahmen:** Das Management hat einen großen Wissensvorsprung gegenüber den Aktionären. Doch selbst wenn die Aktionäre nicht erkennen können, ob größtmögliche Gewinne gemacht werden, können sie Vergleiche mit anderen Unternehmen der Branche anstellen. Wenn die Gewinne klein sind, sind die Aktienpreise niedrig. Damit wächst die Gefahr einer Übernahme durch eine andere Firma. Die Aktien können billig aufgekauft werden, das Management wird entlassen, und es wird der Weg zu größtmöglichen Profiten eingeschlagen. Ist man damit erfolgreich, steigen die Gewinne und man wird zusätzlich mit steigenden Aktienkursen belohnt.

4.2 Was sind Kosten? Die kurze und die lange Frist

Opportunitätskosten, Alternativkosten
entgangener Nutzen der nächstbesten nicht gewählten Alternative;
das, was wir aufgeben müssen, um ein Ziel zu erreichen

Welches sind die Kosten, die in einem Sägewerk anfallen? Da sind sicher einmal die Ausgaben für Baumstämme, Elektrizität, Löhne, Miete und Zinsen für Fremdkapital. Dies sind alles Kosten, die beim Zahlen von Rechnungen offensichtlich werden. Doch was ist mit dem Gehalt des Geschäftsinhabers? Er muss sich jenes Gehalt verrechnen, das er auch anderswo beim gleichen Arbeitseinsatz und bei ähnlicher Arbeitsfreude beziehen könnte. Und wenn seine eigenen Ersparnisse in der Firma stecken? Dann muss ein marktüblicher Zins als Kosten ausgewiesen werden. **Kurz: Eine Betriebsbuchhaltung, die geführt wird, um Entscheidungen zu fällen, erfasst nicht nur die offensichtlichen Zahlungen – maßgebend sind die Opportunitätskosten.**

Weiter müssen wir unterscheiden zwischen einer kürzeren und einer längeren Frist. Denn will die Sägerei ihre Produktionsmenge über Nacht verändern, hat sie sehr viel weniger Möglichkeiten, als bei Planungen für die nächsten Monate oder gar Jahre.

kurze Frist
die Zeit, in der nur variable Kosten verändert werden können

Kurzfristig sind beträchtliche Kosten fix gegeben, vor allem die Miete für Gebäude und die Zinszahlungen für das Kapital, das in Maschinen gebunden ist. Variabel sind die Ausgaben für Rohmaterial und elektrischen Strom oder (je nach Kündigungsfristen und persönlicher Verbundenheit) die Löhne der Arbeiter.

Auf lange Sicht sind alle Kosten variabel. Gebäude können erweitert oder anders genutzt werden, neue Maschinen gekauft, verkauft oder verschrottet werden. In der langen Frist können sogar Firmen gegründet und aufgelöst werden.

Die Grenze zwischen der kurzen und der langen Frist ist von Branche zu Branche verschieden. Bestellt die Lufthansa neue Airbusse, vergeht mindestens ein Jahr, bis diese in Betrieb genommen werden können. Noch länger dauert es, bis ein Flughafen ausgebaut ist. Hier dauert die kurze Frist mehrere Jahre. Dafür beginnt die lange Frist für Eisverkäufer oder Kopiergeschäfte schon nach ein bis zwei Monaten. Neue Kühlboxen oder Kopiermaschinen sind rasch gekauft und aufgestellt.

In den Abschnitten 4.3 und 4.4 schauen wir, wie die Entscheidungsgrundlagen unserer Sägerei in der kurzen Frist aussehen, im Abschnitt 4.5 kommt dann die lange Frist zur Sprache.

lange Frist
die Zeit, in der alle Kosten verändert werden können

fixe Kosten
Kosten, die kurzfristig nicht verändert werden können und nicht mit der Produktionsmenge variieren

variable Kosten
Kosten, die kurzfristig verändert werden können und mit der Produktionsmenge variieren

4.3 Der kurzfristige Kostenverlauf

Die Kosten unserer Sägerei, mit der Unterteilung in fixe und variable Kosten, finden Sie in der ersten Hälfte der Tabelle 4.1 und in der Grafik 4.1:

- Die erste Spalte zeigt die mögliche Produktionsmenge an Konstruktionsholz pro Tag.
- Die zweite Spalte weist die fixen Kosten aus. Unabhängig davon, wie viel Holz gesägt wird, fallen Ausgaben von 600 Euro pro Arbeitstag an.
- Die dritte Spalte zeigt die variablen Kosten. Sie steigen an, je mehr produziert wird. Für eine Produktionsmenge von 0 betragen die variablen Kosten 0, für 1 m^3 440 Euro, für 2 m^3 600 Euro, für 3 m^3 760 Euro usw.
- In der vierten Spalte erscheinen die Gesamtkosten als Summe der fixen und der variablen Kosten.

fixe Kosten

variable Kosten

Gesamtkosten

Tabelle 4.1:
Kurzfristige Kostenstruktur, in Euro

Menge m^3/Tag	Fix-kosten	variable Kosten	Gesamt-kosten	Grenz-kosten	durchschn. variable Kosten	durchschn. Gesamt-kosten
0	600	0	600			
				440		
1	600	440	1040		440	1040
				160		
2	600	600	1200		300	600
				160		
3	600	760	1360		253	453
				200		
4	600	960	1560		240	390
				240		
5	600	1200	1800		240	**360**
				360		
6	600	1560	2160		260	**360**
				520		
7	600	2080	2680		297	383
				840		
8	600	2920	3520		365	440
				1880		
9	600	4800	5400		533	600

Grafik 4.1:
Fixe, variable und gesamte Kosten in
der kurzen Frist

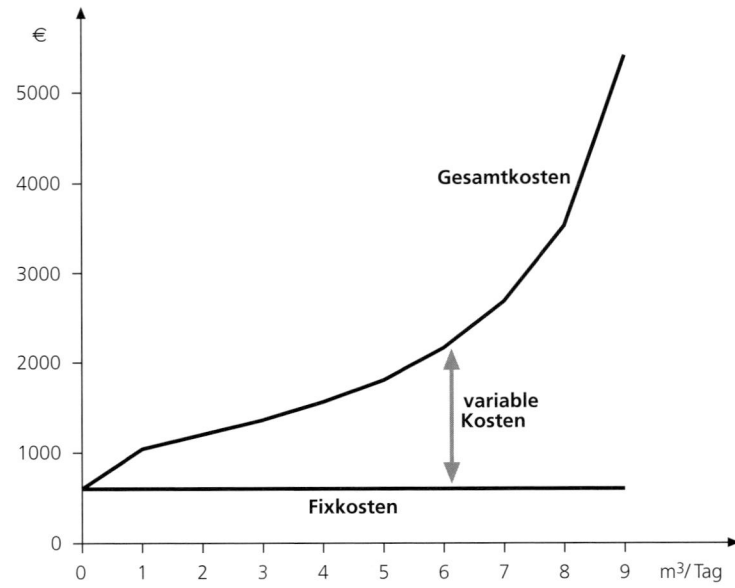

Grafik 4.2:
Grenzkosten und Durchschnittskosten
in der kurzen Frist

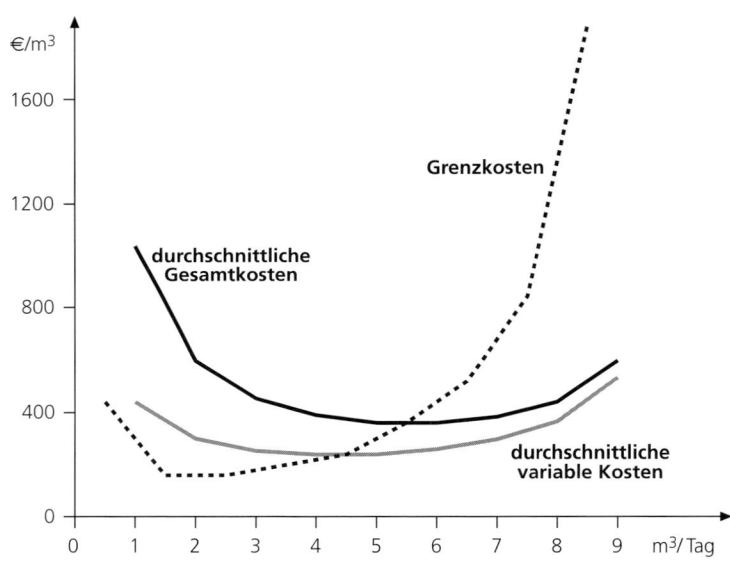

Die Grenzkostenkurve schneidet die
Durchschnittskostenkurven in ihren
Tiefpunkten.

In der zweiten Hälfte der Tabelle 4.1 und in der Grafik 4.2 finden sich nun die Daten, welche die Entscheidungen der Sägerei entscheidend bestimmen:

Grenzkosten
zusätzliche Kosten für die Produktion
einer zusätzlichen Einheit

- In der fünften Spalte sind die Grenzkosten. Sie geben an, wie groß die Kosten für eine **zusätzliche** Produktionseinheit sind.
  Wie groß sind beispielsweise die Grenzkosten, die sich aus der Produktion des achten m³ ergeben? Die gesamten Kosten für 7 m³ betragen 2680 Euro und für 8 m³ 3520 Euro. Der Schritt zum achten m³ kostet also 3520 minus 2680 Euro = 840 Euro.

Durchschnittskosten

- In den beiden letzten Spalten finden Sie die Durchschnitte der variablen und der gesamten Kosten:
  durchschnittliche variable Kosten = variable Kosten / Menge,
  durchschnittliche Gesamtkosten = Gesamtkosten / Menge.

Beschreibung des Produktionskostenverlaufs	Zentral ist nun, wie sich Grenzkosten und Durchschnittskosten entwickeln. Wir wollen den für die meisten Unternehmen typischen Verlauf beschreiben, indem wir bei der Produktion von 0 beginnen und dann m³ für m³ die Produktionsmenge erhöhen:

Zentral ist nun, wie sich Grenzkosten und Durchschnittskosten entwickeln. Wir wollen den für die meisten Unternehmen typischen Verlauf beschreiben, indem wir bei der Produktion von 0 beginnen und dann m³ für m³ die Produktionsmenge erhöhen:

0. m³ Wird kein Holz gesägt, fallen nur die Fixkosten von 600 Euro pro Tag an. Durchschnittskosten lassen sich nicht berechnen.

1. m³ Die Produktion des ersten m³ kostet zusätzliche 440 Euro. Grenzkosten wie variable Durchschnittskosten betragen also 440 und die gesamten Durchschnittskosten 1040 Euro.

vorerst sinkende Grenzkosten

2. m³ Um einen zweiten m³ herzustellen, müssen nur noch zusätzliche Kosten von 160 Euro getragen werden. **Die Grenzkosten fallen dort, wo die Produktion im Team effizienter und damit kostengünstiger ist, als wenn Einzelne isoliert an der Arbeit sind** – wir werden im nächsten Abschnitt darauf zurückkommen. Mit sinkenden Grenzkosten sinken natürlich auch die variablen Durchschnittskosten, und weil die Fixkosten nun auf 2 m³ verteilt werden können, sinken auch die gesamten Durchschnittskosten.

Grenzkosten auf niedrigem Niveau

3. m³ Für den dritten m³ bleiben die Grenzkosten auf dem tiefen Niveau von 160 Euro. So sinken variable wie gesamte Durchschnittskosten weiter.

steigende Grenzkosten

4. m³ Mit dem vierten m³ steigen die Grenzkosten erstmals leicht an. Die Durchschnittskosten sinken aber weiter.

5. m³ Beim fünften m³ steigen die Grenzkosten auf 240 Euro, auf die Höhe der variablen Durchschnittskosten. Ein zusätzlicher m³ kostet also gleich viel wie der bisherige variable Durchschnitt! Damit können die variablen Durchschnittskosten nicht mehr weiter sinken. Vielmehr drücken von nun an steigende Kosten für jeden zusätzlich produzierten m³ den Durchschnitt in die Höhe.

6. m³ Die Produktion des sechsten m³ kostet nun schon 360 Euro. Weil damit der bisherige Durchschnitt der Gesamtkosten von 360 Euro erreicht worden ist, haben nun auch die durchschnittlichen Gesamtkosten den tiefsten Wert erreicht.

effizienteste Produktion bei tiefsten durchschnittlichen Gesamtkosten

Selbstverständlich ist die Menge, bei der die durchschnittlichen Gesamtkosten am kleinsten sind, sehr wichtig. Die tägliche Menge von knapp 6 m³ (oder gut 5 m³) kann die Sägerei mit den bestehenden Anlagen am billigsten, d. h. mit dem kleinstmöglichen Aufwand an Ressourcen, herstellen.

7. bis 9. m³ Die Grenzkosten steigen immer steiler an. Dies drückt auch die Durchschnittskosten immer weiter in die Höhe.

Und warum steigen die Grenzkosten vom vierten m³ an? Weil die Sägerei mit jeder Produktionsausweitung immer stärker an die Grenzen ihrer bestehenden fixen Anlagen stößt. Je weiter die Produktion ausgedehnt wird, desto störender werden die Schranken und desto teurer wird jede zusätzliche Produktion. Dieses Ansteigen der Grenzkosten ist so wichtig, dass es im nächsten Abschnitt noch etwas genauer durchleuchtet wird:

4.4   Das Gesetz vom abnehmenden Grenzprodukt

Warum verändern sich die Grenzkosten – bei niedriger Produktion vorerst nach unten und dann ab einer bestimmten Produktionsmenge immer steiler nach oben? Die Gründe lassen sich am Beispiel unserer Sägerei einfach illustrieren. Wir benötigen dazu nur die Vorstellung, dass sie Gebäude und Maschinen als fixe sowie Arbeiter als variable Ressourcen einsetzt:

steigendes Grenzprodukt → sinkende Grenzkosten

- Zu Beginn laufe die Produktion mit nur einem Arbeiter. Allein zu arbeiten, ist aber oft kompliziert und damit ineffizient. Die Produktion dieses Arbeiters ist also gering, die Kosten sind entsprechend hoch.

Grenzprodukt, Grenzertrag
die Produktionszunahme, die durch den Einsatz einer zusätzlichen Ressourceneinheit erreicht wird

Werden mehr Arbeiter eingesetzt, bringt das enorme Vorteile: Die Arbeiter können einander aushelfen, und sie können sich auf ihre besonderen Fähigkeiten spezialisieren und entsprechend mehr leisten. Das Produkt, das mit jedem **zusätzlich** angestellten Arbeiter möglich wird, das Grenzprodukt, steigt. Mit steigendem Grenzprodukt sinken entsprechend die Grenzkosten.

hohes Grenzprodukt → niedrige Grenzkosten

- Mit drei Arbeitern kann in einer Sägerei effizient gearbeitet werden. Man hat viel Platz, und wird eine Maschine benötigt, ist sie immer frei. Auch der vierte Arbeiter bringt die gleich gleich hohe zusätzliche Produktion wie der dritte. Das Grenzprodukt bleibt also unverändert hoch. Ein konstant hohes Grenzprodukt bedeutet konstant niedrige Grenzkosten.

sinkendes Grenzprodukt → steigende Grenzkosten

- Ein fünfter Arbeiter bringt fast gleich viel wie die bisherigen, nur hie und da ist eine Maschine gerade besetzt, sodass man auf eine andere Arbeit ausweichen muss. Mit einem sechsten Arbeiter wird zwar die Produktion weiter erhöht, aber nun gibt es manchmal Wartezeiten an den Maschinen und generell etwas Platzmangel. Damit ist das Grenzprodukt des sechsten Arbeiters merklich kleiner. Noch mehr Arbeiter könnten zwar die Produktion weiter steigern, doch je stärker unsere Sägerei in Kapazitätsengpässe gerät, desto weniger trägt jeder zusätzliche Arbeiter zur Steigerung der Produktion bei.

negatives Grenzprodukt

Schließlich könnten sich die Arbeiter derart im Wege stehen, dass die Produktion sogar sinken und das Grenzprodukt eines Arbeiters negativ würde.

Die Konsequenzen für die Grenzkosten sind offensichtlich: Kann jeder zusätzliche Arbeiter immer weniger zum Gesamtprodukt beitragen, steigen die Kosten für jeden zusätzlich produzierten m^3. Kurz: Sinkt das Grenzprodukt, steigen die Grenzkosten.

Was uns am Beispiel einer Sägerei so schön einleuchtet, ist derart weit verbreitet, dass aus dem Zusammenhang zwischen dem Einsatz von variablen Ressourcen und dem Produktionsergebnis ein Gesetz formuliert wird, **das Gesetz vom abnehmenden Grenzprodukt:**

Wird der Einsatz von (variablen) Ressourcen erhöht, während andere (fixe) Ressourcen unverändert bleiben, so kann zwar das Grenzprodukt zunächst zunehmen und dann auf hohem Niveau bleiben. Doch früher

oder später werden Schranken erreicht, die bewirken, dass das Grenzprodukt abnimmt. Die Produktion, die mit zusätzlichen variablen Ressourcen erzielt werden kann, wird also immer kleiner und könnte schließlich sogar negativ werden.

Grafik 4.3:
Wird nur ein Teil der Ressourcen erhöht, beobachten wir, wie das Grenzprodukt abnimmt

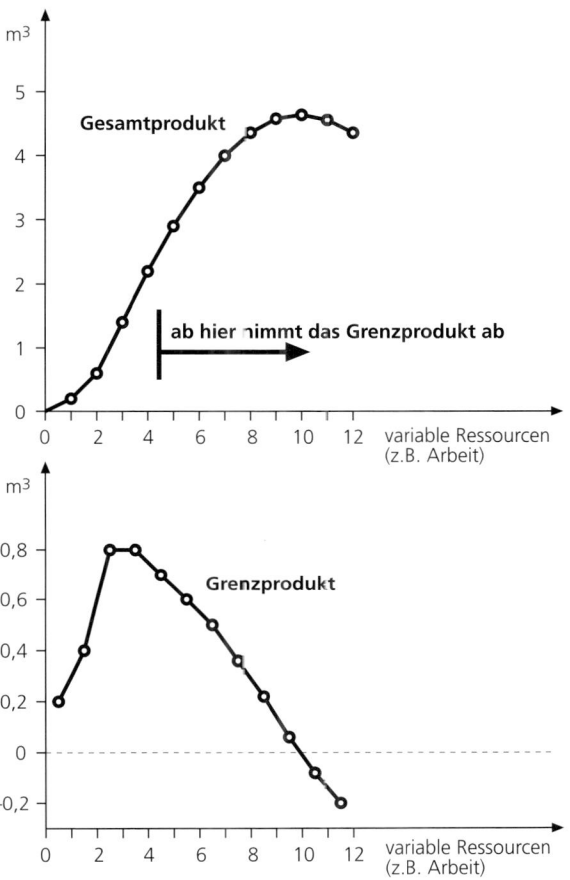

4.5 Der langfristige Kostenverlauf – Skalenerträge

langfristig alle Kosten variabel

Die meisten Unternehmen sind mit steigenden Grenzkosten konfrontiert. Je mehr sie ihre Produktion ausweiten, desto schwieriger und teurer wird es, innerhalb der bestehenden fixen Produktionsanlagen zu produzieren. Auf lange Sicht hingegen sind die Kapazitätsgrenzen nicht fix. Langfristig sind alle Kosten variabel.

Darum analysieren wir nun neben den kurzfristigen auch langfristige Kostenkurven. In der Grafik 4.4. finden Sie zuerst zwei kurzfristige Durchschnittskostenkurven: die erste für unsere bekannte kleine Sägerei und die zweite für den vergrößerten Betrieb. Zudem zeigt die Grafik die langfristige Durchschnittskostenkurve. Sie beschreibt das Wachstum vom kleinen zum größeren Betrieb. Die Anpassung der Produktionskapazitäten führt entlang der langfristigen Kurve.

Die langfristige Durchschnittskostenkurve zeigt die größere Flexibilität, die Unternehmen auf lange Sicht haben. Will die kleine Sägerei

langfristige Durchschnittskosten
die tiefsten Stückkosten, die möglich sind, wenn alle Ressourcen verändert werden können

ihre tägliche Produktion von 6 auf 9 m³ erhöhen, bleibt kurzfristig keine andere Wahl, als mit den vorhandenen fixen Anlagen zusätzliche Arbeitskräfte einzusetzen und zu akzeptieren, dass die Durchschnittskosten von 360 auf 600 Euro ansteigen. Auf lange Sicht jedoch wird die Sägerei die Produktionsanlagen erweitern und die Durchschnittskosten sogar noch senken können!

Grafik 4.4:
Kurzfristige und langfristige Durchschnittskostenkurven, z. B. für Sägereien

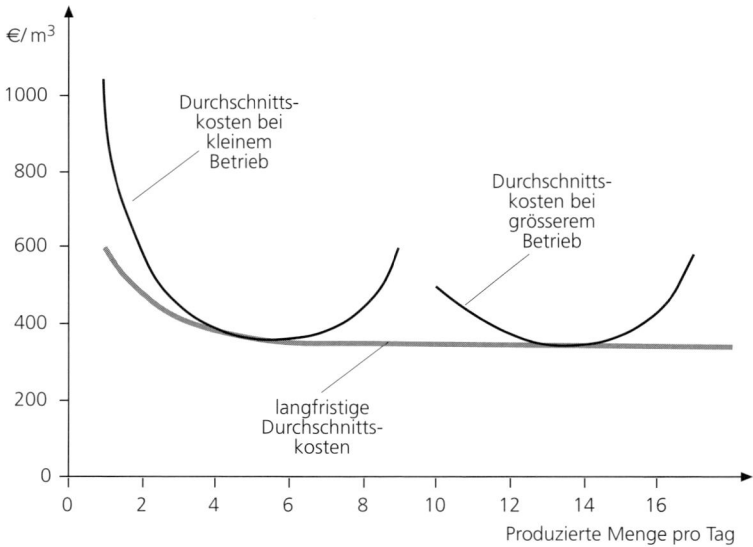

Skalenerträge
Änderung des Produktionsergebnisses durch proportionale Änderung aller Ressourceneinsätze

Fallen die Durchschnittskosten tatsächlich, wenn die Produktionsanlagen erweitert werden? Was geschieht beispielsweise, wenn unsere Sägerei die eingesetzten Ressourcen – neben Arbeitskräften und Rohmaterialien auch Anlagen, Gebäude und Boden – verdoppelt und sozusagen in größerem Maßstab produziert?

Wir fragen hier nach den Skalenerträgen: Wie entwickeln sich die Erträge und Kosten, wenn der Einsatz **aller** Ressourcen im selben Ausmaß erhöht wird? Wir unterscheiden dabei drei Fälle:

konstante Skalenerträge
Das Produktionsergebnis steigt proportional zum Einsatz aller Ressourcen.

- Sehr oft führt eine Verdoppelung des gesamten Ressourceneinsatzes einfach auch zu einer Verdoppelung der Produktion. Zwei Psychologinnen mit einer kleinen Praxis therapieren eine bestimmte Anzahl Patientinnen. Eine doppelt so große Praxis mit vier Psychologinnen kann ziemlich genau doppelt so viele Patientinnen behandeln. Eine Vergrößerung der Praxis verändert also die Skalenerträge nicht, womit die Durchschnittskosten langfristig gleich bleiben. **Bei konstanten Skalenerträgen sind die langfristigen Durchschnittskosten von der Betriebsgröße unabhängig.**

zunehmende Skalenerträge
Das Produktionsergebnis steigt überproportional zum Einsatz aller Ressourcen.

- Interessanter sind die Fälle, wo mit einer Verdoppelung des Ressourceneinsatzes die Produktion um mehr als das Doppelte ansteigt. Zunehmende Skalenerträge ergeben sich aus den verschiedensten Gründen, auf Betriebs- wie auf Konzernebene: Fertigungsstraßen erfordern eine bestimmte Belegschaftsgröße; doppelt so starke Motoren oder doppelt so große Öltanker sind meist nicht doppelt so teuer; Spezialmaschinen, Lastwagen wie auch spezialisierte Arbeitskräfte können erst mit einer bestimmten Betriebsgröße voll ausgelastet werden; usw.

Die industrielle Fertigung von Massenprodukten (Fernsehern, Kühlschränken, Staubsaugern, Stereoanlagen, Uhren, Fotoapparaten oder Hähnchen) und der Massentransport (S-Bahnen, Ferienflüge, Schiffstransporte) profitieren am sichtbarsten von zunehmenden Skalenerträgen. **Wenn die Skalenerträge steigen, sinken mit der Ausdehnung der Produktionskapazitäten die langfristigen Durchschnittskosten.**[1]

- Allerdings kann auch in der Industrie ein Punkt erreicht werden, an dem die Skalenerträge abnehmen. Eine Verdoppelung der eingesetzten Ressourcen bewirkt dann weniger als ein doppelt so großes Resultat. Allzu große Organisationen sind nämlich oft schwerfällig, sie benötigen große Koordinations- und Kontrollarbeit und überfordern das Management. **Sinken die Skalenerträge, steigen bei Erweiterungen der Betriebsgröße die langfristigen Durchschnittskosten.**

sinkende Skalenerträge
Das Produktionsergebnis steigt unterproportional zum Einsatz aller Ressourcen.

Grafik 4.5:
Die langfristige Durchschnittskostenkurve, z. B. für eine Sägerei

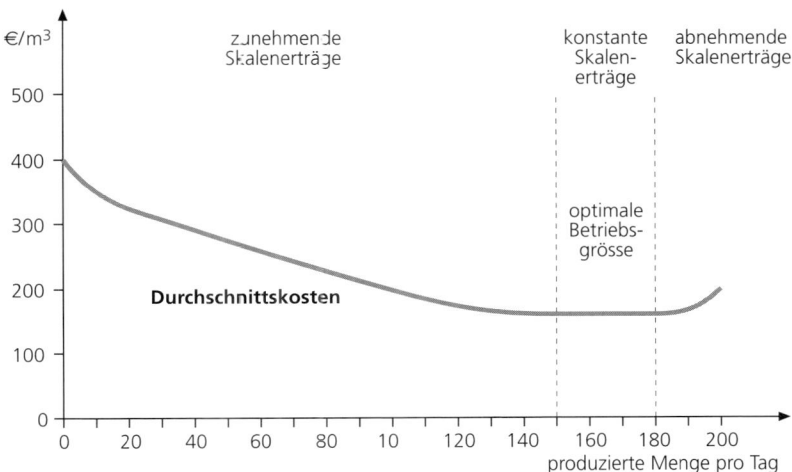

optimale Betriebsgröße
Die Stückkosten können mit größerem Einsatz aller Ressourcen nicht mehr gesenkt werden.

Die Grafik 4.5 zeigt, wie zunehmende, konstante und abnehmende Skalenerträge die langfristigen Durchschnittskosten bestimmen. Zu Beginn kann ein Unternehmen mit dem Ausbau seiner Anlagen noch von zunehmenden Skalenerträgen profitieren. Dann erreicht es ein Stadium, wo ein vergrößerter Einsatz aller Ressourcen die Durchschnittskosten nicht mehr senkt. Hier ist die langfristig optimale Betriebsgröße erreicht. Wird der Betrieb weiter vergrößert, beginnen sich die Nachteile von Großbetrieben zu zeigen.

Natürlich ist die langfristig optimale Betriebsgröße von Branche zu Branche, von Produkt zu Produkt verschieden. Vor allem im Dienstleistungssektor finden wir viele Betriebe mit einer optimalen Betriebsgröße von wenigen Beschäftigten.

---

[1] Hier wird immer von Skalenerträgen gesprochen, die innerhalb eines Unternehmens oder eines Betriebs erzielt werden. Im Fachjargon spricht man von **internen Skalenerträgen.**
Durch Kooperation oder enge Marktbeziehungen werden aber auch Skalenerträge zwischen mehreren kleineren Unternehmen zusammen – in einer Branche oder in einer Region – erzielt. Dadurch werden auch kleine Firmen konkurrenzfähiger. Auf diese **externen Skalenerträge** werden wir im Abschnitt 20.5.2 zurückkommen.

4.6 Produktionsentscheidungen bei vollständiger Konkurrenz in der kurzen Frist

die Suche nach dem maximalen Gewinn

Nachdem die Kosten für verschiedene Produktionsmengen bekannt sind, wollen wir nun bestimmen, mit welcher Menge unsere Sägerei mit der Kostenstruktur der Tabelle 4.1 den größten Gewinn macht. Zu diesem Zweck vergleichen wir in den Grafiken 4.6 und 4.7 die Kosten mit dem Umsatz.

Grenzumsatz
der zusätzliche Umsatz aus dem Verkauf einer zusätzlichen Einheit

Da unsere kleine Sägerei keinen Einfluss auf den Preis hat, wird sie mit dem im Moment herrschenden Marktpreis rechnen müssen. Somit steigt der Umsatz proportional zur hergestellen und verkauften Menge. Für jeden zusätzlichen m³ erhält die Sägerei den gleichen Preis, der Grenzumsatz bleibt konstant. Grafisch ergibt das eine gerade ansteigende Umsatzkurve sowie eine horizontale Grenzumsatzkurve.

Nehmen wir einmal an, der herrschende Preis liege bei 540 Euro pro m³ Konstruktionsholz. Mit welcher Menge wird nun der maximale Gewinn erzielt? In der Grafik 4.6 ist es der Punkt mit dem größten Abstand zwischen der Umsatz- und der Gesamtkostenkurve. Dort wird mit dem letzten noch hergestellten m³ gerade noch etwas dazuverdient. Bei 7 m³ erreichen die Grenzkosten gerade knapp die Höhe des Verkaufspreises. Über dieser Menge kosten zusätzlich produzierte m³ mehr als 540 Euro, und in der Grafik 4.6 wird der Abstand zwischen der Umsatz- und der Gesamtkostenkurve wieder kleiner.

Will ein Unternehmen seinen Gewinn maximieren, dehnt es seine Produktion bis zu jenem Punkt aus, wo die Grenzkosten dem Verkaufspreis entsprechen.

Grafik 4.6:
Gesamtumsatz und Gesamtkosten

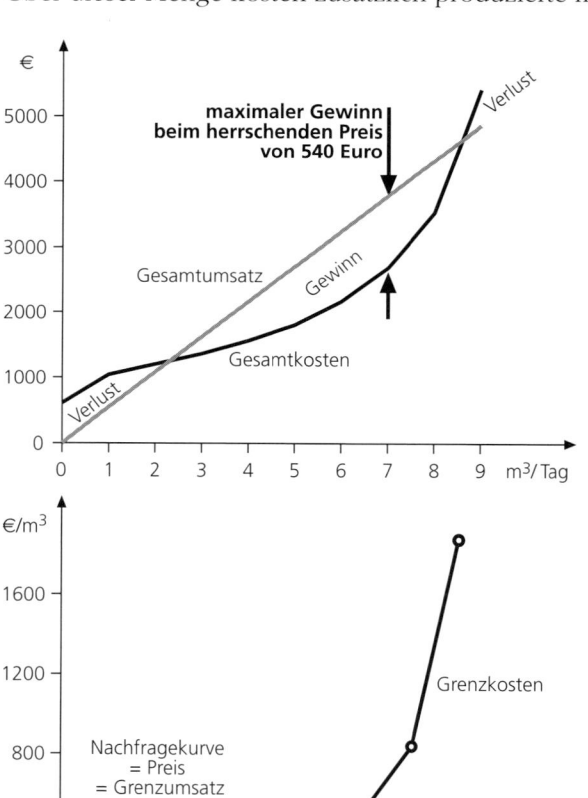

Grafik 4.7:
Nachfragekurve = Preis = Grenzumsatz und Grenzkosten

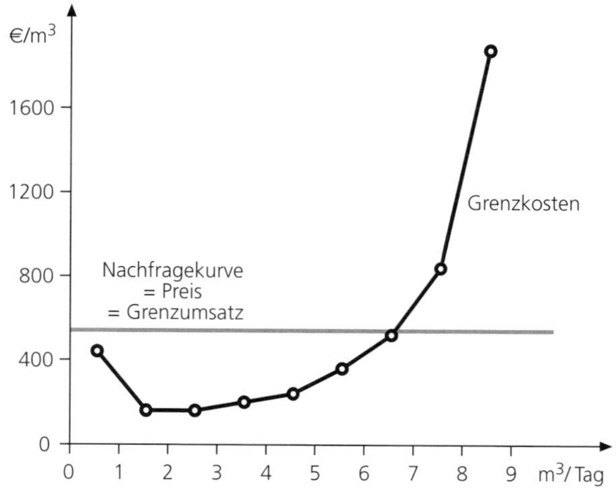

Die Grenzkosten erreichen den Grenzumsatz bei einer täglichen Produktion von etwa 7 m³.

Reaktionen auf Preisänderungen

Wie reagiert die Sägerei, wenn sich der Preis aus irgendeinem Grund verändert?

1. wenn Preise steigen

- Nehmen wir an, der Preis steige höher als 540 Euro. Dann lohnt es sich, die Produktion auszudehnen. In der Grafik 4.6 wird die Umsatzkurve etwas steiler, und in der Grafik 4.7 hebt sich das Niveau der Preisgeraden. Sie schneidet die Grenzkostenkurve nun bei einer größeren Menge. Das bedeutet: Je höher der erzielte Preis, desto mehr wird angeboten.

  Erkennen Sie das Gesetz des Angebots? **Es sind die Grenzkosten, die das Verhältnis von Preis zu angebotener Menge bestimmen. Die Grenzkostenkurve wird zur Angebotskurve.**

2. wenn Preise sinken

- Analog wird die Sägerei bei einer Preissenkung die angebotene Menge so lange einschränken, bis das zuletzt gesägte Brett nicht mehr kostet als seinen Verkaufspreis. Sinkt z.B. der Preis, wird in der Grafik 4.6 die Umsatzkurve etwas flacher, und in der Grafik 4.7 senkt sich das Niveau der Preisgeraden. Sie schneidet nun die Grenzkostenkurve bei einer geringeren Menge.

3. langfristiges Betriebsminimum
kritische Preisuntergrenze, bei welcher der Umsatz genau den Gesamtkosten entspricht

- Je tiefer die Preise sinken, desto stärker wird die Produktion gedrosselt. Eine erste untere Grenze ist dann erreicht, wenn keine Gewinne mehr gemacht werden. Bei dieser Gewinnschwelle entspricht der Umsatz gerade den Gesamtkosten, und der erzielte Preis deckt gerade die durchschnittlichen Gesamtkosten. Will ein Unternehmen lebensfähig bleiben, muss es langfristig mindestens jenen Preis erzielen, der die Gesamtkosten abdeckt. Man spricht hier deshalb vom langfristigen Betriebsminimum.

  Diese Situation ist in den Grafiken 4.8 und 4.9 auf der nächsten Seite dargestellt: Die Umsatzkurve steigt so flach an, dass sie die Gesamtkostenkurve nur noch tangiert – Gewinne werden keine mehr gemacht, aber auch keine Verluste. Das Niveau der Preisgeraden ist jetzt mit 360 Euro so tief, dass die Kurve der durchschnittlichen Gesamtkosten nur noch berührt wird.

4. kurzfristiges Betriebsminimum
kritische Preisuntergrenze, bei welcher der Umsatz genau den variablen Kosten entspricht – und der Verlust genau den Fixkosten

- Sinkt der Preis unter die durchschnittlichen Gesamtkosten von 360 Euro, macht die Sägerei Verlust. Rechnet sie damit, dass so tiefe Preise zum Normalfall werden, wird sie (falls alles andere gleich bleibt) die Produktion aufgeben und den Betrieb schließen.

  Rechnet die Sägerei damit, dass die Preise bald wieder steigen, steht sie vor der Wahl, den Betrieb vorübergehend zu schließen oder mit Verlust weiterzuarbeiten. Bei einer Schließung fallen die Fixkosten an (600 Euro pro Tag). Wird weitergearbeitet, muss der Preis zumindest die Kosten der variablen Ressourcen (im Minimum 240 Euro pro m³) abdecken. Jeder Umsatz, der über diese 240 Euro geht, leistet einen Beitrag zur Deckung der Fixkosten. Die Verluste werden so minimiert.

Deckungsbeitrag zu Fixkosten

  Keine Unternehmung will aber auf Dauer Verluste machen. Die minimale Produktion von 5 m³ pro Tag für 240 Euro wird darum als kurzfristiges Betriebsminimum bezeichnet.

Mit der Analyse der Produktionsentscheidungen kennen Sie die Angebotskurve noch etwas genauer: Sie entspricht der Grenzkostenkurve

oberhalb des langfristigen Betriebsminimums. Vorübergehend kann auch der kurze Teil zwischen dem kurz- und dem langfristigen Betriebsminimum dazukommen.

Grafik 4.8:
Gesamtumsatz und Gesamtkosten beim langfristigen Betriebsminimum

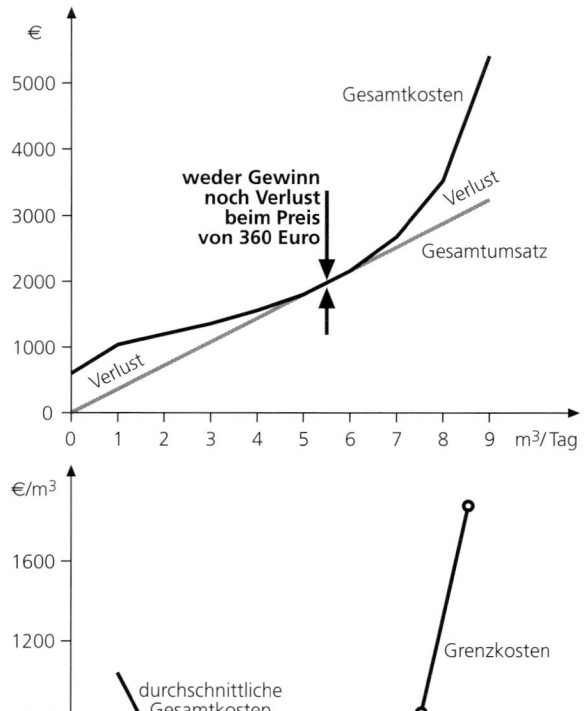

Grafik 4.9:
Nachfragekurve = Preis = Grenzumsatz und Grenzkosten beim langfristigen Betriebsminimum

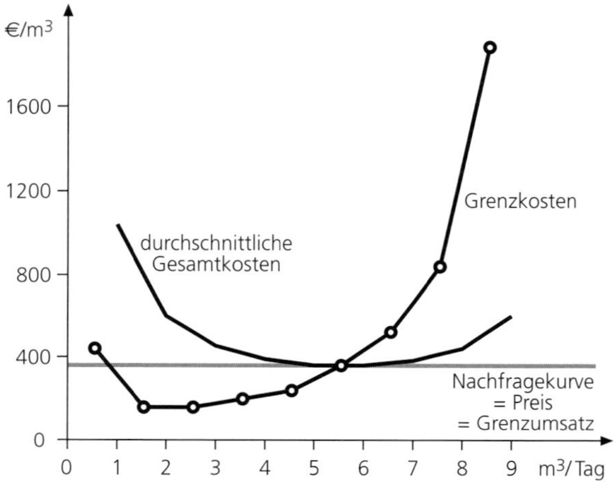

4.7 Angebot und Preis bei vollständiger Konkurrenz in der langen Frist

Wie ein einzelnes Unternehmen auf den Verkaufspreis reagiert, ist nun analysiert. Doch wie wird die Höhe dieses Preises bestimmt?

langfristiges Marktgleichgewicht

Das ist eine der Fragen, die wir nur auf der Ebene der gesamten Branche beantworten können. Wohin tendiert der Gleichgewichtspreis bei vollständiger Konkurrenz? Und wie groß ist das Angebot (die Summe aller anbietenden Unternehmen)? Zentral ist, dass jederzeit neue Unternehmen auf den Markt treten oder ausscheiden können:

ist der Preis über dem langfristigen Betriebsminimum ...

■ Liegt der Preis über den durchschnittlichen Gesamtkosten, werden in der Branche Gewinne erzielt. **Die Aussicht auf Gewinne zieht neue Unternehmen an.** Damit steigt einerseits das Angebot der Branche und drückt auf den Verkaufspreis, die Umsätze der einzelnen Unternehmen fallen. Anderseits steigt auch die Nachfrage nach Inputs (nach Arbeitskräften, Produktionsstätten, Läden, Zwischenprodukten), womit die Kosten (Löhne, Mieten, Warenaufwand) steigen. Es werden so lange neue Anbieter auftreten, bis die Gewinne verschwunden sind.

Grafik 4.10:
Mit freiem Marktzutritt werden die Gewinne wegkonkurriert.

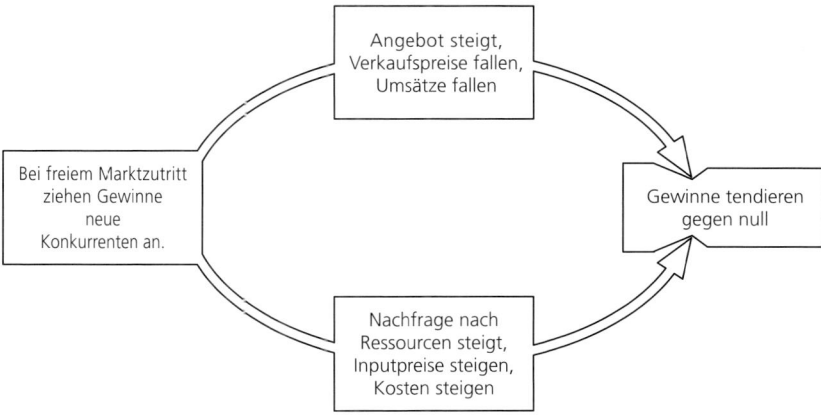

ist der Preis unter dem langfristigen Betriebsminimum ...

■ Und wenn der Preis unter die durchschnittlichen Gesamtkosten fällt und nicht mehr alle Kosten des Betriebs gedeckt sind? **Verluste werden Unternehmen nach und nach zum Aufgeben zwingen.**
Damit sinkt das Angebot, der Verkaufspreis und die Umsätze der verbleibenden Unternehmer steigen. Zudem fällt die Nachfrage nach Ressourcen, und die Kosten sinken. Es werden so lange Anbieter ausscheiden, bis die Kosten wieder gedeckt werden können.
Herrscht vollständiger Wettbewerb, tendiert der Marktpreis zum langfristigen Betriebsminimum, d. h. zu jenem kritischen Punkt hin, wo Unternehmen die tiefsten Durchschnittskosten erreichen und gerade ihre Kosten abdecken können.

Bei freiem Marktzutritt sorgt der Wettbewerb dafür, dass Unternehmen (mit gleicher Technik) nur vorübergehend Gewinne machen können.[2]

Ressourcennutzung bei vollständiger Konkurrenz

Der harte Wettbewerb zwingt die Unternehmen, die knappen (und damit teuren) Ressourcen dort einzusetzen, wo sie den größten Gewinn versprechen. Ständig scheiden Unternehmen aus Verlust bringenden Branchen aus – dafür ziehen Gewinn versprechende Branchen Unternehmen an.

Zudem produzieren die Unternehmen unter Konkurrenzbedingungen auf lange Sicht auf dem Niveau des langfristigen Betriebsminimums, d. h.

---

[2] Wo Marktzutritt möglich ist, machen Firmen langfristig keinen Gewinn. Wozu ist man da überhaupt unternehmerisch tätig? Erinnern Sie sich daran, dass hier (wie in der Betriebsbuchhaltung) Gewinne verstanden werden als Umsatz minus die gesamten Opportunitätskosten des Unternehmens. Dazu gehören insbesondere der Lohn des Firmeninhabers und die Verzinsung seines Eigenkapitals.
In der Finanzbuchhaltung dagegen (die auch in den Medien diskutiert wird) zahlt sich der Chef und Eigentümer zwar ein Gehalt, doch vorerst keinen Zins für das Eigenkapital. Auf diese Weise erzielt er in der Regel einen Gewinn, den er ins Verhältnis zu seinem Eigenkapital setzt. Erreicht er eine Eigenkapitalrendite, die etwa den Renditen von Geldanlagen mit vergleichbarem Risiko entspricht, dann hat er in betriebsbuchhalterischer und volkswirtschaftlicher Sichtweise keinen Gewinn erwirtschaftet. Trotzdem ist der Unternehmer vielleicht zufrieden, denn er erreichte auf seinem Kapital eine marktübliche Verzinsung.

im Tiefpunkt ihrer Durchschnittskostenkurve. Würde mehr oder würde weniger hergestellt, würden die Kosten pro Einheit steigen. Jedes Unternehmen stellt also nur noch jene Menge her, die mit den tiefsten Durchschnittskosten erreichbar ist. Die Produktionskosten sind minimiert, es wird mit dem kleinstmöglichen Aufwand an Ressourcen produziert. **Bei vollständiger Konkurrenz werden die Unternehmen gezwungen, ihre knappen Ressourcen möglichst wirkungsvoll einzusetzen.**

horizontale langfristige Angebotskurve

Schon im 3. Kapitel wurde gezeigt, wie mit einem größeren Zeithorizont das Angebot elastischer und die Angebotskurve flacher wird. Bei vollständiger Konkurrenz, wenn beliebig viele neue Anbieter am Markt teilnehmen können, ist das Angebot der gesamten Branche langfristig vollkommen elastisch und die Angebotskurve horizontal – und zwar auf der Höhe des langfristigen Betriebsminimums.

steigende Skalenerträge
→ fallende Durchschnittskosten und
fallende langfristige Angebotskurve

Eine besondere Situation entsteht dann, wenn zunehmende Skalenerträge auftreten, die noch nicht ausgeschöpft sind. Hier ist es möglich, mit der Vergrößerung der Betriebe die Durchschnittskosten zu senken. Und stehen die Unternehmen in Konkurrenz, werden zusammen mit den Durchschnittskosten auch die Preise sinken. Wenn also die optimale Betriebsgröße noch nicht erreicht ist, fällt die langfristige Angebotskurve!

Grafik 4.11:
lang- und kurzfristige Angebotskurven

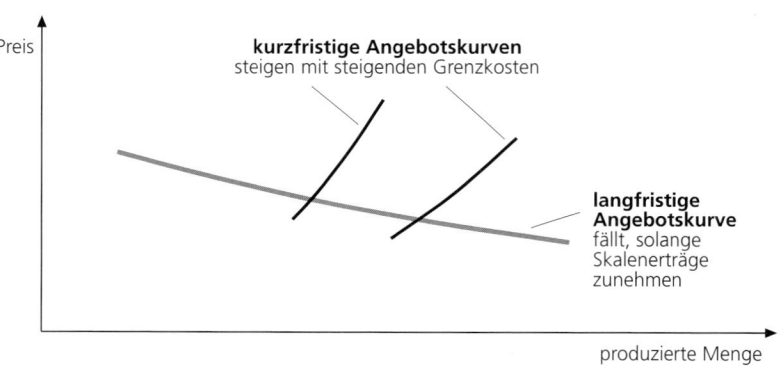

Kurzfristig steigt aber die Angebotskurve weiterhin. Anlagen können nur langfristig erweitert werden. So geschieht es auch bei Massenartikeln, dass bei einer unverhofft großen Nachfrage die Preise steigen. Vielleicht werden nicht gerade die Katalogpreise angehoben, aber es werden etwas weniger Sonderrabatte gewährt.

Konzentrationstendenzen

Längerfristig aber wird das Modell der vollständigen Konkurrenz unterlaufen. Wo die Durchschnittskosten mit der Größe des Unternehmens sinken, sind große Unternehmen im Vorteil. Und solange die optimale Betriebsgröße noch nicht erreicht ist, beobachten wir einen Konzentrationsprozess auf immer weniger Unternehmen. Dies ist aber erst das Thema des 8. Kapitels.

Im nächsten Kapitel wollen wir zuerst sehen, wie Märkte auf Eingriffe des Staates reagieren.

Fragen zum 4. Kapitel, Produktion und Kosten

1. Ordnen Sie jedem Fachbegriff die passende Ziffer zu:
..... Gewinnmaximierung
..... Umsatz, Erlös
..... Kosten
..... Gewinn, Profit
..... vollständige Konkurrenz
..... Opportunitätskosten, Alternativkosten
..... kurze Frist
..... lange Frist
..... fixe Kosten
..... variable Kosten
..... Grenzkosten
..... Grenzprodukt, Grenzertrag
..... langfristige Durchschnittskosten
..... Skalenerträge
..... konstante Skalenerträge
..... zunehmende Skalenerträge
..... sinkende Skalenerträge
..... optimale Betriebsgröße
..... Grenzumsatz
..... langfristiges Betriebsminimum
..... kurzfristiges Betriebsminimum

a Die Produktionszunahme, die durch den Einsatz einer zusätzlichen Ressourceneinheit erreicht wird

b Die Zeit, in der alle Kosten verändert werden können

c Gesamtumsatz minus Gesamtkosten

d Das Produktionsergebnis steigt überproportional zum Einsatz aller Ressourcen.

e Kosten, die kurzfristig nicht verändert werden können und nicht mit der Produktionsmenge variieren

f Kritische Preisuntergrenze, bei welcher der Umsatz genau den variablen Kosten entspricht – und der Verlust genau den Fixkosten

g Preis für die Nutzung von Inputs bei der Produktion

h Zusätzliche Kosten für die Produktion einer zusätzlichen Einheit

i Kosten, die kurzfristig verändert werden können und mit der Produktionsmenge variieren

j Der zusätzliche Umsatz aus dem Verkauf einer zusätzlichen Einheit

k Verkaufte Menge mal Preis

l Das Produktionsergebnis steigt proportional zum Einsatz aller Ressourcen.

m Änderung des Produktionsergebnisses durch proportionale Änderung aller Ressourceneinsätze

n Entgangener Nutzen der nächstbesten nicht gewählten Alternative; das was wir aufgeben müssen, um ein Ziel zu erreichen

o Das Produktionsergebnis steigt unterproportional zum Einsatz aller Ressourcen.

p Der Versuch, den größtmöglichen Gewinn zu erzielen

q Die tiefsten Kosten, die möglich sind, wenn alle Ressourcen verändert werden können

r Die Zeit, in der nur variable Kosten verändert werden können

s Kritische Preisuntergrenze, bei welcher der Umsatz genau den Gesamtkosten entspricht

t Niemand kann den Marktpreis beeinflussen.

u Die Stückkosten können mit größerem Einsatz aller Ressourcen nicht mehr gesenkt werden.

2. Ein Kioskinhaber erreicht einen jährlichen Umsatz von 400 000 Euro bei Gesamtkosten von 350 000 Euro. Damit, so erzählt er Ihnen, hat er 50 000 Euro Gewinn gemacht. Welche Fragen müssten Sie dem stolzen Kioskinhaber noch stellen?

3. a) Vervollständigen Sie folgende Tabelle:

Menge	Fix-kosten	variable Kosten	totale Kosten	Grenz-kosten	Ø variable Kosten	Ø totale Kosten
t	€	€	€	€	€	€
0	....	....	100	....	....	....
1	....	....	130	....	....	....
2	....	....	150	....	....	....
3	....	....	190	....	....	....
4	....	....	250	....	....	....
5	....	....	340	....	....	....
6	....	....	480	....	....	....
7	....	....	680	....	....	....
8	....	....	980	....	....	....

b) Bei welcher Menge sind die durchschnittlichen Gesamtkosten am tiefsten?

c) Können Sie aus den Daten herauslesen, von wo an das Grenzprodukt abnimmt?

d) Wie viel produziert ein gewinnmaximierendes Unternehmen bei einem Preis von 200 Euro?

4. Alle Ihre Freunde helfen Ihnen beim Umzug. Können Sie beobachten, wie das Grenzprodukt abnimmt, wenn immer mehr Freunde zu Hilfe kämen?

5. Ein Unternehmen produziert im Bereich von zunehmenden Skalenerträgen. Nun weitet es seine Produktion aus. Was geschieht mit dem Gewinn?

6. Können große Unternehmen immer billiger produzieren als kleine?

7. Was ist der Unterschied zwischen sinkendem Grenzprodukt und sinkenden Skalenerträgen?

8. Auf einem Markt mit vollständiger Konkurrenz kann niemand den Marktpreis beeinflussen. Die Bedingungen dafür sind sehr streng und kommen deshalb in der Realität kaum je vor. Welches sind die vier wichtigsten Bedingungen?

9. Welche Aussagen sind richtig, welche falsch?

richtig falsch

richtig	falsch	
O	O	Gewinn = Preis mal Menge.
O	O	Wenn kurzfristig die Fixkosten steigen, wird der Gewinn kleiner.
O	O	Wenn ein Unternehmen seine Produktion erhöht, nehmen die Fixkosten zu.
O	O	Wenn ein Unternehmen seine Produktion erhöht, nehmen die durchschnittlichen Fixkosten ab.
O	O	In der langen Frist sind alle Kosten fix.
O	O	Kurzfristig sind alle Kosten variabel.
O	O	Die durchschnittlichen Gesamtkosten sind mindestens so groß wie die durchschnittlichen variablen Kosten.
O	O	Sind die Grenzkosten tiefer als die durchschnittlichen Gesamtkosten, so fallen letztere.
O	O	Die Grenzkosten steigen, wenn das Grenzprodukt sinkt.
O	O	Hält ein Unternehmen die Größe der Belegschaft konstant und vergrößert nur den Maschinenpark, wird früher oder später das Grenzprodukt sinken.
O	O	Wenn das Gesetz des abnehmenden Grenzprodukts nicht gelten würde, könnte man den Nahrungsmittelbedarf der Welt in einem Blumentopf anbauen.
O	O	Es ist möglich, bei einem Produktionsprozess für einen Faktor sinkendes Grenzprodukt und dennoch steigende Skalenerträge zu haben.
O	O	Der Gewinn wird maximiert, indem so viel wie möglich produziert und verkauft wird.
O	O	Ein Unternehmen produziert so viel, bis die Grenzkosten dem Grenzumsatz entsprechen.
O	O	Liegt der Preis unter den durchschnittlichen variablen Kosten, muss eine sofortige Betriebsschließung erwogen werden.

10. Ein Betrieb macht Verluste – es besteht aber die Aussicht, dass in absehbarer Zukunft wieder Gewinne gemacht werden.

a) Wann soll die Produktion vorübergehend eingestellt werden?

b) Wann soll trotzdem weitergearbeitet werden?

11. Es gibt Unternehmen, die ihr Angebot bei immer tieferen Preisen massiv ausweiten. Unter welchen Bedingungen ist dies einer Firma möglich, ohne in die roten Zahlen abzugleiten?

12. Bei welchen Gütern konnten Sie in letzter Zeit ein steigendes Angebot bei sinkenden Preisen beobachten?

5. Staatliche Markteingriffe

Das Studium von staatlichen Markteingriffen gibt uns die Möglichkeit, das Verständnis für den Marktmechanismus zu vertiefen. Zwar greift der Staat auf die vielfältigste Weise in die Märkte ein – er wird ja auch ein zentrales Thema dieses Buches sein. Hier soll aber nur eine kleine Auswahl von typischen Maßnahmen vorgestellt werden:

- Steuern und Subventionen sowie
- Vorschriften über Höchst- und Mindestpreise.

5.1 Steuern

drei Gründe für Steuern

Warum erhebt der Staat Steuern?

- Vor allem, weil er Geld für seine vielfältigen Aufgaben braucht.
- Zudem versucht er, mit Steuern Einkommen umzuverteilen.
- Schließlich will er auch die Produktion und den Konsum gewisser Güter eindämmen. So sähe man es aus gesundheitlichen und sozialen Gründen gerne, wenn der Alkoholkonsum zurückginge. Darum erhebt Vater Staat eine besonders hohe Steuer auf Alkohol.

Steuern
obligatorische Zahlungen an den Staat

zwei Fragen:

Ob nun Alkohol besteuert wird, weil der Staat Geld braucht oder weil er uns auf eine tugendhaftere Bahn bringen will – auf jeden Fall stellen sich dazu zwei eng verbundene Fragen:

1. Steuerinzidenz
die Frage nach dem Träger der Steuerlast

- Wer zahlt die Steuer, die Konsumenten oder die Anbieter? Oder tragen beide Seiten an der Steuerlast? Wovon hängt es ab, wer wie viel davon trägt? Für die Frage, wer die Last der Besteuerung trägt, prägte die Ökonomie den Fachausdruck Steuerinzidenz.

2. Mengenwirkung

- Wie wirkt sich eine Steuer auf die nachgefragte und die angebotene Menge aus? Wird infolge der Steuer weniger Alkohol getrunken und produziert?

Schauen wir schrittweise, wie die Steuer wirkt:

- Die Alkoholsteuer wird bei den Produzenten und Händlern erhoben. Der Staat zieht also die Steuer bei den Anbietern ein. Diese könnten die Steuer auf ihre Verkaufspreise draufschlagen, der Alkohol würde einfach um den Steuerbetrag teurer.

Alternativen der Nachfrager

- Nun können aber die Anbieter ihre Preise nicht beliebig anheben! Denn auf höhere Preise könnten die Nachfrager mit einem teilweisen Verzicht reagieren. Welche Alternativen hätten denn die Konsumenten? Weniger trinken, billigeren Alkohol, Mineralwasser, Kaffee? Je bessere Alternativen den Konsumenten offen stehen, desto leichter fällt es ihnen, die Nachfrage zu senken.

Preiselastizität der Nachfrage

Die Anbieter müssen die Preiselastizität der Alkoholnachfrage abschätzen und sich entsprechend verhalten: Wie stark würden sich wohl die Verkäufe verringern, wenn sie die ganze Steuer auf die Preise schlagen würden? Für einen Teil könnte dies bedeuten, dass sie ihr Geschäft verkleinern oder gar schließen müssten.

Alternativen der Anbieter

■ Die Anbieter, die Weinbauern, Weinhändler, Bierbrauer und Spirituosenhändler, müssen sich darum auch über ihre eigenen Alternativen klar werden: Könnten sie einen Rückgang der Alkoholverkäufe gut verkraften, da sie leicht auch andere geschäftliche Pläne verwirklichen könnten? Dann wären sie stark genug, um den größten Teil der Steuer zu überwälzen. Oder möchten sie eher einen Rückgang der Verkäufe verhindern, weil sie keine Alternative zum Alkoholgeschäft sehen? Dann werden sie wohl einen Teil der Steuer selber tragen und eine kleinere Gewinnmarge in Kauf nehmen.

Preiselastizität des Angebots

Kurz: Je preiselastischer die Anbieter reagieren, weil sie Alternativen haben, desto eher können sie die Steuer überwälzen – und umgekehrt.

Steuerinzidenz

■ Je dringender eine Seite darauf angewiesen ist, im Geschäft zu bleiben, desto größer ist der Anteil an der Steuer, den sie zahlt. Gelingt den Kunden ein überzeugendes Umsteigen auf andere Getränke, während die Anbieter wenig geschäftliche Alternativen haben, sodass sie auch bei tieferen Margen liefern, dann tragen die Anbieter die Steuer. Sind hingegen die Konsumenten schwach und bringen fast keinen Alkoholverzicht zustande, während die Anbieter ohne große Probleme auf andere Produkte umsteigen können, tragen die Konsumenten die Steuer.

auch eine Frage der Zeit

Die Zeit wird hier den Anbietern zu Hilfe kommen. Auf lange Frist werden sich Anbieter aus einem Geschäft mit verkleinerten Verdienstmöglichkeiten zurückziehen. Überblicken wir einen Zeitraum, der auch einen Generationswechsel in Familienbetrieben erlaubt, werden schlecht rentierende Betriebe ausscheiden, bis im Alkoholgeschäft wieder übliche Gewinne erzielt werden können.

Wie stark geht die Menge zurück?

■ Je preiselastischer die Nachfrage nach Alkohol ist, desto weniger Alkohol wird getrunken. Doch spielt auch hier nicht nur die Nachfrage, sondern auch das Angebot eine Rolle. Je stärker sich auch die Anbieter aus dem Markt zurückziehen, desto stärker kann ja die Steuer auf die Konsumenten überwälzt werden und desto eher kann die Steuer dort ihre konsumvermindernde Wirkung entfalten.

Was wir hier für die Alkoholsteuer gesehen haben, gilt allgemein für Steuern:

Wo Marktkräfte herrschen, kann nicht von vornherein gesagt werden, wie stark eine Steuer die gehandelte Menge einschränkt und wer die Steuer bezahlen muss. Die Preise, eingeschlossen die Steuer, wie auch die gehandelten Mengen werden durch Angebot und Nachfrage bestimmt:

■ **Die Steuerinzidenz hängt von der Preiselastizität der Nachfrage und des Angebots ab. Die Steuerlast fällt stärker auf jene Seite, die preisunelastischer ist, also ihre Gütermenge weniger zurücknehmen kann.**

■ **Und je preiselastischer beide Seiten auf Steuer und Überwälzungsversuche reagieren, desto stärker geht die gehandelte Menge zurück.**

bei jeder Steuer:

Menge geht zurück

Ob nun der Staat Waren oder Dienstleistungen, Konsum- oder Kapitalgüter, Löhne, Boden, Gewinne oder die Spartätigkeit besteuert, alle diese Besteuerungen wirken in der eben gezeigten Weise:

- Indem der Staat Löhne mit Sozialabgaben von 40 % des Bruttolohnes belastet, dämpft er die Nachfrage und das Angebot auf den Arbeitsmärkten. Wird Energie mit Abgaben belastet, wird ihr Verbrauch gedämpft (zur preiselastischen Reaktion des Benzin- und Heizölverbrauchs vgl. Abschnitte 3.1 und 8.2.5). Darum kann es ökonomisch sinnvoller sein, die Steuerlast von Aktivitäten, die uns reicher machen (wie Arbeit), zu verschieben auf Aktivitäten, die uns ärmer machen (wie Umweltverschmutzung). Wir werden im Abschnitt 7.6 darauf zurückkommen.

Steuer trägt, wer weniger Ausweichmöglichkeiten hat.

- Weiter sollten Sie nun davon überzeugt sein, dass nicht diejenigen die Steuer tragen, die sie dem Staat abliefern müssen. Zwar wird die Mehrwertsteuer bei den Unternehmen eingezogen und die Einkommensteuer bei den Erwerbstätigen. Das Gesetz schreibt auch vor, dass die Beiträge zur Rentenversicherung zur Hälfte bei den Unternehmen und zur Hälfte bei den Angestellten erhoben werden. Wo aber letztlich die Lasten all dieser Steuern anfallen, entscheiden nicht die Steuergesetze, sondern die Ausweichmöglichkeiten und damit die Preiselastizitäten von Angebot und Nachfrage.

Steuern im Preis-Mengen-Diagramm

Was bisher in Worten beschrieben wurde, soll nun noch im Preis-Mengen-Diagramm dargestellt werden, und zwar mit einem stark vereinfachten Beispiel in der Grafik 5.1: In einem von Alkoholsteuern verschonten Land treffen sich Angebot und Nachfrage bei 100 Millionen Litern Alkohol und einem Preis von 5 Euro pro Liter. Nun führt der Staat eine Steuer von 3 Euro pro Liter ein.

Wie reagiert das Angebot?

Die Steuer wird bei den Anbietern erhoben, sodass wir zuerst ihre Lage analysieren. Durch die Steuer ändert sich nichts an den übrigen

Grafik 5.1:
Wie wirkt eine Steuer,
wenn die Nachfrage unelastischer ist
als das Angebot?

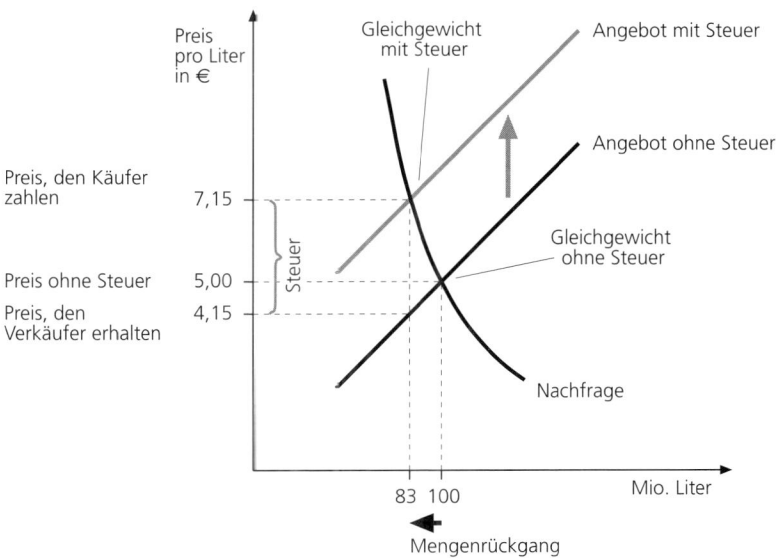

Kosten, den Alternativen und den Gewinnplänen. Die Anbieter haben darum keinen Grund, ihre Pläne zu ändern, und bieten die bisherigen 10 Mio. Liter um 3 Euro teurer, nämlich für 8 Euro an. Für jede mögliche angebotene Menge wird der Preis um 3 Euro angehoben. Die neue Angebotskurve ist also bei jeder Menge um den Steuerbetrag höher. Die Angebotskurve verschiebt sich um 3 Euro nach oben, in Richtung höhere Preise.

Wie reagiert die Nachfrage?

Bei höheren Preisen geht die Nachfrage zurück. Die Preiselastizität, die diese Reaktion auf Preisänderungen ausdrückt, erkennen wir an der Neigung der Kurve. In der Grafik 5.1 steigt die Kurve steil an. Damit wird angenommen, die Nachfrage sei preisunelastischer als das Angebot.

neues Gleichgewicht

Diese preisunelastische Nachfrage schneidet nun die nach oben verschobene Angebotskurve in einem neuen Gleichgewichtspunkt. Die Gleichgewichtsmenge geht von 100 Mio. Liter auf 83 Mio. Liter zurück, und der Gleichgewichtspreis steigt von € 5,– auf € 7,15. Das bedeutet, dass eine Steuerlast von € 2,15 auf die Käufer überwälzt werden konnte; die restlichen € –,85 müssen die Anbieter übernehmen.

Mengenreaktion und Steuerinzidenz

Auch grafisch kommen also zwei Resultate zum Ausdruck: Erstens reduziert eine Steuer die auf einem Markt gehandelte Menge, und zweitens wird die Steuer zum größeren Teil von den preisunelastischeren Marktteilnehmern getragen.

Variante mit preiselastischeren Marktteilnehmern

Um zu verdeutlichen, wie wichtig die Preiselastizitäten für die Mengenreaktion und die Steuerinzidenz sind, spielen wir in der Grafik 5.2 das gleiche Beispiel mit einer Variante nochmals durch: Das Angebot sei immer noch gleich elastisch, aber die Nachfrage sei diesmal preiselastischer als das Angebot.

Leicht erkennbar ist, wie nun das Angebot die Hauptlast der Steuer, nämlich € 1,75/l, tragen muss. Weiter sieht man deutlich, wie die Menge stärker zurückgeht. Die Mengenwirkung einer Steuer ist umso größer, je elastischer beide Seiten reagieren.

Grafik 5.2:
Wie wirkt eine Steuer, wenn die Nachfrage elastischer ist als das Angebot?

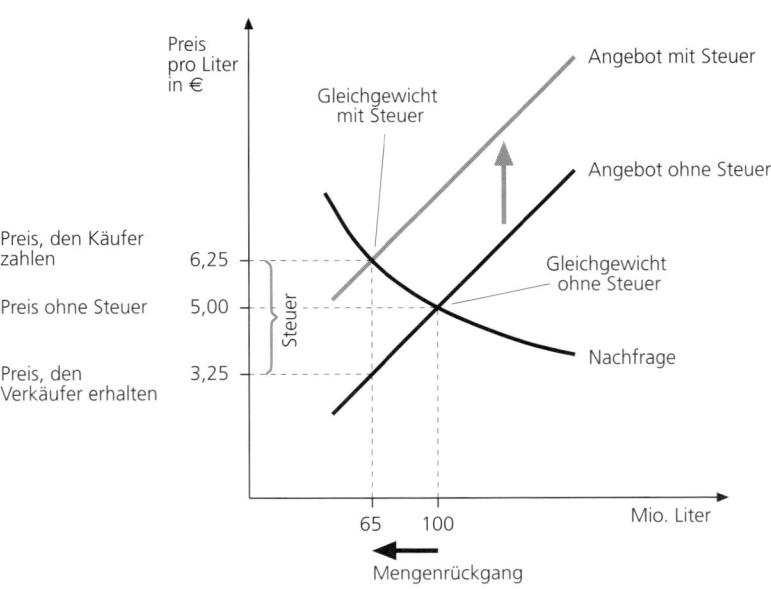

5.2   Subventionen

Subventionen
Zahlungen des Staates,
um die Produktion oder den Konsum
eines Gutes zu unterstützen

Steuerrabatte sind Subventionen

zwei Fragen:

1. Wer profitiert?
2. Mengenwirkung

Beispiel Ackerbau

**je nach Preiselastizität
des Angebots**

und der Nachfrage

Fazit

**in der Realität:
preiselastisches Angebot**

und preisunelastische Nachfrage

Subventionen sind staatliche Unterstützungszahlungen, die in der Regel an Unternehmen fließen. Subventionen sind das Gegenteil von Steuern. Steuerausnahmen und Steuervergünstigungen sind darum – ökonomisch gesehen – ebenfalls Subventionen: Flugbenzin ist steuerfrei und Diesel wird weniger hoch besteuert als Benzin; wir zahlen nicht für alle Güter gleich viel Mehrwertsteuer (vgl. Abschnitt 11.2); oder schauen Sie sich wieder einmal die vielfältigen Abzugsmöglichkeiten bei der Einkommenssteuer an.

Mit Subventionen will der Staat die Produktion und den Konsum bestimmter Güter fördern. Analog zu den Steuern stellen sich aber auch bei den Subventionen zwei Fragen:
- Wer profitiert von der Subvention, Anbieter oder Nachfrager?
- Und wie verändert die Subvention die produzierte Menge?

In der Landwirtschaft spielen Subventionen eine große Rolle, und so analysieren wir als stark vereinfachtes Beispiel die Subventionierung des Ackerbaus. Der Staat zahle dabei pro Tonne Getreide einen festen Geldbetrag an die Ackerbauern. Welchen Anteil der Subvention müssen nun die Landwirte in Form von niedrigeren Preisen an die Konsumenten weitergeben? Und wie stark wird die produzierte und verkaufte Menge zunehmen? Wie bei den Steuern kommt das auf die Preiselastizitäten von Angebot und Nachfrage an:
- Die Subventionen werden an die Landwirte ausbezahlt. Aus ihrer Sicht senken sich damit die Kosten. Wie groß ist nun der Anreiz, mehr Getreide zu produzieren? Welche zusätzlichen Mengen kommen auf den Markt? Zusätzliches Angebot drückt die Preise und überlässt den Nachfragern einen Teil der Subventionen!

Und wie stark steigern die Konsumenten ihre nachgefragte Menge bei Preisnachlässen? Zusätzliche Nachfrage stützt die Preise und überlässt den Anbietern einen Teil der Subventionen!

Wer also, um von Subventionen zu profitieren, die Menge stärker ausdehnt, ist im Verteilungskampf am kürzeren Hebel. Wer preiselastischer reagiert, gewinnt den kleineren Teil der Subventionen.
- Die Erfahrung zeigt, dass die Bauern infolge der Subventionen ihre Produktion stark erhöhen. Das Angebot der Bauern ist preiselastisch, v. a. langfristig. Auf einem Markt mit Wettbewerb machen sich damit die Landwirte gegenseitig die Preise kaputt; jeder Landwirt, der mehr anpflanzt, trägt etwas dazu bei.

Dagegen ist die Nachfrage nach Mehl und Brot eher preisunelastisch. Somit sind die Landwirte in einer schwachen Position. Obwohl sie die Subventionen in Form von niedrigeren Preisen zum größten Teil an die Konsumenten weitergeben, können die Landwirte ihre Produktion nur wenig ausdehnen. Die Subventionen verschaffen ihnen in diesem Fall kaum ein zusätzliches Einkommen. Dafür bezahlen die Steuerzahler (die ja die Subventionen tragen) den Konsumenten billigeres Brot.

Was wir hier für die Landwirtschaftssubventionen entwickelt haben, gilt ganz allgemein für Subventionen:

Auf einem Markt lässt sich nicht von vornherein sagen, wer hauptsächlich von einer Subvention profitiert und wie stark sich die gehandelte Menge erhöht:

- **Verliererin im Kampf um die Subventionen ist jene Seite, die ihre Gütermenge stärker vergrößert, also preiselastischer reagiert.**
- **Und je preiselastischer die beiden Seiten auf die Subventionen und Preisermäßigungen reagieren, desto stärker steigt die gehandelte Menge.**

Subventionen im Preis-Mengen-Diagramm

Wie zeigt sich die Wirkung von Subventionen im Preis-Mengen-Diagramm? Stellen Sie sich einen freien und unbeeinflussten Zwiebelmarkt vor. Die Grafik 5.3 zeigt Angebot und Nachfrage im Gleichgewicht, und zwar bei einer Menge von 10 Mio. kg und einem Preis von 60 Cents pro Kilogramm. Das Angebot ist preiselastischer als die Nachfrage.

Wie reagiert das Angebot?

Nun unterstützt der Staat die Landwirte mit Subventionen von 20 Cents pro Kilogramm Zwiebeln. Weil nun mit Zwiebeln hohe Gewinne möglich sind, werden mehr angepflanzt. Ist der Zutritt zum Zwiebelmarkt offen, werden so lange neue Anbieter dazukommen, bis die Extragewinne dank Subventionen wegkonkurriert sind. Schließlich liegt die neue Angebotskurve um 20 Cents tiefer als die alte Kurve.

Grafik 5.3:
Wie wirken Subventionen?

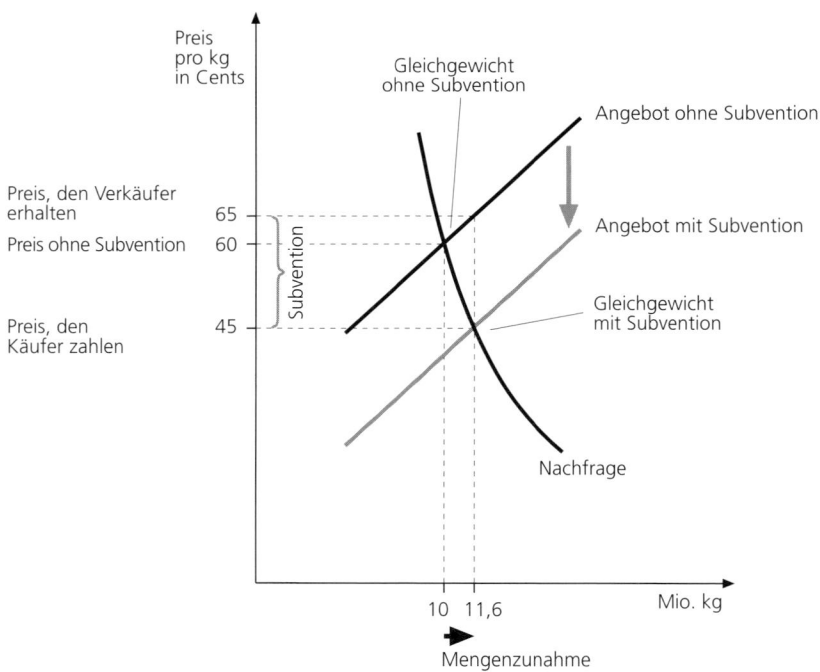

Wie reagiert die Nachfrage?

Zum Glück für die Landwirte zeigen auch die Zwiebelliebhaber eine Reaktion auf die Preise. Wie die steile Nachfragekurve zeigt, ist die Preiselastizität allerdings gering. Die Nachfragekurve schneidet sich mit der neuen Angebotskurve bei rund 11,6 Mio. kg und bei einem Preis von rund 45 Cents.

neues Gleichgewicht

Damit ist nicht nur klar, wie viel mehr Zwiebeln gegessen und produziert werden, nämlich 1,6 Mio. kg – in der Grafik sieht man auch, wer wie viel der Subventionen erhält. Die Zwiebeln werden um 15 Cents billiger, die Konsumenten erhalten also 15 Cents, und die Landwirte können 5 Cents behalten. Gewinnerin im Kampf um die Subventionen ist jene Seite, die preisunelastischer reagiert.

Mit der Grafik 5.3 lassen sich leicht Varianten analysieren: Wären Nachfrage wie Angebot elastischer, wären die Kurven flacher und die Mengenwirkung der Subventionen entsprechend größer. Und wenn die Nachfrage elastischer reagieren würde als das Angebot? Mit einer flacheren Nachfragekurve würde der Preis, den die Käufer zahlen, höher und ihr Subventionsanteil geringer. Je stärker sich die Nachfrage vergrößert, desto kleinere Subventionsanteile erhalten die Konsumenten.

In Wirklichkeit können wir den Subventionsmechanismus in der europäischen Landwirtschaft nicht wie dargestellt beobachten. Zwar wird immer noch von Agrarsubventionen gesprochen; doch genau genommen unterstützte die EU ihre Landwirte zuerst mit Importzöllen und Mindestpreisen und zahlt heute vermehrt Einkommenshilfen aus. Am Ende des übernächsten Abschnitts gehen wir kurz darauf ein.

5.3 Höchstpreise

Beispiel Mietzinskontrollen

Höchstpreise
staatlich festgelegte Preisobergrenze. Der Preis darf nicht darüber steigen, wohl aber darunter fallen.

Weit verbreitet ist die Meinung, die Mietpreise in Deutschland seien zu hoch. Dabei denkt man meist nicht nur an arme Familien, die sich eine Wohnung in kinderfreundlicher Lage nicht leisten können. Man hat vielmehr ganz generell das Gefühl, die Mieter von teuren Wohnungen würden ausgebeutet und viele Vermieter strichen zu hohe Gewinne ein. Wie in vielen anderen Ländern auch gibt es darum in Deutschland in städtischen Ballungszentren eine Mietzinskontrolle in Form von Mietspiegeln mit Mietzinsspannen für einzelne Wohnungskategorien.

Sind die Mietzinskontrollen wirksam, sind viele Wohnungen billiger, als sie es sonst wären. Sie sind darum bei vielen Mietern beliebt und bei den Vermietern entsprechend unbeliebt. Will man mit solchen Kontrollen nur verhindern, dass zu große Einkommen in die Taschen der Vermieter fließen, dann erfüllen sie ihren Zweck.

Allerdings haben Mietzinskontrollen unangenehme Nebenwirkungen, welche die Hauptwirkung in Frage stellen:

- Bei niedrigeren Mietpreisen besteht nämlich eine größere Nachfrage nach Wohnungen. Viele leisten sich jetzt eine größere Wohnung. Andere ziehen früher aus dem Elternhaus weg, und wer eine Wohnung hat, muss dank der niedrigen Miete weniger dringend einen Wohnpartner suchen, der die Miete mitträgt, usw. Kurz: Je tiefer die Mietpreise, desto mehr und größere Wohnungen werden nachgefragt.

- Anderseits bietet die Aussicht auf kontrollierte Mietpreise weniger Anreiz, mehr Wohnungen zu bauen. Der Wohnungsbau wird langfristig leiden, ebenso wie die Pflege und Modernisierung bestehender Wohnungen. In allen Städten, wo scharfe gesetzliche Höchstmieten durchgesetzt wurden, beobachten wir, wie ganze Straßenzüge vergammeln. Auch hier reagiert das Angebot preiselastisch: Je tiefer die Preise, desto weniger Wohnraum wird angeboten.

Wie wäre es, wenn wenigstens Neubauten einer geringeren Kontrolle ausgesetzt wären als Altbauten? Damit wird den Hauseigentümern mit Neubauten eine größere Rendite versprochen. Sie werden dazu verlockt, bestehenden Wohnraum verkommen zu lassen und neu zu bauen.

Resultat: Mangel

Werden Mietpreise unter dem Marktpreis festgesetzt, so steigt die Nachfrage, während sich das Angebot verknappt. Resultat ist ein Mangel an Wohnungen.

Gewinner und Verlierer

Wer schon eine sichere Wohnung hat, profitiert zwar – wer aber erst eine Wohnung sucht, verliert. Wo nicht das Geld Kriterium der Verteilung ist und damit nicht jene die Wohnung kriegen, die am meisten bezahlen, kommen andere, menschliche und allzu menschliche Prüfsteine zum Zug. Ein kinderloses deutsches Ehepaar ohne Haustiere gewinnt – ein Musik liebender Immigrant ohne einflussreiche Beziehungen verliert.

zusätzliche Maßnahmen nötig

Wir sehen, dass viele mit einer solchen Situation durchaus zufrieden sein können. Andere aber leiden unter einem starken Wohnungsmangel. Darum wird nach zusätzlichen Maßnahmen gerufen, die der Staat ergreifen solle: U. a. versucht der Staat das Angebot zu erhöhen, z. B. indem er Baugenossenschaften unterstützt oder selber baut. Er kann seine Wohnungen durch Steuergelder verbilligt abgeben.

Verteilungsproblem

Allerdings muss der Staat das Verteilungsproblem lösen. Er muss entscheiden, wer in die begehrten Wohnungen einziehen darf. Wenn die Wohnungen nicht mehr wie auf dem freien Markt den Zahlungsfähigsten gegeben werden, müssen neue Kriterien aufgestellt werden, nach denen ersichtlich wird, wer eine verbilligte Wohnung kriegt und wer nicht. Gerade an solchen Kriterien hapert es heute bei kommunalen und genossenschaftlichen Wohnungen stark. Allzu oft spielen auch hier Beziehungen oder die Nationalität eine Rolle.

Höchstpreise im Preis-Mengen-Diagramm

Was wir hier im Wohnungsmarkt besprochen haben, gilt ganz allgemein für alle Höchstpreise, so wie dargestellt im folgenden Preis-Mengen-Diagramm:

Stellen Sie sich zuerst vor, ein Markt befinde sich im Gleichgewicht. Zum Gleichgewichtspreis wird die Gleichgewichtsmenge angeboten und nachgefragt. **Setzt nun der Staat einen Höchstpreis fest, der unter dem Gleichgewichtspreis liegt, verändern sich sowohl die angebotenen wie auch die nachgefragten Mengen. Je nach Preiselastizität wird weniger angeboten und mehr nachgefragt. Die Folge ist ein Nachfrageüberschuss, ein Gütermangel.**

Schön sichtbar ist, wovon das Ausmaß des Gütermangels abhängt:

- Natürlich einmal vom Umfang der verordneten Preissenkung: Je tiefer der Höchstpreis, desto größer der Mangel.
- Und dann von der Reaktion der Marktteilnehmer auf diese Preissenkung: Bei geringen Preiselastizitäten (bei steilen Kurven) ist der Mangel klein, mit größeren Preiselastizitäten (bei flacheren Kurven) wird auch der Mangel größer.

Grafik 5.4:
Wie wirken Höchstpreise?

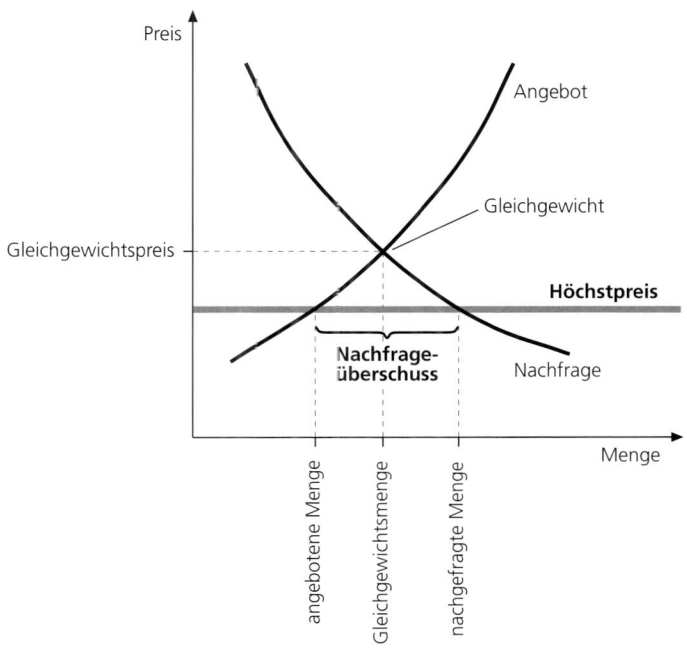

Schwarzmarkt

Hier halten sich die Teilnehmer nicht an die staatlichen Rahmenbedingungen (wie z. B. Preisvorschriften), sondern kaufen und verkaufen illegal (zum Preis, der sich aus Angebot und Nachfrage ergibt).

Wird der Mangel nicht durch weitere Maßnahmen beseitigt, entsteht schnell ein Schwarzmarkt: Die Anbieter werden versuchen, die offiziellen Preisvorschriften zu umgehen. Und bei Mangel werden auch viele Nachfrager bereit sein, mitzuspielen.

Sehr schnell entwickelt sich ein Schwarzmarkt bei Gütern, die weniger gut überwacht werden können als Wohnungen. So z. B. bei jedem Konzert, bei dem aus löblichen Gründen die Preise zu tief angesetzt wurden und das deshalb schnell ausverkauft war.

5.4 **Mindestpreise**

Mindestpreise
staatlich festgelegte Preisuntergrenze. Der Preis darf nicht darunter fallen, wohl aber darüber steigen.

wenn die Preise über dem freien Marktpreis liegen

Das Gegenstück zu Höchstpreisen sind Mindestpreise. Mit ihnen setzt der Staat Preisuntergrenzen fest. Mindestpreis-Vorschriften werden dann spürbar, wenn sie über dem freien Marktpreis liegen.

Wie schon bei den Höchstpreisen sind auch die Folgen von Mindestpreisen eindeutig und leicht zu durchschauen: **Werden Preise höher gesetzt als jene, die sich durch das freie Wirken von Angebot und Nachfrage ergeben hätten, sinkt die Nachfrage und steigt das Angebot. Die Folge ist ein Angebotsüberschuss.**

**Mindestpreise im
Preis-Mengen-Diagramm**

Das Preis-Mengen-Diagramm zeigt, wovon der Angebotsüberschuss abhängt:

- Einmal von der Größe der Preiserhöhung: Je höher der Mindestpreis, desto größer der Überschuss.
- Dann von der Reaktion der Marktteilnehmer auf diesen Preisanstieg: Bei geringen Preiselastizitäten (bei steilen Kurven) ist der Überschuss klein, mit größeren Preiselastizitäten (bei flacheren Kurven) wird auch der Überschuss größer.

Grafik 5.5:
Wie wirken Mindestpreise?

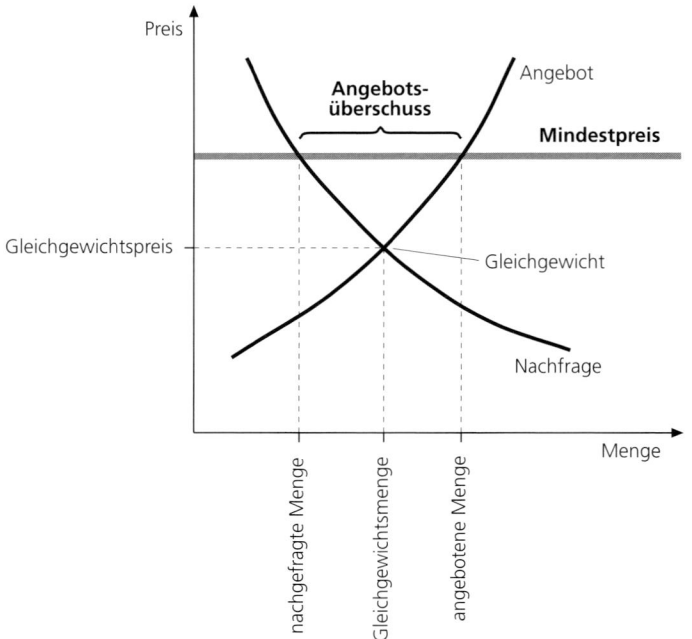

Agrarpolitik der EU

Mindestpreise finden wir vor allem in der Agrarpolitik. Zwar werden in der EU etwa 95% der landwirtschaftlichen Produktion durch Zölle vor billigen Importen geschützt. Aber für 70% der Produkte werden zusätzlich Mindestpreise festgelegt.[1]

**Überschuss
zusätzliche Maßnahmen nötig**

Mindestpreise, die höher sind die Marktpreise, führen zu Überschüssen. Diese Überschüsse werden von der EU aufgekauft, gelagert, über Exportsubventionen verbilligt im Ausland abgesetzt (nicht zur Freude von Bauern in anderen Ländern), verwertet (teures Milchpulver an Kälber verfüttert) oder vernichtet.

**eine unvollständige Liste von
Nachteilen**

Die Preisstützung kommt die EU teuer zu stehen, sie wendet etwa die Hälfte ihres Budgets dafür auf. Dabei sollen schätzungsweise nur etwa 20% der Agrarmarktausgaben den Landwirten zufließen, und davon profitieren Großgrundbesitzer erst noch mehr als kleine Pächter. 80% werden für die Verwaltung (vom Aufkauf bis zur bis zur Vernichtung) des Überschusses aufgewendet. Zudem belastet die Überproduktion die

---

[1] Für Milchprodukte, Getreide, Zucker, Rind-, Schweine- und Schaffleisch, einige Obst- und Gemüsesorten sowie Tafelwein gelten flexible Importzölle (welche die Importpreise auf ein bestimmtes Niveau, die sog. Richtpreise, anheben) und Mindestpreise (sog. Interventionspreise). Für Geflügel, Eier, Blumen und einige andere Obst- und Gemüsesorten gelten nur Importzölle.

Umwelt, und das hohe Nahrungsmittelpreisniveau das Budget von kinderreichen Haushalten. Schließlich benachteiligt die EU-Agrarpolitik u. a. die Agrarexporte aus Ländern der 3. Welt und muss darum auch unter dem Druck der Welthandelspartner reformiert werden.

Reform der EU-Agrarpolitik

Importzölle und Mindestpreise werden seit Anfang der 90er Jahre schrittweise abgebaut. Die EU-Agrarpolitik zielt neu auf direkte Einkommenshilfen für die Landwirte, die Verminderung der Produktion und die Förderung von umweltfreundlicheren Produktionsmethoden.

5.5 Fazit: Marktkonforme und nichtmarktkonforme Maßnahmen

Wird dem Marktpreis erlaubt, ein Gleichgewicht herzustellen?

marktkonforme Maßnahmen
staatliche Maßnahmen, die zwar Angebot und Nachfrage beeinflussen, aber den Marktmechanismus selber nicht beeinträchtigen

nichtmarktkonforme Maßnahmen
staatliche Maßnahmen, die den Preismechanismus beeinträchtigen oder außer Kraft setzen.

Mit Steuern und Subventionen einerseits sowie Höchst- und Mindestpreisen anderseits haben wir zwei grundlegend verschiedene staatliche Eingriffe kennen gelernt: marktkonforme und nichtmarktkonforme.

Steuern und Subventionen sind marktkonforme Maßnahmen. Durch Steuern wird die Produktion verteuert, durch Subventionen wird sie verbilligt; der Preismechanismus funktioniert aber wie bisher. Der Marktpreis (Steuern und Subvention eingeschlossen) kann sich weiterhin frei auf jener Höhe einpendeln, bei der Angebot und Nachfrage gleich groß sind.

Mindest- und Höchstpreise hingegen sind typische nichtmarktkonforme Maßnahmen des Staates. Der Preis wird nach unten oder oben fixiert, und so kann der Marktpreis kein Gleichgewicht zwischen Angebot und Nachfrage herstellen.

■ Ist der festgelegte Höchstpreis tiefer als der Marktpreis, bleibt die nachgefragte Menge größer als die angebotene. Das heißt, es gibt Mangelerscheinungen mit Schwarzmärkten.

■ Ist der fixierte Mindestpreis höher als der Marktpreis, bleibt die nachgefragte Menge kleiner als die angebotene. Auf den Gütermärkten nennt man das eine Überschussproduktion, auf den Arbeitsmärkten bedeutet es vergrößerte Arbeitslosigkeit (siehe Abschnitt 17.5).

Die Folgen bei beiden nichtmarktkonformen Eingriffen rufen nach zusätzlichen Maßnahmen.

Fragen zum 5. Kapitel, Markteingriffe

1. Ordnen Sie jedem Fachbegriff die passende Ziffer zu:

..... Steuern

..... Steuerinzidenz

..... Subvention

..... Höchstpreis

..... Mindestpreis

..... Schwarzmarkt

..... marktkonforme Maßnahmen

..... nichtmarktkonforme Maßnahmen

a   Eine Zahlung des Staates, um die Produktion eines bestimmten Gutes zu unterstützen

b   Staatliche Maßnahmen, die den Preismechanismus beeinträchtigen oder außer Kraft setzen. Die Folgen sind oft Probleme, die nach zusätzlichen Maßnahmen rufen.

c   Staatlich festgelegte Preisuntergrenze

d   Staatliche Maßnahmen, die zwar Angebot und Nachfrage beeinflussen, aber den Marktmechanismus selber nicht beeinträchtigen

e   Obligatorische Zahlungen an den Staat

f   Staatlich festgelegte Preisobergrenze

g   Die Frage nach dem Träger der Steuerlast

h   Hier halten sich die Teilnehmer nicht an die staatlichen Rahmenbedingungen, sondern kaufen und verkaufen illegal.

2. Welche doppelte Wirkung hat eine Steuer?

Wie stark geht die Menge zurück?			Wer trägt die Hauptlast der Steuer?		
sehr wenig	wenig/ mittel	stark	An- bieter	Nach- frager	ausge- glichen

Angebot wie auch Nachfrage sind unelastisch
O   O   O   O   O   O

Elastische Nachfrage trifft auf unelastisches Angebot
O   O   O   O   O   O

Unelastische Nachfrage trifft auf elastisches Angebot
O   O   O   O   O   O

Angebot wie auch Nachfrage sind elastisch
O   O   O   O   O   O

3. Der Staat plant, die Steuern für Zigaretten und für Kinobesuche zu erhöhen. Nun wehren sich die Kinobetreiber viel heftiger dagegen als die Zigarettenhersteller. Können Sie sich vorstellen, warum?

4. Welche Aussagen sind richtig, welche falsch?

richtig	falsch	
O	O	Jeder Wirt kann ohne Weiteres die Mehrwertsteuer vollständig auf die Kunden überwälzen, weil das Steuergesetz es so erlaubt.
O	O	Steigt die MWSt. um 1 %, steigen die Preise aller betroffenen Güter um 1 %.
O	O	Weil die Prämien der Rentenversicherung je zu 50 % bei den Angestellten und den Unternehmen erhoben werden, wird diese Sozialabgabe zu 50 % von den Angestellten und zu 50 % von den Unternehmen getragen.
O	O	Als Folge einer Subvention dehnt sich ein preisunelastisches Angebot stark aus.
O	O	Wer auf eine Subvention preisunelastischer reagiert (und damit zeigt, wie wenig er auf Kauf oder Verkauf angewiesen ist), erhält den Hauptteil der Subvention.
O	O	Je preiselastischer Angebot und Nachfrage auf eine Subvention reagieren, desto stärker dehnt sich die Menge aus.
O	O	Je preisunelastischer die Nachfrage, desto einfacher überwälzt ein Frisör die Mehrwertsteuer.

5. Angebot und Nachfrage auf dem städtischen Markt für Pizze treffen sich bei einem Gleichgewichtspreis von 5 Euro pro Pizza. Eine Marktumfrage bei den Bewohnern und Pizzabäckern hat nun folgende Angebots- und Nachfragewerte ergeben:

Preis in €	angebotene Menge	nachgefragte Menge
3,50	400	1400
4,–	600	1200
4,50	800	1100
5,–	1000	1000
5,50	1200	900
6,–	1400	800
6,50	1600	700

a) Zeichnen Sie Angebots- und Nachfragekurven mit Gleichgewichtspreis und Gleichgewichtsmenge.

b) Nun setzt die Vereinigung der Pizzabäcker den Preis auf 6 Euro. Was geschieht darauf? Wie viele Pizze werden gegessen?

c) Ein Jahr später schreibt die Stadtregierung – aus Sorge um billige und gesunde italienische Nahrung – einen Höchstpreis von 4 Euro pro Pizza vor. Was geschieht nun? Wie viele Pizze werden jetzt gegessen?

6. Welche der folgenden Aussagen sind richtig, welche falsch?

richtig	falsch	
O	O	Preise, die staatlich tiefer gesetzt sind als jene, die sich durch das freie Wirken von Angebot und Nachfrage ergeben hätten, heißen Mindestpreise.
O	O	Je größer die Preiselastizitäten von Angebot und Nachfrage, desto größer der Güterüberschuss bei einem Mindestpreis.
O	O	Je kleiner die Preiselastizitäten von Angebot und Nachfrage, desto größer der Gütermangel bei einem Höchstpreis.
O	O	Ein Mindestpreis, der unter dem Marktpreis liegt, verursacht Überfluss.
O	O	Ein Höchstpreis, der unter dem Marktpreis liegt, verursacht Mangel.

7. Sie sind Verwalterin einer Immobilienstiftung. Nun gibt Ihnen der Stiftungsrat den Auftrag, von den bisherigen Marktmieten abzurücken und die Wohnungen 30 % unter dem Marktpreis zu vermieten.

a) Was wird sich sichtbar verändern, wenn Sie eine Wohnung inserieren?

b) Nach welchen Kriterien werden Sie die Wohnungen zuteilen?

8. a) Wann sind Maßnahmen des Staates marktkonform?

b) Geben Sie zwei Beispiele dazu.

9. a) Geben Sie zwei Beispiele für nichtmarktkonforme Maßnahmen des Staates.

b) Weshalb sind die erwähnten Maßnahmen nichtmarktkonform?

6. Die Leistungen einer reinen Marktwirtschaft

Im 1. Kapitel wurden Fragen besprochen, die eine ganze Volkswirtschaft betreffen: Wir wirtschaften, um mit knappen Ressourcen unsere unabsehbaren Konsumwünsche zu befriedigen. Wirtschaften heißt darum, sich zu entscheiden, wie die Ressourcen Arbeitskraft, technisch-organisatorisches Wissen, Kapitalgüter, Boden, Bodenschätze und Umweltgüter bestmöglich verwendet werden. Was und wie wird produziert? Wer ist beteiligt und wer profitiert vom Resultat? Wie soll eine Wirtschaft, in der Millionen, ja Milliarden von Individuen zusammenarbeiten, organisiert sein, damit diese Fragen möglichst gut gelöst werden?

einfaches Gesamtmodell ohne Staat

Diese Organisation wird zum größten Teil von unzähligen Märkten übernommen. Deshalb haben wir vorerst einmal gefragt, wie einzelne Märkte funktionieren. In diesem 6. Kapitel wollen wir nun den Blick ausweiten und eine Übersicht über alle Märkte einer Volkswirtschaft gewinnen. Dabei müssen wir aber stark vereinfachen. Insbesondere lassen wir vorläufig alle staatlichen Aktivitäten weg. Erst in den anschließenden Kapiteln werden wir unser einfaches Modell noch etwas komplizierter und wirklichkeitsgetreuer gestalten. Hier im 6. Kapitel betrachten wir also ein System, das aus lauter Märkten besteht.

Marktwirtschaft, Marktsystem
Wirtschaftssystem, bei dem Märkte die Vielzahl der individuellen Pläne und Entscheidungen der einzelnen Haushalte und Unternehmen koordinieren

6.1 Zwei Hauptakteure: Unternehmen und Haushalte

Unternehmen

In Deutschland gibt es etwa 3 Millionen Unternehmen, in denen knapp die Hälfte der Bevölkerung arbeitet – im eigenen Unternehmen oder angestellt. In der Grafik 6.1 erscheinen alle Unternehmen in einem einzigen Oval zusammengefasst, vom Bauernhof über die Bäckerei, die Kioskkette, die Bahn, die Konzertagentur und die Immobilienfirma bis zur Heizölhandlung und zum Ölkonzern. Unternehmen produzieren Konsumgüter, die zum Verkauf bestimmt sind.

Gütermärkte

Diese Konsumgüter werden auf den Gütermärkten angeboten und dort von den Konsumentinnen und Konsumenten nachgefragt. Wir gehen auf dem Wochenmarkt einkaufen, tanken Benzin, lassen uns die Haare schneiden, fahren Zug, besuchen ein Konzert, benutzen eine Wohnung und bestellen telefonisch Heizöl. Ein Strom von Konsumgütern (dicke Pfeillinie) fließt also von den Unternehmen über die verschiedensten Gütermärkte zu den Haushalten. Und weil die Haushalte dafür mit gutem Geld bezahlen, fließt ein entsprechender Geldstrom (dünne Pfeillinie) zurück.

Haushalte

Wir alle leben in einem Haushalt, ob wir nun in einer Großfamilie oder allein wohnen. Aber hier beachten wir die Vielfalt der etwa 40 Millionen deutschen Haushalte nicht, sondern wir vereinfachen extrem, indem wir alle, ob gut geführt oder nicht, zu einem Oval zusammenfassen.

Die Haushalte sind aber nicht einfach nur Konsumenten der Güter, die in den Unternehmen produziert werden. Die Haushalte produzieren auch selber! Wie Sie jeden Tag erfahren, sind unsere materiellen Wünsche mit eingekauften Waren und Dienstleistungen nicht vollständig erfüllt. Stellen Sie sich vor, Sie hätten ein rohes Stück Fleisch, ungeschälte Kartoffeln und ungewaschenen Salat gekauft. Für einen Feinschmecker ist dies noch keine Mahlzeit. Erst die kenntnisreiche Küchenarbeit macht daraus ein Festessen, serviert auf einem schön gedeckten Tisch.

Die Resultate der Hausarbeit sind für den Lebensunterhalt vieler Familien ebenso wichtig wie die Güter, die vom Markt stammen. Vor allem in kinderreichen Familien hängt der Lebensstandard zum großen Teil davon ab, wie gut die Hausfrau haushalten kann. Und wie viele Gebrechliche und Kranke werden innerhalb der Familie gepflegt! In Einpersonenhaushalten hingegen wird weniger gearbeitet. Singles essen häufig auswärts, lassen sich die Wohnung reinigen, lassen auswärts waschen und bügeln.

freiwillige und ehrenamtliche Arbeit

Vergessen wir schließlich nicht, dass viele unserer materiellen Wünsche mit Hilfeleistungen innerhalb der Verwandtschaft, im Freundeskreis und in der Nachbarschaft befriedigt werden sowie durch ehrenamtliche Arbeiten in Vereinen, wohltätigen Organisationen, Krankenhäusern, Kirchen, politischen Parteien und staatlichen Behörden.

Im Unterschied zur Arbeit in Unternehmen werden Hausarbeit, Nachbarschaftshilfe und ehrenamtliche Arbeit nicht mit Geld vergütet.

- **Geld wird zur Verrechnung von Leistungen in anonymen Beziehungen verwendet.**
- **Innerhalb eines Haushalts, unter Freunden und Verwandten sowie in Vereinen bestimmen eher Tradition und Solidarität, wer welche Arbeit ausführt.**

6.2 Haushalte als Eigentümer der Ressourcen

Was leisten die Haushalte nun, um zu dem Geld zu kommen, mit dem sie die begehrten Güter kaufen? In den meisten von ihnen gibt es Personen, die in Unternehmen arbeiten, wofür sie Lohn beziehen.

privates Eigentum an Boden und Kapitalgütern

Glücklichere Haushalte können den Unternehmen jedoch nicht nur ihre Arbeitskraft, sondern auch Boden und Kapitalgüter anbieten. Diesen Haushalten gehören Boden und Gebäude, oder sie sind allein oder mit anderen zusammen Eigentümer eines Unternehmens und damit auch der Kapitalgüter des betreffenden Unternehmens. Mit Aktien gehört einem Haushalt ein Teil einer Aktiengesellschaft und damit auch der Boden und die Kapitalgüter dieser Gesellschaft.

Privatkapitalismus

In marktwirtschaftlich organisierten Gesellschaften gehören der wichtigste Teil des Bodens und die meisten Kapitalgüter direkt oder indirekt den privaten Haushalten. Das überwiegend private Eigentum an Boden und Kapitalgütern ist ein zentrales Merkmal unserer privatkapitalistischen Wirtschaftsordnung.

Faktormärkte
Auf diesen Märkten werden den Unternehmen die drei Produktionsfaktoren Arbeitsleistung, Kapitalgüter und Boden angeboten.

abgeleitete Nachfrage

Lohn, Zins, Bodenrente, Gewinne

Alle drei Produktionsfaktoren – Arbeitskraft, Kapitalgüter und Boden – bieten die Haushalte den Unternehmen auf Märkten an. Dafür gibt es Arbeitsmärkte, Kapitalmärkte und Bodenmärkte – alle drei zusammen nennt man Faktormärkte.

Auf den Faktormärkten treten die Unternehmen als Nachfrager auf. Ihre Nachfrage nach Produktionsfaktoren ist eine abgeleitete Nachfrage, d. h. sie leitet sich ab vom Plan, auf einem anderen Markt Güter anzubieten. So werden Schreinerleistungen und Hobelmaschinen nur nachgefragt, um Möbel zu produzieren und zu verkaufen.

Unternehmen nutzen die gewünschten Produktionsfaktoren gegen den entsprechenden Marktpreis. Dies ist in der Grafik 6.1 dargestellt. Von den Haushalten fließen Ressourcenströme über die Arbeits-, Kapital- und Bodenmärkte hin zu den Unternehmen. Zurück fließen Geldströme: Für Arbeitsleistung wird Lohn bezahlt, für Kapitalgüter Zins und für Boden eine Bodenrente. Schließlich fließen auch, als Entgelt für unternehmerische Leistung, Gewinne zurück zu den Haushalten.

Grafik 6.1:
Einfacher Wirtschaftskreislauf mit Güter- und Faktormärkten

Wirtschaftskreislauf mit Güter- und Faktormärkten
Modell einer Volkswirtschaft, das in einfachster Form die Zusammenhänge zwischen Haushalten und Unternehmen erklärt

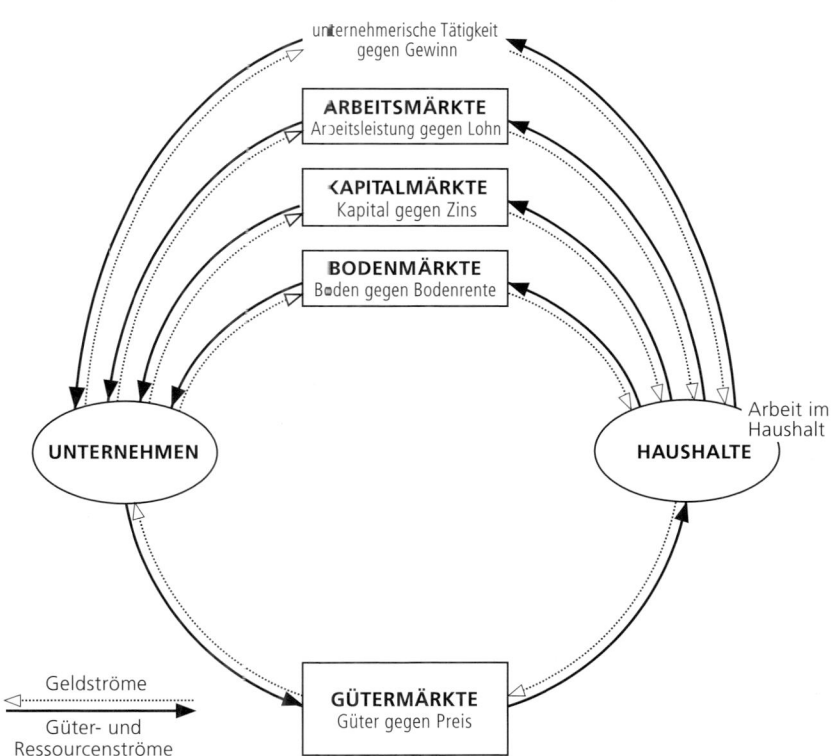

Schauen wir uns nun die drei Faktormärkte der Reihe nach noch etwas genauer an.

6.3 Arbeitsmärkte

Arbeit
jede körperliche und geistige Tätigkeit
mit dem Ziel, Knappheit zu überwinden

Lohn
Entgelt/Preis auf den Arbeitsmärkten
für Arbeitsleistung

Auf den Arbeitsmärkten treffen sich Unternehmen, die Arbeitskräfte suchen, und Haushalte, die Arbeitskraft anbieten. Allerdings sind Arbeitsmärkte für viele nicht leicht überblickbar. Man findet sich über Stelleninserate oder über gezielte Briefe an Unternehmen, über Bekannte, Stellenvermittlungsbüros, Headhunter oder über die Arbeitsagentur.

Doch Arbeitsmärkte funktionieren im Prinzip gleich wie andere Märkte auch. Anbieter sind hier die Haushalte mit all ihren persönlichen und gesellschaftlichen Vorlieben. Nachfrager sind die Unternehmen, die Arbeitskräfte für die Güterproduktion benötigen.

Angebot und Nachfrage werden über den Preis, den Lohn, das Gehalt, in Übereinstimmung gebracht. D.h. der Lohn sorgt schließlich dafür, dass der überwiegende Teil der Arbeitswilligen einer Arbeit nachgeht und der überwiegende Teil der Arbeitsstellen mit den geeigneten Personen besetzt ist.

Beispiel
Informatiker und Verkäufer

Löhne wirken

. . . auf das Angebot

. . . und die Nachfrage.

So werden seit Jahren dringend Informatikerinnen und Informatiker benötigt. Solange hier die Nachfrage höher als das Angebot ist, steigen die Löhne. Bei Lebensmittelverkäuferinnen oder -verkäufern hingegen ist das Angebot verglichen mit der Nachfrage groß, sodass die Löhne tief bleiben. Die großen Lohnunterschiede zwischen der Computer- und der Lebensmittelbranche wirken nun auf das Angebot wie auf die Nachfrage nach Arbeitskräften:

- Auf der Angebotsseite mobilisieren sie mehr Studentinnen und Studenten für die Informatik, und viele im Verkauf Beschäftigte suchen eine Stelle in einem anderen Beruf. Die große Lohndifferenz verlockt auch einige Verkäufer, sich zum Programmierer umschulen zu lassen.
- Auch die Nachfrageseite reagiert auf die hohen Löhne. Die Dienste von Computerspezialisten werden nur dann in Anspruch genommen, wenn den hohen Lohnkosten mindestens eine entsprechende Produktionsleistung gegenübersteht. Die große Lohndifferenz sorgt dafür, dass Unternehmen Informatiker sparsamer einsetzen als Verkäufer.

Marktmechanismus allgemein

Löhne motivieren

Löhne richten sich nach der Produktionsleistung

Allgemein können wir beobachten, wie bei einem zu großen Angebot an Arbeitskräften die Löhne sinken. Dort hingegen, wo Arbeitskräftemangel herrscht, steigt der Marktpreis. Auf die Lohnhöhe reagieren die Haushalte wie auch die Unternehmen:

- Die Haushalte als Anbieter lassen sich durch hohe Löhne motivieren, in Berufe einzusteigen, bei denen das Angebot besonders knapp ist. Schulabgänger strömen eher solchen Berufen zu, und Arbeitskräfte aus schlecht bezahlten Berufen steigen um.
- Die Unternehmen setzen Arbeitskräfte nur dort ein, wo sie damit auch einen den Arbeitskosten entsprechenden Wert erarbeiten können (siehe auch die Abschnitte 10.2.1 und 17.5). Je höher der Lohn ist, desto weniger Arbeitskräfte werden nachgefragt.

Als Resultat gleichen sich nach einer längeren oder kürzeren Anpassungszeit Angebot und Nachfrage auf den Arbeitsmärkten aus.

Besonderheiten des Arbeitsmarktes:

Wenn auch im Prinzip der Marktmechanismus auf den Arbeitsmärkten gleich funktioniert wie auf den Gütermärkten, gibt es doch fünf erwähnenswerte Besonderheiten:

1. Löhne wichtigste Einnahmequelle und größter Kostenteil

- Für die Mehrzahl der Haushalte ist der Lohn die wichtigste oder gar einzige Einkommensquelle – und für die meisten Unternehmen sind die Löhne der wichtigste Teil der Produktionskosten. Dies zeigt an, unter welchen Spannungen die Lohnhöhe ausgehandelt werden muss.

2. kollektive Verhandlungen

- Viele Unternehmen organisieren sich in Verbänden, und ein Teil der Arbeiterinnen und Arbeiter sind in Gewerkschaften verbunden. Diese Unternehmerverbände und die Gewerkschaften feilschen kollektiv um Arbeitszeiten, Arbeitsbedingungen und Löhne. Darauf werden wir nochmals kurz im Abschnitt 8.1.1 eingehen.

3. Arbeitslosigkeit

- Das Erwerbsleben nimmt einen zentralen Platz in unserer Gesellschaft ein. Trotzdem finden nicht alle Arbeitswilligen immer eine Arbeit. In allen Marktwirtschaften gibt es Arbeitslosigkeit. Dieses große soziale Problem, die verschiedenen Gründe dafür und was dagegen unternommen werden kann, wird uns in den drei Kapiteln 17 bis 19 beschäftigen.

4. Unter- und Überordnung

- Zwar sind wir als Anbieterinnen und Anbieter von Arbeitskraft beim Abschluss des Arbeitsvertrags mit dem nachfragenden Unternehmen im Prinzip gleichberechtigt. Mit der Arbeit in einem Unternehmen jedoch müssen wir uns in die hierarchische Struktur des Unternehmens einordnen. Angestellte sind dann Befehlsempfänger.

5. Diskriminierung

- Die Arbeitswelt ist eingebettet in eine Tradition, welche die Frauen benachteiligt. Zum einen wählen Frauen Berufe, die weniger Karrieremöglichkeiten eröffnen, und sie haben durchschnittlich noch immer eine schlechtere Ausbildung als Männer. Der größere Teil der Lohn- und Karrieredifferenz ist aber vermutlich die Folge einfacher Diskriminierung durch Unternehmensleitungen. Das heißt, auch bei gleicher Ausbildung und gleicher Leistung verdienen deutsche Frauen immer noch erheblich weniger als Männer, und viele Unternehmen halten Frauen von den Chefetagen fern.

6.4   Kapitalmärkte

Kapitalgüter, Investitionsgüter
alle von Menschen hergestellten Waren und Dienstleistungen, die zur Produktion verwendet werden

Wie schon erwähnt, gehört der größte Teil der Kapitalgüter direkt oder wenigstens indirekt den Haushalten. Sie leihen ihre Kapitalgüter an Unternehmen aus. Dafür werden die Haushalte auf den Kapitalmärkten mit Zins entschädigt.

direkte Verfügung

Ein Teil der Kapitalgüter gehört direkt privaten Haushalten und wird an Unternehmen ausgeliehen: Viele Haushalte sind Eigentümer von Geschäftsgebäuden oder Bürohäusern, die sie gegen Zins an Unternehmen vermieten. Zudem führen viele Haushalte eigene Unternehmen, wie Schreinereien, Gärtnereien, Architekturbüros, Anwaltskanzleien, Zahnarztpraxen, Kioske, Schuhläden oder Restaurants. Private Haushalte sind in diesen Fällen Eigentümer von Kapitalgütern (von Maschinen, Büro-

indirekte Verfügung

Kapital

Der Begriff umfasst verschiedene Dinge: Realkapital (Kapitalgüter wie Maschinen, Gebäude, Infrastruktur) und Humankapital (Know-how), aber auch Finanzkapital (Geld und Wertpapiere).

Investitionen

Aufbau von Kapitalgütern (Fabriken, Wohnhäuser oder Verkehrswege), Ausgaben für Forschung und Entwicklung, Schul- und Berufsbildung

Kapitalmärkte

komplexes Marktsystem, das die Spargelder den investierenden Unternehmen zuleitet

Sparen

Verzicht auf Konsum

Zins

Preis für ausgeliehenes Geld

Investieren

möbeln, Lieferwagen usw.) und leihen sie an ihre eigenen Firmen aus. Dies geht zwar nicht über einen Markt, doch wo eine geregelte Betriebsbuchhaltung existiert, werden dafür Zinsen verrechnet.

Den meisten Haushalte gehören aber Kapitalgüter nur indirekt. Anstatt selber Kapitalgüter zu kaufen und diese den Unternehmen zu überlassen, stellen die Haushalte den Unternehmen ihr Erspartes gegen Zins zur Verfügung. Mit dem Geld erwerben dann die Unternehmen die benötigten Kapitalgüter selbst. Sehr indirekt ist der Kontakt der sparenden Haushalte zu den Kapitalgütern der Unternehmen, wenn die Haushalte ihr Geld auf eine Bank bringen und diese Geld an Unternehmen ausleiht, die den Haushalten nicht mehr bekannt sind.

Direkter bleibt der Kontakt, wenn Haushalte Aktien von Unternehmen erwerben. Als Aktionäre sind sie nicht nur Geldgeber, sondern auch Mitinhaber des Unternehmens, mit Stimmrecht an der Aktionärsversammlung. Die meisten Haushalte stecken also ihr Erspartes nicht in eigene Kapitalgüter, sondern leihen es an Unternehmen aus, die dann damit neue Kapitalgüter kaufen.

Anstatt »Kapitalgüter kaufen« sagen die Ökonomen auch investieren. Im allgemeinen Sprachgebrauch wird allerdings der Begriff »investieren« oft weiter gefasst. In der volkswirtschaftlichen Fachsprache bedeuten aber Investitionen immer den Aufbau von Kapitalgütern oder auch Ausgaben für Forschung und Berufsbildung. Haushalte, die den Unternehmen Geld ausleihen oder Aktien kaufen, investieren deshalb nicht, sie »legen an«. Investoren sind hier nur die Unternehmen, die mit dem erhaltenen Geld Kapitalgüter erwerben.

Nun kann man den Unternehmen nicht nur über die Banken Geld überlassen oder Aktien kaufen. Spargelder fließen durch sehr viele Kanäle zu den Unternehmen: Sparer kaufen auch Obligationen von Unternehmen oder schließen Lebensversicherungen ab. Die Versicherungsgesellschaften verleihen das Geld weiter, kaufen Obligationen, Aktien oder Gebäude. All diese Kanäle sind weit verzweigt ausgebaut. So gehört das, was auf den Kapitalmärkten geschieht, zum Kompliziertesten in der Ökonomie – und manchmal auch zum Undurchschaubarsten. Doch das Prinzip ist einfach:

- Auf der einen Seite des Systems stehen die Haushalte. Sie bieten ihre Spargelder auf den Kapitalmärkten an.

  Für den Verzicht auf die momentane Nutzung ihres Geldes wünschen sich die Sparerinnen und Sparer einen möglichst hohen Zins – bei möglichst hoher Sicherheit und eventuell auch Mitspracherecht im Unternehmen.

- Auf der anderen Seite sind die Unternehmen, die Geld für Investitionen benötigen.

  Sie möchten natürlich möglichst wenig Zins zahlen und teures Geld nur für lohnende Produktionsprojekte ausleihen. Das heißt, die Investitionen sollen einen so großen Ertrag abwerfen, dass davon zumindest die Zinsen bezahlt und die Schulden getilgt werden können.

Marktmechanismus

Wie auf allen Märkten werden auch auf den Kapitalmärkten Angebot und Nachfrage über den Preis, das heißt hier über den Zins, in Übereinstimmung gebracht:

- **Auf der Angebotsseite schafft der Zins Anreiz zum Sparen, für das Alter, für schlechte Zeiten oder für die Erben.**
- **Auf der Nachfrageseite führt der Zins die Spargelder nur Projekten zu, die genügend hohe Erträge versprechen.**

Dabei schwankt die Zinshöhe je nach Angebot und Nachfrage:

- **Wollen die Unternehmen mehr investieren, als gespart wird, steigt der Zinssatz.**
- **Wollen dagegen die Unternehmen weniger investieren, als die Sparer beiseite legen, sinkt der Zinssatz.**

Grafik 6.2:
Marktgleichgewicht
auf den Kapitalmärkten

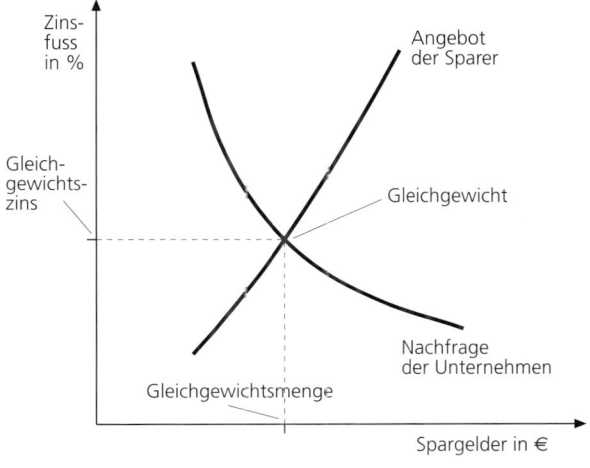

Neben den Sparern bietet auch die Zentralbank Geld an und beeinflusst damit die Zinshöhe. Darauf werden wir aber erst in den Geldkapiteln 14 bis 16 eingehen. Doch auch wenn sich die Zentralbank zurückhält, verändern sich die Zinssätze manchmal sehr hektisch. Zudem werden für verschiedene Geldanlagen unterschiedlich hohe Zinsen bezahlt. Wie können wir die Zinsschwankungen und die Zinsunterschiede verstehen? Wir müssen untersuchen, worauf Anbieter und Nachfrager am stärksten schauen, wenn sie Zinsen aushandeln. Und da stechen vor allem drei Größen hervor: die Inflation, das Risiko und die Laufzeit.

Zinsschwankungen und Zinsstruktur

6.4.1 Inflation, Risiko und Laufzeit

1. Inflation

Die Inflation (= Teuerung, Geldentwertung) bringt sehr viel Unruhe und Unsicherheit in die Kapitalmärkte. Die Teuerung verunsichert, weil sie den Wert von Spargeldern vermindert. So lässt eine jährliche Inflation von 5% den Wert aller Guthaben um 5% pro Jahr schmelzen. Das schmerzt die Sparer und erleichtert die Schuldner, und das hat Folgen auf den Kapitalmärkten:

Inflationsentschädigung
Inflationserwartung

- Für den Wertverlust wollen die Geldgeber entschädigt werden. Hätten sie sich bei einer Inflation von 0% vielleicht mit 3% Zins zufrieden gegeben, fordern sie bei einer Inflation von 5 % etwa 8 % Zins. In der Grafik 6.3 verschiebt sich die Angebotskurve um die Inflationsentschädigung nach oben.

■ Auf der anderen Seite sind die Unternehmen bei höherer Inflation auch zu höheren Zinsen bereit, denn sie wissen ja, dass die Inflation ihre Schulden verringert. Auch die Nachfragekurve verschiebt sich also um die erwartete Inflation nach oben.

Als Resultat ergibt sich ein neues Marktgleichgewicht. Der Nominalzins erhöht sich um die Inflationserwartung. Der voraussichtliche Realzins bleibt bei ungefähr 3 %.

Die zukünftige Inflation beeinflusst also die Zinsen, die auf den Kapitalmärkten ausgehandelt werden. Wird eine kleine Inflation erwartet, sind die Zinsen niedrig. Steigt die Inflationsangst, steigen auch die Zinsen. **Die Zinsen steigen und fallen mit der erwarteten Inflation.**

Realzins

Zinssatz, korrigiert um den Effekt der Inflation, zirka Nominalzins minus Inflationsrate

Grafik 6.3:
Realzins, Nominalzins und Inflationserwartung

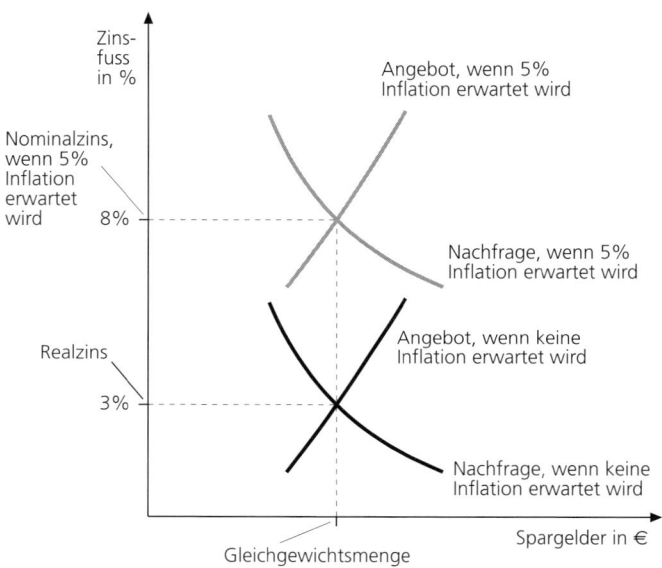

Der Inflation wird in den Kapiteln 14 bis 16 noch viel Platz eingeräumt. Dort werden Sie sehen, wie auch die Zentralbank die Zinsen beeinflusst. Hier genügt es, dass Sie einen großen Teil der Zinsfluktuationen mit den schwankenden Inflationserwartungen erklären können. Damit bleibt noch die Frage, warum verschiedene Geldanlagen unterschiedlich hoch verzinst werden.

2. Risiko

Risikoprämie

jener Teil des Zinssatzes, der die Möglichkeit widerspiegelt, dass der Schuldner zahlungsunfähig wird

Die Sparer sind manchmal zu Recht unsicher, ob sie ihr Geld auch jemals zurückerhalten. Genau dieses Risiko, das die Sparer eingehen, wird auf einem funktionierenden Markt berücksichtigt: Für unsichere Geschäfte wie Baulanderschließungen in Spanien ist der Zins höher als bei praktisch hundertprozentig sicheren Schuldnerinnen wie etwa der Bundesrepublik. Der Unterschied kann mehrere Prozente ausmachen. Man bezeichnet diese Differenz als Risikoprämie.

3. Laufzeit

Nun steigt in der Regel das Risiko mit der Laufzeit der Schuld. Vor allem die Inflation ist über mehrere Jahre hinaus sehr schwierig abzuschätzen. Das ist ein erster Grund, warum **die langfristigen Zinsen normalerweise über den kurzfristigen liegen.**

Zudem wollen Geldgeber entschädigt werden, wenn sie länger nicht mehr über ihr Geld verfügen können. Und für die Investoren macht die längere Verfügbarkeit des Geldes einen Kredit wertvoller. Darum sind sie bereit, für Kredite mit längeren Laufzeiten höhere Zinsen zu zahlen.

So viel zu den generellen Mechanismen auf den Kapitalmärkten. Jetzt wollen wir die drei wichtigsten Kanäle, in denen das Geld von den Sparern zu den Investoren fließt, etwas konkreter anschauen:
- den Weg über die Banken,
- den direkten Kauf von Obligationen und
- die Beteiligung an Unternehmen durch den Kauf von Aktien.

6.4.2 Zinsengeschäft der Banken

Eine wichtige Aufgabe von Banken ist es, zwischen Sparern und Investoren zu vermitteln. Die Banken sammeln die vielen kleinen und großen Sparströme in Sparkonten und leiten sie den investierenden Unternehmen in Form von Bankkrediten zu.

Zinsspanne

Nun sind die Zinssätze auf Sparkonten niedriger als die Zinssätze, welche die Bank von den Unternehmen für Darlehen verlangt (und auch niedriger als die Zinssätze, die Sie erzielen, wenn Sie Ihr Erspartes direkt einem Unternehmen ausleihen). Weshalb diese Zinsspanne?

Konkursrisiko

Wenn eine Bank Geld an Unternehmen ausleiht, geht sie ein Risiko ein. Das Geld könnte durch einen Konkurs des Unternehmens verloren gehen. Dafür kann die Bank eine Risikoprämie von mehreren Prozenten verlangen. (Diese Risikoprämie könnten Sie ebenfalls verlangen, wenn Sie Ihr Geld direkt einem Unternehmen ausleihen würden.)

Bank streut ihr Risiko

Die Arbeit der Bank ist es nun, Kredite an möglichst verschiedene Unternehmen aus verschiedenen Branchen und Ländern zu vergeben. Mit jedem Kredit übernimmt die Bank zwar Risiken, und sie wird auch immer wieder Geld verlieren, weil Unternehmen Konkurs gehen. **Doch wenn die Bank all die übernommenen Risiken geschickt streut, bedrohen die einzelnen Unternehmenskonkurse die Bank nicht in ihrer eigenen Existenz. Das Risiko, dass die Bank selber Konkurs macht, ist somit kleiner als bei einem einzelnen Unternehmen.** Darum ist in Sparkontozinsen nur eine kleine Risikoprämie eingeschlossen, in Kredite an Unternehmen hingegen eine größere. Die Bank kann die Differenz der Risikoprämien als Marge einstreichen.

Wenn unter den Banken Wettbewerb herrscht, ergeben sich die Zinsmargen und Risikoprämien auf dem Markt. Jedem Sparer steht es dann frei, sein Geld auf jene Bank zu bringen, die ihm die besten Bedingungen gewährt – oder er kann sein Geld vielleicht doch direkt einem Unternehmen ausleihen.

6.4.3 Anleihensobligationen

Anleihensobligation, Obligation
Wertpapier mit
einem bestimmten Nominalwert,
einer festgelegten Laufzeit und
einem fixen Zinssatz

Für Sparer, die ihr Geld direkt einem Unternehmen oder auch dem Staat ausleihen, geben diese Anleihen heraus. Die Anleihe ist der ganze Betrag, den ein Unternehmen oder ein Staat aufnehmen will, der einzelne Teilbetrag heißt Anleihensobligation oder einfach Obligation.

Eine Anleihensobligation ist ein Wertpapier mit einem bestimmten Nominalwert (häufig 100 Euro, aber auch mehr), einer festgelegten Laufzeit (z. B. 1998 bis 2008) und einem für die ganze Laufzeit fixen jährlichen Zinssatz (z. B. 4,75 %). Am Ende der Laufzeit wird dem Sparer der Nominalwert zurückbezahlt, und bis dann erhält er jedes Jahr den gleichen Zins. Solche Zahlungen heißen in der Fachsprache Renten, der Markt für Anleihensobligationen heißt daher Rentenmarkt.

Primärmarkt

Der Markt, auf dem neu herausgegebene Obligationen gekauft werden, heißt Emissionsmarkt oder Primärmarkt für Renten. Hier fließt das Geld von den anlegenden Sparern zu den investierenden Unternehmen.

Sekundärmarkt
Obligationenbörse

Mit einer Obligation ist das Ersparte für die fixierte Laufzeit gebunden. Will aber ein Anleger früher über sein Geld verfügen, muss er einen anderen Anleger suchen, der ihm seine Obligation für die Restlaufzeit abkauft. Dafür gibt es die Rentenbörse. Hier kaufen und verkaufen die Banken für ihre Kunden bereits ausgegebene Obligationen. Darum spricht man auch vom Sekundärmarkt für Renten. Über die Handelspreise der einzelnen Titel werden wir täglich in der Zeitung informiert:

Tabelle 6.1:
Anleihensobligationen BRD
16. März 2005

fixer Zinssatz in % des Nominalwertes		Laufzeit	Marktwert in % des Nominalwertes	Rendite in % des Marktwertes
4,75	Bund	98/08	106,10	2,7841
4,125	Bund	98/08	104,16	2,7816
5	Bund	01/11	109,41	3,3159
8,5	Pongs&Zahn	03/11	100,50	8,3666

Preise für Obligationen und Zinsniveau

Im Zeitungsausschnitt vom 16. März 2005 erscheint unser Beispiel an oberster Stelle. Besitzern dieser Obligation zahlt die Bundesregierung bis ins Jahr 2008 fix 4,75 % Zins. Damit waren Käufer und Verkäufer mehr als zufrieden, sodass diese Obligation für 106,10 % des Nominalwertes gehandelt wurde. Mit der Bundesobligation der nächsten Zeile erhält man bis

2008 nur 4,125%. Damit war man weniger zufrieden und zahlte entsprechend nur 104,16% des Nominalwertes. Nun lassen sich die Daten der beiden Obligationen rechnerisch ineinander überführen: Ob wir im März 2005 106.10 Euro für eine 4,75%ige oder 104,16 Euro für eine 4,125%ige bezahlt haben – bei beiden Obligationen werden wir bis ins Jahr 2008 eine effektive Rendite auf das eingezahlte Geld von 2,78% erreichen.

Laufzeiten

Die Obligation in der dritten Zeile erreicht eine Rendite von 3,3%. Warum ist sie etwas höher als bei den ersten beiden Obligationen? Ihre Laufzeit dauert bis ins Jahr 2011. Je länger die Fristen der Geldanlagen, desto höher sind in der Regel die Marktzinsen.

Risiken

Aber warum sind die Obligationen der Firma Pongs & Zahn, die ebenfalls 2011 ablaufen und immerhin 8,5% Zins zahlen, für nur 100,5% des Nominalwertes zu haben? Damit erreichen wir eine Rendite von 8,4% auf das eingesetzte Geld! Der Markt schätzte hier offenbar das Risiko höher ein als bei der Bundesrepublik. Wer die als sehr sicher eingeschätzten Bundesobligationen kaufte, war mit einer Rendite von etwa 3,3% zufrieden, wer hingegen der Firma Pongs & Zahn Geld gab, wollte eine Rendite von 8,4%; es wurde damit eine Risikoprämie von 5,1% eingeschlossen.

6.4.4 Aktien

Primärmarkt

Aktie
Wertpapier, mit dem der Eigentümer Teilhaber einer Aktiengesellschaft ist

Ein dritter Kanal, in dem Geld von den Sparern zu den Investoren fließt, ist der Primärmarkt für Aktien: Dort bietet ein Unternehmen, das investieren will, neue Aktien zum Kauf an. Mit dem Kauf einer Aktie beteiligt sich ein Anleger direkt an einem Unternehmen, er wird zusammen mit allen anderen Aktionären Inhaber des Unternehmens.

Dividende
Anteil am Gewinn (inkl. Eigenkapitalverzinsung), der dem Aktionär ausbezahlt wird

Auch Aktien haben einen Nominalwert – die Aktien von BMW beispielsweise hatten einen Nominalwert von einem Euro. Jedes Jahr wird eine Dividende ausbezahlt. Ihre Höhe hängt im Wesentlichen vom Gewinn ab, den das Unternehmen erwirtschaftet. So zahlte BMW 2005 58% Dividende, das sind 58 Cents pro Aktie.

Sekundärmarkt
Aktienbörse

Die Aktien, die ein Unternehmen auf dem Primärmarkt ausgibt, nimmt es in der Regel nicht mehr zurück. Die Aktionäre können nur wieder zu ihrem Geld kommen, wenn sie die Aktien auf einem Sekundärmarkt, vor allem der Aktienbörse, weiter verkaufen.

Welchen Wert hat eine Aktie?

Die Aktien werden jeden Tag an der Aktienbörse gehandelt. Zu welchem Wert werden nun aber die Aktien gekauft und verkauft?

erzielte Gewinne

- Eine erste Antwort wäre: Weil die Aktionäre die Inhaber des Unternehmens sind, entspricht der Aktienwert dem Wert des Unternehmens. Und wie viel ein Unternehmen wert ist, sehen wir an den erzielten Gewinnen. Je größer die Gewinne – ob als Dividenden ausbezahlt oder im Unternehmen zurückbehalten –, desto begehrter sind die Aktien, desto höher steigt ihr Kurs Die BMW-Aktien wurden nun am 15. März 2005 für € 27,50 gehandelt. Aber ist das nicht etwas teuer, verglichen mit den damaligen jährlichen Dividenden von € –,58? Einem Käufer brächte die Aktie ja nur gerade eine Rendite von 2,1%.

zukünftige Gewinne

Aktienindizes, welche die Gesamtentwicklung eines Aktienmarktes abbilden: Dow Jones und S&P (New York), Nasdaq (Technologie, New York), Nikkei (Tokio), DAX (Frankfurt), Stoxx und Euro Stoxx (Europa)

zukünftige Wertsteigerungen

Spekulation über die Spekulation der übrigen Spekulanten

Shareholder value

Aktionärswert, d. h. Gegenwartswert aller zukünftigen Gewinne einer Aktiengesellschaft.
Wer diesen Begriff benutzt, fordert in der Regel, dass Aktiengesellschaften ihren Gewinn maximieren und dass die Gewinne den Eigentümern, den Aktionären, zustehen – und nicht anderen Gruppen, wie etwa dem angestellten Management.

Spekulation

Kauf- und Verkaufsentscheidungen beruhen auf Erwartungen über zukünftige Preise.
Man orientiert sich weniger am direkten Nutzen eines Gutes, sondern beobachtet die anderen Marktteilnehmer und versucht, daraus die Preisentwicklung vorauszuahnen. Das ist dort möglich, wo das Angebot bezogen auf den Zeitraum der Spekulation sehr preisunelastisch ist.

■ Es sind offensichtlich nicht nur die heutigen Gewinne, die interessieren. Es sind auch alle zukünftigen Gewinne, die ein Aktionär mit seinen Aktien in der Hand hält. Doch wie schätzt man die Gewinne, die ein Unternehmen in Zukunft macht? Unzählige Finanzanalysten sind damit beschäftigt, die zukünftigen Gewinne von Unternehmen abzuschätzen. In die Zukunft schauen kann aber niemand, man kann nur spekulieren. Die Einschätzung einer Firma hängt stark von Besonderheiten des Unternehmens, von Besonderheiten der Branche und schließlich von der allgemeinen Wirtschaftslage ab. Viele Unsicherheiten spielen da zusammen. Deshalb steigen und fallen die Börsenkurse in einem nervösen Gang.

■ Aktienspekulanten orientieren sich aber nicht nur an den mutmaßlichen zukünftigen Gewinnen. Viele beobachten vor allem die Auf- und Abwärtsbewegungen selber. Sie sind vornehmlich interessiert, Aktien zu kaufen, um sie nachher wieder teurer zu verkaufen. Es sind daher nicht nur die zukünftigen, voraussichtlich steigenden Dividendenzahlungen, mit denen sie rechnen, sondern sie rechnen auch mit einer Wertsteigerung ihrer Aktie. Geleitet von diesem Interesse, müssen sie vor allem beobachten, was andere Marktteilnehmer tun. Sie schauen nicht mehr nur in die Zukunft, sondern auch »seitwärts«. Dieses »Seitwärtsschauen« kann manchmal über mehrere Jahre anhalten, Aktienkurse können sich dann von einem wie auch immer geschätzten Unternehmenswert stark ablösen. Solche spekulativen Seifenblasen platzen aber früher oder später, manchmal in einem viel beachteten Crash oder Börsenkrach.

Just a normal day at the nation's most important financial institution...

6.5 Bodenmärkte

Bodenrente
Entgelt für die Nutzung des
Produktionsfaktors Boden

Der Boden wird den Benutzern meist zusammen mit den darauf stehenden Gebäuden zur Verfügung gestellt. Damit sind im Mietzins für Wohnungen, Geschäfte und Fabriken sowohl die Entschädigung für das Gebäude als auch die Entschädigung für den Boden, die Bodenrente, enthalten.

Wie hoch ist die Bodenrente?

Wie hoch diese Bodenrente ist, zeigt sich an der Verwendung des Bodens, wie zwei Beispiele zeigen: An einer Wohnlage mit Seesicht kann ein höherer Mietzins verlangt werden als an einer Wohnlage mit Blick auf die Autobahn – auch dann, wenn der Ausbau der beiden Häuser gleich ist. Somit ist in der guten Wohnlage der Anteil der Entschädigung für den Boden höher. An einem Bahnhofplatz mit seinen vielen Passantinnen und Passanten kann mehr Ladenmiete verlangt werden als am Stadtrand, wo nicht einmal ein Bus hinfährt – auch wenn die Ladengebäude an beiden Orten gleich aufwändig gebaut wurden. An zentraler Lage ist die Bodenrente höher.

abgeleitete Nachfrage

Wie die Nachfrage nach anderen Produktionsfaktoren ist auch die Nachfrage nach Boden abgeleitet. Boden für sich allein hat noch keinen wirtschaftlichen Wert. **Je besser der Boden geeignet ist für die Produktion und für den Verkauf von Gütern, für den Tourismus, zur Vermietung von Büros und Wohnungen usw., desto höher ist die Bodenrente.**

Wie hoch ist der Bodenpreis?

Boden wird nicht nur ausgeliehen, sondern auch gekauft und verkauft. Dabei richtet sich der Bodenpreis direkt nach der Bodenrente. **Je höher die Bodenrente, desto höher der Bodenpreis.**

Baut z. B. der Staat eine Schnellbahn, die das Stadtzentrum besser mit den Vororten verbindet, werden bisher verschlafene Plätze in der Stadt durch neue S-Bahnhöfe viele Passantinnen und Passanten erhalten. Läden werden dort begehrter, die Mietpreise steigen, die Bodenpreise steigen. Ähnliches beobachten wir in den angeschlossenen Vororten: Es wird attraktiver, dort zu wohnen. Damit steigen die Wohnungsmieten, die Bodenrenten und die Bodenpreise.

Spekulation mit unvermehrbarer Ressource

Der Bodenpreis richtet sich jedoch nicht nur nach der gegenwärtigen Bodenrente. Denn wer Eigentümer von Land ist, **hält auch alle zukünftigen Bodenrenten in der Hand.** Darum muss er sich fragen, welche Bodenrenten in Zukunft erzielt werden. Dabei verfügt der Bodeneigentümer über eine unvermehrbare Ressource. Und damit ist die zentrale Bedingung für das Spekulieren erfüllt.

Die Immobilienmärkte sind spekulative Märkte, auf denen sich die Teilnehmer in einem bedeutenden Ausmaß davon leiten lassen, was andere Teilnehmer ringsum tun. Deshalb beobachten wir immer wieder Zeiten, in denen sich die Bodenpreise von realistisch geschätzten zukünftigen Bodenrenten ablösen. Dann orientieren sich Käufer vermehrt an den momentanen Bodenpreissteigerungen. Auch hier platzen von Zeit zu Zeit die Spekulationsblasen, und auch hier richten sich die Preise früher oder später wieder nach den zukünftigen Bodenrenten.

zunehmende Knappheit, steigende Preise

Dass der Boden limitiert ist, hat noch eine andere Auswirkung: Die Ressource Boden wird im Vergleich zu vermehrbaren Ressourcen und Gütern immer knapper. Deshalb steigen die Bodenpreise langfristig stärker als andere Preise. Dies ist volkswirtschaftlich sinnvoll, denn Güter, die relativ knapper werden, sollen im Preis überdurchschnittlich steigen. So wird am ehesten sichergestellt, dass der Boden nicht verschwendet, sondern möglichst nutzbringend verwendet wird.

Opportunitätskosten und Strukturwandel

Ein Beispiel: Tageszeitungen sind auf einen Standort im Stadtzentrum angewiesen. Früher waren Redaktion und Druckerei im selben Gebäude untergebracht. Doch lukrativere Nutzungsmöglichkeiten haben inzwischen die Bodenpreise im Zentrum stark ansteigen lassen. Und Fortschritte in der Druck- und Kommunikationstechnik erlauben es heute, die Druckerei an den Stadtrand auszulagern. Die Kosten für die Kommunikation zwischen Redaktion und Druckerei steigen, doch wird dieser Nachteil durch die niedrigen Bodenpreise mehr als wettgemacht. Der frei gewordene Raum im Zentrum steht für Einrichtungen zur Verfügung, die starken Nutzen aus der zentralen Lage ziehen: Läden mit Laufkundschaft, Kongressräume, Sevicestellen, Restaurants. Vielen ist damit gedient: Die Zeitung senkt ihre Kosten, die Lieferanten erhalten bessere Zufahrtswege, Stadtbewohner werden von nächtlichem Produktionslärm verschont und das Stadtzentrum wird attraktiver. Auch dies ist einer der unzähligen Bausteine in der ständigen Umstrukturierung unserer Wirtschaft, mit dem Ziel, aus den gegebenen Ressourcen das Maximum herauszuholen.

Raumplanung

Steigende Bodenknappheit führt also zu höheren Bodenpreisen, die dafür sorgen, dass der Boden nutzbringend verwendet wird. Hier gilt aber mindestens eine Einschränkung: Nutzungsänderungen können eine Stadt so verändern, dass die Lebensqualität stark darunter leidet. Die Altstadt kann als Einkaufszentrum veröden, und Bürohäuser können interessante Spezialgeschäfte verdrängen – ein Thema, das ins nächste Kapitel über »externe Effekte« gehört. Die Raumplanung versucht hier korrigierend einzugreifen. Jede Gemeinde legt in ihrem Bebauungsplan Wohn-, Gewerbe- und Grünzonen fest. Innerhalb dieser Zonen kommen dann die Marktkräfte zum Zug. Allerdings werden Zonenordnungen nicht frei von Marktkräften konzipiert. Ändert sich das wirtschaftliche Umfeld, wird auch die Bebauungsordnung geändert. So werden heute zentrumsnahe Industriezonen in Standorte für Dienstleistungen umgewandelt.

6.6   Umweltgüter

**Eigentumsrechte
definiert und durchsetzbar**

Die bis jetzt besprochenen Produktionsfaktoren Arbeitskräfte, Kapitalgüter und Boden gehören alle jemandem. Das heißt, die Eigentumsrechte sind genau definiert, und der Staat unterstützt die Eigentümer bei der Verteidigung ihrer Rechte. So ist etwa der Boden mit Grenzsteinen abgegrenzt, und die Rechte sind im Grundbuch eingetragen.

Die Folgen? Eigentümer pflegen ihre Produktionsfaktoren, und will sie jemand anders nutzen, muss er einen Preis bezahlen: Löhne, Zinsen und Bodenrenten. Dies hält uns alle an, Arbeitskraft, Kapital und Boden bestmöglich einzusetzen.

**Eigentums-/ Nutzungsrechte
nicht definierbar
nicht durchsetzbar
(noch) nicht definiert**

Anders ist es bei den meisten Umweltgütern. Oft sind Eigentums-, Verfügungs- oder Nutzungsrechte[1] unmöglich zu definieren und durchzusetzen. Denken Sie etwa an Luft oder an die Ozonschicht. In anderen Fällen wäre es zwar möglich, Rechte festzulegen, wie etwa bei der Schönheit einer Landschaft oder den Meerestieren. Doch man hat dies bisher oft unterlassen.

**Umweltgüter sind gratis,
aber keine freien Güter.**

Fehlende, unklare oder nicht durchgesetzte Eigentumsrechte haben weit reichende Folgen: Die Luft wird zu intensiv genutzt, die Schönheit einer Landschaft gratis verbaut und das Meer überfischt. **Ressourcen, die allen frei zur Verfügung stehen, werden weder gepflegt noch bestmöglich genutzt, sondern verschwendet und übernutzt.**

Allmende-Problem
Ressourcen erschöpfen sich überall dort, wo sie allen zugänglich sind und gratis genutzt werden können, weil Eigentums- oder Nutzungsrechte nicht definiert oder nicht durchsetzbar sind.

Für die Übernutzung von Ressourcen, die allen frei zugänglich sind, gibt es einen bildhaften Fachausdruck: das Allmende-Problem. Früher gab es nämlich viele Wiesen, die als Allmenden von allen Hirten genutzt werden konnten. Wenn nun die Hirten so viele Tiere wie möglich auf die Weide geschickt hätten, wäre bald zu wenig Gras nachgewachsen. Die Tiere hätten immer weniger Nahrung gefunden. Doch für einen einzelnen Hirten hätte sich Zurückhaltung nicht gelohnt, denn die Wiese gehörte ja nicht ihm. Er hätte nur zusehen müssen, wie andere weiterhin so viel wie möglich grasen ließen. So wären viele Allmenden so lange überweidet worden, bis kein Gras mehr gewachsen wäre. Die Tierhaltung wäre unmöglich geworden.

---

[1] Der genaue englische Begriff ist **»property rights«**. In diesem Buch wird manchmal kurz, aber etwas ungenau von Eigentumsrechten gesprochen.

Eigentums-/ Nutzungsrechte festlegen und durchsetzen

Umweltgüter, Umweltressourcen
Produktionsfaktor, der in praktisch allen heutigen Gesellschaften verschwendet wird, weil im Unterschied zu den anderen Ressourcenarten hier die Eigentums-/ Nutzungsrechte nicht definiert oder nicht durchsetzbar sind

Die Lösung? Der freie Zugang zur Allmende musste beschränkt werden: entweder durch Weidequoten, durch die Aufteilung der Allmende auf einzelne Hirten oder durch Preise für Weiderechte, welche die Knappheit des Grases widerspiegeln.

In der Grafik 6.4 ist die entschädigungsfreie Nutzung von Umweltgütern dargestellt: Dem Strom der Umweltressourcen zu den Unternehmen und Haushalten fließt kein Geldstrom entgegen. Leicht erkennen Sie die heutige Umweltproblematik:

Der fehlende oder zu niedrige Preis täuscht einen Überfluss vor, der nicht vorhanden ist. Stellt eine Gesellschaft Güter frei oder fast gratis zur Verfügung, ist dies eine Einladung zur Verschwendung.

Oder mit den Worten der Ökonomieprofessorin Heidi Schelbert: »Weil wir für die Umweltgüter keinen Preis verlangen, benehmen wir uns als Volkswirtschaft so wie ein Betrieb, der bei der Kalkulation die Abnützung seiner Maschinen, Fahrzeuge und Gebäude nicht berücksichtigt. Er verkauft seine Produkte zu billig und meint, Gewinne zu erzielen, während er in Wirklichkeit von der Substanz lebt und sein Vermögen verschleudert. Nicht der Umweltschutz, sondern seine Vernachlässigung ist teuer. Wir können uns aus rein wirtschaftlichen Gründen die Übernutzung der natürlichen Ressourcen gar nicht mehr leisten.«

Grafik 6.4:
Wirtschaftskreislauf mit Güter- und Faktormärkten, erweitert um die Umweltressourcen und den Außenhandel

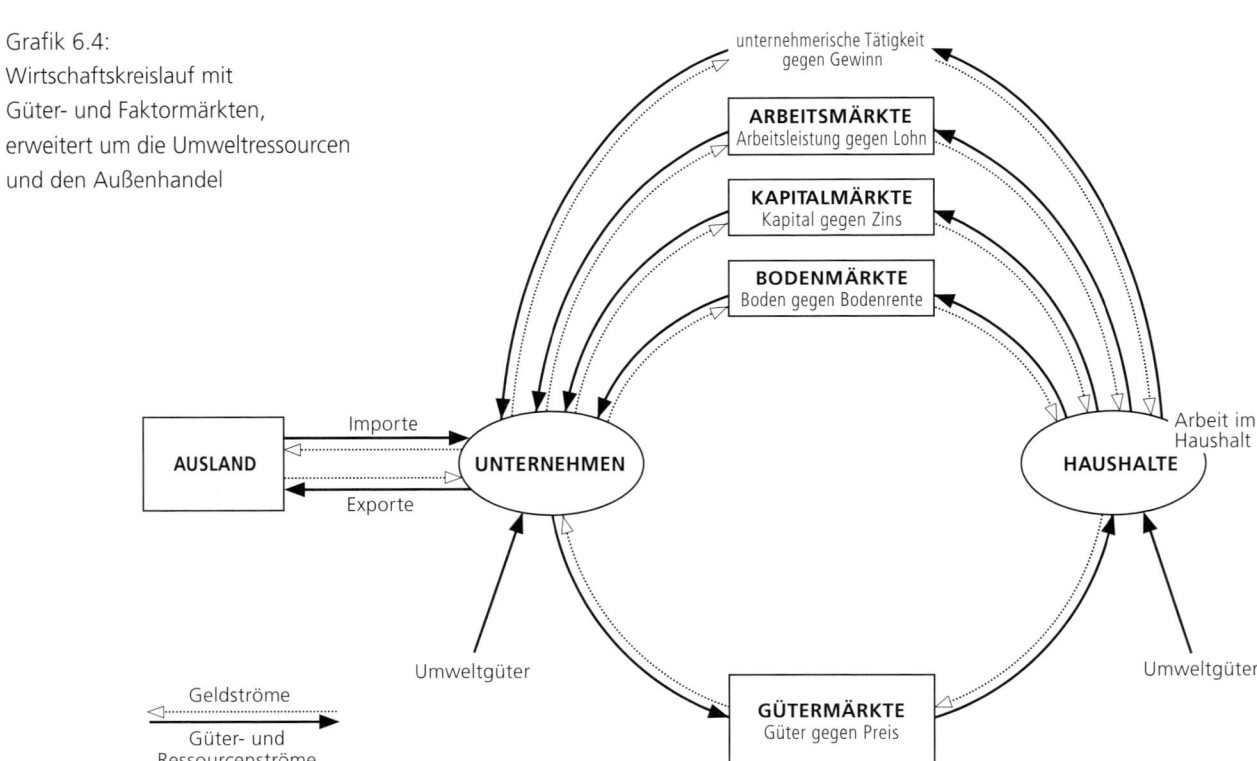

6.7   Beziehungen zum Ausland

Nachdem vier Ressourcen in unser Markt- und Kreislaufmodell aufgenommen sind, wollen wir es um einen weiteren wichtigen Teil ergänzen: um die Beziehungen mit dem Ausland:

internationaler Güterhandel
internationale Arbeitsteilung

Etwa ein Drittel aller Güter, die wir konsumieren und investieren, stammen aus dem Ausland und etwa ein Drittel der deutschen Verkäufe von Waren und Dienstleistungen geht heute ins Ausland. Denn so wie es eine Arbeitsteilung innerhalb eines Landes gibt, gibt es auch eine internationale Arbeitsteilung. Manche Staaten sind in bestimmten Tätigkeiten besonders leistungsfähig, weil die natürlichen Voraussetzungen gut sind oder weil sie sich ein spezielles Know-how angeeignet haben.

Exporte, Ausfuhren
Waren und Dienstleistungen,
die im Inland produziert
und ins Ausland verkauft werden

So wird etwa die Hälfte der in Deutschland produzierten chemischen Erzeugnisse, Maschinen, Büro- und Elektrotechnik und Straßenfahrzeuge ins Ausland verkauft. Die Textil- und Metallbranche setzt fast ein Drittel ihrer Produktion im Ausland ab. Diese Güterströme sind im Marktschema als Exportpfeil von den Unternehmen ins Ausland eingezeichnet.

Importe, Einfuhren
Güterströme aus dem Ausland
ins Inland

Umgekehrt stammen 96 % des Erdöls und des Erdgases, über 50 % der Schuhe und 40 % der Kleider aus dem Ausland. 5 % unseres privaten Konsums bestreiten wir im Ausland, meist in Form von Ferienreisen. Der größte Teil dieser Güterströme wird durch den Importpfeil zu den Unternehmen dargestellt. (Mehr zum internationalen Handel in den Kapiteln 16 und 20.)

internationaler Kapitalverkehr
die nationalen Grenzen überschreitende
Geldströme, denen kein Waren- oder
Dienstleistungsstrom entgegenfließt

Die Bundesrepublik ist allerdings nicht nur mit den ausländischen Gütermärkten vernetzt, sondern auch mit den Arbeits- und vor allem mit den Kapitalmärkten des Auslandes. (Zum Einfluss des internationalen Kapitalverkehrs auf die Wechselkurse vgl. Kapitel 16.) Zudem wird die Qualität der deutschen Umwelt immer stärker auch von Vorgängen im Ausland betroffen und umgekehrt (vgl. Abschnitt 20.7). All diese Beziehungen sind aber im Markt- und Kreislaufmodell der Einfachheit halber nicht mehr eingezeichnet.

EU

vier Freiheiten

In Europa entsteht aus verschiedenen Volkswirtschaften ein einheitlicher Wirtschaftsraum. Die 1957 formulierten und 1993 erreichten Kernziele der europäischen Integration sind der freie Verkehr von Waren, Dienstleistungen, Menschen und Kapital.

Je stärker Europa wirtschaftlich zusammenwächst, desto eher gilt das beschriebene Wirtschaftsmodell auch für die ganze Volkswirtschaft des vereinigten Europa. Hier hat das Ausland ein kleineres Gewicht. Nur etwa ein Zwölftel aller Güter, die heute in der EU konsumiert und investiert werden, stammen aus dem übrigen Europa und Übersee, und nur ein Zwölftel der EU-Produktion an Waren und Dienstleistungen geht dorthin.

6.8 Die Antwort der Märkte auf die wirtschaftlichen Grundfragen

Mit dem Einbezug der internationalen Beziehungen haben wir den Rundgang durch unser Marktwirtschaftsmodell fast bewältigt und wollen nochmals kurz zurückblicken. Ausgangspunkt war das wirtschaftliche Grundproblem: Mit den knappen Ressourcen soll ein möglichst gutes Güterangebot geschaffen und befriedigend verteilt werden.

Ziel des Wirtschaftens

Koordinationsfrage

Ist das Ziel formuliert, stellt sich die Frage nach der Organisation. Grundsätzlich stehen uns dazu sechs Typen von Koordinationsmechanismen zur Verfügung: Tradition, Solidarität in Kleingruppen, Hierarchie in Unternehmen und im Staat, Interessensolidarität sowie der Markt.

Märkte koordinieren Haushalte und Unternehmen.

Das volkswirtschaftliche Interesse richtet sich vor allem darauf, wie die unzähligen Haushalte und Unternehmen ihre Ziele koordinieren. Darum stehen die staatlichen Organisationen und Märkte im Vordergrund. Unser erstes, einfaches Gesamtmodell verzichtet sogar noch auf den Staat und besteht aus lauter Märkten.

Modell eines Marktsystems mit Güter- und Faktormärkten

Die Koordination zwischen Haushalten und Unternehmen geschieht auf Gütermärkten, wo die Haushalte von den Unternehmen Güter beziehen, sowie auf Faktormärkten für Arbeit, Kapital und Boden, wo die Haushalte den Unternehmen ihre Ressourcen zur Verfügung stellen. Innerhalb dieses Rahmens versuchen die Haushalte ihren Nutzen und die Unternehmen ihren Gewinn zu maximieren:

nutzenmaximierende Haushalte

- Die Preise auf den Faktormärkten signalisieren den Nutzen maximierenden Haushalten, was sie mit Vorteil anbieten. Je mehr und je begehrtere Ressourcen sie den Unternehmen zur Verfügung stellen können, desto mehr Geld erhalten sie. Das sauer verdiente Geld versuchen sie so einzusetzen, dass ihre heutigen und zukünftigen Wünsche möglichst zufrieden gestellt werden. Ihre Nachfrage signalisiert den gewinnstrebigen Unternehmen, was sie mit Vorteil produzieren.

gewinnmaximierende Unternehmen

- Begehrte Güter erzielen entsprechend gute Preise. Gewinn maximierende Unternehmen produzieren die Güter mit möglichst niedrigen Kosten. Mit effizienten Produktionstechniken werden Ressourcen eingesetzt, die auf den Faktormärkten zu möglichst günstigen Bedingungen erhältlich sind. Produziert ein Unternehmen mit teuren Ressourcen und Verfahren unbeliebte Güter, wird es weniger einnehmen, als es für die Ressourcen ausgeben muss. Dann bleiben Verluste. Um einen Konkurs zu vermeiden, muss es die Produktion der erfolglosen Güter aufgeben oder seine Produktionsverfahren verbessern. Es wird gezwungen, die Ressourcen wirtschaftlicher einzusetzen.

unternehmerische Tätigkeit
Die Fähigkeit, die Produktionsfaktoren zu kombinieren. Ein Unternehmer entscheidet, was wie produziert wird, führt Neuerungen ein und trägt Risiken für seine Entscheidungen.

Wettbewerb als Peitsche

Herrscht auf den Märkten Wettbewerb, treiben sich Nutzen maximierende Haushalte und Gewinn maximierende Unternehmen gegenseitig zu Höchstleistungen an:

Steuerung

- Der Wettbewerb zwingt die Unternehmen, jene Güter anzubieten, die nachgefragt werden.

Allokation der Ressourcen

- Die Unternehmen müssen die Ressourcen effizient einsetzen und produzieren damit kostengünstig.

Neuerungen

- Gewinne werden vor allem mit neuen und besseren Produkten gemacht sowie mit dem Einsatz von verbesserten Produktionstechniken.

Anpassung

- Um erfolgreich zu bleiben, müssen Unternehmen auf Änderungen der wirtschaftlichen, politischen, gesellschaftlichen und technischen Rahmenbedingungen flexibel reagieren.

Verteilung

- Unternehmen entlöhnen die Produktionsfaktoren entsprechend ihrem Beitrag zur Produktion. Auch von den Haushalten als Eigentümer der Produktionsfaktoren wird damit eine hohe Anpassungsfähigkeit gefordert.

Fazit: Alle drei Grundfragen des Wirtschaftens werden in diesem einfachen Marktmodell auf den Güter- und Faktormärkten bestimmt.

Was?
Welche Güter in welcher Menge?
Wie?
Welche Technik, welche Ressourcen?
Wer ist beteiligt?

Für wen?
Wer erhält wie viel?

- Die Gewinn maximierenden Unternehmen stellen jene Güter her, die sich am besten verkaufen.
- Sie produzieren mit Hilfe von Produktionsverfahren und Ressourcen, die am besten geeignet sind und am wenigsten Kosten verursachen. Als Arbeitskraft beteiligt ist wer die nachgefragte Arbeitsleistung zum herrschenden Lohn anbieten kann.
- Wie viel die einzelnen Haushalte konsumieren können, hängt davon ab, wie gefragt die Ressourcen sind, die sie den Unternehmen zur Verfügung stellen. Die Einkommen der Haushalte werden auf den Faktormärkten bestimmt.

wenig staatliche Lenkung

Ohne viel Gebote oder Planung bringt ein System aus lauter Märkten Millionen oder Milliarden von Individuen dazu, zusammenzuarbeiten. Und zwar so, dass sie ihre knappen Ressourcen derart einsetzen, dass ihre Konsumwünsche möglichst gut erfüllt werden.

Jeden Tag wird z. B. die Stadt Berlin mit Lieferungen aus der ganzen Welt ernährt – und zwar ohne Regierungsplan, der vorschreibt, dass kanadische Farmer oder spanische Orangenpflanzer diese Stadt mit bestimmten Mengen beliefern. Diese Stadt wird ernährt, obwohl die Lieferanten keine besondere Liebe für die Berliner empfinden. Die Kanadier und die Spanier finden es einfach vorteilhafter, nach Berlin zu liefern, als alle ihre Produkte selber zu essen.

Adam Smith: unsichtbare Hand

So wie viele Ökonominnen und Ökonomen heute noch war auch Adam Smith, ein schottischer Ökonom, der freie Märkte als Erster propagierte, von ihnen begeistert. In seinem Buch »The Wealth of Nations«, mit dem er 1776 die moderne Wirtschaftswissenschaft begründete, schrieb er: »Jeder Einzelne ist bemüht, sein Kapital so einzusetzen, dass das damit erstellte Produkt den höchstmöglichen Wert hat. Im Allgemeinen ist er weder bestrebt, das öffentliche Wohl zu fördern, noch weiß er, inwieweit er es fördert. Er denkt nur an seine eigene Sicherheit und an seinen eigenen Gewinn. Dabei wird er jedoch von einer unsichtbaren Hand geleitet, die dafür sorgt, dass er einem Ziel dient, das er in keiner Weise angestrebt hat. Gerade indem er sein eigenes Interesse verfolgt, fördert er häufig das Wohl der Gesellschaft besser, als wenn er dies beabsichtigt.«[2]

---

[2] Adam Smith: An Inquiry into the Nature of the Wealth of Nations, Buch 4, Kapitel 2

6.9 Ausblick: Bei Marktversagen werden Staatsaktivitäten gefordert

Wir haben die Märkte als zentrale Schaltstellen kennen gelernt. Ein umfassendes System von Märkten sorgt im Prinzip dafür, dass die Unternehmen einerseits die knappen Ressourcen möglichst wirkungsvoll einsetzen und andererseits jene Güter produzieren, für die auch wirklich eine Nachfrage besteht.

Bedingungen für befriedigendes Funktionieren von Märkten nach Adam Smith

Schon Adam Smith war sich aber der Tatsache bewusst, dass der Marktmechanismus bestmögliche Lösungen nur dann herbeiführen würde, wenn mindestens drei Bedingungen erfüllt sind:

öffentliche Güter

1. Der Staat muss neben Armee, Justiz und Polizei auch »solche öffentlichen Anlagen und Einrichtungen aufbauen und unterhalten, die, obwohl sie für ein großes Gemeinwesen höchst nützlich sind, ihrer ganzen Natur nach niemals einen Ertrag abwerfen, der hoch genug für eine oder mehrere Privatpersonen sein könnte, um die anfallenden Kosten zu decken, weshalb man von ihnen nicht erwarten kann, dass sie diese Aufgabe übernehmen«.
2. Es muss freier Wettbewerb herrschen.
3. Die Konkurrenten müssen in ihrem Handeln durch »Sympathie« und »sittliche Gefühle« geleitet werden.[3]

die sechs wichtigsten Marktversagen

Heute, nach 200 Jahren ungestümer Wirtschaftsentwicklung und ökonomischer Forschung, können wir die Leistungsfähigkeit wie auch die Mängel von Märkten recht gut abschätzen. Wir wissen, dass sie nur unter bestimmten Bedingungen gute Resultate hervorbringen. Oft »versagen« Märkte, oder sie sind »mangelhaft«. Wir werden im Folgenden sechs Marktversagen unterscheiden. Sie werden uns im Verlauf der meisten der noch folgenden 15 Kapitel beschäftigen:

1. externe Kosten

- Bei Produktion und Konsum entstehen Schäden, die auf unbeteiligte Dritte abgeschoben werden. Solche abwälzbare Nebenwirkungen heißen in der Fachsprache »externe Kosten«. Überall dort, wo sie erlaubt werden, können die Marktkräfte ihre Aufgabe nicht mehr befriedigend erfüllen (Kapitel 7).

2. externe Nutzen

- Es gibt, wie Adam Smith in seiner ersten Bedingung sagt, Güter, die zwar höchst nützlich und von allen erwünscht sind, aber nicht mit Gewinn verkauft werden können, wie beispielsweise Straßenlampen oder Bürgersteige. Diese Güter verbreiten Nutzen an unzählige Leute, die nicht direkt zur Kasse gebeten werden können. Überall dort, wo in hohem Maße solche externe Nutzen auftreten, sorgen die Marktkräfte nicht für eine gute Güterversorgung (ebenfalls Kapitel 7).

3. fehlender Wettbewerb

- Bleibt das Marktsystem sich selbst überlassen, so besteht die Gefahr, dass der Wettbewerb ausgeschaltet wird. Darum sind in der Realität oft nur wenige oder nur noch ein Anbieter vorhanden (oder auch nur ein Nachfrager). Fehlende Konkurrenz hat aber verschiedene negative Folgen (Kapitel 8).

---

[3] Adam Smith: An Inquiry into the Nature of the Wealth of Nations, Buch 5, Kapitel 1

4. Informationsprobleme und Manipulation

- Ein Markt kann nur dann funktionieren, wenn die Teilnehmer informiert sind und eigenständig handeln können. Doch häufig fehlt uns die Marktübersicht, und es ist unsicher, wie stark unsere Konsumwünsche auf raffinierte Art von den Anbietern manipuliert werden. Können unter diesen Umständen vom Marktsystem noch gute Resultate erwartet werden (Kapitel 9)?

5. soziale Fragen

6. Konjunkturschwankungen

- Nach der Meinung des größten Teils der Bevölkerung sorgt der Markt zu wenig für wirtschaftliche Sicherheit und Gerechtigkeit (Kapitel 10).
- Seit ihrer Entstehung, seit über 200 Jahren, sind alle Industriegesellschaften immer wieder von Wirtschaftskrisen heimgesucht worden. Millionen von Menschen werden dann arbeitslos. Die »unsichtbare Hand« kann hier die Zusammenarbeit offensichtlich nicht mehr mit einem akzeptablen Resultat regeln. Mit den Schwankungen auf den spekulativen Immobilien- und Aktienmärkten haben Sie einzelne Bausteine von Krisen schon kennen gelernt. Mit Instabilitäten, welche die gesamte Wirtschaft erfassen, werden wir uns in den Kapiteln 14 bis 19 beschäftigen: mit Inflationsschüben, Wechselkursfluktuationen, Rezessionen und Massenarbeitslosigkeit.

Marktversagen geben mögliche Gründe für staatliche Aktivität.

gemischtwirtschaftliches System

Marktversagen
Fehlleistungen des Marktmechanismus, welche die bestmögliche Verwendung der knappen Ressourcen verhindern und zu Wohlstandsverlusten führen. Sie können Gründe darstellen für das Eingreifen des Staates in das Wirtschaftsgeschehen.

Wir werden uns also ausführlich mit Marktversagen befassen. Grundlegend ist nun, dass überall dort, wo Märkte unbefriedigende Resultate erbringen, andere Koordinationsmechanismen einzuspringen versuchen (vgl. Abschnitt 1.7). Vor allem ruft man nach staatlicher Organisation. Marktversagen sind ein Grund, warum Volkswirtschaften nirgends ausschließlich durch Märkte geregelt werden, sondern immer auch durch vielfältigste Maßnahmen von Staaten und Staatengemeinschaften. Wegen Marktversagens kommt ein reines Marktsystem, wie es in diesem Kapitel beschrieben ist, nirgends vor, vielmehr ein »gemischtwirtschaftliches System«, bei dem der Staat an wichtigen Stellen des Wirtschaftslebens mitwirkt. Wenn wir in den folgenden Kapiteln den einzelnen Marktversagen nachgehen und dabei analysieren, wozu der Staat reglementiert, kontrolliert, verbietet, unterstützt, besteuert und auch selber produziert, werden wir ein etwas realistischeres Bild unserer Wirtschaft gewinnen.

Solidarität, sozialer Druck, gemeinsame Werte

Bevor wir aber damit beginnen, noch etwas zur dritten Bedingung von Adam Smith für das gute Funktionieren von Märkten, nämlich dass wir von »Sympathie« und »sittlichen Gefühlen« geleitet werden müssen: Diese Bedingung gilt für unsere komplexe Welt noch stärker. Selbst bestens organisierte Märkte, Unternehmen und Staaten könnten nicht funktionieren, ohne dass wir uns für das Wohl anderer sorgen, ohne solidarische Bindungen und ohne dass uns sozialer Druck zwingt, gesellschaftliche Normen einzuhalten. **Weil Märkte und Hierarchien unmöglich alles regeln können, ist eine ersprießliche gesellschaftliche und wirtschaftliche Entwicklung nur auf der Basis von gemeinsamen Werten möglich.**

in Traditionen eingebettet

Bei allen Regeln und Mechanismen, die im Verlaufe dieses Buches noch besprochen werden, dürfen wir also nicht vergessen, dass wir sowohl als Konsumenten wie als Akteure in den Unternehmen und im

Staatsapparat in Traditionen eingebettet sind. So haben zwar die Volkswirtschaften in Schweden, in Italien, in den USA oder in Japan viele gemeinsame Züge. Doch wirken sich die Marktkräfte in jedem dieser Länder recht verschieden aus, und der Staat setzt die Schwerpunkte seiner Tätigkeit jeweils etwas anders. Dies merkt schon jeder Tourist. Bei der Erklärung solcher Unterschiede konkurriert die Ökonomie mit anderen Gesellschaftswissenschaften, wie der Soziologie, der Ethnologie, der Sozialpsychologie, den Politikwissenschaften oder der Geschichte.

Fragen zum 6. Kapitel, Marktwirtschaft

1. Ordnen Sie jedem Fachbegriff die passende Ziffer zu:

..... Marktwirtschaft, Marktsystem

..... Faktormärkte

..... Wirtschaftskreislauf mit Güter- und Faktormärkten

..... Arbeit

..... Lohn

..... Kapitalgüter, Investitionsgüter

..... Kapital

..... Investitionen

..... Kapitalmärkte

..... Sparen

..... Zins

..... Realzins

..... Risikoprämie

..... Anleihensobligation, Obligation

..... Aktie

..... Dividende

..... Shareholder value

..... Spekulation

..... Bodenrente

..... Umweltgüter, Umweltressourcen

..... Allmende-Problem

..... Exporte, Ausfuhren

..... Importe, Einfuhren

..... internationaler Kapitalverkehr

..... unternehmerische Tätigkeit

..... Marktversagen

a   Entgelt/Preis auf den Arbeitsmärkten für Arbeitsleistung

b   Fehlleistungen des Marktmechanismus, welche die bestmögliche Verwendung der knappen Ressourcen verhindern und zu Wohlstandsverlusten führen

c   Der Begriff umfasst verschiedene Dinge: Realkapital (Kapitalgüter wie Maschinen, Gebäude, Infrastruktur) und Humankapital (Know-how), aber auch Finanzkapital (Geld und Wertpapiere).

d   Komplexes Marktsystem, das die Spargelder den investierenden Unternehmen zuleitet

e   Auf diesen Märkten werden den Unternehmen die drei Produktionsfaktoren Arbeitsleistung, Kapitalgüter und Boden angeboten.

f   Preis für ausgeliehenes Geld

g   Die Fähigkeit, die Produktionsfaktoren zu kombinieren: Entscheiden, was wie produziert wird, Neuerungen einführen und Risiken für die Entscheidungen tragen

h   Wirtschaftssystem, bei dem Märkte die Vielzahl der individuellen Pläne und Entscheidungen der einzelnen Haushalte und Unternehmen koordinieren

i   Wertpapier mit einem bestimmten Nominalwert, einer festgelegten Laufzeit und einem fixen Zinssatz

j   Produktionsfaktor, der in praktisch allen heutigen Gesellschaften verschwendet wird, weil im Unterschied zu den anderen Ressourcenarten hier die Eigentums-/ Nutzungsrechte nicht definiert oder nicht durchsetzbar sind

k   Zinssatz, korrigiert um den Effekt der Inflation, zirka Nominalzins minus Inflationsrate

l   Aufbau von Kapitalgütern (Fabriken, Wohnhäuser oder Verkehrswege), Ausgaben für Forschung und Entwicklung, Schul- und Berufsbildung

m   Kauf- und Verkaufsentscheidungen beruhen auf Erwartungen über zukünftige Preise.

n   Güterströme aus dem Ausland ins Inland

o   Wertpapier, mit dem der Eigentümer Teilhaber einer Aktiengesellschaft ist

p   Die nationalen Grenzen überschreitende Geldströme, denen kein Waren- oder Dienstleistungsstrom entgegenfließt.

q   Modell einer Volkswirtschaft, das in einfachster Form die Zusammenhänge zwischen Haushalten und Unternehmen erklärt

r   Anteil am Gewinn (inkl. Eigenkapitalverzinsung), der dem Aktionär ausbezahlt wird

s   Alle von Menschen hergestellten Waren und Dienstleistungen, die zur Produktion verwendet werden

t   Entgelt für die Nutzung des Produktionsfaktors Boden

u   Verzicht auf Konsum, ermöglicht Investitionen

v   Jener Teil des Zinssatzes, der die Möglichkeit widerspiegelt, dass der Schuldner zahlungsunfähig wird

w   Waren und Dienstleistungen, die im Inland produziert und ins Ausland verkauft werden

x   Aktionärswert, d. h. Gegenwartswert aller zukünftigen Gewinne einer Aktiengesellschaft

y   Ressourcen erschöpfen sich überall dort, wo sie allen zugänglich sind und gratis genutzt werden können, weil Eigentums-/ Nutzungsrechte nicht definiert oder nicht durchsetzbar sind.

z   Jede körperliche und geistige Tätigkeit mit dem Ziel, Knappheit zu überwinden

2. Warum wohl sind die Löhne für Blumenbinderinnen so tief?

3. Sind Unternehmen und Arbeitskräfte auf den Arbeitsmärkten im Prinzip gleichberechtigte Partner, sind sie es nach der Anstellung auch noch?

4. In der Presse wird ein Kapitalüberfluss befürchtet. Welche Reaktionen auf den Kapitalmärkten erwarten Sie?

5. Aus welchen zwei Gründen sind in der Regel die langfristigen Zinsen höher als die kurzfristigen?

6. Warum finden bestimmte Aktien auch bei kleiner Rendite (= Dividende pro Kurswert der Aktie) einen Käufer?

7. Was heißt (in der Volkswirtschaftslehre) »investieren« und was nicht?

8. Zwei Obligationen der Bunderepublik Deutschland: Beide haben eine Laufzeit bis Juli 2016, doch die eine wird für 105 % gehandelt, die andere für 95 %.

   a) Warum dieser Unterschied?

   b) Welchen Einfluss (in Zahlen) auf die beiden Obligationskurse hat ein Sinken der europäischen Langfristzinsen um 0,5 %?

9. Warum richten sich die Bodenpreise nicht immer nach den Bodenrenten? Mit anderen Worten: Warum entsprechen die Bodenpreise nicht immer den Ertragswerten?

10. Warum sind die Wohnungen im Zug des wachsenden wirtschaftlichen Wohlstands real nicht billiger geworden, wie z. B. Filmkameras oder Küchenmaschinen?

11. Welche Aussagen sind richtig, welche falsch?

richtig	falsch	
○	○	Wollen Unternehmen mehr investieren, ohne dass mehr gespart wird, sinkt der Marktpreis für Spargelder.
○	○	Realzins minus Inflationsentschädigung = Nominalzins
○	○	Bei hoher Inflation sind die Firmen bereit, auch hohe Zinsen zu bezahlen.
○	○	Durch den Kauf von 3 % aller Aktien einer AG werde ich bereits Mitinhaber.
○	○	Auf den Primärmärkten beschaffen sich Unternehmen Kapital durch Emissionen von Aktien und Obligationen; auf den Sekundärmärkten wird mit bereits bestehenden Titeln gehandelt.
○	○	Bei allen Produktionsfaktoren fließen den Ressourcenströmen Geldströme entgegen.

12. Worin unterscheiden sich (aus der Sicht der Ökonomie) die beiden Ressourcen Boden und Umweltgüter?

13. Ein Dorfteich steht zum Fischen offen und wird auch von allen Fischern frei genutzt:

    a) Was wird mit den Fischen geschehen? Und warum?

    b) Kennen Sie noch andere Beispiele, die nach dem beschriebenen Muster ablaufen?

    c) Können Sie das Problem des allen zugänglichen Dorfteichs verallgemeinern?

    d) Welche Maßnahmen könnten das Problem des Dorfteichs verhindern?

14. Warum waren die amerikanischen Bisons vom Aussterben bedroht – nicht aber die asiatischen Wasserbüffel?

Marktversagen und Staat

7. Externe Effekte

7.1 Was sind externe Effekte?

Bis hierher sind wir davon ausgegangen, dass Haushalte und Unternehmen wirtschaften, ohne Drittpersonen und der Allgemeinheit wesentlich zu schaden oder zu nützen. Denken Sie z. B. an einen Frisör, der Ihnen für 20 Euro die Haare schneidet: Er allein arbeitet, und darum bekommt er allein 20 Euro. Und nur Sie profitieren von der Leistung des Frisörs, und dafür zahlen nur Sie. Andere Leute haben daraus weder einen Nutzen noch Kosten. Beschränkt sich der Nutzen eines Gutes nur auf den Käufer und wird dadurch kein Dritter geschädigt, sind die Produktion und die Verwendung des Gutes eigentlich Privatsache. Man nennt solche Güter darum private Güter.

Das Thema dieses Kapitels ist, dass Märkte nur mit privaten Gütern zufrieden stellend funktionieren. Die Eigentums- oder Nutzungsrechte an Ressourcen und hergestellten Gütern müssen so genau definiert und durchsetzbar sein, dass alle Nutzen und Kosten verrechnet und abgegolten werden.

Typische private Güter sind neben Haarschnitten auch Brot oder Jeans. Hundertprozentig private Güter gibt es aber kaum. Es gibt kaum ein Gut, durch das nicht während der Produktion oder des Konsums irgendwelche außen stehende Dritte in positiver oder negativer Weise tangiert werden. Auch über Ihren neuen Haarschnitt könnten sich viele Menschen freuen, die Sie gar nicht kennen und die nichts zu den Kosten beigetragen haben. Oder bei der Produktion der Jeans wurde vielleicht auch noch ein Dorfbach vorübergehend blau gefärbt, sodass Fische, Fischer und Naturfreunde zu Schaden kamen.

Tatsächlich wird jeder Haushalt und jedes Unternehmen durch Aktivitäten anderer Haushalte und Unternehmen geschädigt, ohne dafür entschädigt zu werden. Wir atmen verschmutzte Luft ein, sind dauerndem Lärm ausgesetzt und werden in unserem ästhetischen Gefühl verletzt. Unternehmen und Konsumenten können hier Schäden und Kosten ihres Tuns auf Außenstehende abwälzen. Solche negativen Ausstrahlungen nennt man darum externe Kosten oder negative externe Effekte.

Jeder Haushalt und jedes Unternehmen kommt aber auch in den Genuss von Gütern, die ihm andere Haushalte und Unternehmen unbeabsichtigt gratis zur Verfügung stellen. Hegt und pflegt Ihr Nachbar einen schönen Blumengarten, können Sie sich die Kosten für einen eigenen Garten weitgehend ersparen. Sie können Nachbars Garten gratis genießen, als Trittbrettfahrer sozusagen. Solche unentgeltlichen Nutzenstiftungen an Außenstehende nennt man in der Ökonomie externe Nutzen oder positive externe Effekte.

Externe Nutzen und Kosten sind sehr vielfältig. Die folgende Tabelle soll anhand von wichtigen und belangloseren Beispielen den Sinn für diese Effekte schärfen:

private Güter
Güter, deren Produktion und Konsum praktisch keine externen Effekte hervorrufen

externe Kosten, negative externe Effekte
Schäden und Kosten, die sich nicht in den Marktpreisen widerspiegeln und auf Außenstehende abgewälzt werden

externe Nutzen, positive externe Effekte
Unentgeltliche Nutzenstiftungen an Außenstehende, an Trittbrettfahrer

Trittbrettfahrer (free rider)
nutzt ein Gut, ohne dafür zu zahlen

Tabelle 7.1:
Beispiele für
externe Effekte

	Externe Kosten	Externe Nutzen
Produktion in Unternehmen	Intensive Landwirtschaft überdüngt Seen und verschmutzt Trinkwasser.	Traditionelle oder biologische Landwirtschaft pflegt die Landschaft.
	Abweisende Gebäudefassaden veröden die Stadt.	Schöne Architektur verschönert die Stadt.
	Heutige Grundlagenforschung verängstigt Teile der Bevölkerung.	Resultate von Grundlagenforschung und nicht patentierbare Erfindungen werden kostenlos verwendet.
	Fabriken verschmutzen Luft und Wasser.	Bildet ein Unternehmen Fachkräfte aus, profitieren andere Unternehmen im Umfeld.
		Das Kompressionsverfahren MP3 ermöglicht, Musik gratis im Internet zu verbreiten.
Haushaltarbeit		Gut erzogene Kinder sind eine Freude für die Gesellschaft.
	Ein Naturgarten versamt die Rasen und Gärten der Nachbarn.	Ein Naturgarten ist Lebensraum für Tiere und erfreut Passanten.
Konsum	Skipisten verunstalten die Bergwelt.	
	Motorradfahrer schrecken ganze Bergtäler auf.	Motorräder erfreuen technisch Interessierte.
	Verpackungen und Waschmittel belasten die Umwelt.	Wer sich impfen lässt, trägt die Krankheit nicht weiter und schützt damit auch jene, die sich nicht impfen lassen.

Externe Effekte sind Kosten und Nutzen, die in der Produktion oder beim Konsum entstehen, aber am Markt vorbei wirken und deshalb nicht in den Marktpreisen berücksichtigt sind:
- **Schäden und Kosten werden damit auf Außenstehende übertragen, ohne von den Verursachern abgegolten zu werden.**
- **Nutzen werden Außenstehenden gestiftet, ohne von den Empfängern abgegolten zu werden.**

Externe Effekte entstehen, wo Geschädigte sich nicht abgrenzen und Nutzenstifter andere nicht ausschließen können. Beides geschieht dort, wo es schwierig ist, Eigentums- oder Nutzungsrechte zu definieren und durchzusetzen, oder wo man es bisher versäumt hat, sie genau festzulegen.

7.2 Wie führen externe Effekte die Marktwirtschaft in die Irre?

In einer Marktwirtschaft werden Produktion und Konsum durch Preise gesteuert, und zwar so, dass die knappen Ressourcen bestmöglich genutzt werden. Aber was passiert, wenn nicht alle Kosten von den an Produktion und Konsum Beteiligten getragen werden? Oder was geschieht, wenn ein Teil des Nutzens nicht allein der zahlenden Person zugute kommt, sondern noch jemand anderem?

Versagen bei externen Kosten

**zuerst Abklärung der
Eigentums- / Nutzungsrechte**

**gesamtgesellschaftliche Kosten =
private / interne Kosten
+ externe Kosten**

Analysieren wir zuerst die Wirkung von externen Kosten, und zwar am (notgedrungen stark vereinfachten) Beispiel des Fluglärms: Passagiere, Fluggesellschaften und Flughafen müssen für die internen Kosten (Flugzeug, Löhne, Benzin, Wartung, Essen, Flugplatz usw.) aufkommen. Doch damit sind noch nicht alle Kosten abgedeckt, die ein Flug verursacht. Es fällt unter anderem auch noch Fluglärm an.

Auch wenn das Beispiel einfach bleiben soll, müssen wir zuerst abklären, ob die Flugbetreiber das Recht haben, in den An- und Abflugschneisen ungewöhnlich viel Lärm zu verbreiten: Gehört vielleicht das ganze beschallte Gebiet der Flughafengesellschaft? Oder hat sie von den betroffenen Nachbarn eine Art Lärmrecht erworben, ähnlich einem Näherbaurecht? Ist dies der Fall, liegt es an der Flughafengesellschaft, ihre Kosten für die Lärmrechte den Fluggesellschaften mit den Landegebühren zu verrechnen. Die Lärmkosten zählen dann zu den internen Kosten.

Was aber, wenn die entnervten Bewohner in den Flugschneisen Rechte auf Ruhe geltend machen? Solange sie zu schwach sind, um sich zu wehren, oder wenn ihre Rechte noch umstritten sind, müssen sie den Lärm über sich ergehen lassen. Dann verursacht der Flugverkehr externe Kosten, die von den Fluggesellschaften in ihrer Kalkulation nicht berücksichtigt werden müssen.

Wo Lärmschäden nicht beachtet werden müssen, kann zu einem tieferen Preis geflogen werden. Dies lockt Kunden an, die nicht fliegen würden, wenn sie alle Flugkosten tragen müssten. Für die Fluggesellschaft und ihre Kunden geht die Rechnung auf – doch gesamtgesellschaftlich gesehen fliegen wir zu viel. Die Kosten, die von der Gesamtgesellschaft getragen werden müssen (die Kosten der Verursacher und der Außenstehenden zusammen), übersteigen den gesamtgesellschaftlichen Nutzen. Wenn externe Kosten auftreten, werden nicht nur Rechte verletzt, sondern zusätzlich die knappen Ressourcen nicht mehr effizient genutzt.

Grafik 7.1:
Treten externe Kosten auf,
sind die Preise zu tief und
die Menge zu hoch.

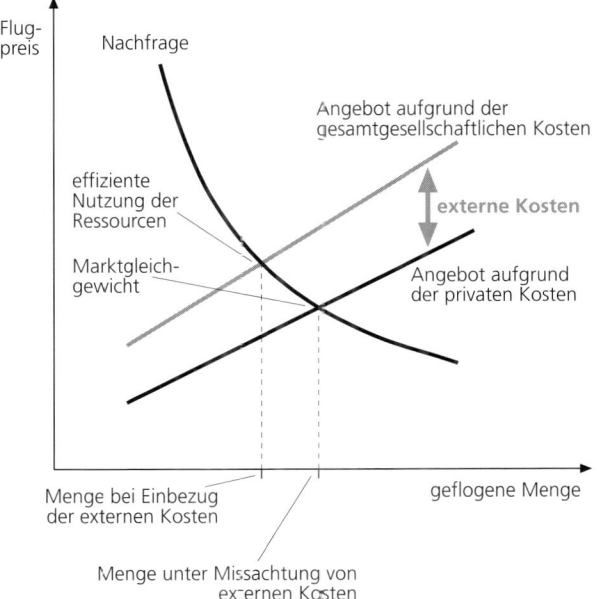

Wo externe Kosten auftreten, versagt also eine Marktwirtschaft zweifach:

- Erstens werden Kosten auf (rechtlich oft ungenügend geschützte) Dritte überwälzt – das Marktresultat ist nicht leistungsgerecht.[1]
- Zweitens wird das Resultat ineffizient, weil die Preise die Knappheit von Ressourcen zu wenig widerspiegeln. Mit zu niedrigen Preisen werden die knappen Ressourcen verschwenderisch eingesetzt.

Versagen bei externen Nutzen: das Trittbrettfahrerproblem

Und wie steht es im Fall von externen Nutzen? Ein typisches Beispiel für externe Nutzen ist das Licht von Straßenlampen. Es zeigt uns allen den Weg und macht die Wohngegend sicherer. So nützlich aber Straßenbeleuchtungen sind, so sehr würde ich Ihnen doch abraten, an dunklen Orten Lampen aufzustellen und von den Einnahmen leben zu wollen. Es wird Ihnen kaum gelingen, von den vorbeiziehenden Autofahrern und Spaziergängern eine Benutzungsgebühr zu erhalten, auch wenn sich alle über die hellen Straßen und Plätze freuen würden. Für kein Unternehmen würde es sich lohnen, Straßenlampen aufzustellen. Zu viele möchten und könnten als Trittbrettfahrer mit profitieren und sich vor den Kosten drücken.

Ausschließbarkeit
Der Besitzer eines Gutes kann andere von der Nutzung ausschließen, und mögliche Geschädigte können sich abgrenzen.

Bei Gütern mit bedeutenden externen Nutzen können Trittbrettfahrer kaum ausgeschlossen werden. Niemand kann gezwungen werden, einen kostendeckenden Preis zu zahlen. Darum werden solche Güter von privaten Unternehmen nur in unzureichenden Mengen oder gar nicht produziert. In einer reinen Marktwirtschaft würde niemand Gehsteige anbieten. Denn hier wäre es schwierig, Trittbrettfahrer auszuschließen. Darum würden auch Straßen nicht gekehrt, statt Kanalisationen und Kläranlagen hätten wir stinkende Pfützen mit Schwärmen von Mücken, und anstelle einer gewählten Regierung mit Verwaltung, Gericht und Polizei herrschten Gangstertum und nackte Gewalt.

Auch dort, wo externe Nutzen auftreten, versagen Märkte zweifach:

- Erstens profitieren Trittbrettfahrer gratis von Leistungen – das Marktresultat ist nicht leistungsgerecht.
- Zweitens wird das Resultat ineffizient. Weil für Güter mit großen externen Nutzen kein angemessener Preis verlangt werden kann, ist ihre Produktion zu gering.

7.3 Öffentliche Güter

öffentliche Güter
Güter mit bedeutenden externen Nutzen, sodass Trittbrettfahrer nicht ausgeschlossen werden können. Weil nicht von allen Begünstigten ein ausreichender Preis eingefordert werden kann, bieten gewinnmaximierende Unternehmen öffentliche Güter nicht in ausreichender Menge an.

Wir haben Güter ohne externe Kosten und externe Nutzen als private Güter bezeichnet. Ein Gegenstück sind öffentliche Güter. Ihr externer Nutzen verbreitet sich so frei, dass kaum jemand ausgeschlossen werden kann. Wir alle profitieren als Trittbrettfahrer von öffentlichen Gütern. Wir benutzen ungehindert Gehsteige, Brücken und Straßen. Die Landesverteidigung hat einen Abwehreffekt für das ganze Land, für alle Individuen, sogar dann, wenn sie diesen Schutz nicht wollen.

---

[1] Zu Gerechtigkeitskonzepten vgl. Abschnitt 10.2

Nicht-Rivalität

Streng genommen haben öffentliche Güter noch eine zweite interessante Eigenschaft: Es besteht keine Rivalität im Konsum. Nutzt jemand ein öffentliches Gut, beeinträchtigt er damit niemand anderen in der Nutzung des gleichen Gutes. Werden Sie von der Armee vor kriegerischen Gefahren geschützt, wird Ihr Nachbar nicht weniger geschützt. Oder fahren Sie auf einer Strasse, stört es Sie in der Regel nicht, wenn auch andere sie benutzen. Falls die Strasse nicht zu stark befahren ist, können noch andere Nutzen aus der Strasse ziehen. Dann sind die Kosten eines zusätzlichen Nutzens (die Grenzkosten) praktisch Null.

Auf Güter mit extrem niedrigen Grenzkosten werden wir im nächsten Kapitel unter dem Stichwort des »natürlichen Monopols« zurückkommen. Hier konzentrieren wir uns auf die externen Effekte mit dem wirtschaftspolitisch wichtigeren Merkmal der Nicht-Ausschließbarkeit.

öffentliche Ungüter

Es gibt noch ein zweites Gegenstück zu den privaten Gütern. Das sind Güter mit sehr großen externen Kosten, die man öffentliche Ungüter nennen könnte. Ein typisches Beispiel sind FCKW-Sprays. Ihre externen Kosten verbreiten sich so leicht, dass sich kaum jemand ausschließen kann. Wir alle sind hier forced riders, so etwas wie Zwangsmitfahrer.

Tabelle 7.2:
Externe Effekte im Überblick

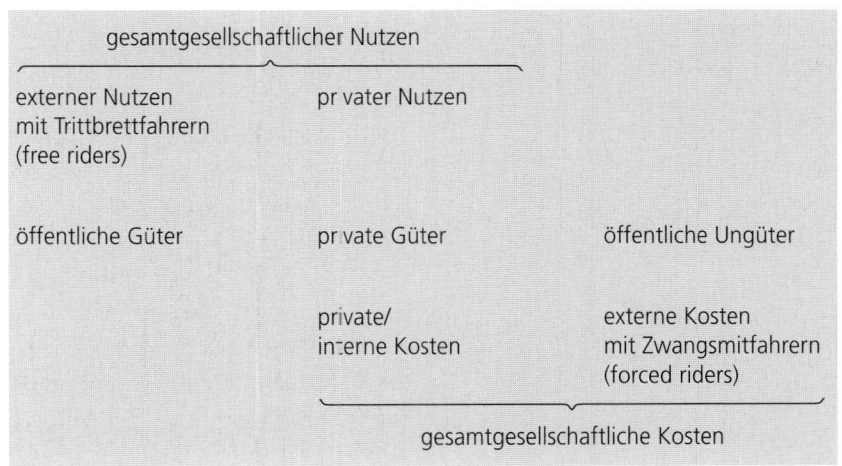

gesamtgesellschaftlicher Nutzen		
externer Nutzen mit Trittbrettfahrern (free riders)	privater Nutzen	
öffentliche Güter	private Güter	öffentliche Ungüter
	private/ interne Kosten	externe Kosten mit Zwangsmitfahrern (forced riders)
	gesamtgesellschaftliche Kosten	

7.4 Pseudoexterne, pekuniäre externe Effekte

Konkurrenzkampf auf Märkten

Externe Effekte werden manchmal vermischt mit den unzähligen Nutzen und Schäden, die wir uns gegenseitig im Konkurrenzkampf auf den Märkten ermöglichen und zufügen. Zwei Beispiele dafür:
- Ein Frisör profitiert von einem nahen Neubaugebiet, das ihm neue Kunden bringt. Umgekehrt verliert er Kunden, wenn in der Nähe ein neuer Frisör einen Laden eröffnet.
- Ein effizient organisiertes Unternehmen kann seine Preise senken. Die Käufer profitieren, Konkurrenzprodukte werden weniger gekauft, Konkurrenten müssen umstrukturieren. Kommt es zu Entlassungen, können Menschen hart getroffen werden.

Der Markt ist voll von Effekten, die auf den ersten Blick aussehen wie externe Effekte und die man deshalb pseudoexterne Effekte nennt. Sie entstehen durch den Konkurrenzkampf auf dem Markt und wirken über Märkte. Darum spricht man auch von pekuniären externen Effekten. Hier werden Marktchancen eröffnet und zunichte gemacht.

Wo Marktchancen geschaffen werden, profitiert man von pseudoexternen Nutzen – und wem Marktchancen zerstört werden, der leidet unter pseudoexternen Kosten. Deutlich anders die echten (man spricht auch von technischen) externen Nutzen und Kosten: Sie wirken am Markt vorbei.

Dieser Unterschied ist wesentlich. Denn auch wenn die pseudoexternen Effekte die einen bevorteilen und andere benachteiligen, führen sie insgesamt dazu, dass die Ressourcen wirkungsvoller genutzt werden und damit der Gesamtwohlstand steigt. Ohne sie würde der Markt gar nicht funktionieren. Würde nämlich die Eröffnung eines neuen Frisörgeschäftes verhindert, würde das ja zu einer Monopolstellung des alten Frisörs führen, die dem Gesamtwohlstand abträglich wäre.

Während die echten, technischen externen Effekte die bestmögliche Nutzung der Ressourcen verhindern, sind die pseudoexternen Nutzen und Kosten also eine erfreuliche oder schmerzliche Folge auf dem Weg zur bestmöglichen Nutzung.

Pseudoexterne Effekte können allerdings große Ausmaße annehmen, wenn die Markteilnehmer nicht leicht regieren können. So z. B., wenn ein Betrieb, der in seiner Region eine monopolähnliche Stellung einnimmt, geschlossen wird, weil das Unternehmen anderswo billiger produzieren kann. Dies führt für die Zurückgebliebenen (z. B. Arbeiter, die in der Nähe ihrer Fabrik ein Häuschen gekauft und sich mit ihrer Familie in der Wohnsiedlung integriert und engagiert haben) zu Folgekosten, die weit über den Einsparungen des umstrukturierenden Unternehmens liegen können. In diesem Fall kann eine Umstrukturierung den Gesamtwohlstand für lange Zeit vermindern. Wie pseudoexterne Effekte lang anhaltende negative wie auch positive Eigendynamiken entwickeln können, werden Sie in den Kapiteln 18 und 20 sehen.

Zurück zu den externen Effekten. Hier stellen sich nun zwei Fragen:
- Wer soll Güter mit großen externen Nutzen anbieten, wenn sie auf dem Markt nicht verkauft werden können?
- Wie können große externe Kosten eingedämmt werden?

7.5 Kollektive Anstrengungen für externe Nutzen

Güter, die große externe Nutzen verströmen, sind für Unternehmen, die ihre Produkte auf Märkten verkaufen wollen, ein schlechtes Geschäft. Zu viele Trittbrettfahrer können sich gratis bedienen. Um solche Güter zu finanzieren, müssen sich die interessierten Unternehmen und Haushalte zusammenschließen. An die Stelle von Wettbewerb auf Märkten tritt Kooperation.

Ausgehend vom Beispiel einer Straßenlampe soll hier gezeigt werden, wie verschieden diese Kooperation organisiert werden kann:

Interessensolidarität unter Nachbarn

- Sollte in einer Gegend mit wenigen Einfamilienhäusern ein Spielplatz beleuchtet werden, kann eine Geldsammlung unter den Anwohnern erfolgreich sein. Viele werden solidarisch zahlen, falls auch die Nachbarn zahlen. Moralischer Druck wird die Solidarität verstärken, denn wer möchte schon in der Nachbarschaft als knausriger Trittbrettfahrer gelten!

organisierte Interessensolidarität

- Je größer aber die Wohngegend und je anonymer die Beziehung unter den Bewohnern ist, desto schwieriger wird es, Straßenlampen mit freiwilligen Spenden zu finanzieren. Doch für Ziele, die Sinn stiften und Gefühle berühren, gelingt es gemeinnützigen Vereinen und interessensolidarischen Verbänden wie Kirchen oder Gewerkschaften, beträchtliche Summen zu sammeln.

Werbung

- Heute tragen vermehrt auch private Firmen die Kosten von externen Nutzen. Werbung finanziert Zeitungen sowie Radio- und Fernsehsendungen, Sponsoren verbilligen kulturelle Anlässe. Um Kunden zu binden, geben Computerfirmen Geräte und Ausbildungsprogramme an Schulen ab, und Sportausrüster stiften Spielplätze.

Staat

- Doch die meisten großen externen Nutzen müssen von Interessengemeinschaften finanziert werden, deren Mitgliedschaft obligatorisch ist: von Gemeinden, Ländern, vom Bund und von der EU, kurz vom Staat.

Güter mit bedeutenden externen Nutzen werden in der Regel von einer Interessengemeinschaft (meist vom Staat) zur Verfügung gestellt.

wichtige öffentliche Güter:

Landesverteidigung

Am typischen öffentlichen Gut Landesverteidigung lässt sich nochmals das Trittbrettfahrerproblem veranschaulichen: Die Armee soll uns unter anderem vor ausländischen Angriffen schützen. Sollten Sie aber freiwillig etwas für eine Armee tun, lehnen Sie vielleicht ab, in der Hoffnung, andere setzten sich ein. Darum bettelt der Staat nicht um freiwillige Beiträge. Es wird vielmehr politisch ausgehandelt (in der Schweiz 1989 sogar mit einer Volksabstimmung), ob und wie viel militärische Sicherheit gewünscht wird. Dann verlangt der Staat von allen – auch von den Neinstimmern – einen Beitrag für die Landesverteidigung.

Rechtsordnung

Rahmenbedingungen
Umfeld für wirtschaftliche Aktivität, das von einzelnen Unternehmen und Haushalten nicht verändert werden kann. Sie werden zu einem wichtigen Teil durch den Staat geschaffen.

In gleicher Weise ist auch die Rechtsordnung ein öffentliches Gut. Sie garantiert ein Zusammenleben in geordneten Bahnen und eine Schlichtung von Streitsituationen. Der Preis der Rechtsordnung ist die Konservierung der jeweils herrschenden Macht- und Eigentumsverhältnisse. Sie wird mit Staatsgewalt durchgesetzt – sie kann aber auf Dauer nur aufrecht erhalten werden, wenn eine überwiegende Mehrheit der Bevölkerung mit ihr einverstanden ist.

Marktordnung

Für die Ökonomie von besonderem Interesse ist ein Teilbereich der Rechtsordnung, nämlich die Marktordnung. Ohne funktionierende Spielregeln für das Verhalten der Teilnehmer am Markt ist eine Marktwirtschaft nicht denkbar. So fanden Märkte schon im Mittelalter an geschützten Orten statt. Die Herrschenden sorgten für die Einhaltung von Verträgen sowie die zivilisierte Beilegung von Streitigkeiten. Der Staat gibt also dem Marktsystem einen sicheren Rahmen. Er verfasst

klare Eigentums-/ Nutzungsrechte

dazu ein Wirtschaftsrecht, und er setzt es mit Hilfe der Wirtschaftsjustiz durch. Wie schon oft betont, sind klare Eigentumsrechte sowie die weitgehend freie Nutzung des Eigentums Hauptpfeiler einer Marktordnung.

Kampf gegen Armut

Die Ansprüche an den Staat gehen heute weit über eine funktionierende Rechtsordnung hinaus. Wir wünschen fast alle, in einer Gesellschaft ohne Armut zu leben, doch allzu viele sind den Leistungsanforderungen auf den Märkten nicht gewachsen und würden ohne Hilfe untergehen. Nun gab es schon immer wohltätige Vereinigungen, die Armut linderten. Private Wohltätigkeit basiert aber auf freiwilligen Spenden. Hartherzige können so als Trittbrettfahrer zulasten von Freigiebigen profitieren. Auch wer nichts spendet, kann es genießen, in einer Gesellschaft mit weniger Armut zu leben. Die Aufgaben, die darum der Staat übernimmt, werden Thema des Kapitels 10 sein.

Radio- und Fernsehsendungen

Die Technik kann die Grenze zwischen privaten und öffentliche Gütern verschieben. So strahlten z.B. Radio- und Fernsehsendungen früher ungehindert über die Landschaft und konnten von allen empfangen werden. Niemand konnte davon ausgeschlossen werden. Sie waren ein typisches öffentliches Gut – auch dann, wenn sie über Werbung finanziert wurden. Werden heute aber Sendungen über Kabel exklusiv auf zahlende Kunden beschränkt, sind sie ein privates Gut.

Kabelfernsehen

Radio- und Fernsehsendungen sind aber auch noch aus einem anderen Grund ein öffentliches Gut. Sie sind nämlich ein Forum für einen freien und gehaltvollen Dialog, der für eine Demokratie unerlässlich ist. Und hier taucht nun die Frage auf, ob die Finanzierung nicht auch die Programmgestaltung beeinflusst. Wie gut kann ein reklamefinanzierter Sender auf Dauer eine freie und gehaltvolle öffentlichen Diskussion gewährleisten? Falls diese öffentliche Diskussion verflachen würde, müsste sie dann nicht, wie viele andere öffentliche Güter auch, mit öffentlichen Geldern finanziert werden?

»Anders ist ein Manöver einfach nicht mehr zu finanzieren.«

Externe Nutzen haben unterschiedliche Reichweiten.

Vergegenwärtigen Sie sich zum Schluss die sehr unterschiedliche Reichweite der externen Nutzen. So ist z. B. die Sicherheit auf den nächtlichen Straßen eine lokale Angelegenheit. Darum ist hier die Gemeinde zuständig. Frieden und Menschenrechte oder die Sicherheit vor Seuchen hingegen sind globale öffentliche Güter. Entsprechend wird hier die Zusammenarbeit der Staaten in übernationalen Organisationen wie der OSZE, der NATO oder der UNO immer dringender.

7.6 Umweltpolitik

7.6.1 Vier umweltpolitische Strategien

Umweltpolitik
alle staatlichen Maßnahmen, die den Schutz und die bestmögliche Nutzung der Umweltgüter zum Ziel haben

Bei der Bekämpfung von Umweltschäden wendet der Staat eine breite Palette von Maßnahmen an. Eine Auswahl von vier Strategien soll hier kurz vorgestellt werden: (1) klare Eigentums-/ Nutzungsrechte, (2) Moralappelle, (3) Vorschriften und Verbote sowie (4) Preise für Umweltgüter.

1. klare Eigentums- und Nutzungsrechte festlegen

Externe Kosten treten dort auf, wo Eigentums- oder Nutzungsrechte der Geschädigten fehlen oder nicht durchgesetzt werden. Darum könnte der Staat versuchen, die Rechte an Umweltgütern verbindlicher festzulegen.

Fischfangrechte

So hat z. B. die Weltgemeinschaft ein Interesse daran, dass die Überfischung der Meere eingedämmt wird, denn heute ist ihr Fischbestand zehnmal kleiner, als er ursprünglich war. Hier müssen verbindliche Rechte auf die Meeresfische zugesprochen werden. Dann darf nur noch fischen, wer klar begrenzte, überwachte Fischfangrechte erwirbt.

Recht auf Ruhe

Die Diskussionen um den Fluglärm wären etwas klarer, wenn der Staat (im Rahmen der Raumplanung) die Rechte auf Ruhe verbindlich festgelegt hätte. Will man dann später den Flughafen ausbauen, könnten im Idealfall die Grundbesitzer und die Flughafengesellschaft die neu erlaubten Lärmpegel unter sich aushandeln (mit dem Staat als Schiedsrichter, v. a. weil hier unvollständige Konkurrenz herrscht): Zwar möchten die Grundeigentümer ihre Gebiete unter den An- und Abflugschneisen weiterhin als ruhige Wohnlage nutzen, und sie werden verlangen, dass die zusätzlichen Flugzeuge andere Routen finden. Doch zahlt die Flughafengesellschaft genug, könnten sie ihr Recht auf Ruhe auch verkaufen. Dann darf die Flughafengesellschaft die Grundstücke ihren erworbenen Rechten entsprechend beschallen.[2]

Coase-Theorem

Wo immer möglich soll der Staat Eigentumsrechte eindeutig zuteilen. Dann finden die Kontrahenten selber eine Verhandlungslösung, die ihren Interessen dient und die Ressourcen bestmöglich nutzt – wenn Verhandeln nicht allzu große Kosten verursacht. Dies hat der Ökonom

---

[2] Nicht nur die Flughafengesellschaft muss diese Darstellung als einseitig angreifen. Denn ein Flughafen stiftet auch externe Nutzen, indem er eine schnelle Verbindung mit den Zentren der Welt ermöglicht. Der Wert dieser Erschließung zeigt sich unter anderem an den hohen Landpreisen in der Nähe des Flughafens (etwas abseits der Flugschneisen). Die Flughafengesellschaft könnte leichter zum Kauf von Lärmrechten verpflichtet werden, wenn sie im Gegenzug eine Abgeltung für den gestifteten externen Nutzen erhalten würde (bezahlt von den profitierenden Grundbesitzern oder von der Regierung der profitierenden Region).

Ronald Coase 1960 in einem Lehrsatz formuliert, der unter dem Namen Coase-Theorem bekannt ist.

Allerdings ist es für viele externe Effekte ja gerade charakteristisch, dass es schwierig bis unmöglich ist, Rechte zu definieren und anschließend zu verhandeln. Denken Sie nur an Probleme wie den Treibhauseffekt, die Luftverschmutzung, das Artensterben oder den Straßenlärm. Oft ist die Zahl der Verursacher und der Geschädigten zu groß für Übereinkünfte, eine Seite hat eine Monopolstellung (Beispiel Flughafengesellschaft), die Verhandlungskosten sind größer als die Entschädigungen, oder man kann sich auch aus emotionalen Gründen nicht einigen.

2. Appelle an die Moral der Verursacher

Wie viel einfacher sind da moralische Appelle! Sie wirken vor allem dort, wo Umweltschäden offensichtlich sind und ohne große Opfer vermieden werden können. So kann z.B. die Bevölkerung erfolgreich dazu erzogen werden, nach einem Picknick die Abfälle einzusammeln. Auch in Not- und Katastrophenfällen sind Appelle wirksam.

Doch die größten Schäden werden nicht durch einzelne große Katastrophen angerichtet. Vielmehr entstehen sie beim alltäglichen Konsumieren und Produzieren. Aber haben Sie bei den Zehntausenden von Gütern eine Wahl zwischen umweltfreundlichen und -schädlichen Angeboten? Und wenn, wissen Sie, welches das umweltfreundlichste Angebot ist, ob Sie Ihr Baby in Stoffwindeln oder Pampers wickeln oder eher Getränke aus Kartons oder Flaschen trinken sollen? Sie wissen dafür, was beispielsweise die meisten Deutschen davon halten, vom Auto auf den umständlichen öffentlichen Verkehr umzusteigen, wenn sie dabei geplagt werden von der Vorstellung, dass sie damit den anderen Autofahrern etwas mehr Platz machen, usw.

HERR X. FÄHRT VÖLLIG UNBEKÜMMERT VON *A* NACH *B*.

GANZ ANDERS DER UMWELTBEWUSSTE HERR Y.: ER FÄHRT ZWAR AUCH VON *A* NACH *B*, ABER WENIGSTENS BEKÜMMERT.

Ein Unternehmen weiß eher, wie es Umwelt schonender produzieren könnte, und oft sind passende Techniken schon weit entwickelt. Steht es aber im Wettbewerb, wird es gezwungen, möglichst Kosten sparend zu produzieren. Es wird nur dann schonend produzieren, wenn sich Umwelt schonende Produktion als ebenso billig erweist oder wenn es sich einen lohnenden Imagegewinn verspricht. Im Normalfall ist schonende Produktion aber teurer. Wenn seine Konkurrenten nicht auch zu teureren Verfahren gezwungen werden – oder sich in einer Vereinbarung darauf verständigen –, würde ein Unternehmen mit einem Alleingang seinen Gewinn schmälern oder gar seine Existenz gefährden.

Wenn auch in unserer Gesellschaft Moralappelle auf lange Sicht kaum erfolgreich sind, ist damit nicht gesagt, dass Umweltethik nebensächlich ist. Sie ist die Grundlage dafür, dass wirksamere Umweltgesetze politische Mehrheiten erhalten.

3. Gebote und Verbote

Gefragt sind also nicht nur individuelle Anstrengungen, sondern Regeln für alle. Heute versucht der Staat in erster Linie, mit gesetzlichen Geboten und Verboten externe Kosten einzuschränken.

Raumplanung

Bebauungspläne schreiben für alle Zonen vor, wie Gebäude aussehen sollen und wie sie genutzt werden dürfen. Damit werden unerwünschte externe Kosten vermieden. Schöne Ortsbilder dürfen nicht ohne weiteres durch unattraktive Neubauten verschandelt werden, laute Werkstätten werden von Wohngebieten getrennt.

Gesetzesflut

In den letzten Jahrzehnten wurden wir aber überrollt von unzähligen Umweltschäden. Entsprechend beeindruckend ist die Flut von Gesetzen und Verordnungen, die das Umweltproblem zu meistern versuchen. Doch ist ein Gesetz einmal eingeführt, muss es auch durchgesetzt werden.

Schwierigkeiten im Vollzug

Nötig wäre jetzt ein Heer von Beamten, um die Einhaltung der Vorschriften zu überwachen. Und was tun, wenn sie massenweise übertreten und die Grenzwerte (wie z. B. für das Ozon) laufend überschritten werden? Gibt es Strafen, und wenn ja, welche?

Fazit: Eine einseitige Verbotsphilosophie hat den Umweltschutz in vielen Kreisen unpopulär gemacht und in eine Vollzugskrise geführt.

4. Preise für Umweltgüter Ökosteuer

Umweltabgaben
Abgaben für die Benutzung von Umweltgütern

Internalisierung externer Kosten
Externe Kosten werden den Verursachern angelastet. Damit berücksichtigen die Verursacher die externen Kosten bei ihren Entscheidungen.

Man beklagt zwar die Umweltverschmutzung und schränkt sie auch durch Gesetze ein – doch viele Umweltgüter werden weiterhin zu billig zur Verfügung gestellt. Diese Inkonsequenz wird behoben, wenn für den Verschleiß von Umweltgütern ein angemessener Preis erhoben und den Verursachern angelastet wird. Mit Umweltabgaben erscheinen die externen Kosten in den Kostenrechnungen von Unternehmen und Konsumenten. Umweltkosten sind dann nicht mehr externe, sondern interne Kosten. Die externen Kosten sind internalisiert.

So wurde in Deutschland schon 1981 eine Abwasserabgabe eingeführt, deren Höhe sich nach der Schädlichkeit des Abwassers richtet. Eine weitere Umweltabgabe ist die 2005 eingeführte LKW-Maut auf deutschen Autobahnen. Sie soll für eine verursachergerechtere Anlas-

7. Externe Effekte

tung der Kosten für den Erhalt und den Ausbau des Autobahnnetzes sorgen. Ein international diskutiertes Projekt ist eine CO_2-Abgabe. Hier würden Energieträger entsprechend ihrem klimaschädlichen CO_2-Ausstoß belastet.

Pigou-Steuer

eine Steuer in der Höhe der externen Kosten

Diese Art der Internalisierung der externen Kosten hat der englische Ökonom Arthur C. Pigou schon 1920 vorgeschlagen. Ihm zu Ehren wird eine Umweltabgabe, welche die externen Kosten den Verursachern anlastet, Pigou-Steuer genannt.

Entspricht eine Pigou-Steuer den externen Kosten, fällen Unternehmen wie Haushalte ihre Entscheidungen aufgrund der gesamtgesellschaftlichen Kosten. Die Grafik 7.2 zeigt eine Angebotskurve, welche die externen Kosten einbezieht. Angebot und Nachfrage treffen sich nun in einem neuen Marktgleichgewicht, bei dem die Umweltressourcen ebenso wirkungsvoll eingesetzt werden wie die anderen Produktionsfaktoren.

Grafik 7.2:

Pigou-Steuer in der Höhe der externen Kosten führt zu effizienter Nutzung der Umweltressourcen

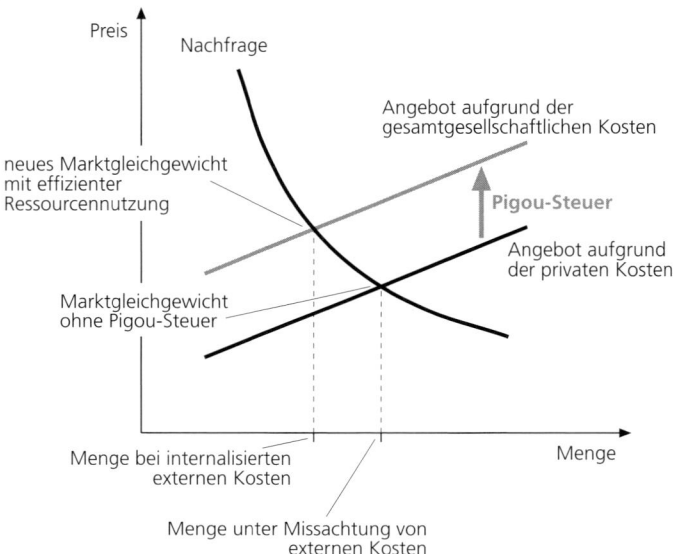

So viel zum Prinzip. Die nächsten Abschnitte gehen auf verschiedene wirtschaftspolitische Fragen um die Umweltabgaben ein.

7.6.2 Wann Vorschriften, wann Preise?

Die Frage, wann in der Umweltpolitik Gebote und Verbote zum Zug kommen sollen und wann Preise, führt oft zu weltanschaulichen Grundsatzdiskussionen. Eine Antwort darauf fällt leichter, wenn die folgenden drei Punkte beachtet werden:

Ist eine Tat auch in kleinen Mengen schädlich?

1. Es gibt Verhalten, die auch in kleinen Mengen verheerende Wirkungen haben können, wie das Freisetzen von Dioxin oder radioaktiven Strahlen. Solche Verbrechen müssen einfach verboten werden. Hier »darf die Umwelt nicht käuflich sein«, wie Befürworter von Verboten argumentieren.

Viele Tätigkeiten schaden aber nur in großen Mengen, in kleinen Mengen sind sie harmlos. Typische Beispiele sind Heizen, Fliegen, Zug- und Autofahren. Hier sind Preise am besten geeignet, die gewünschte Menge anzusteuern.

2. Es lohnt sich, von Fall zu Fall abzuklären, ob mit Vorschriften oder mit Preisen das Verhältnis von Umweltverbesserung zu Kontrollaufwand günstiger ist.

Erfolgreich sind in der Regel Vorschriften zu überschaubaren und leicht kontrollierbaren Emissionen: die Reduktion des Schwefelgehalts im Heizöl, verschärfte Ölfeuerungsnormen, oder Abgaskatalysatoren für Benzin- und Partikelfilter für Dieselfahrzeuge.

Ein großer Teil der Umweltbelastung ergibt sich aber aus Millionen von kleinen, unspektakulären Emissionen. Hier sind Preise für zentrale Umweltgüter einfacher zu organisieren.

3. Vorschriften sind oft plump. So kann ein Unternehmen gezwungen werden, seine Verschmutzung zu halbieren. Ist dieser Grenzwert aber erreicht, sind die Anreize zu weiteren Anstrengungen gering.

Anders mit Umweltabgaben: Je Umwelt schonender das Unternehmen produziert, desto mehr Geld spart es. Umweltabgaben geben einen anhaltenden Anreiz, die Verschmutzung zu verkleinern. So provozieren sie Umwelt schonende Erfindungen und ihre schnelle Einführung.

7.6.3 Die Höhe von Umweltabgaben

Wie hoch sind die externen Kosten, die internalisiert werden sollen? Da sie nicht auf Märkten gehandelt werden, sind für sie ja keine Marktpreise bekannt. Ihre Höhe muss von der ganzen Gesellschaft ausgehandelt werden, weil externe Kosten die ganze Gesellschaft betreffen. **Es gehört zur Aufgabe der Politik, einen Konsens über die Höhe der Umweltschäden zu finden.**

Gutachten leisten wichtige Vorarbeit. Hier sollen drei Methoden vorgestellt werden, die den Forschern zur Verfügung stehen:

■ Mit repräsentativen Befragungen wird ermittelt, wie viel es der Bevölkerung wert wäre, wenn die externen Kosten verringert würden: Wie viel wäre sie für weniger Lärm zu zahlen bereit? Wie viel ist ihr die Rettung einer bestimmten Tierart wert? Wie schätzt sie die Risiken von Kernkraftwerken ein, und wie viel gäbe sie dafür, wenn diese Risiken kleiner wären? Problematisch sind unverbindliche Umfragen, weil hier eher zu hohe Werte angegeben werden.

■ Die Ergebnisse können verglichen werden mit dem Verhalten der Bevölkerung, insbesondere ihrem Marktverhalten: Wie reagiert sie z. B. auf einen Wohnwertverlust infolge Lärms? Hier wird untersucht, um wie viel die auf dem freien Markt bezahlten Mietpreise an lauten Lagen tiefer sind als an ruhigen, aber sonst vergleichbaren Lagen.

■ Schließlich wird auch versucht, die Reparaturkosten zu ermitteln, die durch die externen Schäden anfallen. Wie viel kostet die Restaurierung von Fassaden, die durch die Luftverschmutzung geschwärzt und beschädigt wurden?

Eine Studie hat die wichtigsten externen Kosten des deutschen Straßenverkehrs abgeschätzt. Danach betrugen 1996 seine externen Kosten rund 240 Mrd. DM (120 Mrd. Euro). Somit subventionierte jeder Bewohner der BRD den Kfz-Verkehr mit 1500 Euro pro Jahr. Im Mittel verursache ein PKW pro Jahr etwa 2300 Euro externe Kosten, über die Laufzeit des PKW gerechnet etwa 23 000 Euro.

Tabelle 7.3
Externe Kosten des Straßenverkehrs BRD 1996, in Mrd. DM

Quelle: Dieter Teufel: Externe Kosten des Kfz-Verkehrs in der BRD im Jahr 1996, Umwelt- und Prognose-Institut, Heidelberg 1998 (www.upi-institut.de/upi21.htm)

	PKW	LKW	KfZ Total
Infrastruktur	**−19,6**	**2,3**	**−17,3**
Kosten für Straßen	28,8	17,6	46,4
Kfz- u.Mineralölsteuer abz. Steuerrückzahlung	−48,4	−15,3	−63,7
Verkehrsunfälle	**21,3**	**3,5**	**24,8**
Umwelt	**185,6**	**44,2**	**229,8**
Luftverschmutzung	32,5	9,7	42,2
Lärm	36,2	11,9	48,1
Treibhauseffekt CO_2	41,3	14,7	56,0
Wasserbelastung	11,9	3,6	15,5
Flächenbeanspruchung	63,7	4,3	68,0
Summe ungedeckter Kosten	**187,3**	**50,0**	**237,3**

**vom Grenzwert
zur Umweltabgabe**

Schätzungen von externen Kosten sind unsicher. Doch gibt es noch einen zweiten Weg, die Höhe der Umweltabgaben zu bemessen. Wir können von Grenzwerten für die Verschmutzung ausgehen, die heute im Falle der Luft politisch schon akzeptiert und gesetzlich verankert sind. Bekanntlich werden die Ozon-, Schwefel- oder Stickstoffoxid-Grenzwerte sehr oft überschritten. Hier könnten die Schadstoffe so stark mit Umweltabgaben belastet werden, bis die gestiegenen Preise für Emissionen die Einhaltung der Grenzwerte sichern.

Standard-Preis-Ansatz
Methode, um Umweltabgaben zu ermitteln. Die Abgabe muss so hoch sein, dass ein festgelegter Mengengrenzwert nicht überschritten wird.

Dieses Vorgehen wird im Fachjargon Standard-Preis-Ansatz genannt, da man von einem Umweltstandard ausgeht und sich dann an den nötigen

Grafik 7.3:
Vom Grenzwert zur Umweltabgabe – der Standard-Preis-Ansatz

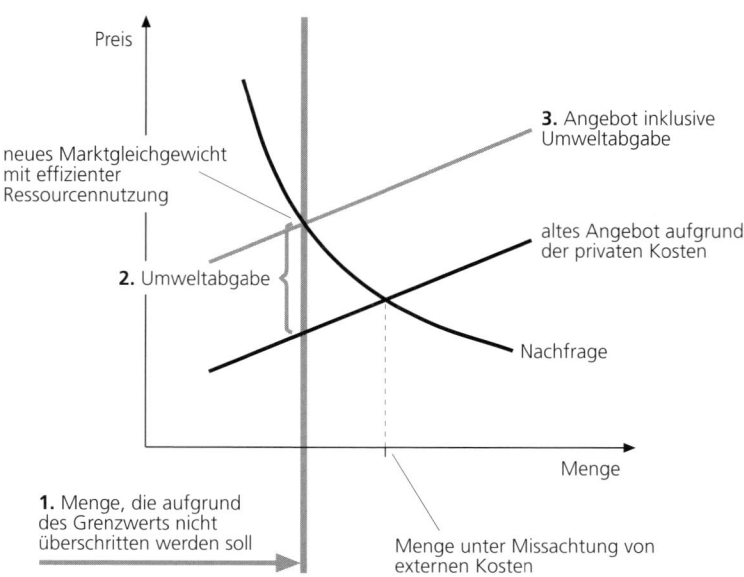

Preis herantastet. Der Standard-Preis-Ansatz drängt sich vor allem bei Schäden auf, die kaum abgeschätzt werden können, wie z. B. die Schäden eines Klimawandels, hervorgerufen v. a. durch die Emission von CO_2.

Fazit: Es gibt zwei Arten, die Höhe der Umweltabgaben zu bestimmen.

- **Nach Schadenhöhe: Wir schätzen die externen Kosten und bemessen die Höhe der Pigou-Steuer danach. Die Preiserhöhung hätte dann eine verringerte Umweltverschmutzung zur Folge.**
- **Nach Standard-Preis-Ansatz: Wir legen den zulässigen Verschmutzungsstandard fest und erhöhen dann die Umweltabgaben, bis die festgelegten Immissionsgrenzwerte eingehalten werden.[3]**

7.6.4 Die Rückzahlung der Abgaben

Umweltabgaben sollen die Wirtschaft zu besserer Nutzung der Ressourcen lenken und nicht etwa dem Staat höhere Einnahmen verschaffen. (Ob der Staat seine Leistungen ausbauen und dafür mehr Geld bekommen soll, ist eine ganz andere Frage, die nicht mit der ökologischen vermischt werden soll!) **Bleibt man beim ökologischen Ziel, würde das ganze eingezogene Geld in vollem Umfang an die Bevölkerung zurückverteilt.**

Darüber, wie das Geld zurückbezahlt werden sollte, gibt es aber verschiedene Vorstellungen:

Rückzahlung an die Geschädigten

1. Die Verursacher sollen die Geschädigten entschädigen. Dann zahlen z. B. die Autofahrer den Anwohnern der Straßen für verursachten Lärm. Eine solche Rückzahlung wäre nicht nur zu kompliziert – sie kann auch zu unerwünschten Resultaten führen: Wird man entschädigt, wenn man an einer lauten Strasse wohnt, wird es viele Menschen geben, die gerade darum dort wohnen und bauen wollen.

Rückzahlung pro Kopf

2. Hier bietet sich eine Rückzahlung an, wie es Ökobonussysteme vorschlagen. Alle Einwohnerinnen und Einwohner eines Landes erhalten eine bestimmte Summe aus dem Abgabenfonds.

**ökologische Steuerreform
deutsche Ökosteuer**

3. Noch einfacher ist es, bestehende Steuern zu verringern – so wie mit der 1999 begonnenen ökologischen Steuerreform: Steuern auf Benzin, Diesel, Heizöl, Gas und Strom werden angehoben und im Gegenzug Rentenversicherungsbeiträge gesenkt.

Rückzahlung beeinflusst die Einkommensverteilung

Die Rückzahlung der Umweltabgaben ist aber nicht nur ein technisches Problem, sie beeinflusst vielmehr auch die Einkommensverteilung:

- Mit ihrem größeren Konsum zahlen Reiche auch mehr Umweltabgaben. Erhalten aber alle Einwohner gleich viel an Abgaben zurück, profitieren die Ärmeren gegenüber der heutigen Situation.

---

[3] Wo die Reaktionen von Konsumenten und Produzenten wenig bekannt sind, kann die richtige Abgabenhöhe nur durch Ausprobieren ermittelt werden. Eine Vergabe von Nutzungsrechten könnte dort zu einer direkteren Lösung führen, wo es um die Schadstoffemissionen von nur wenigen großen Unternehmen geht: Ausgehend von einem Umweltstandard, der eingehalten werden soll, versteigert der Staat idealerweise eine limitierte Anzahl von handelbaren **Umweltverschmutzugszertifikaten.** Diese geben ihren Besitzern das Recht, während einer bestimmten Zeit eine bestimmte Menge von Schadstoffen an die Umwelt abzugeben. Auf diese Weise hat der Staat die Schadstoffmenge fixiert, und der Preis ergibt sich durch Angebot und Nachfrage.

- Wird hingegen die Mehrwertsteuer verringert, erhalten die Reichen mit ihrem größeren Konsum auch mehr zurück. Diese Lösung würde an der heutigen Verteilung vermutlich wenig ändern.
- Auch die Unternehmen fordern Steuerreduktionen. Werden Umweltressourcen stärker belastet, sollen als Ausgleich andere Produktionsfaktoren, v. a. die Arbeit, weniger mit Abgaben belastet werden. So werden heute mit höheren Energiesteuern Lohnnebenkosten gesenkt.

Fazit: Ziel von Umweltabgaben ist nicht eine zusätzliche Steuerbelastung, sondern eine Umverteilung der Steuerlast. Umweltschädliche Aktivitäten sollen teurer und Umwelt schonende billiger werden.
- **Wer die Umwelt überdurchschnittlich verschmutzt, wird Geld verlieren.**
- **Wer hingegen die Umwelt schonender behandelt als der Durchschnitt, wird finanziell profitieren.**

Der Rückzahlungsmodus bestimmt in hohem Maße, wie stark Einkommen umverteilt werden.

| 7.6.5 | **Die Reaktion von Konsumenten und Produzenten** |

je nach Preiselastizität

Wird ein Gut besteuert, geht in der Regel die gehandelte Menge zurück – je nach Preiselastizität von Angebot und Nachfrage. Zur Preiselastizität der Energienachfrage gibt es schon viele Untersuchungen. Danach sparen Haushalte bei einer 10%igen Energiepreiserhöhung kurzfristig etwa 3 bis 5% der Menge ein, Unternehmen etwas mehr.

Preiselastizität langfristig größer

Längerfristig sind aber Haushalte wie Unternehmen weit flexibler, denn erst auf lange Sicht tun sich wirklich interessante Alternativen auf: Beim Kauf eines neuen Autos wird man die Gelegenheit nutzen wollen und auf ein Benzin sparendes umsteigen; wer den alten Herd, Kühlschrank oder TV ersetzt, wird darauf achten, dass er Strom sparend ist; beim Bauen wird man auf eine bessere Isolation Wert legen.

technische Neuerungen

Weil die Produzenten das voraussehen, werden sie verstärkt Umwelt schonende Produkte herstellen und die Forschung in diese Richtung lenken, sobald sie zuverlässig auf hohe Umweltabgaben zählen können. **Von technischen Neuerungen können wir die größten Beiträge zur ökologischen Verbesserung erwarten, die durch Umweltabgaben ausgelöst werden. Das wird aber Zeit brauchen.**

sanfter und voraussehbarer Anstieg der Umweltabgabe

Würden die Energieträger mit einer so hohen Umweltabgabe belastet, dass die diskutierten Grenzwerte erreicht werden könnten, würden einige Energiearten massiv teurer. Damit nun aber das Marktgeflecht ohne Rezession und gesellschaftliche Unrast reagieren kann, darf eine Umweltabgabe nicht abrupt eingeführt werden – wir werden im 17. Kapitel noch näher auf ökonomische Schocks eingehen. Die Umweltabgabe soll vielmehr stetig und voraussehbar steigen, sodass Haushalte und Unternehmen ihre langfristigen Pläne darauf ausrichten können.

7.6.6 Strukturwandel – Gewinner und Verlierer

gesamtwirtschaftliche Effizienz dank Umweltabgaben

Indem mit Umweltabgaben die Umweltgüter jenen Preis erhalten, der ihre Knappheit widerspiegelt, kann das Marktsystem auch die Umweltressourcen wirkungsvoll nutzen. Damit werden längerfristig die Wünsche der Bevölkerung besser befriedigt.

aber mutmaßliche Verlierer sind lautstark

Trotzdem wird es nicht nur Gewinner geben, sondern auch Verlierer. Verfolgen wir die politischen Diskussionen, könnten wir sogar den Eindruck bekommen, wir alle (weil ja wir alle Umweltgüter brauchen und Abgaben zahlen werden) gehörten zu den Verlierern.

verbesserte Umwelt …

Wenn die Umweltabgaben in vollem Umfang an die Bevölkerung zurückvergütet werden, zahlt per saldo nur, wer überdurchschnittlich verschmutzt. Zudem werden ja alle, auch die überdurchschnittlichen Verschmutzer und Zahler, Nutzen aus der verbesserten Umwelt ziehen – je nach Wohngegend, Arbeitsweg, Freizeitbeschäftigung und Sensibilität gegenüber der Natur oder Sorge um die Zukunft.

… gerade auch für Ärmere

Dass nicht zwangsläufig die Ärmeren zu den Verlierern gehören, wie wir häufig hören können, wurde schon im Abschnitt über die Rückverteilung der Abgaben erwähnt. Vor allem aber könnten die Ärmeren eine besonders starke Verbesserung ihrer Lebensqualität erwarten, weil sie heute in den stärker belasteten Wohngegenden wohnen.

Steuerinzidenz
die Frage nach dem Träger der Steuerlast (vgl. Abschnitt 5.1)

Prognose schwierig

Wird ein Gut besteuert, hängt es von der Preiselastizität der Nachfrager und Anbieter ab, wer den Großteil der Steuer trägt. Weil sich alle Preise den veränderten Umweltbedingungen anpassen werden und weil wir die meisten Elastizitäten nicht kennen, sind Prognosen über Verlierer und Gewinner schwierig. Zu den Gewinnern gehören Unternehmen, die Umwelt schonende Alternativen anbieten können. Zu den Verlierern gehören Unternehmen mit Umwelt schädigenden Verfahren und Produkten, die ihre Umweltabgaben nicht vollständig auf die Kunden überwälzen können und ihre Produktion verringern müssen.

Stukturwandel mit Verlieren und Gewinnern gibt es mit oder ohne Umweltabgaben.

Seltsamerweise wird bei der Bewertung des Leids, das durch Umstrukturierungen verursacht wird, oft vergessen, dass sich unsere Wirtschaft auch ohne Umweltabgaben ständig in einem atemberaubenden Tempo umstrukturiert, sodass es auch heute laufend Gewinner und Verlierer gibt – nur geht der Strukturwandel ohne Umweltabgaben oft in eine umweltschädliche Richtung. Ob die Umstrukturierungsprobleme mit Umwelt schonenden Rahmenbedingungen größer würden oder auch kleiner, ist offen.

7.6.7 Globale Umweltprobleme

Externe Kosten haben unterschiedliche Reichweiten (wie auch die externen Nutzen).

Verschiedene externe Kosten strahlen sehr verschieden weit aus. So sind der Lärm, die Verschandelung von Seeufern oder die meisten Abfallprobleme eine regionale Angelegenheit. Zahlreiche Umweltverschmutzungen machen hingegen an der Landesgrenze nicht Halt. Und gerade die globalen Umweltprobleme sind besonders gefährlich und dringend: der Treibhauseffekt, die Abholzung der tropischen Wälder und der Verlust

7. Externe Effekte

129

der Artenvielfalt. Um diese Probleme anzugehen, müsste Umweltpolitik global konzipiert werden.

Warum wenig Fortschritte bei globalen Umweltproblemen?

Allerdings beobachten wir, dass internationale Konferenzen, insbesondere zum Treibhauseffekt, regelmäßig mit recht mageren konkreten Resultaten enden. Das hat mindestens drei wichtige Gründe:

- Die Unsicherheit über das Ausmaß der globalen Bedrohung gibt den größten Verschmutzern einen Vorwand, unangenehme Maßnahmen aufzuschieben.
- Die reicheren (und stärkeren) Länder tragen am meisten zum Treibhauseffekt bei, während eher ärmere Länder am stärksten darunter leiden. Zudem führt die Erhaltung und Verbesserung der globalen Umweltqualität nur auf lange Sicht zu einer verbesserten Lebensqualität. Hauptnutznießer wären künftige Generationen, die noch nicht an Entscheidungen beteiligt sind.
- Viele Länder verhalten sich als Trittbrettfahrer. Sie warten darauf, dass jeweils die anderen Länder den Hauptanteil der Umweltschutzmaßnahmen leisten sollen. Es fehlt eine übergeordnete Instanz, die Maßnahmen durchsetzen könnte.

Fortschritte dank EU?

Anders hingegen könnte sich die Situation in Europa entwickeln. Hier bietet die europäische Integration eine Chance für den internationalen Umweltschutz. Zwar ist die Verkehrszunahme eine Gefahr für die Umwelt. Doch erhalten in der EU Umweltanliegen immer mehr Gewicht, und die EU erhält immer mehr Kompetenzen zur Koordination von Umweltschutzmaßnahmen. Beispielsweise wird eine CO_2-Abgabe für die gesamte EU diskutiert.

Umweltschutz im Alleingang

Zum Schluss bleibt die Frage, ob ein einzelnes Land strengere Umweltschutzmaßnahmen einführen kann als andere Länder. Darüber zu diskutieren, lohnt sich mit Grundkenntnissen über die Außenhandelstheorie. Sind Sie ungeduldig, lesen Sie jetzt schon im 20. Kapitel weiter.

Fragen zum 7. Kapitel, Externe Effekte

1. Ordnen Sie jedem Fachbegriff die passende Ziffer zu:
..... Private Güter
..... Externe Effekte, Externalitäten
..... Externe Kosten, negative externe Effekte
..... Externe Nutzen, positive externe Effekte
..... Trittbrettfahrer, free rider
..... Ausschließbarkeit
..... Pseudoexterne Effekte, pekuniäre externe Effekte
..... Öffentliche Güter
..... Rahmenbedingungen
..... Umweltpolitik
..... Umweltabgaben
..... Internalisierung externer Kosten
..... Pigou-Steuer
..... Standard-Preis-Ansatz
..... Lenkungsabgaben
..... Steuerinzidenz

a Eine Steuer in der Höhe der externen Kosten
b Schäden und Kosten, die sich nicht in den Marktpreisen widerspiegeln und auf Außenstehende abgewälzt werden
c Kosten und Nutzen, die in der Produktion oder beim Konsum entstehen, aber am Markt vorbei wirken und deshalb nicht in den Marktpreisen berücksichtigt sind
d Nutzt ein Gut, ohne dafür zu bezahlen
e Der Besitzer eines Gutes kann andere von der Nutzung ausschließen, und mögliche Geschädigte können sich abgrenzen.
f Methode, um Umweltabgaben zu ermitteln. Die Abgabe muss so hoch sein, dass ein festgelegter Mengengrenzwert nicht überschritten wird.
g Unentgeltliche Nutzenstiftungen an Außenstehende, an Trittbrettfahrer
h Die Frage nach dem Träger der Steuerlast
i Umfeld für wirtschaftliche Aktivität, das von einzelnen Unternehmen und Haushalten nicht verändert werden kann. Sie werden v. a. durch den Staat geschaffen.
j Güter mit bedeutenden externen Nutzen, sodass Trittbrettfahrer nicht ausgeschlossen werden können.
k Güter, deren Produktion und Konsum praktisch keine externen Effekte hervorrufen
l Alle staatlichen Maßnahmen, die den Schutz und die bestmögliche Nutzung der Umweltgüter zum Ziel haben
m Effekte, die nicht am Markt vorbei wirken, sondern eine Folge des Wettbewerbs auf den Märkten sind und Auswirkungen auf andere Märkte haben
n Abgaben für die Benutzung von Umweltgütern
o Externe Kosten werden den Verursachern angelastet. Damit berücksichtigen die Verursacher die externen Kosten bei ihren Entscheidungen.
p Abgaben mit dem Ziel, das Verhalten von Haushalten und Unternehmen zu beeinflussen

2. Zu welchen speziellen Problemen führen externe Nutzen in einer reinen Marktwirtschaft?

3. Weshalb würden in einer reinen Marktwirtschaft nur wenige öffentliche Parkanlagen und Kläranlagen erstellt?

4. Wie unterscheiden sich pseudoexterne Kosten von echten externen Kosten?

5. Welche Effekte kommen hier **direkt** zur Sprache?

externe Nutzen	externe Kosten	pseudoexterne Effekte	
O	O	O	Roche hat eine segensreiche Substanz gefunden und verzichtet auf ihre Patentierung.
O	O	O	Im Gefolge einer patentierbaren und lukrativen Erfindung vergibt Roche Bauaufträge.
O	O	O	Der Bau einer neuen Rheinbrücke verkürzt die Transportwege.
O	O	O	Billigere Videos lassen die Besucherzahlen in Kinos sinken.
O	O	O	Der Abbau der Ozonschicht führt zu häufigerem Hautkrebs.
O	O	O	Durch die Angst vor Hautkrebs blüht das Geschäft von Nivea.
O	O	O	Mit dem Ende der Bauspekulation sinken die Bauaufträge dramatisch.

6. Zuwendungen an gemeinnützige Organisationen können von der Steuer abgesetzt werden. Warum wohl?

7. a) Welches ist der Hauptgrund für das staatliche Engagement in der nicht patentierbaren Grundlagenforschung?
b) Könnte dieser Grund auch dafür sprechen, dass sich eine Regierung eher zurückhalten sollte?

8. Wie spiegeln sich die verschiedenen Reichweiten von externen Nutzen im Aufbau von Staaten und Staatenbünden?

9. Mit zunehmender Gruppengröße wird es immer unwahrscheinlicher, dass ein öffentliches Gut produziert wird. Warum genau ist das so?

10. Wo sind eher Umweltabgaben sinnvoll und wirksam, wo eher Verbote?

Abgaben	Verbote	
O	O	Eine Aktivität schadet nur in großen Mengen
O	O	Leicht kontrollierbare Schädigungen an wenigen Orten
O	O	Millionen von kleinen, unspektakulären Emissionen sind verbunden mit überblickbar wenigen Inputs.
O	O	Ein Verhalten schadet auch in kleinen Mengen
O	O	Großer, noch nicht absehbarer technischer Fortschritt ist möglich.

11. a) Wo haben umweltethische Appelle ihre Grenzen?

    b) Wofür sind sie besonders nötig?

12. Umweltprobleme wurden im 6. Kapitel als Allmende-Problem dargestellt – und in diesem 7. Kapitel als Folge von externen Kosten analysiert.

    a) Erklären Sie das Problem der Allmende mit der Theorie der externen Kosten.

    b) Schlagen Sie – ebenfalls in der Sprache der externen Effekte – Lösungen für das Allmende-Problem vor.

13. Die Leute wissen kaum, wie stark sie die Umwelt verschmutzen – kann dann eine Umweltabgabe wirken?

14. Das Transportgewerbe klagt, man laste ihm externe Kosten an. Dabei stiftet der Schwerverkehr doch auch großen externen Nutzen. Wir alle konsumieren Güter, die transportiert wurden. Darum klebt an vielen Lastwagen das Schild »Unterwegs für Sie«.
    Frage: Produziert der alltägliche Schwerverkehr externen Nutzen?

15. Wie werden die Umweltabgaben aufgrund des Standard-Preis-Ansatzes berechnet?

16. richtig falsch

    O O Von externen Kosten spricht man immer dann, wenn die Käufer eines Gutes Nachteile in Kauf nehmen müssen.

    O O Bei externen Effekten sind unbeteiligte Dritte bevorteilt oder belastet.

    O O Externe Effekte sind in den Marktpreisen nicht berücksichtigt.

    O O Das Marktsystem sorgt immer dafür, dass die Produktionsfaktoren bestmöglich genutzt werden.

    O O Externe Kosten führen zu ineffizienten Marktresultaten – externe Nutzen dagegen führen zu keinen Problemen.

    O O Öffentliche Güter verbreiten vor allem externe Nutzen, wovon entsprechend viele Trittbrettfahrer profitieren.

    O O Eine funktionierende Marktordnung ist ein öffentliches Gut, das vom Staat mit angeboten wird.

    O O Als Folge einer Umweltabgabe verschiebt sich die Angebotskurve der betroffenen Güter im Preis-Mengen-Diagramm nach oben.

    O O Jede Umweltabgabe wird von jenen Firmen getragen, die sie dem Staat abliefern.

    O O Jede Umweltabgabe wird auf die Konsumenten überwälzt.

    O O Ein öffentliches Gut wird immer vom Staat angeboten.

    O O Umweltabgaben sollen dem Staat mehr Einnahmen verschaffen.

    O O Das Trittbrettfahrerproblem entsteht, wenn Dritte von der Nutzung eines Gutes nicht ausgeschlossen werden können.

    O O Gesamtgesellschaftliche Kosten sind die Summe von internen und externen Kosten.

8. Marktmacht

Bisher sind wir davon ausgegangen, auf den Märkten herrsche Wettbewerb. Wir haben der Einfachheit halber sogar angenommen, es herrsche vollständige Konkurrenz, bei dem ein einzelnes Unternehmen keinen Einfluss auf den Preis seiner Produkte hat. Die strengen Voraussetzungen dafür sind Ihnen bekannt: (1) Die Anbieter wie die Nachfrager müssen sehr zahlreich sein. (2) Die angebotenen Güter und der Verkaufsservice müssen alle die gleiche Qualität haben, sodass es den Käufern gleichgültig ist, wo sie kaufen. (3) Alle Marktteilnehmer müssen über Qualität und Preise der gehandelten Güter informiert sein. (4) Den Unternehmen muss es frei stehen, in den Markt einzutreten oder den Markt zu verlassen. Werden auf einem Markt alle vier Bedingungen erfüllt, muss ein einzelnes Unternehmen den Preis als gegeben hinnehmen. Es steht vor einer waagerechten Nachfragekurve. Im 4. Kapitel sind wir davon ausgegangen, auf dem Markt für Bauholz herrsche vollständige Konkurrenz und eine einzelne Sägerei habe nur noch die Wahl, wie viel Holz sie zum vorgegebenen Preis sägen und verkaufen soll.

Bei vollständiger Konkurrenz ist ein Unternehmen Preisnehmer ...

... und Mengenanpasser.

Meistens haben Unternehmen Spielraum beim Festsetzen von Preisen, sie sind Preissetzer.

In Wirklichkeit sind kaum je alle Bedingungen erfüllt, und die meisten Unternehmen haben einen gewissen Spielraum beim Festsetzen des Verkaufspreises. Das heißt, sie stehen vor einer geneigten Nachfragekurve und können wählen, ob sie zu tieferen Preisen etwas mehr verkaufen möchten oder zu höheren Preisen etwas weniger.

Grafik 8.1:
Optionen von Preisen und Mengen
entlang einer geneigten Nachfragekurve

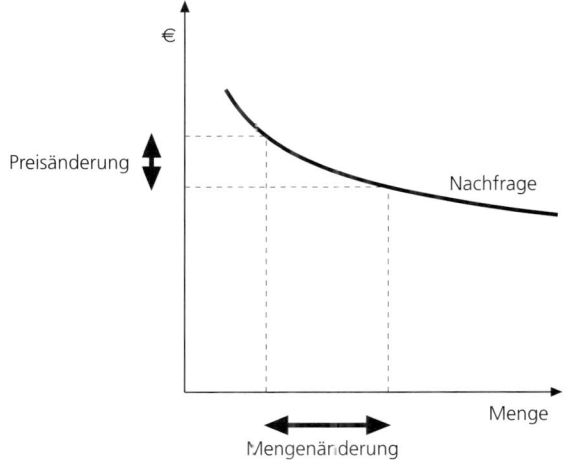

Marktmacht
Die Fähigkeit, den Preis zu beeinflussen

Hat ein einzelnes Unternehmen Einfluss auf den Preis seines Produktes, spricht man in der Ökonomie von Marktmacht. Doch Marktmacht ist immer eine Frage des Ausmaßes: Je weniger Wettbewerb ein Unternehmen erfährt, desto größer ist sein Spielraum beim Festsetzen des Preises und desto größer die Marktmacht – und umgekehrt. Der extreme Fall, bei dem ein Unternehmen keiner Konkurrenz gegenübersteht und damit große Marktmacht ausspielen kann, heißt Monopol. Obwohl viele Unternehmen Preissetzer sind, sind nur wenige Monopolisten.

Das große Thema von Marktmacht bewältigen wir in drei Schritten:

- Im Abschnitt 8.1 überblicken wir zuerst die verschiedenen Bestimmungsgründe für Marktmacht.
- Im Abschnitt 8.2 analysieren wir, wie ein Unternehmen mit Marktmacht diejenige Kombination von Menge und Preis bestimmt, bei der es den maximalen Gewinn erzielt.
- Im Abschnitt 8.3 beurteilen wir zuerst die Wirkung von Marktmacht auf die Nutzung der Ressourcen und die Einkommensverteilung. Dann skizzieren wir Ziele und Maßnahmen der Wettbewerbspolitik.

8.1 Bestimmungsgründe für Marktmacht

8.1.1 Einschränkung der Zahl der Konkurrenten

Je nachdem, welche der vier Bedingungen für vollständige Konkurrenz nicht erfüllt sind, können wir verschiedene Marktformen mit verschiedenen Spielarten von Marktmacht unterscheiden. Beginnen wir mit den Einschränkungen der Konkurrentenzahl:

Um nach außen als Einheit auftreten zu können, würden sich Unternehmen gerne in Kartellen und mit kartellähnlichen Absprachen organisieren: Kartelle sind vertragliche Vereinigungen selbständiger Unternehmen mit dem Zweck, den lästigen Konkurrenzkampf zu mildern oder auszuschließen. Häufig sind die Unternehmen zwar nicht vertraglich organisiert, aber sie sprechen sich informell oder geheim ab. Hier spricht man auch von Frühstückskartellen. Unternehmer treffen sich zum Essen und reden dabei auch über Offerten.

Kartell
vertragliche Abmachung zwischen rechtlich selbständigen Unternehmen, um untereinander den Wettbewerb zu verringern oder auszuschalten

Absprache / Kollusion
informelle Abmachung zwischen Unternehmen, um den Wettbewerb zu verringern oder auszuschalten

Unternehmensfusionen

Noch weiter als Kartelle gehen Unternehmenszusammenschlüsse: Dabei kann ein Unternehmen ein anderes kaufen, oder zwei können als gleichberechtigte Partner fusionieren.[1]

Hier stehen uns Konsumenten immer häufiger nur noch einige wenige Anbieter gegenüber. Man spricht dann von einem Oligopol (wenig heißt auf Griechisch oligos). In einem Oligopol hat jeder Anbieter einen so großen Anteil am Markt, dass er den Preis mitbestimmen kann. Natürlich ist hier die Gefahr groß, dass sich die Konkurrenten auf Kosten der Kunden absprechen. Manchmal genügt es, seine wenigen Konkurrenten zu beobachten, ihre Gedanken zu erraten und in stillschweigendem Einverständnis die Preise anzuheben.

Oligopol
ein Markt, auf dem nur einige wenige Unternehmen ein gleiches oder ähnliches Produkt anbieten (auch Angebotsoligopol).
Bei einem Nachfrageoligopol existieren nur wenige Nachfrager.

---

[1] Unter den Gründen, die zu Fusionen führen, können im Wesentlichen die vier folgenden unterschieden werden:
- Zentral ist in der Regel das (hier besprochene) Ziel, den Wettbewerb auszuschalten und gegenüber Kunden wie Lieferanten Marktmacht zu erringen.
- Von den fusionierenden Firmen wird meist von Synergieeffekten, zunehmenden Skalenerträgen gesprochen. Darauf werden wir im übernächsten Abschnitt 8.1.3 nochmals eingehen.
- Darüber hinaus kommen Fusionen durch »corporate hybris« zustande. Ehrgeizige Eigentümer und Manager wollen möglichst große Imperien gründen und beherrschen.
- Schließlich können Fusionen auch dazu benützt werden, Managementfehler und Fehlentwicklungen der Vergangenheit zu überdecken.

Monopol

Ein einziges Unternehmen bietet ein Gut an, zu dem es keine nahen Substitutionsgüter gibt (auch Angebotsmonopol). Bei einem Nachfragemonopol existiert nur ein Nachfrager.

Auch Nachfrager haben Marktmacht.

Unternehmerverbände und Gewerkschaften

kollektive Verhandlungen

Im Extremfall bleibt ein einziger Anbieter als Monopolist übrig. Wann aber hat ein Unternehmen genügend Marktmacht, um als Monopolist zu gelten? Ist Beyersdorf Monopolist, weil es allein Nivea anbietet? Hat selbst der Bäcker um die Ecke ein Monopol, weil an diesem Ort nur er frische Brötchen verkauft? Von einem Monopol können wir nur dann sprechen, wenn es für die Käufer keine einfachen Alternativen gibt, wenn also ein Ausweichen auf nahe Substitutionsgüter nicht möglich ist.

Marktmacht streben Unternehmen nicht nur auf den Absatzmärkten an, sondern auch dort, wo sie als Nachfrager auftreten. So profitieren Großunternehmen von starken Positionen gegenüber Lieferanten (Nachfrageoligopol oder gar Nachfragemonopol).

Streben nach Marktmacht gibt es auf Güter- wie auf Faktormärkten. Auf den Arbeitsmärkten stehen sich häufig nicht einzelne Firmen und einzelne Arbeitskräfte gegenüber. Viele Unternehmen sind in Verbänden organisiert, und als Gegenmacht verbindet sich ein Teil der Arbeitskräfte in Gewerkschaften. Kollektive Verhandlungen zwischen diesen Sozialpartnern führen oft zum Abschluss eines verbindlichen Flächentarifvertrages. Auf einigen Arbeitsmärkten haben wir also den interessanten Fall, dass sowohl die Angebots- als auch die Nachfrageseite als Kartell auftritt. Kollektive Verhandlungen ergänzen in diesem Falle den Markt; sie bilden ein zusätzliches gesellschaftliches Entscheidungssystem.

8.1.2 Differenzierte Produkte und Informationskosten

differenzierte Produkte

differenzierte Standorte

Suchkosten

Für die Nivea-Hautcremes gibt es unzählige Substitute. Doch um vollständige Substitute handelt es sich dabei in den Augen vieler Käuferinnen und Käufer nicht. Darum hat Beyersdorf einen gewissen Spielraum beim Festsetzen der Verkaufspreise. Wer ein Produkt verkaufen kann, das sich von anderen unterscheidet, hat Marktmacht. Es fallen Ihnen sicher Tausende von Gütern ein, bei denen es kaum perfekte Substitute gibt: Schallplatten, Romane, Konzerte, psychologische Beratungen, Jeans, Turnschuhe, Reisen, Essen in Restaurants ... **Je einmaliger das Produkt, je weniger es durch andere ersetzt werden kann, desto größer die Marktmacht.**

Auch für frische Brötchen gleich um die Ecke gibt es keinen perfekten Ersatz. Zwar gibt es ebenso knusprige Brötchen einen Kilometer weiter. Doch wie viele Käufer würden vor dem Frühstück so weit gehen für Brot? Beliebt ist der Bäcker in der Nähe oder das Einkaufszentrum am Arbeitsweg. Dies gibt dem Bäcker und dem zentral gelegenen Einkaufszentrum einen Spielraum für die Preisgestaltung. **Je besser der Standort eines Geschäftes, desto größer die Marktmacht.**

Einkaufen kann lustvoll sein, aber auch mühsam. Oft ist die Auswahl an Gütern und Geschäften riesig, die Preisstruktur verwirrend, die Qualität der Produkte verborgen. Es lohnt sich nicht, für jedes einzelne Gut herauszufinden, in welchem Geschäft das Preis-Leistungs-Verhältnis am besten wäre. Vielmehr kauft man im gleichen Laden, in dem man eine gute Kamera gefunden hat, auch noch Zusatzobjektive, Filter und Filme. So kann ein Geschäft, das Kunden mit billigem Rauchfleisch anlockt, Zahnpasta und Tomaten zu etwas höheren Preisen verkaufen. Wer alle seine Einkäufe im gleichen Laden tätigt, minimiert seine Informationskosten – er überlässt aber dem Verkäufer einen gewissen Einfluss auf die Preise. Generell gilt: **Je höher die Informationskosten im Vergleich zum Kaufpreis, desto geringer der Anreiz für die Käufer, sich umzusehen, und desto größer die Marktmacht der Verkäufer.**

Worauf es hier immer ankommt: Alle möglichen von den Kunden geschätzten Unterschiede geben dem Verkäufer eine gewisse Kontrolle über den Preis. Der Verkäufer könnte den Preis erhöhen und trotzdem noch Kunden behalten, die sein Produkt dem Konkurrenzprodukt vorziehen. Und umgekehrt könnte er mit einem niedrigeren Preis einige, aber nicht alle Kunden von der Konkurrenz abwerben.

monopolistische Konkurrenz
ein Markt ohne nennenswerte Zutrittsbarrieren, auf dem viele Unternehmen ähnliche, aber nicht gleiche Produkte anbieten

Beyersdorf mit Nivea wie auch der Bäcker um die Ecke bieten ein Gut an, für das es zwar nahe, aber keine perfekten Substitute gibt. Sie agieren auf Märkten mit monopolistischer Konkurrenz. Wie der Name sagt, sind hier Elemente von Monopolen und Konkurrenz enthalten:
- Wie bei vollständiger Konkurrenz gibt es viele Anbieter auf einem Markt mit wenig oder keinen Zutrittsbarrieren.
- Anders als bei vollständiger Konkurrenz hat der Verkäufer jedoch einen gewissen Einfluss auf seinen Verkaufspreis, weil er ein differenziertes Produkt anbietet. Doch die Marktmacht ist eingeschränkt durch Konkurrenten, die (mehr oder weniger nahe) Substitute anbieten. Zudem könnten jederzeit neue Unternehmen auftreten.

Grafik 8.2:
Verschiedene Marktformen
je nach Anzahl Anbieter,
Differenzierung der Produkte,
Informationslage und Marktzutritt

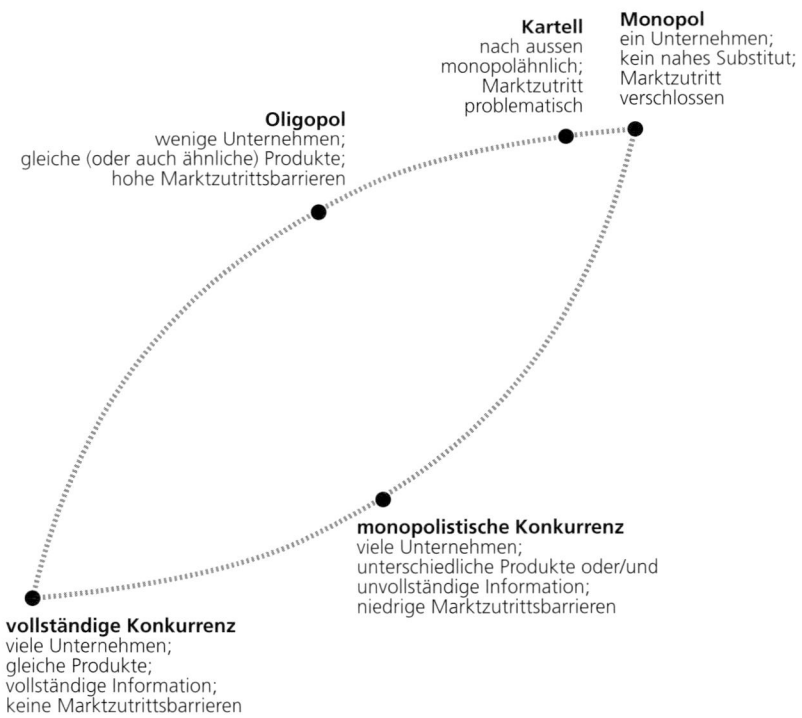

Kartell
nach aussen
monopolähnlich;
Marktzutritt
problematisch

Monopol
ein Unternehmen;
kein nahes Substitut;
Marktzutritt
verschlossen

Oligopol
wenige Unternehmen;
gleiche (oder auch ähnliche) Produkte;
hohe Marktzutrittsbarrieren

monopolistische Konkurrenz
viele Unternehmen;
unterschiedliche Produkte oder/und
unvollständige Information;
niedrige Marktzutrittsbarrieren

vollständige Konkurrenz
viele Unternehmen;
gleiche Produkte;
vollständige Information;
keine Marktzutrittsbarrieren

Beispiel Xerox

1948 führte Xerox das erste kommerziell erfolgreiche Trockenkopierverfahren ein. Dank einem Patent konnte es niemand anders legal anwenden. Da es zu Xerox-Kopien nur umständliche Alternativen gab, gewann Xerox mit seiner Erfindung beträchtliche Marktmacht, die auch für ein entsprechend hohes Preis- und Gewinnniveau benutzt wurde. Mit der Zeit jedoch lief das Patent ab, und zudem wurden neue Kopierverfahren entwickelt. IBM, Canon und andere kamen mit eigenen Kopiergeräten auf den Markt und lösten die Marktmacht von Xerox auf. Mit der Konkurrenz fielen die Preise und schmolzen die Gewinne. **Fazit: Monopolgewinne locken Konkurrenten an. Profitable Marktmacht ist nur von Dauer, wenn die Konkurrenz abgewehrt werden kann, entweder durch künstliche Zutrittsbarrieren oder durch natürliche Vorteile des Monopolisten.**

Marktzutrittsbarrieren
Umstände, die es neuen Unternehmen schwer machen, in einer Branche Fuß zu fassen

künstliche Marktzutrittsbarrieren:

Patente, staatseigene Monopole

Handelshemmnisse
Maßnahmen, mit denen der Staat den Außenhandel, vor allem die Importe, einschränkt
Man unterscheidet tarifäre Hemmnisse (v. a. Grenzzölle) und nichttarifäre Schranken (wie Einfuhrverbote, Mengenbeschränkungen oder vom Ausland abweichende Produktnormen).

Unter den künstlichen Zutrittsbarrieren kann man unterscheiden zwischen legalen, vom Staat geregelten Barrieren und privatem Zwang:

■ Die häufigsten Schutzmauern für Monopole werden vom Staat errichtet: Patente, Copyrights und staatseigene Monopolbetriebe.

■ Marktmacht schützt der Staat auch, wenn er den Außenhandel einschränkt. Allerdings werden innerhalb von Freihandelszonen und im Rahmen der Welthandelsorganisation (WTO) Hemmnisse abgebaut. So werden zwischen den WTO-Mitgliedern für Industrieprodukte im Durchschnitt noch etwa 4% des Warenwertes als Zollabgabe bezahlt. Doch für Textilien betragen die Importzölle noch durchschnittlich 12%, und im Agrarbereich gibt es Zollkontingente: Bis zu einer bestimmten Einfuhrmenge ist der Zoll niedrig; doch alle Importe, die darüber hinausgehen, werden mit einem sehr hohen Zoll belastet.
Weit verbreitet waren Mengenbeschränkungen oder gar Einfuhrverbote (v. a. für landwirtschaftliche Produkte). Subtiler sind administrative Schikanen oder vom Ausland abweichende Produktnormen (z. B. für Medikamente oder Automobile), die den Kauf ausländischer Produkte erschweren. Die WTO-Ordnung verlangt zwar die Beseitigung aller nichttarifären Hemmnisse. Doch es ist schwierig, diese Vereinbarung praktisch durchzusetzen.

privater Zwang

■ Weiter gibt es private Mittel, um Konkurrenz fernzuhalten. Das organisierte Verbrechen beispielsweise benutzt Gewalt oder Gewaltandrohung, um aus Geschäften mit Drogen, Prostitution oder Spielen Monopolgewinne zu erzielen.

hohe Zutrittskosten als natürliche Zutrittsbarrierren?

Der Zutritt zu einer Branche ist nie völlig frei. Jedes neue Unternehmen, ob es ein bestehendes herausfordert oder ob es in eine neue Richtung zielt, muss investieren – in Produktions- und Verkaufsanlagen oder in die Neuentwicklung von Produkten. Doch dort, wo sehr große Ausgaben nötig sind, um überhaupt in die Produktion einsteigen zu können, sind die Hürden für neue Unternehmen besonders hoch:

hohe Fixkosten z. B. Entwicklungskosten

■ Hohe Forschungs- und Entwicklungskosten spielen eine zentrale Rolle in der Herstellung von Medikamenten, Chips, Tonträgern, Software oder Fahrzeugen. Die Entwicklung eines neuen Antibiotikums soll heute zwischen einer halben und einer ganzen Milliarde Dollar kosten. Die eigentliche Produktion in der Fabrik dagegen ist vergleichsweise billig, die Grenzkosten sind niedrig. Im Vorteil ist, wer die hohen Entwicklungskosten auf die größte Stückzahl verteilen kann.

z. B. Werbe- und Marketingkosten

Heute verursacht auch die Werbung immer größere Anfangskosten: In der Turnschuh-, der Getränke-, der Uhren- oder der Tabakindustrie sind offensichtlich riesige Werbeanstrengungen nötig, um mithalten zu können. Auch im Detailhandel, beim Verkauf von Pommes frites (McDonald's), Kleidern (H&M) oder Kosmetik (Body Shop), wird mit Erfolg intensiv und weltweit geworben.

zunehmende Skalenerträge
Das Produktionsergebnis steigt überproportional zum Einsatz aller Ressourcen.

■ Die Zutrittsbarrieren sind auch dort hoch, wo die bestehenden Unternehmen von zunehmenden Skalenerträgen profitieren. Ein neuer Konkurrent muss hier gleich mit großen Stückzahlen einsteigen, damit er so preisgünstig produzieren kann wie die bestehenden Unternehmen.

Konzentrationstendenzen

z. B. in der Automobilindustrie

und auch im Detailhandel

Bei hohen Fixkosten und zunehmenden Skalenerträgen beobachten wir nicht nur erschwerten Marktzutritt, sondern sogar einen Trend zu Unternehmenskonzentration. Gut sichtbar ist er in der Autoproduktion, die neben zunehmenden Skalenerträgen auch hohe Entwicklungskosten kennt. Und ein wichtiger Grund für die zunehmende Verbreitung von Detailhandelsketten sind die hohen Marketing- und Werbekosten – neben hohen Anfangskosten bei der Gründung eines Geschäftes (für das Knüpfen von Einkaufsbeziehungen oder das Entwickeln von Betriebsabläufen).

kein vollständiger Schutz vor neuer Konkurrenz

Allerdings sind hohe Fixkosten und zunehmende Skalenerträge kein vollständiger Schutz gegen neue Konkurrenten. Bedenken Sie, dass auch das bestehende Unternehmen hohe Kapitalkosten trägt, um im Geschäft zu bleiben. Ein Neuzutritt ist teuer, aber auch im Geschäft zu bleiben, ist teuer.

natürliches Monopol
Ein einziges Unternehmen kann die bestehende Nachfrage kostengünstiger befriedigen als zwei oder mehrere Unternehmen.

Praktisch unüberwindliche Zutrittsschranken gibt es bei natürlichen Monopolen. Vor solchen stehen wir, wenn der gesamte Markt für ein Gut von einem einzigen Unternehmen kostengünstiger beliefert werden kann als von zwei oder mehreren Unternehmen. Die Grafik 8.3 zeigt den Kostenverlauf eines natürlichen Monopolisten: Selbst wenn die gesamte

Grafik 8.3:
Der Grund für ein natürliches Monopol: fallende Durchschnittskosten im Bereich der Nachfrage

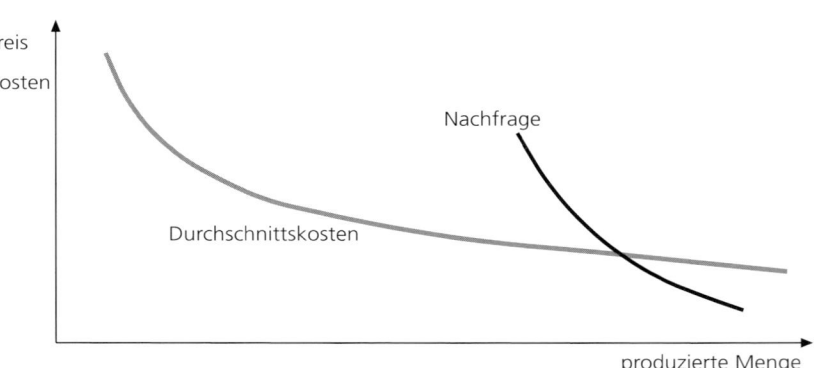

Nachfrage nach einem Gut befriedigt wird, sind die Durchschnittskosten immer noch am Sinken – sei es, weil mit zunehmenden Skalenerträgen produziert werden kann oder weil hohe Fixkosten auf immer mehr Einheiten verteilt werden können und immer weniger ins Gewicht fallen. Würde die Produktion auf mehrere Unternehmen aufgeteilt, hätte jedes der kleinen Unternehmen höhere Durchschnittskosten.

Beispiel Infrastruktur

Vor natürlichen Monopolen stehen wir bei Leitungen für Wasser, Abwasser, Erdgas und Strom sowie bei Schienenwegen. Der Aufbau eines Eisenbahnnetzes ist mit hohen Fixkosten verbunden. Sind die Schienen aber einmal verlegt, kostet es praktisch gleich viel, ob weniger oder mehr Züge über die Schienen fahren, die Grenzkosten sind vergleichsweise klein. So sinken die Durchschnittskosten mit jedem neuen Zug, der das Netz befährt. In einer solchen Situation wäre es eine Verschwendung von Ressourcen, wenn mehrere Eisenbahngesellschaften die Fixkosten für eigene Netze aufbringen würden.

sehr niedrige Grenzkosten

vom natürlichen Monopol zum Wettbewerb

Was geschieht aber, wenn die Bevölkerung und die Mobilität wachsen? Dann könnte das Schienennetz an seine Kapazitätsgrenzen stoßen. Jeder zusätzliche Zug verursacht nun hohe Kosten, und damit steigen auch die Durchschnittskosten. Es müssen neue Schienen verlegt werden. Dort, wo der Ausbau des bestehenden Netzes ebenso teuer ist wie der Bau eines neuen, entstehen Chancen für Anbieter von konkurrierenden Schienen. Mit dem Wachstum der Nachfrage kann sich ein natürliches Monopol z. B. in ein Oligopol verwandeln.

lokale Marktmacht

Starke Tendenzen zur Einschränkung des Wettbewerbs gibt es auch dort, wo die Absatzmärkte klein sind. Schon bald kann da die optimale Betriebsgröße zu groß für den gesamten Markt sein. Auch bei Gütern, die in Kundennähe hergestellt werden müssen, lässt sich der Wettbewerb leicht einschränken. So natürlich bei vielen Dienstleistungen (z. B. Reparaturen, Beratungen), dann bei Gütern, bei denen die Transportkosten im Vergleich zum Wert des Gutes hoch sind (z. B. Kies und Zement). Ein Unternehmen, das auf diese Weise Distanzschutz genießt, muss sich nur gegen die Konkurrenz der nächsten Umgebung behaupten. In abgelegenen Gebieten kommt es oft vor, dass nur noch ein einziger Anbieter (Lebensmittelladen oder Bauunternehmer) übrig bleibt.

Distanzschutz

Welthandel gegen lokale Monopole und Kartelle

Schwieriger auszuschalten ist die Konkurrenz bei Gütern, die über weite Distanzen, ja weltweit gehandelt werden. Billige und leistungsfähige Übermittlungstechniken, sinkende Transportkosten und der Abbau von nationalen Handelsschranken machen es immer leichter, fernab vom Käufer zu produzieren und Leistungen anzubieten. Immer mehr Waren und Dienstleistungen werden international handelbar. Der Wettbewerb wird für immer mehr Güter global.

Antwort auf weltweite Konkurrenz: weltweite Marktmacht

Um als »Global Player« den weltweiten Wettbewerb einzuschränken, werden weltweite Kartelle und Monopole geschaffen. Schlagzeilen machen Fusionen und Firmenübernahmen von Flugzeug- und Autoherstellern, Flug- und Versicherungsgesellschaften, Banken, Pharma- und Fernmeldekonzernen. Doch nicht nur Giganten bringen weltweit Märkte unter ihre Kontrolle. So liefert das japanische Unternehmen Shimano 90% aller Fahrradschaltungen, die Firma ARRI deckt auch etwa 90% des Weltmarktes für Kinofilm-Kameras ab, oder die Firma Mettler-Toledo hat ein weltweites Monopol auf Präzisionswaagen.

Kundenwünsche begünstigen Monopole

Daten-, Bild- und Tonträger, Betriebssysteme

Bisher wurden nur angebotsseitige Kräfte erwähnt, die den Wettbewerb einschränken. Doch auch die Nachfrage fördert manchmal Monopolisierungstendenzen:

- Heute werden in großem Umfang Musik, Filme oder Daten gekauft und ausgetauscht. Dabei konnten wir schon mehrere Male beobachten, wie zu Beginn mehrere Unternehmen mit verschiedenen Arten von Datenträgern oder Betriebssystemen konkurrierten. Mit der Zeit schälte sich aber immer ein einzelner Gewinner heraus: die VHS-Videokassette, die CD von Philips/Sony oder Windows. Denn wer ohne Komplikationen kommunizieren will, zieht jenes System vor, das andere auch benutzen – selbst wenn es vom technischen Standpunkt aus gesehen nicht das beste ist.

Kommunikationsnetze

- Eine neue Wettbewerbsordnung im Telekommunikationsbereich ermöglicht zwar den Kunden, unter mehreren Anbietern auszuwählen. Wer aber telefonieren oder Daten übermitteln will, möchte im gleichen Netz angeschlossen sein wie alle anderen, um die besten Verbindungsmöglichkeiten zu haben. Die Nachfrage begünstigt also jenen Anbieter, der schon über einen großen Marktanteil verfügt. (Hier wurde monopolistischer Macht entgegengesteuert, indem die ehemals staatlichen Netze heute allen Benutzern offen gehalten werden. Zudem hat man sich auf einen einheitlichen Standard für den Datenaustausch geeinigt.)

Wo für den Kunden der Wert eines Produktes mit seiner Popularität steigt, begünstigt die Nachfrageseite Monopolisierungstendenzen.

8.2 Gewinnmaximierung mit Marktmacht

Wie wählt ein Unternehmen mit Marktmacht den gewinnträchtigsten Preis auf der Nachfragekurve? In diesem Abschnitt wird ein mikroökonomisches Modell entwickelt, das anwendbar ist für alle Unternehmen, die eine gewisse Kontrolle über den Preis haben – ob es sich um Monopolisten handelt oder ob die Marktmacht durch Wettbewerb maßgeblich eingeschränkt ist.

Allerdings wissen die meisten Unternehmen wenig über die Lage ihrer Nachfragekurve. So muss der Preis, mit dem der Gewinn am größten ist, oft erahnt werden. Vielleicht wird auf den Einkaufspreis 30% dazugeschlagen. Wird dann mit diesem Aufschlag zu wenig verkauft, setzt man den Preis herunter, und verkauft sich die Ware zu leicht, erhöht man den Aufschlag. Das tatsächliche Festsetzen des Preises ist demnach oft ein Prozess von Versuch und Irrtum. Wie auch immer der Preis gefunden wird, er erfüllt die Bedingungen, die im folgenden Modell entwickelt werden.

8.2.1 Nachfrage und Grenzumsatz bei Marktmacht

Stellen wir uns ein Unternehmen mit einem Monopol vor. Es könnte ein Labor sein, das aus seltenen Kräutern die einzige anerkannt wirksame Haarwuchsessenz herstellt und vertreibt. Mit welcher Mengen-Preis-Kombination wird der Gewinn maximiert?

vereinfachende Annahme: gerade Nachfragekurve

Nehmen wir an, das Labor kenne seine Nachfragekurve – und der Einfachheit halber habe diese die Form einer Geraden. Eine Nachfragegerade hat einen weiteren Vorteil: Sie hat sowohl elastische als auch unelastische Bereiche. Damit wird uns nochmals in Erinnerung gerufen, dass eine Preisänderung je nach Elastizität der Nachfrage unterschiedliche Auswirkungen auf den Umsatz (Erlös) hat. (Schauen Sie vielleicht nochmals das Kapitel 3, insbesondere die Abschnitte 3.2 und 3.3, an.) Ein Zahlenbeispiel mit einer geraden Nachfragekurve sehen Sie in der Tabelle 8.1 und den Grafiken 8.4 und 8.5:

Tabelle 8.1:
Nachfrage und Umsatz eines Unternehmens mit Marktmacht (und einer geraden Nachfragekurve)

Nachfrage		Umsatz	
(1)	(2)	(3)	(4)
Menge	Preis	Gesamt-umsatz	Grenz-umsatz
cl	€	€	€
1	82	82	82
2	77	154	72
3	72	216	62
4	67	268	52
5	62	310	42
6	57	342	32
7	52	364	22
8	47	376	12
9	42	378	2
10	37	370	–8
11	32	352	–18
12	27	324	–28
13	22	286	–38
14	17	238	–48
15	12	180	–58
16	7	112	–68

Grafik 8.4:
Gesamtumsatz eines Unternehmens, das einer geraden Nachfragekurve gegenübersteht

Grafik 8.5:
Geneigte gerade Nachfragekurve und Grenzumsatz

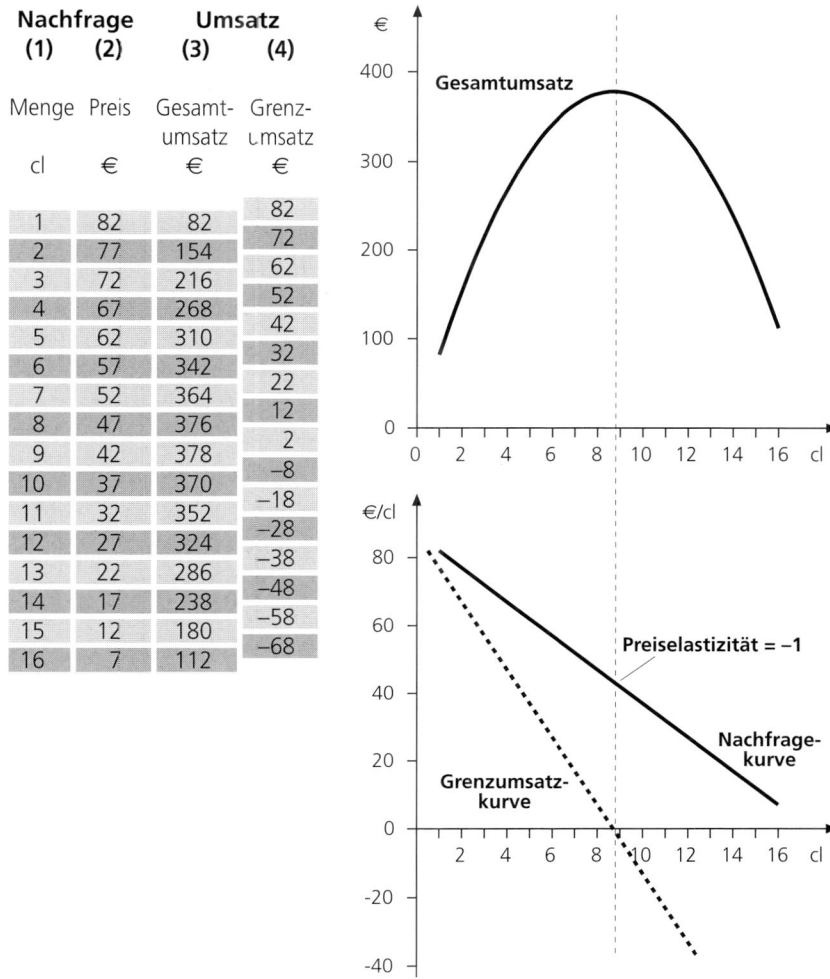

- In den Tabellenspalten 1 und 2 und der Grafik 8.4 finden Sie die Angaben für die Nachfragegerade mit der verkauften Menge pro Tag und den entsprechenden Preisen.

Umsatz = Erlös
verkaufte Menge mal Preis
Grenzumsatz = Grenzerlös
der zusätzliche Umsatz aus dem Verkauf einer zusätzlichen Einheit

- Die Tabellenspalte 3 und die Grafik 8.5 zeigen den Gesamtumsatz, den das Labor mit jeder Option erzielen würde.
- Die Tabellenspalte 4 und die Grafik 8.4 zeigen die Veränderung des Umsatzes mit jedem zusätzlich verkauften Zentiliter: den Grenzumsatz. Erhöhen wir nun die verkaufte Menge schrittweise von einem bis zu 16 Zentilitern: Für den ersten Zentiliter könnten 82 Euro verlangt werden, Verkaufspreis wie Grenzumsatz betragen also 82 Euro. Um einen zweiten Zentiliter abzusetzen, müsste der Preis auf 77 Euro gesenkt werden. Doch der Grenzumsatz für den zweiten Zentiliter beträgt nicht 77 Euro, denn der erste müsste zum gleichen Preis verkauft werden. Der Grenzumsatz beträgt darum nur 72 Euro. **Jede zusätzliche Menge kann nur verkauft werden, wenn der Preis generell gesenkt wird. Somit sinkt der Grenzumsatz schneller als der Verkaufspreis.**

Solange die Nachfrage aber elastisch ist, kann der Umsatz mit sinkenden Preisen noch gesteigert werden. Erst bei der Menge von ungefähr 9 cl, wo die Nachfrage einheitselastisch ist, wird der Grenzumsatz Null. Dort ist der Umsatz nicht mehr überbietbar. Er erreicht sein Maximum bei einem Preis von 42 Euro. Rechts von ihrer Mitte wird eine Nachfragegerade zunehmend unelastisch. Hier führt eine Preissenkung zu einer immer stärkeren Verminderung des Umsatzes, der Grenzumsatz wird zunehmend negativ.

Fazit: Jede Nachfragekurve hat eine entsprechende Grenzumsatzkurve.

Herrscht vollständige Konkurrenz, steht jedes Unternehmen vor einer horizontalen Nachfragekurve. Es kann dann jede Menge zum gegebenen Preis verkaufen, der Grenzumsatz entspricht dem vorgegebenen Preis, die Grenzumsatzkurve liegt auf der horizontalen Nachfragekurve.

Hat ein Unternehmen hingegen einen gewissen Einfluss auf den Preis, ist die Nachfragekurve nach rechts unten geneigt. Dann kann die Menge nur dank Preiskonzessionen für die gesamte Menge ausgedehnt werden. Die Grenzumsatzkurve liegt somit unter der Nachfragekurve.

Im preisunelastischen Bereich der Nachfrage nimmt der Umsatz mit sinkenden Preisen sogar ab, der Grenzumsatz ist dort negativ.

8.2.2   **Gewinnmaximierung bei einem Monopol**

Grenzkosten
zusätzliche Kosten für die Produktion einer zusätzlichen Einheit

Wie kann nun unser Labor den größtmöglichen Gewinn aus seiner Marktmacht ziehen? Wie jedes Unternehmen muss es den Umsatz mit den anfallenden Kosten vergleichen, genauer: den Grenzumsatz mit den Grenzkosten.

Die Tabelle 8.2 zeigt neben der Nachfrage- und Umsatzseite auch die Kosten- und Gewinnseite. Vergleichen Sie nun die Grenzkosten in Spalte 7 mit dem Grenzumsatz in Spalte 4. Mit welcher Menge wird der maximale Gewinn erzielt?

Wo erreichen die Grenzkosten den Grenzumsatz?

Die Grenzumsätze für die ersten sieben Zentiliter übersteigen alle die entsprechenden Grenzkosten. Jeder zusätzliche Zentiliter steigert den Gewinn bis zur Höhe von 154 Euro. Der 7. Zentiliter erhöht den Umsatz um

22 Euro, bei Grenzkosten von 20 Euro. Er trägt also noch zwei Euro zum Gewinn bei. Hier ist das Gewinnmaximum erreicht.

Mehr als 7 cl anzubieten, verringert den Profit, weil vom 8. cl an die Grenzkosten die Grenzumsätze übersteigen. Will das Labor seine Preise so stark senken, dass es 8 cl verkaufen kann, stehen einem Grenzumsatz von 12 Euro Grenzkosten von 24 Euro gegenüber, sodass der Gewinn um 12 Euro schmilzt.

Tabelle 8.2:
Nachfrage, Umsatz, Kosten und Gewinn eines Monopolisten

Nachfrage		Umsatz		Kosten			Gewinn
(1)	(2)	(3)	(4)	(5)	(6)	(7)	(8)
Menge	Preis	Gesamt-umsatz	Grenz-umsatz	Gesamt-kosten	Ø-kosten	Grenz-kosten	Gesamt-gewinn
cl	€	€	€	€	€	€	€
0		0		100			−100
1	82	82	82	125	125	25	−43
2	77	154	72	140	70	15	14
3	72	216	62	150	50	10	66
4	67	268	52	161	40	11	107
5	62	310	42	174	35	13	136
6	57	342	32	190	32	16	152
7	52	364	22	210	30	20	154
8	47	376	12	234	29	24	142
9	42	373	2	262	29	28	116
10	37	370	−8	294	29	32	76
11	32	352	−18	330	30	36	22
12	27	324	−28	370	31	40	−46
13	22	285	−38	414	32	44	−128
14	17	233	−48	462	33	48	−224
15	12	180	−58	514	34	52	−334
16	7	112	−68	570	36	56	−458

Halten wir fest, dass im Fall von Marktmacht die gleiche Regel gilt wie bei vollständiger Konkurrenz: Wer den Gewinn maximieren will, dehnt seine Produktion aus, bis die Grenzkosten den Grenzumsatz erreichen. Ist jedoch die Nachfrage geneigt (sinkt also der Preis mit größerer Menge), fällt die Grenzumsatzkurve schneller ab als die Nachfragekurve (während bei vollständiger Konkurrenz der Grenzumsatz ja dem herrschenden Preis entspricht). Betrachten Sie dazu die Grafik 8.6.

Folge von Marktmacht auf Menge und Preis

Die Grenzkostenkurve schneidet die Grenzumsatzkurve im Punkt G ungefähr bei 7 cl. Die Menge ist damit gegeben. Und der Verkaufspreis? Ihn können wir an der Nachfragekurve ablesen: Die Menge von 7 cl kann zum Preis von € 52,– pro cl verkauft werden. Der Punkt C auf der Nachfragekurve repräsentiert die gewinnmaximale Kombination von Menge und Preis für das Unternehmen. Dieser Punkt wurde 1838 von Augustin Cournot entdeckt und wird ihm zu Ehren Cournotscher Punkt genannt.

Cournotscher Punkt

Durchschnittskosten Gewinn

Beziehen wir die Durchschnittskosten in unsere Überlegung ein, können wir auch noch den Gewinn berechnen und grafisch ablesen. Der Gewinn entspricht dem schraffierten Rechteck: die produzierte und verkaufte Menge multipliziert mit der Differenz zwischen dem erzielten Preis und den Durchschnittskosten bei der produzierten Menge.

Grafik 8.6:
Gewinnmaximierung eines Monopolisten

1. Die Grenzkostenkurve schneidet die Grenzumsatzkurve im Punkt **G** bei der Menge von etwa 7 cl.
→ 2. Punkt **C** (Cournotscher Punkt) auf der Nachfragekurve mit dem Preis von 52 Euro.
→ 3. Gewinn aus Marktmacht = Menge mal (Preis minus Durchschnittskosten bei der angebotenen Menge)

Im Punkt **K1** entsprechen die Grenzkosten dem Verkaufspreis. Im Punkt **K2** entsprechen die Durchschnittskosten dem Verkaufspreis. Hier werden keine Gewinne mehr gemacht.

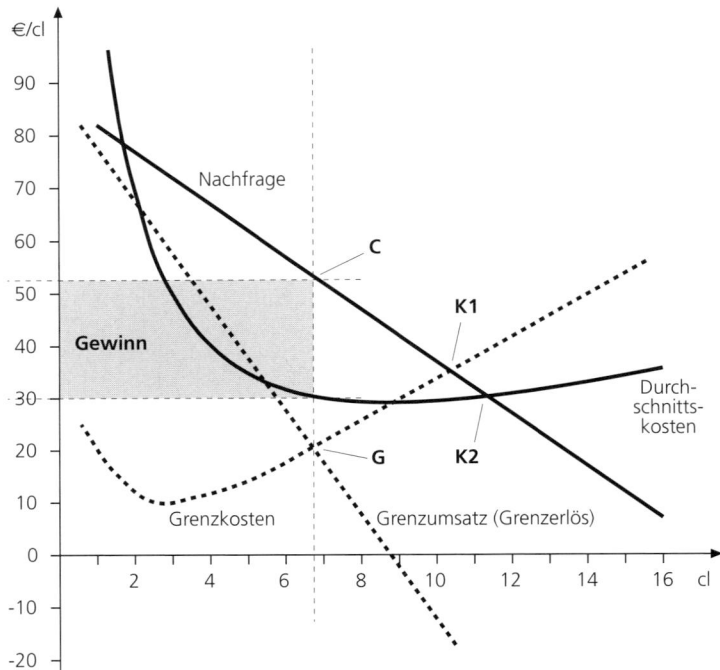

hypothetischer Vergleich zur vollständigen Konkurrenz

In der Grafik 8.6 sehen Sie auch noch, welche Menge ein marktmächtiges Unternehmen anböte, wenn es sich verhielte, als ob vollständige Konkurrenz herrschte. In der kurzen Frist würde es seine Produktion ausdehnen, bis die Grenzkosten dem Verkaufspreis entsprechen (Punkt K1). In langer Frist müsste das Unternehmen auf einen Monopolgewinn verzichten und seine Menge ausdehnen, bis die Durchschnittskosten dem Verkaufspreis entsprechen (Punkt K2). Sie sehen: Monopolisten bieten kleinere Mengen an und verlangen höhere Preise.

Fazit: Auch ein Monopolist maximiert seinen Gewinn, indem er diejenige Menge verkauft, bei welcher der Grenzumsatz den Grenzkosten entspricht. Dabei ist der Preis auf der Nachfragekurve (anders als unter vollständiger Konkurrenz) höher als der Grenzumsatz und die Grenzkosten.

8.2.3 Gewinnmaximierung im monopolistischen Wettbewerb

monopolistische Konkurrenz in der kurzen Frist

Stellen Sie sich nun ein neu eröffnetes thailändisches Restaurant vor. Da es das einzige Restaurant in der Stadt ist, das diese Art von exquisitem Essen anbietet, steht es vor einer ähnlichen Nachfragekurve wie der Monopolist im letzten Abschnitt. Es verfügt also über einen gewissen Spielraum, wenn es die Preise auf der Menükarte festlegt.

Bestimmt dieses Restaurant den Preis für sein Mittagessen, wird es den Cournotschen Punkt suchen. Zu diesem Zweck schätzen wir die Nachfrage- und die Kostenseite und stellen die entscheidenden Elemente in der Grafik 8.7 dar. Es ergibt sich eine Menge von 8 Essen pro Stunde zu einem Preis von 18,50 Euro. Auch der Monopolgewinn wird sichtbar: 8 Essen multipliziert mit (Verkaufspreis von 18,50 Euro minus Durchschnittskosten von 13,50 Euro) ergibt einen Gewinn von 40 Euro pro Stunde. **Soweit entspricht alles dem Monopol.**

Grafik 8.7:
Gewinnmaximierung
eines neuen Unternehmens
im monopolistischen Wettbewerb

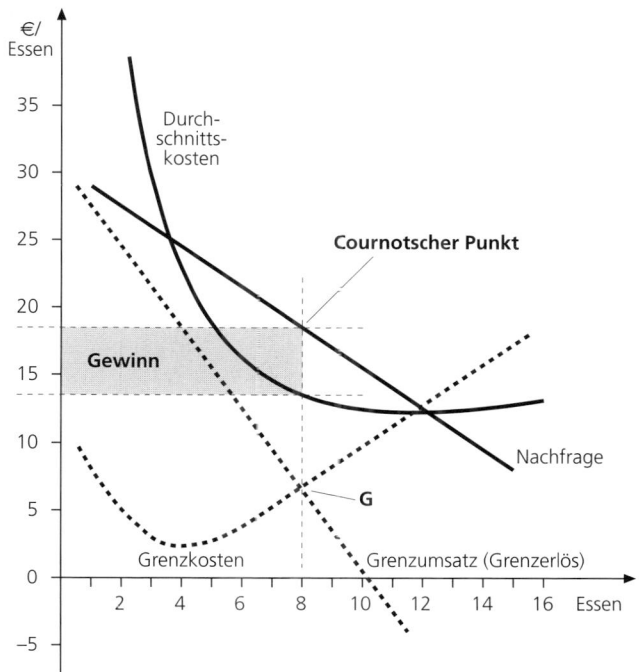

monopolistische Konkurrenz in der langen Frist

Mit neuen Konkurrenten sinkt die Nachfrage.

Monopolgewinne ziehen nun aber neue Anbieter an. Und dies ist im Gegensatz zu einem gefestigten Monopol jederzeit möglich. **Der Marktzutritt ist bei monopolistischer Konkurrenz offen.**

Neue Konkurrenten eröffnen ihre Lokale vielleicht in anderen Gegenden, das Essen wird nicht genau gleich zubereitet sein und das Ambiente auch anders. Somit bleibt ein gewisser Spielraum beim Festsetzen der Preise. Doch die Nachfragekurve hat sich verändert. Der Markt für thailändisches Essen wird nun unter mehreren Restaurants aufgeteilt, die Nachfrage eines einzelnen Restaurants wird entsprechend zurückgehen. Die Nachfragekurve verschiebt sich in Richtung kleinere Mengen nach links. Zudem gibt es jetzt mehrere Alternativen, wenn man thailändisch essen gehen will. Die Nachfrage wird elastischer.

Nachfragerückgang und verstärkte Preiselastizität werden in der Grafik 8.8 illustriert.

Wenn ein Restaurant aussteigt, geschieht das Umgekehrte: Für die verbleibenden Konkurrenten steigt die Nachfrage, und sie wird unelastischer.

Grafik 8.8:
Veränderung der Nachfrage
für ein einzelnes Unternehmen
beim Zutritt von neuen Unternehmen

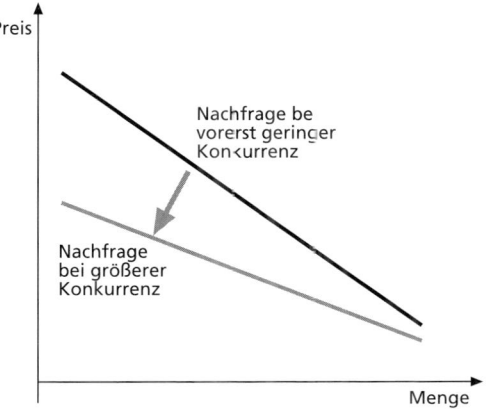

Mit neuen Konkurrenten steigen die Kosten.

Zudem verändern Marktzu- und -austritte auch die Kosten. Werden mehr Restaurants eröffnet, steigen in der Regel die Kosten, weil die Mieten für Lokale und die Löhne für gute Köche steigen – und umgekehrt, wenn Restaurants aufgeben.

langfristig werden Gewinne wegkonkurriert

Die langfristigen Anpassungen der Nachfrage und der Kosten reduzieren monopolistische Gewinne. Solange mit thailändischem Essen immer noch Gewinne möglich sind, werden weitere Konkurrenten angezogen. Wenn nichts anderes geschieht, werden früher oder später so viele neue Wettbewerber hinzutreten, dass keine Gewinne mehr gemacht werden. In einer Situation, in der keine Gewinne (und keine Verluste) gemacht werden, entsprechen die Durchschnittskosten dem Verkaufspreis.

Grafik 8.9:
Das langfristige Gleichgewicht unter monopolistischer Konkurrenz:
Die Durchschnittskosten entsprechen dem Verkaufspreis.

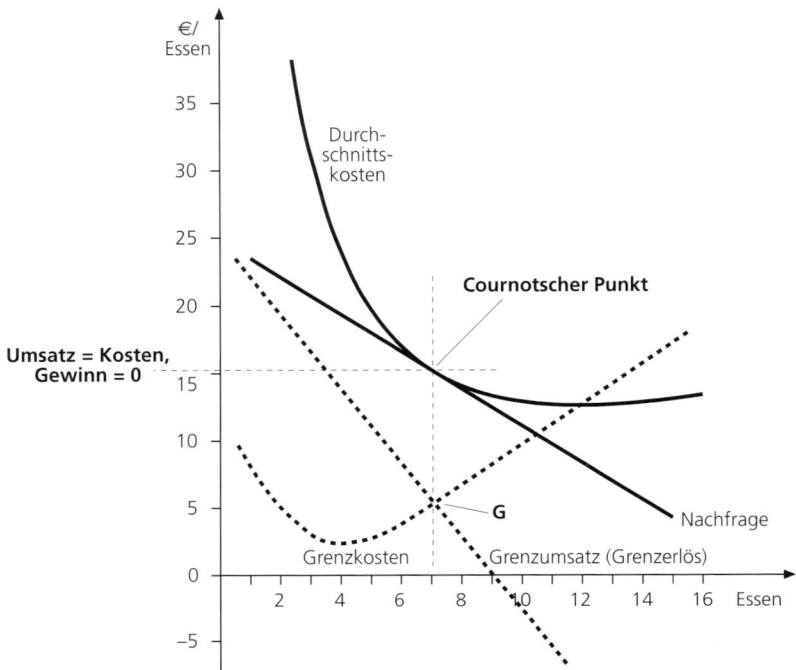

weiterhin differenzierte Preise

Dass bei monopolistischer Konkurrenz alle Unternehmen langfristig keine Gewinne machen, heißt nicht, dass alle den gleichen Preis verlangen. Weil sich die Produkte unterscheiden, sind auch die Preise verschieden – aber auch die Kosten. An guter Lage kann man mehr verlangen – aber die Miete ist entsprechend höher. Für exzellentes Essen verlangt man auch mehr – aber der Lohn der Starköchin ist entsprechend höher. Ein bekanntes Lokal ist teurer – aber vielleicht wird teurer geworben.

Fazit: Wer im monopolistischen Wettbewerb steht, hat zwar, ebenso wie ein Monopolist, einen Einfluss auf seinen Verkaufspreis. Doch der freie Marktzutritt garantiert für einen weitreichenden Unterschied: Auf lange Sicht werden keine Gewinne gemacht.

8.2.4 Kooperation im Oligopol

Wenige Rivalen kennen und beobachten einander

Bei einem Oligopol stehen sich auf einem Markt nur einige wenige Anbieter als Rivalen gegenüber. Alle kennen und beobachten einander. Jeder Rivale hat einen so großen Anteil am Markt, dass er den Preis mit bestimmen kann. Was immer er tut, hat einen Einfluss auf seine Mitkonkurrenten, und was immer diese tun, beeinflusst auch ihn. Ein solcher Wettbewerb hat viel gemeinsam mit Spielen wie Poker oder

Schach. Bei jedem Zug berechnet man die Gegenzüge der Rivalen so gut wie möglich mit ein. Und diese wissen, dass man dies tut, usw.

Obwohl Oligopolisten oft große Firmen sind, ist nicht Größe das Wesentliche, sondern die gegenseitige Abhängigkeit. Drei oder vier Restaurants in einer kleinen Stadt sind ebenso gut Oligopolisten wie Pirelli, Michelin und Goodyear. Stellen Sie sich also vor, Sie leiteten einen Autoreifenkonzern oder auch nur eine von fünf Nachtbars im Ort. Wie werden Sie Ihren Gewinn maximieren?

Bevor Sie zu taktieren beginnen, schätzen Sie die gesamte Marktnachfrage ab, berechnen den Grenzumsatz, vergleichen ihn mit den Grenzkosten der beteiligten Unternehmen und erhalten so eine Vorstellung, wo die gewinnmaximalen Preise liegen könnten. Nun müssen Sie feststellen, dass zwar Gewinne gemacht werden, doch die momentanen Preise liegen unter den gewinnmaximalen. Sie können annehmen, dass Ihre Rivalen auch schon ähnliche Rechnungen mit ähnlichen Resultaten gemacht haben. Alle Oligopolisten könnten also von höheren Preisen nur profitieren. Doch wer wagt, die Preise anzuheben?

höhere Gewinne
mit höheren Preisen, aber …

Kooperation …

- Sie spielen mit dem Gedanken, mit einer klaren Preiserhöhung vorzupreschen. Doch werden alle Rivalen das Signal verstehen? Werden alle kooperieren und stillschweigend mitziehen, um ihre Gewinne zu verbessern? Was ist, wenn einige ihre Preise belassen, um Kunden zu gewinnen? Dann müssten Sie reumütig Ihre Preise wieder senken.

Wettbewerb …

- Möchten Sie selber mit niedrigeren Preisen neue Kunden gewinnen? Dann müssen Sie damit rechnen, dass Ihre Rivalen das auch tun. Es herrscht dann praktisch vollständiger Wettbewerb, bei dem die Gewinne gegen null tendieren.

… oder Preiskampf?

- Darüber hinaus könnten Sie einen kostspieligen Preiskrieg anzetteln, um kooperationsunwillige Firmen in den Ruin zu treiben. Wären die ausgeschaltet, könnten die Preise eher höher angesetzt werden. Vielleicht reicht auch schon eine Drohung mit tiefen Preisen, um Firmen zur Kooperation zu zwingen und neue, unbequeme Rivalen vom Markt fernzuhalten. Kooperation wie auch Marktmacht basieren hier auf der Möglichkeit, einen Preiskrieg zu entfesseln.

Zwar könnten die Oligopolisten den Preis und (zusammen) den Gewinn eines Monopolisten erzielen, wenn es ihnen gelänge, zusammenzuwirken. Doch für einen Einzelnen würde es sich durchaus lohnen, mit etwas tieferen Preisen den Rivalen Kunden abzujagen oder sie sogar zu ruinieren. Kooperation wäre also einträglich, sie kann aber jederzeit durch ausscherende Unternehmen gefährdet werden.

Wann steigen die Chancen
für Kooperation?

Kooperation unter Rivalen ist komplex. Trotzdem gibt es ein paar Voraussetzungen, unter denen ein Zusammenwirken eher gelingen kann:

- Je kleiner und überblickbarer die Gruppe, desto unwahrscheinlicher ist ein Ausscheren Einzelner. Das bedeutet aber nicht, dass wenige Anbieter sich immer absprechen.
- Je besser sich die Rivalen kennen, desto besser sind die gegenseitigen Reaktionen abschätzbar. Je größer das gegenseitige Vertrauen, desto seltener ein Ausscheren aufgrund von Missverständnissen.

■ Schließlich wird Kooperation auch durch Verträge und Sanktionen im Fall von Vertragsbruch gefestigt. Formelle Absprachen sind das Thema des nächsten Abschnitts.[2]

8.2.5 Organisierte Kooperation im Kartell

In einem Kartell verpflichten sich Unternehmen vertraglich auf ein gemeinsames Vorgehen. Ziel ist, Preise wie ein Monopol zu setzen.

Preiskartelle

■ Ein Preiskartell setzt die Preise fest. Der Kunde kann immer noch unter den Produkten der verschiedenen Kartellmitglieder auswählen; doch preislich kann er nicht ausweichen.

Gebietskartelle

■ Ein Gebietskartell teilt das Marktgebiet unter seine Mitglieder auf. Hier kann der Kunde nicht einmal unter verschiedenen Produkten auswählen, jeder Kartellist hat in seinem Bereich ein Monopol.

auch hier:
Problem der Kooperation

Doch die sich absprechenden Firmen sind nicht immer so diszipliniert, wie das eine einzelne Firma sein kann. Höhere Kartellpreise bieten einen starken Anreiz, mehr Güter als bisher auf den Markt zu werfen – worauf in der Regel die Preise sinken und die Kartellabmachung wirkungslos wird. Wie schwierig es sein kann, die Kartelldisziplin aufrecht zu erhalten, zeigt die Geschichte des OPEC-Preiskartells:

Beispiel OPEC

Zwischen Oktober 1973 und Januar 1974 vervierfachte sich der Erdölpreis. Dieser Preisanstieg war nicht das Resultat von freien Marktkräften, sondern das Diktat der wichtigsten Erdölproduzenten, die in einem Kartell, der OPEC, zusammengeschlossen sind.

Wie beeinflusst die OPEC
den Erdölpreis?

Wie für jedes andere Kartell bestand für die OPEC das Hauptproblem darin, seine Mitglieder dazu zu bringen, die angebotene Menge zu verringern. Jedes Land erhielt deshalb eine Quote mit der erlaubten Fördermenge zugeteilt. Hielten sich einzelne Länder nicht daran, verringerten Saudi-Arabien und die Golfscheichtümer ihre Produktion stärker als vereinbart. (Diese Länder hatten damals ohnehin Mühe, ihre gewaltig gestiegenen Einkünfte sinnvoll im eigenen Land anzulegen.) Erschwert wurde die Mengenverringerung, weil nicht alle Erdöl exportierenden Länder der OPEC angehörten. Diese Länder (England, Norwegen und

---

[2] Das Spiel von Kooperation und Ausscheren – beides aus Eigennutz – ist weit verbreitet. Wir haben es schon im Abschnitt 7.2 als Trittbrettfahrerproblem kennen gelernt. Erinnern Sie sich? Soll ein Einzelner etwas für Güter mit externen Nutzen (öffentliche Güter wie z.B. Straßenlampen) leisten oder eher als Trittbrettfahrer von den Anstrengungen anderer profitieren? Vielleicht kommt der Trittbrettfahrer gratis zu Licht – verhalten sich aber zu viele als Trittbrettfahrer, werden zu wenig oder gar keine Straßenlampen in Auftrag gegeben, und alle fahren schlechter.

Um eine Straßenlampe in Auftrag zu geben, ist Kooperation nötig. Und wovon hängt sie ab? In einem kleinen Dorf, wo sich alle kennen und beobachten, kommt freiwillige Kooperation eher zustande. »Wenn die Nachbarn zahlen, zahle ich auch.« Je mehr und je anonymere Einzelne aber für öffentliche Güter aufkommen müssen, desto eher ist eine Zwangsgemeinschaft, eine staatliche Organisation nötig, um das Trittbrettfahrerproblem zu lösen.

Allerdings gibt es einen ökonomisch wichtigen Unterschied zwischen dem Spiel um öffentliche Güter und dem Spiel unter Oligopolisten:

■ Bei öffentlichen Gütern geht es um echte externe Nutzen, die am Markt vorbei wirken. Wo sie auftreten, ist Kooperation nötig, um die Ressourcen bestmöglich zu nutzen.

■ Unter Oligopolisten dagegen geht es darum, den Wettbewerb auf den Märkten zu mildern und einander pekuniäre externe Nutzen zuzuschanzen oder pekuniäre externe Kosten abzuwehren. Dies führt in der Regel zu einer schlechteren Nutzung der Ressourcen.

Grafik 8.10:
Heizölpreise und Heizölkonsum
in Deutschland ab 1970

Quellen: Arbeitsgemeinschaft
Energiebilanzen Berlin und Statistisches Bundesamt, Fachserie 17

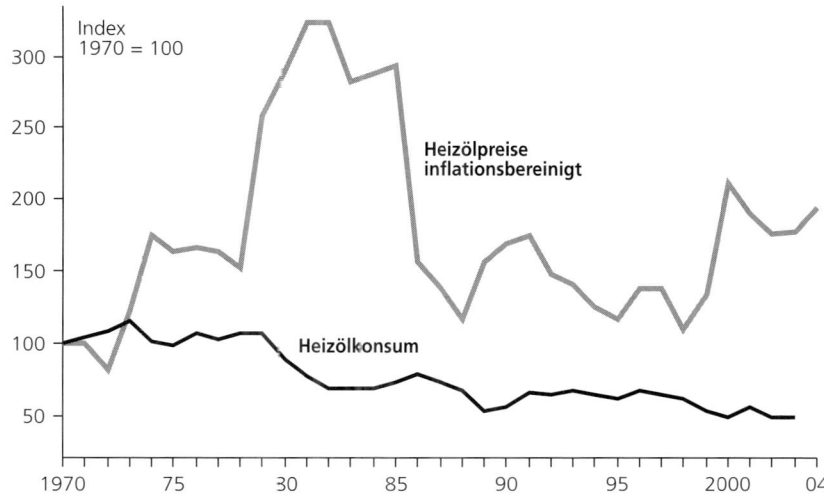

vor allem Mexiko) nutzten nur ungehemmt die Zeiten mit hohen Preisen und förderten so viel Öl wie möglich. Der hohe Preis gab auch den Anreiz, neue Quellen zu erschließen. Mit steigender Erdölförderung sank der Erdölpreis wieder – vor allem auch relativ zu den Preisen für andere Güter, die in dieser Zeit stark anstiegen und bis 1978 die Erdölpreise fast wieder eingeholt hatten.

Irak-Iran-Krieg

1979 wurde eine neue Ölpreisrunde eingeläutet: Der Ausbruch des Krieges zwischen Irak und Iran verknappte schlagartig das Angebot an Erdöl und gab dem OPEC-Kartell die Möglichkeit, sich neu zu formieren. Die neue Förderdisziplin stellte das um den Effekt der Inflation korrigierte Niveau der Rohölpreise vom Januar 1974 wieder her. Doch obwohl alle Erdölländer von den hohen Preisen profitierten, wollten einige noch etwas mehr profitieren. Nicht nur die Krieg führenden Staaten Irak und Iran, auch die Nicht-OPEC-Staaten steigerten ihre Produktion. Hatten die OPEC-Mitglieder 1973 noch einen Anteil von 53% an der gesamten Erdölproduktion, waren es 1984 noch 32%. 1985/86 halfen die Drosselungsmaßnahmen der Golfstaaten nichts mehr. Der relative, inflationsbereinigte Erdölpreis sank unter das Niveau von 1973.

Erst seit 1998 gelingt es der OPEC wieder – diesmal mit Hilfe von Mexiko und drei weiteren unabhängigen Produzenten – die Fördermenge zu beschränken. Auch die steigende Weltnachfrage trägt zum höheren Erdölpreis bei.

Wie reagiert die Nachfrage auf den Erdölpreis?

Übrigens: Die brüsken Ölpreiserhöhungen machen die Preiselastizität der Nachfrage sichtbar. Die Grafik zeigt, wie der Heizölpreis 1973/74 und 1979/80 sich verdoppelte, worauf sein Verbrauch zuerst um 13% und dann um 35% sank. Gebäude wurden isoliert und die Wärmetechnik verbessert. Es gibt Ausweichsmöglichkeiten für Haushalte wie für Unternehmen, und die Preiserhöhungen haben offensichtlich dazu angeregt, diese auch wahrzunehmen. Die Preiselastizität der Heizölnachfrage lag (bei tiefen Preisen) um –0,13, und (bei höheren Preisen) um –0,35. Die Wirkung von Bevölkerungs- und Einkommensänderungen haben sich etwa neutralisiert, denn in diesen zwei Perioden stieg zwar die Zahl der Einwohner, aber deren Einkommen nahm etwas ab.

8.2.6 Preisdifferenzierung

Preisdifferenzierung
Gleiche Produkte werden an verschiedene Kunden zu unterschiedlichen Preisen verkauft.

Einen Lufthansa-Flug von Frankfurt nach New York und zurück können Sie schon für 300 Euro erhalten – wenn Sie in Ihrem USA-Aufenthalt eine Nacht von Samstag auf Sonntag einschließen. Wenn nicht, kostet Sie das Ticket ein Mehrfaches! Weshalb interessiert sich eine Fluggesellschaft, wie lange Sie in den USA Ferien machen? Weshalb differenziert sie Preise und verkauft die genau gleichen Flüge verschiedenen Kunden zu verschiedenen Preisen?

unterschiedliche Kaufbereitschaft

Jede Fluggesellschaft weiß, dass sich die Nachfragekurven von Geschäftsleuten und Ferienreisenden stark unterscheiden. Geschäftsleute sind bereit, höhere Preise zu bezahlen, ihre Nachfrage ist unelastischer.

Spielraum bei der Preisfestsetzung

Weiter hat die Lufthansa etwas Marktmacht. Zwar gibt es harte Konkurrenz, doch Flüge ohne Umsteigen oder Zwischenlandung sind begehrt, sodass die Lufthansa auf vielen ihrer Flüge einen gewissen Spielraum bei der Festsetzung der Preise hat.

Preise je nach Kaufbereitschaft

Die Lufthansa hat sich nun die Mühe genommen, die Nachfragekurven der beiden Kundengruppen abzuschätzen. Dann hat sie die beiden Cournotschen Punkte ermittelt, mit den beiden separaten Flugpreisen, die den größten Gewinn versprechen.

Trennung der Kunden

Allerdings muss es der Lufthansa gelingen, die beiden Kundengruppen zu separieren, sonst würden Geschäftsleute einfach die billigeren Ferientickets kaufen. Hier kommt die einfache Beobachtung zu Hilfe, dass Geschäftsleute in der Regel nur wenige Tage in die USA reisen, Ferienaufenthalter jedoch länger als eine Woche. Andere Unterscheidungsmerkmale können die Trennung noch sicherer machen. So reisen Geschäftsleute an Werktagen, darum werden Ferienreisenden Wochenendflüge angeboten. Geschäftsleute haben gerne freie Wahl bei der kurzfristigen Änderung der Reisedaten. Ferienreisende legen weniger Wert darauf. Billigere Ferientickets können darum in der Regel das einmal festgelegte Reisedatum nicht mehr ändern.

Beispiele für Preisdifferenzierung

Preisdifferenzierung beobachten wir überall, wo Unternehmen bei verschiedenen Kundengruppen unterschiedlichen Spielraum bei der Preisgestaltung haben und wo sich die Gruppen separieren lassen:

Erstausgaben und Taschenbücher

- Ein neuer Roman kommt zuerst in einer teuren Ausgabe auf den Markt, denn wer darauf gewartet hat oder in Buchbesprechungen darauf aufmerksam wurde, zahlt in der Regel gerne 30 und mehr Euro. Erst wenn diese Käuferschicht bedient ist, werden Kunden mit tieferen Preisen angelockt. Dann erscheinen billigere Buchklub- und Taschenbuchausgaben.

Uhren

- Schweizer Uhren sind in Luzern teurer als in Hongkong. Dieser Preisunterschied spiegelt die kleinere Konkurrenz und damit größere Marktmacht von Uhrenläden in Luzern wider.

Kinorabatte

- Kinos (selten ausverkauft) geben verbilligte Billette für Kinder, Studenten oder Pensionierte – in der Annahme, diese würden zum großen Teil erst durch niedrigere Preise angelockt. Wichtig ist dabei, dass die höheren Preise für gewöhnliche Kinogänger nicht tangiert werden.

8.3 Wettbewerbspolitik

8.3.1 Die volkswirtschaftlichen Folgen von Monopolstellungen

Nachdem wir analysiert haben, wie Marktmacht Preise und Mengen beeinflusst, wollen wir nun die volkswirtschaftlichen Folgen beurteilen. Eine Bewertung der Auswirkungen von Marktmacht auf die Nutzung der Ressourcen und die Einkommensverteilung erlaubt uns, die Haltung des Staates gegenüber Marktmacht zu begründen und zu beurteilen.

Vergleichsmaßstab: vollständige Konkurrenz als sehr abstraktes Ideal

In der Regel wird Marktmacht verglichen mit vollständigem Wettbewerb. Dabei dürfen wir aber nicht vergessen, dass vollständiger Wettbewerb ein abstraktes Ideal ist und nicht wirklich erreicht werden kann. Ein gewisses Maß an Marktmacht ist in jeder realen Wirtschaft unvermeidlich und manchmal sogar erwünscht. Jede Wettbewerbspolitik, die das nicht berücksichtigt, wird darum leer laufen oder sogar Verschwendung fördern.

So versucht der Staat den Wettbewerb vor allem gegen grobe Verletzungen zu schützen: wenn der Wettbewerb durch Absprachen und Kartelle verhindert wird und wenn Konzentrationstendenzen in die Nähe eines Monopols führen. Auch hier konzentrieren wir uns auf Monopole (eingeschlossen sind Absprachen und Kartelle, durch die mehrere Firmen nach außen wie ein Monopol auftreten).

Bewertung von Monopolen, Absprachen und Kartellen

Die Auswirkungen von Monopolen sind vielfältig. Zwei Effekte können Sie dem eben gelernten mikroökonomischen Modell entnehmen:

1. Gewinne auf Kosten der Kunden

- Mit einer Monopolstellung können eigenmächtig höhere Preise durchgesetzt werden als bei Konkurrenz. Monopolisten verlangen Preise über den Grenzkosten. Damit machen einzelne Unternehmen zusätzliche Gewinne auf Kosten ihrer Kunden. Die Richtung der Umverteilung ist aber schwierig abzuschätzen, da Monopolgewinne je nach Unternehmen breit verteilt sein können: unter Aktionären, dem Management oder auch unter den Angestellten, wenn sie durch eine starke Gewerkschaft vertreten werden.

2. verschlechterte Güterversorgung durch künstliche Knappheit

- Höhere Preise führen in der Regel zu geringeren Käufen. Selbst dort, wo die Kunden nicht mehr auf Konkurrenzprodukte ausweichen können, haben sie immer noch die Möglichkeit, auf einen Kauf zu verzichten. Mit anderen Worten: Höhere Preise kann ein Monopolist nur verlangen, wenn er die Menge einschränkt. Indem er eine künstliche Knappheit schafft, verschlechtert er die Güterversorgung.

  Allerdings muss berücksichtigt werden, dass mit den nicht verwendeten Ressourcen jetzt andere Güter, allerdings Güter zweiter Wahl, hergestellt werden. Um den Schaden für die Güterversorgung festzustellen, müssen wir den Wert der entgangenen Güter erster Wahl mit den dafür produzierten Gütern zweiter Wahl vergleichen.

statische Effekte

Die Analyse dieser beiden ersten Effekte geht von der gegebenen Produktionstechnik aus. Weil damit der gegebene Zustand erfasst wird, spricht man auch von einer statischen Analyse.

Noch stärker ins Gewicht fallen aber dynamische Effekte. Monopole und Kartelle haben nämlich einen großen Einfluss auf die technische und organisatorische Entwicklung – und Neuerungen sind zentrale Quellen für unseren Wohlstand.

3. geringerer Leistungsanreiz …

- Wo der Wettbewerb eingeschränkt ist, fallen oft auch der Anreiz und der Druck zu verbesserten Leistungen weg. Dann kommen technisch veraltete Produkte auf den Markt, die Vielfalt und die Qualität leiden, oder es wird wenig unternommen, um den Service zu verbessern. Kartelle schützen vielmehr die Strukturen bestehender Märkte, sodass neue Entwicklungen verpasst werden. Dafür wird mehr Energie in die politische Absicherung von Kartellen und Monopolen gesteckt.

… jedoch hoher Leistungsanreiz, um Monopolstellung zu erlangen

Allerdings dürfen Monopole und geringer wirtschaftlicher Fortschritt nicht in jedem Fall gleichgestellt werden. **Gerade die Aussicht auf eine Monopolstellung und Extragewinne spornt die Forschung und die Entwicklung von neuen Produkten und Herstellungsverfahren an.** Darum schützt der Staat Neuerungen mit Patenten und Copyrights gegen Trittbrettfahrer und verhilft so erfindungsreichen Firmen zu zeitlich begrenzten Monopolstellungen für einzelne Produkte und Verfahren.

4. Machtkonzentration, geringere Vielfalt

- Herrscht Wettbewerb, müssen die Entscheidungen der Unternehmen von einer Vielzahl von Kunden, Lieferanten, Angestellten und Geldgebern gutgeheißen werden. Die wirtschaftliche Macht der Unternehmen wird durch den Wettbewerb begrenzt und kontrolliert. Zusammenschlüsse dagegen konzentrieren die Macht in den Bürokratien von Konzernen. Die Machtballung zeigt sich auch auf den Arbeitsmärkten, wo die Auswahlmöglichkeiten eingeschränkt werden. Zudem verringert sich auch die Vielfalt von Unternehmenskulturen.

8.3.2 Ziele der Wettbewerbspolitik

Wettbewerbspolitik
staatliche Maßnahmen, die das Funktionieren der Märkte garantieren und fördern, mit dem Ziel, durch mehr Wettbewerb zu größerem Wohlstand zu gelangen

Das Marktversagen bei Monopolen (wie auch Kartellen und Absprachen) kann vierfach sein: (1) überhöhte Gewinne auf Kosten der Kunden, (2) verschlechterte Güterversorgung, (3) schwächerer Anreiz zu Neuerungen und verbesserten Leistungen sowie (4) Konzentration wirtschaftlicher Macht in Bürokratien. Darum spielen Fragen der Wettbewerbspolitik in jeder marktwirtschaftlich orientierten Wirtschaftsordnung eine bedeutende Rolle. Allerdings ist es sehr schwierig, Konzepte für Wettbewerbspolitik zu konzipieren. Hier beschäftigt uns die Frage, welche Art von Wettbewerb angestrebt werden soll.

vollständiger Wettbewerb?

Vollständiger Wettbewerb kommt in der Realität selten vor. Der Staat wäre darum hoffnungslos überfordert, wenn er sich an diesem Idealbild orientieren würde. Darüber hinaus ist vollständiger Wettbewerb oft auch gar nicht erstrebenswert.

Nachfrage nach differenzierten Produkten

- Ein vielseitiges Güterangebot liegt im Interesse von Konsumenten und Konsumentinnen. Monopolistischer Wettbewerb ist sehr oft nur die logische Konsequenz aus vielfältigen Konsumwünschen. (Informationsprobleme, die ebenfalls zu monopolistischem Wettbewerb führen können, werden im nächsten Kapitel nochmals aufgenommen.)

natürliche Oligopole und Monopole

- In vielen Branchen erreichen die optimalen Betriebsgrößen einen so großen Umfang, dass der Markt von wenigen oder von nur einem einzigen Anbieter am kostengünstigsten beliefert werden kann. Soll der Staat sich für viele kleine Anbieter einsetzen, wenn Oligopole oder Monopole kostengünstiger produzieren, wenn technischer Fortschritt an bestimmte Betriebsgrößen gebunden ist?

funktionsfähiger Wettbewerb

Unvollkommenheiten der Märkte können durchaus Wohlstand steigernd sein. Ein Wettbewerbskonzept muss also berücksichtigen, dass Firmen groß und mächtig werden können, weil sie erfolgreich das machen, was der Wettbewerb von ihnen verlangt, nämlich die Kundenwünsche kostengünstig zu befriedigen. Es kann also nicht darum gehen, Größe zu bekämpfen, sondern es geht darum, nur dann einzugreifen, wenn ein funktionsfähiger Wettbewerb gefährdet ist. **Wann können wir von einem funktionsfähigen Wettbewerb sprechen?**

je weniger Rivalen, desto weniger Wettbewerb

- Das deutsche Kartellamt vermutet, dass der Wettbewerb gefährdet ist, wenn die drei größten Firmen zusammen einen Marktanteil von über 50 % haben oder die fünf größten Firmen mehr als zwei Drittel.

Welches ist der relevante Markt?

Wird Marktmacht aber aufgrund von Marktanteilen beurteilt, muss klar sein, wie weit der Markt abgegrenzt werden soll. Beherrschen zwei Unternehmen, die 70 % aller Glühbirnen verkaufen, den Markt? Müssten auch Sparlampen und Neonröhren mit einbezogen werden, wodurch der Marktanteil auf 25 % fallen würde? Soll man weiter das Ausland einbeziehen?

Gilt die Regel immer?

Zudem stimmt die Regel, »je weniger Rivalen, desto weniger Wettbewerb«, nicht immer. Unter wenigen Rivalen kann der Wettbewerb sehr hart, ja sogar ruinös sein. Allerdings hat ein ruinöser Preiskrieg oft ein wettbewerbsfeindliches Ziel: Rivalen sollen ausgeschaltet oder eingeschüchtert werden, damit die Preise erhöht werden können.

Kontrolle der Gewinne?

- Sollen die Gewinne unter die Lupe genommen werden? Wenn nicht aufgrund von anderen Kriterien schon klar ist, dass eine Wettbewerbsbeschränkung vorliegt, ist dieser Vorschlag problematisch. Gewinne können sehr verschiedene Ursprünge haben: Vorsprünge in der Herstellung oder bei der Produktgestaltung, die laufend erarbeitet werden, oder auch eine zeitliche Monopolstellung aufgrund von Patenten. Hohe Gewinne allein sollen nicht die Wettbewerbsbehörde auf den Plan rufen.

bestreitbare Märkte
Märkte, zu denen der Zugang jederzeit offen ist, die also potentiell umkämpft sind

- Hohe Gewinne sollen vielmehr neue Anbieter anlocken. Mit diesem Gedanken rücken alle möglichen Anbieter ins Blickfeld – nicht nur diejenigen, die aktuell im Markt sind. Damit kommt man zur Frage, wie offen der Markt ist. Wie leicht ist es für neue Konkurrenten, in den Markt einzusteigen und Gewinne der etablierten Anbieter abzuschöpfen?

Diese Frage nach dem Marktzutritt ist zentral in der **Theorie der bestreitbaren Märkte: Als wichtigstes Kriterium für die Wettbewerbsintensität gilt, wie einfach neue Unternehmen in einen Markt eindringen können.** Die Wettbewerbsintensität wird durch die potentiellen Konkurrenten bestimmt.

8.3.3 Konkrete Maßnahmen gegen Marktmacht

Wettbewerbspolitik heißt Marktzutritt gewährleisten.

Was bedeutet die Theorie der bestreitbaren Märkte für die Wettbewerbspolitik? Wer auf einem Markt ständig mit dem Zutritt neuer Konkurrenten rechnen muss, strengt sich an und wird sich eher hüten, den Preis hoch anzusetzen. Wettbewerb ist somit ein Prozess, der geschützt werden kann, indem der Marktzutritt für mögliche Konkurrenten offen bleibt.

staatlichen Schutz abbauen

Administrativ einfache Schritte unternimmt der Staat, wenn er seine eigenen protektionitischen Maßnahmen zugunsten einzelner Branchen oder Gruppen abbaut. Eine besonders wirksame Strategie, den Marktzutritt zu erhalten und zu intensivieren, ist der internationale Handel. Er erweitert den Umfang der möglichen Konkurrenten. Ausländische Konkurrenten können jederzeit in Märkte eindringen und gegen marktmächtige nationale Anbieter konkurrieren. **Die Liberalisierung des Welthandels ist eine wirksame Wettbewerbspolitik.**

Öffnung für internationalen Handel

Internationaler Güter- und Kapitalverkehr ermöglicht weltweite Marktmacht

Allerdings entwickeln Unternehmen (wie schon gegen Ende des Abschnitts 8.1 erwähnt) auch darauf eine Gegenstrategie. Nicht wenige Konzerne, deren Marktmacht sich bisher auf die USA, die EU oder Japan beschränkt hat, streben nun als »Global Players« nach weltweiter Marktmacht. Und zur Erreichung dieses Ziels hat die Öffnung der Grenzen für Güter und Kapital viel beigetragen! Als Reaktion darauf wird eine weltweite Wettbewerbspolitik gefordert. Damit sind wir bei den wettbewerbsrechtlichen Instrumenten:

Welt-Wettbewerbsordnung

deutsches Wettbewerbsgesetz GWB

Wie die meisten Staaten kennt auch Deutschland Gesetze, die einen funktionsfähigen Wettbewerb schützen sollen. An erster Stelle steht das Gesetz gegen Wettbewerbsbeschränkungen/GWB.[3] Es wird durch das Bundeskartellamt durchgesetzt. Das Gesetz verbietet Absprachen, Kartelle und Monopole – außer sie könnten selber glaubhaft machen, dass sie den Wettbewerb nicht beschränken oder sonstwie im gesamtwirtschaftlichen Interesse liegen.[4]

Kartellverbot

Fusionskontrolle

Zu den Kompetenzen der Wettbewerbsbehörde gehört, dass sie die Umgehung des Kartellverbots, z. B. durch Firmenzusammenschlüsse, verhindern kann. Welch schwierige Fragen Fusionen aufwerfen, können Sie immer wieder in den Medien verfolgen. So machen Fusionspartner

---

[3] Einen zweiten wichtigen Rahmen gibt das Gesetz gegen unlauteren Wettbewerb/UWG, das dafür sorgen soll, dass Märkte transparent bleiben und die Teilnehmer nicht irregeführt werden. Dazu mehr im nächsten, 9. Kapitel.

[4] Vermehrter Wettbewerb kann zu einer schlechteren Nutzung unserer Ressourcen führen, wenn noch andere Formen von Marktversagen vorkommen: wenn mit verstärkten Marktkräften mehr externe Kosten auftreten, weniger externe Nutzen produziert werden, soziale Probleme größer oder die Märkte weniger transparent werden. In solchen Fällen könnten bestimmte Kartelle unter Umständen auch eine positive Wirkung entfalten (und zwar nicht nur für die Kartellisten, sondern auch für die Kunden). Wenn sich beispielsweise kleinere Unternehmen auf gemeinsame Normen verständigen oder aus Rationalisierungsgründen in bestimmten Bereichen zusammenarbeiten, verbessern sie nicht nur ihre Stellung gegenüber großen Konkurrenten, sondern erleichtern auch ihren Kunden die Marktübersicht. Einheitliche Verkaufsbedingungen (Konditionenkartelle) erleichtern den Vergleich zwischen Angeboten verschiedener Unternehmen und können daher erwünscht sein. Das GWB lässt daher Ausnahmen zum Kartellverbot zu.
Zu den legalen Kartellen gehören auch Gewerkschaften und Unternehmerverbände auf dem Arbeitsmarkt.

regelmäßig Synergien geltend. Im Unterschied zu einem Kartell profitieren sie von zunehmenden Skalenerträgen, was ihre Fusion nicht nur volkswirtschaftlich sinnvoll mache, sondern auch nötig, um im Konkurrenzkampf zu bestehen.

Falls die Bildung von Marktmacht nicht verhindert werden kann, soll zumindest Monopolverhalten eingedämmt werden. Konkret versucht die Missbrauchsaufsicht des Kartellamts zu verhindern, dass marktmächtige Unternehmen Monopolpreise verlangen und Mitbewerber behindern.

Missbrauchsaufsicht

Das europäische Wettbewerbsrecht ist dem deutschen ähnlich (mit Kartellverbot, Fusionskontrolle und Missbrauchsaufsicht), kennt aber weniger Ausnahmen. Zudem sollen nach EU-Recht auch staatliche Unterstützungen (wie die Subvention der deutschen Steinkohleproduktion) verhindert und beseitigt werden.

EU-Recht gegen Marktmacht und staatliche Beihilfen

Das Gemeinschaftsrecht der EU hat Vorrang gegenüber dem deutschen Recht. Es gilt für Wettbewerbsbeschränkungen, die den Handel zwischen den EU-Staaten beeinträchtigen oder von europaweiter Bedeutung sind. So müssen auch Unternehmen, die vom deutschen Wettbewerbsgesetz ausgenommen sind, sich dem europäischen Wettbewerbsgesetz unterwerfen.

EU-Recht vor nationalem Recht

Die Wettbewerbs- und Beihilfenpolitik wird von der EU-Kommision ausgeübt. Sie hat schon empfindliche Bußen verhängt: Im Jahr 2001 462 Mio. Euro für Roche und 269 Mio. Euro für BASF, weil sie überhöhte Preise für Vitaminpräparate vereinbart hatten.

Zur marktwirtschaftlichen Ordnung gehört Wettbewerb. Wettbewerb stellt sich jedoch nicht immer automatisch ein. Darum betreibt der Staat Wettbewerbspolitik. Die zwei wichtigsten Maßnahmen:

- **Der Staat kann die Konkurrenzsituation verbessern, wenn er eigene protektionistische Maßnahmen abbaut, insbesondere die Märkte nach außen öffnet und für ausländische Konkurrenz bestreitbar macht. Offene Grenzen erschweren die Möglichkeiten von Monopolen, Kartellen und Absprachen im Inland.**
- **Weiter überwachen staatliche Wettbewerbsbehörden die Märkte, verbieten Absprachen und Kartelle, versuchen die Bildung von Monopolmacht einzuschränken und überwachen marktmächtige Unternehmen.**

Fragen zum 8. Kapitel, Marktmacht

1. Ordnen Sie jedem Fachbegriff die passende Ziffer zu:

..... Marktmacht

..... Kartell

..... Absprache / Kollusion

..... Oligopol / Angebotsoligopol

..... Monopol / Angebotsmonopol

..... monopolistische Konkurrenz

..... Marktzutrittsbarrieren

..... Handelshemmnisse

..... zunehmende Skalenerträge

..... natürliches Monopol

..... Umsatz / Erlös

..... Grenzumsatz, Grenzerlös

..... Grenzkosten

..... Preisdifferenzierung

..... Wettbewerbspolitik

..... bestreitbare Märkte

a Informelle Abmachung zwischen Unternehmen, um den Wettbewerb zu verringern oder auszuschalten

b Märkte, zu denen der Zugang jederzeit offen ist, die also potentiell umkämpft sind

c Umstände, die es neuen Unternehmen schwer machen, in einer Branche Fuß zu fassen

d Das Produktionsergebnis steigt überproportional zum Einsatz aller Ressourcen, z. B. führt eine Verdoppelung der Inputs zu mehr als nur einer Verdoppelung des Outputs.

e Ein einziges Unternehmen bietet ein Gut an, zu dem es keine nahen Substitutionsgüter gibt.

f Gleiche Produkte werden an verschiedene Kunden zu unterschiedlichen Preisen verkauft.

g Ein einziges Unternehmen kann die bestehende Nachfrage kostengünstiger befriedigen als zwei oder mehrere Unternehmen.

h Vertragliche Abmachung zwischen rechtlich selbständigen Unternehmen, um untereinander den Wettbewerb zu verringern oder auszuschalten

i Der zusätzliche Umsatz aus dem Verkauf einer zusätzlichen Einheit

j Maßnahmen, mit denen der Staat den Außenhandel, vor allem die Importe, einschränkt

k Staatliche Maßnahmen, die das Funktionieren der Märkte garantieren und fördern, mit dem Ziel, durch mehr Wettbewerb zu größerem Wohlstand zu gelangen

l Ein Markt ohne nennenswerte Zutrittsbarrieren, auf dem viele Unternehmen ähnliche, aber nicht gleiche Produkte anbieten

m Ein Markt, auf dem nur wenige Unternehmen ein gleiches oder ähnliches Produkt anbieten

n Zusätzliche Kosten für die Produktion einer zusätzlichen Einheit

o Verkaufte Menge mal Preis

p Die Fähigkeit, den Preis zu beeinflussen

2. Welches sind die vier Bedingungen für vollständige Konkurrenz?

3. Fiat in Italien, der Frisör in einem abgelegenen Dorf, ein Kinokiosk, ein Künstler, der auf dem Weihnachtsmarkt seine Werke verkauft – alle vier haben einen gewissen Spielraum beim Festsetzen des Preises.
Worin begründet sich ihre Marktmacht?

4. In den meisten Städten gibt es nur noch eine einzige Zeitung. Herrscht dort ein Monopol?

5. richtig falsch

O O Ein Monopolist kann sowohl den Preis als auch die verkaufte Menge seines Produktes festlegen.

O O Je elastischer die Nachfrage nach einem Produkt, desto größer die Marktmacht des Anbieters.

O O Erhält eine Firma mehr Konkurrenz, wird die Nachfrage nach ihrem Produkt elastischer.

O O Im natürlichen Monopol kann eine Unternehmung zu niedrigeren Durchschnittskosten produzieren als dies der Fall wäre, wenn mehrere Unternehmen sich den Markt teilten.

O O Kunden, die den weltweiten Service einer Telekommunikationsfirma oder eines Flugunternehmens schätzen, unterstützen Tendenzen zur Unternehmenskonzentration.

6. Der Geschäftsführer eines Ladens erklärt Ihnen, wie er die Preise festlegt: Auf den Einkaufspreis schlägt er 20 % drauf. Ist damit wirklich alles erklärt? Warum nicht?

7. a) Vervollständigen Sie folgende Tabelle:

Menge	Preis	Gesamt-umsatz	Grenz-umsatz	Gesamt-kosten	Ø-Kosten	Grenz-kosten	Gewinn
kg	€	€	€	€	€	€	€
1	40	......	......	65	......	......	......
2	38	......	......	77	......	......	......
3	36	......	......	86	......	......	......
4	34	......	......	98	......	......	......
5	32	......	......	113	......	......	......
6	30	......	......	131	......	......	......
7	28	......	......	152	......	......	......
8	26	......	......	176	......	......	......
9	24	......	......	203	......	......	......
10	22	......	......	233	......	......	......
11	20	......	......	266	......	......	......
12	18	......	......	302	......	......	......

b) Steht dieses Unternehmen in vollständiger Konkurrenz, oder verfügt es über Marktmacht? Warum?

c) Bei welcher Menge und welchem Preis wird der Gewinn maximiert? Wie groß ist der maximale Gewinn?

8. Bei der Produktion von Flugzeugen oder Fotoapparaten gibt es eine größere Tendenz zu Unternehmenskonzentration als bei Restaurants oder Frisörsalons. Mit welchem ökonomischen Phänomen hat das hauptsächlich zu tun?

9. Im Baugewerbe sind Absprachen, Kartelle und Monopole eher möglich und häufiger als etwa in der Bekleidungsbranche. Aus welchem Hauptgrund?

10. Ein Unternehmen findet heraus, dass um den aktuellen Preis die Preiselastizität der Nachfrage bei etwa –0,5 liegt. Was raten Sie dem Geschäftsleiter?

11. richtig falsch

richtig	falsch	
O	O	Ein Monopolist setzt jenen Preis, bei dem er die größten Einnahmen erzielt.
O	O	Ein Monopolist verlangt für sein Produkt den höchstmöglichen Preis.
O	O	Ein Monopolist erzielt immer einen Gewinn.
O	O	Ein Monopolist kann seine Einnahmen immer erhöhen, wenn er seine Preise erhöht.
O	O	Im Vergleich zu Anbietern auf Märkten mit Wettbewerb produzieren Monopolisten mehr, aber zu höheren Preisen.
O	O	Während ein Monopolist Konkurrenz ausschließen kann, ist bei monopolistischem Wettbewerb der Marktzutritt frei.
O	O	Ein Monopolist dehnt seine Menge so weit aus, bis die Grenzkosten dem Grenzumsatz entsprechen.
O	O	Ein Unternehmen im vollständigen Wettbewerb dehnt seine Menge so weit aus, bis die Grenzkosten dem Grenzumsatz entsprechen.
O	O	Ein Unternehmen im monopolistischen Wettbewerb dehnt seine Menge so weit aus, bis die Grenzkosten dem Grenzumsatz entsprechen.
O	O	In der langen Frist verschwindet im monopolistischen Wettbewerb der Gewinn, weil neue Unternehmen auftreten, was die Preise sinken und die Kosten ansteigen lässt.
O	O	Im monopolistischen Wettbewerb sehen sich die Anbieter einer fallenden Nachfragekurve gegenüber. Daher verlieren sie nicht gleich alle Kunden, wenn sie ihren Preis erhöhen.
O	O	In einem oligopolistischen Markt können die Unternehmen nicht unabhängig voneinander agieren.
O	O	Damit Preisdifferenzierung funktioniert, muss ein Unternehmen mit Marktmacht seine Kunden in verschiedene Märkte separieren können.

12. Sie haben zwei Regeln für das Verhalten von Anbietern kennen gelernt, nämlich
»Grenzumsatz = Grenzkosten« sowie
»Preis = Grenzkosten«.
a) Wozu dienen diese Regeln?
b) Worin liegen die Gemeinsamkeiten der beiden Regeln, worin besteht der Unterschied?

13. In welcher Situation wird ein Oligopolist eher zögern, den Preis zu erhöhen?
a) wenn er glaubt, seine Rivalen würden mit dem Preis nachziehen;
b) wenn er glaubt, die Konkurrenz würde ihre Preise belassen.

14. Wann wird ein Oligopolist seinen Preis eher herabsetzen?
a) wenn er glaubt, seine Rivalen würden ihre Preise auch senken;
b) wenn er glaubt, die Konkurrenz würde ihre Preise belassen.

15. Drei Firmen kontrollieren zusammen 90% der Zementproduktion. Sie sprechen sich ab, den Zementpreis wie ein Monopol anzuheben. Der vierte Anbieter, der die restlichen 10% beliefert, macht aber nicht mit, und wird darum schnell Marktanteile gewinnen.

Nun überlegen sich die drei Großen, mit ihren neunmal größeren finanziellen Reserven den vierten Kleinen mit einem Preiskrieg zu ruinieren und die Tonne Zement um 30 Euro unter dem Selbstkostenpreis anzubieten. Wie beurteilen Sie begründet die Siegeschancen der drei großen Firmen? (Dass auch noch eine Wettbewerbskommission oder das Ausland mitspielen könnte, wollen wir hier vernachlässigen.)

16. Die Geschäftsleiterin eines Vergnügungsparks verlangt von der Einheimischen nur den halben Eintrittspreis. Gleichzeitig behauptet sie gegenüber den Aktionären, dass sie den Gewinn maximiere. Stimmt hier etwas nicht?

17. Zählen Sie vier negative Auswirkungen von Monopolen, Kartellen und Absprachen auf.

18. Die EU-Behörden verwenden sehr viel Zeit und Energie darauf, die technischen Normen unter ihren Mitgliedstaaten zu vereinheitlichen. Weshalb ist das so wichtig?

9. Informationsprobleme

Märkte können nur dann befriedigend funktionieren, wenn wir informiert sind und selbstbestimmt handeln. Doch die Wirtschaftswelt wird immer komplexer, und die Werbestrategen machen sie noch etwas vertrackter.

Information auf Gütermärkten

Für Konsumentinnen und Konsumenten wie für Unternehmen sind fehlende Informationen ein häufiger Grund für Klagen:

- Wie oft sind Sie von einem Kauf enttäuscht, weil Sie im Laden noch andere Vorstellungen über die Qualität des Gutes hatten oder zu wenig über die Preise an anderen Orten wussten? Wie finden Sie sich etwa zurecht mit den vielfältigen Angeboten von Banken oder Autoversicherungen?

Wie beurteilen Sie die Reparaturanfälligkeit eines Gebrauchtwagens? Wie wissen Sie, ob das Auto den Preis wert ist? Viele werden durch solche Unsicherheiten davon abgehalten, überhaupt an einen Gebrauchtwagen zu denken, obwohl das Preis-Leistungs-Verhältnis oft besser ist als bei einem Neuwagen.

Gebrauchtwagen sind kein Einzelfall. Vielen Produkten sieht man ihre Qualität nicht an. Dabei kennen die Verkäufer ihre Produkte im Allgemeinen besser als die Käufer. Die Verkäufer wissen besser, wie sorgfältig die Güter produziert wurden, wie lange sie halten werden oder ob der Preis gerechtfertigt ist. In der Ökonomie nennt man dies asymmetrische Information.

- Wie können Unternehmen ihre zukünftigen Verkäufe abschätzen? Was wird die Konkurrenz tun? Erfordern die künftigen Verkäufe weitere Investitionen, oder soll man damit abwarten? Und wie erst können die Marktchancen von neuen Produkten vorausgesehen werden?

asymmetrische Information

Die Person auf der einen Seite des Handels weiß mehr über das, was gekauft und verkauft wird, als die Gegenseite.

Information auf Arbeitsmärkten

Auch auf den Arbeitsmärkten können wir mit brennenden Informationsproblemen konfrontiert sein:

- Wie viele Arbeitsplätze schauen Sie sich jeweils an, bevor Sie sich für eine neue Stelle entscheiden? So viele, bis Sie wirklich die interessanteste Arbeit mit dem angenehmsten Arbeitsklima und den besten

Aufstiegsmöglichkeiten gefunden haben? Und bewahrheiten sich jeweils Ihre vorher gewonnenen Eindrücke?

- Wie entscheiden Sie sich bei Berufswahl und Weiterbildung? Es gibt heute Tausende von verschiedenen Berufslaufbahnen. Wie finden Sie heraus, wie geeignet Sie für eine bestimmte Laufbahn sind? Was wissen Sie über die zukünftige wirtschaftliche Entwicklung, und welchen Einfluss hätte diese auf die verschiedenen Berufe?

- Die Arbeitsmärkte sind auch für Unternehmen wenig transparent. Die Suche nach einer passenden Arbeitskraft kann so schwierig sein, dass dafür die Dienste einer teuren Vermittlungsstelle in Anspruch genommen werden müssen. Zudem ist die Arbeitswelt heute derart komplex, dass die Unternehmen oft wenig über die Leistungsfähigkeit ihrer Arbeitskräfte wissen – zum Zeitpunkt der Anstellung und noch lange darüber hinaus. Auch hier ein Fall von asymmetrischer Information.

Information auf Kapital- und Bodenmärkten

Risikoprämie

seitwärts schielen

Vielfältig sind auch die Informationsprobleme auf den Kapital- und Bodenmärkten:

- Die zentrale Frage auf den Kapitalmärkten dreht sich um die Kreditwürdigkeit von Unternehmen. Kann der Geldgeber einem möglichen Kreditnehmer vertrauen? Auch eine Risikoprämie kann das Informationsproblem nicht lösen, denn wer bereit ist, hohe Zinsen zu bezahlen, denkt vielleicht gar nicht daran, das Darlehen je zurückzahlen zu können. Je höher also der angebotene Zinssatz, desto misstrauischer muss der Geldgeber werden.

- Schon mehrfach sind uns die Informationsprobleme auf spekulativen Märkten begegnet: Sind Liegenschaften oder Aktien unter- oder überbewertet? Ist die Zeit reif für Zu- oder Verkäufe? Oft kann sich ein Spekulant nicht auf seine eigene Einschätzung verlassen. Vielmehr richtet er sich nur noch danach, was er von anderen Spekulanten erwartet, er schielt seitwärts. Informationsprobleme sind also ein zentraler Grund für das (schon in den Abschnitten 3.7, 6.4.4 und 6.5 behandelte) Herdenverhalten von Spekulanten.

Die Beispiele zeigen, dass es nicht immer einfach und bequem ist, sich auf einem Markt zu informieren. Sowohl die Informationsbeschaffung als auch deren Verarbeitung sind zeitraubend und teuer. Je höher aber die Informationskosten, desto größer die Gefahr, dass unsere Ressourcen nicht bestmöglich genutzt werden.

Kapitelübersicht

Informationsverarbeitung ist in der Wirtschaftswissenschaft ein immer wichtigeres Thema geworden. Hier sollen Sie ein paar Einblicke in das weite Gebiet von Information und Manipulation erhalten: vom Wert der Werbung (Abschnitt 9.1) über zwei interessante Folgen von asymmetrischer Information (9.2) sowie Manipulation von Käuferinnen und Käufern (9.3) bis zur kollektiven Informationsbeschaffung (9.4).

9.1 Welchen Wert hat Werbung?

zielgerichtete Informationen

Leicht zugänglich sind in der Regel die Werbeinformationen. Zwar sind wir uns alle bewusst, dass Verkäufer verkaufen wollen. Wir sind darum skeptisch gegenüber Behauptungen der Werbung. Allgemein können wir auf Märkten nur zielgerichtete, im eigenen Interesse manipulierte Informationen erwarten. Mitteilungen werden ausgestreut, um im Wettbewerb zu bestehen.

Beispiel Apotheken

Je stärker sich ein Unternehmen im Wettbewerb befindet, desto besser muss es sich überlegen, welche Informationskosten es den Kunden abnehmen soll. So finden selbst die respektablen Apotheken immer weniger Geld für echte Kundeninformation. Nicht wenige vermieten ihre Schaufenster den Pharmaunternehmen. Sie sparen so die Kosten der Schaufensterdekoration und sind zudem am Umsatz der propagierten Produkte beteiligt.

Das alles heißt nun aber nicht, dass Werbeinformationen für den Käufer immer wertlos oder irreführend sind. Schauen Sie in einer Zeitung nach: Ein guter Teil der Werbung gibt Ihnen Informationen über Preise, oft über Sonderangebote. Das Gleiche gilt für Werbung in Lokalradios oder in der Direktwerbung. Eine Preissenkung lohnt sich eben nur, wenn damit bei möglichst vielen neuen potentiellen Kunden Reklame gemacht wird.

Interessant ist auch, was in der Werbung nicht gesagt wird. So gibt es z. B. keine Butterreklame, die über Cholesterin Auskunft gibt – dafür wird in der Margarinewerbung der geringe Cholesteringehalt betont.

inhaltslose Werbung?

Was ist aber mit Werbung, die offensichtlich keinen Bezug mehr zur Qualität des Produktes herstellt? Beachten Sie, dass solche Werbung in der Regel sehr aufwändig gemacht ist. Damit will eine Firma zeigen, dass sie bereit ist, viel Geld für Werbung auszugeben. Sie signalisiert, dass sie selber an ihr Produkt glaubt. Wichtig ist also, dass möglichst viele Kunden darauf aufmerksam werden, wie aus Überzeugung viel Geld ausgegeben wurde – der eigentliche Inhalt ist unwichtig.

signalisieren

So genannte inhaltslose Werbung wird vor allem für Markenartikel gemacht. Oft konkurrieren Markenartikel mit Produkten, für die nicht geworben wird (No-Name-Produkte). So finden Sie in der Apotheke neben Zovirax auch das vier mal billigere Generikum mit der gleichen chemischen Zusammensetzung. Und im Kaufhaus finden Sie z. B. die Melitta-Kaffeefilter neben einem um die Hälfte billigeren Filter.

Markennamen

Warum aber zahlen Konsumentinnen und Konsumenten für Markenartikel mehr? Dafür gibt es im Wesentlichen zwei Gründe:

Werbung v. a. Verführung?

- Auf der einen Seite kann Werbung Kunden zur Annahme verleiten, die Markenartikel seien besser – obwohl sie in vielen Fällen nicht einmal anders sind. **Demnach entstehen mit der Werbung nicht nur volkswirtschaftlich unnötige Kosten, Markenartikel verführen auch zu falschen Entscheidungen.** Grundsätzlichere Fragen zur Manipulation von Konsumenten werden im übernächsten Abschnitt 9.3 angeschnitten.

teure Werbung als Antwort auf asymmetrische Information

■ Auf der anderen Seite sind etablierte Markenartikel eine Antwort auf asymmetrische Information. Der Verkäufer kennt sein Produkt, der Käufer aber kann die Qualität nur mit einem Kauf testen. Und das wäre oft nicht praktisch. Eine schlechte Filmrolle kann unersetzliche Ferienfotos ruinieren, ein schlechter Hamburger die ganzen Ferien!

So sagt der Name McDonald's allen potentiellen Gästen viel über die Qualität, die erwartet werden kann. Kaum jemand erwartet zwar, dass das Essen dort besser ist als im Fischrestaurant nebenan. Der Markenname garantiert aber, dass der Gast beim ersten Besuch weniger Überraschungen erleben wird.

große Anstrengungen zur Verteidigung eines wertvollen Markennamens

Markennamen können bis zu mehreren Milliarden Euro wert sein. Entsprechend viel tun Unternehmen, um den Ruf ihrer Marken zu verteidigen. Würde z. B. in der Zahnpasta Elmex eine gesundheitsschädigende Verunreinigung entdeckt, würde das enormes Aufsehen erregen und dem teuren Namen großen Schaden zufügen. Darum unternimmt die Firma große Anstrengungen, um einen solchen Zwischenfall zu verhindern. Eine Firma hingegen, die eine unbekannte Zahnpasta herstellt, muss sich kleinere Sorgen um ihren Namen machen. Würde hier vorübergehend eine Verunreinigung entdeckt, könnte sie einfach unter einem neuen Namen verkauft werden.

Fazit: Je bekannter ein Markenname, desto eher wissen Sie, welche Qualität zu erwarten ist, und umso eher wird das Unternehmen auch alles daransetzen, den erworbenen Ruf durch gleich bleibende Qualität zu verteidigen. Wo also Konsumenten Vertrauen in die Qualität der Marke haben, sind sie bereit, mehr dafür zu bezahlen.

Werbung und Wettbewerb

Schließlich hat die Werbung auch eine Wirkung auf den Wettbewerb. Hier stehen zwei Argumente, wonach die Werbung den Wettbewerb behindert, einem Argument gegenüber, wonach die Werbung den Wettbewerb fördert:

erschwerter Marktzutritt

■ Auf der einen Seite ist der Eintritt in stark umworbene Märkte teuer. **Wo Werbekosten den Marktzutritt erschweren, verringern sie den Wettbewerb.**

Markenloyalität

■ Wo Werbung zudem starke Markenloyalität schafft, reduziert sie die Preiselastizität der Nachfrage nach den angepriesenen Produkten. Am meisten für Werbung ausgegeben wird denn auch tatsächlich im monopolistischen Wettbewerb. **Wenn Werbung Markenloyalität festigt, trägt sie zu Marktmacht bei.**

Aufmerksamkeit für neue Produkte

■ Auf der anderen Seite unterstützt Werbung den Wettbewerb. Wie sonst sollen Konsumenten auf neue Produkte oder tiefere Preise aufmerksam werden? **Ohne Werbung wäre der Marktzutritt für neue Firmen oft schwieriger.**

Je nach Markt haben die verschiedenen Argumente ein anderes Gewicht: Im Detailhandel wird die Werbung den Wettbewerb wohl fördern, bei Turnschuhen oder Waschmitteln hingegen werden mit Werbekosten hohe Marktzutrittsbarrieren errichtet.

9.2 Moral hazard und adverse Selektion

Moral hazard und adverse Selektion bezeichnen zwei ökonomische Probleme, die auf allen Märkten mit asymmetrischer Information auftreten können. Versicherungsgesellschaften, die das Verhalten ihrer Kunden in der Regel schlechter kennen als diese selber, sind auf besonders exemplarische Weise davon betroffen. Darum beschäftigen wir uns in diesem Abschnitt in erster Linie mit dem Versicherungsmarkt, genau gesagt mit dem Markt für Privatversicherungen.

Versicherungsgeschäft

Große Risiken möchten die meisten von uns vermeiden. Sind die Risiken finanzieller Art, bieten Versicherungsgesellschaften ihre Dienste an. So kommen sie z. B. ins Geschäft mit Haushalten, die befürchten, ihre Wohnung könnte ausbrennen. Aufgrund von Schadensstatistiken ist bekannt, mit welcher Wahrscheinlichkeit dies geschieht – die Häufigkeit von Totalschäden könnte bei etwa 1 zu 2000 pro Jahr liegen. Wird sich die Versicherungsgesellschaft hier mit 100 000 Euro beteiligen, liegt ihr erwarteter durchschnittlicher Schaden bei 50 Euro pro Jahr. Die jährliche Mindestprämie wird sich nach diesen 50 Euro richten, zuzüglich Administration und Gewinn für die Übernahme von Risiken.

Ähnlich funktionieren auch Lebens-, Diebstahl-, Haftpflicht-, Auto-, Transport- oder Reiseversicherungen. **Versicherungen übernehmen eine große Zahl von individuellen Risiken, die Einzelne nicht tragen wollen oder können. Die Prämie richtet sich dabei nach der versicherten Schadenshöhe und der Wahrscheinlichkeit, mit der der Schaden eintreten kann.**

9.2.1 Moral hazard

Stellen Sie sich vor, Sie stehen an der Bushaltestelle. Der Bus kommt, und da fällt Ihnen ein, sie könnten vergessen haben, die Herdplatte abzustellen. Gehen Sie nochmals zurück, oder vertrauen Sie darauf, dass sich notfalls die Platte automatisch abstellt? Und die Frage, um die es hier geht: Entscheiden Sie sich sorgloser, wenn Sie gegen Brand versichert sind?

Tatsächlich werden viele Versicherte nachlässiger beim Abwenden von Schäden, eben weil sie versichert sind. Die Versicherungsgesellschaft weiß aber nicht, wer sich (nach Vertragsabschluss) nachlässiger verhält und wer nicht. Dieses verborgene Verhalten nennt man moral hazard.

moral hazard
Verführung zum Risiko
Durch die Versicherung nicht beobachtbar, werden Versicherte nachlässiger beim Abwenden von Schäden.
Sie gehen höhere Risiken ein, weil sie versichert sind.

Moral hazard ist ein beliebtes Diskussionsthema: Verführt eine Vollkaskoversicherung dazu, sportlicher zu fahren und leichter zu vergessen, das Auto abzuschließen? Kündigen Unternehmen leichtfertiger, wenn die Entlassenen Anrecht auf Arbeitslosengeld haben? Und nimmt man sich länger Zeit, um eine Stelle zu finden, wenn man gut gegen Arbeitslosigkeit versichert ist?

zwei Folgen von moral hazard

Wo moral hazard auftritt, versagt der Versicherungsmarkt zweifach:
- Erstens wälzen nachlässige Versicherte Kosten auf Versicherungsgesellschaften ab. Wir stehen vor einem Verteilungsproblem.
- Zweitens treten mit moral hazard mehr Schäden auf. Damit werden knappe Ressourcen weniger sorgfältig genutzt und verschwendet.

Maßnahmen gegen moral hazard

Selbstbehalt

Bonus–Malus

Nicht erstaunlich, dass die Versicherungsgesellschaften viel gegen moral hazard unternehmen:

- Muss sich der Kunde an den Kosten eines Schadens beteiligen, wird er vorsichtiger sein. Der Selbstbehalt kann als minimale Summe festgelegt sein oder als Prozentsatz der Schadenssumme.
- Beliebt ist auch das Bonus-Malus-System. Wer die Versicherung nicht belastet, wird von immer tieferen Versicherungsprämien profitieren, und wer Schäden verursacht, wird höhere Prämien bezahlen müssen. Das gibt einen hohen Anreiz, sich vorsichtig zu verhalten.

9.2.2 Adverse Selektion

Versicherungsgesellschaften können häufig nicht herausfinden, zu welcher Risikoklasse ein einzelner Kunde gehört.

Stellen Sie sich ein Unternehmen vor, das eine Versicherung gegen Fahrraddiebstahl anbieten möchte. Nehmen Sie an, dass es kaum möglich ist (oder nur nach teuren Erfahrungen und großen Kosten), gute von schlechten Risiken zu unterscheiden. So müsste das Unternehmen pro Fahrrad eine gleich hohe Durchschnittsprämie verlangen. Doch genau dies wird eine negative Auslese in Gang setzen:

negativer Selektionsprozess

- Die Prämien sind für die guten Risiken zu teuer. Wer sein Fahrrad nur in sicheren Gegenden parkt, schätzt sich als gutes Risiko ein und hat wenig Anreiz, sich zu versichern.
- Wer hingegen mit seinem Fahrrad mehr Risiken eingeht, wird sich versichern. So bleiben als Kunden vor allem mittlere und schlechte Risiken. Das wird zu höheren Prämien führen, und so werden vermehrt mittlere Risiken aussteigen.
- Der Versicherungsgesellschaft verbleiben immer schlechtere Risiken, sodass sie ständig höhere Prämien fordern muss, womit nun auch die mäßig schlechten Risiken aussteigen und nur noch die schlechtesten Risiken bleiben. Es ist absehbar, dass sich das Unternehmen wieder aus dem Geschäft zurückzieht.

Wo Versicherungsgesellschaften (vor Vertragsabschluss) so wenig über ihre Kunden wissen, dass es ihnen nicht gelingt, die Prämien dem versicherten Risiko entsprechend zu gestalten, wird ein negativer Selektionsprozess in Gang kommen. Gute Risiken wandern ab, während schlechte Risiken im Versicherungsbestand zunehmen. Wo dieser Auswahlmechanismus nicht gestoppt werden kann, wird ein funktionierender Versicherungsmarkt verhindert.

Maßnahmen gegen adverse Selektion

Erschwert oder verunmöglicht adverse Selektion das Zustandekommen von Versicherungsverträgen, trifft dies sowohl Versicherungsgesellschaften als auch Leute, die sich versichern wollen.

- Darum versuchen beide Seiten, das Informationsdefizit zu verringern, um die Prämien besser der individuellen Risikoanfälligkeit anpassen zu können:

Versicherungsgesellschaften informieren sich

Versicherungen untersuchen, von welchen Merkmalen (Alter, Geschlecht, Beruf, Region) die Risikoanfälligkeit abhängt. Kunden müssen

Fragebogen ausfüllen. Darüber hinaus sammeln die Versicherungsgesellschaften Erfahrungen mit ihren Kunden und passen die Prämien mit der Zeit dem Schadensverlauf an. Oft geschieht dies automatisch mit dem schon besprochenen Bonus-Malus-System.

Versicherungsnehmer signalisieren

Kunden haben ein Interesse daran zu signalisieren, dass ihre Schadenswahrscheinlichkeit klein ist. Wer z. B. selber einen hohen Selbstbehalt vorschlägt, zeigt, dass er selber nur mit einem kleinen Risiko rechnet.

von Kollektivversicherungen

■ Eine andere Strategie ist der Abschluss von Kollektivversicherungen. Werden alle Mitglieder eines Vereins oder alle Angestellten einer Firma durch den gleichen Versicherungsvertrag geschützt, erhält die Versicherungsgesellschaft eine etwa durchschnittliche Verteilung von guten und schlechten Risiken.

zum Obligatorium

Kollektivversicherungen im Extrem erhalten wir, wenn Versicherungen obligatorisch werden – so wie die Krankenversicherung für alle Einwohner bis zu einem bestimmten Einkommen oder die Arbeitslosenversicherung für alle Lohnabhängigen. (Auf die Versicherungspflicht bei Sozialversicherungen kommen wir im Abschnitt 10.3.2 zurück.)

wenn Anbieter mehr wissen

Wie schon erwähnt, sind von adverser Selektion nicht nur die Versicherungsmärkte, sondern alle Märkte bedroht, auf denen asymmetrische Information herrscht. Häufig kennen die Verkäufer ihre Produkte tatsächlich besser als die Käufer. Wer sich bei Autos nicht gut auskennt, ist beim Kauf eines Gebrauchtwagens im Nachteil, ebenso wie der gelegentliche Badmintonspieler beim Kauf eines Schlägers.

adverse Selektion, negative Auslese:
Wenn eine Marktseite wichtige Eigenschaften eines Produktes nicht kennt (asymmetrische Information), können die Preise nicht entsprechend der Qualität gestaltet werden, und gute wird von schlechter Qualität verdrängt.

Können die Käufer die Qualität eines Gutes nur ungenügend beurteilen, werden sie sich an einer Durchschnittsqualität orientieren und höchstens einen Durchschnittspreis zahlen wollen. Wo aber nur Durchschnittspreise zu erzielen sind, werden Güter mit hoher Qualität nicht mehr angeboten. Damit sinkt die Durchschnittsqualität der angebotenen Güter, worauf die Nachfrager noch weniger zahlen wollen. Wenn auch Güter mittlerer Qualität keine entsprechenden Preise mehr erzielen, werden auch diese vom Markt genommen, womit die Durchschnittsqualität weiter sinkt. Schließlich werden nur noch Güter der schlechtesten Qualität gehandelt. Die Erwartung, auf dem Gebrauchtwagenmarkt vorwiegend schlechte Autos zu finden, hält viele davon ab, sich dort umzusehen. Und haben Sie auch schon erlebt, dass billige Badmintonschläger an einem Nachmittag kaputt gehen?

werben signalisieren

Die häufigste Verkäuferstrategie gegen adverse Selektion kennen Sie schon: Wer Qualitätsgüter zu einem guten Preis verkaufen will, muss die Besonderheit seines Produkts glaubhaft signalisieren, z. B. mit dem Aufbau einer prestigeträchtigen, Vertrauen erweckenden Marke. Qualitätsbewusste Käufer werden sich dann an diese Marke halten.

wenn Angestellte und Stellenbewerber mehr wissen

Nicht zuletzt gibt es auch adverse Selektion auf den Arbeitsmärkten: Vor allem bei komplexer Arbeit kennen viele Angestellte und vor allem die Stellenbewerber ihre Leistungen besser als das Unternehmen. Wir werden im Abschnitt 18.6 unter dem Titel Effizienzlöhne nochmals darauf eingehen.

9.3 Manipulation?

Produktion für die oberen Stufen der Maslowschen Pyramide wächst schneller

Erinnern Sie sich an das 1. Kapitel, an die Maslowsche Bedürfnispyramide, in der die menschlichen Bedürfnisse in fünf Schichten angeordnet sind, die körperlichen Bedürfnisse an der Basis und darüber jene nach Sicherheit, Zugehörigkeit, Achtung und Selbstverwirklichung? Um alle diese Bedürfnisse zu befriedigen, produzieren wir Güter, und zwar können wir die Bedürfnisse aller Stufen mit Gütern befriedigen, auch jene der oberen Stufen der Pyramide.

Allerdings können wir Sicherheit, Zugehörigkeit, Achtung und Selbstverwirklichung auch ohne teuren Konsum von Gütern erreichen. Unsere Gesellschaft zeichnet sich aber dadurch aus, dass auch diese Bedürfnisse immer stärker mit Gütern befriedigt werden. So beobachten wir, dass die Güterproduktion für die oberen Stufen der Pyramide schneller wächst als die Produktion für die unteren Stufen. Wir finden darunter Mode, Designmöbel und Edel-Hundefutter, zwei Wochen Singapur–Malaysia–Indonesien oder auch eine Meditationswoche auf der Sinaihalbinsel.

Wie wird manipuliert?

Die Tendenz, Zugehörigkeit, Achtung und Selbstverwirklichung mit Konsumgütern zu erreichen, wird sicher nicht allein durch die Werbung geschaffen, aber von ihr unterstützt. Gerade die Bedürfnisse der oberen Stufen der Bedürfnispyramide sind Zielscheibe raffinierter Reklame, die uns Zärtlichkeit als Crèmebad verkauft, Aufbruch als Porsche-Karosserie oder Versuchung als Cognac. Wenn die Verkäufer uns mit ihren suggestiven Bildern und Slogans an unseren schwachen Stellen treffen, können wir uns natürlich nicht mehr als unabhängige Konsumentinnen und Konsumenten bezeichnen. Vielleicht sind Sie selber gegen Reklame immun, aber sind Sie auch immun gegenüber den Ansichten Ihrer Bekannten, die sich vielleicht eher lenken lassen? »Sie finden Ihre Möbel gut und schön? Schön und gut – aber was denken Ihre Gäste?«

mündige Konsumentinnen und Konsumenten?

Zwar halten die Werber das Bild vom mündigen Bürger hoch. Sind die Chancen für suggestive Wirkungen nicht dort höher, wo die Umworbenen glauben, dem Einfluss der Werbung widerstehen zu können? Indem Suggestivwerbung versucht, die Mündigkeit der Marktteilnehmer zu verringern, ist sie daran, eine wichtige Grundlage des Marktmechanismus zu zerstören. Dort, wo es den Produzenten gelingt, den Käufern eine Nachfrage aufzuschwatzen, verändern die Märkte ihre Rolle. Auf solchen Märkten werden nicht mehr unsere Bedürfnisse möglichst gut befriedigt, sondern Löcher aufgerissen, damit die Produktion sie stopfen kann.

Unterscheidung zwischen Bedürfnissen und Konsumwünschen

Fazit: Eine größere Güterproduktion führt zwar in der Regel zu einer besseren Erfüllung unserer Konsumwünsche. Aber wir können nicht naiv davon ausgehen, eine größere Gütermenge befriedige auch automatisch unsere Bedürfnisse (nach Maslow) besser. Denn welcher Anteil unserer ständig wachsenden Konsumwünsche geht von uns selber aus – und welcher Anteil wird von jenen Leuten herangezüchtet, die uns etwas verkaufen wollen? Darüber kann man nur streiten.

9.4 Kollektive Informationsbeschaffung und -vermittlung

9.4.1 Information als öffentliches Gut

Trittbrettfahrer

Viele Informationen haben die Eigenschaften von öffentlichen Gütern. Denn einmal veröffentlicht, können sie von sehr vielen zu sehr niedrigen Kosten verwendet werden. Publizierte Informationen verbreiten weit reichende externe Nutzen. Wo externe Nutzen vorhanden sind, da warten auch Trittbrettfahrer. Wozu sollen sie sich in teure Unkosten stürzen, wenn sie von Recherchen anderer profitieren könnten?

Wann ist teurer auch besser?

Interessant ist, dass in den Tests von Kameras oder Hi-Fi-Anlagen bessere Geräte in der Regel auch teurer sind. Hier haben ein hoher Informationsstand vieler Käufer und ein hart umkämpfter Markt dazu geführt, dass die Preise offenbar etwa der Leistung des Gerätes entsprechen. Was für die Unterhaltungselektronik gilt, kann verallgemeinert werden:

Auf Märkten mit funktionierendem Wettbewerb und vielen informierten Teilnehmern haben die Preise einen hohen Informationsgehalt. Der eilige Käufer muss sich hier kaum mehr speziell informieren, er kann sich an die Preise halten – die besseren Güter sind einfach auch teurer. Als Trittbrettfahrer profitiert der eilige Käufer von den Informationsleistungen anderer.

9.4.2 Private Informationsvermittler

Verbände, Warentests

Nicht zuletzt um Informationskosten zu senken, organisieren sich Unternehmen und Konsumenten in Interessenverbänden. Eine wichtige Aufgabe der Unternehmerverbände ist die Weitergabe von Informationen. Und Konsumentenorganisationen versuchen mit Warentests, den Verbraucherinnen und Verbrauchern teure Informationsarbeit abzunehmen. Zudem gibt es eine Reihe von kommerziellen Medien mit solchen Tests. In Deutschland am bekanntesten ist die Zeitschrift der Stiftung Warentest. Ihre hohe Auflage zeigt einen großen Wunsch nach kritischer Information.

Für einzelne Marktteilnehmer lohnt es sich oft nicht, alle nötigen Informationen selber zusammenzusuchen. Darum springen hier kommerzielle Medien und Interessenverbände in die Lücke. Sie leisten einen wichtigen Beitrag zur Markttransparenz.

Vertrauen

Dazu ist aber Vertrauen in die Informationsvermittler nötig. Dieses Vertrauen kann bei Produkten fehlen, bei denen zu große Gefahren lauern, so beispielsweise bei Medikamenten. Zwar könnten auch hier profitorientierte Unternehmen die Kontrolle und die Information übernehmen, so wie etwa Galerien die Echtheit von Bildern prüfen. Doch haben profitorientierte Unternehmen genügend Anreize, alle wichtigen Informationen charakterfest weiterzugeben? Könnten sie nicht zu leicht bestochen werden? Und selbst wenn die Informationsvermittler ehrlich blieben, würde man glauben, dass sie es sind?

9.4.3 Der Staat als Informationsvermittler

Weil profitorientierte Unternehmen versucht sein könnten, mit der Wahrheit ökonomisch umzugehen, hat der Staat immer größere Kontroll- und Informationsaufgaben übernommen. Denn der Staat kann eher öffentlich überwacht werden, und er ist der Öffentlichkeit gegenüber verantwortlich.

lebenswichtige Sicherheit

- So prüft der Staat nicht nur Medikamente, sondern auch Nahrungsmittel oder das Trinkwasser. Der TÜV kontolliert Personenaufzüge oder Fahrzeuge. Die Berufsgenossenschaft überwacht die Sicherheit von Arbeitsplätzen. Um diese Kontrollen ausführen zu können, setzt der Staat auch Qualitäts- und Sicherheitsstandards, die öffentlich ausgehandelt und festgesetzt werden.

Transparenz auf Märkten

- Mehr Transparenz für Verbraucherinnen und Verbraucher erreicht der Staat, wenn er verlangt, dass Chemikalien und verarbeitete Nahrungsmittel mit der genauen Zusammensetzung versehen sind. Weiter werden Verkäufer verpflichtet, die Preise ihrer Waren im Schaufenster anzugeben, um Vergleiche zu erleichtern.

Allerdings sorgt der Staat nicht immer für größere Transparenz: So wird schon lange gefordert, dass die Deklaration der Inhaltsstoffe von Lebensmitteln verbessert werden müsste. Zahlreiche Zusatzstoffe, die zu allergischen Reaktionen führen könnten, müssen bisher nicht angeführt werden.

9.4.4 Lauterer Wettbewerb und staatlicher Schutz vor Manipulation

Gesetz gegen unlauteren Wettbewerb

Gerade wenn Märkte nicht transparent sind, ist die Versuchung groß, zu unlauteren Methoden zu greifen. Gelingt es damit, Konsumenten zu manipulieren, ist die Funktion der Märkte eingeschränkt.

Erinnern Sie sich an Adam Smith, der gefordert hat, dass sich die Wirtschaftsteilnehmer im Wettbewerb von »sittlichen Gefühlen« leiten lassen (Abschnitt 6.9)? Für den Fall, dass die sittlichen Gefühle abhanden gekommen sein sollten oder die Marktteilnehmer sich nicht darauf verständigen können, was denn gute Sitte sei, hat der Staat gesetzliche

Grundlagen geschaffen. Die wichtigste davon ist das Gesetz gegen unlauteren Wettbewerb/UWG.

Das UWG verzichtet darauf, für jede erdenkliche Form des Wettbewerbs Regeln aufzustellen. Vielmehr werden in der Generalklausel »unlautere Wettbewerbshandlungen« verboten. Wer erheblich dagegen verstößt, kann auf Schadenersatz verklagt werden.

Irreführung

Zusätzlich werden einzelne Handlungen explizit verboten, u.a. irreführende Werbung, irreführende Angaben über Ergebnisse von Warentests, Etikettenschwindel (mit »Biogemüse« oder »Made in Germany«) oder die Ausnutzung der Unerfahrenheit von Kindern.

Kleingedrucktes

Neben dem UWG verfolgen noch eine Reihe von weiteren staatlichen Normen Spezialziele im Zusammenhang mit unlauterem Wettbewerb. Darunter ist das Gesetz zu den Allgemeinen Geschäftsbedingungen, das grob unbillige oder sittenwidrige Klauseln beim »Kleingedruckten« in Verträgen verbietet.

Schleichwerbung

Als manipulierend wird auch Schleichwerbung empfunden, d.h. Werbung, die als solche nicht sofort erkannt wird. Deshalb muss in redaktionellen Medien nach den Presse- und Mediengesetzen der redaktionelle Teil vom Anzeigenteil getrennt werden, und bei einer Vermengung jede Anzeige deutlich gekennzeichnet sein. Hilflos sind Fernsehanstalten gegenüber dem Product Placement in Filmen – in einem realitätsnahen Film müssen doch Logos auftauchen!

Besonders besorgt um die schwachen Seiten seiner Bürger ist der Staat bei einigen Produkten, die süchtig machen:

Werbeverbote

■ So gilt in Deutschland ein fast vollständiges Verbot für Tabakwerbung. Das Werbeverbot gilt für Rundfunk, Fernsehen, Zeitungen und Zeitschriften, fürs Internet und für Sportveranstaltungen, die im Fernsehen übertragen werden.
Für verschreibungspflichtige Arzneimittel ist jede Publikumswerbung verboten, ebenso die Werbung für Nahrungsmittel mit einer schlankmachenden Wirkung.

freiwillige Beschränkung

■ Die deutsche Werbebranche unterwirft sich einer freiwilligen Selbstkontrolle. Die Branche setzt Standards fest, an die sich die Werber in der Regel halten. Zudem kann man sich an eine Beschwerdestelle wenden. Auf diesem Weg wurden schon einige moralisch fragwürdige Werbespots unterbunden, ohne dass Gerichte angerufen werden mussten.

Verbot von Produkten, Drogenprohibition

■ Als härteste Maßnahme kann der Staat auch die Herstellung und den Verkauf eines schädlichen Produktes verbieten. So sind in den meisten westlichen Staaten jene Drogen verboten, die als kulturfremd angesehen werden, wie Kokain, Heroin oder auch Haschisch.

Fragen zum 9. Kapitel, Informationsprobleme

1. Welches sind die zutreffenden Fachbegriffe, deutsche und englische Ausdrücke?

   a) Wenn eine Marktseite wichtige Eigenschaften eines Produktes nicht kennt (asymmetrische Information), können die Preise nicht entsprechend der Qualität gestaltet werden, und gute wird von schlechter Qualität verdrängt.

   b) Durch die Versicherung nicht beobachtbar, werden Versicherte nachlässiger beim Abwenden von Schäden. Sie gehen höhere Risiken ein, weil sie versichert sind.

2. Welchen volkswirtschaftlichen Nutzen haben die in den Medien veröffentlichten Umfragen zu Gehältern, die in bestimmten Berufen bezahlt werden?

3. Ein Aktienkäufer kann sich selten ein angemessenes Bild über den Wert von Unternehmen machen und kann darum nicht wissen, ob der Preis für eine Aktie zu hoch oder zu niedrig ist. Wie behilft er sich in dieser Situation?

4. Restaurantketten etablieren sich typischerweise an Lagen mit vielen auswärtigen Passanten und Touristen. In Wohngegenden und ländlichen Gebieten hingegen trifft man fast nur unabhängige Gasthäuser an.
   Warum, denken Sie, ist das so?

5. Warum haben Produzenten von Markenartikeln größere Anreize, die Qualität zu sichern, als Produzenten von namenlosen Artikeln?

6. Im mikroökonomischen Modell der vollkommenen Konkurrenz werben die Anbieter nicht. Erläutern Sie unter den in diesem Modell getroffenen Voraussetzungen, warum dies so ist.

7. a) Wie verstärkt Werbung den Wettbewerb?

   b) Wie verringert Werbung den Wettbewerb?

8. Warum können Sie beim Kauf eines Staubsaugers damit rechnen, dass ein teureres Gerät auch besser ist?

9. Wann tritt der Staat als Informationsvermittler auf? Nennen Sie Beispiele.

10. Aufgrund von Schadensstatistiken der Polizei (der Sie die Häufigkeit von Autounfällen und Autodiebstählen entnehmen) und der Zahl der registrierten Autos berechnen Sie die Prämienhöhe für Vollkaskoversicherungen. Erstaunt es Sie, dass die effektiven Prämien für Vollkaskoversicherungen sehr viel höher sind? Welches wird der Hauptgrund sein?

11. Aus der Zeitschrift der Schweizerischen Gesellschaft für Höhlenforschung:
    »Normale Unfallversicherungen decken Höhlenunfälle nur ungenügend. Private Versicherungen beschränken ihre Deckung für Suchkosten auf 10 000 bis 20 000 Franken. Erfahrungsgemäß sind diese Summen bei Höhlenunfällen nicht genügend. Es ist Sache eines jeden Höhlenforschers, sich um die Kostendeckung eines Unfalles zu kümmern. Eine Kollektivversicherung ist das einzige Mittel, um eine für uns Höhlenforscher angemessene Deckung zu vertretbaren Bedingungen zu erreichen.«
    Begründen Sie die ausgedrückte Meinung zur Kollektivversicherung mit den dazugehörigen Fachbegriffen.

12. Welche der folgenden Situationen illustrieren / bewirken

moral hazard	adverse selection	
O	O	Gut versichert, schließt Sue ihr Auto kaum ab.
O	O	Wissend, dass sie sehr viel zuverlässiger ist als Sue, lässt Ruth ihr Auto nicht gegen Diebstahl versichern.
O	O	Nachdem er eine gute Lebensversicherung zugunsten seiner Familie abgeschlossen hat, ist Ed weniger motiviert, mit dem Rauchen aufzuhören.
O	O	Mo schließt eine Lebensversicherung ab, nachdem sie erfahren hat, dass sie tödlichen Lungenkrebs hat.
O	O	Kaum hat sie vom Zahnarzt erfahren, dass eine ganze Reihe von Plomben saniert werden müssen, schließt Bri eine Zahnversicherung ab.
O	O	Wissend, dass ihre Angestellten gegen Arbeitslosigkeit versichert sind, fällt es Unternehmerin Ka leichter, Entlassungen vorzunehmen.
O	O	Al baut sein Haus in einem überflutungsgefährdeten Feld, weil er dort die Natur genießen kann, der Boden billiger ist und ihm im Fall einer Überschwemmung der Staat hilft.
O	O	Eine Bank vergibt ihre Kredite in einträgliche, aber riskante Geschäfte, weil sie damit rechnet, vom Staat vor dem Konkurs gerettet zu werden.
O	O	Mit Gentests wird es möglich werden, die Veranlagung zu einer Krankheit zu diagnostizieren, bevor überhaupt irgendwelche Symptome auftreten. Lebensversicherungen werden solche persönlichen Daten aber nicht erhalten.
O	O	In der Meinung, sie seien mit ihrem Mobiltelefon in möglichem Dauerkontakt mit Rettern, unternehmen Bergwanderer gefährlichere Touren.
O	O	Anleger gehen bei der Vergabe von Krediten zu große Risiken ein, weil sie wissen, dass ihr Verlustrisiko im Krisenfall dank der Intervention des IWF beschränkt bleibt.
O	O	Wo es für Konsumenten nicht möglich ist, die Qualität des angebotenen Fleischs zu beurteilen, wird gutes Fleisch immer weniger angeboten.

13. Beim Kauf eines Gebrauchtwagens fragen Sie den Händler, ob er bereit sei, gegen eine zusätzliche Zahlung eine zweijährige Garantie zu geben. Lehnt der Händler ab, gehen Sie zu einem anderen Händler. Willigt er ein, kaufen Sie das Auto, auf die zusätzliche Garantie verzichten Sie aber.

    a) Was ist der ökonomische Sinn einer solchen Verhaltensweise? Erklären Sie diesen mit den dazugehörigen Fachbegriffen.

    b) Könnte Ihre Vorgehensweise auch einen Haken haben?

10. Sozialpolitik

10.1 Begründung und Ziele

In den Kapiteln 2 bis 6 wurde gezeigt, wie der Marktmechanismus dafür sorgt, dass die knappen Ressourcen wirkungsvoll eingesetzt und jene Güter produziert werden, für die eine Nachfrage besteht. Anschließend haben wir in den Kapiteln 7 bis 9 die ersten vier Marktversagen kennen gelernt, mit denen staatliche Aktivitäten begründet werden: Der Staat soll bei externen Nutzen und Kosten in die Lücke springen, und er soll für möglichst frei funktionierende und transparente Märkte sorgen.

Warum ist soziale Sicherung nötig?

Doch selbst wenn der Staat fähig wäre, alle vier erwähnten Marktversagen zu beheben,[1] würden sich doch noch schwer wiegende Probleme auftun:

1. Gerechtigkeit

■ Die Ergebnisse des Marktes widersprechen dem Gerechtigkeitsempfinden vieler Bürger. Viele nehmen Anstoß daran, dass neben großem Reichtum Menschen arm sind oder in ständiger Angst leben, eines Tages nicht mehr menschenwürdig leben zu können.

2. Sicherheit

■ Das Marktsystem verlangt ein großes Maß an Risikofreudigkeit. Wettbewerb ermöglicht zwar schnelle Anpassungen unserer Wirtschaft an alle möglichen Veränderungen und erhöht die Sicherheit und das Überleben des Gesamtsystems. Die einzelnen Menschen müssen aber mit der Forderung nach ständiger Anpassung leben. Zusätzliche

Strukturwandel und Konjunkturabschwünge

Unsicherheit verbreiten die immer wiederkehrenden Konjunkturabschwünge. Weltweit erhöht sich dann die Zahl der Arbeitslosen schlagartig um Millionen von Menschen.[2]

Individualität ermöglichen

Auch Erfolgreiche müssen befürchten, dass sie oder ihre Kinder in die Armut absteigen. Viele fühlen sich dabei herausgefordert – andere sind verunsichert. Sollen wir uns auch unabhängig von Familie oder Clan, in die wir hineingeboren wurden, als freie Individuen entfalten können, brauchen wir eine Absicherung für jene, die den veränderten Anforderungen vorübergehend oder längere Zeit nicht genügen können.

nicht nur finanzielles Problem

Dabei müssen wir bedenken, dass für viele Menschen Sicherheit mehr bedeutet als nur Sicherung des Geldeinkommens. Sicherheit bedeutet für sie auch, dass sie trotz wirtschaftlicher Schwierigkeiten in der Arbeitswelt, im Stadtviertel oder in der Region integriert bleiben. Das bedeutet konkret, keine Angst haben zu müssen vor der Kündigung des Arbeitsplatzes oder der Wohnung.[3]

3. gesellschaftliche Stabilität

■ Verarmung führt zu verstärkten sozialen Konflikten. Wer also gesellschaftliche Unrast, steigende Kriminalität oder politische Radikalisierung vermeiden will, wird sich bemühen, die Schwächeren und Glücklosen in unsere Gesellschaft einzubinden.

---

[1] Auf Staatsversagen werden wir im Abschnitt 11.4 zu sprechen kommen.
[2] Dem großen sozialen Problem der Arbeitslosigkeit sind die Kapitel 17 bis 19 gewidmet.
[3] Einen Weg, die Unsicherheiten des Marktes zu mildern, haben wir schon im 8. Kapitel kennen gelernt: Die Marktkräfte werden eingeschränkt, der Wettbewerb wird vermindert.

Akzeptanz des Wirtschaftssystems	Zwar funktionieren Märkte auch, wenn die Resultate nicht als gerecht empfunden werden. Doch das marktwirtschaftliche System ist – wie jedes andere Wirtschaftssystem auch – darauf angewiesen, dass es von der überwiegenden Mehrheit gutgeheißen und mitgetragen wird.
öffentliches Gut	Schon im 7. Kapitel wurde gezeigt, dass die Verringerung von Armut ein öffentliches Gut ist. Auch gesellschaftliche Stabilität ist ein öffentliches Gut und zählt zu den wichtigsten Rahmenbedingungen für erfolgreiches Wirtschaften.
Sicherung der Demokratie	Schließlich sind zu große Ungleichheiten bei Einkommen und vor allem bei Vermögen auch gefährlich für die Demokratie, denn finanzielle Macht erlaubt auch den Kauf von politischer Macht.

Sozialpolitik
Versuch, die Marktwirtschaft mit staatlichen Maßnahmen in Richtung mehr Sicherheit und Gerechtigkeit zu korrigieren

Kaum jemand verschließt sich heute den Problemen von Gerechtigkeit, sozialer Sicherheit und gesellschaftlicher Stabilität. In den westlichen Ländern hat sich ganz allgemein die Meinung durchgesetzt, dass der Staat hier eingreifen muss. Beispielgebend wurden die Vorstellungen des New Deal in den USA, die in solidarischen Traditionen verwurzelten skandinavischen Wohlfahrtsstaaten und das deutsche Konzept der Sozialen Marktwirtschaft.[4]

Ziele der Sozialpolitik

Obwohl die sozialen Systeme in den verschiedenen Staaten recht unterschiedlich aufgebaut sind, kann man doch bei allen die gleichen Hauptstoßrichtungen ausmachen:

1. Schutz vor Risiken

- Der Staat organisiert den Schutz vor Risiken, welche die Leistungsfähigkeit von Einzelnen übersteigen würde. Menschen sollen nicht unverschuldet in Not geraten und vor den unvorhersehbaren Wechselfällen des Lebens geschützt werden. So soll auch der Strukturwandel, der für Einzelne sehr schmerzhaft sein kann, sozial abgefedert sein. Ein Teil der Kosten des Strukturwandels soll von den Gewinnern mitgetragen werden.

2. Hilfe für die Armen

- Zum Kern der Sozialpolitik gehört auch die Hilfe für die Armen. Damit ermöglicht der Staat ihnen einen menschenwürdigen Platz in der Gesellschaft.

3. sozialer Ausgleich

- Über die Armenhilfe hinaus ergreift der Staat vielfältige Maßnahmen, die darauf abzielen, die Menschen besser in die Gesellschaft zu integrieren, möglichst gleiche Startchancen zu bieten sowie die Einkommen und Vermögen gleichmäßiger zu verteilen. Viele der integrierenden und ausgleichenden Maßnahmen (wie etwa die allgemeine Schulbildung oder der Schutz der Landwirte) laufen allerdings nicht mehr unter dem engeren Titel Sozialpolitik.

Verteilungspolitik
Versuch, mit staatlichen Maßnahmen die Einkommens- und Vermögensverteilung zu beeinflussen; Teil der Sozialpolitik im weiteren Sinn

Bei allen sozialpolitischen Zielen spielen Gerechtigkeitsvorstellungen eine große Rolle. Bevor wir also konkrete sozialstaatliche Maßnahmen besprechen, wollen wir auf Konzepte zur Verteilungsgerechtigkeit eingehen – nur ein kleiner Ausschnitt aus einem Meer von Gerechtigkeitskonzepten.[5]

---

[4] Zu Problemen des Sozialstaats und Gegenbewegungen vgl. Abschnitte 10.6 und 11.5
[5] Otfried Höffe: Gerechtigkeit, Eine philosphische Einführung, München 2001
Christoph Horn und Nico Scarano (Hrsg.): Philosophie der Gerechtigkeit, Texte von der Antike bis zur Gegenwart, Frankfurt a.M. 2002

10.2 Verteilungsgerechtigkeit

Es gibt im Wesentlichen drei Vorstellungen darüber, wie in einer arbeitsteiligen Gesellschaft knappe Güter gerecht verteilt werden sollten: Die erste orientiert sich an den Leistungen der Menschen, die zweite an ihren Bedürfnissen und die dritte an der Gleichheit aller Menschen.

10.2.1 Leistungsgerechtigkeit

Nach dem Konzept der Leistungsgerechtigkeit soll die Belohnung (das Einkommen, der Status usw.) der Leistung entsprechen, die für die Gesellschaft erbracht wird. Dieses Konzept passt gut zur Marktwirtschaft, denn es berücksichtigt die Anreize, die für das Funktionieren einer Marktwirtschaft wichtig sind. Wird Leistung belohnt, bilden sich die Menschen gut aus, strengen sich an, richten sich bei der Stellensuche auch nach dem Lohn und passen sich generell den veränderten Bedingungen an. Trotzdem zeigen sich verschiedene gewichtige Probleme:

Leistungsgerechtigkeit
Die Belohnung soll der Leistung entsprechen, die für die Gesellschaft erbracht wird.

Nicht alle Menschen sind genügend leistungsfähig, um ihren Lebensunterhalt aus eigener Kraft zu bestreiten. Was geschieht mit Behinderten, Unfallopfern, Kranken oder Arbeitslosen? Was geschieht mit alten Menschen? Sie können zu wenig oder nichts an Leistung anbieten.

Wird Input oder Output entlöhnt?

Welche Leistungen sollen belohnt werden? Soll man sich am Input orientieren oder am Output? In Bürokratien von Großunternehmen und Staat gelten nicht selten ausgeklügelte Tarifverträge, die den Input, den Aufwand bei der Arbeit, entlohnen. Es werden Lohnpunkte vergeben für den Ausbildungsstand sowie für die Belastung bei der Arbeit (Lärm, Monotonie, körperliche Belastung oder psychische Anspannung).

Wie wird der Output gemessen und entlöhnt?

Die Entlohnung richtet sich häufig nach dem Aufwand, weil mit der heutigen Arbeitsteilung das individuelle Arbeitsresultat sehr schwierig zu erfassen ist. Wie soll z. B. in der Zeitungsproduktion der Output von einzelnen Journalistinnen, Inserateredakteuren, Druckern, Buchhaltern oder Zeitungsausträgerinnen erfasst und leistungsgerecht vergütet werden? Und wie sollen die Arbeitsleistungen gegen die Beiträge des Produktionsstandortes und der Maschinen aufgerechnet werden?

Was wird auf Märkten entlohnt?

Wie lösen Märkte und Wettbewerb dieses Verteilungsproblem? Stellen wir uns vor, das Zeitungsunternehmen suche dringend einen Techniker für sein anfälliges Computersystem. Weniger Pannen würden die Produktion um 60 000 Euro pro Jahr ansteigen lassen. Kann der Nutzen von weniger Pannen tatsächlich beziffert werden, ist das Unternehmen bereit, annähernd so viel für einen Informatiker zu zahlen. Oder im Fachjargon des 4. Kapitels: **Der Lohn richtet sich nach dem Grenzprodukt der Arbeitsleistung.** Die Informatiker können einen derart hohen Lohn verlangen, weil sie lohnende Alternativen haben. Das Grenzprodukt ihrer Dienstleistungen ist auch anderswo so hoch.

Grenzprodukt, Grenzertrag
die Produktionszunahme, die durch den Einsatz einer zusätzlichen Ressourceneinheit erreicht wird

Allerdings geben die hohen Löhne für Informatiker vielen Menschen einen starken Anreiz, diesen Beruf zu erlernen. Informatiker werden darum weniger knapp, und ihre Löhne sinken. Sie können nun auch für Aufgaben eingesetzt werden, die weniger dringend und produktiv sind. Das Grenzprodukt ihrer Arbeit sinkt. Lohn und Grenzprodukt der Arbeitsleistung sinken miteinander.

Werden Einkommen auf Märkten ausgehandelt, wird die Fähigkeit vergütet und entlöhnt, Knappheit zu überwinden. Da helfen Fleiß, Talent oder Ellenbogen, die Bereitschaft Risiken einzugehen und Glück.

Der gesellschaftliche Rahmen bestimmt mit.

Die Märkte funktionieren innerhalb eines Rahmens, der durch Tradition, Unternehmenskultur und Politik geprägt ist. Dieser gesellschaftliche Rahmen bestimmt in hohem Maße mit, welche Art von Leistungen die Marktkräfte honorieren:

ungleiche Startchancen

So müsste eine leistungsgerechte Gesellschaft ihren Teilnehmern möglichst gleiche Startchancen bieten. Chancengleichheit fordern zumindest im Prinzip fast alle. Die Startchancen sind aber je nach Herkunft unterschiedlich. So werden z. B. die meisten großen Vermögen nicht erarbeitet, sondern geerbt. Zudem haben Kinder begüterter Eltern wesentlich mehr Möglichkeiten, mit einer umfassenden Bildung einen guten Start ins Berufsleben zu schaffen.

externe Kosten

Planungsgewinne

Weiter ist es heute immer noch erlaubt, in hohem Maß externe Kosten auf unbeteiligte Dritte abzuwälzen. Auf der anderen Seite profitieren Haushalte und Unternehmen sehr unterschiedlich von staatlichen Leistungen. So steigen beispielsweise die Grundstückswerte mit der Ausweisung von Bauzonen und durch öffentliche Infrastrukturbauten. Diese Planungsgewinne können die Grundbesitzer für sich behalten, auch dann, wenn sie nichts dazu beigetragen haben.

Marktmacht

Und wo Monopole, Kartelle, Absprachen und intransparente Märkte den Wettbewerb einschränken, da spiegelt das Verteilungsergebnis mehr die Marktmacht als die wirtschaftliche Leistung wider.

10.2.2 Bedarfsgerechtigkeit

Bedarfsgerechtigkeit
orientiert sich an den Bedürfnissen. Danach hat ein Mensch ein Anrecht auf das, was er braucht.

Die Bedarfsgerechtigkeit orientiert sich bei der Verteilung der Einkommen an den Bedürfnissen der Menschen. Nach diesem Konzept soll ein Mensch erhalten, was er braucht. Er hat ein Anrecht auf ein menschenwürdiges Leben und damit auf ein gewisses Wohlstandsniveau.

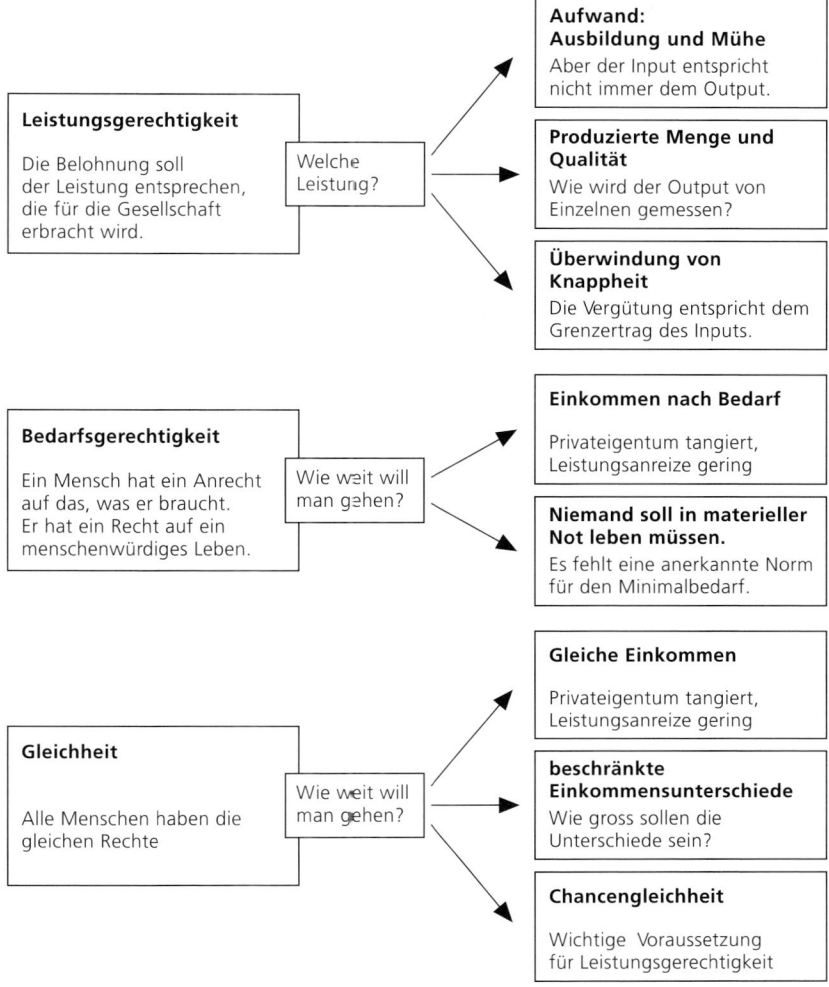

Leistungsgerechtigkeit

Die Belohnung soll
der Leistung entsprechen,
die für die Gesellschaft
erbracht wird.

Welche
Leistung?

**Aufwand:
Ausbildung und Mühe**
Aber der Input entspricht
nicht immer dem Output.

**Produzierte Menge und
Qualität**
Wie wird der Output von
Einzelnen gemessen?

**Überwindung von
Knappheit**
Die Vergütung entspricht dem
Grenzertrag des Inputs.

Bedarfsgerechtigkeit

Ein Mensch hat ein Anrecht
auf das, was er braucht.
Er hat ein Recht auf ein
menschenwürdiges Leben.

Wie weit will
man gehen?

Einkommen nach Bedarf

Privateigentum tangiert,
Leistungsanreize gering

**Niemand soll in materieller
Not leben müssen.**
Es fehlt eine anerkannte Norm
für den Minimalbedarf.

Gleichheit

Alle Menschen haben die
gleichen Rechte

Wie weit will
man gehen?

Gleiche Einkommen

Privateigentum tangiert,
Leistungsanreize gering

**beschränkte
Einkommensunterschiede**
Wie gross sollen die
Unterschiede sein?

Chancengleichheit

Wichtige Voraussetzung
für Leistungsgerechtigkeit

Einkommen nach Bedarf

Innerhalb von Kleingruppen, in den meisten Familien, wird die Bedarfs-gerechtigkeit so angewendet, dass alle entsprechend ihren Bedürfnissen versorgt werden. Hat jemand größere Bedürfnisse, weil er krank ist oder eine teure Ausbildung braucht, erhält er entsprechend mehr.

Doch ließe sich diese extreme Variante der Bedarfsgerechtigkeit kaum auf eine ganze Gesellschaft ausdehnen. Sie steht unter anderem im Widerspruch zur möglichst freien Nutzung des privaten Eigentums. Man müsste auch auf den Markt als Koordinationsmechanismus verzichten. Denn ein Marktsystem lebt davon, dass sich die Menschen darum bemü-hen, ihr Angebot an Ressourcen dorthin zu lenken, wo sie am besten bezahlt werden. Würden nun alle nur nach ihren Bedürfnissen entschä-digt, fiele dieser Anreiz weg. Nicht nur ein anderes Wirtschaftsmodell, sondern auch eine völlig andere Gesellschaftsordnung wären nötig, um die Forderung nach reiner Bedarfsgerechtigkeit zu erfüllen.

Minimalbedarf

Ein weniger weit gehendes Konzept will den Marktmechanismus beibehalten und fordert nur einen gesicherten Minimalbedarf. Es gibt

Vorstellungen über ein minimales Einkommen, das einem Menschen unabhängig von einer Leistung zukommt.

Doch wie viel braucht ein Mensch? Wie viel Wohnraum in welcher Lage braucht er? Was gehört zu einer menschenwürdigen Wohnungseinrichtung? Gewiss gehören ein Bett und ein Herd dazu – aber auch ein Telefon, ein Fernseher oder ein Kühlschrank? Oder lebt unwürdig, wer sich dies nicht leisten kann?

gesellschaftliches Existenzminimum

Was zu einem würdigen Leben gehört, ist in starkem Maße davon abhängig, wie reich unsere Nachbarn und Freunde sind. Gerade in wohlhabenden Gesellschaften werden aber große Budgetanteile für Verkehr, Ferien, Vergnügungen und Bildung ausgegeben. Hier kann am Gemeinschaftsleben nur teilnehmen, wer sich Mobilität und Kultur leisten kann. Wie viel ist nötig, um sich in unserer Gesellschaft zu integrieren? Die scheinbar so einfache Frage nach dem Mindeststandard für ein menschenwürdiges Leben ist gerade in reichen Gesellschaften schwer zu beantworten.

offizielle Normen

Wie hoch soll in Deutschland der Minimalbedarf festgeschrieben werden? Darauf gibt es nur Antworten, die auf persönlichen Wertvorstellungen beruhen. Doch die Sozialpolitik benötigt Normen – auch wenn sie nicht objektiv, wissenschaftlich begründet werden können. Es gehört daher zu den Aufgaben der Politik, Vorstellungen über einen Minimalbedarf auszuhandeln. In Deutschland gibt es eine Reihe von politischen Normen für den Minimalbedarf:

Existenzminimum der Sozialhilfe und des Arbeitslosengeldes II

- Am wichtigsten sind die Normen für den Bezug von Sozialhilfe und Arbeitslosengeld II. Die Zahlungen setzen sich zusammen aus einer monatlichen Pauschale von 345 Euro (331 Euro in den neuen Bundesländern), Beiträgen für Miete und Heizkosten sowie einem Mehrbedarfszuschlag für Erwerbstätige.

vollstreckungsrechtliches Existenzminimum

- Auch die Pfändungsfreigrenze orientiert sich an Konzepten zum Minimalbedarf. Sie liegt etwa 100 Euro über dem Sozialhilfeniveau eines Erwerbstätigen.

Unterstützungen für Asylbewerber Stipendien

- Tiefer zielen die Unterstützungsrichtlinien für Asylbewerber und vorläufig Aufgenommene. Und auch die Höhe von Stipendien kann mit einem Minimalbedarf begründet werden.

Grundfreibetrag der Einkommenssteuer

- Schließlich beginnt der Tarif der Einkommenssteuer mit einem Grundfreibetrag. Begründet wird er damit, ein Existenzminimum unbesteuert zu lassen.

10.2.3   Gleichheit

Gleichheit
Alle Menschen haben die gleichen Rechte.

Die uralte Überzeugung, dass die Menschen ihrer Natur und Würde nach gleich sind, steht in einer Spannung zu den offensichtlichen Ungleichheiten zwischen den Menschen nach Alter, Geschlecht, Begabung, Leistungen, Bildung oder Eigentum. Und doch werden in einer rechtsstaatlichen Demokratie Gleichheitsziele recht konkret angestrebt: Alle Menschen sind vor dem Gesetz gleich, und alle Bürgerinnen und Bürger haben die gleichen politischen Rechte.

Schwieriger zu verwirklichen sind Konzepte zur Angleichung der wirtschaftlichen Lage.

zu kleine Unterschiede verringern Leistungsbereitschaft

- Deutlich wird dies, wenn die Einkommensunterschiede derart gering werden, dass sich das Gefühl verbreitet, Leistung werde zu wenig belohnt; dann bröckelt die Leistungsbereitschaft.

zu große Unterschiede verringern Leistungsbereitschaft

- Sind aber die Einkommensunterschiede so groß, dass ein Zusammenhang zur Leistung kaum mehr sichtbar ist, werden Anreize zu Anstrengungen zerstört. So könnte die heutige ungleichmäßige Einkommensverteilung dem Wirtschaftswachstum eher hinderlich sein.
- Zudem ist es für viele unattraktiv, in einer Gesellschaft mit allzu extremen Einkommens- und Vermögensunterschieden zu leben. Auch wenn die Frage, wie groß die Unterschiede sein sollen oder dürfen, nicht einfach zu beantworten ist, ist doch die Sorge um steigende Einkommensunterschiede weit verbreitet. **Zu krasse wirtschaftliche Ungleichheit gefährdet nämlich die juristische und politische Gleichheit.**

Chancengleichheit

Ein Konzept, das große grundsätzliche Anerkennung findet, ist die Chancengleichheit. Wie schon im Abschnitt über Leistungsgerechtigkeit erwähnt, wären gleiche Startchancen ein wichtiges Fundament einer leistungsgerechten Gesellschaft. Der Chancengleichheit entgegen wirken aber vor allem die Möglichkeit von großen Erbschaften und die immer noch ungleichen Bildungschancen.

10.3 Das soziale Netz

Um den sozial Schwächeren zu helfen und um Risiken aufzufangen, gibt es vor allem fünf Strategien:
1. Gesetzlicher Schutz
2. Sozialversicherungen
3. Versorgungsleistungen
4. Hilfe mit meritorischen Gütern
5. Sozialhilfe und Arbeitslosengeld II

10.3.1 Gesetzlicher Schutz

Ziel ist es, durch Gesetze die Marktposition zugunsten der Schwächeren zu verbessern. So werden für jene, die eine starke Marktposition haben, Verpflichtungen festgeschrieben und für schwache Marktteilnehmer Schutzbestimmungen erlassen.

Arbeitsschutz

- Das Arbeitsrecht enthält verschiedenste Schutzbestimmungen: über Nacht- und Schichtarbeit, die Sicherheit am Arbeitsplatz, Kinderarbeit, Arbeit von Frauen (v. a. während der Schwangerschaft und Mutterschaft), den Schutz vor ungerechtfertigten Kündigungen usw.

Mieterschutz

- Das Mietrecht schützt die Mieter vor missbräuchlichen Mietzinsforderungen und vor ungerechtfertigten Kündigungen.

Verbraucherschutz

- Der Verbraucherschutz soll verhindern, dass überlegene, besser informierte Anbieter ihre Machtposition ausnützen. Darum hat der Staat vielfältige Kontroll- und Informationsaufgaben übernommen – darüber haben Sie schon im Kapitel 9 gelesen.

Zudem gibt es ein Produktehaftpflichtrecht, das dem Hersteller die Haftung für Schäden auferlegt, die durch seine mangelhaften Produkte verursacht werden.

gesetzlicher Schutz als heikles Unterfangen

Allerdings ist es in einer Marktwirtschaft heikel, Vertragsbedingungen vorzuschreiben. Der Gesetzgeber muss berücksichtigen, dass sich zwar jedes Unternehmen an die Gesetze halten muss, aber immer noch frei entscheiden kann, ob es ein Engagement eingehen will oder eben nicht.

Wird durch Arbeitsgesetze eine bestimmte Gruppe (wie Junge, Ältere oder Behinderte) stärker geschützt, kann es weniger rentabel werden, diese anzustellen. Zwar profitieren viele, wenn sie gesetzlich besonders geschützt sind – aber nur, wer weiterhin eine Stelle findet. Verlierer sind alle, die gerade wegen dieser Schutzbestimmungen nicht angestellt werden. Darunter befinden sich jene, die auf dem Arbeitsmarkt besonders benachteiligt sind. Im Abschnitt 17.5 wird diese Problematik nochmals aufgegriffen.

10.3.2 Sozialversicherungen

Verlust von Arbeitseinkommen, unplanmäßige Ausgaben

Sozialversicherungen bieten Schutz gegen die häufigsten Risiken: Alter, Invalidität, Krankheit, Unfall und vorübergehende Arbeitslosigkeit. Versichert ist vor allem der Erwerbsausfall. Weiter werden auch Heilungskosten getragen sowie Kosten der Wiedereingliederung.

Ab 1881 wurden im Deutschen Reich die ersten Sozialversicherungen eingeführt, die Kranken-, Unfall-, Alters- und Invalidenversicherungen. Das Prinzip ist bis heute gleich geblieben. Während aber früher nur die Ärmsten vor Not geschützt wurden, sind heute 90% der deutschen Bevölkerung einbezogen. Es wurden immer mehr Risiken abgedeckt: Arbeitslosigkeit, Mutterschaft oder Pflegebedürftigkeit. Und der Leistungskatalog der Krankengrundversicherung ist stark erweitert worden.

verschiedene Versicherungen gegen verschiedene Risiken

Für verschiedene Risikogruppen gibt es eigene gesetzliche Versicherungen. Es sind dies:

- Rentenversicherung für Alte, Hinterbliebene und Invalide / GRV
- Krankenversicherung / GKV
- Pflegeversicherung / GPV
- Unfallversicherung / GUV
- Arbeitslosenversicherung / ALV

Die Sozialversicherungen sind finanziell von der Staatskasse getrennt. Im Prinzip funktionieren sie wie andere Versicherungen auch. Alle Mitglieder zahlen Prämien und finanzieren damit die Leistungen an die vom versicherten Risiko betroffenen Mitglieder. **Sozialversicherungen unterscheiden sich aber vor allem in drei Punkten von einer privaten Versicherung:**

1. staatliche Umverteilung

- Bei einer privaten Versicherung zahlen alle gemäß ihrem mutmaßlichen Risiko und den versicherten Leistungen. Bei Sozialversicherungen hingegen zahlen ärmere Personen kleinere Beiträge und reichere entsprechend größere – vor allem über lohnabhängige Beiträge, aber auch über Steuern.

Die gesetzliche Krankenversicherung ist in diesem Sinne eine Sozialversicherung: Kinder und andere nichterwerbstätige Angehörige kommen gratis in den Genuss von Krankenkassenleistungen. Ältere Menschen mit höherem Risiko zahlen nicht entsprechend höhere Prämien, die Prämien richten sich vielmehr nach der Lohnhöhe.[6]

2. Versicherungspflicht

verhindert adverse Selektion

verhindert Missbrauch der Sozialhilfe als Versicherung

■ Wo die Prämien nicht dem versicherten Risiko entsprechen, würde sehr schnell ein adverser Selektionsprozess einsetzen. Zu viele Reiche und jene, die von sich wissen, dass sie eine Versicherung kaum brauchen, würden ausscheren. Um also die Solidarität unter den Versicherten zu gewährleisten, sind Sozialversicherungen obligatorisch. Aber auch viele, die einen Versicherungsschutz nötig hätten, würden ohne Versicherungspflicht auf den Abschluss einer Versicherung verzichten. Im Vertrauen darauf, dass die Sozialhilfe ihnen am Ende doch zu Hilfe käme, könnten sie das Risiko eingehen, im Alter, bei Krankheit oder durch Unglücksfall in Geldschwierigkeiten zu geraten.

3. verbindliche Regeln für eine Gesellschaft im Wandel

Ein unübersichtliches Regelwerk . . .

passt sich nur langsam den neuen Realitäten an.

■ Mit dem Umverteilungsziel und der Versicherungspflicht sind für alle verbindliche Regeln nötig. Sozialversicherungen sind darum gesetzlich geregelt. Das Regelwerk, zusammengefasst im Sozialgesetzbuch/SGB (www.sozialgesetzbuch.de), ist inzwischen derart unübersichtlich, dass auch Geübte sich kaum noch zurechtfinden.

Das Grundproblem ist aber, dass sich die Gesellschaft laufend verändert und mit ihr die sozialen Probleme, die gelöst werden müssen. Dass beispielsweise bei der gesetzlichen Krankenversicherung die nicht erwerbstätigen Ehegatten (ob Frau oder Mann) mitversichert sind, spiegelt die frühere Rolle der Frau als Erzieherin der Kinder wider. Was aber, wenn der Ehegatte (ob Frau oder Mann) ohne Angehörige zu erziehen oder zu pflegen nicht erwerbstätig ist? Auch wer »nur« seine Freizeit genießt, erhält seine Krankenversicherung von allen Versicherten finanziert. Alleinerziehende Eltern hingegen, die keiner Erwerbsarbeit nachgehen und zu Hause Kinder betreuen, müssen eine eigene Krankenversicherung abschließen. Die Sozialversicherungsgesetze müssen darum immer wieder neu diskutiert und politisch ausgehandelt werden – und das braucht Zeit. So hinken die Gesetze oft hinter der gesellschaftlichen Realität her.

Sozialversicherung
Versicherung, die in der Regel obligatorisch ist und bei der die Leistungen nicht direkt den eingezahlten Prämien entsprechen

---

[6] Die Umverteilungswirkung bei Rentenversicherungen ist besonders verschlungen. Da gibt es nämlich drei mögliche Finanzierungswege: Kapitaldeckungsverfahren, Umlageverfahren und Steuerfinanzierung:

■ Ohne voraussehbare Umverteilung kann das **Kapitaldeckungsverfahren** funktionieren. Es wird (allerdings steuerlich begünstigt) bei privaten Rentenversicherungen und betrieblichen Pensionskassen angewendet. Hier wird ein eigenes Guthaben angespart, auf dessen Basis unter Berücksichtigung der durchschnittlichen Lebenserwartung die Renten berechnet werden. Wer lange lebt oder früh invalid wird, erhält mehr als einbezahlt – auf Kosten der vorzeitig Verstorbenen.

■ Die gesetzliche Rentenversicherung kennt das **Umlageverfahren.** Mit den heutigen Rentenbeiträgen werden die heutigen Renten bezahlt. So wird von jungen zu alten Menschen umverteilt. Die Rentenzahlungen richten sich nach der Anzahl der Beitragsjahre und der Höhe der einbezahlten Beiträge. Es gibt keine Mindestrente, aber bedarfsabhängige Zahlungen an Hinterbliebene (Witwen, Witwer, Waisen) oder an Invalide zur Wiedereingliederung in die Berufswelt.

■ Schließlich wird ein großer Teil der Renten über **Steuern** finanziert. Auch dies ist ein Umlageverfahren, der Steuertarif ist aber progressiver ausgestaltet als die Rentenbeiträge, und Steuern zahlen auch Personen, die später keine Rentenansprüche haben (z. B. Selbständige).

10.3.3 Versorgungsleistungen

Versorgungsleistungen werden mit Steuern finanziert. Die Empfänger zahlen also keine vorherigen Beiträge. Wie die Leistungen der Sozialversicherungen sind sie nicht von der Bedürftigkeit abhängig. Die deutschen Versorgungsleistungen kommen drei Gruppen zugute:

Schäden durch die Gemeinschaft
Dienst an der Gemeinschaft

Staatsdiener

- Personen, die durch Krieg und Militärdienst geschädigt wurden.
- Personen, die Kinder aufziehen. (Zudem werden Familie und Ehe durch das Sozialversicherungsrecht und das Steuerrecht begünstigt.)
- Beamten und Wehrpflichtigen. Ihre soziale Sicherung erfolgt unabhängig von den Sozialversicherungen. Ökonomisch betrachtet sind die nicht vom Lohn abgezogenen Sozialversicherungsbeiträge ein Lohnbestandteil.

10.3.4 Meritorische Güter

Zahlungen der Sozialversicherungen können von den Empfängern nach ihrem Belieben ausgegeben werden – so wie andere Einkommen auch. Wo die Menschen eigenständig über ihr Geld verfügen können, werden sie es so ausgeben, dass sie den größten Nutzen daraus ziehen. Doch stimmt dieser letzte Satz immer? Wurden Sie auch schon von einem Alkoholiker um einen Euro gebeten – und hätten Sie ihm damals lieber ein gesundes Sandwich gekauft?

meritorische Güter
Güter, die nach Ansicht der Gesellschaft ein Mensch, unabhängig von seiner Leistung, verdient – die aber bei marktwirtschaftlicher Zuteilung nicht alle kaufen könnten oder wollten.
Sie werden bedürftigen oder allen Menschen durch einen fürsorglichen Staat verbilligt oder gratis angeboten.

Genauso fürsorglich wie Sie verhält sich auch unsere Gesellschaft. Der Staat sorgt dafür, dass bestimmte wünschenswerte Güter möglichst allen Mitgliedern der Gesellschaft zugänglich sind. Güter, die bei marktwirtschaftlicher Zuteilung nicht alle kaufen könnten oder wollten – die aber nach Ansicht der Gesellschaft ein Mensch einfach verdient, heißen meritorische Güter (Verdienst heißt auf Lateinisch meritum).

Solche meritorischen Güter verbilligt der Staat, entweder für Bedürftige oder für alle. Einige gibt er sogar gratis ab:

Gesundheitspflege

- Krankenhäuser, Altersheime, Universitätskliniken werden vom Staat betrieben oder durch Staatszuschüsse verbilligt.

Wohnen

- Der Staat subventioniert den Wohnungsbau. Zudem baut und vermietet er auch selber Wohnungen.

Bildung

- Der Staat bietet nicht nur Schulbildung kostenlos an, sondern es gilt auch die allgemeine Schulpflicht.

Vergleich mit öffentlichen Gütern

Nicht-Ausschließbarkeit

Werden meritorische Güter gratis abgegeben, können sie wie öffentliche Güter von allen gratis genutzt werden. Während aber bei den öffentlichen Gütern Trittbrettfahrer technisch nicht ausgeschlossen werden können, werden meritorische Güter durch eine politische Entscheidung für alle zugänglich gemacht.[7]

---

[7] Zudem: Bei vielen öffentlichen Gütern nehmen sich die Benutzer gegenseitig die Nutzungsmöglichkeiten kaum weg (wenig Rivalität im Konsum). Der Konsum eines meritorischen Gutes dagegen kommt dem Konsum durch andere in der Regel in die Quere (Rivalität im Konsum).

demeritorische Güter
Güter, vor denen nach Ansicht der Gesellschaft die Menschen geschützt werden sollten

Das Gegenstück zu meritorischen Gütern sind demeritorische Güter. Vor ihnen werden wir schwachen Bürgerinnen und Bürger gewarnt und geschützt. Beispiele sind Tabak, Alkohol, Heroin, Pornografie, Glücksspiele oder zu laute Musik in Discos und Konzerten. Solche Güter (oder möchten Sie sie Ungüter nennen?) werden gerne hoch besteuert oder sogar verboten.

Ein Streitpunkt ist, ob meritorische Güter allen zugute kommen sollen oder nur jenen, die es »wirklich nötig« haben.

keine Verteilungskriterien, Gießkannenprinzip

- Häufig gibt es für die Empfänger keine einschränkenden Kriterien. Dies weckt Kritik, wie z.B. bei fehlenden oder niedrigen Studiengebühren an den Universitäten, denn hier studieren vor allem finanziell Bessergestellte. Überall, wo alle etwas erhalten, ob sie Hilfe nötig haben oder nicht, wird kritisch vom Gießkannenprinzip gesprochen.

abhängig von finanzieller Leistungsfähigkeit

ungenügende Verteilungskriterien

- Immer verbreiteter werden einkommens- und vermögensabhängige Vergünstigungen: nicht nur bei verbilligten Wohnungen oder Stipendien, sondern auch bei Kinderkrippen.

Doch wie sollen Unterstützungswürdige bestimmt werden? Die Daten der Steuerverwaltung sind oft irreführend, weil durch vielfältige Abzugsmöglichkeiten nicht wenige Reiche fast kein Einkommen versteuern. (Als Alternative bleiben die aufwändigen Kontrollen der Sozialhilfebehörde, vgl. auch Abschnitt 10.3.6)

aufwändige Kontrollen?

Leistungsanreize verringert

Zudem werden Anreize zu einer kleineren Eigenleistung gegeben: Warum soll man mehr arbeiten und so viel verdienen, dass der Kinderkrippentarif steigt oder man keine verbilligte Wohnung mehr erhält?

wenig kostenbewusste Verteilungspraxis bei Wohnungen

Oft werden Verteilungskriterien nur mangelhaft angewendet. Dies zeigt sich gut am Beispiel der Wohnungen, die der Staat verbilligt oder die dem Staat gehören und die er dann unter dem üblichen Mietzins vermietet. Viele dieser Wohnungen werden heute von Personen bewohnt, die nicht auf Unterstützung angewiesen wären. Oft ist es ihnen nicht einmal bewusst, dass sie von der Allgemeinheit unterstützt werden – ob durch in der Staatsrechnung ausgewiesene Subventionen, oder indem der Staat pro Wohnung und Jahr Tausende von Euro weniger einnimmt, als er dies aufgrund der Marktkräfte könnte.

10.3.5 Sozialhilfe und Arbeitslosengeld II

Sozialversicherungen nicht gegen alle Armutsrisiken

Die Sozialversicherungen schützen nur gegen Armutsrisiken, auf die man sich politisch geeinigt hat. Aber es gibt unzählige Gründe für Armut – und je komplexer die Welt, desto vielfältiger werden sie. Von Armut besonders betroffen sind kinderreiche Familien und Alleinerziehende. Zudem hat der verstärkte Druck auf die Löhne von schlecht qualifizierten Arbeitskräften die Zahl der Erwerbstätigen mit ungenügenden Einkommen (working poor) erhöht. Das Sozialversicherungssystem wird darum durch die Sozialhilfe ergänzt. Sie kommt dann zum Tragen, wenn andere Hilfe nicht rechtzeitig einspringt oder ungenügend ist.

ergänzende Sozialhilfe

Arbeitslosengeld II

Mit dem Hartz-IV-Gesetz sind seit Januar 2005 die Leistungen der Arbeitslosenversicherung, die sich am letzten Nettogehalt orientieren und damit den bisherigen Lebensstandard sichern, zeitlich verkürzt worden. Wer länger als 12 Monate nicht erwerbstätig war, erhält nur noch ein auf die Sozialhilfe abgesenktes Arbeitslosengeld II.

bedarfsabhängig

Wer Sozialhilfe oder Arbeitslosengeld II beziehen will, muss seine Bedürftigkeit nachweisen. Zwar besteht auch hier ein Rechtsanspruch, aber nur auf das Existenzminimum (das Sie schon im Abschnitt 10.2.2 kennengelernt haben).

mit individueller Hilfe

Während sich die Sozialversicherungen vorwiegend auf Geldhilfe konzentrieren, bietet die Sozialhilfe neben finanzieller Unterstützung auch persönliche Beratung und Betreuung an. Denn erstes Ziel der Sozialhilfe ist, die Notlage dauerhaft zu beseitigen, was meist nicht mit bloßer Geld- und Güterhilfe erreicht würde.

Hilfe zur Selbsthilfe

private wohltätige Institutionen

Stark betreuend arbeiten private wohltätige Institutionen wie die Caritas, die Arbeiterwohlfahrt, das Rote Kreuz oder das Diakonische Werk. Sie sind in den freien Wohlfahrtsverbänden zusammengeschlossen. In Deutschland gibt es Tausende von gemeinnützigen Institutionen, die mit viel menschlichem Engagement auf spezifische Probleme eingehen. Dem Staat fehlt in der Regel das Know-how dieser Organisationen. Sie erhalten deshalb staatliche Aufträge und Geldunterstützungen.

sozialstaatliche Aufgaben an private Organisationen übertragen

10.3.6 Kausal- und Finalprinzip

Die sozialpolitische Diskussion dreht sich um zwei grundlegend verschiedene Möglichkeiten, Sozialleistungen zu begründen:

Kausalprinzip
Zahlungen nach versicherter Ursache

1. Nach dem Kausalprinzip werden die Leistungen an genau umschriebene Zahlungsgründe geknüpft. Versicherungen bevorzugen solche Gründe, für die Sozialversicherungen sind dies Krankheit, Unfall, Arbeitslosigkeit, Invalidität und Eintritt ins Rentenalter. Sind die Kriterien der Versicherung erfüllt, werden Leistungen ausbezahlt.

Finalprinzip
Zahlungen, um ein bestimmtes Ziel zu erreichen

2. Beim Finalprinzip hingegen orientieren sich die sozialstaatlichen Leistungen an einem vorgegebenen Ziel – in der Regel ist es die Überwindung von Armut. Vor allem die Sozialhilfe und das Arbeitslosengeld II haben zum Ziel, den Menschen einen minimalen Lebensstandard zu sichern. Zahlungen erhält also hier, wer seine Bedürftigkeit nachweisen kann.

Ob Sozialpolitik eher nach dem Kausal- oder nach dem Finalprinzip ausgestaltet wird, hat einschneidende Auswirkungen:

nur versicherte Ursache wichtig

- Das Kausalprinzip kommt uns am selbstverständlichsten bei einer privaten Diebstahlversicherung entgegen: Die Versicherung bezahlt den Verlust eines Bildes, wenn es sich um Diebstahl handelt und wenn das Bild dagegen versichert ist – und zwar wird bezahlt ohne zu berücksichtigen, ob der Versicherte das Geld benötigt oder nicht. Nach dem gleichen Prinzip funktionieren auch die Sozialversicherungen. Leistungen erhält, wer die Schadenskriterien der Versicherung erfüllt und die Versicherungsbeiträge bezahlt hat. So erhalten auch Reiche Sozialversicherungsleistungen.

Gießkannenprinzip oder Bedarfsgrenze

- Mit der Versicherungspflicht und dem Kausalprinzip erhält praktisch die ganze Bevölkerung Zahlungen der Sozialversicherungen. Das sozialstaatliche Transfervolumen ist entsprechend groß. Auch hier spricht man vom Gießkannenprinzip. Wer Zahlungen für Begüterte abschaffen will und eine »zielgerichtete Subjekthilfe« fordert, will zum Finalprinzip übergehen. Er muss damit die schwierige Frage nach der Bedarfsgrenze beantworten.

Würde und Bedürftigkeitsnachweis

- Das Kausalprinzip respektiert die Eigenständigkeit der Empfänger. Beim Finalprinzip hingegen bestimmen Beamte mit, welche Wünsche noch befriedigt werden können. Hier muss man seine Bedürftigkeit nachweisen und allfällige besondere Wünsche begründen. Man wird Bittgänger, kann dies als Schmach empfinden und von Mitbürgern stigmatisiert werden

weniger Eigenleistung

- Zudem verleitet das reine Finalprinzip zu Passivität. Mit jedem Euro, den ein Bedürftiger selber verdient, müsste nämlich die Unterstützung um einen Euro gekürzt werden.

Kontrollen und Missbrauch

- Nimmt man das Finalprinzip ernst, werden die Kontrollen aufwändiger. Für jeden Berechtigten muss die Bedürftigkeit aufgrund seiner benötigten Ausgaben sowie seiner Einkünfte einzeln festgelegt werden. Dabei ist die Versuchung groß, nicht nur Einkünfte (Naturaltausch, Schwarzarbeit) zu verstecken, sondern auch Vermögen … Wer also die sozialstaatliche Bürokratie eindämmen will, wird eher Versicherungslösungen nach dem Kausalprinzip suchen.

10.4 Förderung des sozialen Ausgleichs

Die heutige Sozialpolitik geht über die Sicherung eines minimalen oder des gewohnten Lebensstandards hinaus. Sie ergreift auch Maßnahmen, um die Chancengleichheit zu erhöhen oder Einkommen gleichmäßiger zu verteilen. Zwei von vielen Maßnahmen wollen wir hier hervorheben:
- die Schul- und Berufsbildung (Abschnitt 10.4.1) und
- die Umverteilung durch Steuern (Abschnitt 10.4.2)

Schließlich soll Sie der Abschnitt 10.4.3 darauf aufmerksam machen, wie vielfältig der Einfluss des Staates auf die Verteilung von Einkommen ist.

10.4.1 Schul- und Berufsbildung

Bildungsinvestitionen

meritorisches Gut

Ein wichtiges Fundament zu einem selbständigen und erfolgreichen Leben in unserer anspruchsvollen Marktwirtschaft wird durch die Schul- und Berufsbildung gelegt. Von großer Bedeutung war deshalb die Einführung des kostenlosen Schulwesens für alle – als meritorisches Gut. Zwar galt das Recht auf Schulbildung anfangs nur für die Volksschule, das Bildungssystem wird aber immer offener. Ein nächster Schritt ist wohl die frühere Einschulung der Kinder, Mittagstische und Aufgabenhilfen sowie eine spätere Selektion ins Gymnasium. Weiterhin sind die Stipendien ein wichtiges Element der Chancengleichheit in der Bildung.

Gewinn zu wenig sicher

externe Nutzen
Unentgeltliche Nutzenstiftungen an
Außenstehende, an Trittbrettfahrer

**Staat als Auftraggeber,
aber warum als Produzent?**

Bildung soll nicht nur die Chancengleichheit verbessern. Wissen ist heute der zentrale Produktionsfaktor. Doch würden zu wenig Leute die finanzielle Last einer langen und teuren Ausbildung auf sich nehmen, da für viele ein Gewinn zu wenig sicher versprochen werden kann.

Zudem verbreitet Wissen auch externe Nutzen: Qualifizierte Arbeitskräfte entwickeln neue Ideen, die vielfältig übernommen werden und ins Wissen der gesamten Gesellschaft einfließen. Von einem Unternehmen, das sein Personal weiterbildet, profitiert auch die abwerbende Konkurrenz, die keine Ausbildung betreibt. Sie kennen dieses Marktversagen aus dem 7. Kapitel: Verbreitet Bildung externe Nutzen, werden Trittbrettfahrer angezogen, und allein aufgrund der Marktkräfte würde zu wenig in Bildung und Ausbildung investiert. Nicht zuletzt verbreitet Bildung externe Nutzen für alle, die nicht gerne in einem Land mit Armut und hoher Arbeitslosigkeit leben, dafür sich gerne in einem gepflegten politischen und gesellschaftlichen Klima bewegen.

Weil bloße Privatinitiative Bildung und Ausbildung zu stark vernachlässigen könnte, springt hier der Staat ein. Um die eben beschriebenen Probleme zu lösen, würde es aber genügen, wenn der Staat als Auftraggeber auftreten würde. Er könnte Bildung und Ausbildung mit Stipendien und Bildungsgutscheinen finanzieren. Die Schulen würden aber privat geführt. Mit der Vorstellung, dass sich der Staat nur dort engagiert, wo Marktversagen auftreten, wird die Rolle des Staates als Produzent von Schulbildung immer stärker in Frage gestellt.

10.4.2 Umverteilung durch Steuern

Noch ungleicher verteilt als Bildung und Ausbildung ist das Eigentum an Boden, Kapitalgütern und Wertschriften. Die ärmeren 50 % der Haushalte verfügen über 4 % des gesamten privaten Vermögens, während die reichsten 10 % der Haushalte 47 % auf sich vereinen.[8] Eine gleichmäßigere Vermögensverteilung wäre im Einklang mit liberalen Ideen, die den Markt verteidigen und im Privateigentum ein Fundament persönlicher Freiheit sehen.

Eine gleichmäßigere Verteilung des Vermögens kann über Vermögens- oder Erbschaftssteuern erreicht werden:

Vermögenssteuer

- Bei hohen Vermögenssteuern wäre allerdings mit größtem Widerstand der Reichen zu rechnen. Zudem gehört das private Eigentum zu den Grundpfeilern des Marktsystems. Soll die Anreizwirkung, die vom Privateigentum erwartet wird, erhalten bleiben, darf die Möglichkeit, Vermögen zu erwerben und auch zu behalten, nicht zu stark beeinträchtigt werden.

Erbschaftssteuer

- Weniger beeinträchtigt werden die Anreize durch eine Erbschaftssteuer. Sie trifft jene, die Vermögen aufgebaut haben, nicht mehr direkt. Wenn die Erben keine eigenen Verdienste für den Vermögenserwerb geltend machen können, entspricht eine Erbschaftssteuer der Forderung nach Startchancengleichheit. Diese entspricht durchaus den Anreizwirkun-

Chancengleichheit

---

[8] Lebenslagen in Deutschland, Der 2. Armuts- und Reichtumsbericht der Bundesregierung 2005

gen, die das Marktsystem braucht. Mit einem kleineren Erbe würden wohl viele Nachkommen reicher Leute angeregt, mehr zu arbeiten.

Ein weiteres Verfahren, Einkommen umzuverteilen und Kaufkraft bei hohen Einkommen abzuschöpfen, ist die progressive Einkommenssteuer. Mit ihr besteuert der Staat hohe Einkommen prozentual stärker als niedrige.

progressive Steuern
Damit werden hohe Einkommen prozentual stärker besteuert als niedrige.

proportionale Steuern
Damit werden niedrige und hohe Einkommen prozentual gleich stark besteuert.

regressive Steuern
Damit werden niedrige Einkommen prozentual stärker besteuert als hohe.

Steuerinzidenz

Steuerwettbewerb

Daneben gibt es auch proportionale und regressive Steuern. Mit proportionalen Steuern liefern dem Staat alle Steuerzahler den gleichen Prozentsatz ihres Einkommens ab. Regressive Steuern belasten ärmere Personen proportional stärker als reiche. Ein Beispiel sind die Steuern auf Losen und Gewinnen bei Lotto und Toto. Ärmere Menschen geben einen viel größeren Teil ihres Einkommens für diese Art von Glücksspielen aus und tragen damit überproportional schwer an der Steuer.[9]

Unklar bleibt, wie stark es gelingt, durch Steuern Einkommen umzuverteilen. Wir wissen ja wenig darüber, wie stark Steuern überwälzt werden (vgl. Abschnitt 5.1). Unternehmer können einen Teil ihrer Steuern auf die Preise ihrer Produkte überwälzen. Und wer auf dem Arbeitsmarkt eine starke Position hat, kann ein der hohen Steuerbelastung entsprechendes Gehalt verlangen. Damit werden hohe Einkommen durch überwälzte Steuern aufgebläht. Die Steuer zahlt dann effektiv derjenige, auf den sie überwälzt wurde.

Vor allem aber sind Reiche auf der Suche nach günstigen Steuerorten zunehmend mobil. Auch Firmen wählen ihre Standorte (und Gewinnstellen) freier aus. Gerade innerhalb der EU ist es für Unternehmen sehr leicht geworden, Gewinne dorthin zu verschieben, wo die geringsten Steuern anfallen. Um gute Steuerzahler anzuziehen und zu behalten, werden speziell für sie Steuern gesenkt. Mit diesem Steuerwettbewerb zwischen verschiedenen Staaten und auch Ländern und Gemeinden ist die Steuerbelastung für mobile Produktionsfaktoren gesunken und (um Steuerausfälle zu kompensieren) für immobile gestiegen. So sind heute die Steuern für Unternehmensgewinne niedriger und dafür die Lohnsteuer höher, die Steuerprogression aber schwächer.[10]

---

[9] Wirkt die Mehrwertsteuer regressiv oder progressiv? Regressiv, weil Personen mit kleineren Einkommen einen größeren Anteil ihres Einkommens verkonsumieren und so ein größerer Anteil ihrer Ausgaben von der Steuer betroffen ist. Progressiv, weil Güter, die am Konsum ärmerer Haushalte einen größeren Anteil ausmachen, mit einem verminderten Satz besteuert werden (Nahrungsmittel) oder gar nicht (Mieten).

[10] In der wirtschaftspolitischen Diskussion wird der Steuerwettbewerb oft mit dem **Marktwettbewerb** verglichen. Dabei wird gerne ein entscheidender **Unterschied** vergessen: Eine Firma ist frei in der Auswahl ihrer Kunden, Arbeitskräfte und Lieferanten (Ausschließbarkeit), und die Bezahlung richtet sich nach der ausgehandelten Leistung (Äquivalenzprinzip). Gebietskörperschaften dagegen stellen öffentliche und meritorische Güter im Prinzip gratis oder verbilligt zur Verfügung und haben innerhalb der EU wenig Einfluss darauf, wer sich bei ihnen niederlässt (Nicht-Ausschließbarkeit). Schlechte Steuerzahler können nicht ausgeschlossen werden, und gute Steuerzahler können nach Belieben kommen und gehen. Stellen Sie sich vor, wie der Wettbewerb zwischen Unternehmen funktionieren würde, wenn sie ihre Preise der Kaufkraft der Kunden anpassen müssten (Leistungsfähigkeitsprinzip)!
Steuerwettbewerb gleicht vielmehr dem Wettbewerb auf Märkten mit **asymmetrischer Information,** die zu **adverser Selektion** führen kann (arme Gebiete erhöhen ihre Steuern, damit wandern gute Steuerzahler ab, womit die Steuern noch mehr steigen . . .). Dabei leiden die Gebietskörperschaften nicht unter fehlenden Informationen über ihre Kunden, sondern darunter, dass sie Kunden unabhängig von der Höhe der Steuerzahlungen aufnehmen müssen.

10.4.3 Weitere Umverteilungen durch den Staat

Alle Handlungen des Staates begünstigen gewisse Bevölkerungsgruppen und belasten andere. Damit berühren alle staatlichen Maßnahmen die Einkommensverteilung, ob beabsichtigt oder nicht.

Flächenprämien und Importzölle

- Beabsichtigt ist die Unterstützung der Landwirte. Ihnen wird EU-weit in großem Umfang mit Flächenprämien und Einfuhrzöllen geholfen. Während die Flächenprämien in den Staatsausgaben sichtbar sind, belasten die Importzölle über hohe Nahrungsmittelpreise die Budgets der Konsumentinnen und Konsumenten.

deutsche Einheit

- Beabsichtigt ist auch eine Umverteilung bei der deutschen Vereinigung. Die Aufnahme der neuen Bürger in das Sozialversicherungssystem wurde vor allem über höhere Versicherungsbeiträge finanziert, die Erneuerung der Infrastruktur in Ostdeutschland zum größten Teil über Kredite. Die Staatsschulden haben sich dadurch verdoppelt.

öffentliche Güter

- Von öffentlichen Gütern, die der Staat ohne Umverteilungsabsichten zur Verfügung stellt, profitieren die einen mehr und die anderen weniger, als sie zahlen. Wer profitiert wie viel von der Polizei und der Armee, vom Opernhaus, vom Straßenbau oder vom öffentlichen Verkehr und der Ausweisung von Bauzonen (Planungsgewinne)?

Wettbewerbspolitik

- Fördert der Staat den Wettbewerb auf den Gütermärkten, wirkt das zugunsten der Konsumentinnen und Konsumenten. Schützt er Monopole und Absprachen, leitet er Kaufkraft in die umgekehrte Richtung.

Wohnbauförderung

- So wie in der BRD die Wohnbautätigkeit gefördert wird (Eigenheimzulagen, Steuerrabatte), profitieren die Eigenheimbesitzer und jene Mieter, die das Glück haben, eine subventionierte Wohnung zu erlangen.

Umweltpolitik

- Heute werden externe Kosten in großem Maße auf unbeteiligte Dritte abgewälzt. Dies könnte durch eine wirksame Umweltpolitik vermindert werden. Wer sich umgekehrt daran gewöhnt hat, Umweltgüter zulasten der Allgemeinheit zu verschmutzen und daraus ein Recht ableitet, empfindet Umweltschutz als Umverteilungsaktion.

Drogenprohibition

- Auch dort, wo der Staat Verbote ausspricht, kann eine Einkommensumverteilung resultieren. So werden durch das Verbot des Heroin- und Kokainhandels diese Drogen enorm viel teurer. Damit schleust der deutsche Staat viele Milliarden Euro aus den Taschen von Drogenabhängigen in die Taschen von Drogenhändlern. Im Gegenzug sind die Drogenhändler nicht einmal so dankbar, dass sie ihr Einkommen wenigstens versteuern würden!

10.5 Armut in Deutschland

Was ist Armut?

Woran erkennt man, ob ein Mensch arm ist? Ebenso wie bei der Festlegung eines Minimalbedarfs kann es auch hier nur subjektiv gefärbte Antworten geben. Doch auch wenn keine objektive Armutsdefinition möglich ist, muss eine Antwort gefunden werden, denn die Bekämpfung und Verhinderung von Armut ist ein wichtiges Ziel der Sozialpolitik. So wird man sich auf Definitionen einigen müssen. Als Ausgangspunkt wollen wir eine einfache, materielle Vorstellung wählen: **Wirtschaftlich arm ist, wer zu wenig Güter zur Verfügung hat, um menschenwürdig zu leben.** Doch selbst so einfach definiert, kann Armut noch sehr Verschiedenes bedeuten:

absolute Armut

- Konzepte der absoluten Armut gehen von einem Minimalbedarf aus, der für alle Menschen gelten soll. Oft wird darunter nur das physische Überleben verstanden. Mit einer solchen Definition könnten zwar für arme Entwicklungsländer immer noch wichtige Aussagen gemacht werden; für reiche Gesellschaften dagegen ist sie nicht mehr brauchbar.

  Soll Armut bedeuten, dass man zu wenig hat, um menschenwürdig zu leben, muss für reiche Länder eine umfassendere Güter- oder Geldmenge als absolute Armutsgrenze definiert werden. Der Übergang ist fließend zum nächsten Konzept:

relative Armut

- Konzepte der relativen Armut gehen vom allgemeinen Lebensstandard der Bevölkerung aus. Arm ist, wer nicht hat, was für die große Mehrheit selbstverständlich ist. Je reicher eine Gesellschaft, desto mehr Güter werden benötigt, um ein Leben zu führen, das allgemein als akzeptabel empfunden wird (vgl. auch Abschnitt 14.3.3). Relative Armutsdefinitionen setzen die Armutsgrenze in Relation zum Einkommen der Gesellschaft.

subjektive Armut

- Konzepte der subjektiven Armut berücksichtigen, wie die Betroffenen selber ihre Situation einschätzen. Armut wird persönlich sehr unterschiedlich empfunden. Wichtig ist dabei, wie freiwillig ein Verzicht ist. So macht es einen Unterschied, ob man als Vegetarier kein Fleisch isst, oder ob man sich Fleisch nicht leisten kann. Wer eine starke Vorliebe für Freizeit und ein entsprechend niedriges Einkommen hat, ist nicht zwangsläufig arm – auch wenn er nach absoluten oder relativen Konzepten arm wäre. Umgekehrt können sich durchschnittlich Verdienende durchaus arm fühlen, wenn das Einkommen für die wichtigsten Wünsche und Verpflichtungen nicht ausreicht.

politisch ausgehandelte Armutsgrenzen

Im politischen Ringen werden alle drei Armutskonzepte eingesetzt. Das wichtigste Resultat kennen Sie schon: das sozialhilferechtliche Existenzminimum, das auch beim Arbeitslosengeld II angewendet wird.

Weiter haben die EU-Mitglieder eine Armutsrisikogrenze vereinbart, die bei 60 % des mittleren Einkommens in den jeweiligen Ländern liegt – in Deutschland (2003) wären das 938 Euro für einen Einpersonenhaushalt.

Wie wird Armut gemessen?

Zur Bekämpfung der Armut werden in beträchtlichem Ausmaß Gelder überwiesen. Darum stellt sich als erstes die Frage, ob wir die Armut vor oder nach der sozialstaatlichen Unterstützung messen sollen. Das hängt davon ab, welche Fragen uns interessieren: Wollen wir wissen, wer so arm ist, dass er staatliche Unterstützung braucht? Oder fragen wir uns, wer trotz der sozialen Leistungen des Staates immer noch arm ist?

Armut vor staatlicher Unterstützung

Die Armut vor der sozialstaatlichen Unterstützung hat in Deutschland mit dem starken Anstieg der Arbeitslosigkeit seit den 70er Jahren klar zugenommen. Das zeigt sich v. a. in der stark steigenden Belastung der Arbeitslosen- und Rentenversicherungen sowie der Sozialhilfe.

**Armut nach
staatlicher Unterstützung**

Auf die Armut, die auch nach den sozialstaatlichen Zahlungen bleibt, konzentriert sich auch der Armuts- und Reichtumsbericht der Bundesregierung. Einen Ausschnitt aus seinen Resultaten finden Sie in der Tabelle 10.1: Wird die Armutsrisikogrenze bei 60% des mittleren Einkommens als Maßstab genommen, müssen etwa 13,5% der Bevölkerung als arm bezeichnet werden. (Mit einer niedrigeren Armutsrisikogrenze von 50% wären es noch 6,5%, mit 40% noch 1,9%.) Weiter sehen Sie, wie unterschiedlich einzelne Bevölkerungsgruppen von Armut betroffen sind.

Tabelle 10.1
Armutsrisikoquoten in Deutschland 2003 nach staatlicher Umverteilung

Anteil der Personen an der jeweiligen Bevölkerungsgruppe, deren Einkommen unterhalb der Armutsschwelle (60 % des mittleren Einkommens) liegt

Quelle: Lebenslagen in Deutschland, Der 2. Armuts- und Reichtumsbericht der Bundesregierung 2005 Datenbasis ist die Einkommens- und Verbrauchsstichprobe (EVS)

Bevölkerung insgesamt	13,5 %
Geschlecht	
Frauen	14,4 %
Männer	12,6 %
Altersklasse	
bis 15	15,0 %
16–24	19,1 %
25–49	13,5 %
50–64	11,5 %
65 und älter	11,4 %

Erwerbsstatus	
Selbständige	9,3 %
Angestellte	7,1 %
Arbeitslose	40,9 %
Rentner/Pensionär(innen)	11,8 %
Haushalttyp	
Allein lebende Frauen	23,0 %
Allein lebende Männer	22,5 %
Paare mit Kind(ern)	11,6 %
Allein Erziehende	35,4 %

Armut hat mehrere Dimensionen

Armut ist oft nicht einfach eine Folge von geringem Einkommen. Vielmehr gibt es neben den finanziellen Verhältnissen zusätzliche oder auch andere Armutsmerkmale. Zu den wichtigsten Lebenslagen, die ebenfalls über Wohlstand oder Armut entscheiden, gehören die Gesundheit, die persönlichen Beziehungen und soziale Netze, die Ausbildung und die berufliche Lage, die Wohnsituation sowie die Teilnahme am kulturellen und politischen Leben. In besonders tiefer Armut befindet sich natürlich, wer sich in mehreren der aufgezählten Bereichen in einer misslichen Lage befindet.

Das Fazit aus dieser mehrdimensionalen Perspektive hat die öffentliche wie die private Sozialhilfe schon immer gezogen: Armut kann nicht allein mit Geld bekämpft werden, sondern verlangt einen persönlichen Einsatz. Dies wäre auch dann der Fall, wenn alle finanziellen Probleme gelöst wären, die im folgenden Abschnitt angeschnitten werden.

10.6 Zu Problemen und Reformvorschlägen

historisch gewachsen

Der heutige Sozialstaat ist historisch gewachsen. Im Laufe der Zeit wurde Gesetz an Gesetz gefügt, jedes Mal mit Kompromissen zwischen Parteien, Verbänden und den verschiedenen staatlichen Ebenen. So findet sich heute in der Vielfalt der Regelungen kaum mehr jemand zurecht. Entsprechend vielfältig und unübersichtlich ist auch die Diskussion über Reformen.

unübersichtlich

Förderung von Abhängigkeit?

Neben der fehlenden Transparenz wird geklagt, der »betreute Mensch« werde unselbständig und bevormundet. Er werde zu Abhängigkeit und Passivität in seinen eigenen Angelegenheiten erzogen. Der Sozialstaat sei so weit ausgebaut und vielfältig, dass immer mehr Menschen ihr Verhalten danach ausrichten, wo und wie sie sozialstaatliche Vergünstigungen erhalten können. Sozialpolitik stößt dort an Grenzen, wo sie Anreize zur eigenen Leistung verringert.

Finalprinzip lähmt Selbsthilfe

Vor allem ein streng angewandtes Finalprinzip liegt quer zur Selbsthilfe. Denn wer wirklich nur Bedürftige unterstützen wollte, müsste ihnen pro Euro, den sie selber dazuverdienen, die Hilfe um einen Euro kürzen. (Und vor Gefahren beim gesetzlichen Schutz wurde schon im Abschnitt 10.3.1 gewarnt.)

mehr Leistungsempfänger und weniger Beitragszahler

Am sichtbarsten werden Schwächen des Sozialstaats bei seinen Finanzen. Da stützt sich eine steigende Zahl von Leistungsempfängern auf eine stagnierende oder gar sinkende Zahl von Beitragszahlern.

Rezessionen, Arbeitslosigkeit

Arbeitslosenversicherung Sozialhilfe Invalidenrenten

■ Die Ausgabenseite spürt, wie seit den 70er Jahren mit jeder Rezession die Arbeitslosigkeit zugenommen, in einem Aufschwung aber kaum abgenommen hat.[11] Arbeitslosigkeit trifft zuerst die Arbeitslosenversicherung, dann steigen die Ausgaben für Sozialhilfe und schließlich auch für Invalidenrenten an.

Rezessionen belasten auch die Einnahmenseite: Mit schwach wachsender Beschäftigung stagnieren die Einkommen und damit die Steuern und die Sozialversicherungsbeiträge. Dabei trifft eine Rezession die Beschäftigungszahl stärker, als die Arbeitslosenzahlen vermuten lassen: Wo es an Stellen mangelt, wird die Berufsausbildung in die Länge gezogen, und es gehen immer weniger Schlechtqualifizierte, Frauen und Ältere einer Beschäftigung nach.

Als Reaktion auf die wachsende Arbeitslosigkeit drängt man ältere Berufstätige mit großzügigen Regeln für Frühpensionierungen in den Ruhestand. Auch wer wegen Krankheit oder Unfall längere Zeit von der Arbeit fernbleiben muss, kehrt selten an seinen Arbeitsplatz zurück. Wenn schon viele voll leistungsfähige Menschen keine Stelle bekommen, ist es für solche, die längere Zeit nicht mehr im Arbeitsprozess waren, erst recht schwierig.

Altersrenten

■ Das Zahlenverhältnis von Beitragszahlern zu Leistungsempfängern verschlechtert sich auch, weil die Kinderzahl zurück geht und wir immer länger leben.[12]

weniger Kinder

Wer sich vor einem Rückgang der Kinderzahl fürchtet, sollte wissen, dass nicht nur die Zahl der Arbeitenden eine Rolle spielt, sondern auch deren Produktivität. Wichtig ist also, wie gut wir zukünftige Generationen ausbilden und in welchem Zustand wir ihnen Wirtschaft und Gesellschaft hinterlassen. Weiter sollten wir bedenken, dass mit kinderfreundlicheren Rahmenbedingungen der Kinderwunsch vieler Frauen und Männer eher in Erfüllung gehen würde.

längeres Leben relative Altersgrenze

Zudem bleiben wir mit längerem Leben auch immer länger leistungsfähig. Damit könnte das Rentenalter entsprechend erhöht werden.

---

[11] Wirtschaftswachstum und Konjunkturschwankungen werden Themen der Kapitel 13 und 17 bis 19 sein. Im Abschnitt 19 1.1 werden Sie auch den Beitrag der Arbeitslosenkasse zur Stabilisierung von Konjunkturschwankungen kennen lernen. Im Abschwung ist ein Staatsdefizit erwünscht – dafür sollen im Boom Überschüsse gemacht werden.
[12] Zusätzlich hat Deutschland in den 90er Jahren eine starke Zuwanderung von Deutschstämmigen im Rentenalter aus Osteuropa erlebt.

Zwar können wir das Alter, mit dem wir in den Ruhestand treten, auch bei 65 Jahren belassen und uns damit einen längeren Lebensabend frei von Berufstätigkeit gönnen. Doch das sollten wir als Wahl begreifen, die eine immer reicher werdende Gesellschaft trifft.[13] Dagegen wird eingewendet, wir hätten nicht die Wahl, denn die Verdienstmöglichkeiten für Ältere hätten abgenommen. Liegt das (nur) an der anhaltend schlechten Konjunkturlage, oder wird daran gezweifelt, dass unsere berufliche Leistungsfähigkeit länger erhalten bleibt?

Finanzierung der deutschen Einigung

- Die aktuellen Finanzprobleme entstanden aber vor allem, weil die Sozialversicherungen zur Finanzierung der deutschen Wiedervereinigung herangezogen wurden. Weil Rentner und Arbeitslose aus den neuen Bundesländern aufgenommen wurden, mussten die Sozialversicherungen höhere Beiträge verlangen. Damit tragen die sozialversicherungspflichtigen Beschäftigten einen hohen Anteil der Zahlungen in die neuen Bundesländer.

Gesundheitswesen

Im Kern anders sind die finanziellen Hauptprobleme des Gesundheitswesens:

- Einerseits ermöglicht ein rascher technologischer Fortschritt immer mehr und raffiniertere Behandlungen.
- Anderseits können und wollen wir uns mit steigendem Reichtum mehr leisten für ein möglichst langes und gesundes Leben.[14]

asymmetrische Information

- Und schließlich wirken Informationsprobleme auf den Gesundheitsmärkten vorläufig immer noch kostensteigernd. Ärzte wissen mehr als Patienten, diese beiden zusammen mehr als die Krankenversicherung: Normalerweise sind Patienten medizinisch zu wenig geschult, um selbständig entscheiden zu können, welche Art der Behandlung nötig ist. Somit können die Ärzte zum großen Teil nicht nur das Angebot, sondern auch das Ausmaß der Nachfrage nach medizinischen Leistungen bestimmen. Diese Machtposition können Ärzte zu ihrem Vorteil nutzen: Ihr Einkommen steigt, wenn sie eine kostspieligere Behandlung vorschlagen. Erstaunt es noch, dass eine Übermedizinierung nachgewiesen werden kann, insbesondere bei teuren Diagnosen und **moral hazard** Operationen? Verschärft wird das Problem, weil wir gegen Krankheitskosten versichert sind. Es besteht oft ein stillschweigendes Einverständnis zwischen Patient und Arzt, dass die Kosten weniger beachtet werden, solange die Krankenversicherung zahlt.

---

[13] Siehe die laufend aktualisierte Homepage von François Höpflinger, Soziologisches Institut der Universität Zürich, http://mypage.bluewin.ch/hoepf/fhtop/
[14] Weit verbreitet ist die Meinung, dass die Gesundheitsausgaben ansteigen, weil wir immer älter werden. Dies will eine Studie von P. Zweifel und S. Felder (Eine ökonomische Analyse des Alterungsprozesses, Bern 1996) als Fehlschluss entlarvt haben.
Zwar sind die Krankenpflegekosten für einen Achtzigjährigen im Durchschnitt fünfmal so hoch wie für einen Dreißigjährigen. Doch dieser Unterschied komme allein daher, dass die letzten Monate vor dem Tod – unabhängig vom Sterbealter – sehr teuer sind. Nur weil mehr Achtzigjährige als Dreißigjährige sterben, seien die Durchschnittskosten für die Betagten höher.
Mit einer weiteren Zunahme der Lebenserwartung würden wir eher mit 90 als mit 80 sterben. Doch allein deshalb würden die Gesundheitskosten nicht ansteigen. Ist nicht das Alter der Grund für den Kostenunterschied, sondern die Nähe zum Tod, würden hohe Krankenpflegekosten einfach im Alter von 90 statt wie heute im Alter von 80 anfallen.

hohe Lohnnebenkosten	Bisher ist man den Finanzierungsproblemen vor allem mit höheren Sozialversicherungsbeiträgen (und schmaleren Leistungen bei Renten oder Arbeitslosengeldern) begegnet. Die Lohnnebenkosten für die Sozialversicherungen sind heute auf etwa 40% des Bruttolohnes angestiegen.
schleichender Systemwechsel	■ Weil nun aber innerhalb der Sozialversicherungen zunehmend umverteilt wird (Kinder und nicht erwerbstätige Frauen umsonst mitversichert, Aussiedler aus Osteuropa aufgenommen, Zahlungen in die neuen Bundesländer), ist ein wichtiges sozialstaatliches Konzept ausgehöhlt worden, nämlich das Äquivalenzprinzip. Es besagt, dass die
weg vom Äquivalenzprinzip	individuellen Leistungen der Renten- und Arbeitslosenversicherungen (die das bisherige Lebenshaltungsniveau weiter garantieren sollen) sich an den vorherigen individuellen Beitragszahlungen orientieren sollten.
gegen Lohnarbeit	■ Allgemein wird geklagt, hohe Lohnnebenkosten seien schädlich für die Beschäftigung. Denn wird die Arbeit verteuert, treffen sich Angebot und Nachfrage auf einem niedrigeren Beschäftigungsniveau. Dies stimmt vor allem dann, wenn die Angestellten die Sozialversicherungsbeiträge nicht als Lohnbestandteil, der ihnen zugute kommt, betrachten, sondern als Steuer, die sie möglichst auf die Unternehmen überwälzen möchten. Die negative Beschäftigungswirkung wird also entscheidend verstärkt durch die Abkehr vom Äquivalenzprinzip.
hohe Sozialbeiträge umgangen	Sozialbeiträge werden auch zunehmend mit Schwarzarbeit, Scheinselbständigkeit und kleinen Teilzeitstellen umgangen, denn Selbständige zahlen keine Sozialbeiträge und für Mini-Jobs sind die Beitragssätze kleiner – sich privat abzusichern, wurde billiger. So sank von 1991 bis 2002 die Zahl der sozialversicherungspflichtigen Vollzeitbeschäftigten um 15%, während die Zahl der Ein-Mann/Frau-Firmen um 42% und die Zahl der Teilzeitbeschäftigten um 51% zunahm. Auch so verschlechtert sich das Zahlenverhältnis von Beitragszahlern zu Leistungsempfängern.
steigende Steuerzuschüsse zu den Sozialversicherungen	■ Um die Löhne nicht noch stärker mit Abgaben zu belasten, werden immer größere Anteile der Sozialausgaben über Steuern finanziert. (Dafür wird weniger für Investitionen ausgegeben.) Der Steueranteil stieg vor allem, als die Sozialbudgets durch die Eingliederung der neuen Bundesländer besonders belastet wurden.
Vorteile der Umlagerung?	Doch eine Umlagerung von Lohnabgaben zu Einkommenssteuern bringt wenig Entlastung. Zwar gibt es hier keine obere Bemessungsgrenze, aber auch sie wirken leistungshemmend, haben also auch eine negative Beschäftigungswirkung. (Die Umweltabgaben, die ebenfalls in die Rentenkasse fließen und uns zu einem Umwelt schonenderen Verhalten anregen, sind relativ gering.)
verstärkter Systemwechsel	■ Je mehr Zuschüsse die Sozialversicherungen aus Steuergeldern erhalten, desto mehr werden Steuerzahler zur Kasse gebeten, die selber nie von Sozialversicherungen profitieren. Auch Steuerzuschüsse sind Schritte weg vom Äquivalenzprinzip. Wenn aber die Sozialversicherungen immer weniger nach dem Äquivalenzprinzip finanziert sind –
unterschiedliche Leistungshöhen immer weniger zu rechtfertigen	wie lassen sich dann noch unterschiedliche Leistungshöhen – für die einen nur am Existenzminimum und für andere auf dem gewohnten hohen Lebensstandard – rechtfertigen?

**Armenhilfe und
Risikoabsicherung trennen**

**Existenzminimum pflichtversichert,
mit Umverteilung steuerfinanziert**

Es gibt eine Vielfalt von Reformvorschlägen. Verfolgen wir hier Ideen, welche die zwei sozialstaatlichen Ziele »Hilfe für die Armen« und »Schutz vor Risiken« entflechten wollen:

1. Die Hilfe gegen Armut soll wie bisher obligatorisch sein. Bezahlt wird über Steuern. Ziel der Auszahlungen ist die Verhinderung von Armut (Finalprinzip). Die ausbezahlten Leistungen sichern nur einen Grundbedarf ab (wie die heutige Sozialhilfe). Im Alter, bei Invalidität oder Arbeitslosigkeit wird eine Einheitsrente ausbezahlt, die je nach familiären Unterhaltspflichten variiert wird. Von staatlicher Umverteilung profitieren nur noch Bedürftige – dafür möglichst alle Bedürftigen. Erwerbs- und Nichterwerbstätige können damit die gleiche soziale Sicherheit genießen.

**Sicherheit über das
Existenzminimum hinaus
wird nach Äquivalenzprinzip
versichert**

2. Allerdings können Gutverdienende mit der Aussicht auf ein Minimaleinkommen nicht zufrieden sein. Mindestens gegen Alter, Invalidität und Arbeitslosigkeit werden sie sich zusätzlich versichern wollen.
Jede Absicherung, die über einen minimalen Lebensstandard hinausgeht, muss darum separat versichert werden. Hier werden risikogerechte Prämien verlangt (Äquivalenzprinzip), und die Auszahlung erfolgt nach dem versicherten Risiko (Kausalprinzip). Der Staat nimmt also hier keine Umverteilung mehr vor, Subventionen für Sozialversicherungen und meritorische Güter werden gestrichen. Der Staat greift im Prinzip nur ein, wenn bei den Zusatzversicherungen so große Marktversagen auftreten, dass kein Versicherungsmarkt entstehen kann (vgl. Abschnitt 9.2).

Fazit: Die beiden sozialstaatlichen Ziele Armenhilfe und Risikoabsicherung werden sowohl von den heutigen Sozialversicherungen als auch durch die Bereitstellung von meritorischen Gütern vermischt. Grundlegende Reformen wollen hingegen das Ziel der Armutsbekämpfung vermehrt nach dem Finalprinzip und das Ziel der Risikoabsicherung konsequenter nach dem Kausalprinzip organisieren.

negative Einkommenssteuer
Integration von Steuern und staatlichen
Unterstützungen in einem Tarif

Eine Möglichkeit, das Existenzminimum abzusichern und einen Teil des heutigen komplizierten Systems zu ersetzen, ist eine negative Einkommenssteuer. Die Grundidee: Während ökonomisch Leistungsfähige wie bisher Einkommenssteuern zahlen, sollen Personen unter einem bestimmten Einkommen Geld erhalten – also negative Steuern zahlen.

Nach dem Vorschlag in der Grafik 10.2 wird einer allein stehenden Person bei einem Einkommen von null ein monatliches Mindesteinkommen von 1000 Euro garantiert. Wer selber 350 Euro verdient, erhält noch eine Rente von 750 Euro, was sich zu einem Gesamteinkommen von 1100 Euro aufsummiert, usw. Auf Einkommen über 1400 Euro würden dann Steuern bezahlt.

Der radikale Lösungsvorschlag legt einige Vorteile, die sich mit einer Abtrennung der Armutsbekämpfung von anderen sozialstaatlichen Zielen ergeben, besonders klar offen:

Unterstützung für alle Bedürftige

1. Alle Einkommensschwachen kommen in den Genuss von negativen Steuern. Weil strikt nach dem Finalprinzip ausbezahlt wird, spielt es

Grafik 10.2:
Negative Einkommenssteuer
am Beispiel einer allein stehenden Person

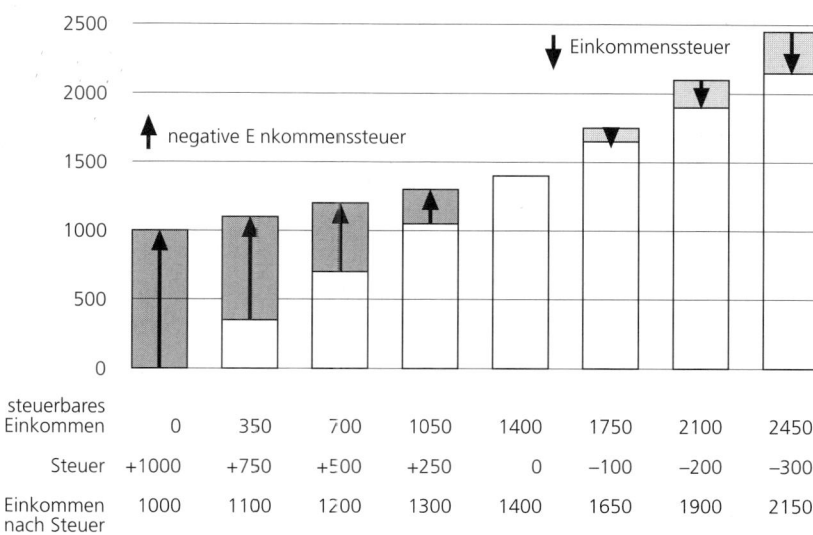

steuerbares Einkommen	0	350	700	1050	1400	1750	2100	2450
Steuer	+1000	+750	+500	+250	0	−100	−200	−300
Einkommen nach Steuer	1000	1100	1200	1300	1400	1650	1900	2150

keine Rolle mehr, aus welchem Grund jemand ein ungenügendes Einkommen bezieht.

Anreize zu Eigenleistungen

2. Wer selber etwas verdient, auch wenn es wenig wäre, würde besser gestellt. Damit wird der Anreiz zu eigener Leistung unterstützt. Wer mit einer Stelle auf niedriger Qualifikationsstufe oder mit einer Teilzeitstelle weniger verdient als das Sozialhilfeminimum, wird nicht entmutigt seine Stelle aufgeben und sich an die Sozialhilfe wenden, sondern mit seiner Arbeit sein Einkommen verbessern.

kleinere Verteilungsbürokratie

3. Mit der negativen Einkommenssteuer können nicht nur die Zahlungen der Sozialversicherungen entfallen, sondern auch Subventionen von meritorischen Gütern sowie möglichst alle anderen finanziellen Vergünstigungen. Damit würde die bürokratische Riesenarbeit zur Verteilung der unzähligen sozialen Vergünstigungen überflüssig.

Unterstützung nur für Bedürftige

4. Nur Bedürftige erhalten öffentliche Unterstützungen, zum einen weil mit der Einkommenssteuer alle Einkommen, auch die Kapitaleinkommen, berücksichtigt werden, zum anderen weil Wohlhabende nicht mehr von Vergünstigungen und Subventionen profitieren können.

kostenwahre Preise

5. Mit der Streichung von Vergünstigungen und Subventionen spiegeln die Preise eher die Knappheit der betreffenden Güter wider. Dies würde zur besseren Nutzung der Ressourcen anregen.

Fragen zum 10. Kapitel, Sozialpolitik

1. Ordnen Sie jedem Fachbegriff die passende Ziffer zu:

..... Sozialpolitik

..... Verteilungspolitik

..... Leistungsgerechtigkeit

..... Grenzprodukt, Grenzertrag

..... Bedarfsgerechtigkeit

..... Gleichheit

..... Sozialversicherung

..... meritorische Güter

..... demeritorische Güter

..... progressive Steuern

..... proportionale Steuern

..... regressive Steuern

..... Kausalprinzip

..... Finalprinzip

..... externe Nutzen

..... negative Einkommenssteuer

a   Güter, vor denen nach Ansicht der Gesellschaft die Menschen geschützt werden sollten

b   Dieses Konzept orientiert sich an den Bedürfnissen. Danach hat ein Mensch ein Anrecht auf das, was er braucht.

c   Versuch, mit staatlichen Maßnahmen die Einkommens- und Vermögensverteilung zu beeinflussen; Teil der Sozialpolitik im weiteren Sinn

d   Integration von Steuern und staatlichen Unterstützungen in einem Tarif

e   Steuern, die niedrige Einkommen prozentual stärker belasten als hohe

f   Versicherung, die in der Regel obligatorisch ist und bei der die Leistungen nicht direkt den einbezahlten Prämien entsprechen

g   Unentgeltliche Nutzenstiftungen an Außenstehende, an Trittbrettfahrer

h   Alle Menschen haben die gleichen Rechte.

i   Güter, die nach Ansicht der Gesellschaft ein Mensch, unabhängig von seiner Leistung, verdient – die aber bei marktwirtschaftlicher Zuteilung nicht alle kaufen könnten oder wollten. Sie werden durch einen fürsorglichen Staat verbilligt oder (wie öffentliche Güter) gratis angeboten.

j   Die Gesamtheit der staatlichen Maßnahmen, welche die Marktwirtschaft in Richtung mehr Sicherheit und Gerechtigkeit korrigieren sollen

k   Zahlungsprinzip, nach dem Leistungen ausbezahlt werden, um ein bestimmtes Ziel zu erreichen

l   Steuern, die hohe Einkommen prozentual stärker belasten als niedrige

m   Die Belohnung soll der Leistung entsprechen, die für die Gesellschaft erbracht wird.

n   Zahlungsprinzip, nach dem Leistungen nach der versicherten Ursache ausbezahlt werden

o   Steuern, die niedrige und hohe Einkommen prozentual gleich stark belasten

p   die Produktionszunahme, die durch den Einsatz einer zusätzlichen Ressourceneinheit erreicht wird

2. Welches sind die drei Hauptziele der Sozialpolitik?

3. Welche Art von Leistung wird durch Marktkonkurrenz belohnt?

4. Weshalb können sich Schutzbestimmungen zugunsten Schwächerer gerade für diese nachteilig auswirken? Erklären Sie anhand eines Beispiels.

5. Welches sind die (drei) Hauptunterschiede zwischen einer Sozialversicherung und einer Privatversicherung?

6. Was haben öffentliche und meritorische Güter gemeinsam? Wie unterscheiden sie sich?

7. Besteht ein Rechtsanspruch auf Sozialhilfe?

8. Benennen Sie die unterschiedlichen Prinzipien, nach denen Sozialversicherungen und Sozialhilfe Leistungen auszahlen.

9. Mit welchen Maßnahmen kann der Staat die Startchancen ausgleichen?

10. Aus welchen (drei) Gründen engagiert sich der Staat in der Schul- und Berufsbildung?

11. Welche der folgenden Steuern sind progressiv, welche regressiv?

progr.	regr.	
O	O	Einkommenssteuern
O	O	Vermögenssteuern
O	O	Steuern auf Losen
O	O	Alkoholabgaben
O	O	Tabaksteuern

12. Wer ist leicht zu besteuern?

O mobile Firmen

O immobile Firmen

O international tätige Firmen

O gutverdienende Paare ohne Kinder

O Familien mit mehreren Schulkindern

O in einem Ort Verwurzelte

13. Aus welchen (vier) hauptsächlichen Gründe nehmen die Gesundheitskosten zu?

14. Welche der drei sozialstaatlichen Hauptziele haben zur Folge, dass Einkommen systematisch umverteilt werden – und welche können erreicht werden, ohne dass Einkommen systematisch umverteilt werden, weil die Beiträge den vorhersehbaren Kosten entsprechen?

11. Der Staat aus ökonomischer Sicht

11.1 Staatsaufgaben: der Staat als Produzent und Auftraggeber

Marktversagen

Fehlleistungen des Marktmechanismus, welche die bestmögliche Verwendung der knappen Ressourcen verhindern und zu Wohlstandsverlusten führen.

Eingriffe des Staates als Antwort auf Marktversagen:

1. Herstellung oder Finanzierung von Gütern mit externen Nutzen

2. Umweltpolitik

3. Wettbewerbspolitik

4. Information und Prohibition

5. Sozialpolitik

6. Konjunkturpolitik

Wir haben nun über drei Kapitel hinweg fünf verschiedene Marktversagen analysiert und als Antwort darauf den Staat (EU, Bund, Länder und Sozialversicherungen) als ergänzenden Produzenten und Regulator kennen gelernt. Zum Einstieg sind hier die wichtigsten Aktivitäten der staatlichen Organisationen nochmals kurz zusammengefasst – wiederum geordnet nach den Mängeln und Versagen des Marktes, die vom Staat im Interesse des Gemeinwohls korrigiert werden sollen:

- Die zentrale Aufgabe des Staates ist die Produktion oder Finanzierung von Gütern, die so große externe Nutzen verbreiten, dass sie von gewinnorientierten Unternehmen nicht Gewinn bringend verkauft werden könnten. Nur der Staat kann Freiheit, formale Gleichheit und Eigentum garantieren. Dafür benötigt er Gesetze, die Polizei, die Justiz usw. Aus dem gleichen Grund engagiert sich der Staat auch bei Parkanlagen, Verkehrswegen oder in der Grundlagenforschung.

- Der Staat reglementiert die Handhabung der externen Kosten durch Gebote und Verbote. Besonders wirksam könnte seine Umweltpolitik unterstützt werden, wenn er dafür sorgen würde, dass der Marktmechanismus auf die externen Kosten ausgedehnt wird. Er könnte so als Vertreter der Allgemeinheit die Verursacher von externen Kosten finanziell belangen.

- Der Staat gibt dem Marktsystem nicht nur einen rechtlichen Rahmen, er kann auch den Wettbewerb aktiv organisieren und mit Wettbewerbspolitik den Marktkräften dort den Weg ebnen, wo Monopole und Kartelle zusätzliche Gewinne auf Kosten der Nachfrager einstreichen, die Güterversorgung verschlechtern und zu viel wirtschaftliche Macht auf sich vereinen.

- Der Staat erlässt Gesetze, die mehr Transparenz auf den Märkten zum Ziel haben, und übernimmt Kontroll- und Informationsaufgaben. In extremen Fällen schränkt er sogar manipulierende Werbung ein oder verbietet (mit sehr zweifelhafter Wirkung) Produkte, die süchtig machen.

- Als Sozialstaat versucht er die Marktwirtschaft in Richtung mehr Sicherheit und Gerechtigkeit zu korrigieren. Die Chancen der Ärmeren sollen durch möglichst gleiche Bildungschancen erhöht werden. Zudem verteilt er Einkommen um: Auf der einen Seite versucht er die Reicheren mit progressiven Steuern stärker zu belasten. Auf der anderen Seite soll ein soziales Netz Not vermeiden oder vermindern. Seine wichtigsten Mittel sind gesetzlicher Schutz, Zahlungen der Sozialversicherungen, Subventionen für meritorische Güter und die Sozialhilfe.

- Schließlich versucht der Staat auch, mit seiner Konjunkturpolitik Inflationsschübe und spekulative Wechselkursfluktuationen zu verhindern sowie Konjunkturabschwünge mit Massenarbeitslosigkeit zu lindern. Das wird das Thema der Kapitel 14 bis 19 sein.

Kapitelüberblick

In diesem Kapitel wollen wir nun genauer anschauen, wie der Staat seine Aufgaben erfüllt:

- Im Abschnitt 11.2 wird der Staat ins Modell des Marktsystems eingefügt. Sie begegnen dabei auch einigen Leitlinien der Sozialen Marktwirtschaft.
- Dann schätzen wir mit verschiedenen Kennziffern die wirtschaftliche Bedeutung des Staates ein (11.3).
- Anschließend fragen wir uns, ob der Staat wirklich das Gemeinwohl fördert – denn es gibt auch Staatsversagen (11.4).
- Staatsversagen provoziert Kritik am Staat. Das im politischen Kampf vieldeutig gebrauchte Stichwort heißt Deregulierung (11.5).

11.2 Das Modell eines gemischtwirtschaftlichen Systems

Neben den privaten Unternehmen sind auch staatliche Organisationen produzierende Akteure. Wenn wir sie in unser Wirtschaftsmodell einzeichnen, ergibt sich folgendes Bild:

Grafik 11.1:
Markt- und Kreislaufmodell eines gemischtwirtschaftlichen Systems

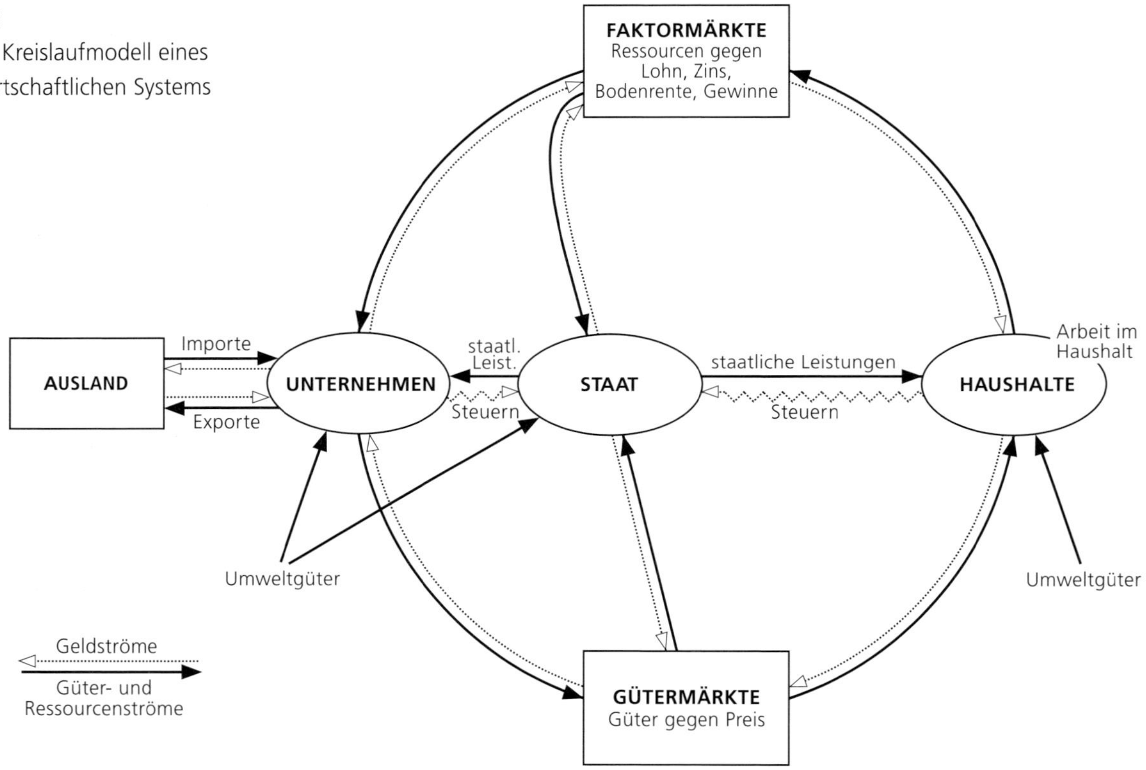

Der Staat als Produzent und als Auftraggeber

Der Staat verwendet – wie die privaten Unternehmen auch – Ressourcen. Er produziert damit Güter, vor allem Dienstleistungen, für Haushalte und Unternehmen. Dazu investiert er in Verkehrswege, Leitungen, Kläranlagen, Gerichtsgebäude, Polizeiautos oder Schulhäuser. Investitionsgüter produziert der Staat aber in der Regel nicht selber, er lässt sie gegen Bezahlung durch private Unternehmen herstellen: Im Modell sind diese Aufträge als staatliche Käufe auf den Gütermärkten eingezeichnet.

Steuern
Obligatorische Zahlungen an den Staat. Er verwendet sie zur Finanzierung seiner Aktivitäten und zur Umverteilung.

direkte und indirekte Steuern

Den größten Teil seiner Aktivitäten finanziert der Staat mit Steuern. Man unterscheidet u. a. direkte und indirekte Steuern:

- Direkte Steuern werden direkt auf die Einkommen, Vermögen und Erträgen von einzelnen Haushalten und Unternehmen erhoben.
- Indirekte Steuern werden auf Güter erhoben, z. B. auf Spirituosen, Bier, Tabak, Kaffee, Verpackungen, Strom oder Mineralöl. Die wichtigste indirekte Steuer ist die Mehrwertsteuer (MWSt). Mit ihr wird die Produktion fast aller Waren und Dienstleistungen besteuert. Ausgenommen sind Mieten, die Post und medizinische Dienstleistungen; von einem geringeren Steuersatz profitieren Nahrungsmittel, Zeitungen und Bücher – sowie Schnittblumen oder Hundefutter.

Leistungsfähigkeitsprinzip

Die Steuern sind mit gezackten Geldstromlinien eingezeichnet. Nicht etwa, weil Steuern ungern gezahlt werden. Auch die anderen Geldströme fließen ja nur zum geringsten Teil freudig. Die gezackten Linien signalisieren vielmehr, dass der größte Teil der Steuern an die Leistungsfähigkeit der einzelnen Haushalte und Unternehmen anknüpft – unabhängig davon, wie viele staatliche Leistungen sie in Anspruch nehmen. Beispiele dafür sind Steuern auf Einkommen, Gewinn, Vermögen oder auch die Mehrwertsteuer.

Äquivalenzprinzip

Daneben gibt es auch Steuern, die davon abhängig sind, in welchem Ausmaß die einzelnen natürlichen und juristischen Personen staatliche Leistungen beanspruchen. Beispiele dafür sind die Pigou-Steuer oder eine Benzinsteuer, die für den Bau und den Unterhalt von Straßen verwendet wird. Mit dem Äquivalenzprinzip ließe sich auch begründen, dass reiche Personen mehr Steuern auf Einkommen, Gewinn und Vermögen zahlen. Von vielen öffentlichen Gütern (von der Landesverteidigung über die Feuerwehr bis zur Hochschulbildung) profitieren Reiche in der Regel wohl stärker.

Lenkungssteuern

Schließlich sollen Steuern, unser Verhalten eine gewünschte Richtung lenken. Tabak- oder Alkoholsteuern werden so begründet, und auch die Umweltabgaben kann man dazu zählen.

Soziale Marktwirtschaft

Nach dieser kürzestmöglichen Übersicht über die Einnahmen des Staates zurück zu seinen Aufgaben: Beachten Sie, dass der Staat nicht zwangsläufig eine Lösung anstreben muss, wenn ein Marktversagen auftritt. Ein Problem könnte ja auch ungelöst ertragen werden, oder es könnten andere Koordinationsmechanismen einspringen. Jedes Land korrigiert denn auch auf seine Weise die Nachteile des marktwirtschaftlichen Systems.

Alfred Müller-Armack
Ludwig Erhard

In der Bundesrepublik Deutschland orientiert man sich seit ihrer Gründung am Konzept der Sozialen Marktwirtschaft. Seine Leitlinien wurden von Alfred Müller-Armack und dem ersten bundesdeutschen Wirtschaftsminister Ludwig Erhard festgelegt.

Die Soziale Marktwirtschaft will einen Rahmen schaffen, der gleichzeitig individuelle Freiheit, wirtschaftliche Leistungsfähigkeit (dank Marktkoordination) sowie sozialen Ausgleich fördert. Auf dieses Konzept einigen sich auch heute noch alle im Bundestag vertretenen Parteien –

föderalistischer Staatsaufbau

wenn auch die Vorstellungen darüber, in welchem Ausmaß und auf welchen konkreten Wegen es verwirklicht werden soll, auseinander gehen.

Eine wichtige Leitlinie der Sozialen Marktwirtschaft ist das aus der christlichen Soziallehre stammende Subsidiaritätsprinzip: Danach ist jedes Individuum selbstverantwortlich für seine eigene Lebensgestaltung. Erst wenn es ihm nicht gelingt, ein menschenwürdiges Leben zu führen, darf und muss die nächsthöhere gesellschaftliche Gruppe Verantwortung übernehmen. Sie fällt zunächst der Familie zu, dann der Nächstenhilfe, der Gemeinde, usw.

Eng ans Subsidiaritätsprinzip fügt sich der föderalistische Aufbau der Bundesrepublik. Das heißt, dass die einzelnen staatlichen Ebenen – Gemeinden, Länder und Bund – möglichst unabhängig über ihre eigenen Angelegenheiten entscheiden können. Damit gehört folgerichtig die Verteilung der Kompetenzen auf die verschiedenen staatlichen Ebenen zu den wichtigsten Entscheidungen.

Bei der Aufgaben- und Kompetenzenverteilung richtet man sich nach dem Subsidiaritätsprinzip: Probleme sollen also nur dann einer höheren staatlichen Ebene übertragen werden, wenn die tiefere Ebene nicht in der Lage ist, sie befriedigend zu bewältigen. Erinnern Sie sich daran, dass externe Effekte (welche den Staat vor zentrale Aufgaben stellen) sehr unterschiedliche Reichweiten haben können?

Im Laufe der Zeit haben sich mit wachsender Mobilität und zunehmender wirtschaftlicher Verflechtung starke Verschiebungen und Vermischungen der Aufgaben ergeben. Darauf kann hier nicht weiter eingegangen werden. Im Folgenden wird der deutsche Staat immer in seiner Gesamtheit behandelt.

11.3 Das Gewicht des Staates

Klagen über die Staatsbürde oder dann wieder mangelnde Staatsleistungen sind weit verbreitet. Wie berechtigt solche Klagen sind, kann hier nicht entschieden werden. Hier wird nur gezeigt, wie die wirtschaftliche Bedeutung des Staates auf sehr verschiedene Arten gemessen werden kann.

**zentrale Frage:
Effizienz der Staatstätigkeit**

Beachten wir zuerst, dass eine ökonomische Analyse auf das Kosten-Leistungs-Verhältnis der staatlichen Tätigkeit zielen sollte. Stehen den Steuern entsprechend nutzbringende öffentliche Leistungen gegenüber? Die Staatsbürde ist demnach umso größer, je ineffizienter der Staat im Vergleich zur Privatwirtschaft arbeitet.

Die Effizienz der gesamten Staatstätigkeit zu beurteilen, wäre eine enorme Aufgabe. Die meisten staatlichen Aufgaben betreffen ja öffentliche Güter, für die es in der Regel keine privaten Anbieter gibt. So gibt es über das Kosten-Leistungs-Verhältnis im deutschen Staat kaum mehr als anekdotische Betrachtungen. Auch die in den Medien so beliebten internationalen Vergleiche müssen die sehr unterschiedlichen Staatsleistungen ausblenden und sich auf die Staatskosten beschränken.

Im Bewusstsein, dass die wichtigste Frage – die nach der Effizienz des Staates – kaum beantwortet werden kann, konzentrieren wir uns hier auf die bloße Betrachtung der Kosten. Dazu gibt es Kennziffern, welche die wirtschaftliche Bedeutung des Staates widerspiegeln: die Staatsquoten. Sie bringen die Ausgaben des Staates in Beziehung zur gesamten Produktion in Unternehmen und Staat oder zum gesamten Geldeinkommen der Bevölkerung. Sie bezeichnen also den Anteil der Staatsausgaben am Bruttoinlandsprodukt/BIP oder am Bruttonationaleinkommen/BNE. (BNE und BIP sind Größen, auf die wir im nächsten Kapitel noch vertieft eingehen werden.)

Staatsquoten

Kennziffern, welche die Ausgaben des Staates in Beziehung zum BIP oder BNE bringen

Es gibt eine Vielzahl von Staatsquoten. Wichtige Varianten ergeben sich, weil der Staat verschieden abgegrenzt werden kann. Daten dazu finden Sie in der Tabelle 11.1

nach VGR:

Die engste Definition einer Staatsquote liefert die Volkswirtschaftliche Gesamtrechnung (VGR), welche die Größen BIP und BNE ermittelt:

Konsum via Staat (inkl. Sozialversicherungen)

1. Sie zeigt uns, welchen Anteil am gesamtwirtschaftlichen Produktionsergebnis der Verbrauch der öffentlichen Verwaltung (= Verwaltungsausgaben von Gemeinden, Länder, Bund und Sozialversicherungen) ausmachen. Ausbezahlte Gelder (wie Subventionen oder Renten) hingegen gehören hier nicht dazu, weil sie keinen staatlichen Verbrauch repräsentieren, sondern nur eine Umverteilung von Geld.

+ Investitionen des Staates

2. Je nach Fragestellung zählt die Volkswirtschaftliche Gesamtrechnung auch die Investitionen des Staates hinzu. (Zu den Investition gehören z. B. Schulbauten; die Löhne der Lehrer hingegen werden als Verwaltungsaufwand klassifiziert.) Investitionsgüter produzieren die staatlichen Verwaltungen in der Regel nicht selber, sondern geben sie bei privaten Unternehmungen in Auftrag.

Tabelle 11.1:
Deutsche Staatsquoten 2004
(zu Preisen von 2004)

Quellen:
Statistisches Bundesamt
(www.destatis.de)

ohne Transferzahlungen
(nach Volkswirtschaftlicher Gesamtrechnung)

	Anteile am BIP	Anteile am BNE
1. Verbrauch der öffentlichen Verwaltung inkl. oblig. Sozialversicherungen	18,7 %	18,8 %
2. Investitionen des Staates + Posten 1	+1,4 % 20,1 %	+1,4 % 20,2 %

inklusive Transferzahlungen
(nach Finanzstatistik)

	Anteile am BIP	Anteile am BNE
3. Laufende und Investitionsausgaben der öffentlichen Verwaltung inkl. Subventionen und Zinszahlungen	27,8 %	27,9 %
4. laufende Ausgaben und Übertragungen der Sozialversicherungen + Posten 3	+19,3 % 47,1 %	+19,4 % 47,3 %

nach Staatsrechnungen:

offizielle Staatsausgaben inklusive Zins- und Transferzahlungen

Konkurrierende Daten erhalten wir, wenn wir die Finanzstatistiken von Bund, Ländern und Gemeinden konsultieren:

3. Dort finden wir die staatlichen Ausgaben für Verbrauch und Investitionen wieder. Darüber hinaus erscheinen auch Zinszahlungen sowie alle Arten von Subventionen und Unterstützungen: Sie werden ausbezahlt an Unternehmen (Agrarbereich oder Bergbau), an kulturelle und soziale Organisationen (wie Opernhäuser oder Krankenhäuser) sowie an Haushalte (v. a. Sozialhilfe). Diese Zahlen bilden die Staatsausgaben, über die in der Politik debattiert wird und die in den Medien kommentiert werden.

   Beachten Sie aber, dass nicht mehr von einer echten Staatsquote gesprochen werden kann, sobald Zins- und Transferzahlungen in den Staatsausgaben erscheinen. Zins- und Transferzahlungen sind nämlich keine Produktion und deshalb kein Teil des BIP oder des BNE.

+ Sozialversicherungen

4. Weiter gelten auch die Verwaltungsausgaben und die Transferzahlungen der Sozialversicherungen als Staatsausgaben.

+ staatliche Beteiligungen

5. Schließlich beteiligt sich der Bund an hunderten und die Gemeinden an zehntausenden von Unternehmen, die wie private Unternehmen Marktleistungen erbringen und sie den Benutzern gegen einen Preis anbieten. (Darüber werden jährlich Beteiligungsberichte veröffentlicht.) Die gewichtigsten Unternehmen sind die Postnachfolgegesellschaften und Die Bahn, für die allein 1,8% der deutschen Beschäftigten arbeiten.

»Staatsquoten« von 19% bis über 50%

Wie Sie sehen, erhält man sehr unterschiedlich hohe »Staatsquoten« – je nachdem, ob zum eigentlichen staatlichen Kern auch staatliche Aufträge an private Unternehmen, Unterstützungszahlungen an Unternehmen, sozialstaatlich umverteilte Gelder und schließlich auch staatliche Betriebe hinzugezählt werden. Die »Staatsquoten« können von 19% bis über 50% variieren – zählt man die staatlichen Beteiligungen an Bahn, Post usw. dazu. Unternimmt man Vergleiche über die Zeit oder gar mit anderen Ländern, muss man sicherstellen können, dass von einer ähnlichen Definition der »Staatsquote« ausgegangen wird.

Staatseinnahmen

Das Gewicht des Staates lässt sich auch an den Staatseinnahmen, den Steuern und Sozialbeiträgen, ablesen. Aus ihrem Verhältnis zum BIP oder BNE lassen sich

- Steuerquoten (nur Steuereinnahmen),
- Abgabequoten (nur Sozialbeiträge) sowie
- Fiskalquoten (Steuereinnahmen + Sozialbeiträge) berechnen.

internationale Vergleiche

In den Medien finden sind internationale Vergleiche von Steuer- und Fiskalquoten beliebt. Quelle ist in der Regel die OECD, ein Auszug sei in der Tabelle 11.2 abgedruckt.

Fiskalquoten international kaum vergleichbar

Für die Frage, wie teuer uns staatliche Aktivitäten zu stehen kommen, sind internationale Vergleiche aber wenig tauglich, wenn man die veröffentlichten Länderdaten nicht mit viel Detailkenntnis korrigieren kann.

Probleme ergeben sich vor allem durch die folgenden drei unterschiedlichen Regelungen:

- Es gibt Länder mit obligatorischen, aber privaten Sozialversicherungen. Diese werden mit der Quote der Sozialbeiträge meist nicht erfasst.
- In einigen Ländern werden die Sozialleistungen versteuert, in anderen nicht.

Steuerrabatte sind Subventionen

- Es gibt von Staat zu Staat sehr unterschiedlich hohe Steuerrabatte für private Vorsorge und soziale gemeinnützige Zuwendungen – auch eine Art Sozialausgaben, die den Staatshaushalt belasten, aber nicht als solche ausgewiesen werden.

Werden die üblicherweise publizierten Daten um diese drei Unterschiede bereinigt, kann sich das Bild entscheidend verändern. So liegen bei internationalen Vergleichen die Fiskalquoten der USA und der Schweiz gewöhnlich 10% bis 15% unter dem EU-Durchschnitt. Werden aber die unterschiedlichen Regelungen mit verrechnet, gleichen sich die Quoten stark an. Die amerikanischen und schweizerischen Fiskalquoten erreichen dann etwa den europäischen Durchschnitt.

Tabelle 11.2:
Fiskalquote im OECD-Raum,
Anteile am BIP 1990 und 2003

Quelle: OECD, Revenue Statistics

	1990	2003
USA	27,3%	25,4%
Japan (1990 und 2002)	30,2%	25,8%
Schweiz	26,0%	29,8%
Kanada	35,9%	33,9%
Großbritannien	36,5%	35,3%
Deutschland	35,7%	36,2%
EU-15-Durchschnitt (1990 und 2002)	39,4%	40,6%
Österreich	40,4%	43,0%
Italien	38,9%	43,4%
Frankreich	43,0%	44,2%
Finnland	44,3%	44,9%
Dänemark	47,1%	49,0%
Schweden	53,2%	50,8%

Bedenken Sie zum Schluss, dass das Gewicht des Staates nicht nur in Staats-, Steuer- und Fiskalquoten zum Ausdruck kommt.

ehrenamtliche Arbeit

- In der Politik wird viel ehrenamtliche Arbeit geleistet. Diese vom Staat nicht vergütete Arbeit wird in den Staatsfinanzen nicht sichtbar.

Regulierungsintensität

- Vor allem aber beeinflusst der Staat die übrige Wirtschaft auch durch gesetzliche Regelungen, durch Gebote und Verbote aller Art. Sie setzen den rechtlichen Rahmen, ziehen aber keine direkten Staatsausgaben nach sich. Intelligente Regulierung kann die Leistungsfähigkeit der Wirtschaft entscheidend verbessern, ebenso wie es Regelungen gibt, die zur Verschwendung von Ressourcen führen.

Nicht erstaunlich, dass sich die Diskussion um mehr oder weniger Staat (die im Abschnitt 11.5 kurz vorgestellt wird) nicht nur um Staatsquoten dreht, sondern auch um die Auswirkungen von staatlichen Regelungen.

11.4 Der Staat als Vertreter des Gemeinwohls?

Überall dort, wo der Markt mangelhaft ist oder versagt, gibt es Vorschläge, wie der Staat im Interesse des Gemeinwohls die Marktergebnisse ergänzen und korrigieren könnte und sollte. Man ruft also nach dem Staat, der als Vertreter von uns allen das Gemeinwohl vertreten müsste.

Politikwissenschaft

Neue Politische Ökonomie

Doch wie wird bestimmt, was das Gemeinwohl sein soll? Wer bestimmt es? Und wie wird es durchgesetzt? Mit solchen Fragen befassen sich die Politikwissenschaft sowie auch die Neue Politische Ökonomie, ein seit den 70er Jahren entwickeltes gemeinsames Teilgebiet der Politikwissenschaft und der Ökonomie.

In einer Demokratie wird das Gemeinwohl durch jene Bürger und Bürgerinnen bestimmt, die am politischen Prozess teilnehmen und sich machtvoll äußern und durchsetzen können. Dabei ergeben sich mindestens drei Probleme:
1. Sonderinteressen bestimmen in hohem Maße das Gemeinwohl.
2. Der Staat verfügt in der Praxis nicht über alle nötigen Informationen.
3. Der Staat betreibt oft einen unverhältnismäßig hohen Aufwand.

11.4.1 Sonderinteressen

pluralistische Gesellschaft

Unsere Gesellschaft ist kein einheitlicher Block. Wir leben vielmehr in einer pluralistischen Gesellschaft, in der verschiedene Gruppen mit unterschiedlichen Interessen die staatlichen Entscheidungen beeinflussen. Die meisten Interessengruppen sind in Verbänden organisiert: Bauern- oder Unternehmerverbände, Gewerkschaften, Verbraucherorganisationen, Automobilverbände, Umweltschutzorganisationen und viele andere. Alle diese Verbände wurden nicht gegründet, um für das Gemeinwohl einzustehen, sondern um ihre eigenen Interessen zu vertreten – auch wenn man sich mit Vorliebe zum Gemeinwohl äußert.

Verbände
Interessenorganisationen. Die vertretenen Gruppen sollen besser gestellt werden, v. a. durch Beeinflussung staatlicher Organisationen, Absprachen auf Märkten und Information ihrer Mitglieder.

Welche Interessen setzen sich durch?

Nicht alle Gruppen können sich gleich gut Gehör verschaffen. **Kurzfristige Interessen haben im politischen Konkurrenzkampf meistens bessere Chancen als langfristige.** So sind z. B. Kampagnen für die Erhaltung der Umwelt schwieriger zu organisieren als Kämpfe zur Erhaltung von Arbeitsplätzen.

Enge, spezielle Interessen lassen sich leichter vertreten als breite, allgemeine Interessen, die fast alle haben. Kleine Organisationen können sich schlagkräftiger organisieren, weil sie weniger unter dem Trittbrettfahrerproblem leiden als größere, anonymere Gruppen. Produzenten sind darum in der Regel besser organisiert als Konsumentinnen und Konsumenten. Dafür können breite Konsumenten- oder Umweltschutzinteressen eine größere Wählerbasis ansprechen als engere Produzenteninteressen wie etwa jene der Landwirte oder des Transportgewerbes. Insbesondere wo politische Ziele gefühlsmäßig berühren, gelingt ihnen die Mobilisierung von Wählern.

Anonymität und Trittbrettfahrerproblem

Wenig Durchsetzungskraft haben jene Interessengruppen, die sich nicht selber organisieren können: z. B. psychisch Kranke, Kinder und natürlich zukünftige Generationen. Auch Alleinerziehende oder Arbeitslose lassen sich schlecht organisieren. Viele von ihnen sind ja nur vorübergehend in dieser Situation, sodass zu wenig Zeit bleibt für den Aufbau eines mächtigen Interessenverbandes. Zudem sind viele nicht gern allein erziehend oder arbeitslos. Darum verwenden sie ihre Kräfte eher darauf, einen Partner oder eine Stelle zu finden und kämpfen weniger dafür, die allgemeine Situation der Alleinerziehenden oder Arbeitslosen zu verbessern.

zentrale These der Neuen Politischen Ökonomie: Auch Politiker maximieren ihren privaten Nutzen.

Regierungsmitglieder, Zentralbankdirektoren, Parlamentsmitglieder und höhere Beamte setzen sich nicht immer für eine übergeordnete Sache ein, sondern nehmen auch private Interessen wahr und machen z. B. Karriere. Dass Staatsdiener – wie alle anderen auch – ihren Nutzen maximieren, ist die zentrale These der Neuen Politischen Ökonomie. Politiker und Beamte sind meist einer bestimmten Gruppe oder Region verpflichtet (neben ihrer Partei und ihrem angestammten Wahlkreis, z. B. dem Baugewerbe, einem Autohersteller, einer Gewerkschaft, den Großbauern, der Exportindustrie, den Ärzten oder Rechtsanwälten, usw.). Politiker und Politikerinnen maximieren ihre Wahlchancen, wenn sie sich für spezielle Gruppen einsetzen, denn diese können sich an besondere Wahlgeschenke erinnern. Die Allgemeinheit hingegen, die dafür in der Regel bezahlen muss, ist von einer einzelnen Sonder-Maßnahme kaum betroffen und bemerkt ihre Benachteiligung darum kaum.

Umgekehrt klagen Randgruppen wie Alkoholiker, Aids-Kranke oder Ausländer (die ja nicht stimmberechtigt sind), sie würden benachteiligt. Sie würden von der öffentlichen Hand schlechter bedient, weil dies unpopulär sei. Es gibt in jedem Land Politiker, die als Gegner von wehrlosen Minderheiten Karriere machen.

11.4.2 Informationsprobleme

Manipulation von Unwissenden

Verbände und Politiker, die Sonderinteressen verfolgen, haben dort ein besonders leichtes Spiel, wo die Bürgerinnen und Bürger schlecht informiert sind. »Wie der Kampf der Waschmittelfirmen um das Geld der Hausfrauen, so wird auch der Kampf der Parteien um die Wählerstimmen mit allen Mitteln der Werbung, der leeren Versprechungen, der Lüge und der Verleumdung geführt. Wird vermutet, dass der Einzelne als Käufer von Waren vom Anbieter manipuliert wird, so ist diese Vermutung im politischen Prozess erst recht am Platz, steht doch der Kandidat für ein völlig diffuses Paket von politischen Produkten und hat doch der Wähler sehr viel weniger Gelegenheit als der Käufer von Gütern, aus Fehlern zu lernen.« [1]

Doch nicht nur die Wahlberechtigten sind informiert. Auch Verbände, Parteien, Parlamente und Regierungen haben begrenzte Fähigkeiten, Informationen zu sammeln und zu verarbeiten. Selbst in einer weniger komplexen Gesellschaft gelänge es bei bestem Willen und mit größtem

---

[1] Henner Kleinewefers: Reformen für Wirtschaft und Gesellschaft, Frankfurt a. M. 1985

Aufwand nur bruchstückhaft, den meist externen Nutzen abzuschätzen, den sie mit ihren Maßnahmen und Projekten bewirken.

ungewollte Nebenwirkungen

z. B. Drogenprohibition

Mangelnde Information macht auch lange Zeit blind für ungewollte Nebenwirkungen von staatlichen Maßnahmen. Soll will man beispielsweise mit einem Drogenverbot nichts anderes bewirken, als dass kein Gift mehr gespritzt wird. Doch das Drogenverbot hat Folgeprobleme geschaffen, die größer sind als das ursprüngliche Drogenproblem: Das Verbot lässt Drogensüchtige verelenden, provoziert die Beschaffungskriminalität, bereichert die Drogenmafia und destabilisiert ganze Staaten, wie Kolumbien.

11.4.3 Ineffizienter Staat?

Verschwendung

Das Gemeinwohl ist nicht nur eine Frage des Ziels, sondern auch der eingesetzten Mittel. Staatsaktivitäten sind oft mit hohen Kosten verbunden. In den Augen vieler Bürgerinnen und Bürger arbeitet der Staat weniger effizient als private Unternehmen. Er verschwendet damit Steuergelder.

fehlende Anreize

Woher kommt die Ineffizienz des Staates? Die Ursachen liegen vor allem in den Organisations- und Anreizstrukturen im öffentlichen Sektor: Zuerst einmal ist die Messung und Bewertung der Leistungen öffentlicher Behörden schwierig. Dies erschwert nicht nur die Kontrolle, es ist auch fast nicht möglich, sinnvolle Leistungsanreize für Mitarbeiter in öffentlichen Verwaltungen zu entwickeln. Zudem stellt der Staat ja zum größten Teil öffentliche Güter her, die nicht auf Märkten verkauft werden. Damit fehlt in den meisten Fällen der Konkurrenzdruck, wie ihn private Unternehmen spüren.

einengende Bürokratie

Die Verfolgung des Gemeinwohls in einer komplexen Gesellschaft verlangt mehr Gesetze und Verordnungen, als es sich die meisten vorstellen können. Viele erkennen den Sinn der unzähligen Bestimmungen nicht mehr und fühlen sich durch die staatliche Hierarchie und die wuchernde Bürokratie eingeengt. Allzu oft seien bei der Bekämpfung von Marktversagen die administrativen Kosten größer als die Schäden eines in Kauf genommenen Marktversagens.

Fazit: Tritt ein Marktversagen auf, wird in der Regel nach dem Staat gerufen, um es zu beheben. Doch auch der Staat funktioniert nicht immer perfekt – er ist kein allwissender und wohlwollender Lenker, der immer fähig und willens ist, das öffentliche Interesse durchzusetzen. So wird das Gemeinwohl in hohem Maße von Sonderinteressen bestimmt, der Staat verfügt in der Praxis nicht über alle nötigen Informationen, und er muss oft einen unverhältnismäßig hohen Aufwand betreiben.

Staatsversagen
Fehlleistungen von staatlichen Organisationen, die zu Wohlstandsverlusten führen

Politikversagen
Bürokratieversagen

Staatliche Fehlleistungen, die zu Wohlstandsverlusten führen, nennt man Staatsversagen. Breit diskutiert werden solche Fehlleistungen in der Umwelt-, der Wettbewerbs-, der Drogen-, der Sozial- oder auch in der Konjunkturpolitik. Wer speziell an die Missachtung des Gemeinwohls bei politischen Entscheidungen denkt, spricht von Politikversagen, wer das unzweckmäßige Funktionieren der staatlichen Verwaltung im Auge hat, von Bürokratieversagen.

11.5 Der Kampf um das Ausmaß der Staatstätigkeit

Kritik an der Staatstätigkeit

Seit den 80er Jahren ist die Zahl der Stimmen angestiegen, die das Ausmaß der Staatstätigkeit kritisieren. Zwar wird anerkannt, dass es Marktversagen gibt, die staatliche Aktivitäten im Auftrag der Gemeinschaft rechtfertigen. So sind funktionierende Märkte nur innerhalb stabiler politischer Rahmenbedingungen und -regelungen möglich. Aber es wird kritisiert, dass der Staat zu viel des Guten tut und überfordert ist. Deshalb soll den Marktkräften wieder mehr Raum gelassen werden. Der Staat soll Eingriffe in das Marktgeschehen möglichst unterlassen und seine Vorschriften abbauen, er soll »deregulieren«. Allerdings gehen die Vorschläge verschieden weit. Nicht zuletzt sind auch die Motive unterschiedlich:

Ideologie

- Es gibt Deregulierer, die aus weltanschaulichen Gründen fast überall auf Marktlösungen schwören und dem Staat grundsätzlich die Fähigkeit absprechen, komplizierte Probleme zu lösen. Die offensive Forderung nach Deregulierung wird auch mit der genau genommen unpassenden Kampfformel Neoliberalismus bezeichnet.

Effizienz

- An konkreten Lösungen Interessierte nehmen nicht an, dass der Staat bei Marktversagen immer gute Leistungen erbringt. Aber sie gehen auch nicht davon aus, dass er von vornherein alles schlechter macht als der Markt. Darum soll von Fall zu Fall abgewogen werden, ob der Staat einem Marktversagen oder einer Ungerechtigkeit entgegentreten soll. Dabei müsse man auch berücksichtigen, dass Staatsaktivitäten andere Kräfte lähmen, die sich ebenfalls für Lösungen anbieten könnten: die Familie, gemeinnützige Organisationen oder Gewerkschaften.

in Konkurrenz zu Kleingruppen- und Interessensolidarität

Verteilungskampf

- In der täglichen politischen Diskussion schließlich sind jene Kontrahenten am lautesten, denen es weniger um eine effizientere Volkswirtschaft und um eine besser funktionierende Gesellschaft geht, sondern um handfeste Vorteile im Verteilungskampf. Dann wird von Fall zu Fall für mehr oder für weniger Markt eingetreten: So will man als Deregulierer vielleicht weniger Steuern bezahlen, aber als Lieferant des Staates weiterhin von hohen Tarifen profitieren. Man stört sich an Umweltauflagen und kämpft gleichzeitig gegen die Auflösung seines Kartells. Man genießt als Unternehmer seine eigene starke Marktposition, doch man stört sich an der Macht der Gewerkschaft im eigenen Betrieb, usw. Horst Seehofer soll dazu gesagt haben: »Eine meiner Erfahrungen ist, dass man die Befürworter der freien Marktwirtschaft am meisten dadurch erschrecken kann, dass man die Marktwirtschaft einführen will.«

Deregulierung
vieldeutiger und im politischen Kampf um die Staatstätigkeit gebrauchter Begriff. Allgemein versteht man darunter die Abschaffung, Lockerung oder Vereinfachung staatlicher Vorschriften.

sechs Schwerpunkte

Die Diskussion um Deregulierung und Abbau der Staatstätigkeit ist weit gefächert – zu den wichtigsten Facetten gehören die folgenden sechs:
- Wettbewerb
- Papierkrieg
- staatliche Lenkung durch Marktanreize
- soziales Netz
- Privatisierung von Staatsbetrieben
- Reduktion der staatlichen Verwaltungsstätigkeit

1. Wettbewerb

Deregulierer stellen sich gegen staatliche Einschränkungen des Wettbewerbs, die auf Kosten der Allgemeinheit einzelnen Gruppen zugute kommen, so etwa den Landwirten, dem Steinkohlenbergbau, der Werftindustrie oder den Pharmaherstellern.

Als störend werden auch die Zulassungsbestimmungen für viele Berufe und Gewerbe empfunden: Wer etwa einen Lebensmittelladen oder ein Restaurant eröffnen will, muss sich aufwändigen Zulassungskontrollen unterwerfen. Wer sich als Handwerker selbständig machen will, benötigt teilweise noch einen Meisterbrief und ist damit der lokalen Handwerkskammer (und damit der zukünftigen Konkurrenz) ausgeliefert.

weniger Staat oder mehr Markt?

Besonders umstritten ist die Deregulierung, wo die Marktkräfte selber Monopolisierungstendenzen begünstigen und darum eine Zunahme von privater Marktmacht befürchtet wird (so bei Telekommunikation, Stromversorgung oder Medien). Um dem Marktwettbewerb möglichst freien Raum zu geben, genügt es nicht immer, möglichst viele staatliche Regulierungen abzuschaffen. Der Staat muss manchmal freie Märkte schützen und den Wettbewerb aktiv fördern. (Vgl. Abschnitte 8.1.3 und 8.3.)

2. Reduktion von Formalitäten

Unzählige Klagen betreffen die administrativen Hindernisse, die Unternehmen neben ihrer Arbeit überwinden müssen. Der Staat solle seine Verfahren beschleunigen, die Koordination der beteiligten Behörden verbessern, das Recht transparenter gestalten und sich mehr an den Kunden orientieren.

Allerdings könnte man bei Versuchen, die staatlichen Verfahren zu vereinfachen, die ernüchternde Erfahrung machen, dass sich die Dichte des regulatorischen Geflechts aus einer Vielzahl von Maßnahmen ergibt, die je für sich betrachtet eine hohe Berechtigung aufweisen.

3. Marktkonforme Maßnahmen anstelle von nichtmarktkonformen

Wo staatliche Eingriffe nötig sind, sollten sie marktkonform sein. Nichtmarktkonforme Regulierungen werden von unerwünschten Nebenwirkungen begleitet und führen zu noch mehr Maßnahmen. Folgerichtig werden auch mehr Marktanreize im Umweltschutz gefordert: An die Stelle von erfolglosen und kostspieligen Umweltvorschriften und unnötig umständlichen Baubewilligungsverfahren soll eine Internalisierung der externen Kosten durch Umweltabgaben treten (dazu der Abschnitt 7.6).

Unter der Flagge Deregulierung segeln aber auch Vorschläge für generell weniger Umweltschutz. Dies zeigt, wie vielfältig und missverständlich dieses Schlagwort verwendet werden kann:

Umweltschutz durch Marktanreize benötigt den Staat.

- Heißt Deregulierung mehr Markt anstelle von unwirksamen Staatseingriffen? Dann muss das Problem der ungenügenden Eigentums- und Nutzungsrechte an den Umweltressourcen geregelt werden. Sie müssen Preise erhalten, die ihre Knappheit widerspiegeln – und dies kann nur der Staat leisten.

Weniger Staat heißt nicht immer mehr Markt.

- Oder versteht man unter Deregulierung vor allem weniger Staat, um mehr Umweltressourcen auf Kosten anderer beziehen zu können? (Denn vergessen wir nicht: Wo Eigentums- und Nutzungsrechte nicht klar festgelegt sind und verteidigt werden, entsteht kein Markt, sondern kann sich das Faustrecht ausbreiten.)

4. Grenzen des Sozialstaats?

Der Sozialstaat wurde so ausgebaut, dass eine Mehrheit der Wähler profitieren konnte. Um ihre Gefolgschaft bei der Stange zu halten und um wiedergewählt zu werden, mussten die Politiker die sozialpolitischen Maßnahmen so gestalten, dass auch die Mittelschichten in den Genuss von Vorteilen kamen. Zudem, wird kritisiert, hätten sich **gut organisierte Sonderinteressen teuere Vorteile zugeschanzt.** Die Folgen wurden schon im Abschnitt 10.6 thematisiert: Man bezweifelt die Effizienz des Sozialstaats, diskutiert seine Finanzierbarkeit und kritisiert, er bevormunde und er verleite zu Passivität.

Kleingruppen- und Interessensolidarität

Allerdings geht es gerade im Sozialbereich nicht nur um eine Entscheidung zwischen Markt und Staat. Vielmehr sollen die Leistungen von solidarischen Koordinationsmechanismen stärker genutzt werden. Dabei möchten Konservative die Familie wieder vermehrt zu Solidarität verpflichten (in der Praxis ausgeübt durch Frauen), während Progressive freiwillige Selbsthilfegruppen und Nachbarschaftshilfen aufbauen. Viele, die sich engagieren, möchten der Welt des Wettbewerbs und des Gewinns etwas entgegensetzen. Und Deregulierer erhoffen sich, dass hier Familie, Nachbarschaft und Vereine an die Stelle des Staates treten.

5. Privatisierung von Staatsbetrieben

Vor allem in den 80er und 90er Jahren wurden viele Staatsbetriebe privatisiert. Zum einen waren es Betriebe mit Gütern, die üblicherweise von Privatunternehmen produziert werden (wie Renault, BP oder die Lufthansa), aber auch um Betriebe, die traditionelle staatliche Infrastrukturaufgaben übernehmen, wie Bahn, Post, Telefon, Fernsehen, Radio oder auch Krankenhäuser, Hochschulen, Friedhöfe und Gefängnisse.

Befürworter

Befürworter von Privatisierungen gehen davon aus, dass private Güter (Güter ohne nennenswerte externe Effekte) von privaten Unternehmen produziert werden sollen, der Staat habe andere Aufgaben. Zudem

und Gegner

seien private Unternehmen effizienter geführt und ihr Handlungsspielraum sei größer. Gegner meinen, die Frage des Eigentums spiele eine untergeordnete Rolle. Wichtig sei, dass ein fähiges Management gewählt werde, dass es die geeigneten Anreize erhält und dass die Angestellten sich mit den Zielen des Unternehmens identifizieren. Zudem schaden Privatisierungen, wenn sie zu privaten Monopolen führen.

mehr Effizienz oder Geldbeschaffung?

Hinter Privatisierungen stehen oft zwei Gründe: Erstens soll Wettbewerb die Effizienz der Unternehmen erhöhen und die Preise für die Verbraucher senken. Zweitens will man für den Staat Geld beschaffen. Beide Ziele sind oft in Konflikt: Würde ein Monopol-Staatsbetrieb vor dem Verkauf aufgeteilt, könnte mehr Wettbewerb die Effizienz fördern. Aber für Käufer wäre ein Monopolbetrieb lukrativer, und damit würde auch ein höherer Verkaufspreis in die Staatskasse fließen.

6. Reduktion der staatlichen Leistungen

Schließlich gibt es politische Kräfte, die generell das Ausmaß der staatlichen Leistungen reduzieren wollen. Dieses Ziel wird v.a. über Steuersenkungen angestrebt. Weil in der Regel bei Steuersenkungen die eigene Klientel profitiert und bei Sparmaßnahmen verschont werden soll, ist unklar, wann es wirklich um die Reduktion der Staatstätigkeit und wann es um Umverteilung geht.

Fragen zum 11. Kapitel, Staat

1. Ordnen Sie jedem Fachbegriff die passende Ziffer zu:

..... Marktversagen

..... Steuern

..... Subsidiaritätsprinzip

..... Staatsquoten

..... Verbände

..... Staatsversagen

..... Deregulierung

a Fehlleistungen von staatlichen Organisationen, die zu Wohlstandsverlusten führen

c Obligatorische Zahlungen an den Staat. Er verwendet sie zur Finanzierung seiner Aktivitäten und zur Umverteilung.

d Abschaffung, Lockerung oder Vereinfachung staatlicher Vorschriften

f Fehlleistungen des Marktmechanismus, welche zu Wohlstandsverlusten führen

g Kennziffern, welche die Ausgaben des Staates in Beziehung zum BIP oder BNE bringen

h Probleme sollen nur dann einer höheren gesellschaftlichen Ebene übertragen werden, wenn die tiefere Ebene nicht in der Lage ist, sie befriedigend zu bewältigen.

i) Interessenorganisationen

2. Welches sind die sechs wichtigsten Marktversagen, in je einem Stichwort?

3. Welche Marktversagen veranlassen den Staat zur Finanzierung oder Produktion der folgenden Güter?
   a) Polizei
   b) Subventionen für Altersrenten
   c) Straßenreinigung
   d) Überprüfung von Medikamenten
   e) Kläranlagen
   f) Verbot für Alkoholwerbung
   g) Kontrolle von Personenliften
   h) Überwachung der Fernmelde-Tarife
   i) Volksschule (zwei Marktversagen)

4. Gelingt es Ihnen, ein Markt- und Kreislaufmodell eines gemischtwirtschaftlichen Systems (mit Ausland) zu zeichnen?

5. Was wird mit direkten Steuern belastet?

6. Wo werden indirekte Steuern erhoben und worauf?

7. Welchen drei Zwecken können Steuern dienen?

8. »Ökonomisch gesehen sind Ausnahmen und Vergünstigungen bei Steuern nichts anderes als Subventionen.«
   a) Erklären Sie die Aussage.
   b) Unter der Annahme, sonst ändere sich nichts an der Staatstätigkeit und ihre Finanzierung bleibe gesichert: Wie verändert sich die Steuerquote der Finanzstatistik mit Steuerrabatten – wie mit Subventionen?

9. Welches sind die drei wichtigsten Gründe für Staatsversagen, in Stichworten?

10. Soll der Staat (um das Gemeinwohl zu fördern) immer eingreifen, wenn ein Marktversagen vorliegt?

11. Werden alle Ressourcen (auch die Umweltgüter) weniger verschwenderisch genutzt, steigt unser Wohlstand. Warum ist dann für wirksame Umweltmaßnahmen der Weg durch die politischen Instanzen so schwierig?

12. »Deregulierung bedeutet weniger Umweltschutz!« »Nein, Deregulierung bedeutet effizienteren Umweltschutz!« Erklären Sie, wie vielfältig das Wort »deregulieren« im Umweltbereich verwendet werden kann.

13. Versetzen Sie sich in die Lage eines Finanzministers, der sich zum Ziel gesetzt hat, seine Steuereinnahmen zu maximieren. Dabei muss er vor allem beachten, dass er die Steuersubstanz nicht untergräbt, weil die Steuerzahler ja preiselastisch reagieren und sogar abwandern können. Welche Steuer werden Sie anheben?
   a) Die Zigarettensteuer oder die Kinosteuer? Warum?
   b) Die Steuer auf Arbeit oder auf Kapital? Warum?

14. Im ersten Kapitel wurde unterschieden zwischen positiven und normativen Aussagen. Um welche Art von Aussagen handelt es sich im Folgenden?

positiv	normativ	
O	O	Wo externe Nutzen auftreten, wird nach staatlichen Aktivitäten gerufen.
O	O	Wo der Wettbewerb eingeschränkt ist, soll der Staat aktiv werden.
O	O	Der Staat ist der Hauptproduzent von externen Nutzen.
O	O	Der Staat übernimmt eine Verantwortung für den sozialen Frieden.
O	O	Der Staat soll Verantwortung für den sozialen Frieden übernehmen.
O	O	Die Ausgaben der deutschen Sozialhilfe nahmen in den 90er Jahren stark zu.
O	O	Spezielle Interessen lassen sich leichter politisch vertreten als allgemeine.
O	O	Der Staat soll nicht bei jedem Marktversagen eingreifen, da auch der Staat versagen kann.

Wohlstand und Wirtschaftswachstum

12. Die Messung von wirtschaftlichem Erfolg

Wir haben während elf Kapiteln analysiert, wie mit knappen Ressourcen jene Güter hergestellt werden könnten, die unsere Bedürfnisse möglichst gut befriedigen. Hier interessiert uns nun, wie gut uns das auch gelingt. Dabei können wir drei verschiedene Fragengruppen unterscheiden:

1. **Wie gut befriedigen wir unsere Bedürfnisse?** Das heißt, wie groß ist unsere Lebensqualität, unsere Wohlfahrt? Steigt sie oder sinkt sie? Damit befassen wir uns kurz im Abschnitt 12.1.

2. **Welche Gütermenge wird produziert und verbraucht?** Die Waren und Dienstleistungen, die in Unternehmen und Staat hergestellt werden, sind das Thema des Abschnitts 12.2. Und wie Wohlstand gemessen werden kann, fragen wir im Abschnitt 12.3.

3. **Bauen wir Ressourcen auf oder ab?** Verbrauchen wir mehr, als wir produzieren, oder weniger? Bauen wir Ressourcen auf, sodass wir hoffen können, in Zukunft besser zu leben? Oder greifen wir unsere Substanz an und kalkulieren dabei ein, dass es uns in Zukunft schlechter geht? Darauf werden wir im nächsten Kapitel, in den Abschnitten 13.3 und 13.5, eingehen.

Im ersten Kapitel wurde mit der folgenden Grafik die wirtschaftliche Grundfrage dargestellt. Hier zeigt sie uns, welchen Platz die drei Fragestellungen haben.

Grafik 12.1:
Drei Ansatzpunkte für die Messung des wirtschaftlichen Erfolgs

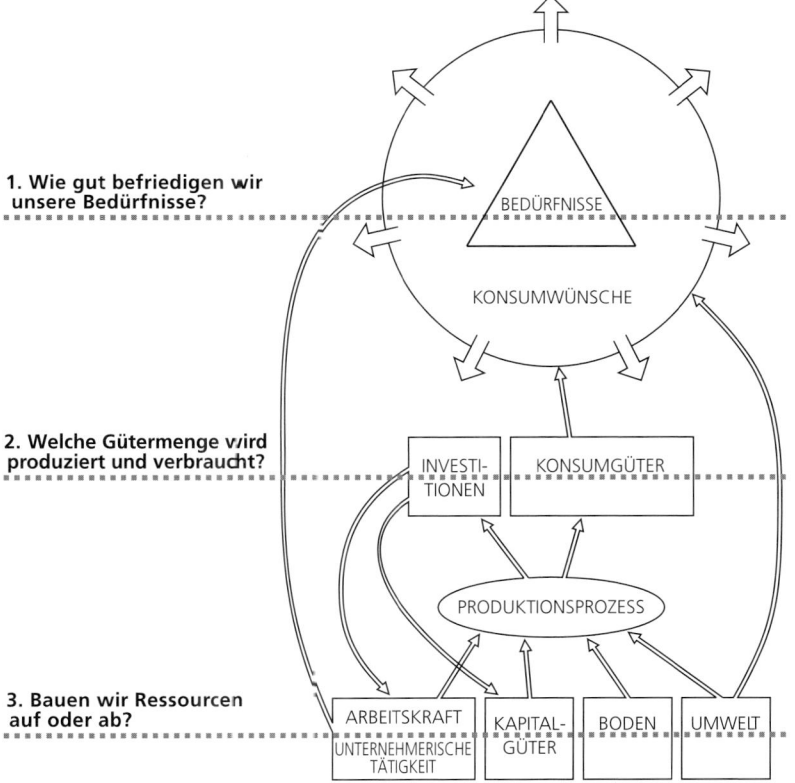

12.1 Wie gut befriedigen wir unsere Bedürfnisse?

Die Suche nach geeigneten Indikatoren

Um abzuschätzen, wie gut unsere Bedürfnisse befriedigt sind, geht man vorteilhafterweise von einer etablierten Bedürfnistheorie aus. Versuchen wir es darum mit der Maslowschen Bedürfnispyramide: Auf der untersten Stufe, den körperlichen Bedürfnissen, bewegen wir uns noch in einem gut messbaren Bereich. Entsprechend leicht lassen sich Indikatoren (Anzeiger) finden: Wie gut essen wir? Wie kleiden wir uns? Wie wohnen wir oder wie gut ist die eingeatmete Luft? Auch für die Gesundheit gibt es anerkannte Indikatoren: die Lebenserwartung, die Säuglingssterblichkeit oder Art, Häufigkeit und Dauer der Erkrankungen.

Wie gut wir uns gegen Wechselfälle des Schicksals abgesichert haben, lässt sich aber schon weniger genau erfassen. Und kommen wir in noch höhere Bereiche, untersuchen wir bald einmal, wie zufrieden und wie glücklich wir sind und wie interessant wir unser Leben finden. Wir sind da weitgehend auf subjektive Einschätzungen angewiesen.

Sozialindikatoren
Daten, die Entwicklungen in der Gesellschaft anzeigen und die Beurteilung der Lebensqualität ermöglichen

Mit dem Ziel, diese Schwierigkeiten zu meistern, hat man Messgrößen entwickelt, mit denen unsere Lebensqualität erfasst werden soll. Man nennt sie Sozialindikatoren. In den 60er und 70er Jahren wurden umfassende Indikatorensysteme konstruiert, um den Erfolg unserer wirtschaftlichen Anstrengungen zu beurteilen. Breitere Anerkennung fand das System der OECD, das acht Bereiche festlegt: Gesundheit, Bildung, Geldeinkommen, Arbeitswelt, Freizeit, Umwelt, Sicherheit und soziale Beteiligungschancen. Diese Hauptbereiche werden untergliedert in Unterbereiche und diese wiederum in Teilgebiete, bis man schließlich zu messbaren Größen gelangt. Nach diesem System sollten sich die verschiedenen nationalen Statistiken richten. Dadurch sollte eher gewährleistet sein, dass die Ergebnisse international vergleichbar sind.

Wohlfahrt, Lebensqualität
nicht genau definierte Begriffe, die neben Wohlstand auch die soziale Umwelt, menschliche Freiheiten und rechtliche Gleichheit umfassen; werden mit Sozialindikatoren erfasst

Benotung und Gewichtung

Die anfängliche Begeisterung für Sozialindikatoren ist heute verflacht. Nur wenige Länder (neben Deutschland auch die USA und Japan) haben bisher die nötigen Daten regelmäßig erhoben. Größte Probleme verursacht das Ziel, einzelne Indikatoren zusammenzufassen. Dahinter steht der Wunsch, die Buntheit der Bedürfnisbefriedigung auf einige wenige Maßzahlen zu reduzieren, vielleicht sogar auf ein einziges Maß, das den Stand und die Veränderung unserer Lebensqualität widerspiegelt. Um die verschiedenen Einzelindikatoren zusammenzählen zu können, müssen sie benotet und gewichtet werden. Wie aber sollen zum Beispiel die Lebenserwartung, die bei uns nur noch schwach steigt, und das explosiv wachsende kulturelle Angebot zusammengezählt werden? Kurz: Es wird kaum je allgemein akzeptierte Maßzahlen für die Lebensqualität geben.

Human Development Indicator
(www.undp.org)

Viel Beachtung erhält die Sammlung von Sozialindikatoren der UNO. Sie publiziert in ihrem Human Development Report jedes Jahr Dutzende von Indikatoren für die meisten Länder der Welt. In ihrem Human Development Indicator sind aber nur drei Messgrößen integriert: die Lebenserwartung, die Schulbildung und das Bruttoinlandsprodukt pro Kopf.

12.2 Volkswirtschaftliche Gesamtrechnung

nur Produktion und Einkommen in Unternehmen und Staat

Während man mit Sozialindikatoren die Wohlfahrt messen will, ist die Volkswirtschaftliche Gesamtrechnung viel weniger anspruchsvoll. Sie beschränkt sich auf die bloße Produktion von Waren und Dienstleistungen – sogar nur auf die Produktion in Unternehmen und Staat sowie auf die Einkommen, die dort verdient werden.

für die Analyse von Arbeitslosigkeit und Inflation

Warum diese Konzentration auf die bezahlte Arbeit? Um Inflationsschübe und die immer wieder auftretende Massenarbeitslosigkeit zu verstehen. Wollen wir diese zwei Probleme analysieren, müssen wir wissen, in welchem Umfang Unternehmen und Staat verkaufen und produzieren. (Hier wird also Vorarbeit für die Kapitel 14 bis 19 geleistet.)

Messung der Stromstärke im Wirtschaftskreislauf

An der Volkswirtschaftlichen Gesamtrechnung wird – nach den internationalen und europäischen Normen SNA 93 und ESVG 95 – im Statistischen Bundesamt gearbeitet, das für jedes Jahr neue Zahlen veröffentlicht. Informationen aus hunderten von Einzelstatistiken werden angezapft: Ausgewählte Unternehmen melden ihre Produktion, die Sozialversicherungsstatistik gibt Auskunft über Löhne, die Bankenstatistik über Kapitaleinkommen usw. Die Statistiker schätzen auf dieser Grundlage die Stromstärke des Wirtschaftskreislaufs an drei verschiedenen Orten:

1. bei der Produktion der Güter,
2. bei der Verwendung der produzierten Werte sowie
3. bei der Verteilung der erwirtschafteten Einkommen (vgl. Grafik 12.2)

Damit erhalten wir zwei zentrale Größen: **das Bruttoinlandsprodukt, abgekürzt BIP, und das Volkseinkommen, abgekürzt VE.**

12.2.1 Erste Messung des BIP: die Produktion im Inland

Wertschöpfung in Unternehmen und Staat

Das BIP umfasst den in Geld ausgedrückten Wert der Güterproduktion in den Unternehmen und im Staat innerhalb eines Jahres. Gezählt werden Konsum- und Kapitalgüter, Waren wie auch Dienstleistungen.

Wertschöpfung
Differenz zwischen dem Umsatz und den Kosten für Material und Dienstleistungen von Dritten

- Dabei wird versucht, Doppelzählungen zu vermeiden. So wird z. B. der Wert des Holzes, der schon bei den Sägereien erfasst wurde, nicht nochmals im Wert der Möbel mit gezählt – sonst hätte man ja den Holzwert doppelt gezählt. Nicht der Umsatz (Erlös) eines Unternehmens wird gemessen, sondern der erzeugte Mehrwert, die Wertschöpfung.

Grafik 12.2:
BIP und VE im Markt- und Kreislaufmodell

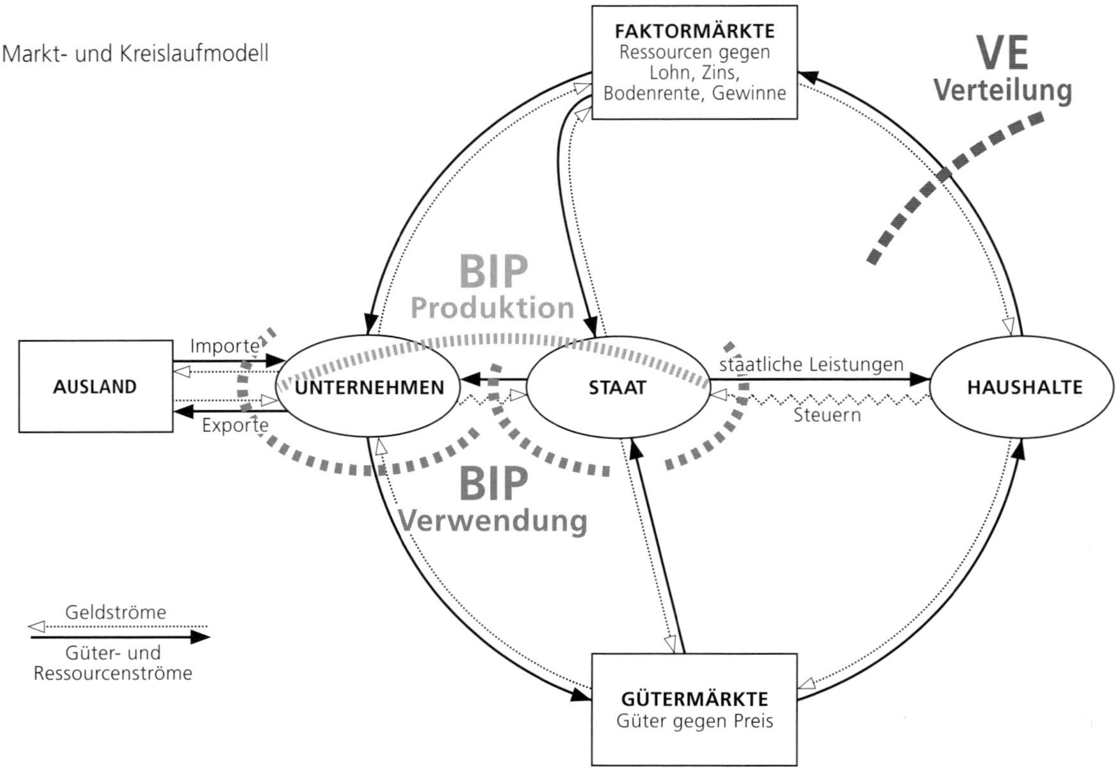

FAKTORMÄRKTE
Ressourcen gegen
Lohn, Zins,
Bodenrente, Gewinne

VE Verteilung

BIP Produktion

AUSLAND   UNTERNEHMEN   STAAT   HAUSHALTE

Importe   staatliche Leistungen
Exporte   Steuern

BIP Verwendung

Geldströme
Güter- und
Ressourcenströme

GÜTERMÄRKTE
Güter gegen Preis

im Inland neu erstellt	■ Zum Bruttoinlandsprodukt werden nur jene Werte gerechnet, die im Inland hergestellt werden. Dabei ist es egal, ob die Güter fürs In- oder Ausland produziert werden. Aber das BIP wird nicht erhöht, wenn alte Häuser, Gebrauchtwagen, alte Gemälde oder auch Wertpapiere verkauft werden.
Handelsmarge	■ Doch die Handelsmarge beim Verkauf fließt als Produktion des Handels in das BIP ein, ob nun in- oder ausländische Produkte, neue oder alte Güter verkauft werden. Die Handelsmarge ist die Wertschöpfung eines Handelsunternehmens. Wird z. B. ein japanisches Auto für 9 000 Euro importiert und für 13 000 Euro an einen Kunden verkauft, fließen 4 000 Euro als Handelsmarge des Importeurs ins BIP ein.
Wertschöpfung des Staates	■ Weil der Staat seine Leistungen nicht auf Märkten verkauft, ist der Marktwert seiner Produktion nicht bekannt. Man ermittelt darum den Aufwand der Staatstätigkeit.
ohne Transferzahlungen	■ Bloße staatliche Umverteilung von Geld, wie die Transferzahlungen von Sozialversicherungen, fließen nicht ins BIP ein – wohl aber der Verwaltungsaufwand der Sozialversicherungen.
Schattenwirtschaft nicht erfasst	■ Die Leistungen der Schattenwirtschaft bleiben vor der Volkswirtschaftlichen Gesamtrechnung verborgen: illegale Aktivitäten, wie Rauschgifthandel oder Mord auf Bestellung, und Schwarzarbeit, die den Sozialversicherungen und den Steuerbehörden nicht gemeldet wird.

Bruttoinlandsprodukt/BIP
Wert aller Waren und Dienstleistungen,
die innerhalb eines Landes
von Unternehmen und Staat
in einem Jahr produziert werden

Die jährliche Summe der inländischen Wertschöpfung in Unternehmen und Staat ergibt das BIP. 2004 belief es sich auf rund 2 207 Mrd. Euro. Pro Kopf der Bevölkerung waren das rund 26 740 Euro.

12.2.2 Zweite Messung des BIP: die Verwendung der produzierten Werte

Weil alle produzierten Werte auch irgendwie verwendet werden, können wir – unabhängig von der Produktion – die Endverwendung der neu geschaffenen Werte messen. Wofür wurden die 2004 in der BRD produzierten Werte verwendet?

privater Konsum

- Für etwa 1304 Mrd. Euro wurde privat konsumiert. Zum privaten Konsum gehören alle Käufe der Haushalte – auch ihre Autokäufe, nicht aber ihre Investitionen in Häuser.

Staatsausgaben

- Weiter konsumierten wir etwa für 413 Mrd. Euro via Staat. Dazu gehören alle geleisteten Dienste, der gesamte Verwaltungsaufwand von Bund, Ländern, Gemeinden und Sozialversicherungen.

Investitionen
laut Volkswirtschaftlicher Gesamtrechnung: Kauf von Produktionsanlagen, Gebäuden und Lagerbeständen, eingeschlossen der private Hausbau

- Zudem investierten Unternehmen, Staat und Haushalte in der BRD etwa für 381 Mrd. Euro. Die Investitionen umfassen alle Käufe von neuen Produktionsanlagen, Straßen, Leitungen, Gebäuden und Lagerbeständen, eingeschlossen der private Hausbau.[1]

Nettoexporte
= Exporte minus Importe
= Außenbeitrag

- Schließlich übertreffen regelmäßig die Exporte die Importe. Die Nettoexporte betrugen im Jahr 2004 109 Mrd. Euro. Für 109 Mrd. Euro hat das Ausland zur Verwendung unseres BIP beigetragen.

Die Endverwendung aller in Unternehmen und Staat produzierten Güter (für privaten Konsum, Konsum via Staat, Investitionen und Nettoexporte) ergibt ebenfalls das Bruttoinlandsprodukt/BIP.

12.2.3 Das BNE: Über welche Werte können die Inländer verfügen?

Bruttonationaleinkommen/BNE
früher Bruttosozialprodukt/BSP,
Wert der in einem Jahr von Unternehmen und Staat produzierten Waren und Dienstleistungen, über die alle Bewohner eines Landes verfügen können

Das deutsche BIP erfasst die Aktivitäten des Staates und der Unternehmen auf deutschem Boden (man spricht darum vom Inlandsprinzip). Mit dem Bruttonationaleinkommen/BNE drehen wir nun den Blickwinkel vom Produktionsstandort weg und interessieren uns dafür, über welche Werte die Einwohner der BRD verfügen können (Inländerprinzip).

Die in der BRD wohnenden Menschen können nämlich pro Jahr über leicht weniger neu geschaffene Werte verfügen, als in der BRD produziert wurden! Das ist möglich, weil Einkommen ins Ausland abfließen:

+ Einkommen aus dem Ausland

- In die BRD fließen die Erträge des deutschen Kapitals im Ausland sowie Löhne, die deutsche Grenzgänger im Ausland verdienen.

– Einkommen ans Ausland

- Abgezogen werden umgekehrt die Erträge des ausländischen Kapitals in der BRD sowie auch das, was Grenzgänger bei uns verdienen und an Lohn ins Ausland mitnehmen.

BNE = BIP + Nettoeinkommen aus dem Ausland

Per saldo flossen aus der BRD etwa 10 Mrd. Euro ab. Dieser Betrag vom BIP subtrahiert ergibt das BNE: etwa 2197 Mrd. Euro für das Jahr 2004. Das BNE ist damit in Deutschland leicht kleiner als das BIP.

---

[1] Allerdings sind die effektiven Investitionen um einiges größer. So wird ein großer Teil der **Schul- und Berufsbildung** (eine zentrale Investition) in der Volkswirtschaftlichen Gesamtrechnung unter staatlichem Verwaltungsaufwand und privatem Konsum verrechnet.

12.2.4 Das Volkseinkommen: die Verteilung der verfügbaren Werte

Volkseinkommen/VE

alle Entschädigungen an die Bewohner eines Landes für die während eines Jahres erbrachten Leistungen: Lohn, Zins, Bodenrente und Gewinn

funktionale Einkommensverteilung

Aufteilung der Einkommen nach Produktionsfaktoren

personelle Einkommensverteilung

Aufteilung der Einkommen nach Personen

– Abschreibungen

Verschleiß von Kapitalgütern

Nettonationaleinkommen

früher Nettosozialprodukt/NSP, Wert der in einem Jahr für Geld produzierten Güter, die alle Bewohner eines Landes verbrauchen können

Schließlich wird der Kreislaufstrom auch bei der Verteilung der Einkommen gemessen. Man erfasst alle Einkommen, die aus Arbeit, unternehmerischer Tätigkeit und Vermögen erzielt wurden. Die Summe dieser Einkommen nennt man Volkseinkommen/VE. Es belief sich 2004 auf ca. 1 636 Mrd. Euro – pro Einwohnerin und Einwohner jährlich 19 800 Euro.

Wie wird nun das Volkseinkommen verteilt?
- Etwa 69 % des geldmäßig erfassten Volkseinkommens gehen an die unselbständigen Lohnempfänger.
- Etwa 31 % werden für Zinsen, Bodenrenten, Gewinne sowie Gehälter für Selbständige[2] ausbezahlt.

Diese Aufteilung des VE nach den Produktionsfaktoren nennt man funktionale Einkommensverteilung.

Daneben ist interessant, wie sich das Geldeinkommen auf die einzelnen Personen verteilt. Diese personelle Einkommensverteilung wird unter anderem aufgrund von Stichproben zu Einkommen und Verbrauch erhoben.[3] Die Schätzungen für das Jahr 2003, eingeschlossen die staatlichen Umverteilungen, ergeben folgendes Bild:
- die ärmsten 20 % bezogen ungefähr 9,7 % der Einkommen,
- die zweitärmsten 20 % etwa 14,3 %,
- die mittleren 20 % etwa 18,0 %,
- die zweitreichsten 20 % etwa 22,6 % und
- die reichsten 20 % etwa 35,4 % der Einkommen.

Damit hätten die reichsten 20 % im Durchschnitt ein etwa dreieinhalbmal so hohes Einkommen bezogen wie die ärmsten 20 %.

Das Volkseinkommen war 2004 um etwa 561 Mrd. Euro kleiner als das BNE. Woher dieser Unterschied?
- Der größte Posten (ca. 328 Mrd. Euro) sind die Abschreibungen für den Verschleiß an Kapitalgütern. Bei der Produktion werden Kapitalgüter abgenutzt, die abgeschrieben werden müssen. Diese Abschreibungen kommen niemandem mehr zugute und müssen, bevor das erarbeitete Einkommen verteilt werden kann, abgezogen werden. **Werden vom BNE die Abschreibungen subtrahiert, erhält man das Nettonationaleinkommen, das NNE.**
- Doch auch das NNE wird noch nicht als Einkommen (Löhne, Zinsen, Bodenrenten und Gewinne) verteilt. Die Unternehmen müssen vorher noch die indirekten Steuern an den Staat abliefern. Anderseits

---

[2] Um den Anteil aller Löhne zu erhalten, müsste man zu den Löhnen der Arbeiter und Angestellten noch ein paar Prozente für die Löhne der Selbständigen dazuzählen. Denn wer in seinem eigenen Geschäft arbeitet, muss sich selber auch einen Lohn verrechnen. Viele Selbständige erfassen aber ihren Lohn und ihren Gewinn nicht separat – und somit erfasst auch die Volkswirtschaftliche Gesamtrechnung diese nicht separat.

[3] R. Hauser, I. Becker u.a: Verteilung der Einkommen 1999 – 2003, Frankfurt a. M. 2004, Datenbasis ist die Einkommens- und Verbrauchsstichprobe (EVS)

– indirekte Steuern
+ Subventionen

erhalten einige Unternehmen Subventionen, womit sie entsprechend größere Einkommen auszahlen können. Vom NNE müssen daher noch indirekte Steuern (ca. 30 Mrd. Euro) abgezogen und umgekehrt Subventionen (ca. 263 Mrd. Euro) dazugezählt werden. Erst jetzt bleibt das Volkseinkommen, das verteilt werden kann.[4]

12.2.5 BIP, BNE und VE im Zusammenhang

Den Kreislaufstrom zu schätzen, ist recht schwierig, und die Resultate sind sehr unsicher. Glücklicherweise kann der Strom an drei verschiedenen Orten gemessen werden. So kann man die beiden Größen BIP und Volkseinkommen unabhängig voneinander schätzen und anschließend vergleichen. Auf diese Weise erhält das Statistische Bundesamt eine Kontrolle, wie solide seine Schätzungen sind.

Tabelle 12.1:
Volkswirtschaftliche Gesamtrechnung für die BRD, 2004, in Mrd. Euro (provisorische Werte)

Quelle: Statistisches Bundesamt (www.destatis.de)

Produktion, Wertschöpfung (im Inland)

+ Landwirtschaft	24
+ Gewerbe ohne Bau	553
+ Bau	89
+ Handel, Gastgewerbe, Verkehr	400
+ Finanzierung, Vermietung, Unternehmensdienstleister	643
+ Öffentliche u. private Dienstleister	498

BIP   2207

Verwendung der Werte (im Inland)

+ Privater Konsum	1304
+ Konsum via Staat	413
+ Investitionen in der BRD	381
+ Nettoexporte (Außenbeitrag)	109

+ Saldo der Kapitalerträge   −10
  und Löhne gegenüber Ausland
(+ Einkommen aus dem Ausland
  − Einkommen ans Ausland)

BNE   2197

− Abschreibungen   −328

NNE   1869

− indirekte Steuern   −263
+ Subventionen   +30

Verteilung der Werte (für Inländer)

+ Einkommen aus Löhnen	1134
+ andere Einkommen	502

VE   1636

[4] Das BIP, das BNE und das NNE werden im Prinzip zu den Preisen gemessen, die auf den Gütermärkten ausgehandelt werden. Will man genau sein, versieht man alle drei Größen mit dem Zusatz »zu Marktpreisen« (»zu Gütermarktpreisen« wäre noch genauer). In allen drei Größen sind die indirekten Steuern und die Subventionen enthalten.
Zieht man beim NNE zu Gütermarktpreisen die indirekten Steuern ab und addiert dafür die Subventionen, erhält man das NNE zu den Preisen, die auf den Faktormärkten ausgehandelt werden. Dieses NNE versieht man mit dem Zusatz »zu Faktorkosten« (»zu Faktormarktpreisen« wäre konsequenter). Das Volkseinkommen wird also auch noch »NNE zu Faktorkosten« genannt.

12.2.6 Nominales und reales BIP

Das BIP wird in Geld gemessen. Nun hat aber in der Vergangenheit das Geld laufend an Wert verloren. Messen wir also mit Geld, verwenden wir einen Maßstab, der jedes Jahr etwas schrumpft. Damit wird natürlich das Wachstum des BIP überschätzt!

nominales BIP

Dieses überschätzte Wachstum zeigt die erste Kolonne der Tabelle 12.2: Das deutsche BIP betrug z. B. für das Jahr 2003 2165 Mrd. Euro und für 2004 2207 Mrd. Euro. Doch das BIP von 2003 wurde zu Preisen von 2003 bewertet, das BIP von 2004 zu Preisen von 2004. **Wird das BIP zu laufenden Preisen bewertet, nennt man es nominales BIP.** So sagt man, das nominale Bruttoinlandsprodukt sei 2004 um 2,0% gewachsen.

Tabelle 12.2:
Das deutsche BIP ab 1974

Quelle: Statistisches Bundesamt;
Daten ab 2000 provisorisch

	nominales BIP		BIP-Preise		reales BIP	
	Mrd. € zu laufenden Preisen	Zunahme pro Jahr	Index 1995 = 100	Zunahme pro Jahr	Mrd. € zu Preisen von 1995	Zunahme pro Jahr
früheres Bundesgebiet						
1974	514		51		1013	
1975	536	4,4%	53	5,5%	1003	–1,0%
1976	584	8,9%	55	3,8%	1053	5,0%
1977	624	6,8%	57	3,7%	1085	3,0%
1978	669	7,3%	60	4,2%	1117	3,0%
1979	723	7,9%	62	3,6%	1164	4,2%
1980	767	6,1%	65	4,8%	1179	1,3%
1981	800	4,4%	68	4,3%	1180	0,1%
1982	832	3,9%	71	4,8%	1171	–0,8%
1983	872	4,9%	73	3,3%	1189	1,6%
1984	915	4,9%	75	2,0%	1223	2,8%
1985	955	4,4%	76	2,2%	1249	2,2%
1986	1010	5,7%	79	3,3%	1280	2,4%
1987	1043	3,3%	80	1,8%	1298	1,5%
1988	1099	5,3%	82	1,5%	1347	3,7%
1989	1168	6,3%	83	2,3%	1400	3,9%
1990	1275	9,1%	86	3,2%	1480	5,7%
1991	1387	8,8%	89	3,5%	1555	5,1%
Deutschland						
1991	1535		89		1743	
1992	1647	7,3%	92	3,9%	1781	2,2%
1993	1694	2,9%	96	3,7%	1767	–0,8%
1994	1781	5,1%	98	2,4%	1814	2,7%
1995	1848	3,8%	100	1,9%	1848	1,9%
1996	1876	1,5%	101	0,5%	1867	1,0%
1997	1916	2,1%	101	0,3%	1901	1,8%
1998	1965	2,6%	101	0,6%	1939	2,0%
1999	2012	2,4%	102	0,4%	1978	2,0%
2000	2063	2,5%	101	–0,7%	2042	3,2%
2001	2114	2,5%	102	1,3%	2066	1,2%
2002	2149	1,7%	104	1,5%	2069	0,2%
2003	2165	0,7%	104,6	0,7%	2069	0,0%
2004	2207	2,0%	105,0	0,4%	2102	1,6%

reales BIP =
BIP zu konstanten Preisen

Preisindex

zeigt die Veränderung der Durchschnittspreise einer Gütergruppe an.
Bei der Berechnung des Durchschnitts
werden die einzelnen Güter nach ihrer
Bedeutung gewichtet.

Inflationsbereinigung

statistisches Verfahren, mit dem
nominale, d. h. zu laufenden Preisen
bewertete Größen (z. B. nominales BIP)
umgerechnet werden in reale oder inflationsbereinigte Werte (z. B. reales
BIP). Dabei werden die nominalen
Werte durch einen geeigneten Preisindex (z. B. den BIP-Preisindex) dividiert.

Gerne würden wir eigentlich den Anstieg des BIP mit einem feststehen-
den Maßstab messen. Um wie viel stieg die produzierte Gütermenge also
wirklich an, und welcher Teil des Anstiegs ist bloß darauf zurückzuführen, dass die Preise für die meisten Güter anstiegen?

Den größten Teil des Schadens können wir mit einem Preisindex
beheben, der die durchschnittliche Preisentwicklung aller Güter des BIP
angibt, dem BIP-Deflator.[5] Wie nun die Tabelle 12.2 zeigt, stiegen die
Preise für das BIP von 1995 bis 2003 von 100 auf 104,6 Indexpunkte und
bis 2004 auf 105,0. Mit diesem BIP-Preisindex berechnen wir nun das
BIP zu Preisen von 1995:

- Als erstes Beispiel wollen wir das reale BIP von 2003 berechnen: Das
  nominale BIP von 2003 wird durch den Preisindexstand von 2003 geteilt und dann mit dem Preisindexstand von 1995 multipliziert. In Zahlen: 2165 Mrd. € / 104,6 x 100 = etwa 2069 Mrd. €.
- Für das Jahr 2003 lautet die Umrechnung: 2207 Mrd. € / 105,0 x 100
  = etwa 2102 Mrd. €.

Wie stark ist nun das BIP im Jahre 2004 gewachsen? Rechnen wir mit
nominalen Größen, ergeben sich ein Zuwachs von 42 Mrd. und eine Zuwachsrate von 2,0%. Zu konstanten Preisen betrachtet, stieg es jedoch
nur um 33 Mrd. oder um etwa 1,6%.

**Mit Hilfe des BIP-Preisindexes, des BIP-Deflators, können wir das nominale
BIP um die allgemeine Preissteigerung bereinigen und erhalten so das BIP zu
konstanten Preisen. Dieses wird auch inflationsbereinigtes oder reales BIP
genannt. Wer vom Wachstum der Güterproduktion in Unternehmen und
Staat redet, sollte das inflationsbereinigte BIP verwenden.**

12.2.7   BIP-Wachstum und Wachstumsschwankungen

BIP-Wachstum

Nach den offiziellen Schätzungen der Tabelle 12.2 hat das reale BIP der
BRD von 1974 bis 2004 (zu Preisen von 1995) im Durchschnitt um 2,1%
pro Jahr zugenommen. Überblickt man wie die Grafik 12.3 die Zeit seit
den 60er Jahren, ist das durchschnittliche Wachstum höher, nämlich
2,6% pro Jahr.

**Konjunkturschwankungen
typisch für Marktwirtschaft**

Ein weiterer Blick auf die Grafik 12.3 zeigt, dass das BIP nicht immer
gleich stark wächst. Perioden mit starkem Wachstum wechseln ab mit
Perioden, in denen das BIP eher stagniert oder sogar abnimmt. Wachstumsschwankungen, Konjunkturschwankungen, gibt es seit dem Beginn der Industrialisierung; sie sind typisch für jede Marktwirtschaft.

Konjunkturzyklen?

**unregelmäßig und
schwierig vorhersehbar**

Anstelle von Konjunkturschwankungen spricht man manchmal auch
von Konjunkturzyklen. Dahinter steht die Vorstellung, der Wechsel von
Auf- und Abschwüngen sei recht regelmäßig. Man könnte in den Daten
einen Rhythmus von etwa 5 bis 9 Jahren beobachten. Doch die Schwankungen zeigen zu wenig Regelmäßigkeit, und es war schon immer
äußerst schwierig, den Konjunkturverlauf der nächsten ein oder zwei
Jahre vorauszusagen.

---

[5] Die generelle Preissteigerung und Preisindizes werden Themen des 14. Kapitels sein.

Grafik 12.3:
Die Entwicklung des realen BIP
der BRD seit 1960

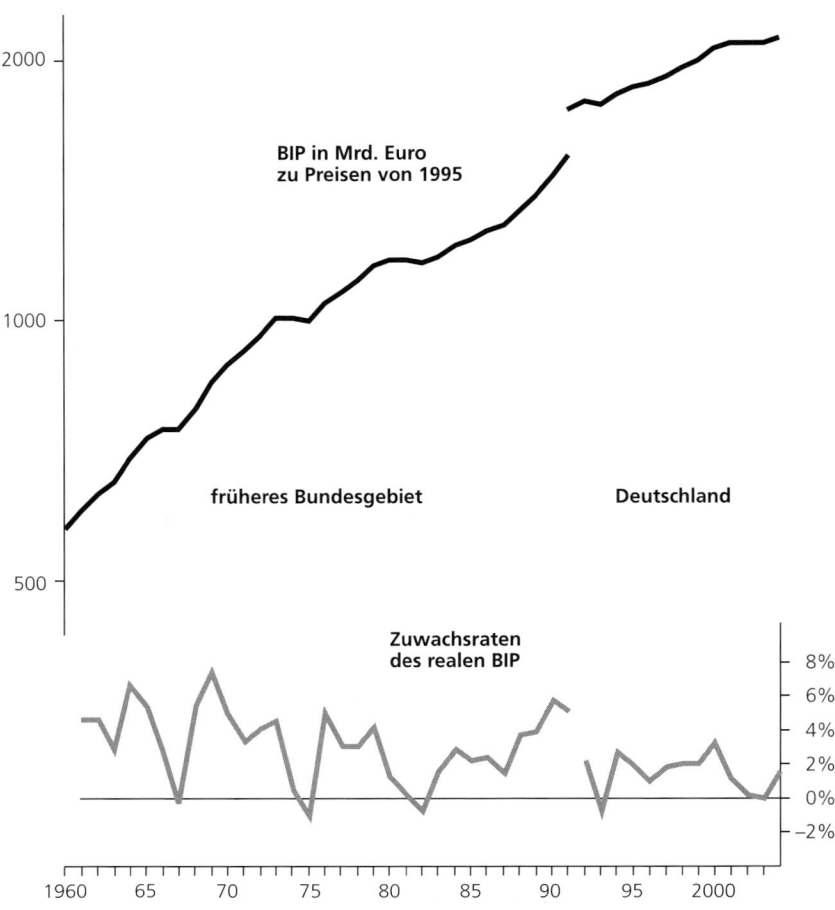

**Volkswirtschaftliche
Gesamtrechnung**
erfasst die Aktivitäten im Wirtschaftskreislauf, v. a. um Konjunkturschwankungen zu verstehen und zu bekämpfen;
weist Höhe und Zusammensetzung von
BIP, BNE, NNE und VE aus

**Vor allem um die immer wiederkehrenden Wachstumsschwankungen
zu verstehen, wurde das Konzept der Volkswirtschaftlichen Gesamtrechnung entwickelt.** Daten über die Aktivitäten auf den Güter- und Faktormärkten, in den Unternehmen und im Staat sollen es ermöglichen,
Wachstumsschwankungen zu verstehen – und sie durch geschickte
staatliche Maßnahmen sogar zu lindern.

Das BIP-Wachstum und die Wachstumsstörungen, die sehr große Ausmaße annehmen können, werden uns noch lange, nämlich in den Kapiteln 13 bis 19, beschäftigen. Doch vorher wollen wir zurückkommen auf
die Suche nach einem Wohlfahrts- oder Wohlstandsmaß.

12.3   Vom Nationaleinkommen zum Wohlstand

Was ist Wohlstand?
Verfügungsmöglichkeiten über Güter,
die wir zu unserem Lebensunterhalt
herstellen und pflegen – unabhängig
davon, ob dafür mit Geld bezahlt wird
oder nicht

Definieren wir zuerst, was hier unter »Wohlstand« verstanden werden
soll, denn dieser Begriff wird nicht überall gleich verwendet. Überblicken wir die gesamte wirtschaftliche Tätigkeit, so verstehen wir konsequenterweise unter Wohlstand alle Verfügungsmöglichkeiten über Güter,
die wir herstellen und pflegen. Dabei spielt es keine Rolle, ob wir für
diese Güter Geld bezahlen oder nicht. Damit sind auch die Resultate der
Haushaltsarbeit oder der Genuss von Umweltgütern eingeschlossen.

Ausgangsgröße BIP oder BNE?

Für die Einschätzung des so definierten Wohlstandes leistet die Volkswirtschaftliche Gesamtrechnung mit dem Bruttoinlandsprodukt und dem Bruttonationaleinkommen große Vorarbeit. So ist das BIP eine geeignete Grundlage für die Frage nach dem in einem Land geschaffenen Wohlstand. Hier wollen wir uns aber auf den Wohlstand der Bewohner eines Landes konzentrieren. Dann ist das BNE (in dem auch die Nettoeinkommen aus dem Ausland enthalten sind) die passendere Ausgangsgröße.

drei Unterschiede zwischen Wohlstand und BNE

Wo liegen nun die Unterschiede zwischen dem Wohlstand und dem Bruttonationaleinkommen? Diese Frage ist im Folgenden dreigeteilt:
- Welche Schäden, die durch unser Wirtschaften entstehen, müssten wir vom BNE abziehen? (12.3.1)
- Welche im BNE erfassten Aktivitäten müssten wir ebenfalls abziehen, weil sie nichts oder wenig zum Wohlstand beitragen? (12.3.2)
- Welche wohlstandsvermehrenden Leistungen müssten wir umgekehrt zum BNE dazuzählen, weil sie dort fehlen? (12.3.3)

Gelänge es uns, das BNE entsprechend zu korrigieren, kämen wir einem Maß für unseren Wohlstand näher.

12.3.1 Nicht erfasste Schäden

Bei jeder Produktion werden Ressourcen abgenützt und aufgebraucht. Die Volkswirtschaftliche Gesamtrechnung erfasst aber nur den Verschleiß an den Kapitalgütern. Ihre Abschreibungen werden vom BNE abgezogen, Resultat ist das Nettonationaleinkommen/NNE.

Verschleiß an Boden, Arbeitskräften und Umwelt nicht abgezogen

Nicht gemessen und in Abzug gebracht werden dagegen der Verschleiß des Bodens und der Bodenschätze, die Entwertung der Arbeitskraft durch technische Umwälzungen, die Schädigung der Arbeitskraft durch Berufskrankheiten und Berufsunfälle sowie die Schädigung der Umwelt.

externe Kosten

Bei der Schädigung der Umwelt haben wir es mit externen Kosten zu tun, die nicht auf Märkten gehandelt werden. Darum ist für sie auch kein Marktpreis bekannt. Eine Geldbewertung des Wohlstandsverlustes ist daher äußerst schwierig (vgl. Abschnitt 7.6.3).

Reparaturen im BNE enthalten

Maßnahmen, die nötig sind, um Verschleiß und Schäden zu beheben und zu verhindern, sind hingegen im BNE enthalten, denn sie kosten in der Regel Geld:
- Bei Autounfällen gehen sowohl die Rechnung des Automechanikers wie auch Arztkosten und die Kranzspenden ins BNE ein. Je mehr Unfälle, desto höher das BNE.
- Steigt die Kriminalität, steigen die Aktivitäten der Strafverfolgungsbehörden und Justizvollzugsanstalten, es steigen die Umsätze der Bewachungsfirmen und der sicherheitstechnischen Industrie, und damit steigt das BNE.
- Mehr Stress, schlechte Luft und unruhige Wohnlage führen zu mehr Krankheiten. Dies lässt u. a. den Medikamentenkonsum ansteigen und den Beitrag der Pharmaindustrie zum BNE.

- Abfallberge rufen nach Verbrennungsanlagen, Rauchgasfiltern und Entsorgungsbauten für Filterstaub. Die Produktion der Umweltindustrie steigt – nicht jedoch der Wohlstand, denn diese Produktion dient lediglich der Verhinderung von Wohlstandsverlusten, die aus unserer wirtschaftlichen Aktivität entstehen.

Die Volkswirtschaftliche Gesamtrechnung erfasst die Schädigungen unserer Ressourcen zu wenig, die Wiederherstellungen zählt sie jedoch mit. Erinnern wir uns aber an ihren Zweck: Sie will nicht den Wohlstand, sondern die Stromstärke im Wirtschaftskreislauf messen. Diese kann sich tatsächlich erhöhen, wenn Unfälle und Zerstörungen zunehmen.

12.3.2 Im BNE mitgezählt – aber nicht als Wohlstand empfunden

Die Volkswirtschaftliche Gesamtrechnung zählt viele Güter zum BNE, von denen unterschiedlich klar ist, inwieweit sie unseren Wohlstand erhöhen. Dazu drei Beispiele:

Leistungen des Staates für Unternehmen sind Zwischenprodukte.

- Vereinfachend wird unterstellt, dass alle staatlichen Leistungen den Konsumenten zur Verfügung gestellt werden. Ein beträchtlicher Teil geht aber auch an die Unternehmen, so etwa die Straßen oder ein Teil der inneren und äusseren Sicherheit. Erst die Rahmenbedingungen, die der Staat mit seinen Leistungen schafft, ermöglichen die Produktion der Unternehmen. Im Modell des Wirtschaftskreislaufes sind diese staatlichen Zwischenprodukte als Güterstrom vom Staat zu den Unternehmen eingetragen. Sie müssten, wie andere Zwischenprodukte auch, vom BNE abgezogen werden, um Doppelzählungen zu vermeiden.

Pendeln

- Immer längere Arbeitswege zwingen die Leute zu immer zeitraubenderem täglichem Pendeln vom Wohnort zum Arbeitsort. Die meisten empfinden das nicht als wohlstandssteigernd, obwohl die Volkswirtschaftliche Gesamtrechnung die Ausgaben für das Pendeln zum privaten Konsum rechnet. Wie viele fahren gerne mit dem Auto zur Arbeit, weil sie im morgendlichen und abendlichen Stau bei nostalgischer Popmusik die einzige glücklich-geruhsame Zeit des Tages erleben?

Werbung

- Wie wohlstandsmehrend empfinden Sie die Werbung, die fast 2% des BNE ausmacht? Welcher Anteil ist informativ, und welcher Anteil zielt manipulativ darauf ab, die befriedigende Funktion der Marktkräfte zu verringern?
Werden Sie durch Onlinewerbung, Plakatwände, Werbefernsehen oder Vorfilme im Kino eher belästigt? Oder werden Sie jeweils durch die Werbefilme stärker angeregt und unterhalten als durch den Hauptfilm? Und für wie schädlich halten Sie Werbung, die Kinder anspricht? Wie bewerten Sie die Werbebotschaften, die sich in unseren Köpfen ablagern? Und wie den Einfluss der Werbung auf andere Gesellschaftsbereiche, wie den Sport oder die Presse?

Es gibt unzählige Güter, die unser Wohlergehen steigern, die aber weder auf einem Markt gehandelt noch mit Steuern bezahlt werden. Entsprechend erscheinen sie nicht im BNE.

Haus-, Erziehungs- und Pflegearbeit

Haushalte
Sie sind zum einen Konsumenten der Güter, die in den Unternehmen produziert werden; zum anderen produzieren sie auch selber. Die haushaltsinterne Produktion wird jedoch von der Volkswirtschaftlichen Gesamtrechnung nicht erfasst.

freiwillige und ehrenamtliche Arbeit

- Der wichtigste Posten ist hier die Haus-, Erziehungs- und Pflegearbeit, die von Hausfrauen und manchmal auch von Hausmännern und Kindern geleistet wird. Die Haushaltsarbeit wird nur im BNE erfasst, wenn sie gegen Bezahlung geleistet wird, z. B. von einer Haushälterin. Der Wert ihrer Dienstleistungen fließt dann gemessen an ihrem Lohn ins BNE ein. Und wenn ein Mann seine Haushälterin heiratet? Dann sinkt das BNE um ihr ehemaliges Einkommen, auch wenn die im Haushalt erbrachten Leistungen die gleichen bleiben.
- Fast ein Drittel der Bevölkerung engagiert sich in der Nachbarschaftshilfe, in wohltätigen Organisationen, Krankenhäusern, Kirchen, Sportvereinen, Umweltorganisationen, politischen Parteien und staatlichen Behörden.

Schließlich fehlt auch die Schattenwirtschaft in der Volkswirtschaftlichen Gesamtrechnung. In Deutschland wurde sie für das Jahr 2003 auf 370 Mrd. Euro geschätzt. In den vergangenen dreißig Jahren hat sich ihr geschätztes Verhältnis zum offiziellen BIP Deutschlands auf etwa 17 % verdreifacht. In Südeuropa liegt das Verhältnis zwischen 22 und 28 %, in den USA bei 9 %.[6]

Schattenwirtschaft
nicht gemeldete Wirtschaftstätigkeit; umfasst Schwarzarbeit und illegale Aktivitäten; von der VGR nicht erfasst

Schwarzarbeit
Aktivitäten, die an sich legal sind, doch den Steuerbehörden, Sozialversicherungen und Ausländerbehörden nicht gemeldet werden

illegale Tätigkeit

- Zur Schattenwirtschaft gehört die Schwarzarbeit. Sie wird unter Umgehung von Steuern und Sozialversicherungsbeiträgen geleistet. Weit verbreitet ist sie im Baugewerbe und Handwerk, im Hotel- und Gastgewerbe, in der Reinigung, unter Babysittern, Frisören, Nachhilfelehrern oder Beratern. Dabei werden nicht nur magere offizielle Löhne aufgebessert; vermehrt werden auch hoch qualifizierte und gut bezahlte Dienstleistungen angeboten.
- Neben diesen an sich legalen sind auch die illegalen Tätigkeiten nicht im BNE enthalten. Der Hauptposten ist der Handel mit illegalen Drogen. Allerdings handelt es sich bei diesen nicht erfassten Werten in den Augen der meisten Menschen auch nicht um Güter, die unseren Wohlstand erhöhen.

Fazit: Das BNE ist (so wie das BIP und das VE) nicht als Wohlstandsmaß konzipiert, sondern als Maß für die Stromstärke im Wirtschaftskreislauf. Um zu verstehen, warum die Beschäftigung in Unternehmen und Staat schwankt und warum immer wieder Inflationsschübe auftreten, werden bezahlte Aktivitäten gemessen, nicht Wohlstand.
- **Darum interessieren nicht Schäden, sondern Reparaturarbeiten und Ersatzinvestitionen.**
- **Deshalb werden auch Aktivitäten mit gezählt, die viele Menschen kaum als wohlstandssteigernd betrachten.**

---

[6] Friedrich Schneider, Universität Linz

- ■ Und darum fehlen alle unbezahlten Leistungen, auch wenn sie zum Wohlstand beitragen.

Trotzdem trägt ein großer Teil der Güter, die im BNE enthalten sind, zum Wohlstand bei. Und schätzen wir zusätzlich das Ausmaß der Schäden, der kaum Wohlstand stiftenden Güter sowie der unbezahlten Leistungen ab, gewinnen wir eine Vorstellung über unseren Wohlstand.

Grafik 12.4
Nationaleinkommen und
Wohlstand im Vergleich

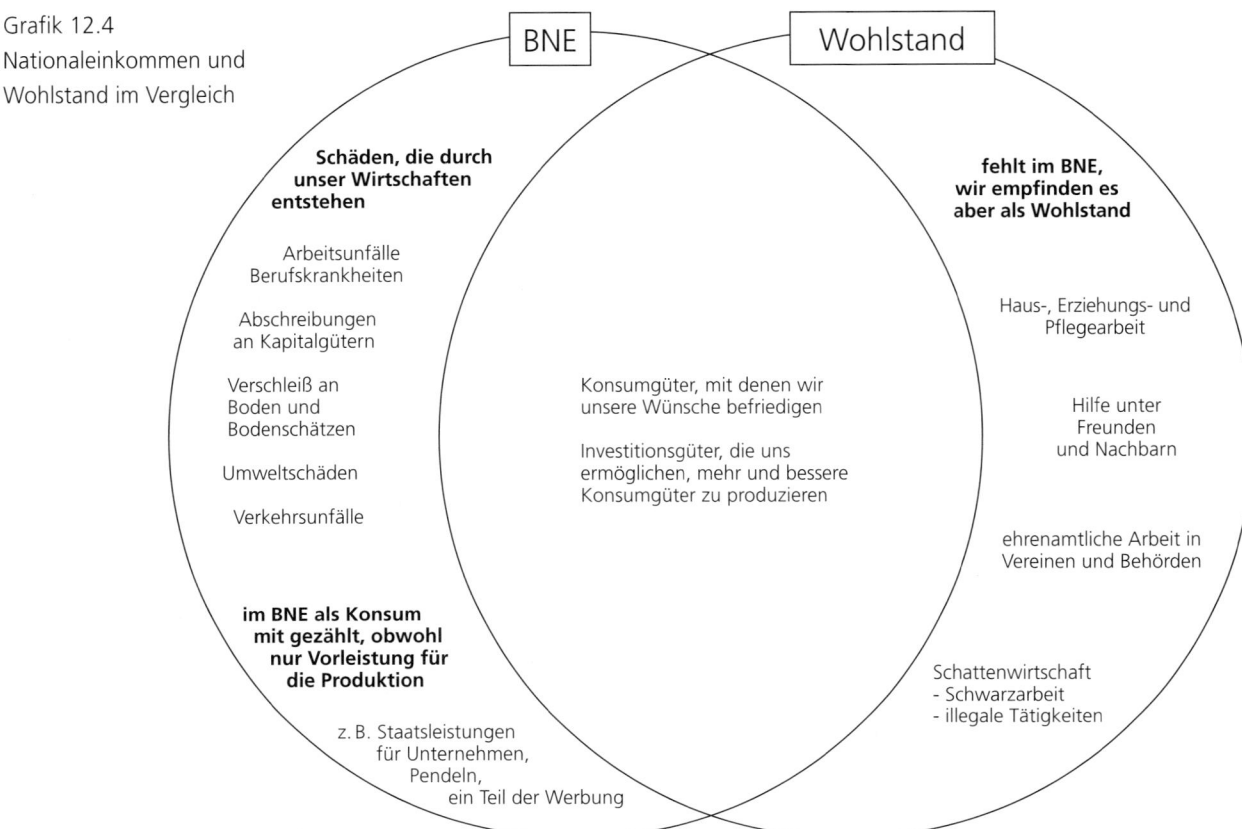

BNE   Wohlstand

Schäden, die durch unser Wirtschaften entstehen

Arbeitsunfälle
Berufskrankheiten

Abschreibungen
an Kapitalgütern

Verschleiß an
Boden und
Bodenschätzen

Umweltschäden

Verkehrsunfälle

im BNE als Konsum mit gezählt, obwohl nur Vorleistung für die Produktion

z. B. Staatsleistungen
für Unternehmen,
Pendeln,
ein Teil der Werbung

Konsumgüter, mit denen wir
unsere Wünsche befriedigen

Investitionsgüter, die uns
ermöglichen, mehr und bessere
Konsumgüter zu produzieren

fehlt im BNE, wir empfinden es aber als Wohlstand

Haus-, Erziehungs- und
Pflegearbeit

Hilfe unter
Freunden
und Nachbarn

ehrenamtliche Arbeit in
Vereinen und Behörden

Schattenwirtschaft
- Schwarzarbeit
- illegale Tätigkeiten

Fragen zum 12. Kapitel, Messung von wirtschaftlichem Erfolg

1. Ordnen Sie jedem Fachbegriff die passende Ziffer zu:

..... Sozialindikatoren

..... Wohlfahrt, Lebensqualität

..... Wertschöpfung

..... Investitionen

..... Bruttoinlandsprodukt/BIP

..... Bruttonationaleinkommen/BNE

..... Volkseinkommen/VE

..... funktionale Einkommensverteilung

..... personelle Einkommensverteilung

..... Abschreibung

..... Nettonationaleinkommen/NNE

..... Preisindex

..... Inflationsbereinigung

..... Volkswirtschaftliche Gesamtrechnung

..... Wohlstand

..... Haushalte

..... Schattenwirtschaft

..... Schwarzarbeit

a Laut Volkswirtschaftlicher Gesamtrechnung: Kauf von Produktionsanlagen, Gebäuden und Lagerbeständen, eingeschlossen der private Hausbau

b Differenz zwischen dem Umsatz und den Kosten für Material und Dienstleistungen von Dritten

c Nicht genau definierte Begriffe, die neben Wohlstand auch die soziale Umwelt, menschliche Freiheiten und rechtliche Gleichheit umfassen; werden mit Sozialindikatoren erfasst

d Verfügungsmöglichkeiten über Güter, die wir zu unserem Lebensunterhalt herstellen und pflegen – unabhängig davon, ob dafür mit Geld bezahlt wird oder nicht

e Statistisches Verfahren, mit dem nominale, d. h. zu laufenden Preisen bewertete Größen umgerechnet werden in reale Werte. Dabei werden die nominalen Werte durch einen geeigneten Preisindex dividiert.

f Verschleiß von Kapitalgütern

g Aktivitäten, die an sich legal sind, doch den Steuerbehörden, Sozialversicherungen und Ausländerbehörden nicht gemeldet werden

h Daten, die Entwicklungen in der Gesellschaft anzeigen und die Beurteilung der Lebensqualität ermöglichen

i Sie sind zum einen Konsumenten der Güter, die in den Unternehmen produziert werden; zum anderen produzieren sie auch selber. Ihre interne Produktion wird jedoch von der Volkswirtschaftlichen Gesamtrechnung nicht erfasst.

j Zeigt die Veränderung der Durchschnittspreise einer Gütergruppe an. Bei der Berechnung des Durchschnitts werden die einzelnen Güter nach ihrer Bedeutung gewichtet.

k Aufteilung der Einkommen nach Personen

l Wert der in einem Jahr von Unternehmen und Staat produzierten Waren und Dienstleistungen, über die alle Bewohner eines Landes verfügen können (ohne Abzug der Abschreibungen)

m Erfasst die Aktivitäten im Wirtschaftskreislauf, v. a. um Konjunkturschwankungen zu verstehen und zu bekämpfen; weist Höhe und Zusammensetzung von BIP, BNE, NNE und VE aus

n Wert der in einem Jahr für Geld produzierten Güter, die alle Bewohner eines Landes verbrauchen können; errechnet sich aus dem BNE, abzüglich der Abschreibungen für den Verschleiß an Kapitalgütern

o Wert aller Waren und Dienstleistungen, die innerhalb eines Landes von Unternehmen und Staat in einem Jahr produziert werden (ohne Abzug der Abschreibungen)

p Aufteilung der Einkommen nach Produktionsfaktoren

q Nicht gemeldete Wirtschaftstätigkeit, umfasst sowohl Schwarzarbeit als auch illegale Aktivitäten; wird von der Volkswirtschaftlichen Gesamtrechnung nicht erfasst

r Alle Entschädigungen an die Bewohner eines Landes für die während eines Jahres erbrachten Leistungen: Lohn, Zins, Bodenrente und Gewinn

2. Wirtschaftlicher Erfolg kann im Prinzip auf drei verschiedenen Ebenen gemessen werden. Welche sind das?

3. Welche Probleme tun sich auf beim Versuch, mit Sozialindikatoren den wirtschaftlichen Erfolg zu messen?

4. Wie viel von den folgenden Tätigkeiten geht ins deutsche BIP ein?

a) Ein Partyservice bringt eine Pizza für € 10,–.

b) Eine Ehefrau lädt Bekannte ein und gibt ein Diner, das in einem Restaurant € 700,– kosten würde.

c) Die Lufthansa kauft für 1 Mrd. € amerikanische Flugzeuge.

d) Jemand kauft Aktien für € 40000,–, davon sind € 500,– Handelsgebühren.

e) Ein Ford wird für € 30000,– importiert und für € 40000,– an einen Kunden verkauft.

f) Eine Familie bucht in Deutschland für € 6000,– ein Ferienarrangement für Tunesien.

g) Die Stadt Kiel lässt eine Straße für 3 Mio. € ausbessern.

h) Jemand verkauft sein Auto, das er einmal für € 25000,– gekauft hat, für € 5000,– und zahlt einem Händler € 500,– für die Vermittlung des Käufers.

i) Eine Frau, die bisher zu Hause gearbeitet hat (Haushalt, Kindererziehung, Garten), nimmt neu eine Stelle an und verdient € 3000,– pro Monat.
Sie engagiert dafür ein Putzinstitut für € 300,– pro Monat und erhöht das Taschengeld ihrer Tochter um € 100,– pro Monat.

j) Ein Rentner erhält € 1000,– pro Monat.

5. In welchen Ländern wird das BNE kleiner sein als das BIP? Kennen Sie zwei Beispiele?

6. »Der Umsatz des multinationalen Giganten X erreichte im vergangenen Jahr die Höhe des BIP Hollands und Belgiens zusammengenommen.« Abgesehen davon, dass der Vergleich einer Unternehmung mit ganzen Volkswirtschaften problematisch sein kann, wie steht es mit dem Vergleichsmaßstab?

7. Wo müssen die folgenden Posten erfasst werden? Kreuzen Sie an:

BIP BRD	BIP Holland	BNE BRD	BNE Holland	
O	O	O	O	Der Lohn eines Chemikers aus Aachen, der als Grenzgänger in Maastricht arbeitet
O	O	O	O	Die Mietzinseinnahmen eines Hauses in Amsterdam, das einem in Deutschland wohnenden Holländer gehört
O	O	O	O	Die Dividenden aus Siemens-Aktien, die ein Rentnerehepaar aus Lübeck, jetzt wohnhaft in Den Haag, bezieht
O	O	O	O	Der Lohn einer Kellnerin aus Roermond (Holland), die jeden Tag nach Mönchengladbach pendelt und dort arbeitet
O	O	O	O	Die Löhne der in Holland beschäftigten Arbeiter von Fleiß-Delft, einer 100-prozentigen Tochtergesellschaft der deutschen Firma Fleiß in Stuttgart
O	O	O	O	Der Gewinn der holländischen Tochtergesellschaft Fleiß-Delft

8. Füllen Sie gerne Lückentexte aus?
   a) BNE = BIP + ...
   b) BNE = NNE + ...
   c) Volkseinkommen = NNE − ....
      + ...
   d) BIP = Privater Konsum + ...
   + ... + ...

9. Für eine Volkswirtschaft sind folgende Daten der Volkswirtschaftlichen Gesamtrechnung bekannt:
   - privater Konsum 100
   - Investitionen im Inland 40
   - Abschreibungen 30
   - Staatsausgaben 30
   - indirekte Steuern 15
   - Exportüberschuss 10
   - Nettoeinkommen aus dem Ausland 10
   - Subventionen 5

   a) Wie groß ist das BIP?
   b) Wie groß ist das BNE?
   c) Wie groß ist das Volkseinkommen?

10. Wie hoch (in Mrd. US$) ist wohl der Unterschied zwischen dem weltweiten BIP und dem weltweiten BNE?

11. Sie haben in der Zeitung gelesen, das BIP sei von Ende 2001 bis Ende 2003 um 2,6 % gestiegen. Anderseits stand im Artikel auch etwas von einer Stagnation der gesamten Produktion im gleichen Zeitraum. Wie ist das möglich?

12. Welches sind Synonyme zum »realen BIP«?
   O BIP zu konstanten Preisen
   O inflationsbereinigtes BIP
   O preisbereinigtes BIP
   O BIP zu Preisen eines bestimmten Jahres
   O preiskorrigiertes BIP

13. Das BIP misst:
   a) den Wohlstand eines Landes
   b) das Preisniveau eines Landes
   c) die wirtschaftliche Aktivität in Unternehmen und Staat in einem Land
   d) die industrielle Produktion eines Landes
   e) das Einkommen aus bezahlter Arbeit in einem Land

14. Wofür wurde die Volkswirtschaftliche Gesamtrechnung konzipiert und wofür nicht?

15. Welche der folgenden sechs Größen kommt einem Maß für die Höhe des Wohlstands am nächsten?
   a) NNE
   b) NNE pro Kopf
   c) BIP
   d) BIP pro Kopf
   e) Zuwachsrate des realen BNE pro Kopf
   f) Zuwachsrate des nominalen NNE pro Kopf

16. Viele Aktivitäten gehören heute vermehrt in den bezahlten Bereich, früher aber in den unbezahlten. Kennen Sie Beispiele?

17. Welche Tätigkeiten erhöhen direkt das BNE, welche (aus Mehrheitssicht) den Wohlstand? Kreuzen Sie an:

erhöht BNE	erhöht Wohlstand	
O	O	Haushaltarbeit
O	O	Blechschaden mit Reparatur
O	O	Schwarzarbeit
O	O	Wohnen im Eigenheim, erfasst über Eigenmiete von Hausbesitzern
O	O	Arbeit im Gemüsegarten
O	O	Kindererziehung durch angestellte Nurse
O	O	Kindererziehung durch Eltern
O	O	Bau eines Pflegeheims

13. Wirtschaftswachstum

13.1 Was ist Wirtschaftswachstum?

Über Wirtschaftswachstum wird viel gestritten. Der Streit ist allzu oft unfruchtbar, weil unter Wirtschaftswachstum recht Verschiedenes verstanden wird. Hier sollen ein paar Ansätze kurz analysiert werden:

Wachstum des Wohlstands

Gehen wir als Erstes von der Definition des Wirtschaftens aus: Wirtschaften heißt, mit den knappen Ressourcen ein möglichst großes und gutes Güterangebot zu schaffen und es möglichst gerecht zu verteilen. **Damit bedeutet Wirtschaftswachstum wirtschaftliche Entwicklung, die durch eine Ausdehnung der Produktionsmöglichkeiten zu mehr und begehrteren Waren und Dienstleistungen führt und damit die menschlichen Bedürfnisse und Konsumwünsche besser befriedigt. Wirtschaftswachstum ist damit gleichbedeutend mit Wachstum des Wohlstands.**

BIP-Wachstum
BNE-Wachstum

Die gegebene Definition betont die langfristige Entwicklung. Kurzfristig wird aber das Potential aus konjunkturellen Gründen manchmal weit unterschritten. Um diese konjunkturellen Probleme zu verstehen, wurde die Volkswirtschaftliche Gesamtrechnung konzipiert. Sie will mit dem BIP, dem BNE und dem Volkseinkommen die wirtschaftliche Aktivität in Unternehmen und Staat messen – nicht aber den Wohlstand. Nur weil es für Wohlstand kaum Schätzungen gibt, wird Wirtschaftswachstum oft vereinfachend mit dem Wachstum des BIP oder BNE gleichgesetzt. Als nächster Schritt wird dann Wohlstand mit BIP oder BNE verwechselt.

Sind Umwelt und Wirtschaft unversöhnliche Gegensätze?

Immer noch geht unsere steigende Güterproduktion mit steigender Umweltverschmutzung einher. Die Umweltzerstörung steigt sogar überproportional zu Produktion und Konsum. Aus diesem Grund hat unsere Art des Wirtschaftswachstums viele Gegner. Manchmal wird sogar BIP-Wachstum gleichgesetzt mit zunehmender Verschmutzung der Umwelt. Daraus lässt sich dann folgern, dass jedes Wirtschaftswachstum einmal an ein Ende kommen werde.

»Hurra, wieder 2,5 Prozent höher!«

qualitatives Wirtschaftswachstum

In diesem Konflikt hat sich das »qualitative Wirtschaftswachstum« als sehr konsensfähig erwiesen, weil es wenig präzis definiert ist. Alle können diesen Begriff gemäß ihren Vorstellungen auslegen, und er verpflichtet darum zu wenig.

ökologisch nachhaltiges Wachstum
Internalisierung externer Kosten

Will man unter qualitativem Wirtschaftswachstum ein Wirtschaftswachstum verstehen, das durch wirksame Umweltpolitik die Umweltgüter stärker schont als bisher, bieten sich präzisere Begriffe an: »ökologisch nachhaltiges Wirtschaftswachstum« oder »Wirtschaftswachstum unter konsequenter Internalisierung externer Kosten«.

Unter welchen Bedingungen das BIP-Wachstum ökologisch und auch sozial verträglich sein kann (wie eine weitere häufig verwendete Formel lautet), wurde vor allem in den Kapiteln 7 und 10 analysiert. Hier wollen wir uns nun dem langfristigen BIP-Wachstum und den kurzfristigen Schwankungen der wirtschaftlichen Aktivität zuwenden.

13.2 BIP-Wachstum, tatsächliches und potentielles BIP

seit der industriellen Revolution

Langfristig anhaltendes Produktionswachstum wurde erst mit der Industrialisierung möglich. So kennt England, der Pionier der industriellen Revolution, ein hohes BIP-Wachstum seit etwa 1750, die Schweiz ab 1820, Deutschland ab 1850 oder Japan ab etwa 1890.[1] Das Produktionswachstum führte nicht nur zu einem ständigen Anstieg des Lebensstandards – es war auch mit einem enormen Wandel der Gesellschaft verbunden.

Die Grafik 13.1 gibt eine Vorstellung über die Dimensionen des deutschen BIP-Wachstums aufgrund von historischen Studien. Das reale BIP hat sich seit 1850 etwa verdreißigfacht – pro Jahr ist es um durchschnittlich rund 2,3 % gewachsen.

Noch interessanter ist die Produktionsentwicklung pro Kopf, denn seit 1850 hat sich die deutsche Bevölkerung von etwa 34 Millionen auf 82 Millionen verzweieinhalbfacht (durchschnittlich um 0,6 % pro Jahr). **Das reale BIP pro Kopf hat sich demnach in den vergangenen 150 Jahren etwa verdreizehnfacht – es ist um durchschnittlich 1,7 % pro Jahr gestiegen.**

Wohlstand stieg stärker als BIP

So beeindruckend die Daten für das BIP-Wachstum sind – unsere Konsum- und Investitionsmöglichkeiten sind noch viel stärker gestiegen!

Qualitätsverbesserungen

- Die Statistik lässt nämlich die verbesserte Qualität der Waren und Dienstleistungen weitgehend außer Acht (vgl. Kapitel 14.3.2). Insbesondere der Produktivitätsanstieg bei den immer mehr an Bedeutung gewinnenden Dienstleistungen wird unterschätzt. Für die meisten Dienstleistungsbereiche nehmen die Statistiker an, dass die Produktion mit der Zahl der eingesetzten Stunden steigt. Daraus folgt, dass in der Ausbildung, im Gesundheitswesen, in der Forschung oder in der Softwareproduktion die offiziell ausgewiesene Arbeitsproduktivität nie steigt.

Arbeitsproduktivität
Wert der produzierten Güter pro Arbeitsstunde;
alle Unternehmen und den Staat umfassend: BIP pro eingesetzte Arbeitsstunde oder potentielles BIP pro einsetzbare Arbeitsstunde

---

[1] Ausführliche Daten zum weltweiten Wirtschaftswachstum und zu Wachstumsschwierigkeiten in Entwicklungsländern finden Sie im abschließenden Kapitel 21. Hier konzentrieren wir uns auf das deutsche Wirtschaftswachstum.

neue Produkte

- Vor allem bescherte uns die wirtschaftliche Entwicklung neue Produkte mit völlig neuen Konsummöglichkeiten: elektrische Beleuchtung, Autos, Kühlschränke, Radios, Schallplatten, Telefon, Fernsehen, Flugreisen, PCs und Internet. Fragen Sie einmal alte Menschen, welchen Wohlstandsgewinn ihnen die erste Waschmaschine gebracht hat.

Grafik 13.1:
BIP seit 1850 und
potentielles BIP seit 1965
in Deutschland

Quellen:
BIP:
Angus Maddison: The World Economy: A Millennial Perspective, OECD Development Centre, Paris 2001 (Daten auch unter www.eco.rug.nl), Statistisches Bundesamt (www.destatis.de);
potentielles BIP:
Sachverständigenrat, produktionstheoretisch fundiertes, nicht-parametrisches Schätzverfahren (www.sachverstaendigenrat-wirtschaft.de)

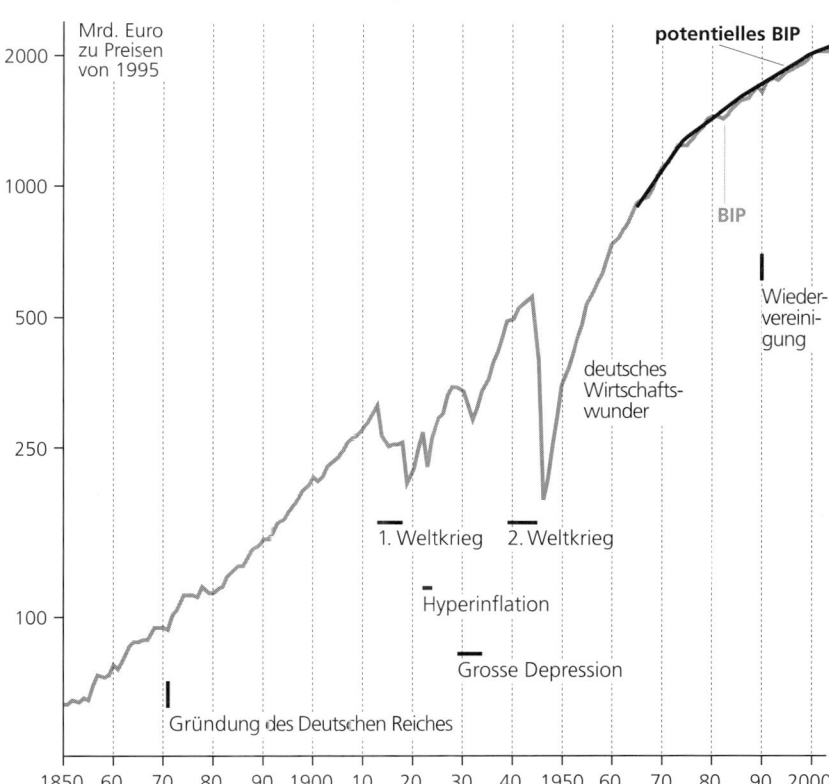

So einschneidend das Produktionswachstum unser Leben verändert – die meisten Schlagzeilen und Diskussionen provoziert nicht das langfristige Wachstum, sondern das kurzfristige Auf und Ab. Tatsächlich kann die Analyse der Fluktuationen sehr spannend sein. Dazu gehört als Erstes, dass **Wachstumsschwankungen klar vom langfristigen Wachstum abgegrenzt werden. Um Konfusionen zu vermeiden, werden wir immer unterscheiden zwischen:**

- **dem tatsächlichen BIP, das unregelmäßig wächst, und**
- **den langfristigen Wachstumsmöglichkeiten, die stetiger ansteigen.**

**potentielles BIP
= Produktionspotential**
Produktionsmöglichkeiten von Unternehmen und Staat bei voller Kapazitätsauslastung

Ab 1965 ist in der Grafik 13.1 auch die Kurve der Wachstumsmöglichkeiten eingezeichnet. Dieses »potentielle BIP« oder »Produktionspotential« bezeichnet die Produktionsmöglichkeiten von Unternehmen und Staat bei voller Auslastung der personellen und technischen Kapazitäten, d. h. bei gut ausgelasteten, aber nicht überlasteten Kapazitäten.

Wir werden uns über mehrere Kapitel hinweg mit den Fluktuationen beschäftigen – doch für die nächsten vier Abschnitte konzentrieren wir uns nochmals auf das langfristige Wachstum.

13.3 Bestimmungsgründe des Produktionspotentials

Das reale deutsche BIP hat sich in den vergangenen 150 Jahren etwa verdreißigfacht. (Und andere fortgeschrittene Volkswirtschaften verzeichnen ähnliche Erfolge.) Ein solches Wachstum wird möglich, wenn

mehr und leistungsfähigere Produktionsfaktoren wirkungsvoller eingesetzt

- mehr Ressourcen eingesetzt werden,
- Ressourcen leistungsfähiger werden und
- die Ressourcen im Produktionsprozess wirkungsvoller kombiniert werden.

Welche Ressourcen haben nun wie viel zum Wirtschaftswachstum beigetragen? Und was wissen wir über ihren immer wirksameren Einsatz?

Arbeitsstunden

Beginnen wir mit den geleisteten Arbeitsstunden:

Erwerbsquote
Erwerbsbevölkerung in % der Wohnbevölkerung

- Schon erwähnt wurde, dass die Bevölkerungszahl seit 1850 um durchschnittlich 0,6% pro Jahr gewachsen ist.
- Zudem ist die Erwerbsquote (= Anteil der im Erwerbsleben stehenden Bevölkerung) angestiegen, auf heute 49%.
- Dafür haben die Wochenarbeitszeiten abgenommen, von über 60 Stunden im 19. Jahrhundert auf heute etwa 38 Stunden für Vollbeschäftigte. Und heute arbeitet man häufiger teilzeitlich und genießt längere Ferien.

Insgesamt haben die Arbeitsstunden etwas weniger zugenommen als die Bevölkerungszahl. Somit muss die Arbeitsproduktivität seit 1850 stärker als das BIP pro Kopf, also stärker als 1,7% pro Jahr, angestiegen sein.[2]

Tabelle 13.1:
Beiträge zum jährlichen Wachstum des Produktionspotentials, 1850 bis 2003

BIP real	ca. 2,3 %		
Bevölkerungszahl	ca. 0,6 %	Arbeitsstunden	< 0,6 %
reales BIP pro Kopf	ca. 1,7 %	Arbeitsproduktivität (pro Std.)	> 1,7 %

zentrale Größe Arbeitsproduktivität

Erst die Zunahme der Arbeitsproduktivität ermöglicht anhaltend steigenden Wohlstand (mehr Güter) oder mehr Freizeit (Verkürzung der Wochenarbeitszeit, mehr Ferien, gleiche Renten trotz weniger Kinder).

Qualität der Arbeitskräfte, Humankapital

- Ein erster Grund für die steigende Arbeitsproduktivität ist die zunehmende Qualität unserer Arbeitsleistung. Wir arbeiten immer intensiver, wissen immer mehr, werden geschickter, anpassungsfähiger und disziplinierter – wenigstens die meisten von uns.

  Zwar werden immer wieder teuer erworbene Fähigkeiten durch technische Revolutionen abgewertet. Auf der anderen Seite gehen die gleichzeitigen Ausbildungs-, Umschulungs- und Weiterbildungsanstrengungen weit über die Entwertungen hinaus, sodass die deutschen Arbeitskräfte heute besser ausgebildet sind denn je. Parallel dazu steigen auch unsere Fähigkeiten, die wir bei unserer immer anspruchsvolleren Arbeit gewinnen.

---

[2] Seit den 80er Jahren hat die Arbeitsproduktivität (offiziell gemessen) durchschnittlich nur noch um rund 1% pro Jahr zugenommen. Der Produktivitätsfortschritt scheint sich also verlangsamt zu haben. Doch dürfte dahinter auch das eben erwähnte Messproblem stehen: Bei den Dienstleistungen erfassen die offiziellen Statistiken allzu viele Produktverbesserungen nicht, sondern weisen sie als Preissteigerung aus – und heute fallen die Dienstleistungen stärker ins Gewicht als früher.

Kapitalstock
Summe aller Kapitalgüter einer
Volkswirtschaft

kapitalintensiver

technischer Fortschritt:

Prozessinnovation
die Verbesserung der Produktionstechnik

Produktinnovation
das Erscheinen von neuen oder
verbesserten Produkten

Wissen verströmt externe Nutzen

externe Nutzen,
positive externe Effekte
unentgeltliche Nutzenstiftungen an
Außenstehende, an Trittbrettfahrer

Boden, Bodenschätze,
übrige natürliche Ressourcen

■ Unsere Arbeit wird unterstützt durch immer mehr Kapitalgüter. Darüber gibt es eine Schätzung im Rahmen der Volkswirtschaftlichen Gesamtrechnung. Danach belief sich im Jahr 2004 der Wert des Bruttoanlagevermögens (Wohngebäude, Fabriken, Maschinen, Leitungen, Fahrzeuge und Straßen) auf etwa 10 700 Mrd. Euro (zu Preisen von 1995). Damit war der deutsche Kapitalstock rund 5,3mal so groß wie das BIP. Das bedeutet, dass in Deutschland Kapitalgüter im Wert von durchschnittlich 5,3 Euro eingesetzt werden, um pro Jahr Güter von 1 Euro zu produzieren.

Das Verhältnis vom Kapitalstock zum BIP wächst seit Jahrzehnten. 1960 betrug es noch 3,5 (es wurden 1960 für eine jährliche Produktion von 1 Euro durchschnittlich 3,5 Euro Kapital eingesetzt). Die Produktion wird also immer kapitalintensiver.

■ Noch entscheidender als das Wachstum des Kapitalstocks ist, dass er technisch ständig verbessert wird und dass laufend effizientere Produktionsmethoden und Arbeitsabläufe entwickelt werden – im Fachjargon spricht man von Prozessinnovationen. Hier nur ein Beispiel unter Millionen: Seit der Entwicklung der ersten Webmaschine im Jahr 1785 (die etwa viermal so leistungsfähig war wie eine Handwebmaschine) wurde ihre Leistung bis heute nochmals verfünfzigfacht. Zudem wurde ihre Handhabung so vereinfacht, dass heute eine Person gleichzeitig Dutzende von Maschinen bedienen kann. In seiner Wirkung schwieriger zu erfassen ist der vielfältige Fortschritt im Computer- und Softwarebereich. Der Wandel ist hier so rasch, dass selbst Insider überfordert sind. Je vertrauter wir aber mit den Neuentwicklungen werden, desto stärker werden sie sich als produktionssteigernd erweisen können.

Noch weniger eindeutig messbar sind die Vorteile von neuartigen und verbesserten Produkten – hier spricht man von Produktinnovationen. Dass gerade neue Produkte wesentlich zur Steigerung des Wohlstands beitragen, wurde schon erwähnt. Denken Sie nur an Toaster, Kaffeemaschinen, Fotoapparate, Taschenrechner, Videorecorder, Compact-Discs oder an die Vielfalt von neuen Medikamenten.

■ Unternehmen investieren in Neuerungen, um gegenüber der Konkurrenz einen Vorsprung zu gewinnen. Allerdings kommen nicht alle neuen Ideen nur dem Urheber zugute. Im Umkreis können andere Produzenten Innovationen imitieren. Zwar gibt es Wissensvorsprünge, die geheim gehalten oder mit Patenten staatlich geschützt werden können. **Doch die meisten Ideen, Informationen und Grundlagenkenntnisse können früher oder später von Dritten kostenlos genutzt werden. Damit profitiert die gesamte Volkswirtschaft in unschätzbarem Ausmaß von Anstrengungen Einzelner. Der ständig wachsende Fundus an frei zugänglichem Wissen ist ein wichtiges Fundament für anhaltendes Wirtschaftswachstum.**

■ Natürliche Ressourcen wie Boden und Bodenschätze sind kein zentraler Grund für anhaltendes Produktionswachstum. Zwar gibt es Länder, die dank großer Erdölvorkommen zu großem Reichtum gekommen sind, doch bleibt abzuwarten, ob sie ihren Reichtum auch dann noch bewahren oder vergrößern können, wenn die Ölquellen versiegt sind. Weiter können Gegenden durch ihre verkehrsgünstige Lage bevorzugt sein, wie Rotterdam oder Singapur. Aber auch damit ist noch kein Reichtum garantiert. Singapur war bis vor vierzig Jahren ein eher ärmlicher Hafen.

Sind nicht natürliche Ressourcen die entscheidenden Grundlagen für Reichtum, erstaunt es nicht mehr so, dass von der Natur so verschieden ausgestattete Länder wie das rohstoffarme Japan und das rohstoffreiche Kanada oder das dicht besiedelte Holland und das weite Australien etwa das gleiche Wohlstandsniveau erreichen.[3]

Grafik 13.2:
Bestimmungsgründe des langfristigen Produktionspotentials

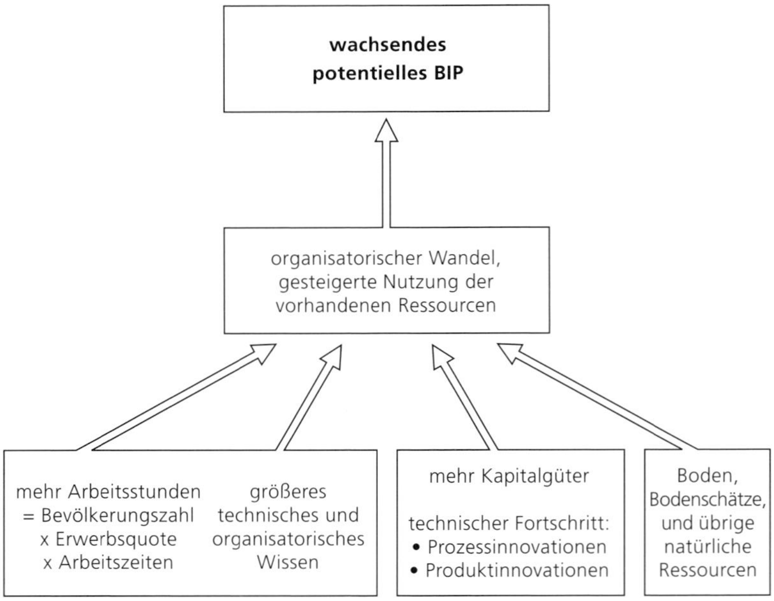

Innovation, Neuerung
Neues Wissen wird in wirtschaftlichen und gesellschaftlichen Nutzen umgewandelt. Eine Innovation ist das Ergebnis eines komplexen langfristigen Prozesses, in dem eine große Zahl von Akteuren mitwirken.

Fazit: Anhaltendes Wirtschaftswachstum basiert auf
- **einem Einsatz von immer mehr Ressourcen (v. a. Arbeitskräften und Kapitalgütern),**
- **einem Einsatz von immer leistungsfähigeren Ressourcen (wiederum Arbeitskräften und Kapitalgütern) sowie auf**
- **einem immer wirkungsvolleren Einsatz aller Ressourcen.**

Die Beiträge der verschiedenen Komponenten sind schwierig auseinander zu halten. Es besteht aber kein Zweifel, dass der überwiegende Teil auf den technischen Wandel und unser zunehmendes technisches und organisatorisches Wissen zurückzuführen ist. Zentral ist die Fähigkeit unseres Wirtschaftssystems, ständig Innovationen zu entwickeln.

---

[3] Wie entwickelt sich der Bestand an natürlichen Ressourcen? Über deren Zerstörung erscheinen immer neue Berichte: Fruchtbare Bodenfläche wird verringert, Gewässer werden überdüngt, Urwälder gerodet, Tier- und Pflanzenarten ausgerottet, das Klima verändert. Doch diese Schäden sind aus zwei Gründen sehr schwierig abzuschätzen: Erstens haben wir es hier mit externen Kosten zu tun, und zweitens sind die größten Gefährdungen nicht nationaler, sondern globaler Art.

13.4 Wirtschaftswachstum und Strukturwandel

Eine Voraussetzung für anhaltendes Wirtschaftswachstum ist die Fähigkeit des Wirtschaftsystems, sich laufend zu verändern. In den letzten hundert oder auch nur fünf Jahren beobachten wir denn auch an fast beliebig vielen Orten einen unaufhaltsamen Wandel. Hier konzentrieren wir uns auf die Veränderungen in der Produktionsstruktur. Darunter versteht man den Anteil der verschiedenen Branchen oder Wirtschaftssektoren an der Produktion oder an der Beschäftigung.

Strukturwandel nach Sektoren

Die Grafik 13.3 zeigt uns die ungefähre Entwicklung der Erwerbstätigkeit der vergangenen 150 Jahre nach Wirtschaftssektoren: Wir beobachten, wie im ersten Sektor (vor allem Landwirtschaft) immer weniger Leute arbeiten und im dritten Sektor (Dienstleistungen wie Handel, Verwaltung, freie Berufe) ständig mehr. Der zweite Sektor (Industrie und Gewerbe) nimmt bis 1960/70 mehrheitlich zu, verliert aber seither schnell an Gewicht.

Übergang von der Industrie- zur Dienstleistungsgesellschaft

Das deutsche Bild entspricht damit der 1949 aufgestellten These von J. Fourastié, wonach sich eine wachsende Wirtschaft vorerst von einer Agrar- zu einer Industriegesellschaft wandelt und dann auf einer hohen Entwicklungsstufe in eine Dienstleistungsgesellschaft übergeht.

Grafik 13.3:
Erwerbstätige im Deutschen Reich und in der Bundesrepublik nach Sektoren

Quellen:
Rainer Geissler, Die Sozialstruktur Deutschlands, Opladen 1995 und Statistisches Bundesamt
Die Daten sind über die lange Zeit hinweg nicht vollständig vergleichbar.

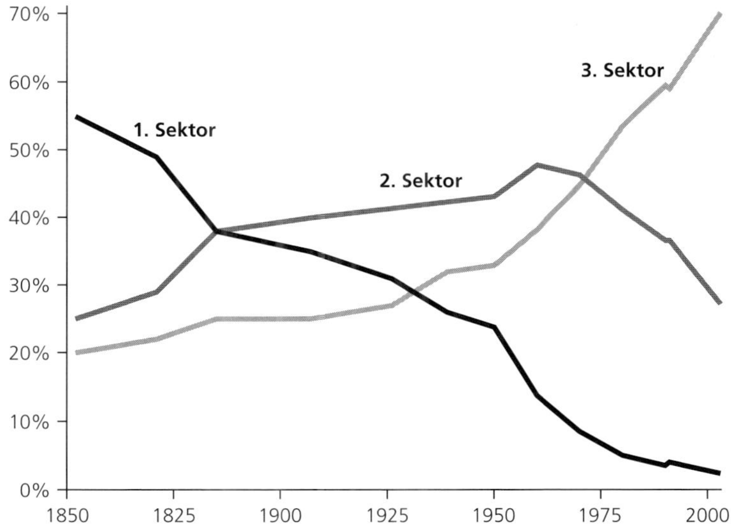

Strukturwandel nach Branchen

In der Tabelle 13.2 sehen wir, wie sich das Gewicht der einzelnen Branchen seit den 60er Jahren entwickelt hat. Noch härter als die Landwirtschaft, die seit 1960 über die Hälfte ihrer Beschäftigten verloren hat, wurden die Textil- und die Bekleidungsindustrie betroffen. Hier arbeiten heute sechsmal weniger Personen als 1960.

Dafür vergrößerte sich die Beschäftigung vor allem bei den Dienstleistungen: Banken, Versicherungen, das Gesundheitswesen und die personalintensiven diversen Dienstleistungen (Reparaturen und Beratung) expandierten auf das Vier- bis Fünffache.

Tabelle 13.2:
Erwerbstätige in Deutschland
nach Wirtschaftsbereichen, in 1000;
1960 bis 2002

Quelle: Berechnungen aufgrund von
Daten des Statistischen Bundesamtes

	früheres Bundesgebiet			Deutschland		
	1960		1991	1991		2002
Landwirtschaft	3644	−71%	1055	1555	−40%	933
Bergbau	573	−67%	192	324	−69%	102
Energie- und Wasserversorg.	198	49%	296	416	−29%	295
Nahrungsmittel- u. Tabakind.	940	−9%	854	1067	−7%	990
Textil, Bekleidung, Leder	1462	−66%	503	617	−60%	246
Chemie	549	19%	656	747	−32%	508
Metall	1511	−49%	764	1453	−22%	1133
Maschinen, Elektro, Optik	2129	31%	2784	3297	−31%	2273
Fahrzeugbau	772	63%	1257	1107	−6%	1046
Holz, Steine, div. Industr.	1674	14%	1907	2293	−24%	1753
Baugewerbe	2087	−2%	2054	2796	−13%	2428
Handel	3576	14%	4083	5636	6%	5983
Gastgewerbe	614	62%	996	1274	39%	1773
Verkehr, Kommunikation	1583	9%	1723	2423	−13%	2102
Banken, Versicherungen	383	140%	918	1202	7%	1284
Vermietung, Dienste f. Untern.				2505	87%	4687
Öff. Verw., Verteid., Sozialvers.	1334	90%	2538	3142	−15%	2663
Erziehung, Unterricht				1832	12%	2045
Gesundheit, Sozialwesen				2836	40%	3969
Sonst. öff. und priv. Dienste				1932	29%	2483
Div. öff. und priv. Dienste	3090	176%	8537			
Total	26120	19%	31116	38454	1%	38696

Gründe für den Wandel in der Beschäftigungsstruktur:

Die Struktur der Beschäftigung hat sich im Wesentlichen aus drei Gründen verändert:

1. unterschiedliche Produktivitätszunahmen

■ Die Arbeitsproduktivität hat nicht in allen Branchen gleich stark zugenommen. Die Industrie zeigt z. T. spektakuläre Produktivitätszuwächse. Auch in der Landwirtschaft sind sie hoch. Viele Dienstleistungsbranchen können dagegen nur geringe Produktivitätsfortschritte ausweisen. Zwar werden die Fortschritte in den Dienstleistungen von offiziellen Statistiken eindeutig unterschätzt – insbesondere werden Qualitätsverbesserungen zu wenig gewürdigt. Doch kann die Arbeit eines Kellners, einer Frisörs, eines Richters oder einer Lehrerin nicht in dem Maß rationalisiert werden wie die industrielle Produktion. Allerdings eröffnen Informations- und Kommunikationstechnik nun auch bei den Dienstleistungen neue Rationalisierungsmöglichkeiten.

2. Nachfrageverschiebungen

■ Die Beschäftigungszahlen in der Landwirtschaft sind auch gesunken, weil mit steigendem Einkommen der Anteil unserer Ausgaben für Nahrungsmittel sinkt. (D. h. die Einkommenselastizität unserer Nahrungsmittelnachfrage ist kleiner als 1.)

Stärker als die Einkommen steigen dafür die Ausgaben für Freizeit, Bildung, Gesundheit, Versicherungen und öffentliche Dienste. Zudem wird unsere Gesellschaft immer komplexer. Sie erfordert darum immer mehr Planung, Regelung, Steuerung, Kontrolle und Vermittlung – sowie Ausbildung in diesen anforderungsreichen Tätigkeiten.

3. internationale Arbeitsteilung

■ Schließlich führte auch der zunehmende internationale Handel dazu, dass in der deutschen Industrie Routinearbeiten mehr und mehr wegfielen. Massenprodukte werden heute in Ländern mit niedrigeren Lohnkosten hergestellt. Im Gegenzug konzentriert sich in reichen Ländern die Produktion von hochwertigen Waren und Dienstleistungen. (Mehr zur internationalen Arbeitsteilung im Kapitel 20.)

Strukturwandel innerhalb der Branchen

Neben dem Strukturwandel zwischen den Branchen gibt es zusätzlich einen starken Wandel innerhalb der Branchen – das Ausmaß der Umstrukturierungen ist also größer, als es die Tabelle 13.2 erahnen lässt. Denken Sie auch an den enormen brancheninternen Strukturwandel in den neuen Bundesländern! Die in Deutschland hergestellten Produkte werden immer forschungsintensiver, und mit ihnen zusammen werden vermehrt auch spezielle Dienstleistungen verkauft. Innerhalb der einzelnen Branchen gibt es weniger Sekretärinnen und dafür mehr Sachbearbeiterinnen, weniger Arbeitsplätze in der Fabrik und dafür mehr Aufgaben in Planung, Werbung, Kundenbetreuung und Forschung.

Zukünftiges Wachstum beruht noch stärker auf Wissen.

Der Trend zu hochwertigen Dienstleistungen wird sich wohl auch in die Zukunft fortsetzen. Dabei nimmt die Produktion von Wissen einen immer größeren Stellenwert ein. In fortgeschrittenen Ländern werden die Anteile der Wissensbereiche Information, Kommunikation und Ausbildung weiter ansteigen. Große Einkommen wird man mit Wissensvorsprüngen erwirtschaften. Allerdings kann Wissen leichter als früher kopiert werden. Informationen und Technologie können immer leichter auf den offenen Weltmärkten zugekauft werden. Dies zwingt reiche Länder, immer wieder neue Wissensvorsprünge zu erwerben. Der Reichtum eines Landes wird also noch stärker als früher durch das Wissen und die Fähigkeiten der Bevölkerung bestimmt.

Der Strukturwandel verlangt viel von den Arbeitskräften. Die meisten von uns wechseln mehr als einmal im Leben den Beruf, und viele müssen die Bindungen zu ihrem angestammten Wohnort aufgeben. Besonders stark gefordert wird unsere Fähigkeit, unser Wissen zu erneuern. Weil einmal erworbenes Wissen rascher als früher an Wert verliert, werden wir gezwungen, ein Leben lang zu lernen.

13.5 Wachstumspolitik

Wachstumspolitik
alle staatlichen Maßnahmen, die zum Ziel haben, das reale BIP-Wachstum (und letztlich den Wohlstand) zu fördern

Ein stetiges Wachstum der Produktionsmöglichkeiten basiert also darauf, dass die technische und organisatorische Entwicklung in eine Richtung geht, in der immer mehr und immer raffiniertere Ressourcen immer wirkungsvoller eingesetzt werden zur Produktion immer exklusiverer Waren und Dienstleistungen. Kann diese Entwicklung durch den Staat unterstützt oder gesteuert werden? [4]

Der Staat engagiert sich auf die vielfältigste Weise, um das reale BIP-Wachstum (und unseren Wohlstand) zu fördern. Es mangelt auch nicht

---

[4] Hier sei nochmals auf das Kapitel 21 verwiesen. Dort wird auf die speziellen Wachstumsschwierigkeiten und -chancen von Entwicklungsländern eingegangen.

an Empfehlungen von Ökonomen und Ökonominnen. Mit der folgenden Aufzählung kann ein kurzes Fazit aus den bisherigen Kapiteln gezogen werden, denn die bestmögliche Nutzung unserer Ressourcen ist seit dem ersten Kapitel das Grundanliegen.

Staatsaufgaben zur Förderung von Produktion und Wohlstand:

Wie also müssen die Rahmenbedingungen beschaffen sein, dass unsere Fähigkeiten ihre volle Wirkung entfalten können? Und welche staatlichen Maßnahmen versprechen den größten Erfolg?

freie Märkte garantieren

- Freie Märkte sollen dafür sorgen, dass die Unternehmen das produzieren, was die Haushalte so preisgünstig wie möglich kaufen möchten. Und um kaufen zu können, versuchen die Haushalte möglichst das anzubieten, was die Unternehmen nachfragen. Dabei sollen Unternehmen wie Haushalte frei sein, neue Wege zu suchen. Sind sie erfolgreich, werden sie mit Gewinn, hohen Löhnen und Zinsen belohnt. **Sind wir frei, uns bei der Arbeit technisch und organisatorisch ständig zu verbessern und Neuerungen zu versuchen, und stehen wir gleichzeitig im Wettbewerb mit anderen, die sich ebenfalls steigern, dann sind wir beim Bemühen, unsere Ressourcen immer wirkungsvoller einzusetzen, nicht zu bremsen.**

sichere Rechtsordnung, Wettbewerbspolitik

- In der Regel gewährleistet der Marktmechanismus eine bestmögliche Allokation der Ressourcen mit einer bestmöglichen Befriedigung unserer Konsumwünsche. Um allerdings diese Lenkungsaufgabe zu erfüllen, brauchen die Märkte einen staatlichen Rahmen. Zentral sind eine sichere Rechtsordnung (mit einem Wirtschaftsrecht und klaren Eigentums-/ Nutzungsrechten) sowie eine wirkungsvolle Wettbewerbspolitik (vgl. Abschnitte 7.5 und 8.3).

Infrastruktur

- Neben der Rechtsordnung muss der Staat noch andere Güter mit großen externen Nutzen produzieren oder in Auftrag geben, wie Verkehrswege oder Leitungen (vgl. Abschnitt 7.5).

Grundlagenforschung

- Der Staat versucht auch direkt den technischen Fortschritt zu fördern, indem er sich an der Forschung beteiligt. Traditionell engagiert er sich in der Grundlagenforschung, denn hier sind die externen Nutzen besonders groß. Da aber Grundlagenwissen kaum mehr im eigenen Land eingeschlossen werden kann, wird hier immer stärker in internationaler Kooperation geforscht.

Investitionen in Bildung und Gesundheit

- Eine wichtige Grundlage für Wirtschaftswachstum wird durch ein hohes Gesundheits- und Bildungsniveau gelegt. Hier engagiert sich der Staat denn auch in hohem Maße. Schulbildung und Gesundheitspflege verströmen nicht nur externe Nutzen – sie werden auch als meritorische Güter betrachtet, auf die wir alle ein Anrecht haben. Doch erwachsen uns daraus auch Pflichten. Die Schulpflicht zwingt uns schon früh zu Leistung – eine Grundvoraussetzung für eine wettbewerborientierte Wirtschaft. Die Investitionen ins Bildungswesen, vom Kindergarten bis zur Universität, sind die größten zukunftsweisenden Staatsausgaben (vgl. auch Abschnitt 10.4.1.).[5]

---

[5] Die komplexe Theorie zur Ansiedlung von wissensintensiven, zukunftsträchtigen Branchen kommt erst in den Abschnitten 20.5.2 und 20.6.5 zur Sprache.

Sozialpolitik

■ Die Sozialpolitik zielt nicht nur auf eine breitere Verteilung des Wohlstands. Sie will auch den Wachstumsprozess unterstützen. So soll die Gesundheits-, Bildungs- oder Arbeitsmarktpolitik die Menschen befähigen, stärker an der Gesellschaft teilzunehmen, und eine gleichmäßigere Verteilung von Einkommen und Chancen soll den gesellschaftlichen Frieden erhöhen. Politische und soziale Stabilität erweitern den Planungshorizont für Unternehmen (vgl. Kapitel 10).

Umweltpolitik

■ Die Produktion vieler Güter ist auf eine intakte Umwelt angewiesen, nicht nur in der Landwirtschaft und im Tourismus. Auch wenn wir wollen, dass der Wohlstand parallel mit dem BIP oder gar stärker wächst, müssen wir eine effiziente Umweltpolitik verfolgen. Setzt sich das Wirtschaftswachstum tatsächlich in der heutigen, umweltzerstörenden Art fort, werden Unternehmen wie Haushalte in Engpässe bei den Umweltressourcen geraten. Dies zwingt uns weltweit zu Korrekturen in der Umweltpolitik (vgl. Kapitel 7 und 20.7).

im Kontrast zum langfristigen Potentialwachstum:

Konjunkturschwankungen
Wachstumsschwankungen der gesamtwirtschaftlichen Aktivität

Alle hier genannten Maßnahmen beeinflussen den Wirtschaftsverlauf langfristig. Wachstumspolitik zielt vor allem auf das Produktionspotential. Daneben gibt es noch kürzerfristige Probleme mit dem effektiven BIP: Konjunkturschwankungen. Durch dieses Marktversagen kann das effektive BIP weit unter das potentielle BIP fallen. Dann werden die vorhandenen Ressourcen nicht voll genutzt; es herrscht verstärkte Arbeitslosigkeit, und es wird mehr Teilzeit gearbeitet.

Grafik 13.4:
Reales BIP-Wachstum in der BRD, der EU und den USA seit 1980

Quelle: OECD, National Accounts und Statisches Bundesamt

Vorsicht, wenn BIP-Daten verschiedener Länder verglichen werden: So erfasst die amerikanische Statistik Qualitätsverbesserungen viel großzügiger als die europäischen. Würden also die realen BIP der BRD und der EU nach amerikanischer Methode geschätzt, zeigte sich ein stärkeres Wachstum.

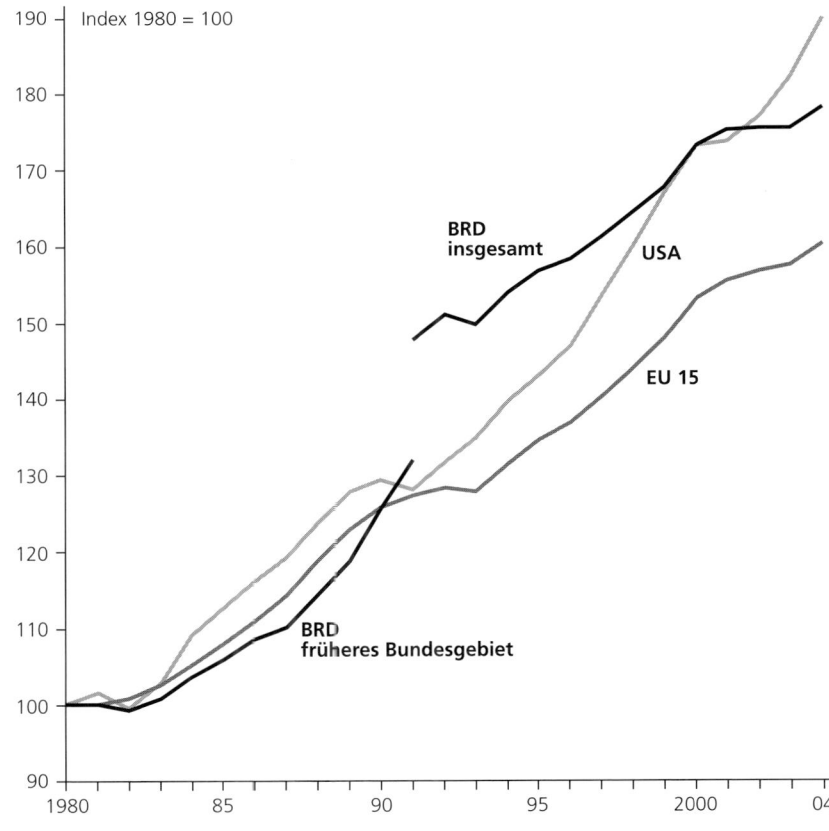

In Deutschland wie in vielen europäischen Ländern sind die Konjunkturabschwünge in der Regel hartnäckiger als in den USA. Hat dies mit einer fehlenden, zögerlichen oder fehlerhaften Konjunkturpolitik der europäischen Behörden zu tun (vgl. Kapitel 19)? Könnte es ein Ansporn sein, sich in die Konjunkturtheorie zu vertiefen, dass die USA offenbar eine glücklichere Hand bei der Bewältigung von konjunkturellen Problemen hatten?

13.6 Grenzen für wirtschaftliches Wachstum?

»Die Dinosaurier lebten 200 Millionen Jahre, können Sie sich ein Wirtschaftswachstum über 200 Millionen Jahre vorstellen?« Diese Frage von Max Frisch soll hier nicht beantwortet werden. Wer kann sich irgendeine andere Entwicklung über die nächsten Millionen Jahre vorstellen? Nur schon eine Entwicklung über zwei Jahrhunderte muss unsere Fantasie sprengen. Wer um 1800 hätte sich Fernsehsatelliten oder Autobahnen vorstellen können?

Angebots- oder Nachfragegrenzen?

Beschränken wir uns also auf die nächsten Jahrzehnte. Dabei ist es sinnvoll, zu unterscheiden zwischen Grenzen, die dem Wirtschaftswachstum durch das Angebot gesetzt werden könnten, und Grenzen, die aus einer ungenügenden Nachfrage resultieren könnten.

13.6.1 Kann das Gesamtangebot dauernd wachsen?

Setzt die natürliche Umwelt Angebotsgrenzen?

Böden und Umweltressourcen sind beschränkt und verletzlich. Sie setzen jedem Wachstum, das auf der Zerstörung von natürlichen Ressourcen beruht, eine Grenze. Könnte das Wirtschaftswachstum in den eigenen Schadstoffemissionen ersticken?

Wirtschaftswachstum muss nicht notwendigerweise unsere Umwelt zerstören. Eine konsequente Umweltpolitik (wie sie in den Kapiteln 7.6 und 20.7 skizziert wird) könnte steigende Produktion und Umweltzerstörung entkoppeln. Können wir uns zu einer solchen Politik durchringen, dann gelänge es uns auch, die natürlichen Ressource immer besser zu nutzen – dank immer leistungsfähigeren Kapitalgütern, besser ausgebildeten Arbeitskräften und wirksameren Produktionsmethoden. **Gelingt uns ein Wirtschaftswachstum, das alle Ressourcen effizienter nutzt, wären vorerst keine Angebotsgrenzen in Sicht.**

kürzere Arbeitszeiten?

Unsicher bleibt, wie sich unser Arbeitseinsatz entwickeln wird. Mit steigendem Einkommen steigen ja auch die Freizeitwünsche. Werden wir uns in Zukunft eher für weiter steigende Produktion und wachsendes Einkommen entscheiden oder für kürzere Arbeitszeiten? Kürzere Arbeitszeiten können weniger Wochenstunden, mehr Ferien oder frühere Pensionierung bedeuten. Dies kann über individuelle Arbeitsverträge geregelt werden, über Tarifverträge oder über Gesetze.

Wie viel von der steigenden Arbeitsproduktivität wird zu kürzeren Arbeitszeiten führen und wie viel zu höherer Produktion? Vorläufig

bewegen Druck am Arbeitsplatz, der Wunsch nach größerem Einkommen und auch die Erfüllung bei der Arbeit die meisten von uns dazu, einen ansehnlichen Teil unserer Energie in steigende Produktion zu stecken.

13.6.2 Kann die Gesamtnachfrage dauernd wachsen?

Die Nachfrage wird vor allem durch zwei Größen bestimmt:
- durch Konsumwünsche sowie
- durch die Fähigkeit und den Willen, Geld auszugeben.

unabsehbare Konsumwünsche

Konzentrieren wir uns zuerst auf unsere Konsumwünsche: Trotz vielfacher, insbesondere auch religiös motivierter Aufrufe zur Mäßigung weiten sich unsere Konsumwünsche unabsehbar aus. Die Gründe dafür wurden zum größten Teil schon besprochen. Sie sollen aber hier nochmals zusammengestellt werden:

neue Konsumbereiche

- Mit steigendem Einkommen eröffnen sich ständig neue – und besonders teure – Konsumwünsche: Reisen, Ästhetik, medizinische Versorgung und Pflege.

Konsum als Ersatz, Werbung

- Wo unser Berufs- und Gesellschaftsleben öde ist und wo unsere Kreativität und Kommunikationsfähigkeit verloren gehen, genießen wir Konsum als Ersatz. Dazu lassen wir uns auch gerne durch geschickte Werbung verführen.

demonstrativer Konsum Statuswettlauf

- Unser Streben nach Achtung und Ansehen verursacht immer größeren materiellen Aufwand – weil mit steigendem Einkommen auch die anderen immer stärker auftrumpfen können.

Ungleichheit

- Durch die ungleiche Verteilung des Wohlstands wird uns ständig vorgeführt, was wir noch nicht besitzen. Beim Formulieren von Konsumwünschen, die unserem Bedürfnis nach Zugehörigkeit entspringen, werden wir auf die vielfältigste Weise unterstützt: von Lifestyle-Magazinen bis zu Vertretern von Benachteiligten, die Hilfe anbieten bei der Wahrnehmung von Rechten.

internationaler Wettlauf

- Auch die internationale Konkurrenz macht einen Ausstieg aus dem materiellen Wettlauf schwierig oder unmöglich. Wie würden wir es ertragen, wenn andere Länder in ein paar Jahrzehnten über unvergleichlich mehr Güter – und damit auch politische und militärische Macht – verfügen würden?

Staatsaufgaben

- Wach bleibt auch der Wunsch, via Staat mehr zu konsumieren. Zum einen ersetzen Staatsleistungen verstärkt Tradition und Familie. Zum anderen suchen Verbände, Politiker und Bürokraten ständig neue Aufgaben. Versprechungen machen populär, und Sonderinteressen setzen sich in der Politik leicht auf Kosten der Allgemeinheit durch.

Fähigkeit und Wille, Geld auszugeben

Allerdings wächst die Nachfrage nur dann unaufhaltsam, wenn wir auch fähig und willens sind, immer mehr Geld auszugeben.

langfristig intakt

- Die Erfahrung von 200 Jahren Wirtschaftswachstum zeigt, dass auf lange Sicht die Gesamtnachfrage mit dem Gesamtangebot Schritt hält. Dies ist möglich, weil mit steigender Produktion auch unsere Einkommen steigen: Löhne, Zinseinnahmen, Bodenrenten und Gewinne.

Höhere Einkommen versetzen uns in die Lage, das größere Angebot an Gütern (Konsum- oder Investitionsgüter) zu kaufen. Auf einzelnen Märkten kann zwar zu viel angeboten werden, aber sinkende Preise werden Überangebote abbauen.

SAYsches Gesetz

Die Vorstellung, dass eine größere Produktion zu größeren Einkommen und damit auch zu größeren Käufen führt, wurde erstmals 1803 von Jean Baptiste Say entwickelt. Das SAYsche Gesetz postuliert, dass **jedes Angebot auch eine entsprechende Nachfrage schafft.**

kurzfristig schwankend

- Allerdings gilt das SAYsche Gesetz nur in der langen Frist. Kurzfristig kann vor allem der Wille, Geld auszugeben, stark schwanken…

Freuen Sie sich. Die Überlagerung von lang- und kurzfristigen Mechanismen wird uns in den nächsten Kapiteln noch intensiv beschäftigen.

Interview mit Richard Layard, Direktor des Center für Economic Performance an der London School of Economics und Autor des Buches »Die Glückliche Gesellschaft« (Frankfurt a.M. 2005)   taz 15. 4. 2005

Zusammenarbeit macht glücklich

In Industriegesellschaften wird der Wettbewerb zwischen Menschen überbetont. Und Werbung fördert Unbehagen.

Barbara Dribbusch: Professor Layard, Sie forschen über den Zusammenhang zwischen Glück und Gesellschaftsordnung. Welches Ergebnis hat Sie am meisten beeindruckt?

Layard: Das Aufregende daran ist, dass wir jetzt wissen, dass das Glück ein objektiv messbares Phänomen ist. Das Wohlbefinden korrespondiert mit Aktivitäten im linken Stirnlappen des Gehirns. Bei negativen Gefühlen ist hingegen eine gesteigerte Aktivität im rechten Stirnlappen festzustellen. Wir können sehen, dass diese Messungen übereinstimmen mit dem, was Menschen selbst über ihr Wohlbefinden aussagen.

Was sind die wichtigsten Faktoren für Glück?

Layard: Ganz oben auf der Liste stehen die menschlichen Beziehungen, Familie, Partner und Freunde. Wichtig ist auch, Arbeit zu haben. Denn Arbeit sorgt dafür, dass wir mit anderen in Kontakt kommen. Dementsprechend dramatisch sind die Einbußen an Wohlbefinden, wenn Menschen eine Scheidung durchmachen oder ihren Job verlieren: Sie haben dann nicht mehr das Gefühl, gebraucht zu werden.

Erzeugen die menschlichen Beziehungen in einer Wettbewerbsgesellschaft nicht auch Stress?

Layard: Der Wettbewerb wird heute leider stark in den Vordergrund gestellt und weniger die Kooperation. Dabei haben Forschungen doch gezeigt, dass die Hirnbereiche, die für das Wohlbefinden verantwortlich sind, aktiver sind, wenn Menschen miteinander kooperieren.

In der Gesellschaft wird aber der Eindruck verbreitet, dass beruflicher Erfolg entscheidend ist für das persönliche Glück.

Layard: Die Frage ist doch, wie wir die Balance halten zwischen Wettbewerb und Kooperation. Wenn Menschen immer härter versuchen, andere zu übertreffen, wird es damit für andere schwerer, wiederum an anderen Menschen vorbeizuziehen. Wenn es hundert Sprossen auf der Leiter gibt und jemand emporklettert, muss jemand anderes dafür absteigen. Deswegen verändert sich das allgemeine Wohlbefinden in der Gesellschaft nicht, wenn Leute immer nur versuchen, aufzusteigen. Diese Anstrengung geht auf Kosten von anderen Aktivitäten, die uns glücklicher machen, etwa die Zeit, die wir mit unseren Familien, Kindern, Freunden und Hobbys verbringen.

Mit dem beruflichen Erfolg erlangen wir aber auch ein höheres Einkommen, spielt das nicht eine Rolle für das Glück?

Layard: Wenn man eine beliebige Gesellschaft betrachtet, sind wohlhabende Menschen grundsätzlich im Durchschnitt etwas glücklicher als arme. Beispielsweise geben in Großbritannien vom ärmsten Viertel der Bevölkerung nur 29% an, »sehr glücklich« zu sein, beim reichsten Viertel hingegen sind es 40%. Wir bewerten unsere Einkommenssituation allerdings relativ, nämlich im Verhältnis zu anderen. Deswegen sind die Menschen in den USA, Japan und Großbritannien im Durchschnitt in den vergangenen Jahrzehnten nicht glücklicher geworden, obwohl sich das Realeinkommen in dieser Zeit erhöht hat.

Dann wäre also entscheidend für unser Glück, mit wem wir uns vergleichen?

Layard: Ein gutes Beispiel dafür ist der Osten Deutschlands nach der Wiedervereinigung. Man hätte ja annehmen können, dass die Zunahme an Wohlstand die Ostdeutschen glücklicher gemacht hätte. Aber im gleichen Zeitraum wechselten sie ihre Referenzgruppe: Zuvor verglichen sie ihren Wohlstand mit denen der Menschen in den anderen Ostblockländern und schnitten bei diesem

Vergleich gut ab. Doch dann maßen sie sich mit den Westdeutschen und empfanden sich als vergleichsweise arm und weniger glücklich.

Für arme Menschen bedeuten 100 Euro mehr oder weniger im Monat immer einen großen Unterschied.

Für einen armen Menschen kann eine kleine Geldsumme zusätzlich mehr zum Wohlbefinden beitragen als für einen Reichen. Deswegen sollten wir durchaus auch dafür sein, Einkommen umzuverteilen. Aber wir sollten nicht glauben, dass das alle Probleme löst. Ich denke, wir müssen unbedingt eine Wertedebatte führen. Und dabei spielt die Werbeindustrie eine entscheidende Rolle.

Hat die Werbung einen Einfluss darauf, ob sich Menschen glücklicher fühlen oder nicht?

Layard: Die Werbeindustrie erzeugt Wünsche in den Menschen und plötzlich meinen sie, bestimmte Dinge zu brauchen. Wir können feststellen, dass Fernsehwerbung die Menschen beeinflusst. Je mehr sie Fernsehen schauen, desto ärmer fühlen sie sich. In experimentellen Studien wurden Frauen Bilder von Models gezeigt und ihre Stimmung davor und danach gemessen – sie haben sich schlechter gefühlt, nachdem sie die Bilder mit den Models angeschaut hatten. Ihren Ehemännern wurden die Models gleichfalls gezeigt und die Wertschätzung für ihre Frauen verringerte sich dadurch. Deswegen denke ich, wir sollten darüber nachdenken, Werbung zumindest für die Zielgruppe von Kindern unter zwölf Jahren zu verbieten, wie es in Schweden gemacht wird.   (gekürzt)

13.7 Wachstumsschwankungen – ein Ausblick mit Fachbegriffen

Lassen Sie sich mit der Grafik 13.5 nochmals das Zusammenspiel von potentiellem BIP und tatsächlichem BIP vor Augen führen. Bei dieser Gelegenheit werden Sie auch schon ein paar wichtige Grundbegriffe der Konjunkturtheorie kennen lernen:

potentielles BIP, Produktionspotential

- Schon bekannt ist Ihnen das potentielle BIP, das Produktionspotential. Es bezeichnet die Produktionsmöglichkeiten von Unternehmen und Staat bei voller Kapazitätsauslastung, d. h. bei gut ausgelasteten, aber nicht überlasteten Kapazitäten.

tatsächliches BIP

- Dem steht das tatsächliche BIP gegenüber. Hier wechseln Wachstumsphasen ab mit Zeiten von Stagnation oder gar Rückgang.

BIP-Lücke
Differenz zwischen dem potentiellen und dem tatsächlichen BIP.
Je nachdem, ob das tatsächliche unter oder über dem potentiellen BIP liegt, spricht man von einer negativen oder einer positiven BIP-Lücke.

- Die Differenz zwischen dem potentiellen und dem tatsächlichen BIP bezeichnet man als BIP-Lücke.

  Ist das tatsächliche BIP kleiner als das potentielle, spricht man von einer negativen BIP-Lücke. Dann sind die Produktionskapazitäten in Unternehmen und Staat nicht ausgelastet.

  Liegt hingegen das tatsächliche über dem potentiellen BIP, spricht man von einer positiven BIP-Lücke. Dann sind die Produktionskapazitäten überlastet.

Konjunkturabschwung
negative BIP-Lücke wird größer
Rezession
leichter bis mittelschwerer Konjunkturabschwung

Eine negative BIP-Lücke öffnet sich, wenn das tatsächliche BIP schwächer wächst als das potentielle und dabei unter das potentielle BIP fällt. Dann befindet sich die Wirtschaft in einem Konjunkturabschwung, einer Rezession. In einer Rezession schöpfen Unternehmen und Staat ihr Produktionspotential immer schlechter aus. Die BIP-Lücke kann auf Dutzende von Milliarden Euro ansteigen. Immer mehr Maschinen stehen still, immer mehr Büros sind leer und Millionen werden zusätzlich arbeitslos.

Depression
besonders starker und langer Konjunkturabschwung

Wird die BIP-Lücke besonders tief und hält sie lange an, spricht man sogar von einer Depression.

Grafik 13.5:
Fachbegriffe der Konjunkturtheorie

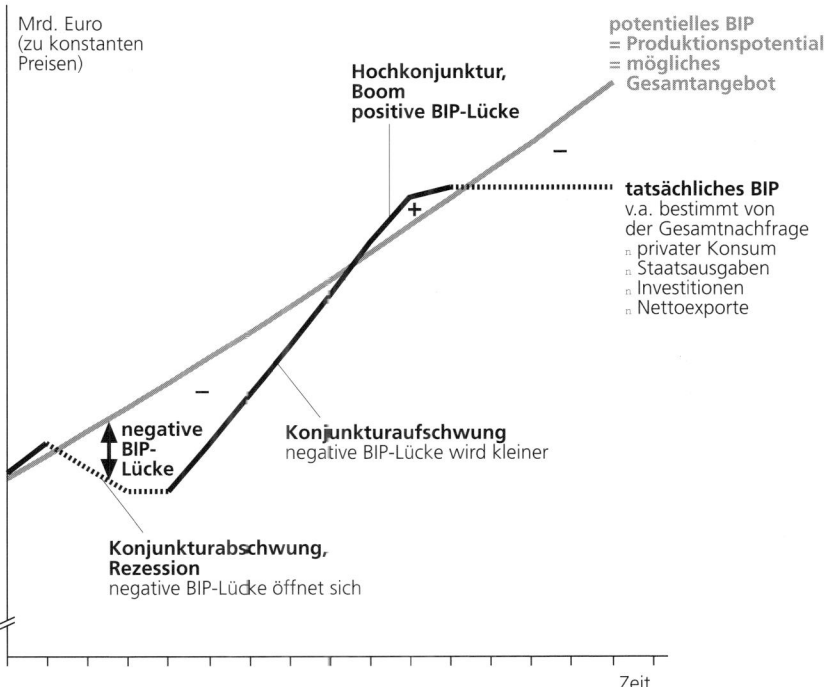

Mrd. Euro
(zu konstanten
Preisen)

potentielles BIP
= Produktionspotential
= mögliches
Gesamtangebot

**Hochkonjunktur,
Boom
positive BIP-Lücke**

tatsächliches BIP
v.a. bestimmt von
der Gesamtnachfrage
▫ privater Konsum
▫ Staatsausgaben
▫ Investitionen
▫ Nettoexporte

**negative
BIP-
Lücke**

Konjunkturaufschwung
negative BIP-Lücke wird kleiner

**Konjunkturabschwung,
Rezession**
negative BIP-Lücke öffnet sich

Zeit

Konjunkturaufschwung

negative BIP-Lücke wird kleiner

Hochkonjunktur, Boom

Das tatsächliche BIP steigt über das
potentielle BIP, die BIP-Lücke ist positiv.
Von Boom spricht man auch bei einem
starken Konjunkturaufschwung.

**potentielles BIP
= Produktionspotential
= mögliches Gesamtangebot**

drei synonyme Begriffe für die Produktionsmöglichkeiten von Unternehmen
und Staat bei voller Kapazitätsauslastung, d.h. bei gut ausgelasteten, aber
nicht überlasteten Kapazitäten

**Gesamtangebot
an inländischen Gütern**

Summe aller Waren und Dienstleistungen (Konsum- und Investitionsgüter),
die von den Unternehmen und vom
Staat angeboten werden

Wächst das tatsächliche BIP stärker als das potentielle, wird die negative BIP-Lücke kleiner. Die Wirtschaft befindet sich in einem Konjunkturaufschwung.

Das tatsächliche BIP kann sogar über das potentielle BIP hinauswachsen, die BIP-Lücke wird positiv. Dann läuft die Produktion gehetzt,
es werden viele Überstunden geleistet, und eine Stelle zu finden, ist
besonders einfach. Man spricht dann von Hochkonjunktur, von einem
Boom oder auch von einer überhitzten Konjunktur.

Zentral für die Analyse der nächsten Kapitel ist nun, dass das potentielle und das tatsächliche BIP von sehr unterschiedlichen Bestimmungsgründen abhängen.

■ **Das potentielle BIP wird von Angebotsfaktoren bestimmt** – von den verfügbaren Ressourcen und vom Stand von Organisation und Technologie. Es umfasst, was alle Branchen einer Volkswirtschaft produzieren
könnten. Man spricht darum auch vom möglichen Gesamtangebot.
Das mögliche Gesamtangebot steigt in der Regel recht gleichmäßig an.
Zwar gibt es immer wieder spektakuläre Produktionssteigerungen, so
etwa durch den Fotosatz und das Desktop-Publishing in der Typo-
grafie (neue Technik) oder durch die schlanke Produktion in der
Autofabrikation (v.a. effizientere Arbeitsabläufe). Doch geschehen
solche Sprünge in einzelnen Unternehmen oder Branchen, während
an Tausenden von anderen Orten nur leicht effizienter als im Vorjahr
gearbeitet wird. Über eine ganze Volkswirtschaft hinweg gesehen
nimmt darum das potentielle BIP recht regelmäßig zu. **Ausnahmen
sind Zerstörungen von Ressourcen durch Naturkatastrophen und vor
allem Krieg.**

**tatsächliches BIP schwankt
unregelmäßig und unvorhersehbar**

**tatsächliches BIP
bestimmt von Gesamtnachfrage**

■ Das effektive BIP folgt zwar dem potentiellen – doch nur in der langen Frist. Kurzfristig wächst das effektive BIP sehr unregelmäßig, und seine Schwankungen sind sehr schwierig zu prognostizieren.

Die Gründe für die BIP-Schwankungen sind komplex. Sie werden im Zentrum der folgenden Kapitel stehen. Nur so viel im Voraus: Das BIP, die tatsächliche Gesamtproduktion, wird in hohem Maße durch die Verkäufe bestimmt. Die Fluktuationen gehen also vor allem von der Gesamtnachfrage aus, d.h. von der Nachfrage nach allen Waren und Dienstleistungen insgesamt. Und schwankt die Gesamtnachfrage, schwankt mit ihr auch die gesamte Produktion.

Komponenten der Gesamtnachfrage

**Gesamtnachfrage
nach inländischen Gütern**
Summe aller nachgefragten Waren und
Dienstleistungen: privater Konsum
+ Staatsausgaben + Investitionen
+ Nettoexporte

Um die unregelmäßigen BIP-Schwankungen zu verstehen, wurde die Volkswirtschaftliche Gesamtrechnung konzipiert. Und da die Fluktuationen in der Regel von der Nachfrage ausgehen, interessiert uns in erster Linie, wie sich die gesamten Verkäufe entwickeln.

Erinnern Sie sich noch, wie die Volkswirtschaftliche Gesamtrechnung die Verkäufe (die BIP-Verwendung) unterteilt? Übernehmen wir hier die Aufteilung aus dem Abschnitt 12.2.2, kennen Sie auch schon die Hauptkomponenten der Gesamtnachfrage:

■ privater Konsum,
■ Staatsausgaben (Konsum via Staat),
■ Investitionen (von Unternehmen, Staat und Haushalten) sowie
■ Nettoexporte = Außenbeitrag zur Gesamtnachfrage.

Es lohnt sich, wenn Sie sich diese Begriffe einprägen. Sie sind zentral in jeder Konjunkturanalyse.

Fazit: Zwar steigt das mögliche Gesamtangebot – das potentielle BIP – in der Regel recht stetig an. Doch die Gesamtnachfrage unterliegt z. T. recht heftigen Fluktuationen. Damit schwankt auch die tatsächliche Produktion – das tatsächliche BIP. Konjunkturabschwünge (in denen sich eine negative BIP-Lücke öffnet) wechseln ab mit Aufschwüngen (in denen die Produktionskapazitäten wieder besser ausgelastet werden).

Ausblick auf die Kapitel 14 bis 19

In den folgenden Kapiteln gehen wir auf die Suche nach den Gründen für die Konjunkturschwankungen. Zudem werden auch Möglichkeiten diskutiert, diese zu lindern. Falls Sie sich jetzt vor allem dafür interessieren, wie die Eigendynamik von Konjunkturschwankungen funktioniert, können Sie jetzt schon im 17. Kapitel weiterlesen. Geduldigere lassen sich zuerst in den folgenden drei Kapiteln 14 bis 16 durch die Welt des Geldes führen. Auch hier gibt es Fluktuationen, die zudem eng mit den Konjunkturschwankungen verbunden sind. Dabei werden wir uns unter anderem mit so interessanten Fragen befassen wie: Was ist heute Geld? Wie entstehen Inflationsschübe? Oder warum schwanken Wechselkurse?

Fragen zum 13. Kapitel, Wirtschaftswachstum

1. Ordnen Sie jedem Fachbegriff die passende Ziffer zu:
..... Wirtschaftswachstum
..... Arbeitsproduktivität
..... Erwerbsquote
..... Kapitalstock
..... Prozessinnovation
..... Produktinnovation
..... Innovation
..... externe Nutzen, positive externe Effekte
..... Wachstumspolitik
..... Konjunkturschwankungen
..... BIP-Lücke
..... Rezession
..... Depression
..... Hochkonjunktur, Boom
..... potentielles BIP, Produktionspotential, mögliches Gesamtangebot
..... Gesamtangebot an inländischen Gütern
..... Gesamtnachfrage nach inländischen Gütern

a Das tatsächliche BIP steigt über das potentielle BIP, die BIP-Lücke ist positiv.

b Total aller Kapitalgüter einer Volkswirtschaft

c Besonders starker und langer Konjunkturabschwung

d Summe aller Waren und Dienstleistungen (Konsum- und Investitionsgüter), die von den Unternehmen und vom Staat angeboten werden.

e Wert der produzierten Güter pro Arbeitsstunde.
BIP pro eingesetzte Arbeitsstunde oder potentielles BIP pro einsetzbare Arbeitsstunde

f Produktionsmöglichkeiten von Unternehmen und Staat bei voller Kapazitätsauslastung, d. h. bei gut ausgelasteten, aber nicht überlasteten Kapazitäten

g Unentgeltliche Nutzenstiftungen an Außenstehende, an Trittbrettfahrer

h Ausdehnung der Produktionsmöglichkeiten, die zu mehr und begehrteren Waren und Dienstleistungen führt

i Wachstumsschwankungen der gesamtwirtschaftlichen Aktivität. In einem Abschwung wird die negative BIP-Lücke größer, in einem Aufschwung kleiner.

j Erwerbsbevölkerung in % der Wohnbevölkerung

k Differenz zwischen dem potentiellen und dem tatsächlichen BIP

l Summe aller nachgefragten Güter: privater Konsum + Staatsausgaben + Investitionen + Nettoexporte.

m Leichter bis mittelschwerer Konjunkturabschwung

n Staatliche Maßnahmen, die zum Ziel haben, das reale BIP-Wachstum (und letztlich den Wohlstand) zu fördern

o Das Erscheinen von neuen oder verbesserten Produkten

p Die Verbesserung der Produktionstechnik

q Neues Wissen wird in wirtschaftlichen und gesellschaftlichen Nutzen umgewandelt.

2. Die Produktionsmöglichkeitenkurve kann den Unterschied zwischen dem BIP und dem potentiellen BIP illustrieren.

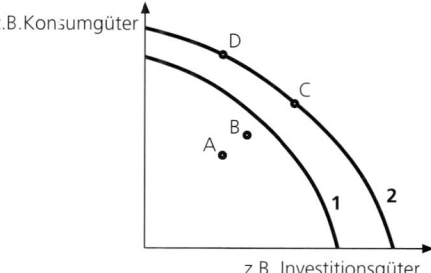

Kreuzen Sie dazu die richtigen Aussagen an:
Eine Bewegung von A zu B bedeutet
O   eine Zunahme des potentiellen BIP
O   eine Zunahme des BIP
O   eine bessere Nutzung der Produktionskapazitäten.

Eine Bewegung von B zu C und eine Bewegung von der Kurve 1 zur Kurve 2 bedeutet
O   eine Zunahme des potentiellen BIP
O   eine Zunahme des BIP
O   eine bessere Nutzung der Produktionskapazitäten.

Eine Bewegung von C zu D bedeutet
O   eine Zunahme des potentiellen BIP
O   eine Zunahme des BIP
O   eine andere Nutzung der Produktionskapazitäten.

3. Wie ist es möglich, dass der Wohlstand einer Gesellschaft wächst, ohne dass das reale BIP oder BNE wächst? Der eine Grund wurde im 12. Kapitel angesprochen, der andere in diesem.

4. Das reale BIP pro Kopf Deutschlands: Um wie viel ist es heute größer als vor 150 Jahren? Mit welcher durchschnittlichen jährlichen Rate ist es gestiegen?

5. Könnte es sein, dass ein Wirtschaftswachstum (von jährlich 1 % oder mehr pro Kopf) ein Phänomen nicht der letzten 200 Jahre, sondern der letzten 1000 Jahre war? Warum?

6. Welche der folgenden Umstände führt zu einem Wachstum des potentiellen BIP?
O   Die Arbeitszeiten werden verkürzt.
O   Die Erwerbsquote nimmt zu, weil mehr Frauen ins Erwerbsleben treten.
O   Mit neuen Computern leisten wir das Doppelte.
O   Dank neuer Programme leisten wir mit bisherigen Computern das Doppelte.
O   Durch Übung leisten wir mit bisherigen Computern und alten Programmen das Doppelte.
O   Wegen Auftragsspitzen werden außergewöhnlich viele Überstunden gemacht.
O   Einwanderung von Gastarbeitern
O   Eine produktive Branche wirbt erfolgreich Arbeitskräfte von einer unproduktiveren Branche ab.

7. Welche Größe wächst schneller, das BIP oder das BIP pro Kopf? Warum? Immer?

8. Wann wächst das BIP pro Arbeitsstunde (= Arbeitsproduktivität) stärker als das BIP pro Kopf?

9. Bei welchen der folgenden Aktivitäten sind nennenswerte externe Nutzen zu erwarten?
   - O Bau des Gotthardbasistunnels
   - O H&M erweitert sein Filialnetz.
   - O Privatschulen entwickeln verbesserte Lernmethoden.
   - O Staatsschulen entwickeln verbesserte Lernmethoden.
   - O BMW bildet seine Ingenieure weiter.
   - O Jugendliche investieren mehr in ihre Ausbildung.

10. Welche Ressourcen bauen wir auf, welche eher ab?

11. Die Ökonomen des 19. Jahrhunderts waren sehr pessimistisch über die langfristigen Aussichten des Wirtschaftswachstums. Sie gingen davon aus, dass die Produktion vor allem durch den Einsatz von mehr Investitionsgütern gesteigert werden könne – und hier werde man früher oder später mit dem Gesetz vom abnehmenden Grenzprodukt konfrontiert. Danach würde die Produktion, die mit zusätzlichen Investitionen erzielt werden kann, immer kleiner.
    Offensichtlich haben diese Ökonomen bis heute nicht recht bekommen, das BIP pro Kopf wächst heute sogar in fast allen Ländern stärker als im 19. Jahrhundert. Finden Sie im Abschnitt 13.3 die zwei Hauptgründe dafür?

12. Die Erwerbstätigkeit in der Landwirtschaft hat in den vergangenen 150 Jahren stark abgenommen. Würden Sie diese Entwicklung (aus der Sicht der gesamten Gesellschaft) als Erfolg oder als Misserfolg werten?

13. Warum ist die Beschäftigung in der deutschen Textilindustrie so drastisch gesunken?

14. Wie eröffnet die Beseitigung einer Handelsbarriere Chancen zu größerem Wirtschaftswachstum?

15. Warum finanziert der Staat (und nicht private Unternehmen) den Bau von Straßen?

16. Welche der folgenden staatlichen Maßnahmen könnte das Wachstum des potentiellen BIP besonders fördern?
    - O Weniger Sozialabgaben auf Löhnen lassen auf den Arbeitsmärkten sowohl Angebot als auch Nachfrage ansteigen.
    - O Sparmaßnahmen im Ausbildungsbereich verringern das Defizit in der Staatsrechnung.
    - O Subventionen ermöglichen dem Hotelgewerbe, seine hohe Bettenzahl aufrechtzuerhalten.
    - O Tagesschulen für Kinder ermöglichen mehr Frauen die Berufstätigkeit.

17. a) Wie lautet das SAYsche Gesetz?
    b) In welchen Fristen dachte Jean Baptiste Say?

18. Berechnen Sie die ungefähre negative BIP-Lücke, total und pro Kopf (zu Preisen von 1995) für das Jahr 1983 mit folgenden Angaben:

	1981	1982	1983
tatsächliches BIP, Mrd. €	1180	1171	1189
potentielles BIP, Mrd. € (wächst um etwa 1,9 % pro Jahr)	1185	?	?
Bevölkerungszahl			61,4 Mio.

19. A: »BIP-Prognosen sind gewagt, insbesondere die langfristige Entwicklung des BIP (über 15 bis 20 Jahre) vorauszusagen ist unmöglich.«
    B: »Nein, kurzfristige BIP-Prognosen über ein bis zwei Jahren sind schwieriger.«
    Prognosen sind schwierig – besonders wenn sie die Zukunft betreffen. Aber was denken Sie speziell zur Meinungsverschiedenheit zwischen A und B? Begründen Sie, wer recht hat!

20. Aus welchen (vier) Hauptkomponenten setzt sich die Gesamtnachfrage nach inländischen Gütern zusammen?

Gesamtwirtschaftliche Instabilität

14. Geld und die Bedeutung von Inflation

14.1 Was ist Geld?

Kreditwürdigkeit

Wenn Sie für 20 Euro in Ihrem Stammlokal gegessen, leider aber das Geld zu Hause vergessen haben, könnten Sie dem Wirt einen schön geschriebenen Zettel hinterlassen, auf dem Sie bestätigen, dass Sie ihm 20 Euro schulden. Vielleicht fährt der Wirt an diesem Abend mit dem Taxi nach Hause. Kennt der Taxifahrer Sie als vertrauenswürdig, akzeptiert er vermutlich, dass der Wirt mit Ihrem Zettel bezahlt. Ist er guter Laune, ist ihm ein Schuldschein von Ihnen gleich viel wert wie 20 Euro. Sind Sie in der ganzen Stadt für Ihre Seriosität bekannt, kann er das Papier sogar der Tankstelle weitergeben. Nach ein paar weiteren Stationen zahlt schließlich jemand damit in Ihrem Geschäft. Der unterschriebene Zettel wurde von jenen Leuten als Geld akzeptiert, die wussten, dass ihn andere auch als Geld akzeptieren würden. Hinter dem Papier steht Ihre Kreditwürdigkeit, die über jeden Zweifel erhaben und allgemein bekannt ist.

Geld
alles, was allgemein im Austausch für Güter akzeptiert wird

Damit haben wir eine Definition von Geld: Geld ist, was als Geld akzeptiert ist. Geld kommt von gelten. Seinen Wert bezieht es einzig aus einer gesellschaftlichen Übereinkunft.

Notenbank = Zentralbank

In der Europäischen Währungsunion sind es die Schuldscheine (Noten) der Europäischen Zentralbank (EZB), die über jeden Zweifel erhaben sind, in den USA sind es jene des Federal Reserve System. Diese Zentralbanken sind staatliche Institutionen, ihre Direktionen und Beiräte werden von den Regierungen ernannt. Dann aber können sie weitgehend autonom handeln.

von den Regierungen ernannt, aber unabhängig

Europäische Zentralbank, EZB

Die Europäische Zentralbank wird geleitet vom EZB-Direktorium (Präsident, Vizepräsident und vier weiteren Mitgliedern) und dem EZB-Rat (Direktionsmitglieder und Zentralbankpräsidenten der 13 Länder, die den Euro eingeführt haben). Das Direktorium wird für eine Amtszeit von acht Jahren und ohne die Möglichkeit einer Wiederwahl ernannt, die übrigen Mitglieder des EZB-Rates werden durch die nationalen Regierungen für eine Amtszeit von mindestens fünf Jahren ernannt.

Deutsche Bundesbank

Die Deutsche Bundesbank, die Notenbank Deutschlands, ist seit dem 1.1.1999, dem Beginn der Währungsunion, nur noch ausführendes Organ der EZB.

14.1.1 Geldfunktionen

Da Sie ja jeden Tag Geld benützen, sind Ihnen die drei Hauptfunktionen geläufig:

1. Zahlungsmittel

- Erst Geld schafft die Voraussetzung für eine differenzierte arbeitsteilige Wirtschaft. Gäbe es kein Geld, müsste die Fotografin, die Brot haben möchte, einen Bäcker finden, der sich gerade fotografieren lassen möchte. Die Tauschwünsche von zwei Personen oder Firmen müssten genau zusammenpassen, damit ein Tausch stattfinden kann. Geld

ermöglicht extreme Arbeitsteilung

macht diese doppelte Übereinstimmung überflüssig. Nur dank einem allgemein akzeptierten Zahlungsmittel können wir uns alle auf eine sehr spezialisierte Tätigkeit konzentrieren und zugleich unter einer riesigen Vielfalt an Konsumgütern wählen.

2. Wertmaßstab

- Geld ist dabei ein Wertmaßstab. Es ermöglicht die Bewertung aller auf dem Markt gehandelten Güter. Geld ist dort das Maß aller Dinge und Dienstleistungen. Diese einheitliche Recheneinheit erleichtert die Übersicht und vereinfacht die Information auf den Märkten.

3. Wertaufbewahrungsmittel

ermöglicht Konsumaufschub

und Kreditgeschäfte

- Geld ist schließlich Wertaufbewahrungsmittel. Zwar besitzen Sie mit Geld kein Gut, dafür aber einen Anspruch auf Güter Ihrer Wahl. Dabei können Sie diese Güter jetzt erwerben oder auch erst später. Mit Geld können Sie Konsum aufsparen.

Dieses Aufsparen ermöglicht Kreditgeschäfte. Das gesparte Geld leihen Sie aus. Jemand anders kann an Ihrer Stelle konsumieren oder investieren. So kann ein Unternehmen seine Produktion ausbauen, ohne vorab zu sparen. Später, wenn der Kredit zurückbezahlt wird, sind Sie an der Reihe mit Konsumieren, während andere sich dafür einschränken müssen.

Alles, was diese drei Zwecke erfüllen kann, könnten wir also als Geld bezeichnen.

14.1.2 **Geldarten**

Bargeldumlauf

Geld besteht nicht nur aus dem Bargeld, den Münzen und Banknoten. Immer häufiger zahlen wir bargeldlos. Und es sieht so aus, als ob Münzen und Noten bald nur noch für den täglichen Kleinbedarf und für illegale Geschäfte verwendet würden. Alle, die über ein Bank-, Sparkassen- oder Postkonto verfügen, können mit einer Überweisung, einem Scheck oder einer Kontokarte zahlen. Bezahlt wird hier durch Umbuchen

Grafik 14.1:
Publikumsgeldmengen, d. h.
von den Nichtbanken verwendetes Geld
im Eurosystem
4. Quartal 2004, in Euro

Quelle: EZB, Monatsbericht

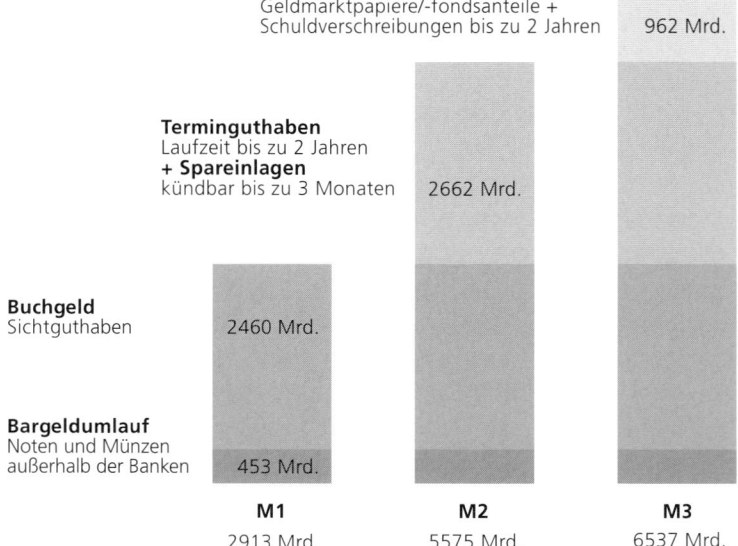

Geldmarktpapiere/-fondsanteile +
Schuldverschreibungen bis zu 2 Jahren — 962 Mrd.

Terminguthaben
Laufzeit bis zu 2 Jahren
+ Spareinlagen
kündbar bis zu 3 Monaten — 2662 Mrd.

Buchgeld
Sichtguthaben — 2460 Mrd.

Bargeldumlauf
Noten und Münzen
außerhalb der Banken — 453 Mrd.

M1	M2	M3
2913 Mrd.	5575 Mrd.	6537 Mrd.

+ Buchgeld
Sichteinlagen, Giralgeld

von Konto zu Konto. Die jederzeit (d. h. auf Sicht) abrufbaren Sichtguthaben (oder Giroguthaben) sind damit auch Geld, man nennt es Buchgeld. Die durch Sichtkonten geschaffenen Zahlungsmöglichkeiten übertreffen das Bargeld bei weitem. Während 2004 im Eurogebiet für 453 Mrd. Euro Banknoten im Umlauf waren, standen auf den Sichtkonten von Banken, Sparkassen und Post 2460 Mrd. Euro zur Verfügung.

+ weniger liquide Mittel

Außer den Sichtguthaben können noch weitere Guthaben zum Geld gezählt werden: Terminguthaben, Spareinlagen und diverse andere Guthaben. Allerdings sind diese Guthaben weniger schnell abrufbar und deshalb weniger einfach als Zahlungsmittel verwendbar. Terminguthaben sind nur zu einem festgelegten Termin abrufbar, und bei Spareinlagen gelten für höhere Beträge Kündigungsfristen.

In Grafik 14.1 sind die verschiedenen Arten von Geld zusammengefasst – und gleichzeitig drei sehr diskret klingende Namen für Geldmengen eingeführt: M1, M2 und M3.

M1 = Bargeldumlauf + Buchgeld

- M1 ist das Geld, das sofort und jederzeit als Zahlungsmittel verwendet werden kann, also der Bargeldumlauf und das Buchgeld (Sichteinlagen).

M2 = M1 + Terminguthaben + Spareinlagen

- Erweitern wir M1 um die Terminguthaben (mit Laufzeiten bis zu zwei Jahren) und Spareinlagen (mit einer vereinbarten Kündigungsfrist bis zu drei Monaten), erhalten wir M2.

M3 = M2 + div. Einlagen mit kurzen Laufzeiten

- Fassen wir den Geldbegriff noch weiter und zählen auch noch diverse Geldeinlagen mit kurzen Laufzeiten hinzu, erreichen wir M3.

Die Geldmengen M1 bis M3 geben an, welche Zahlungsmittel den Haushalten und Unternehmen, den Nichtbanken, zur Verfügung stehen.

Zentralbankgeldmenge
das von der Zentralbank geschaffene Geld

Daneben ist noch eine andere Größe interessant, die Zentralbankgeldmenge. Sie besteht aus den herausgegebenen Banknoten und den Sichtguthaben der inländischen Geschäftsbanken bei der Zentralbank. Das ist die Geldmenge, welche die Zentralbank selbst geschaffen hat und deshalb auch direkt kontrollieren kann.

14.2 Wie kommt Geld in Umlauf?

14.2.1 Wie schafft die Zentralbank Geld?

Beginnen wir wieder mit dem Bargeld: Gedruckte Banknoten stapeln sich zunächst einmal in den Tresoren der Zentralbank. Wie gelangen sie nun von dort ins Wirtschaftssystem – und wie gelangen sie zurück in die Tresore der Zentralbank? **Prinzipiell** gibt es dafür vier Wege:

An- und Verkauf von ausländischen Währungen

Währung
gesetzliches Zahlungsmittel eines Landes

1. Die Zentralbank wechselt ihr eigenes Geld gegen ausländische Währungen: Kauft sie mit ihrem selbst gedruckten Geld fremde Währungen, gelangt das eigene Geld in Umlauf – verkauft sie dagegen ausländische Währungen gegen eigenes Geld, fließt Geld zurück in die Zentralbanktresore. Es ist damit dem Wirtschaftssystem entzogen.

An- und Verkauf von Wertpapieren

Offenmarktpolitik
Kauf und Verkauf von Wertpapieren und ausländischen Währungen durch die Zentralbank zur Steuerung der Zentralbankgeldmenge

Zentralbankkredite an die Banken

Zentralbankkredite an den Staat

Sichteinlagen der Banken bei der Zentralbank (Zentralbankengiralgeld)

2. Die Zentralbank kauft oder verkauft inländische oder ausländische Wertpapiere: Kauft sie Wertschriften und zahlt mit ihrem Geld, erhöht sich die Zentralbankgeldmenge – verkauft sie hingegen Wertschriften gegen eigenes Geld, zieht sie damit Geld wieder ein.
Handelt die Zentralbank mit Wertschriften und fremden Währungen, spricht man von »Offenmarktpolitik«, weil sie früher auf »offenen«, allen zugänglichen, Märkten kaufte und verkaufte.[1]

3. Die Zentralbank leiht Geld an Banken aus, und zwar gegen Zins: Je niedriger der Zinssatz, den die Zentralbank verlangt, desto mehr Geld beziehen die Banken, um es an Kunden weiterzuverleihen – und je höher der Zins der Zentralbank, desto weniger Geld kommt über die Banken in Umlauf.[2]

4. Schließlich kann die Zentralbank dem Staat Geld leihen, wenn er weniger einnimmt, als er ausgibt: Wenn der Staat das geliehene Geld ausgibt, gelangt neues Geld in Umlauf – und zahlt der Staat später das Geld der Zentralbank zurück, wird Geld aus dem Verkehr gezogen. In vielen Staaten wurden und werden immer noch Staatsausgaben mit neuem Geld der Zentralbank finanziert – mit welchen Folgen, sehen wir gleich im nächsten Kapitel. Die Europäische Zentralbank jedoch vergibt keine langfristigen Kredite an Staaten.

Statt mit Banknoten kann natürlich auch die Zentralbank bargeldlos bezahlen oder sich bezahlen lassen: Kauft z. B. die Europäische Zentralbank einer Bank Wertpapiere ab, wird die Bank den Gegenwert selten in Bündeln von 500-Euronoten haben wollen. Vielmehr wird der Gegenwert in Euro auf ihrem Sichtkonto bei der EZB gutgeschrieben. Jede inländische Bank hat nämlich ein Sichtkonto bei der Zentralbank. Ob die Bank nun Bargeld erhält oder ob ihre Sichteinlagen bei der Zentralbank steigen, ist egal. In beiden Fällen erhält sie Zentralbankgeld, das sie in Form von Krediten an Kunden weitergeben kann.

Bei allen vier geldpolitischen Instrumenten spielt die gleiche Logik:
- **Die Zentralbank bringt Geld in Umlauf (in Form von Bar- oder Giralgeld), wenn sie gegen eigenes Geld Wertpapiere und ausländische Währungen kauft sowie den Banken und dem Staat Kredite gewährt.**
- **Entsprechend entzieht die Zentralbank dem Marktsystem Geld, wenn sie Wertpapiere und ausländische Währungen verkauft sowie wenn sie Kredite an Banken und Staat bei Fälligkeit nicht erneuert.**

---

[1] Die Europäische Zentralbank steuert ihre Geldmenge gerne über befristete reversible Offenmarktgeschäfte. Die EZB kauft von einer Bank Wertpapiere und vereinbart gleichzeitig, wann sie zurückgekauft werden. Da die EZB die Wertpapiere der Banken für eine gewisse Zeit aufnimmt und »beherbergt«, spricht man anschaulich von Wertpapierpensionsgeschäften – oder auf englisch nüchtern von Repurchase Agreements, kurz **Repo-Geschäften.** Die Bank aber erhält während der Laufzeit des Geschäfts ein Darlehen in Euro, für das sie einen Zins bezahlt, den Repo-Zins.

[2] Der Zinssatz, den Banken der EZB zahlen (für die Laufzeit eines Tages: Satz der Spitzenrefinanzierungsfazilität) ist höher als der, den Banken für Einlagen bekommen (für die Laufzeit eines Tages: Satz der Einlagefazilität). In der Mitte liegt der Hauptrefinanzierungssatz (= Repo-Zins für Repurchase Agreements mit einer Laufzeit von zwei Wochen). Diese drei Zinssätze finden Sie auf der ersten Homepage der EZB (www.ecb.int). Es sind die **Leitzinsen** für kurzfristige Geldgeschäfte in Euro.

Sie verstehen nun, wie die Zentralbankgeldmenge gesteuert werden kann. Doch wie erhöhen oder verringern sich die Geldmengen, die von den Nichtbanken, den Haushalten und Unternehmen, verwendet werden? M1, M2 und M3? Sie werden vom Bankensystem geschaffen. Dabei stellen sich vor allem zwei Fragen: Wie schöpfen die Banken dieses Geld, und hat die Zentralbank auch auf dieses Geld einen Einfluss?

14.2.2 Wie schöpfen die Banken Geld?

Zahlen Sie beispielsweise am Bankschalter 5000 Euro auf Ihr Sichtkonto ein, verschwindet das Geld in einem fremden Tresor; doch weil Sie jederzeit mit dem Sichtkonto zahlen können, verfügen Sie genau über diesen Betrag. Heben Sie wieder Geld ab, haben Sie mehr Bargeld und dafür weniger Buchgeld. Eigentlich ist noch nicht viel Interessantes geschehen.

nicht alle Konten gleichzeitig geleert

Es haben aber Tausende wie Sie Sichtkonten eröffnet, und es gibt Tausende von Einzahlungen und Auszahlungen – und es liegen Millionen von Euro in den Banksafes. Nun weiß jede Bank aus Erfahrung, dass nicht alle Kunden ihre Konten zur gleichen Zeit vollständig leeren. Damit ist nur ein Teil des einbezahlten Geldes nötig, um allen Kunden gegenüber zahlungsfähig zu bleiben. Nehmen wir für unser einfaches Beispiel einmal an, der Reservesatz betrage 5%. Dann können etwa 95% als Kredit verliehen werden.

Reservesatz

Kreditvergaben aufgrund eines Teils der Einlagen

So kann die Bank Ihnen Zahlungsmöglichkeiten von € 5000,– offen halten und gleichzeitig für € 4750,– (= 95% von Ihren € 5000,–) Kredite anbieten. Jetzt hat die Bank die Zahlungsmöglichkeiten vermehrt, sie hat zusätzliches Geld geschaffen!

Mit den ausgeliehenen € 4750,– speist der Kreditnehmer das eigene Sichtkonto, er begleicht Schulden, indem er Geld auf Sichtkonten seiner Gläubiger überweist, oder er macht einen Einkaufsbummel, worauf sich z. B. die Sichtkonten der Kleider- und Fotogeschäfte erhöhen. Und nach dem gleichen Prinzip können die Banken all dieser Sichtkonten das neu erhaltene Geld zum größten Teil wieder anbieten. € 237.50 (5% von € 4750,–) bleiben in den Safes, und € 4512,50 (95% von € 4750,–) werden weiterverliehen. Auch das Geld aus diesen Krediten wird wieder auf Sichtkonten einbezahlt und ermöglicht weiteren Banken, Kredite zu geben, mit denen weitere Sichtkonten erhöht werden, usw.

Mit den Sichtkonten schaffen die Banken Zahlungsmöglichkeiten, welche die dafür stillgelegten Reserven weit übersteigen. Der gesamte Effekt? Er hat die Form einer geometrischen Reihe, in diesem Beispiel:

Geldschöpfungsmultiplikator
Faktor, um den das Bankensystem einen Geldbetrag durch Kreditschöpfung vermehren kann

$$1 + 0{,}95 + 0{,}95^2 + 0{,}95^3 + 0{,}95^4 \text{ etc.} = 1 / (1 - 0{,}95)$$

$$= 1 / \text{Reservesatz} = 20.$$

Anstelle der ursprünglichen Bargeldeinlage könnten also maximal um den Faktor 20 vergrößerte Sichtguthaben entstehen.

Den Faktor, mit dem das Bankensystem eine ursprüngliche Einlage vergrößert, nennt man Geldschöpfungsmultiplikator. Er entspricht dem Kehrwert des Reservesatzes. Je kleinere Reserven gehalten werden, desto größer der Geldschöpfungsmultiplikator – und umgekehrt.

Wie kontrolliert die Zentralbank das Geld der Banken?

Auch auf das Buchgeld, die Terminguthaben und die Spareinlagen kann die Zentralbank einen gewissen Einfluss nehmen – im Prinzip sogar einen zweifachen:

- Die Banken schöpfen ihr Geld ja auf der Basis des Geldes, das die Zentralbank herausgegeben hat. Wenn die Zentralbank diese Basis verringert, verringern sich auch die Möglichkeiten der Banken zur Kreditvergabe – und umgekehrt.
- Weiter kann die Zentralbank das Verhältnis der Zentralbankgeldmenge zum Kreditvolumen mit bestimmen. Sie kann den Banken Vorschriften machen über ihre Mindestreserven an Zentralbankgeld. Ist der verlangte Reservesatz klein, können die Banken einen großen Teil der erhaltenen Gelder wieder ausleihen – bei einem größeren Mindestreservesatz dagegen bleibt den Banken ein kleinerer Rest für die Kreditvergabe. Damit kann die Zentralbank das Wachstum der von den Banken gewährten Kredite ihren Zielen entsprechend begrenzen.

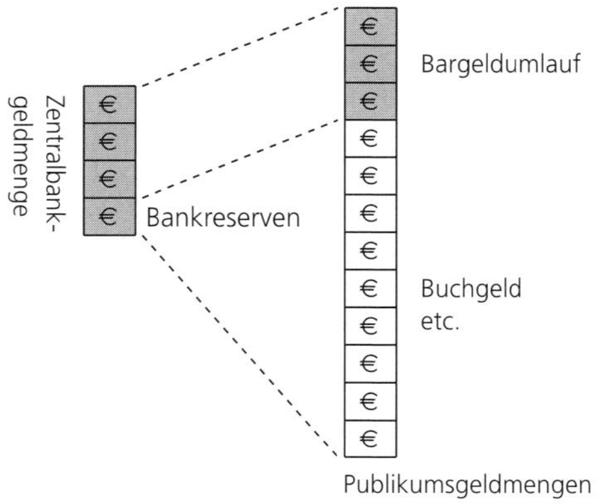

Die EZB verlangte bislang (v. a. für Einlagen mit einer Laufzeit bis zu 2 Jahren) Mindestreserven von 2 %.

Mindestreservenpolitik
Die Pflichtreserven der Banken werden von der Zentralbank festgesetzt und variiert.

Grafik 14.2:
Geldschöpfung der Banken auf der Basis von Reserven

Zentralbank, Notenbank
staatliche Institution, welche die Zentralbankgeldmenge kontrolliert und die Kreditgebung der Banken überwacht

14.3 Inflation und Lebenshaltungskosten

14.3.1 Was ist Inflation und wie wird sie gemessen?

Inflation, Teuerung, Geldentwertung
drei synonyme Bezeichnungen für eine generelle Preissteigerung, ein Ansteigen des durchschnittlichen Preisniveaus

Es gehört zu einer Marktwirtschaft, dass die Preise für einzelne Güter fallen und für andere, die knapper werden, steigen. Wir beobachten, dass Computer oder Telefongespräche billiger werden und Wein oder Benzin teurer. Daneben erleben wir aber auch Zeiten, in denen die Mehrheit der Preise steigt. Die Preise steigen im Durchschnitt (unter Berücksichtigung der Bedeutung der Güter). Eine solche generelle Preissteigerung nennt man Inflation, Teuerung oder auch Geldentwertung.

Sinkt das allgemeine Preisniveau, spricht man von einer Deflation.

Deflation
Sinken des durchschnittlichen Preisniveaus

Wann verändern sich nur einzelne auffällige Preise und wann das ganze Preisniveau? Um das festzustellen, müssen wir die Preisentwicklung möglichst vieler Güter erfassen und die durchschnittliche Preisbewegung berechnen. Diese Arbeit übernimmt das Statistische Bundesamt. Es verfolgt regelmäßig die Preisänderungen und veröffentlicht laufend Preisindices. Der wichtigste ist der Verbraucherpreisindex. Er zeigt, wie

Konsumausgaben eines durchschnittlichen Privathaushaltes

Verbraucherpreisindex
der wichtigste Index zur Messung der Inflation; erfasst die Preisbewegungen jener Waren und Dienstleistungen, die für die privaten Haushalte eine wichtige Rolle spielen.

Preisindex
zeigt die Veränderung der Durchschnittspreise einer Gütergruppe an. Bei der Berechnung des Durchschnitts werden die einzelnen Güter nach ihrer Bedeutung gewichtet.

sich die Preise von Gütern entwickeln, die ein Privathaushalt hauptsächlich braucht.

Um den Verbraucherpreisindex zu berechnen, muss man zuerst wissen, wofür genau die Konsumentinnen und Konsumenten ihr Geld ausgeben. Darum werden etwa alle fünf Jahre mit Hilfe einer möglichst repräsentativen Stichprobe von rund 60 000 Haushalten die Verbrauchsgewohnheiten untersucht.[3]

Das Resultat ist ein mit rund 750 verschiedenen Waren und Dienstleistungen gefüllter »Güterkorb«, der die Konsumausgaben eines durchschnittlichen Privathaushaltes repräsentiert. Darin haben im Jahr 2000 die Nahrungsmittel, Getränke und Tabakwaren ein Gewicht von 14%, Bekleidung und Schuhe 5,5%, Wohnung und Heizung 30% oder der Verkehr 14%. Diese Ausgabenstruktur verändert sich ständig. So wurden 1960 noch 45% für Nahrungsmittel, Getränke und Tabakwaren ausgegeben. Und auch innerhalb der einzelnen Gruppen verändert sich natürlich das Gewicht einzelner Waren und Dienstleistungen. Zudem gibt es immer wieder neue Güter, und alte verschwinden.

Der für ein bestimmtes Basisjahr (z. B. 2000) ermittelte Güterkorb wird aber in der Regel über fünf Jahre konstant gehalten, weil nur so die reine Preisentwicklung erfasst werden kann. Monatlich werden immer nach dem gleichen Gewichtungsschema die Preise der 750 repräsentativen Konsumgüter an 350 000 verschiedenen Orten erhoben und daraus der Gesamtindex berechnet. Die Preise werden im Verhältnis zum Basisjahr ausgedrückt.

Je weiter aber das aktuelle Jahr vom Basisjahr entfernt ist, desto weniger kann der konstant gehaltene Warenkorb den tatsächlichen Konsum widerspiegeln. Erst ein neu erhobener Güterkorb kann neue Güter und neue Verbrauchgewohnheiten berücksichtigen. Mehr dazu im nächsten Abschnitt 14.3.2.

	Verbraucherpreise, Index 2000 =100	Zunahme gegenüber Vorjahr, Inflationsrate
1974	47,3	6,9%
1975	50,2	6,0%
1976	52,3	4,2%
1977	54,2	3,7%
1978	55,7	2,7%
1979	58,0	4,1%
1980	61,1	5,4%
1981	65,0	6,3%
1982	68,4	5,2%
1983	70,6	3,2%
1984	72,3	2,5%
1985	73,8	2,0%
1986	73,7	−0,1%
1987	73,9	0,2%
1988	74,8	1,2%
1989	76,9	2,8%
1990	79,0	2,6%
1991	81,9	3,7%
1992	86,1	5,1%
1993	89,9	4,4%
1994	92,3	2,7%
1995	93,9	1,7%
1996	95,3	1,5%
1997	97,1	1,9%
1998	98,0	0,9%
1999	98,6	0,6%
2000	100,0	1,4%
2001	102,0	2,0%
2002	103,4	1,4%
2003	104,5	1,1%
2004	106,2	1,6%

Tabelle 14.1:
Der deutsche Verbraucherpreisindex
(siehe auch Grafik nächste Seite)

Quelle: Statistisches Bundesamt
(www.destatis.de)

[3] Resultate dieser Einkommens- und Verbrauchsstichproben (EVS) wurden schon in den Abschnitten 10.5 über Armut in Deutschland und 12.2.4 zur personellen Einkommensverteilung verwendet.

Die öffentliche Diskussion dreht sich vor allem um den Verbraucherpreisindex. Wenn Sie lesen, dass die Inflation sich verstärkt oder abgeschwächt hat, dann bezieht sich die Zeitung auf das Ansteigen dieses Indexes.

Daneben erhebt das Statistische Bundesamt noch eine ganze Reihe von weiteren Preisindices, so für Erzeugerpreise, Großhandelsverkaufspreise, Import- und Exportpreise, Einzelhandelspreise, Preise für Bauwerke und Bauland. Den Preisindex für das gesamte Bruttoinlandsprodukt, den BIP-Deflator, kennen Sie schon aus dem Abschnitt 12.2.6. Er wird für die Berechnung des realen BIP verwendet.

Immer wichtiger wird der sog. Harmonisierte Verbraucherpreisindex (HVPI). Er wird zur Berechnung der Inflation in der EU und im Euroraum verwendet und berücksichtigt nur Ausgaben, die auch in anderen EU-Ländern erhoben werden (es fehlen darin selbst genutztes Wohneigentum oder Gesundheitsleistungen).

Div. Preisindices

BIP-Preisindex

Harmonisierter Verbraucherpreisindex

Grafik 14.3:
Der deutsche Verbraucherpreisindex, bis 1991 nur alte Bundesländer

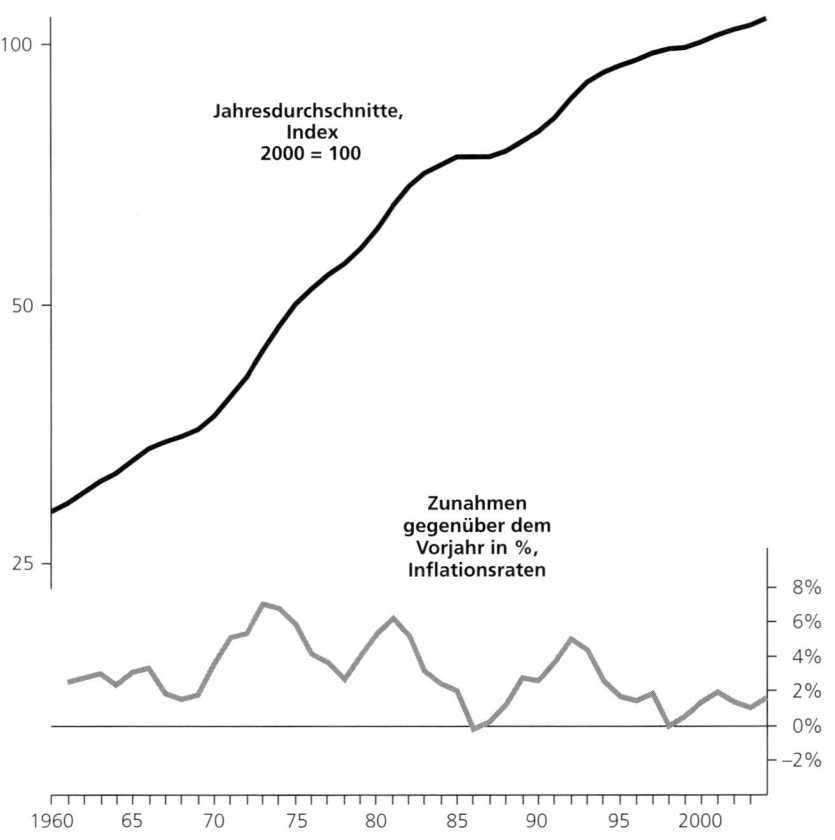

Inflationsrate
prozentuale Veränderung des Preisindexes gegenüber dem Vorjahr

Die Grafik mit der Preisentwicklung seit 1960 zeigt, wie die Inflation in den 70er und frühen 80er Jahren höher war als in den 60er Jahren und heute. Weiter sehen Sie, wie die Inflation schubweise ansteigt und abschwillt. Nehmen die Inflationsraten ab, spricht man von Desinflation – nicht zu verwechseln mit einer Deflation, bei der das Preisniveau sinkt und die Inflationraten negativ sind (so wie 1986 und vermutlich auch 1987 und vielleicht auch 1998/99, wie Sie gleich sehen werden).

Desinflation
Abnahme der Inflationsrate

14.3.2 Der Konsumentenpreisindex überzeichnet die Inflation

Die tatsächliche Teuerung wird durch offizielle Konsumentenpreisindices (wie auch durch BIP-Preisindices) überschätzt. Dazu wurden vor allem in den 90er Jahren verschiedene Studien gemacht, unter anderem für die USA und Deutschland. Danach wurde oder wird die Teuerungsrate in diesen Ländern um 0,5 % bis über 1 % zu hoch eingeschätzt.[4]

Für die Überzeichnungen der tatsächlichen Inflation sind vor allem vier Effekte verantwortlich: Substitutions-, Absatzkanal-, Neue-Produkte- und Qualitäts-Effekt.

1. Substitution

- Nicht alle Preise verändern sich gleich, einige Güter werden stark teurer, andere gar billiger Konsumentinnen und Konsumenten reagieren darauf und kaufen vermehrt Substitute, deren Preise weniger gestiegen oder gar gefallen sind. Wird aber der Konsumentenpreisindex aufgrund eines Güterkorbs ermittelt, der in der Regel nur alle fünf Jahre den Einkaufsgewohnheiten angepasst wird, lässt der Index die Inflation zu hoch erscheinen. Um diesen Substitutionseffekt zu verkleinern, verfolgen Statistiker Pläne, die Zusammensetzung des Güterkorbs häufiger (alle zwölf Monate) zu aktualisieren.

2. Absatzkanal

- Neben der Zusammensetzung des Güterkorbs wird auch festgelegt, wo die Preise gemessen werden. Nun gibt es aber einen anhaltenden Trend hin zu Discountgeschäften und Schnäppchen-Jagd. Die Konsumentinnen und Konsumenten kaufen also vermehrt billiger ein, als die Preisermittler annehmen.

3. neue Produkte

- Laufend kommen neue Güter auf den Markt. Damit erhöht sich die Auswahl, und nicht selten befriedigen neue Produkte unsere Konsumwünsche besser und billiger. Und oft werden neue Produkte erst in die Preiserhebungen aufgenommen, wenn die Preise schon gefallen sind. So sanken z. B. die Preise von CD-Spielern auf etwa ein Zehntel – und dies noch bei steigender Qualität. Wenn aber die CD-Spieler erst in die Preiserhebungen aufgenommen werden, wenn der Preissturz vorüber ist, wird der Preisverlauf der Unterhaltungselektronik von den stabilen Preisen der analogen Plattenspieler geprägt und nicht vom Preiszerfall bei den CD-Geräten.

4. Qualitätsverbesserungen

- Wenn die Qualität eines Produktes steigt, man dafür aber immer noch gleich viel zahlen muss, ist sein effektiver Preis gesunken. **Qualitätsverbesserungen müssen also erfasst und gewürdigt werden, sonst werden zu große Preissteigerungen errechnet.** Das Statistische Bundesamt tut denn auch sein Bestes, aber zu seinem Leidwesen wird es immer schwieriger, Qualitätsveränderungen zu eruieren. Unsere Güterwelt wird immer komplexer, und die Verbesserungen erfolgen stetig und kaum merklich. In kleinen Schritten wurden die Stereoanlagen klangtreuer, die Fotoapparate raffinierter, die Flugzeuge und die Autos sicherer, die Medikamente wirksamer oder die Auswahl der Fernseh-

---

[4] Boskin, M. u.a.: Towards a more accurate measure of the cost of living, Final Report to the Senate Finance Committee, 1996
Brachinger, H.W., und Diewert, E.: Hedonic Methods in Price Statistics: Theory and Practice, Heidelberg 2002

programme größer. Schleichend und kaum bemerkt wurden die Fotokopiergeräte zuverlässiger, die Kunstbücher farbiger, die Bahn schneller und komfortabler, die Kühlschränke energiesparender und die Reißverschlüsse pannensicherer.

bei Dienstleistungen kaum messbar

Praktisch unlösbar wird das Problem bei den Qualitätsveränderungen von Dienstleistungen. Dabei machen Dienstleistungen unterdessen etwa zwei Drittel unserer Produktion und unseres Konsums aus! Wie stark hat sich der Service der Restaurants und Banken, beim Steuer- oder Versicherungsberater verbessert? **Die vorsichtigen Statistiker wollen sich in den wenigsten Fällen auf Qualitätssteigerungen festlegen. Die offiziell erhobene Qualität der meisten Dienstleistungen verbessert sich so sehr selten – stattdessen steigt der Preisindex.**

Natürlich müssten auch die schleichenden Qualitätsverschlechterungen in Abzug gebracht werden, so etwa bei den Lebensmitteln, den unsichereren Vorortszügen, der langsameren Post oder bei den schlechteren Fußballspielen. Diese Verschlechterungen werden in der Regel von den Preisermittlern ebenfalls nicht in Rechnung gebracht – per saldo dürften aber die nicht erfassten Verbesserungen bei weitem überwiegen.

Welche Konsequenzen hat unser Wissen um eine überzeichnete Inflation?

Beurteilung von geringen Inflationsraten

- Die systematische Überschätzung der Inflation durch die offiziellen Statistiken fällt bei niedrigen Inflationsraten schwerer ins Gewicht. Eine offizielle Inflationsrate von 1% könnte noch etwa 0,5% tatsächliche Inflation oder auch schon fallende Preise anzeigen. Und eine offizielle Inflation von 0% bedeutet mit Sicherheit ein generell fallendes Preisniveau, also Deflation.

  Da nun aber eine Deflation sehr negative Auswirkungen hat (wie im Kapitel 18 gezeigt wird), kann man offizielle Inflationsraten von 0% kaum als Erfolg feiern.

Wie stark stiegen reales BIP, Reallöhne und realer Konsum?

- Korrigieren wir das nominale BIP und die nominale Einkommen mit einem flacher ansteigenden Preisindex, wachsen reale Produktion, Reallöhne und realer Konsum entsprechend steiler. Die ökonomische Entwicklung verläuft rasanter, als die offiziellen Produktionsdaten vermuten lassen. Die Leistungssteigerung der Arbeitskräfte ist größer als die mageren 1% pro Jahr, die uns die Volkswirtschaftliche Gesamtrechnung heute zugesteht. Dies entspricht denn auch eher unserer Empfindung, dass die Arbeitsanforderungen und unsere Leistungen Jahr für Jahr um mehr als unmerkliche 1% zunehmen.

Reallohn
um den Effekt der Inflation korrigierter Lohn; die Reallohnerhöhung entspricht etwa der Nominallohnerhöhung minus der Inflationsrate

Preisindexierung
Bindung nominaler Größen (wie Renten, Löhne, Preise, Zinsen) an die Entwicklung eines Preisindexes, um ihren realen Wert abzusichern

- Sozialstaatliche Auszahlungen sind häufig an die Teuerung gebunden (man spricht von Preisindexierung). Hier könnte die Versuchung groß sein (wie heute die USA), sich an der schwächeren effektiven Teuerung zu orientieren. So würden die Zahlungen weniger stark ansteigen, und der Sozialstaat könnte auf Kosten der Bezieher entlastet werden.

Als Konsumierende empfinden wir aber, dass der offizielle Konsumentenpreisindex die Teuerung zu tief schätzt. Früher konnte doch ein Facharbeiter mit seinem Lohn eine sechsköpfige Familie ernähren. Heute geht das, trotz gestiegener Reallöhne, kaum mehr, die Gattin muss mitverdienen. Hier tut sich ein Widerspruch auf, weil die genannten Empfindungen nicht von der offiziellen oder der tatsächlichen Inflation ausgehen, sondern von einem dritten Konzept, den Lebenshaltungskosten. Auf den Unterschied zwischen Inflation und Lebenshaltungskosten wollen wir nun eingehen.

14.3.3 Konsumentenpreisindex und Lebenshaltungskosten

Definition der Lebenshaltungskosten

Lebenshaltungskosten sind jene Kosten, die anfallen, wenn die gewohnte Lebensweise mit dem bisherigen Lebensstandard und Konsumniveau aufrechterhalten werden soll. Dabei können wir zwischen Lebenshaltungskosten im engeren und im weiteren Sinn unterscheiden:

im engeren Sinn

Die Lebenshaltungskosten im engeren Sinn steigen schwächer als die offiziell ausgewiesene Inflation. Gründe sind die besprochenen Substitutions-, Absatzkanal-, Neue-Produkte- und Qualitäts-Effekte.

im weiteren Sinn

Die Lebenshaltungskosten im weiteren Sinn hingegen steigen stärker als die offiziell ausgewiesene Inflation, weil vielfältige Zwänge unsere Ausgaben bestimmen.

staatliche und soziale Konsumzwänge

Die Ausgabenzwänge sind unterschiedlich stark.
- Unausweichlich sind die Verpflichtungen bei den Steuern und den Sozialversicherungsbeiträgen. Zwar sind auch die staatlichen Leistungen gestiegen. So werden werden wir heute glücklicherweise mit größerer Aussicht auf Heilung behandelt als früher. Aber die individuelle Wahl, uns nach älteren, billigeren Methoden behandeln zu lassen und Geld zu sparen, ist eingeschränkt. Wir verstehen, dass steigende Beiträge und Steuern nicht eindeutig Inflation bedeuten. Aber unsere Ausgaben, unsere Lebenshaltungskosten steigen.
- Darüber hinaus sind wir Konsumzwängen unterworfen: Das Angebot an Wohnungen wird immer moderner, ob dies einzelne Mieter wollen oder nicht. Der Katalysator ist für alle neuen Autos obligatorisch.
- Hinzu kommen soziale Zwänge. Um am gesellschaftlichen Leben teilnehmen zu können und geachtet zu sein, haben wir eine riesige Liste von Verpflichtungen und Ausgaben: Sie beginnt beim Telefon und bei passenden Kleidern und endet beim standesgemäßen Wohnen.

Mit steigendem Reichtum eines Landes steigen auch die materiellen Anforderungen an ein menschenwürdiges oder ein standesgemäßes Leben. Je reicher ein Land, desto höher die Lebenshaltungskosten (im weitesten Sinn). Steigende Lebenshaltungskosten sind also ein Zeichen dafür, dass die maßgebende Schicht (die kann von Region zu Region oder von Wohnviertel zu Wohnviertel verschieden sein) reicher geworden ist.

Lebenshaltungskosten

Kosten, die anfallen, wenn die gewohnte Lebensweise mit dem bisherigen Lebensstandard und Konsumniveau aufrechterhalten werden soll. Berücksichtigen wir die vielfältigen Zwänge, die unsere Ausgaben bestimmen, steigen die Lebenshaltungskosten stärker als die offiziell ausgewiesene Inflation.

absolute und relative Einkommen

Das weit gefasste Konzept der Lebenshaltungskosten basiert also nicht auf dem Konzept des absoluten, sondern auf dem des relativen Einkommens (vgl. Abschnitt 10.5). Absolut gesehen, das heißt gemessen in Gütern, werden mit steigendem Volkseinkommen in der Regel die meisten Mitglieder einer Gesellschaft wohlhabender. Doch das relative

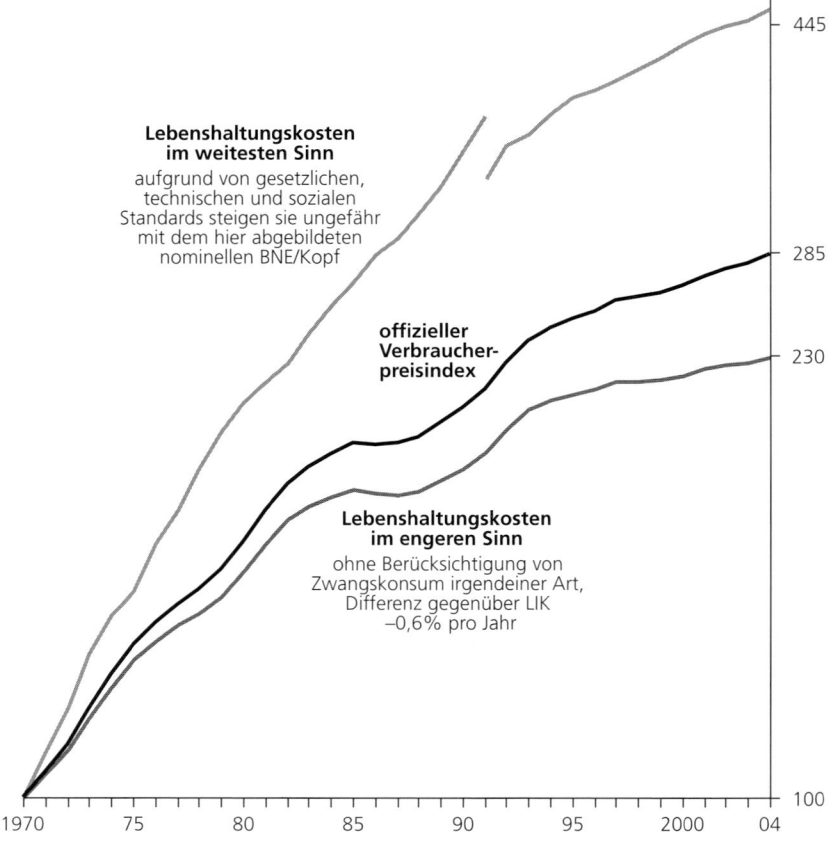

Grafik 14.4:
Preise und Lebenshaltungskosten,
Jahresdurchschnitte,
Index 1970 = 100

**Lebenshaltungskosten
im weitesten Sinn**
aufgrund von gesetzlichen,
technischen und sozialen
Standards steigen sie ungefähr
mit dem hier abgebildeten
nominellen BNE/Kopf

**offizieller
Verbraucher-
preisindex**

**Lebenshaltungskosten
im engeren Sinn**
ohne Berücksichtigung von
Zwangskonsum irgendeiner Art,
Differenz gegenüber LIK
−0,6% pro Jahr

445

285

230

100

1970 75 80 85 90 95 2000 04

Einkommen (im Vergleich zu dem der Nachbarn oder der durchschnittlichen deutschen Familie) steigt nur, wenn es überdurchschnittlich steigt. Wächst das Einkommen mit dem Durchschnitt, bleibt man im Vergleich zu den anderen etwa gleich arm oder gleich reich.

dynamische Rente

Dies hat auch sozialpolitische Konsequenzen: Würden Renten ausschließlich an den Verbraucherpreisindex gebunden – und nicht an die durchschnittliche Einkommensentwicklung – verlören Renten schleichend an Bedeutung. Darum wird mit der »dynamischen Rente« die Höhe der Rente an die Entwicklung der Löhne gekoppelt.

14.4 Nach- und Vorteile von Inflation

Inflation sei des Teufels, meinen viele. Was genau ist nun aber so schlimm an einer Inflation? Bedrohen höhere Preise direkt unseren Lebensstandard? Nein, denn in einer Inflation steigen die Preise auf allen Märkten – und in der Regel auch die Löhne.

Die wichtigsten Nachteile liegen vielmehr darin, dass zwei Geldfunktionen beeinträchtigt werden: die Funktion als Wertaufbewahrungsmittel (14.4.1) und die Funktion als Wertmaßstab (14.4.2). Anderseits könnte eine geringe Inflation die Zahlungsmittelfunktion etwas verbessern (14.4.3).

14.4.1 Inflation verteilt Vermögen und Einkommen um

Wer sich beispielsweise im Jahre 1970 mit einer Million verschuldet hatte, um eine Villa zu bauen, den drückte diese Schuld dank einer unerwartet hohen Inflation 15 Jahre später nur noch halb so stark. Die Haushalte hingegen, die 1970 mit Sparheften diese Million der Bank zur Verfügung gestellt hatten, standen 1985 trotz Zinsen vor einem real um 15% reduzierten Vermögen.

Inflationsentschädigung aufgrund von Inflationserwartungen

Realzins
um den Effekt der Inflation korrigierter Zinssatz; der Realzins entspricht etwa dem Nominalzins minus der Inflationsrate

Zwar stellen sich, sobald mit einer Inflation gerechnet wird, die Kapitalmärkte darauf ein. Die erwarteten Inflationsraten werden in die nominalen Zinssätze eingebaut. Wenn z.B. der Markt ohne Inflation einen Zinssatz von 3% verlangt, dann werden in Erwartung einer zukünftigen Inflationsrate von 5% eben 8% verlangt. So haben sich Gläubiger und Schuldner wieder auf einen Realzins von 3% geeinigt. Sobald die nominalen Zinsen auf diese Weise angepasst sind, können die Schuldner nicht mehr profitieren und kommen die Gläubiger nicht mehr zu Schaden. Es gibt keine Umverteilungen von Vermögen mehr.

Überraschende Inflation verteilt Einkommen um . . .

Doch eine Inflation kommt oft unerwartet – und Schuldner wie Gläubiger sind oft an längerfristige Verträge gebunden. Ein Beispiel dafür sind Obligationen, die über eine lange Laufzeit festgelegte Zinsen auszahlen. Erwarten die Marktteilnehmer höhere Inflationsraten, steigen zwar die Zinsen auf den Kapitalmärkten. Doch damit verlieren die Obligationen mit ihren fixen Zinsen sofort an Wert. Man hätte sie verkaufen müssen, bevor die anderen wussten, dass die Inflation steigt. Aber dann würde einfach der neue Besitzer der Obligation zu den Verlierern gehören.[5]

. . . überraschende Desinflation ebenfalls.

Umgekehrt profitieren Sparer bei einem unverhofften Rückgang der Inflation. Wer noch bei hohen Inflationserwartungen und hohen Zinsen festverzinsliche Papiere gekauft hat, profitiert auch dann von hohen Zinsen, wenn die Inflation unverhofft niedriger geworden ist.

Inflationserwartung und Löhne

Zu den Verlierern einer überraschenden Inflation gehören auch die Lohnempfänger. Wird bei den Lohnverhandlungen die Inflation des folgenden Jahres unterschätzt, ist während der Laufzeit des ausgehandelten Tarifvertrages der Teuerungsausgleich zu gering. Allerdings kann die Inflation auch kleiner sein als in den Lohnverhandlungen erwartet – dann gewinnen die Lohnempfänger.

regelmäßige Anpassung der Renten

Als mögliche Verlierer der Inflation werden häufig Rentenbezieher gesehen. Zwar werden die Renten regelmäßig der Preisentwicklung angepasst – mit der »dynamischen Rente« sogar an die Lohnentwicklung. Doch könnten auch hier Zeitverzögerungen bei der Rentenanpassung ein Rolle spielen.

willkürliche Umverteilung

Durch eine Inflation werden Milliardenwerte umverteilt. Welche Bevölkerungsschichten allerdings verlieren und welche gewinnen, ist trotz

---

[5] In traumatischer Erinnerung sind die beiden großen Inflationen in den 20er Jahren und nach dem zweiten Weltkrieg. Damals verloren insbesondere die Sparer ihr ganzes Geldvermögen.

vieler Untersuchungen schwierig zu sagen und auch von Land zu Land verschieden. Denn viele gehören sowohl zu den Verlierern als auch zu den Gewinnern. Aber auch wenn es unklar ist, welche Bevölkerungskreise verlieren und welche gewinnen – einzelne Bürger werden recht hart getroffen. Und da die Umverteilungen durch Inflation als wahllos oder gar willkürlich erscheinen, gibt das den Betroffenen das Gefühl, betrogen zu werden.

Wenn sich Geld entwertet, wird seine Wertaufbewahrungsfunktion beeinträchtigt. Eine überraschende Inflation verteilt Vermögen um. Vor allem Gläubiger und Versicherungsnehmer mit langfristigen Verträgen verlieren, während Schuldner profitieren.

14.4.2 Inflation erschwert das Funktionieren der Märkte

weniger Transparenz

Werden weniger Äpfel geerntet, dann steigen die Apfelpreise im Verhältnis zu den Preisen der anderen Früchte. Das sollte neue Apfelpflanzer anlocken und die Konsumenten dazu bewegen, eher Birnen und Pflaumen zu kaufen. Wenn nun die Früchtepreise generell stabil bleiben und nur die Apfelpreise um 5% steigen, dann fällt dieser Preisanstieg vor dem Hintergrund sonst stabiler Preise stark auf. Wenn jedoch die Früchtepreise generell um 15% steigen und die Apfelpreise um 20%, dann wird der generelle Preisanstieg so stark beachtet, dass unterschiedliche Preisentwicklungen gar nicht mehr so auffallen.

Ein generelles Ansteigen der Preise trübt die Sicht auf unterschiedliche Preisentwicklungen von einzelnen Produkten. So werden nicht die begehrtesten Güter produziert, und das Haushaltungsgeld wird nicht bestmöglich eingesetzt.

Einschätzung der Zukunft erschwert

In Inflationszeiten ist es für Sparer wie Investoren besonders schwierig, die zukünftigen Erträge von Ersparnissen und von längerfristigen Investitionen abzuschätzen. Eine Inflation erhöht damit die Unsicherheit der Sparer und Investoren, sie müssen in Inflationszeiten größere Risiken eingehen. Dies hat zur Folge, dass längerfristige Projekte möglicherweise aufgeschoben werden.

Flucht in die Sachwerte

Dafür nehmen weniger produktive Käufe zu, auch mit der in Inflationszeiten regelmäßig aufkommenden Flucht in die Sachwerte. Je höher die Inflationsängste, desto eher versuchen Sparer, ihr Geld in Sachwerten anzulegen, die als wertbeständig angesehen werden. So kaufen sie vermehrt Edelmetalle oder Immobilien, statt ihre Spargelder investierenden Unternehmen zu überlassen. Grundstücke und Häuser werden zu knapp und zu teuer.

Kurz: Verändert sich der Wert des Geldes, wird seine Funktion als Wertmaßstab beeinträchtigt. Eine Inflation bringt »Sand« ins Getriebe der Märkte, sie werden unübersichtlicher, Entscheidungen werden schwieriger. Unsicherheit verringert produktive Investitionen.

14.4.3   Wie viel Inflation ist nützlich?

Wichtig ist, dass die Nachteile von Inflation nicht direkt proportional zur Inflationsrate steigen oder sinken. Das heißt, der Schaden von 3% Inflation ist nicht einfach ein Fünftel des Schadens von 15% Inflation. Vielmehr kann eine leichte Inflation sogar nützlich sein.

offizielle Inflation überzeichnet

Vorerst muss berücksichtigt werden, dass die Inflation (wie im Abschnitt 14.3.2 gezeigt) durch die offiziellen Preisindices überzeichnet wird. In der Geldpolitik ist man sich dieser Überzeichnungen durchaus bewusst. **Die meisten Zentralbanken definieren darum Preisstabilität bei 1 bis 2%.**

Inflation erleichtert Preismechanismus

Darüber hinaus kann ein wenig Inflation gesamtwirtschaftlich sogar nützlich sein: Eine ständige Anpassung an die Marktlage erfordert ständige Preisanpassungen – auch nach unten. Preissenkungen sind aber oft schwierig, vor allem auf den Arbeitsmärkten.[6] Stellen Sie sich vor, aufgrund der Marktkräfte müssten die Löhne in einer bestimmten Branche sinken. Was wäre leichter zu akzeptieren: eine Lohnsteigerung von 2% bei einer Inflation von 5% oder eine Lohnreduktion von 3% bei stabilen Preisen? Ein hyperrationaler Angestellter würde unter beiden Varianten gleich stark leiden. Aber für die meisten von uns gibt es einen gefühlsmäßigen Unterschied zwischen einer Lohnerhöhung, die von der Inflation übertroffen wird und einer expliziten Lohnsenkung.

erleichtert sinkende Reallöhne

Tatsächlich gibt es wenig Löhne, die nominal sinken – aber sehr viele, die genau auf ihrem bisherigen nominalen Niveau verharren und mit der herrschenden Inflation real sinken. Dies zeigt an, dass es zwar viele Löhne gibt, die aufgrund von Angebot und Nachfrage real sinken, dass aber bei nominalen Lohnsenkungen eine größere Hürde überwunden werden muss. Lohnsenkungen werden leichter akzeptiert, wenn sie nicht ausdrücklich in der Lohnabrechnung erscheinen.

Während also eine große Inflation »Sand« ins Marktgetriebe bringt, kann eine leichte Inflation als »Schmiermittel« das reibungslose Funktionieren der Märkte, vor allem der Arbeitsmärkte, erhöhen.

Wo ist die Grenze zwischen positiven und negativen Effekten? Diese Streitfrage kann nur durch empirische Studien entschieden werden. Danach sollen in den USA bei einer (offiziell gemessenen) Inflation von 2 bis 3% die Vorteile überwiegen – ab 4% in steigendem Maße die Nachteile.[7] **Eine Inflation von bis zu (offiziell gemessenen) 3% könnte also als »Schmiermittel« das Funktionieren des Marktmechanismus erleichtern.**

Inflationsbekämpfung und Arbeitslosigkeit

Die Nachteile einer Inflation werden als so hoch empfunden, dass ihre frühe Bekämpfung breit unterstützt wird. Bei einer Inflationsbekämpfung können aber schwere Produktionseinbußen und Arbeitslosigkeit entstehen. Doch jetzt wurde weit vorgegriffen. Schauen wir uns zuerst einmal an, wie eine Inflation überhaupt entstehen kann.

---

[6] Vertieft werden die Schwierigkeiten bei Preis- und Lohnsenkungen im Abschnitt 18.6 behandelt.

[7] Z.B. »Identifying inflation's grease and sand effects in the labour market«, NBER 1997

Fragen zum 14. Kapitel, Geld und Inflation

1. Ordnen Sie jedem Fachbegriff die passende Ziffer zu:

..... Geld
..... Buchgeld
..... M1
..... M2
..... M3
..... Zentralbankgeldmenge
..... Währung
..... Offenmarktpolitik
..... Geldschöpfungsmultiplikator
..... Mindestreservenpolitik
..... Zentralbank, Notenbank
..... Inflation, Teuerung, Geldentwertung
..... Deflation
..... Verbraucherpreisindex
..... Preisindex
..... Inflationsrate
..... Desinflation
..... Reallohn
..... Preisindexierung
..... Lebenshaltungskosten
..... Realzins

a   Generelle Preissteigerung, ein Ansteigen des durch-schnittlichen Preisniveaus

b   Kauf und Verkauf von Wertpapieren und ausländischen Währungen durch die Zentralbank zur Steuerung der Zentralbankgeldmenge

c   Zeigt die Veränderung der Durchschnittspreise einer Gütergruppe an. Bei der Berechnung des Durchschnitts werden die einzelnen Güter nach ihrer Bedeutung gewichtet.

d   Sichteinlagen, Giralgeld

e   Das von der Zentralbank geschaffene Geld; besteht aus den herausgegebenen Banknoten und den Sichtguthaben der inländischen Geschäftsbanken bei der Zentralbank

f   Faktor, um den das Bankensystem einen Geldbetrag durch Kreditschöpfung vermehren kann

g   Bargeldumlauf + Buchgeld (Sichteinlagen)

h   Kosten, die anfallen, wenn die gewohnte Lebensweise mit dem bisherigen Lebensstandard und Konsumniveau aufrechterhalten werden soll

i   Staatliche Institution, welche die Zentralbankgeldmenge kontrolliert und die Kreditgebung der Banken überwacht

j   Alles, was allgemein im Austausch für Güter akzeptiert wird

k   Sinken des durchschnittlichen Preisniveaus

l   Um den Effekt der Inflation korrigierter Zinssatz; ca. Nominalzins minus Inflationsrate

m   Bargeldumlauf + Buchgeld (Sichteinlagen) + Termin-guthaben + Spareinlagen + div. Einlagen mit kurzen Laufzeiten

n   Bargeldumlauf + Buchgeld (Sichteinlagen) + Termin-guthaben + Spareinlagen

o   Der wichtigste Index zur Messung der Inflation; erfasst die Preisbewegungen jener Güter, die für die privaten Haushalte eine wichtige Rolle spielen

p   Die Pflichtreserven der Banken werden von der Zentralbank festgesetzt und variiert.

q   Gesetzliches Zahlungsmittel eines Landes

r   Um den Effekt der Inflation korrigierter Lohn

s   Bindung nominaler Größen (wie Renten, Löhne, Preise, Zinsen) an die Entwicklung eines Preisindexes, um ihren realen Wert abzusichern

t   Prozentuale Veränderung des Preisindexes gegenüber dem Vorjahr

u   Abnahme der Inflationsrate

2. Welche drei Funktionen hat das Geld?

3. Welche Positionen gehören zu welchen Geldmengen?

M1	M2	M3	
O	O	O	Sparhefte
O	O	O	Banknoten im Portemonnaie
O	O	O	Banknoten bei den Banken
O	O	O	ausländische Banknoten in Ihrer Kasse
O	O	O	ausländische Banknoten bei den Banken
O	O	O	mit EC-Karte abrufbares Geld
O	O	O	Sichtguthaben der Banken bei der Zentralbank
O	O	O	Termineinlagen

4. Welche Geldmengen (M1 bis M3) verändern sich durch folgende Transaktionen – und in welche Richtung?

a) Ein Sparer bringt 1000 Euro auf sein Sparkonto.

b) Sie heben 1000 Euro von Ihrem Sichtkonto ab.

c) Weil die Zinsen auf Sparkonten steigen, während die Zinsen auf Sichtguthaben tief bleiben, werden 3 Mrd. € von Sichtkonten auf Sparkonten verlegt.

5. Die EZB möchte, dass mehr von ihrem Geld im Umlauf ist. Beurteilen Sie die nachfolgenden Maßnahmen:

geeignet	ungeeignet	
O	O	Sie verkauft den Banken Dollars gegen eigene Währung.
O	O	Sie verkauft an der Börse Obligationen gegen eigene Währung.
O	O	Sie lässt die Regierung Kredite zurückzahlen.
O	O	Sie erhöht die Zentralbankzinsen.
O	O	Sie kauft Gold gegen eigene Währung.
O	O	Sie kauft an der Börse Aktien gegen eigene Währung.

6. Die schweizerische Notenbank verkauft einen Teil ihres Goldbestandes. Spielt es eine Rolle, ob sie das Gold gegen Schweizer Franken oder gegen US$ verkauft?

7. Die EZB verpflichtet die Geschäftsbanken Mindestreserven zu halten. Wie groß ist der Geldschöpfungsmultiplikator, wenn die verlangten Mindestreserven 2 %
betragen? Wie groß, wenn der Mindestreservesatz auf
10 % erhöht wird?

8. Die Europäische Zentralbank verlange seit längerer Zeit
von den Geschäftsbanken Mindestreserven von 2 %.
Nun verkauft die EZB den Geschäftsbanken Aktien im
Wert von 2 Mio. Euro.

   a) Wie und um wie viel verändert sich die Zentralbankgeldmenge der EZB durch den Verkauf der Aktien?

   b) Und um wie viel verändert sich das Geldangebot der
   Geschäftsbanken?

9. Wenn der Verbraucherpreisindex im Jahr 2004 etwa 106
Prozentpunkte beträgt (Basis 2000 = 100),
können folgende Schlüsse gezogen werden?

   a) Die Menschen sind seit dem Jahr 2000 um etwa 6 %
   ärmer geworden.

   b) Um 2004 den gleichen Güterkorb kaufen zu können
   wie 2000, müssen inzwischen die Einkommen ebenfalls
   um 6 % gestiegen sein.

   c) Die Löhne sind von 2000 bis 2004 um mindestens 6 %
   gestiegen.

   d) Die Löhne sind von 2000 bis 2004 um durchschnittlich
   6 % gestiegen.

10. Betrachten Sie die Grafik 14.3: Wann meldet die offizielle
Statistik eine Desinflation, wann eine Deflation?

Desinflation	Deflation	
O	O	1986
O	O	1994
O	O	2000

11. Es wird diskutiert, der offiziell verwendete BIP-Preisindex
überschätze den Preisanstieg des BIP um etwa 0,5 % bis
1 % pro Jahr. Aus welchen vier Gründen könnte der Preisanstieg des BIP überschätzt sein?

12. Nehmen wir an, das Statistische Bundesamt gehe davon
aus, dass die Inflation in den 90er Jahren um jährlich
0,5 % überschätzt worden sei. Es veröffentlicht darum für
die vergangenen Jahre einen neuen BIP-Preisindex. Müssen in diesem Fall auch die Daten für das reale BIP und
die Entwicklung der realen Arbeitsproduktivität revidiert
werden? Wenn ja, in welche Richtung und warum?
Wenn nein, warum nicht?

13. »Obwohl wir in den letzten 15 Jahren ständig Inflation
erlebt haben, hat sich mein Lebensstandard stark erhöht.«
Wie kann das jemand sagen?

14. Wenn Gläubiger und Schuldner sich vertraglich für die
nächsten drei Jahre auf einen bestimmten Nominalzins
geeinigt haben und die Inflation sich als niedriger erweist
als erwartet, dann

   a) gewinnen die Schuldner auf Kosten der Gläubiger

   b) gewinnen die Gläubiger auf Kosten der Schuldner

   c) ändert sich für beide Seiten nichts, weil der Zins ja
   vertraglich festgelegt wurde.

15. Wenn Angestellte und Unternehmen sich für das nächste
Jahr vertraglich auf einen bestimmten Nominallohn
geeinigt haben und die Inflation sich als höher erweist
als erwartet, dann

   a) gewinnen die Angestellten auf Kosten der Unternehmen

   b) gewinnen die Unternehmen auf Kosten der Angestellten

   c) ändert sich für beide Seiten nichts, weil der Lohn ja im
   Tarifvertrag festgelegt wurde.

15. Binnenwirtschaftliche Ursachen für Inflation

Gesamtnachfrage nach inländischen Gütern
Summe aller nachgefragten Waren und Dienstleistungen: privater Konsum + Staatsausgaben + Investitionen + Nettoexporte

Gesamtangebot an inländischen Gütern
Summe aller Waren und Dienstleistungen (Konsum- und Investitionsgüter), die von den Unternehmen und vom Staat angeboten werden

öffentliche Güter gegen Steuern

Inflation bedeutet ein generelles Ansteigen der Preise. Da ist es nicht ratsam, einzelne Preiserhöhungen zu untersuchen. Wir kämen nirgends hin, wenn wir mikroökonomisch für unzählige einzelne Güter die Nachfrage und das Angebot untersuchten und die preistreibenden Gründe herausschälten. Vielmehr lohnt es sich in einem makroökonomischen Modell, alle Gütermärkte zusammenfassend zu betrachten. **Wir suchen also nach preistreibenden Gründen beim Zusammentreffen der Gesamtnachfrage und des Gesamtangebots.**

Unsere Überlegungen beginnen mit einem extrem einfachen makroökonomischen Modell. Es ist typisch für die Vereinfachungen, die bei gesamtwirtschaftlichen Analysen gemacht werden. Lassen Sie sich aber durch das simple Modell nicht erschrecken – es wird bis zum Kapitel 19 Schritt für Schritt erweitert, verfeinert und der komplizierteren Realität immer besser angepasst.

15.1 Geldmenge und Inflation – die Quantitätstheorie

15.1.1 Ein erstes, einfaches Inflationsmodell

Auf einer abgelegenen Insel wohnten 10 Bäcker, die je 20 Brote pro Woche herstellten, sowie 10 Fischer, die je 20 Fische pro Woche fingen. Jede Woche gingen sie mit der Hälfte ihrer Produktion auf den Markt, um die ihnen fehlende andere Hälfte einzukaufen. Denn für ein anständiges Essen gehörte zu jedem Brot ein Fisch und umgekehrt. Als Zahlungsmittel dienten Inseldollars; 1 Fisch oder 1 Brot wurde für 1 $ gehandelt.

Es kamen also 10 Bäcker mit je 10 Broten und 10 $ auf den Wochenmarkt. Dort trafen sie die 10 Fischer, die mit je 10 Fischen und 10 $ gekommen waren. Andere Leute handelten nicht auf diesem Markt ... Nachdem sie auch alle Neuigkeiten ausgetauscht hatten, gingen sie wieder nach Hause; die Fischer mit je 10 Broten und 10 $, die Bäcker mit je 10 Fischen und 10 $. So hätte es noch Jahrzehnte weitergehen können.

Nun gab es aber auf dem Markt öfters Streit. Zudem war das Marktdach leck, sodass die Brote in der Regenzeit aufweichten. Darum holten die Inselbewohner einen Häuptling auf die Insel, der die Marktregeln aufrechterhalten, für Ordnung sorgen und die Infrastruktur unterhalten sollte. Da auch der Häuptling essen musste und er vollauf damit beschäftigt war, öffentliche Güter zu produzieren, zog er am Markteingang von jedem Teilnehmer 1 $ als Steuer ein (insgesamt 20 $). Dann wurde zu den alten Preisen gehandelt. Der Häuptling deckte sich mit 10 Fischen und 10 Broten ein, die Fischer gingen mit je 9 Broten und 10 $, die Bäcker mit je 9 Fischen und 10 $ nach Hause. Mit der Steuer von 1 $ hatte der Häuptling allen einen Fisch bzw. ein Brot abgenommen. Natürlich wurde ein wenig gemurrt. Der wieder eingekehrte Frieden und die gut unterhaltenen Marktstände hatten ihren Preis.

Steuern abgeschafft

Auf die nächsten Wahlen meldeten sich noch andere auswärtige Bewerber. Einer der Kandidaten versprach Ruhe und Sauberkeit ohne Steuern. Und – nicht überraschend – er wurde gewählt. Nur, weil auch er leben musste, prägte er einfach neue Münzen. So erschien er am ersten Markttag mit 20 neuen Dollars. Damit deckte er sich schnell mit 10 Broten und 10 Fischen ein. Denn nachher hatte er alle Hände voll zu tun, um Ordnung zu schaffen. Die 10 Fischer und die 10 Bäcker balgten sich nämlich mit ihren alten 200 $ und den zusätzlichen 20 $, die sie vom Häuptling eingenommen hatten, um die übrig gebliebenen 90 Brote und 90 Fische. Wenn sie alle gleich schnell waren, gingen sie folgendermaßen nach Hause: die Fischer mit je 9 Broten und 11 $, die Bäcker mit je 9 Fischen und 11 $. Sie hatten gleich viel zu essen wie unter dem alten Häuptling, aber nun hatten sie mehr Geld.

Verteilungskampf

Können Sie sich vorstellen, dass am nächsten Markttag das Gerangel um die verbleibenden Fische und Brote noch größer wurde? Aber nicht mit Fäusten, denn der Häuptling sorgte ja für Ordnung. Die Bäcker boten mehr Geld für die Fische und verlangten mehr für ihr Brot. Die Preise stiegen. Und der schlaue Häuptling pumpte weiter jede Woche so viele Dollars in den Markt, wie er für sein Essen brauchte – mit steigenden Preisen sogar immer mehr, damit er seinen bisherigen Lebensstandard von 10 Fischen und 10 Broten aufrechterhalten konnte. In kurzer Zeit war doppelt so viel Geld vorhanden wie zu Beginn der Geschichte.

Geldumlaufgeschwindigkeit
die Geschwindigkeit, mit der das Geld wieder ausgegeben wird

Nun waren aber die Inselbewohner gewohnt, ihr Geld in einem bestimmten Tempo auszugeben. Und weil das Geld gleich schnell wie bisher von Hand zu Hand ging, weil also die Umlaufgeschwindigkeit des Geldes konstant blieb, zirkulierte nun ein doppelt so großer Geldstrom.

**doppelte Preise
bei doppelter Geldmenge**

Was war die Folge, wenn die Fischer und Bäcker ihre Produktion kaum erhöhen konnten? Ein doppelt so großer Geldstrom traf auf etwa gleich viele Güter. So mussten sich auch die Preise verdoppeln.

Quantitätstheorie des Geldes
Nach ihr wird das Preisniveau durch die Geldmenge bestimmt.

Was leistet unser Inselmodell? Es gibt eine erste grobe Vorstellung über den Inflationsmechanismus und führt uns zur Quantitätstheorie des Geldes. Danach entsteht eine Inflation dann, wenn die Geldmenge stärker wächst als die Güterproduktion. Diese Erkenntnis wurde schon von Jean Bodin im 16. Jahrhundert formuliert und vom amerikanischen Ökonomen Irving Fisher in eine Formel – die Quantitätsgleichung – gegossen:

$$G \times U = H \times P$$
Geldmenge mal Geldumlaufgeschwindigkeit = gehandelte Menge mal Preisniveau

Diese Gleichung, die in den 70er Jahren durch die Monetaristen neue Beachtung fand, beschreibt, wie ein Geldstrom (die Geldmenge, mehrere Male pro Jahr verwendet) einem mit den entsprechenden Preisen bewerteten Güterstrom (die gehandelte Menge mal der Preis) entgegenfließt.

Was geschieht also in einer Volkswirtschaft, wenn beispielsweise die Geldmenge um etwa 15% zunimmt? Bleibt die Geldumlaufgeschwindigkeit konstant und nimmt die Gütermenge nur um 3% zu, bleibt ein Überschuss an Geld von 12%. Nach der Quantitätsgleichung müsste dann das allgemeine Preisniveau um etwa 12% ansteigen.

15.1.2 Geldmengenwachstum und Inflationsraten – im Querschnitt über 40 Länder

Betrachten wir die Erfahrungen, die in den 50er bis 80er Jahren – als Inflation weltweit verbreitet war – gemacht wurden. In Tabelle 15.1 wird pro Land das Geldmengenwachstum abzüglich des BIP-Wachstums der Inflationsrate gegenübergestellt. Die Grafik 15.1 illustriert die Beziehung zwischen den beiden Größen.

Tabelle 15.1:
Geldmengenwachstum (abzüglich BIP-Wachstum) und Inflation – durchschnittliche jährliche Wachstumsraten für 40 Länder

Quelle: International Financial Statistics

	Zunahme des Bargeldumlaufs korrigiert um BIP-Wachstum	Inflation		Zunahme des Bargeldumlaufs korrigiert um BIP-Wachstum	Inflation
Brasilien (1963–90)	72 %	78 %	Neuseeland (1954–89)	4 %	8 %
Argentinien (1952–90)	71 %	76 %	Finnland (1950–90)	4 %	7 %
Bolivien (1950–89)	46 %	48 %	Italien (1950–90)	6 %	7 %
Peru (1960–89)	47 %	48 %	Indien (1960–89)	7 %	7 %
Uruguay (1960–89)	41 %	43 %	Syrien (1957–87)	10 %	7 %
Chile (1960–90)	44 %	42 %	Großbrit. (1951–90)	4 %	7 %
Jugoslawien (61–89)	30 %	32 %	Australien (1950–90)	5 %	6 %
Israel (1950–90)	24 %	29 %	Frankreich (1950–90)	3 %	6 %
Türkei (1955–88)	17 %	20 %	Norwegen (1950–90)	3 %	6 %
Island (1950–90)	14 %	19 %	Marokko (1958–89)	7 %	6 %
Mexiko (1950–89)	18 %	19 %	Thailand (1955–90)	3 %	5 %
Kolumbien (1950–88)	14 %	14 %	Japan (1953–90)	4 %	5 %
Südkorea (1953–90)	14 %	13 %	Irak (1965–75)	8 %	5 %
Nigeria (1955–89)	10 %	11 %	Kanada (1950–90)	4 %	5 %
Griechenland (53–87)	10 %	10 %	Österreich (1950–90)	3 %	5 %
Portugal (1953–86)	7 %	10 %	USA (1950–90)	3 %	4 %
Iran (1959–88)	14 %	10 %	Singapur (1963–89)	3 %	4 %
Spanien (1954–90)	9 %	9 %	Belgien (1950–89)	1 %	4 %
Senegal (1967–86)	11 %	9 %	Schweiz (1950–90)	2 %	3 %
Philippinen (1950–90)	7 %	8 %	BRD (1953–90)	3 %	3 %

Grafik 15.1:
Geldmengenwachstum (abzüglich BIP-Wachstum) und Inflation – durchschnittliche jährliche Wachstumsraten für 40 Länder, 50er bis 80er Jahre

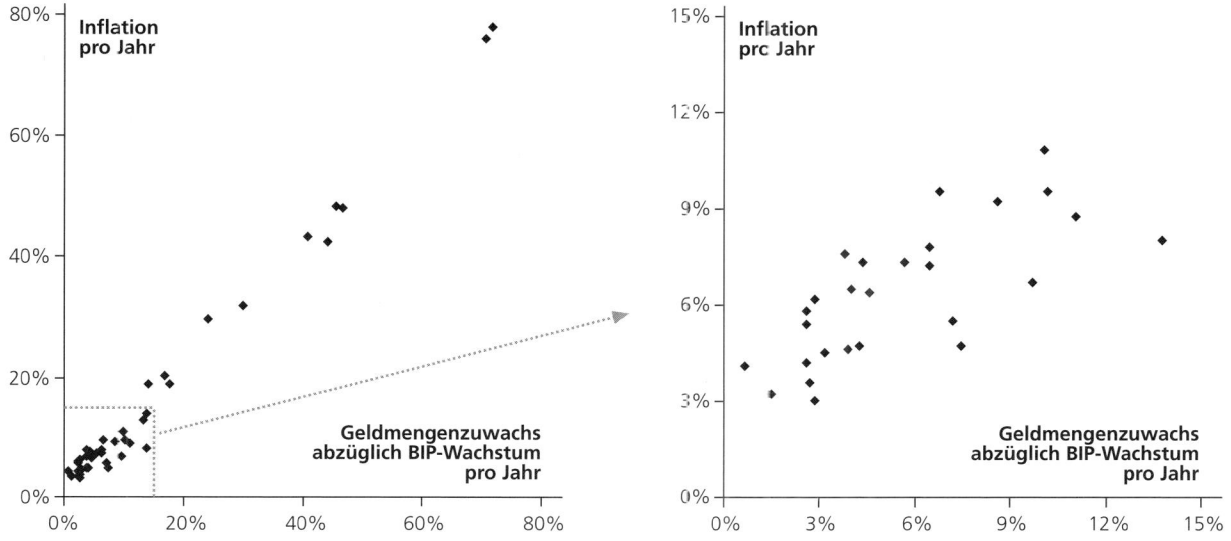

Verweilen Sie ein wenig bei den Daten – was stellen Sie fest?

große Geldmengenzunahmen mit großen Inflationsraten

1. Sehen Sie einen Zusammenhang zwischen der Geldmengenzunahme, die über das BIP-Wachstum hinausgeht, und der Inflation?
Aus Tabelle 15.1 können wir insbesondere folgende Daten herauslesen: Brasilien und Argentinien erhöhten ihre Geldmengen um über 70% – mit entsprechenden Inflationsraten. In der Schweiz und in Belgien wuchsen dagegen die Geldmengen nur wenig stärker als das BIP – und erlebten auch die geringste Inflation. Dazwischen liegen Länder wie Italien (6% überschüssige Geldmengenzunahme → 7% Inflation), Spanien (9% → 9%), Türkei (17% → 20%) oder Peru (47% → 48%).

lockerer Zusammenhang bei kleinen Inflationsraten

2. Schauen Sie noch genauer hin, muss Ihnen aber auffallen, dass die Beziehung zwischen Geldmengenwachstum und Inflation nur für extreme Fälle eindeutig ist. Der Zusammenhang wird bei gemäßigteren Inflationsraten unter 15% weniger eng (dargestellt in der Grafik 15.1 rechts). So führten z. B. in Frankreich 3% überschüssiges Geld zu 6% Inflation, in Deutschland dagegen nur zu 3%.

Vorläufiges Fazit: Unsere Untersuchung belegt, dass es tatsächlich dann eine Inflation gibt, wenn die Geldmenge stärker wächst als die gehandelte Gütermenge.

Allerdings besteht bei geringeren Inflationsraten nur ein lockerer Zusammenhang zwischen übermäßigem Geldmengenwachstum und Inflation. Wir kommen hier an die Grenzen der einfachen Quantitätstheorie.

15.1.3 Geldmengenwachstum und Inflationsraten – im Lauf von 35 Jahren

Als Nächstes interessiert uns, wie Geldmengenwachstum und Inflationsraten zeitlich zusammenhängen. Eine Vorstellung davon gibt die Grafik 15.2 auf der nächsten Seite.

Auch hier können wir zwei widersprüchliche Beobachtungen machen:

2 bis 3 Jahre Verzögerung

1. Auf den ersten Blick folgen auf starke Geldmengenzunahmen mit einer Verzögerung von zwei bis drei Jahren erhöhte Inflationsraten. Zweimal erkennen wir das deutlich in den USA zwischen 1970 und 1980: Auf den großen Geldmengenzuwachs von 1971/72 folgt die Inflationsspitze von 1974, und auf die Geldmengenausweitung von 1976/77 folgen die Inflationsjahre 1979–1981.
Weniger deutlich ist der Zusammenhang zwischen Geldmengenwachstum und Inflation in Deutschland – dafür können wir ihn mit etwas Fantasie dreimal herauslesen: 1972 → 1973, 1978 → 1981 und 1990 → 1992.

heute kaum mehr Zusammenhang sichtbar

2. In den USA bricht der Zusammenhang der beiden Kurven in den 80er Jahren zusammen. Auf die starke Geldmengenzunahme 1983 folgt zwei Jahre später keine Inflation mehr, im Gegenteil. Und seither zeigen die beiden Kurven kaum mehr Ähnlichkeiten.

Grafik 15.2:
Geldmengenzuwachs (vor der
Währungsunion) und Inflationsrate
in der BRD
sowie in den USA,
seit 1965

Geldmenge für die BRD = M3
Geldmenge für die USA
= Bargeld + Buchgeld + Terminguthaben

Quellen:
Bundesbank und
IWF: International Financial Statistics

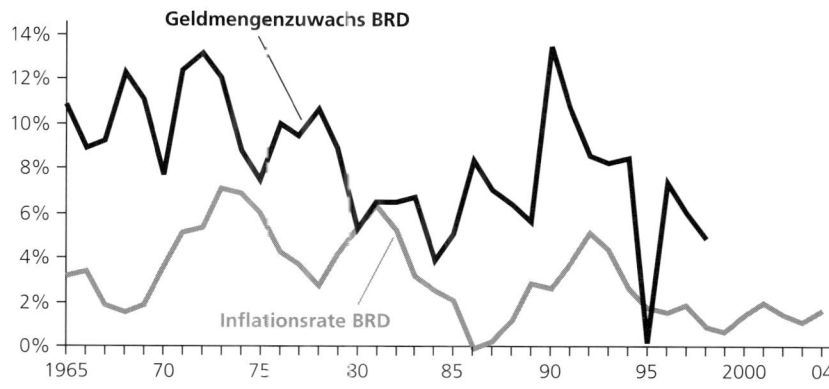

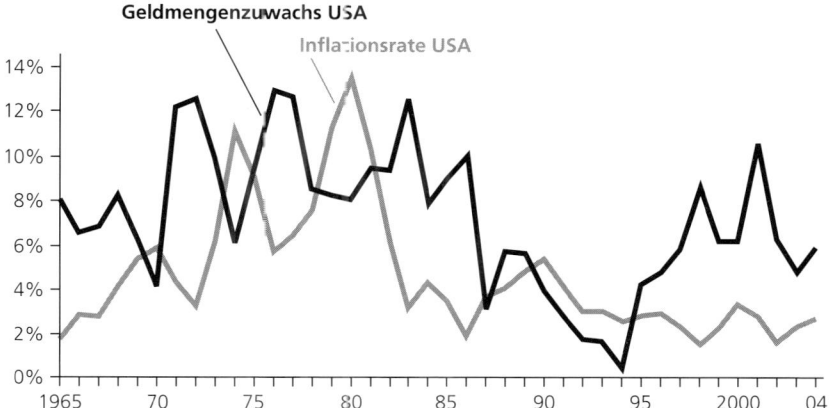

**Vorläufiges Fazit – In den USA und der BRD folgte früher auf ein über-
mäßiges Wachstum der Geldmenge mit einer Verzögerung von zwei bis
drei Jahren ein Inflationsschub. In neuerer Zeit allerdings ist dieser einfache Einfluss des Geldmengenwachstums auf die Inflation nicht mehr
feststellbar. Auch hier beobachten wir also die Grenzen der Quantitätstheorie.**

15.1.4   Inflation und die Finanzierung von Staatsdefiziten

Die Quantitätstheorie ist durchaus brauchbar für große Inflationsraten.
Und diese entstehen, wenn die Zentralbank extrem viel Geld herausgibt. Warum also kommen Zentralbanken dazu, übermäßig viel Geld in
das Wirtschaftssystem zu pumpen?

Wie kommt zu viel Geld in Umlauf?

Der Inselhäuptling hat uns einen ersten wichtigen Grund für die
Erhöhung der Geldmenge vorgeführt: Weil er keine Steuern erheben
wollte, deckte er die Staatsausgaben jede Woche mit neuem Geld.
Erhebt eine Regierung zu wenig Steuern, um ihre Ausgaben zu decken,
stehen ihr zwei Möglichkeiten offen, Defizite zu decken. Sie kann sich
auf dem Kapitalmarkt verschulden, Obligationen herausgeben, die verzinst und nach fünf bis zwanzig Jahren zurückbezahlt werden müssen.
Oder die Zentralbank kann unter Druck gesetzt werden, das Defizit mit
neuem Geld zu decken. Eine solche Politik konnten wir in der Vergangenheit verschiedentlich beobachten:

So beginnt die Geschichte der 10%igen Inflation in den USA Anfang der 70er Jahre damit, dass die USA Anfang der 60er Jahre Militärberater nach Südvietnam sandten, um die dortige Regierung gegen kommunistische Guerillas zu unterstützen. Bald mussten diese von zusätzlichen amerikanischen Soldaten beschützt werden. Viele hofften, den Krieg mit einer zusätzlichen Anstrengung bald beenden zu können. Je länger dieser Krieg dauerte und je mehr amerikanische Soldaten nach Vietnam geschickt wurden, desto unpopulärer wurde er. Ohne dass je eine Kriegserklärung ausgesprochen wurde, wuchs dieser Konflikt zu einem riesigen Krieg aus, in dem bis 1969 schließlich 550 000 amerikanische Soldaten standen. Wann und wie hätte der amerikanische Präsident in dieser Situation eine drastische Steuer für die Finanzierung des Krieges erheben sollen? Als Ausweg blieb, die Kriegskosten mit neuem, von der Zentralbank ausgeliehenem Geld zu begleichen. Die Geldmenge vergrößerte sich dadurch um 7 bis 8% pro Jahr. Die USA konnten ihre Produktion um höchstens 3% steigern. Die restlichen 5% lösten mit zweijähriger Verspätung eine Inflation aus.

**Italien
England**

Italien oder England führten zwar keinen Krieg, hatten aber in den 70er Jahren eine noch höhere Inflation als die USA. In Italien stiegen die Preise im Spitzenjahr um 19% und in England sogar um 23%! Dort gab es teure neue Regierungsprogramme und große unrentable Staatsbetriebe wie die italienische Eisenbahn oder British Leyland. Die von weiten Kreisen als nötig empfundenen Regierungsprogramme und die Defizite der Staatsfirmen hätten durch Steuern gedeckt werden können. Das war aber nicht sehr populär, die alten Steuern wurden schon als hoch genug empfunden. Die Regierungen fanden einen Ausweg, indem sie ihre Defizite mit neuen Lira- und Pfundnoten deckten.

**ein Nachtrag zur
Umverteilung durch Inflation**

Wir haben im Abschnitt 14.4.1 über Gewinner und Verlierer der Inflation gerätselt. Jetzt können wir noch etwas nachholen: In den eben besprochenen Fällen gewinnen die Steuerzahler. Der Staat, der die Steuer nicht auf normalem Wege einzuziehen wagt, überwälzt die Steuer auf jene, deren Guthaben, Altersrenten oder Löhne durch die Inflation an Wert verlieren.

heute genauere Ziele anvisiert

Heute werden die Staatsdefizite nicht mehr in so einfacher Weise mit neuem Geld bezahlt. Die Zentralbanken sind von ihren Regierungen unabhängiger geworden und können weniger zur Finanzierung von Staatsdefiziten herangezogen werden. Eine wichtige Inflationsursache ist damit ausgeschaltet.

auch Deflation zu vermeiden

Trotzdem bleibt Inflation weiterhin ein Thema. Allerdings geht es in der Regel nicht mehr um zweistellige Raten. Heute sollen Inflationsraten von etwa zwei Prozent (offiziell gemessen) erreicht werden. Das heißt, dass auch zu tiefe oder gar negative Inflationsraten, eine Deflation, vermieden werden sollen. Wird aber ein so genau definiertes Ziel angepeilt, wird der Mangel der bis jetzt besprochenen Quantitätstheorie offenbar. Zentralbanken können mit der Kontrolle der Geldmenge sehr hohe Inflationsraten verhindern – schwierig bis unmöglich scheint es aber, mit der Geldmenge die Inflation fein zu steuern.

15.1.5   Schwächen der Quantitätstheorie

Wollte heute noch eine Zentralbank ihre Geldpolitik auf die simple Quantitätstheorie abstützen, würden schnell vier gravierende Schwachpunkte auftauchen:

1. Welche Geldmenge ist relevant?

■ *Auf der Modellinsel mit Bäckern und Fischern ist klar, was Geld ist: Dollars in Münzen (und Noten).* In unserer heutigen Welt hingegen spielt der bargeldlose Zahlungsverkehr eine viel wichtigere Rolle. Welche Geldmenge soll darum im Gleichschritt mit dem Handelsvolumen wachsen? Die Zentralbankgeldmenge, M1, M2, M3 oder noch eine weiter definierte Geldmenge? Dafür gibt es keine eindeutige Antwort. Und doch braucht man eine Antwort, weil sich die einzelnen Geldmengen nicht parallel zueinander entwickeln.

Durch diese offene Frage gewinnen wir eine kritischere Haltung gegenüber der Grafik 15.2: Dort wird nämlich jene Geldmenge ausgewählt, deren Wachstum am besten zu den Inflationsdaten passt. Die Übereinstimmung zwischen den Kurven für Geldmengenwachstum und Inflation wird noch weniger ersichtlich, wenn man andere Geldmengen wählt.

2. Ist die relevante Geldmenge kontrollierbar?

■ Auf die Geldmengen M1, M2 und M3 hat die Zentralbank nur einen beschränkten Einfluss. Vor allem, wenn sich gerade die breiten Geldmengen M2 oder M3 als maßgebend herausstellen würden, macht das Beobachten der Geldmengen entscheidend weniger Sinn.

3. Wie verändert sich die Geldumlaufgeschwindigkeit?

■ Die Umlaufgeschwindigkeit des Geldes kann sich stark verändern, sogar in unserem einfachen Inselmodell:

Viele Insulaner haben vielleicht anfangs Freude, dass sie mehr Geld nach Hause tragen können, und verzichten dadurch gerne auf etwas Brot oder Fisch. Sie horten zu Hause etwas von dem Geld, das der Häuptling für seinen Lebensunterhalt neu geprägt hat. Das heißt, die Kassahaltung der Bäcker und Fischer wird größer und die Geldumlaufgeschwindigkeit kleiner. Ein Teil der Geldmengenerhöhung wird durch eine größere Kassahaltung aufgefangen, das Preisniveau steigt entsprechend weniger stark.

Eine höhere Umlaufgeschwindigkeit des Geldes verstärkt die Inflation.

Erleben aber die Inselbewohner, wie ihr Geld an Wert verliert, wollen sie immer weniger davon in der Kasse behalten. Sie versuchen vielmehr, ihr Geld möglichst schnell loszuwerden. Nachdem ein Fischer Brot gekauft und durch den Verkauf seiner Fische wieder zu Geld gekommen ist, behält er es nicht für den nächsten Markttag. Er hamstert lieber nochmals möglichst viel Brot, denn in einer Woche wird es noch teurer sein. Während früher ein Geldstück pro Markttag nur einmal die Hand wechselte, wird es nun mehrmals pro Markttag gebraucht. Die Umlaufgeschwindigkeit des Geldes erhöht sich, was sich wie eine zusätzliche Geldmengenerhöhung auswirkt und die Inflation zusätzlich anheizt.

Auch in der komplexen Wirklichkeit ist die Umlaufgeschwindigkeit des Geldes nicht konstant, sondern schwankt stark. Vor allem sind die Fluktuationen schwer prognostizierbar. Wenn aber das Geld schneller (oder langsamer) wieder für Zahlungen verwendet wird, hat dies

4. Positive oder negative BIP-Lücke? Wie groß ist sie?

BIP-Lücke
Differenz zwischen dem potentiellen und dem tatsächlichen BIP.
Je nachdem, ob das tatsächliche unter oder über dem potentiellen BIP liegt, spricht man von einer negativen oder einer positiven BIP-Lücke.

potentielles BIP, Produktionspotential, mögliches Gesamtangebot
drei synonyme Begriffe für die Produktionsmöglichkeiten von Unternehmen und Staat bei voller Kapazitätsauslastung, d. h. bei gut ausgelasteten, aber nicht überlasteten Kapazitäten

den gleichen Effekt, wie wenn neues Geld in Umlauf käme (oder aus dem Verkehr gezogen würde). Die Inflationsraten müssen also nicht unbedingt der Geldmengenänderung folgen.

■ *Gibt es auf unserer Modellinsel noch ungenutzte Produktionskapazitäten? Sind die Inselbewohner vielleicht verdeckt oder gar offen arbeitslos? Dann lösen die neuen Dollars des Häuptlings nicht nur eine größere Nachfrage aus, sie stoßen auch eine größere Produktion von Broten und Fischen an. Die neu geprägten Dollars des Häuptlings könnten so die Arbeitslosigkeit der Bewohner beseitigen und die Produktion, das Handelsvolumen und den Konsum erhöhen. Stoßen aber die Inselbewohner an ihre Kapazitätsgrenzen – und pumpt der schlaue Häuptling weiterhin neue Dollars in den Markt – werden die Preise erhöht.*

Eine Zentralbank muss abschätzen können, wie stark die Produktionskapazitäten in Unternehmen und Staat ausgelastet sind und sein werden. Denn die Inflation zieht in der Regel erst dann an, wenn die Gesamtnachfrage das mögliche Gesamtangebot überschreitet, also bei einer positiven BIP-Lücke. Klafft hingegen eine große negative BIP-Lücke, muss sich die Zentralbank weniger Gedanken um die Inflation machen als darum, wie sie mit mehr Geld die Gesamtnachfrage ankurbeln könnte. Diese Frage wird uns in den folgenden Kapiteln noch oft beschäftigen.

15.2 Zinsen, Kapazitätsauslastung und Inflation

Die drei ersten Probleme der Quantitätstheorie (welche Geldmenge ist relevant, kann diese kontrolliert werden, wie verändert sich die Geldumlaufgeschwindigkeit) drehen sich alle darum, ob zu viel oder zu wenig Geld zur Verfügung steht. Wie aber zeigt sich auf Märkten am einfachsten, ob etwas eher rar oder vielmehr im Überfluss vorhanden ist? Am Preis!

Und welches ist der Preis des Geldes? Es gibt zwei Arten: einmal Preise, für die man Geld ausleiht, die Zinsen, sowie Kauf- und Verkaufspreise, die Wechselkurse. Wechselkurse und die Inflationsimpulse aus dem Ausland sind Themen des nächsten Kapitels. Hier beschränken wir uns auf die Mechanismen im Inland und die Zinsen.

zwei Preise für das Geld: Zinsen und Wechselkurse

Geldpolitik der Zentralbank
Maßnahmen zur direkten Beeinflussung der Geldmenge, des Zinsniveaus und der Wechselkurse

kurzfristige Zinsen

Geldnachfrage

Geldangebot der Zentralbank

kurzfristige Zinsen

Zinsen (vor allem kurzfristige Zinsen) und Zentralbankgeldmenge hängen eng zusammen:

■ Die Zentralbank kann ihre Geldmenge über die Zinsen steuern, die sie von den Banken für ihr Geld verlangt. Je nachdem, wie billig oder teuer die Zentralbank ihr Geld anbietet, beziehen die Banken mehr oder weniger davon. **Tiefere Zinsen der Zentralbank führen zu einer größeren Zentralbankgeldmenge (und umgekehrt).**

■ Je nachdem, wie die Zentralbank ihre Geldmenge über Käufe und Verkäufe von ausländischen Währungen und Wertpapieren verändert, wird das Geld auf den Märkten billiger oder teurer. **Eine Ausdehnung der Zentralbankgeldmenge führt zu tieferen Zinssätzen (vor allem für kurzfristige Gelder) – und umgekehrt.**

kurz- und langfristiges Zinsniveau

Entscheidend ist nun, dass in der Regel die von der Zentralbank beeinflussten kurzfristigen Zinsen alle anderen Zinsen auf den Kapitalmärkten mitbestimmen. (Dieser komplexe Zusammenhang wird separat im Abschnitt 15.2.2 erklärt.) Der Einfluss auf das gesamte Zinsniveau aber eröffnet der Zentralbank interessante Möglichkeiten:

15.2.1 Zweites, verfeinertes Inflationsmodell

Versucht eine Zentralbank anstelle der Geldmengen die Zinsen zu steuern, löst sie mindestens zwei Probleme: Die Fragen nach der relevanten Geldmenge und der mutmaßlichen Veränderung der Umlaufgeschwindigkeit sind vom Tisch. Und mit der Beobachtung des Zinsniveaus sind wir näher bei den Entscheidungen über Investitionen und Konsum. Wie nahe, zeigt unser zweites Inflationsmodell in der Grafik 15.3:

lockere = expansive Geldpolitik:

Beginnen wir mit der zentralen Rolle der Zentralbank und schauen wir, wie mit einer lockeren oder expansiven Geldpolitik eine Inflation in Gang kommen kann:

kurzfristige Zinsen sinken

- Die Zentralbank erhöht ihre Geldmenge mit dem Ziel, die kurzfristigen Zinsen auf den Geldmärkten zu senken.

allgemeines Zinsniveau sinkt

- Zwar beeinflusst die Zentralbank in der Regel nur die Kurzfristzinsen direkt (für Fristen von einem Tag bis ein paar Monate) – doch mit den kurzfristigen Zinsen sinken in der Regel auch die langfristigen.

höhere Investitionen und Konsumausgaben

- Niedrigere Zinsen können nun reale Auswirkungen haben. Wer Geschäftsräume erweitern, Maschinen kaufen oder ein neues Haus bauen will, kann mit günstigeren Zinsen rechnen. Mit billigerem Geld wird in der Regel mehr investiert.

Grafik 15.3:
Zweites, verfeinertes Inflationsmodell:
Zinsniveau, BIP-Lücke und Inflation
(ohne Ausland)

Zudem könnten niedrige Zinsen das Sparen verleiden und zu höheren Konsumausgaben verlocken. Weiter verbilligen niedrigere Zinsen die Abzahlungs- und Leasinggeschäfte. So steigt v. a. die Nachfrage nach Autos und Möbeln, die oft auf Kredit gekauft werden.

Resultat: Mit niedrigeren Zinsen wird mehr investiert und oft auch mehr konsumiert – die Gesamtnachfrage steigt.

negative BIP-Lücke verkleinert weniger Arbeitslosigkeit

- Wie reagieren nun die Unternehmen auf die steigende Nachfrage? Sie können ihr Angebot ausweiten, wenn sie ihr Produktionspotential

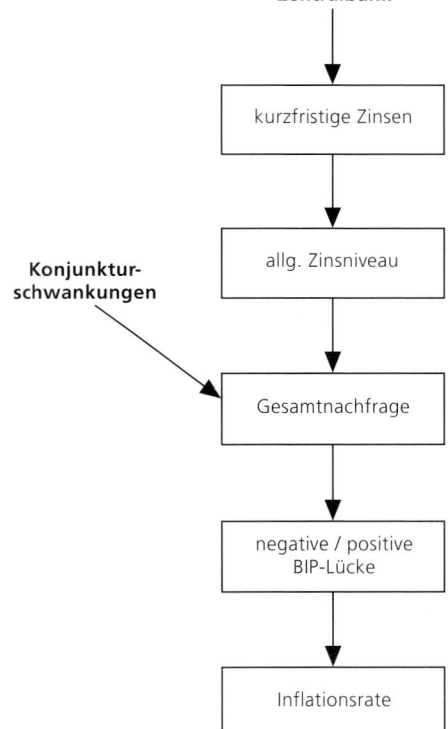

Zentralbank

kurzfristige Zinsen

Konjunkturschwankungen

allg. Zinsniveau

Gesamtnachfrage

negative / positive BIP-Lücke

Inflationsrate

noch nicht ausgeschöpft haben, wenn also eine negative BIP-Lücke besteht. Das Wort »negative BIP-Lücke« klingt zwar sehr unauffällig – doch dahinter verbirgt sich Arbeitslosigkeit. Hier treffen wir also auf einen wichtigen Grund für eine Lockerung der Geldpolitik: Man kann hoffen, dass mit einer expansiven Geldpolitik mehr Stellen geschaffen werden.

Bei positiver BIP-Lücke steigen die Inflationsraten.

- Spätestens aber, wenn viele Unternehmen nur noch mit Überstunden mehr produzieren können und ihre Kunden mit langen Lieferfristen hinhalten müssen, steigen die Verkaufspreise auf breiter Front. Da aber die Lieferanten der Unternehmen in der gleichen Situation sind, steigen auch die Einkaufspreise, und vor allem steigen die Löhne der nun knapperen Arbeitskräfte, sodass die Verkaufspreise noch etwas stärker erhöht werden müssen. **Solange die Produktionskapazitäten überlastet bleiben, steigt die Inflationsrate, d. h. das Preisniveau steigt immer schneller an.**

Und wie wird eine Inflation gebremst? Mit einer restriktiven Geldpolitik, die analog zur expansiven funktioniert – nur in die andere Richtung.

restriktive Geldpolitik:

kurzfristige Zinsen steigen

- Will die Zentralbank eine restriktive Politik verfolgen, verringert sie ihre Geldmenge, um die kurzfristigen Zinsen ansteigen zu lassen.

allgemeines Zinsniveau steigt

- Damit steigen in der Regel auch die langfristigen Zinsen, das gesamte Zinsniveau steigt.

Gesamtnachfrage gebremst

- Hohe Zinsen bremsen die Investitionen und fördern das Sparen auf Kosten des Konsums. Die Gesamtnachfrage wächst langsamer.

negative BIP-Lücke

- Damit werden die Produktionskapazitäten weniger ausgelastet. Eine negative BIP-Lücke öffnet sich, was höhere Arbeitslosigkeit bedeutet.

allgemeiner Preisanstieg verringert (Desinflation)

- Sind die Produktionskapazitäten nicht ausgelastet und füllen sich die Lager, werden größere Verkaufsanstrengungen nötig. Der Wettbewerb wird härter. Man wagt weniger, die Preise zu erhöhen. Da und dort werden sogar Kunden mit tieferen Preisen angelockt. Die negative BIP-Lücke bremst die Inflation.

Weil sie in der Regel zu mehr Arbeitslosen führt, ist eine Inflationsbekämpfung mit geldpolitischen Mitteln keine harmlose Übung – insbesondere, wenn sie sehr lange dauert und entsprechend viele Menschen ihre Stelle verlieren. Warum eine Inflationsbekämpfung schwierig verlaufen kann, werden wir im Abschnitt 15.3 sehen.

15.2.2 Sind die Langfristzinsen über die Kurzfristzinsen steuerbar?

Die Zentralbank bestimmt die Höhe der Zinsen auf den Geldmärkten (mit einer Laufzeit von einem Tag bis zu mehreren Monaten). Aber Entscheidungen von Konsumenten und Investoren hängen vor allem von den langfristigen Zinsen ab.

Die interessante Frage ist also, ob es einer Zentralbank gelingen kann, über die kurzfristigen Zinsen auch die langfristigen zu beeinflussen – ohne mit großen Geldmengen auf den riesigen Märkten für langfristiges Kapital intervenieren zu müssen. Dazu ein Gedankenmodell, zuerst mit einer restriktiven Geldpolitik:

normale Zinsstruktur
Zinsstruktur, bei der die langfristigen Zinsen über den kurzfristigen liegen

inverse Zinsstruktur
Zinsstruktur, bei der die kurzfristigen Zinsen über den langfristigen liegen

inverse Zinsstruktur bei restriktiver Geldpolitik

Welche Wirkung haben hohe Kurzfristzinsen?

1. Umschichtung

2. mehr Inflation erwartet

3. weniger Inflation erwartet

Bundesbank und EZB können die Langfristzinsen beeinflussen.

Beginnen wir mit einer einfachen Situation: Bei einer Inflation von 3% sollen die kurzfristigen Zinsen bei 4% und die langfristigen bei 5% liegen. Die Zinsstruktur ist damit »normal«. (Schlagen Sie vielleicht nochmals den Abschnitt 6.4.1 nach. Dort wird gezeigt, warum die kurzfristigen normalerweise unter den langfristigen Zinsen liegen.)

Nun befürchtet die Zentralbank ein baldiges Anziehen der Inflation und beschließt eine restriktive Politik. Sie nimmt so viel Zentralbankgeld zurück, bis die kurzfristigen Zinsen auf 8% steigen. Damit liegen sie sogar über den langfristigen Zinsen. Man spricht dann von einer inversen Zinsstruktur. Eine inverse Zinsstruktur zeigt an, dass die Zentralbank einen restriktiven Kurs verfolgt.

Was geschieht darauf auf den Kapitalmärkten mit den langfristigen Zinsen? Das hängt davon ab, welche Entscheidungen Anbieter (v. a. anlegende Sparer) und Nachfrager (v. a. investierende Unternehmen) treffen. Sie werden sich vor allem folgende drei Überlegungen machen:

- Steigen die Kurzfristzinsen, lohnt es sich für die Sparer, ihr Geld vermehrt kurzfristig anzulegen, ihr langfristiges Angebot sinkt. Für die Unternehmen dagegen sind nun langfristige Schulden billiger, ihre langfristige Nachfrage steigt. **Sinkendes Angebot an langfristigen Spargeldern und steigende Nachfrage lassen die Langfristzinsen ansteigen.**

- Nicht wenige Akteure machen sich ein Bild über die Zukunft. Wozu hat die Zentralbank die Kurzfristzinsen erhöht? Um eine zukünftige Inflation zu bekämpfen! Ist die Lage wirklich so dramatisch? Dann sind also die Inflationsgefahren größer, als viele bisher angenommen haben! Durch die Aktion der Zentralbank können Inflationsängste geweckt werden. Und glaubt man nicht an einen raschen Erfolg der Inflationsbekämpfung, vergrößert sich eine wichtige Zinskomponente: die Inflationsentschädigung (vgl. Abschnitt 6.4.1). **Mit steigender Inflationserwartung steigen auch die Langfristzinsen.**

- Auch bei der dritten Variante versuchen die Akteure in die Zukunft zu blicken. Vielleicht hatten sie schon längere Zeit Angst vor einer Inflation. Und jetzt tut die Zentralbank endlich etwas! Und traut man der Zentralbank einen problemlosen Erfolg zu, sinkt die Inflationsangst und damit die Inflationsentschädigung. **Mit sinkender Inflationserwartung sinken die Langfristzinsen.**

Welche der drei Mechanismen kommen zum Zug? Vermutlich alle drei. Welche setzen sich durch? Das kann nicht von vornherein gesagt werden. Hier lohnt sich ein Blick in die Vergangenheit. Die Grafik 15.4 zeigt die deutschen Erfahrungen der letzten Jahrzehnte:

Ein erster Blick auf die Grafik zeigt, dass die Kurzfristzinsen extrem schwanken. Restriktive und lockere Geldpolitik wechseln sich also ab. Weiter beobachten wir, wie die langfristigen Zinsen jeweils einen Teil der kurzfristigen Zinsanstiege mitmachen. Das bedeutet, dass die Notenbank in Deutschland mit ihrer Zinspolitik offenbar auch die langfristigen Zinsen beeinflussen kann. Weil aber die Langfristzinsen nur einen Teil des Ansteigens mitvollziehen, beobachten wir in Zeiten restriktiver Geldpolitik eine inverse Zinsstruktur.

Grafik 15.4:
Die nominale Zins-
struktur seit 1965
in der BRD
(am Beispiel der
Rendite von
öffentlichen
Anleihen und
der 3-Monats-
Zinsen)

Quelle: Bundesbank

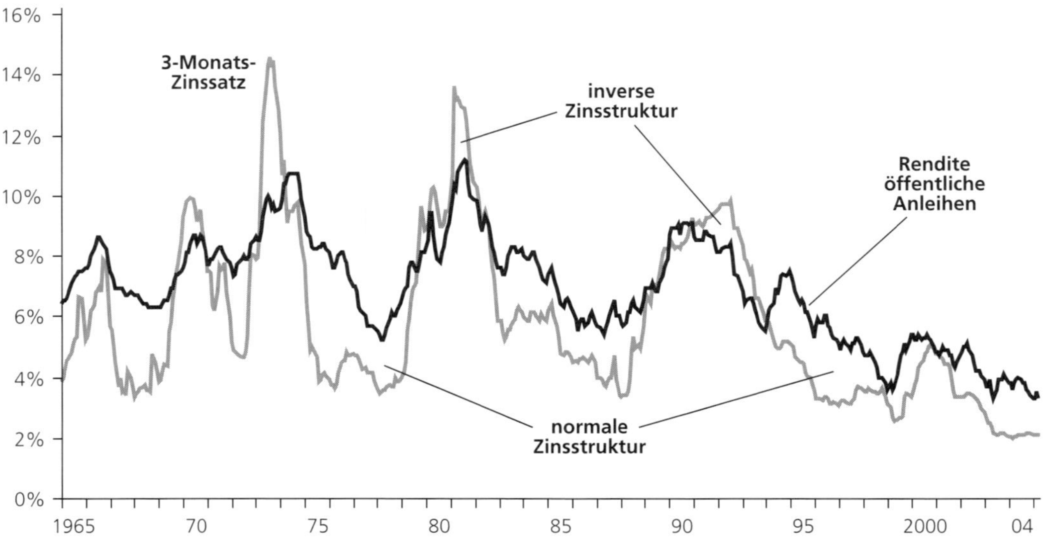

**Welche Wirkung haben tiefe
Kurzfristzinsen?**

Spielen wir auch noch ein Gedankenmodell mit einer expansiven Geldpolitik durch: Ausgangspunkt ist wieder eine normale Zinsstruktur, z. B.
Kurzfristzinsen 4%, Langfristzinsen 5%. Nun sei das Land von steigender Arbeitslosigkeit geplagt. Die negative BIP-Lücke wird so groß, dass
sich die Zentralbank entschließt, so viel Geld herauszugeben, bis die
Kurzfristzinsen auf 2% sinken.

1. Umschichtung

■ Sinken die kurzfristigen Zinsen, bevorzugen Sparer vermehrt die langfristigen Geldanlagen, während Unternehmen vermehrt das Risiko
eingehen, sich kurzfristig zu verschulden. **Steigt das Angebot an langfristigen Spargeldern, während die Nachfrage der Unternehmen sinkt,
sinken die Langfristzinsen.**

2. weniger Inflation erwartet

■ Und wie wird auf den Kapitalmärkten die zukünftige Inflation eingeschätzt? Sind die sinkenden Zinsen ein Zeichen dafür, dass offenbar
auch die Zentralbank keine Inflationsängste mehr hat? Ist die negative BIP-Lücke so beträchtlich, dass die Gesamtnachfrage vorläufig
kaum über das mögliche Gesamtangebot hinauswachsen wird? Wenn
diese Einschätzung vorherrscht, **verringert sich die Inflationserwartung, und die langfristigen Zinsen sinken mit den kurzfristigen.**

3. mehr Inflation erwartet

■ Mit sinkenden Kurzfristzinsen könnten aber auch Inflationsängste ge-
schürt werden. Ist die Zentralbank zu locker oder sogar zu liederlich?
Ist die negative BIP-Lücke klein, sodass in nächster Zeit damit gerechnet werden muss, dass eine stark wachsende Gesamtnachfrage die
Preise in die Höhe treibt? Wenn diese Einschätzung vorherrscht, **steigen
die Inflationserwartungen, und die langfristigen Zinsen steigen gegen-
läufig zu den kurzfristigen.**

Senkt eine Zentralbank die kurzfristigen Zinsen, hofft sie, die Mechanismen 1 und 2 würden spielen. Doch ist sie sich auch der Gefahr des
3. Mechanismus bewusst. So wünschte sich die Bundesbank 1994 tiefe
Langfristzinsen. Doch sie hat die Kurzfristzinsen nicht auf 2% oder noch
tiefer sinken lassen, weil sie befürchtete, sie wecke damit Inflationsängste, welche die langfristigen Zinsen in die Höhe getrieben hätten.

Fazit: Die Zentralbank kann vor allem die kurzfristigen Zinsen direkt beeinflussen, die langfristigen Zinsen werden stärker vom Angebot der Sparer und von der Nachfrage der Investoren bestimmt. Doch die bisherige deutsche Erfahrung zeigt, dass die langfristigen Zinsen jeweils einen Teil der kurzfristigen Zinsfluktuationen mitmachen. Die Zentralbank kann also über die kurzfristigen auch die langfristigen Zinsen beeinflussen.

Hebt die Zentralbank die kurzfristigen Zinsen stark an, können sie über die langfristigen steigen. Eine solche inverse Zinsstruktur zeigt an, dass die Zentralbank einen restriktiven Kurs verfolgt. Liegen dagegen die kurzfristigen Zinsen weit unter den langfristigen, ist das ein Hinweis auf eine expansive Geldpolitik.

15.2.3 Kapazitätsauslastung und Inflation in Deutschland

Welche Einsichten bringt nun unser zweites, verfeinertes Modell für die Erklärung der Inflation in Deutschland? Betrachten wir vorerst die Grafik 15.5, die das Verhältnis von tatsächlichem und potentiellem BIP in Verbindung bringt mit der Inflation:

Grafik 15.5:
Potentielles BIP,
tatsächliches BIP
und Inflation
in Deutschland

Quellen:
BIP und Inflation:
Statistisches
Bundesamt;
potentielles BIP:
Sachverständigenrat,
produktionstheo-
retisch fundiertes,
nicht-parametrisches
Schätzverfahren

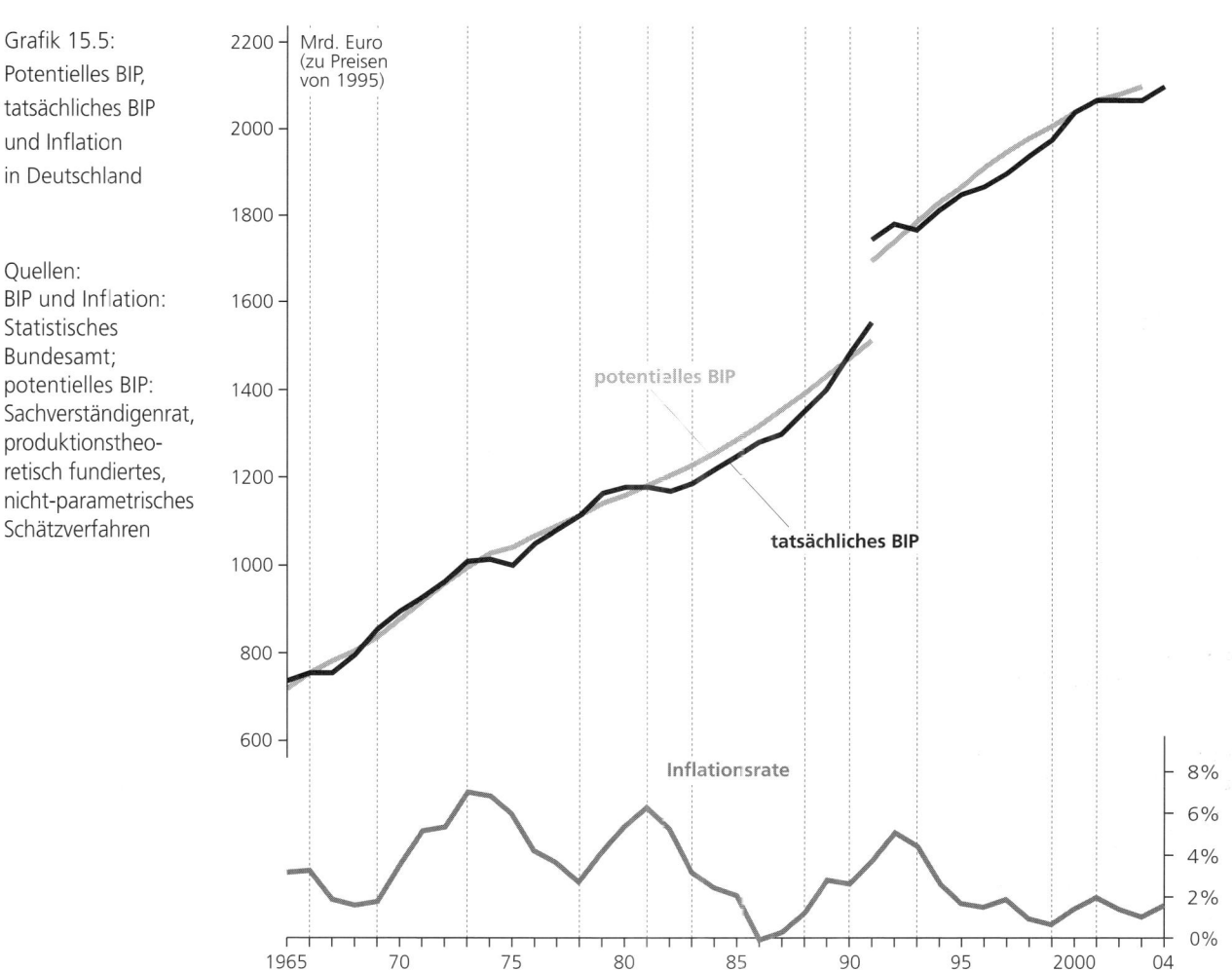

Tatsächlich beobachten wir, wie die Inflationsrate ständig zunimmt, solange das tatsächliche über dem potentiellen BIP liegt. Beachten Sie, dass mit einer positiven BIP-Lücke nicht einfach das Preisniveau steigt, es steigt jedes Jahr stärker an.

Ebenso deutlich geht die Inflationsrate zurück (Desinflation), wenn sich eine negative BIP-Lücke öffnet.

positive BIP-Lücke, steigende Inflationsrate

- Viermal überstieg die Gesamtnachfrage das mögliche Gesamtangebot: 1965, 1970 bis 1973, 1979/80, um 1990 mit der Wiedervereinigung und ein wenig auch 2000/01 – und jedes Mal stieg die Inflation an.

negative BIP-Lücke, sinkende Inflationsrate (Desinflation)

- Viermal waren die Produktionskapazitäten nicht genügend ausgelastet: 1967, 1974 bis 1977, 1981 bis 1988 und ab 1993 – und in allen Fällen sank die Inflation, dreimal noch im gleichen Jahr, einmal (1981) mit einer Verzögerung von einem Jahr.

lang anhaltende negative BIP-Lücke, Deflation

- Manchmal wurde die BIP-Lücke so groß, und sie hielt so lange an, dass die offiziell gemessene Teuerung unter 1% sank. Wie im Abschnitt 14.3.2 gezeigt, bedeutet das effektiv Deflation. Allerdings haben bei den tiefen Inflationsraten von 1986 auch sinkende Erdölpreise mitgewirkt. Dazu mehr im nächsten Abschnitt.

neben Geldpolitk auch andere Gründe für BIP-Schwankungen

Und wo ist die Wirkung der Geldpolitik sichtbar? Dort, wo nachgewiesen werden kann, dass die Geldpolitik die Schwankungen der Gesamtnachfrage beeinflusst hat. Doch es gibt noch andere Gründe für die Schwankungen der Gesamtnachfrage als die Geldpolitik. Der wichtigste, die konjunkturelle Dynamik, ist schon im Modell der Grafik 15.3 vermerkt.

Viele Streitgespräche drehen sich genau um diese verschiedenen Einflüsse auf die BIP-Schwankungen. Wie stark können sie auf die konjunkturelle Dynamik zurückgeführt werden? Welchen Einfluss – einen mildernden oder fatalerweise einen verstärkenden – hat die Geldpolitik? Mit der konjunkturelle Dynamik werden wir uns in den Kapiteln 17 und 18 beschäftigen und mit der Geldpolitik als Reaktion auf Konjunkturschwankungen im Kapitel 19.

Unbestritten ist, dass die lockere Geldpolitik Anfang der 70er Jahre den damaligen Boom mit Inflationsraten von 7% mitverursacht hat. Umstritten ist, ob die Bundesbank ihren Auftrag, das Preisniveau stabil zuhalten, zu rigoros verfolgt hat – und so die Gesamtnachfrage zu stark zurück gehalten hat. Auch dazu mehr im 19. Kapitel.

15.3 Angebotsinflation

Nachfrageinflation
Inflation, die durch eine überhöhte Nachfrage ausgelöst wird

Wir haben bis jetzt immer von Preiserhöhungen gesprochen, die ihren Grund in einer zu großen Gesamtnachfrage haben. Die Nachfrageseite zieht das Preisniveau nach oben. Darum spricht man von einer Nachfrageinflation.

Angebotsinflation
Inflationsimpulse, die vom Angebot her kommen

Preistreibende Gründe können aber auch vom Angebot her stammen. Man spricht dann von einer Angebotsinflation. Dieser Abschnitt behandelt nun Preiserhöhungen, die von der Angebotsseite ausgehen:

15.3.1 Preiserhöhungen durch verstärkte Marktmacht

Marktmacht
die Fähigkeit, den Preis zu beeinflussen

Den Grundbaustein, der eine Angebotsinflation ermöglicht, kennen Sie schon. Wo Unternehmen über Marktmacht verfügen, können sie ihre Preise höher festsetzen, als dies bei vollständigem Wettbewerb möglich wäre. Verstärkt sich nun Marktmacht (z. B. weil eine Firma übernommen wird, weil sich ein neues Kartell formiert oder ein bisheriges enger zusammenarbeitet), können Preise höher gesetzt werden.

Beispiel OPEC

Ein berühmtes Beispiel für gestiegene Marktmacht, die in Preisaufschläge umgemünzt wurde, haben wir schon besprochen: In den Jahren 1973 und 1979 nutzte das Kartell der Erdölproduzenten seine gefestigte Marktmacht dazu, die Erdölpreise hinaufzusetzen. Dadurch stiegen direkt die Preise für Benzin und Heizöl; Autofahren und Heizen wurden teurer. Zudem steigen die Kosten vieler Unternehmen. Und natürlich versuchen sie, die höheren Kosten auf ihre Absatzpreise zu überwälzen. Je größer ihre Marktmacht, desto größer ihr Erfolg – aber auch anderen Unternehmen kann dies weitgehend gelingen, sofern ihre Konkurrenten vor der gleichen Kostenerhöhung stehen.

Verteilungskampf

Allerdings ist eine Zunahme der Marktmacht (wie in unserem Beispiel der OPEC) in der Regel eine einmalige Sache. Entsprechend ergäbe sich dadurch auch nur ein einmaliger Preisschub. Anschließend würde sich das Preisniveau auf höherem Niveau wieder stabilisieren. Nun gibt es aber Angebotskräfte, die eine einmal aufgeflackerte Inflation über längere Zeit in Gang halten können.

15.3.2 Drittes, erweitertes Inflationsmodell: die Preis-Lohn-Spirale

Die Inflation setzt sich dann fort, wenn viele Teilnehmer am Marktgeschehen zwar Preiserhöhungen dort akzeptieren, wo sie schwach sind, aber die Preiserhöhung dort weiter überwälzen, wo sie selber mehr Macht haben.

Teuerungsausgleich

Beginnen wir mit den Konsumenten: Auf vielen Gütermärkten stehen zwar die Haushalte der Marktmacht von Unternehmen recht wehrlos gegenüber. Viele schaffen es aber, sich auf den Arbeitsmärkten schadlos zu halten. Dank Gewerkschaften und Personalverbänden verfügen auch sie über Marktmacht. Das beiderseitige Interesse an friedlichen Beziehungen innerhalb der Unternehmen, eine langjährige Tradition oder auch langfristige Verträge sichern den Angestellten zu, dass sich die Kaufkraft ihrer Löhne nicht verringert. Das bedeutet, dass die nominalen Löhne am Ende des Jahres entsprechend der Teuerung ansteigen.

erneut auf Güterpreise überwälzt

Die höheren Nominallöhne schmälern aber, wie schon die gestiegenen Erdölkosten, die Gewinne der Unternehmen. Wer über Marktmacht verfügt und wer Konkurrenten hat, die vom gleichen Lohndruck betroffen sind, wird den größten Teil der nominalen Lohnerhöhungen auf seine Güterpreise überwälzen können.

Damit sind die höheren Löhne bald wieder so wenig wert wie vor dem gewerkschaftlichen Lohnerfolg. Reagieren nun die Arbeiter, indem sie auf einem weiteren Teuerungsausgleich beharren, haben sie damit

**Lohn-Preis-Spirale oder
Preis-Lohn-Spirale**
fortwährender Prozess der Überwälzung von höheren Kosten auf die Preise
und Löhne mittels Marktmacht

Anstoß für die Spirale

Erfolg und werden diese Kostensteigerungen von den Unternehmen wieder auf die Preise überwälzt, so kommt ein schwer zu bremsender Inflationsmechanismus in Gang. Es kommt zur berühmten Lohn-Preis-Spirale oder Preis-Lohn-Spirale – je nachdem, ob betont wird, die ersten entscheidenden Teuerungsimpulse seien von den Löhnen oder von den Güterpreisen ausgegangen.

Die Lohn-Preis-Spirale braucht in der Regel einen Anstoß. Er kann vom Angebot her kommen (wie bei der Ölpreiserhöhung) oder von der Nachfrageseite. Wie die Nachfrage die Spirale in Schwung bringt, zeigt nochmals die Grafik 15.6: Eine zu expansive Geldpolitik der Zentralbank lässt die Gesamtnachfrage so stark ansteigen, dass die Kapazitätsgrenzen überschritten werden und das allgemeine Preisniveau steigt. Darauf werden höhere Löhne erkämpft, die Kosten der Unternehmen steigen, was sie zu weiteren Preiserhöhungen veranlasst. Die Preis-Lohn-Spirale ist (wie ein Schwungrad) in Gang gekommen.

Grafik 15.6:
Drittes, erweitertes Inflationsmodell:
Nachfrage- und Angebotsinflation
(ohne Ausland)

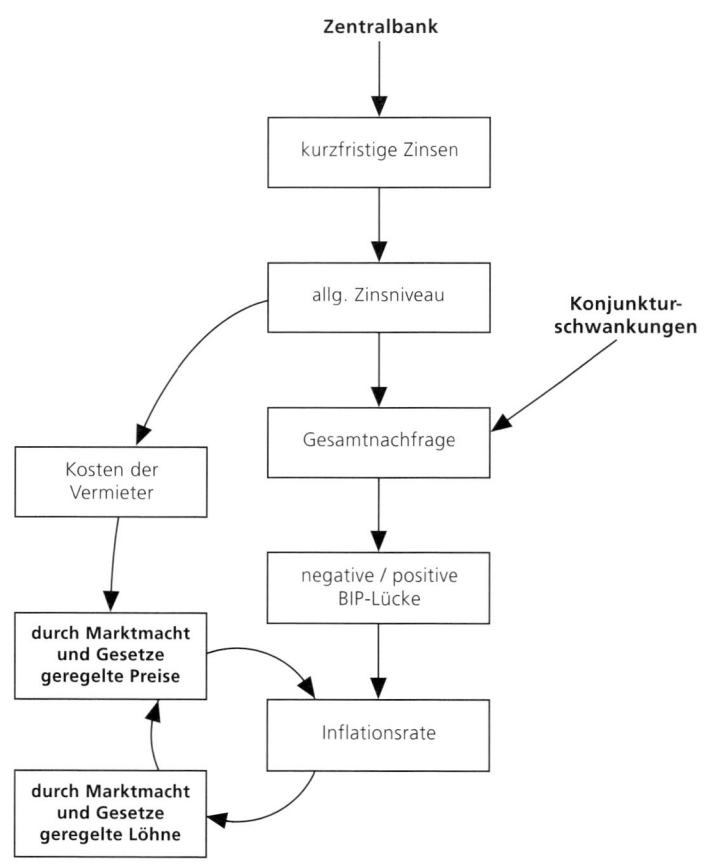

In der Grafik ist vereinfachend eine Spirale zwischen Unternehmen und organisierten Arbeitern eingezeichnet. In Wirklichkeit dreht sie sich natürlich nicht nur zwischen zwei Gruppen. Auch die Alten haben Anspruch darauf, dass ihre Renten mit den Löhnen mitziehen. Ähnlich führen die höheren Löhne der Staatsangestellten zu höheren Bahn- oder

Posttarifen. Je größer der Anteil der kartellierten und mit Preisvorschriften geregelten Märkte, desto länger die Lebensdauer einer einmal in Gang gekommenen Inflation.

Ist – während sich die Spirale dreht – die Gesamtnachfrage weiterhin groß, spielen Nachfrage- und Angebotsimpulse zusammen. Dann wird ausdauernd debattiert, von welcher Seite die größten Inflationsimpulse stammen.

15.3.3 Lohn-Preis-Spirale und restriktive Geldpolitik

Klar zum Vorschein kommt eine Angebotsinflation, wenn die Zentralbank einen Inflationsschub mit einer restriktiven Geldpolitik bekämpfen will:

kurzer Bremsweg bei hartem Wettbewerb

- Erhöht die Zentralbank das Zinsniveau, geht die Gesamtnachfrage zurück und die Auslastung der Produktionskapazitäten verringert sich. Was würde nun geschehen, wenn auf allen Märkten ein harter Preiswettbewerb (ohne Preis-Lohn-Spirale) herrschte? Kaum würden die Verkäufe sinken, müssten die Unternehmen ihre Preise senken. Und kaum gäbe es Arbeitslose, würden nur noch wenige Löhne steigen. Preise und Löhne würden sich rasch stabilisieren. Die Zentralbank hätte mit ihrem Mittel, den höheren Zinsen, schnell und erfolgreich die Inflation bekämpft.

langer Bremsweg bei eingeschränktem Wettbewerb

- Nun ist aber in der Realität der Wettbewerb eingeschränkt. So können sowohl Bauunternehmer als auch Ärzte, Versicherungen, die Bahn oder die Landwirte und viele andere Marktmächtige verhindern, dass sinkende Verkäufe zu sinkenden Preisen führen. Und trotz ansteigender Arbeitslosigkeit können auch die Gewerkschaften noch den Ausgleich der Teuerung durchsetzen. Dank gesetzlichen Reglementen mussten schließlich auch die Rentner oder die Beamten nicht als Erste auf einen Teuerungsausgleich verzichten.

Stagflation
Kombination von Stagnation des BIP-Wachstums und Inflation

Werden aber die Zinsen auch dann noch hoch gehalten, wenn die Gesamtnachfrage schon längst schwach geworden ist, leiden wir gleichzeitig unter steigender Arbeitslosigkeit und unter Inflation. Diese Kombination von Stagnation und Inflation bezeichnet man mit dem Furcht erregenden Ausdruck Stagflation.

Stillstand der Spirale

- Die Automatismen der Lohn-Preis-Spirale werden erst bei einer stark gedrosselten Gesamtnachfrage gebrochen. Erst wenn die Verkäufe stark gesunken sind und durch Entlassungen die Arbeitslosigkeit stark angestiegen ist, reicht die Marktmacht nicht mehr aus, um höhere Preise und Löhne durchzusetzen.

Fazit: In einem Marktsystem mit hartem Preiswettbewerb könnte eine restriktive Geldpolitik eine Inflation schnell zum Verschwinden bringen. Doch in der Realität werden die Preise und Löhne auch durch marktbeherrschende Großunternehmen, Kartelle, Gewerkschaften und gesetzlich verankerte Preisanpassungen bestimmt. Hier setzt sich eine einmal in Gang gekommene Inflation in einer Preis-Lohn- oder Lohn-Preis-Spirale eigenständig fort.

Eine solche Angebotsinflation müsste längerfristig mit einer aktiven Wettbewerbspolitik und mit einer Deregulierung der regulierten Märkte bekämpft werden.

Will aber die Zentralbank eine Preis-Lohn-Spirale mit einer restriktiven Geldpolitik bremsen, geht dies praktisch nur über eine besonders starke Drosselung der Nachfrage. Erst fühlbar kleinere Verkäufe und eine schmerzlich hohe Arbeitslosigkeit können die Automatismen der Angebotsinflation brechen.

Fragen zum 15. Kapitel, Inflationsursachen

1. Ordnen Sie jedem Fachbegriff die passende Ziffer zu:
..... Gesamtnachfrage nach inländischen Gütern
..... Gesamtangebot an inländischen Gütern
..... Geldumlaufgeschwindigkeit
..... Quantitätstheorie des Geldes
..... BIP-Lücke
..... potentielles BIP, Produktionspotential, mögliches Gesamtangebot
..... Geldpolitik der Zentralbank
..... normale Zinsstruktur
..... inverse Zinsstruktur
..... Nachfrageinflation
..... Angebotsinflation
..... Marktmacht
..... Preis-Lohn-Spirale oder Lohn-Preis-Spirale
..... Stagflation

a Kombination von Stagnation des BIP-Wachstums und Inflation

b Differenz zwischen dem potentiellen und dem tatsächlichen BIP

c Inflation, die durch eine überhöhte Nachfrage ausgelöst wird. Wenn gegenüber dem Gesamtangebot an Gütern die Gesamtnachfrage zu hoch wird, steigt das generelle Preisniveau.

d Summe aller Waren und Dienstleistungen (Konsum- und Investitionsgüter), die von den Unternehmen und vom Staat angeboten werden

e Nach ihr wird das Preisniveau durch die Geldmenge bestimmt.

f Die Geschwindigkeit, mit der das Geld wieder ausgegeben wird

g Zinsstruktur, bei der die langfristigen Zinsen über den kurzfristigen liegen

h Die Fähigkeit, den Preis zu beeinflussen

i Produktionsmöglichkeiten von Unternehmen und Staat bei voller Kapazitätsauslastung, d. h. bei gut ausgelasteten, aber nicht überlasteten Kapazitäten

j Zinsstruktur, bei der die kurzfristigen Zinsen über den langfristigen liegen

k Inflationsimpulse, die vom Angebot her kommen. Diese treten vor allem dort auf, wo Preise oder Löhne durch Marktmacht und gesetzlich verankerte Preisanpassungen erhöht werden können.

l Summe aller nachgefragten Waren und Dienstleistungen: privater Konsum + Staatsausgaben + Investitionen + Nettoexporte

m Maßnahmen zur direkten Beeinflussung der Geldmenge, des Zinsniveaus und der Wechselkurse

n Fortwährender Prozess der Überwälzung von höheren Kosten auf die Preise und Löhne mittels Marktmacht

2. a) Wann kommt es nach unserem einfachen Inselmodell zu Inflation?

b) Die Inflation ist in der Regel kleiner als das Geldmengenwachstum. Begründen Sie mit dem Inselmodell, weshalb das so ist.

c) Bei sehr hohen Inflationsraten kann die Inflation größer sein als das Geldmengenwachstum. Bietet das Inselmodell dafür eine Erklärung?

d) Weshalb spricht man bei der Inflation auf unserer Insel von einer Nachfrageinflation?

3. Nach der Quantitätstheorie . . .

richtig	falsch	
O	O	ist die Umlaufgeschwindigkeit abhängig vom Preisniveau.
O	O	ist die Geldmenge abhängig vom Handelsvolumen und dem BIP.
O	O	wird das Preisniveau sinken, wenn die gehandelte Menge steigt und die Notenbank die Geldmenge nicht erhöht (und sich sonst nichts ändert).
O	O	wird das Preisniveau sinken, wenn die Umlaufgeschwindigkeit abnimmt (und sich sonst nichts ändert).
O	O	ist die Inflation schädlich.
O	O	ist die Inflation manchmal auch nützlich.

4. a) Welches ist wohl der Hauptgrund dafür, dass Krieg führende Länder in der Regel auch noch von mehrstelligen Inflationensraten (Hyperinflation) geplagt werden?

    b) Wer bezahlt in einem solchen Fall den Krieg?

5. In einem armen Land fehlt es der gesamten Bevölkerung an Geld, um auch nur genügend Lebensnotwendiges zu kaufen. Könnte nicht einfach die Zentralbank neues Geld drucken und unter die Bevölkerung verteilen?

6. Will eine Zentralbank die zukünftige Preisentwicklung mit der Steuerung der Geldmenge beeinflussen, erschweren ihr vor allem vier Unsicherheiten ein präzises Handeln. Welche sind das?

7. In irgendeinem Land (ähnlich den USA) liegt die Inflationsrate seit längerer Zeit um 3 % pro Jahr. Die langfristigen nominalen Zinssätze bewegten sich um 5 %. Die Zinsstruktur ist normal.

    Nun befürchtet die Zentralbank eine Inflation, ändert darum ihre Politik und wird über die nächsten 4 Jahre hinweg sehr restriktiv.

    a) Wie bewerkstelligt sie das konkret? D.h. welche Mittel stehen ihr im Prinzip zur Verfügung?

    b) Wie entwickeln sich die kurzfristigen nominalen Zinsen?

    c) Welche Zinsstruktur erwarten Sie?

    d) Wie könnten sich die langfristigen nominalen Zinsen entwickeln? Beschreiben Sie die verschiedenen Szenarien mit Begründung.

8. Kann sich Desinflation in Deflation verwandeln?

9. In einem Boom mit einer Preis-Lohn-Spirale kann man in der Regel zwei divergierende Meinungen darüber hören, wie man die Inflation bekämpfen sollte:
    »Am besten, die Zentralbank würde die Zinsen senken.«
    »Nein, sie soll die Inflation mit steigenden Zinsen bekämpfen.«

    a) Finden Sie für beide Meinungen das Kernargument.

    b) Können Sie zwischen beiden auch vermitteln?

10 Beurteilen Sie die folgenden Aussagen:

richtig falsch

Wenn die Zentralbank ihre Geldmenge stark verknappt,

richtig	falsch	
O	O	spricht man von restriktiver Geldpolitik
O	O	steigen die kurzfristigen Zinsen
O	O	steigen zwingend auch die Langfristzinsen
O	O	beobachten wir in der Regel eine inverse Zinsstruktur
O	O	werden Inflationsängste immer besänftigt
O	O	werden möglicherweise Inflationsängste geweckt

Wenn die Zentralbank eine lockere Geldpolitik betreibt,

richtig	falsch	
O	O	sinken die kurzfristigen Zinsen
O	O	sinken zwingend auch die Langfristzinsen
O	O	liegen die kurzfristigen Zinsen unter den langfristigen
O	O	werden möglicherweise Inflationsängste geweckt
O	O	werden möglicherweise Inflationsängste besänftigt
O	O	werden immer Inflationsängste geweckt

Wenn das allgemeine Zinsniveau steigt,

richtig	falsch	
O	O	wird eher mehr gespart
O	O	steigt auch der Konsum auf Kredit
O	O	lohnt es sich eher, Häuser zu bauen
O	O	steigen die Preise für bestehende Obligationen
O	O	wird die Gesamtnachfrage gebremst

16. Zahlungsbilanz, Wechselkurse und Inflation

internationale Arbeitsteilung

Bis hierher haben wir uns auf die Analyse einer einzelnen Volkswirtschaft konzentriert. Nun blicken wir über die nationalen Grenzen hinaus. Dabei fragen wir uns vorweg, welchen Nutzen denn der internationale Handel mit Waren, Dienstleistungen und Kapital versprechen kann.

Internationale Wirtschaftsbeziehungen unterhalten wir aus den gleichen Gründen, aus denen wir innerhalb eines Dorfes, einer Region oder eines Landes Handel treiben und Geld ausleihen: Je weiter die Märkte, desto besser die Versorgung mit Gütern – sofern Marktversagen vom Staat in Schranken gehalten werden können. Globale Märkte eröffnen die Chance, die Ressourcen weltweit effizient zu nutzen.

Warum eine spezielle Theorie für internationale Wirtschaftsbeziehungen?

Nationale und internationale Märkte funktionieren im Prinzip gleich. Darum könnte man vorerst vermuten, dass keine spezielle Theorie nötig ist, um die internationalen Wirtschaftsbeziehungen zu verstehen. Es gibt aber zwei wichtige Besonderheiten:

1. staatliche Barrieren

- Nationale Grenzen schirmen viele Märkte vor dem internationalen Wettbewerb mehr oder weniger stark ab. Allerdings verlieren heute viele staatliche Hemmnisse an Bedeutung oder verschwinden gar. Zudem fallen die Kosten für Transport und Kommunikation ständig, und viele neue Länder sind zu den alten Konkurrenten hinzugekommen. So erleben wir einen immer schärferen internationalen Wettbewerb, vor allem auf den Güter- und den Kapitalmärkten.

2. nationales Geld

- Jedes Land (oder zumindest eine Ländergemeinschaft wie das Euro-Währungsgebiet) verwendet eigenes Geld. Fast jedes Land hat damit eine eigene Zentralbank mit einer eigenen Geldpolitik. In Deutschland zahlt man mit Euros, in den USA nur mit Dollars. Kaufen wir amerikanische Güter, zahlen wir in Euro; die Amerikaner aber erwarten Dollars. Wenn der internationale Handel funktionieren soll, muss es ein System geben, in dem Euros gegen Dollars umgetauscht werden können.

Kapitelübersicht

Die Chancen und Risiken des zunehmenden internationalen Güterverkehrs werden Thema des 20. Kapitels sein. In diesem 16. Kapitel befassen wir uns vorerst mit Geld- und Wechselkursfragen:

- Wofür fließen Zahlungen über die Staatsgrenzen? (Abschnitt 16.1)
- Was ist ein Wechselkurs? (16.2)
- Wie beeinflussen Handelsströme die Wechselkurse? (16.3)
- Wie beeinflussen Kapitalströme die Wechselkurse? (16.4)
- Und wie wirken umgekehrt die Wechselkurse auf den Außenhandel und die gesamte Produktion eines Landes? (16.5)

Mit der Analyse der internationalen Geldströme erweitern wir auch unser Verständnis für Geldpolitik und Inflationsmechanismen:

- Wie beeinflussen die Zentralbanken die Wechselkurse? Und welche Folgen haben frei floatende, gelenkte oder feste Wechselkurse – bis hin zu einer Währungsunion? (16.6)
- Wie hängen Wechselkurse und Inflation zusammen? (16.7)

16.1 Die Zahlungsbilanz

Zahlungsbilanz
erfasst alle Zahlungen eines Landes an das und aus dem Ausland während eines Jahres

Die Zahlungsbilanz gibt Auskunft über die Geldströme, die im Laufe eines Jahres über die Landesgrenzen fließen. Die Transaktionen werden nach Normen geschätzt, die mit denen der Volkswirtschaftlichen Gesamtrechnung übereinstimmen. Die Tabelle 16.1 zeigt uns die Vielfalt der Zahlungen für den Fall Deutschlands.

Tabelle 16.1:
Die deutsche Zahlungsbilanz

Quelle:
Deutsche Bundesbank
(www.bundesbank.de)

2004, in Mrd. Euro	vom Ausland bezahlt	ans Ausland bezahlt	Saldo	
Waren (sog. Handelsbilanz)	**732**	**588**	**+ 144**	
davon: Fahrzeuge	135	60	+ 75	
Dienstleistungen	**116**	**148**	**– 32**	**Bilanz der laufenden Transaktionen (Leistungsbilanz)** Saldo = **+ 84**
davon: Fremdenverkehr	22	58	– 36	
Kapital- u. Arbeitseinkommen	**107**	**107**	**0**	
Kapitaleinkommen	102	102	0	
Arbeitseinkommen	5	5	0	
laufende Übertragungen	**16**	**44**	**– 28**	
private Überweisungen	3	14	– 11	
staatliche Zahlungen	13	30	– 17	
Vermögensübertragungen	2	2	0	**0**
Kapitalverkehr	**138**	**238**	**– 100**	**Kapitalverkehrsbilanz** Saldo = **– 100**
Direktinvestitionen			– 25	
Portfolioanlagen	133	117	+ 16	
Kreditverkehr	35	123	– 88	
übriger Kapitalverkehr			– 3	
Veränderung Währungsreserven			+ 2	**+ 2**
nicht erfasste Transaktionen			+ 14	**+ 14**

Zahlungsbilanz
Saldo = **0**

Warenbilanz = Handelsbilanz
Teil der Zahlungsbilanz; umfasst die Importe und Exporte von Waren während eines Jahres

Am meisten Geld fließt für die Bezahlung von Waren über die Grenze. 2004 exportierte Deutschland für etwa 732 Mrd. Euro Waren und importierte für 588 Mrd. Euro. Die größten Exporteinnahmen resultieren bei Fahrzeugen. (Mehr Details enthält die Tabelle 20.1 im 20. Kapitel.)

Die Warenbilanz wird auch Handelsbilanz genannt – obwohl sie nicht den ganzen Handel, sondern nur den mit Waren umfasst. Die deutsche Handelsbilanz zeigt traditionell einen hohen Überschuss.

Dienstleistungsbilanz

Dafür ist der internationale Handel mit Dienstleistungen chronisch defizitär. Deutschland importierte für 148 Mrd. Euro Dienstleistungen, und exportierte nur für 116 Mrd. Euro. Dahinter steht, dass die Deutschen gerne im Ausland Ferien machen, Deutschland aber weniger von Ausländern besucht wird.

Waren- und Dienstleistungsbilanz
Teil der Zahlungsbilanz: umfasst alle Importe und Exporte von Waren und Dienstleistungen während eines Jahres

Alle Zahlungen für alle importierten und exportierten Güter (also Waren und Dienstleistungen) werden in der Waren- und Dienstleistungsbilanz zusammengezählt. Sie zeigt für das Jahr 2004 einen Saldo von plus 112 Mrd. Euro. Diesen Exportüberschuss kennen Sie übrigens schon aus Abschnitt 12.2. Er ist ein Teil des Bruttoinlandsprodukts, eine Komponente der Gesamtnachfrage.

Bilanz der Kapital- und Arbeitseinkommen

Kapitaleinkommen

Weiter werden auch Zahlungen erfasst, wenn Produktionsfaktoren (Kapital und für Arbeitsleistungen) über die Grenzen hinweg zur Verfügung gestellt werden:

- Im Jahr 2004 flossen 102 Mrd. Euro an Zinsen und Gewinnen aus Guthaben und Investitionen im Ausland in die BRD. Die gleiche Summe floss in die umgekehrte Richtung, an Leute, die im Ausland wohnen, aber in die BRD Geld ausgeliehen oder in der BRD investiert haben.

Arbeitseinkommen

- Weiter gibt es immer mehr Menschen, die im einen Land wohnen und im anderen arbeiten. So flossen 5 Mrd. Euro an Löhnen für Grenzgänger in die BRD – ebenso viel wie für Löhne ins Ausland.

Nettoeinkommen aus dem Ausland

Die über die deutsche Grenze fließenden Kapital- und Arbeitseinkommen gleichen sich damit etwa aus. Darum ist in Deutschland das BNE etwa gleich groß wie das BIP (vgl. Sie nochmals Abschnitt 12.2).

Bilanz der laufenden Übertragungen

Schließlich fließen noch Gelder über die Landesgrenze, denen keine einfache, direkte Leistung gegenübersteht. Der Saldo ist stark negativ. Dahinter stehen einmal die privaten Überweisungen von in Deutschland tätigen ausländischen Arbeitskräften in ihre Heimatländer (3 Mrd. Euro) sowie staatliche Rentenzahlungen an Leute, die jetzt im Ausland wohnen (5 Mrd. Euro), die Netto-Leistungen an den EU-Haushalt (9 Mrd. Euro), Beiträge an internationale Organisationen wie UNO und NATO (1.5 Mrd Euro) oder Entwicklungshilfe (0,5 Mrd. Euro).

Bilanz der laufenden Transaktionen, Leistungsbilanz
Teil der Zahlungsbilanz; umfasst alle über die Landesgrenze fließenden laufenden Zahlungen eines Jahres: den Handel mit Waren und Dienstleistungen, die Entgelte für Arbeit und Kapital sowie die laufenden Übertragungen

Die drei genannten Teilbilanzen für den Handel mit Waren und Dienstleistungen, Kapital und Arbeitseinkommen sowie laufende Übertragungen umfassen alle laufenden Zahlungen während eines Jahres. Sie werden in der Bilanz der laufenden Transaktionen zusammengefasst. In Deutschland wird sie auch Leistungsbilanz genannt.

Die Bilanz der laufenden Transaktionen schloss im Jahr 2004 mit einem Überschuss von etwa 84 Mrd. Euro ab.

internationaler Kapitalverkehr
die Landesgrenzen überschreitende Geldströme, denen kein Waren- oder Dienstleistungsstrom entgegenfließt

Was geschieht mit den Überschüssen aus den laufenden Transaktionen? In Höhe des Überschusses hat Deutschland Guthaben gegenüber dem Ausland. Mit den Überschüssen werden kurz- und langfristige Kredite vergeben, Obligationen, Aktien, ausländische Unternehmen oder Ferienhäuser gekauft, usw. – alles Formen des internationalen Kapitalverkehrs.

Im Jahr 2004 wurden also 84 Mrd. Euro mehr aus der BRD ins Ausland ausgeliehen oder investiert als in umgekehrter Richtung. Natürlich fließen nicht nur deutsche Gelder ins Ausland, sondern auch ausländische in die BRD – doch der Kapitalstrom aus der BRD ins Ausland war um den Saldo stärker.

Kapitalverkehrsbilanz

Teil der Zahlungsbilanz, umfasst den gesamten über die Grenze fließenden Kapitalverkehr während eines Jahres

Direktinvestitionen

Portfolioanlagen

Zahlungsbilanz ausgeglichen

Kontrolle der statistischen Präzision

Zahlungsbilanz der Europäischen Währungsunion

Tabelle 16.2:
Die Zahlungsbilanz der EWU

Quelle:
EZB (www.ecb.int)

Handel zwischen den Mitgliedsländern der EWU ist kein Außenhandel, Ausland = Gebiete außerhalb der EWU

Deutschland hatte auch schon ein Defizit in der Bilanz der laufenden Transaktionen (v. a. in den 90er Jahren). Ausländische Unternehmen oder Privatpersonen verwenden ihre Überschüsse dazu, an Deutsche Kredite zu vergeben, in der BRD Anleihen oder Häuser zu kaufen usw.

Einen Überblick über die Entstehung und die Tilgung von finanziellen Forderungen und Verpflichtungen zwischen Bewohnern der BRD und des Auslandes gibt die Kapitalverkehrsbilanz. Dabei wird der Kapitalverkehr je nach Anlagemotiv in Direktinvestitionen, Portfolioanlagen und Kapitalverkehr der Geschäftsbanken gegliedert. Direktinvestitionen sind Käufe von ausländischen Gebäuden oder Unternehmen, Gründungen von Tochtergesellschaften oder namhafte Beteiligungen an ausländischen Firmen. Portfolioanlagen sind Anlagen in Wertschriften ohne Beteiligungsabsichten und Finanzderivate.

Die beiden Salden der Ertrags- und der Kapitalverkehrsbilanz müssen sich (unter Berücksichtigung der Vermögensübertragungen und der Veränderungen der Währungsreserven der Bundesbank) ausgleichen, denn Überschüsse in der Leistungsbilanz fließen als Kapitalexport ins Ausland – und umgekehrt. Damit gewinnen die Statistiker eine Kontrolle über die Genauigkeit der Zahlungsbilanz. Und das Resultat? Im Jahr 2004 betrug die Differenz aufgrund von nichterfassten Transaktionen 14 Mrd. Euro.

Seit 1999 wird auch eine Zahlungsbilanz für das Euro-Währungsgebiet erstellt, denn – wie wir gleich sehen werden – sind Zahlungen über die Währungsgrenzen wichtige Bestimmungsgründe der Wechselkurse.

Jan. 2004 - Jan. 2005, in Mrd. Euro	vom Ausland bezahlt	ans Ausland bezahlt	Saldo	
Waren (sog. Handelsbilanz)	1138	1038	+ 100	**Bilanz der laufenden Transaktionen (Leistungsbilanz)** Saldo = **+ 38**
Dienstleistungen	347	325	+ 22	
Kapital- u. Arbeitseinkommen	244	271	– 27	
laufende Übertragungen	81	138	– 57	
Vermögensübertragungen	23	6	+ 17	+ 17
Kapitalverkehr			– 25	**Kapitalverkehrs-bilanz** Saldo = **– 25**
Direktinvestitionen	106	63	– 43	
Portfolioanlagen			+ 38	
Kapitalverkehr Geschäftsbanken			+ 35	
übriger Kapitalverkehr			– 5	
Veränderung Währungsreserven			+ 14	+ 14
nicht erfasste Transaktionen			– 44	– 44
				Zahlungsbilanz Saldo = **0**

16.2 Wechselkurse und Devisenmärkte

Stellen Sie sich vor, Sie kaufen eine amerikanische Limousine: Der Importeur in Deutschland verfügt über Euro, die er von seinen Kunden erhält. Chrysler in den USA aber möchte Dollars haben. Ob nun der Importeur sich Dollars beschafft, um Chrysler zu bezahlen, oder ob Chrysler die Euros annimmt und damit selber Dollars kauft, es wird eine Wechselstelle geben müssen, die Dollars gegen Euros verkauft.

Wechselkurs
Austauschverhältnis zweier Währungen

Für diese Wechselstelle, meist eine Bank, ist nun wichtig, zu welchem Wechselkurs Dollars gegen Euros eingetauscht werden. Der Wechselkurs ist das Austauschverhältnis zweier Währungen.

Preisnotierung

- Meist wird der Preis einer ausländischen Währung in inländischer Währung ausgedrückt. So kostete ein Dollar in den letzten Jahren etwa einen Euro oder ein Yen 0,75 Cents. Weil hier notiert wird, welcher Preis für fremde Währungen zu bezahlen ist, spricht man von Preisnotierung.

Außenwert, Mengennotierung

- Insbesondere in angelsächsischen Ländern wird umgekehrt der Wert der eigenen Währung in ausländischer Währung ausgedrückt. Für einen Euro erhielt man somit etwa einen US$ oder 130 Yen. Hier spricht man vom Außenwert des Euros – oder auch von Mengennotierung, weil notiert wird, welche Menge an fremden Währungen man für einen Euro erhält.

Devisen
ausländisches Geld, d.h. ausländisches Bargeld und Guthaben in ausländischen Währungen

Wie bilden sich die Wechselkurse? Die Banken bringen überschüssige Währungen auf eigens dafür organisierte Märkte und fragen dort fehlende nach. Man nennt sie Devisenmärkte, denn ausländische Zahlungsmittel nennt man Devisen.

Das Angebot und die Nachfrage nach den einzelnen Währungen bestimmen den Preis, die Wechselkurse:

Devisenmärkte
Märkte, auf denen Währungen verschiedener Länder gehandelt werden. Hier werden die Wechselkurse gebildet.

- Ist eine Währung begehrt, steigt ihr Außenwert. Man spricht dann davon, dass die Währung aufgewertet wurde.
- Wird viel von einer Währung angeboten, aber wenig nachgefragt, fällt ihr Außenwert. Hier spricht man von Abwertung.

Weltmarkt für Devisen

Devisenmärkte gibt es in allen Finanzzentren. Dabei kann man von einem einzigen Weltmarkt für Devisen sprechen; die Höhe der Wechselkurse ist unabhängig davon, ob in London, Frankfurt oder Hongkong gehandelt wird.

**Ausblick auf
die Abschnitte 16.3 und 16.4**

Bei der Analyse der Wechselkursentwicklungen werden uns vorerst zwei verschiedene Fragen beschäftigen:
1. Warum haben die Wechselkurse eine bestimmte Höhe? Warum kostet ein Yen weniger als ein Cent, ein Dollar aber etwa ein Euro?
2. Warum schwanken die Wechselkurse? Warum zahlte man für einen Dollar 1985 bis zu DM 3,30 und 1995 weniger als DM 1,50; 2001 für einen Dollar € 1,15 und anfangs 2005 noch € 0,75?

Die Höhe der Wechselkurse ist das Thema des Abschnitts 16.3, von den Fluktuationen handelt der Abschnitt 16.4. Dabei wird der Einfluss der Zentralbanken auf die Wechselkurse vorerst außer Acht gelassen.

16.3 Außenhandel und Kaufkraftparitäten

zum Einstieg:
Handel zwischen USA und Euroland

Kehren wir zurück zu Ihrer amerikanischen Limousine. Stellen Sie sich für kurze Zeit vor, es gäbe nur Euroland und die USA. Zudem würden etwa gleich viele Güter von Euroland nach Amerika wie in umgekehrter Richtung geschickt. Der Einfachheit halber würde auch nicht auf Kredit importiert. Die Waren- und Dienstleistungsbilanz, die Kapitalverkehrsbilanz wie auch alle anderen Posten der Zahlungsbilanz seien also ausgeglichen. Bezahlt würde in Dollar wie in Euro.

amerikanischer Exportüberschuss

Stellen Sie sich nun vor, in Euroland kämen plötzlich amerikanische Autos stark in Mode. Die amerikanischen Exporte nach Euroland steigen. Umgekehrt kaufen die Amerikaner allein deshalb noch nicht mehr europäische Güter, und sie kommen auch nicht eher in die Ferien zu uns. So importiert Euroland mehr Waren und Dienstleistungen, als es exportiert. In seiner Waren- und Dienstleistungsbilanz tut sich ein Defizit auf, die amerikanische Bilanz zeigt einen Überschuss.

Auswirkungen auf Wechselkurse

Kaufen die Europäer mehr amerikanische Güter als die Amerikaner europäische Güter, gehen bei den Europäern die Dollarvorräte zu Ende, während sich bei den Amerikanern die Euros anhäufen, wenn Europäer mit Euros bezahlen. Und falls (wie wir der Einfachheit halber annehmen wollen) die Amerikaner mit ihren Überschüssen keine europäischen Aktien oder Ferienhäuser kaufen, werden überschüssige Euros auf den Devisenmärkten angeboten und Dollars nachgefragt. Als Folge davon wird der Dollar gegenüber dem Euro teurer.

Darstellung im
Preis-Mengen-Diagramm

Die Grafik 16.1 zeigt, wie der Wechselkurs des Dollars z. B. von € 1,00 auf € 1,25 steigt, wenn die Nachfrage nach Dollars steigt, d. h. wenn sich seine Nachfragekurve nach rechts verschiebt. Der Dollarkurs steigt natürlich auch an, wenn das Angebot an Dollars sinkt, d. h. wenn sich seine Angebotskurve nach links verschiebt.

Grafik 16.1:
Angebot und Nachfrage auf dem Devisenmarkt für Dollars und Euros

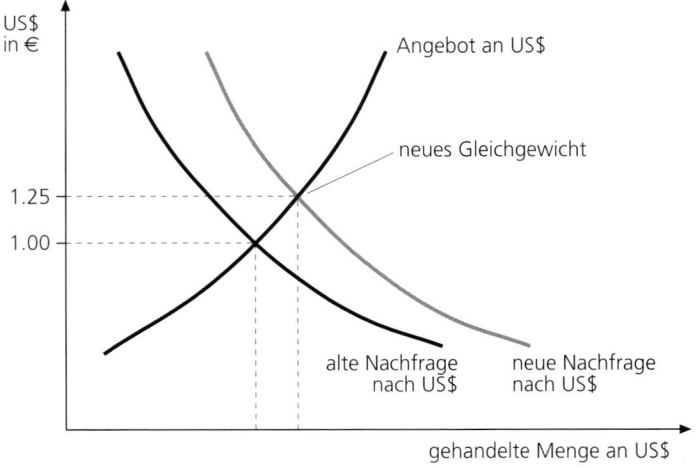

Rückwirkung auf Außenhandel

Steigt der Dollarkurs, werden die amerikanischen Güter in Euroland teurer. Der eine oder andere Europäer kauft deshalb wieder mehr europäische Produkte. Zudem werden europäische Güter für die Amerikaner billiger. Jetzt haben die Amerikaner einen Grund, mehr europäische Güter zu kaufen, und jetzt können sie sich vermehrt Ferien bei uns leisten. Der billigere Euro bewirkt also, dass sich das europäische Defizit in der Waren- und Dienstleistungsbilanz gegenüber den USA zurückbildet.

Wechselwirkung zwischen Außenhandel und Wechselkursen

Natürlich funktioniert die Wechselwirkung zwischen Waren- und Dienstleistungsbilanz und Wechselkursen auch im umgekehrten Fall, das heißt bei einem europäischen Überschuss. Und weiter gelten die Mechanismen, die hier zwischen zwei Ländern gezeigt werden, auch zwischen mehreren oder allen Handelspartnern, die frei handelbare Währungen haben.

Außenhandelsdefizit sinkender Außenwert

Defizit verringert

- Importiert Euroland mehr, als es exportiert, steigt die Nachfrage nach ausländischen Währungen Damit steigen die Wechselkurse der Handelspartner, und der Euroaußenwert sinkt.
  Damit werden die europäischen Güter billiger und die ausländischen teurer – so lange, bis sich Angebot und Nachfrage nach europäischen und ausländischen Gütern wieder einigermaßen decken.

Außenhandelsüberschuss steigender Außenwert

Überschuss verringert

- Exportiert umgekehrt Euroland mehr, als es importiert, steigt die Nachfrage nach Euros. Damit steigt der Euroaußenwert, und die Wechselkurse der Handelspartner sinken.
  Mit teurerem Euro werden die europäischen Güter teurer und die ausländischen billiger – so lange, bis sich Angebot und Nachfrage nach europäischen und ausländischen Gütern wieder angleichen.

das langfristige Gleichgewicht

Nach unseren bisherigen Überlegungen bewegt sich der Wechselkurs zweier Währungen längerfristig dorthin, wo er den Außenhandel der beiden Länder ins Gleichgewicht bringt. Aber wo liegt dieser Wechselkurs? Warum kostet ein Dollar etwa einen Euro?

Theorie der Kaufkraftparität

Nach dieser Theorie spiegelt der Wechselkurs einer Währung langfristig ihre Kaufkraft für international handelbare Güter wider.

Hier gibt die Theorie der Kaufkraftparität eine Antwort. Danach pendelt sich der Dollarkurs längerfristig dort ein, wo die amerikanischen und europäischen Exportgüter etwa gleich teuer sind:

- Ist der Dollar klar tiefer als ein Euro, sind in Amerika wie in Euroland die amerikanischen Güter generell billiger als die europäischen, und damit verkaufen sie sich besser: Mit dem amerikanischen Exportüberschuss steigt der Dollarkurs.
- Ist umgekehrt der Dollar klar höher als ein Euro, sind in beiden Ländern die amerikanischen Güter zu teuer und verkaufen sich schlechter. Wir brauchen weniger Dollars, und der Dollarkurs sinkt.

Liegt der Dollarkurs ungefähr bei einem Euro, sind die international handelbaren Güter in beiden Ländern etwa gleich teuer. Zu diesem Kurs kann sich der Handel zwischen den beiden Ländern in etwa ausgleichen und der Wechselkurs einpendeln.

Kaufkraftparität/KKP

Wechselkurs, der einen gegebenen Güterkorb im Inland und im Ausland genau gleich teuer macht

Formel für KKP € /US$:

$$\frac{\text{Preise für Güter im Euroland in €}}{\text{Preise ähnlicher Güter in den USA in US\$}}$$

Denjenigen Wechselkurs, der Güter in zwei Ländern gleich teuer macht, nennt man Kaufkraftparität, abgekürzt KKP. Allerdings hängt ihre Höhe stark vom ausgewählten Güterkorb ab, der verglichen werden soll:

- Interessieren wir uns für internationale Handelsbeziehungen, sollten wir einen Güterkorb mit international handelbaren Gütern wählen.

■ Wollen wir dagegen Einkommen verschiedener Länder vergleichen (wie in Kapitel 21), wählen wir einen Korb mit alltäglichen Gütern. Während für international handelbare Güter die KKP zwischen Euroland und den USA um etwa € 1,00 pro Dollar liegt, wird die KKP für alltägliche Güter auf etwa € 1,30 pro Dollar geschätzt.

Grafik 16.2:
Dollarkurs in Preis-
notierung und Kauf-
kraftparitäten seit 1970

berechnet nach Daten
der Deutschen Bundes-
bank und der Europäi-
schen Zentralbank

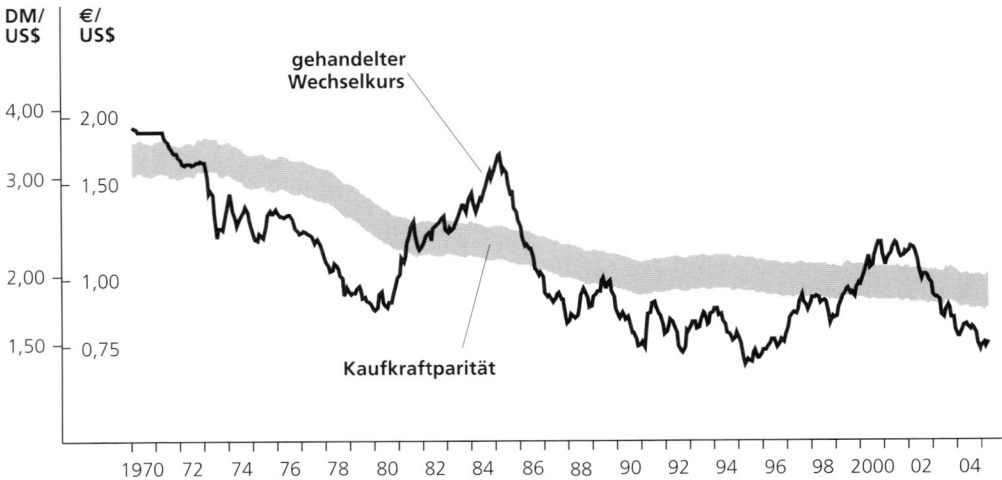

Das graue Band bezeichnet die ungefähre Kaufkraftparität für international handelbare Güter. Wenn immer der aktuelle Kurs das Band nach oben verlässt, werden die amerikanischen Güter zu teuer und die europäischen Güter zu billig – und umgekehrt.

**Kaufkraftparität
zwischen Euro und Dollar**

Die Grafik 16.2 zeigt die Kaufkraftparität für international handelbare Güter sowie die tatsächlich gehandelten Dollarkurse in D-Mark (und ab 1999 Euro) seit 1970. Die Kaufkraftparität blieb bis 1973 auf über 3 DM pro Dollar, dann sackte sie bis 1980 rasch auf etwa DM 2,50 ab und ist schließlich bis heute auf etwa 2 DM oder 1 Euro pro Dollar gesunken. Offensichtlich entwickelte sich die Kaufkraft des Dollars anders als die der D-Mark:

Kaufkraftparität und Inflation

■ Von 1970 bis 1973 waren die amerikanische und die deutsche Inflation mit durchschnittlich 6% noch genau gleich groß.

■ Von 1974 bis 1981 stieg die Inflation in den USA auf durchschnittlich 9,5% pro Jahr an, in der BRD dagegen sank sie auf 5%. Damit verlor der Dollar gegenüber der D-Mark jährlich 4,5% an Kaufkraft.

■ Seither war die US-Inflation etwa 1% höher als die deutsche und europäische; die Kaufkraft des Dollars hat sich also noch um jährlich 1% stärker verringert als die der D-Mark und des Euro.

Die (offiziell gemessenen) Inflationsunterschiede haben sich seit 1974 derart kumuliert, dass die Kaufkraft des Dollars gegenüber der der Mark und des Euros um etwa 40% gefallen sein dürfte.[1]

---

[1] Messprobleme bei der Schätzung von Kaufkraftparitätsveränderungen sollen hier kurz erwähnt werden: Statt Preisindices für international handelbare Güter werden meist Konsumentenpreisindices verglichen. Diesen werden zudem in jedem Land jeweils andere Güterkörbe und andere Basisjahre zugrunde gelegt. Da sich die Fehler über die Jahre kumulieren können, sind lange Zeitreihen mit Vorsicht zu interpretieren. In den Grafiken 16.2 und 16.3 werden die Inflationsdifferenzen aufgrund von Konsumentenpreisen berechnet und um geschätzte 0,4% pro Jahr korrigiert.

Kaufkraftparität und Außenhandel

Wären trotz höherer US-Inflation die Wechselkurse unverändert geblieben, wären die amerikanischen Güter im Vergleich zu den deutschen ständig teurer geworden und hätten sich immer schlechter verkauft.

Doch die Devisenmärkte brachten einen Ausgleich zustande. Der Dollarkurs sank – und zwar ungefähr entsprechend dem Kaufkraftverlust des Dollars gegenüber der D-Mark. So blieb der Handel zwischen den beiden Ländern einigermaßen ausgeglichen. Und weil die Kaufkraft des Dollars gegenüber der Kaufkraft der D-Mark um 40% sank, musste auch der Dollarkurs im gleichen Ausmaß fallen.

realer Wechselkurs

Ausgehend von Kaufkraftparitäten lassen sich auch reale Wechselkurse definieren (bisher haben wir immer von nominalen Wechselkursen gesprochen): Der reale Wechselkurs (in Preisnotierung) berechnet sich als Quotient des nominalen Wechselkurses und der Kaufkraftparität.

$$\frac{\text{nominaler Wechselkurs} \ \times \ \text{Preise für Güter im Ausland in ausl. Währung}}{\text{Preise für ähnliche Güter im Inland in inländischer Währung}}$$

Die Grafik 16.3 zeigt den realen Dollarkurs der D-Mark und des Euro – sowohl in Preisnotierung als auch in Mengennotierung (denn der reale Wechselkurs wird gerne als realer Außenwert dargestellt).

Grafik 16.3:
Realer Dollarkurs seit 1970

Als Basis für den Index wurde der Januar 2000 gewählt, weil dann der nominale Wechselkurs der vermuteten Kaufkraftparität nahe kam; gleiche Grunddaten wie Grafik 16.2.

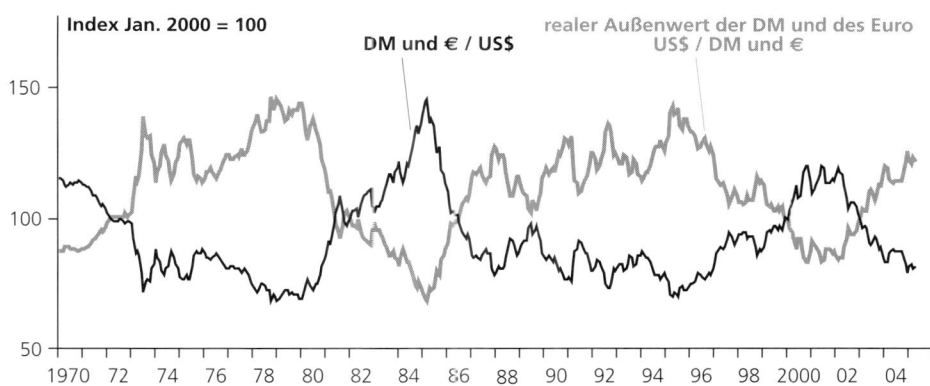

Reale Wechselkursänderung = um die Inflationsdifferenzen beider Länder bereinigte nominale Wechselkursänderung

Fazit: Güter, die international gehandelt werden, müssen im freien Welthandel überall ungefähr gleich teuer sein.

- **Steigt nun der Außenwert einer Währung so stark an, dass die inländischen Güter teurer werden als die ausländischen (wird also der reale Außenwert zu hoch), entsteht ein Außenhandelsdefizit. Damit wird diese Währung weniger nachgefragt und ihr Außenwert sinkt wieder.**
- **Sinkt umgekehrt der Außenwert einer Währung so tief, dass die inländischen Güter billiger sind (wird also der reale Außenwert zu tief), entsteht ein Außenhandelsüberschuss. Die Währung wird knapper und ihr Außenwert steigt wieder.**

Die nominalen Wechselkurse spiegeln darum langfristig ungefähr die Kaufkraft der einzelnen Währungen für international handelbare Güter wider – womit die realen Wechselkurse sich in der langen Frist nicht verändern.

Internationaler Kapitalverkehr, Zinsparitäten und Wechselkursschwankungen

Güterhandel und Wechselkurse

Im letzten Abschnitt sind wir von einer einfachen Wechselwirkung zwischen Wechselkursen und Außenhandel ausgegangen: Die Wechselkurse führen die Waren- und Dienstleistungsbilanz in ein Gleichgewicht, und die Zahlungen für Exporte und Importe lassen die (nominalen) Wechselkurse längerfristig auf der Höhe der Kaufkraftparität einpendeln.

Erinnern wir uns aber daran, dass neben den Zahlungen für Waren und Dienstleistungen auch noch andere Zahlungen über die Grenzen fließen. In der Zahlungsbilanz fallen insbesondere zwei Posten ins Gewicht:

Kapitalerträge

■ Viel Geld fließt aus Kapitalerträgen über die Grenzen: Dividenden und Zinsen von ausländischen Aktien und Obligationen sowie Gewinne aus Investitionen im Ausland.

internationaler Kapitalverkehr

■ Um solche Erträge zu erhalten, kaufen Europäer ausländische Wertpapiere und investieren direkt in Unternehmen im Ausland. Umgekehrt legen auch Personen aus dem Ausland ihr Geld im Eurogebiet an und investieren in europäischen Unternehmen und Immobilien. Dieser internationale Kapitalverkehr hat seit den 80er und 90er Jahren stark zugenommen, weil damals die meisten Länder ihre Grenzen für ausländisches Kapital öffneten.

In der Grafik 16.4 ist dieser kompliziertere Sachverhalt dargestellt: Nicht nur der Güterhandel, sondern auch Kapitalerträge und vor allem der Kapitalverkehr bestimmen die Wechselkurse.

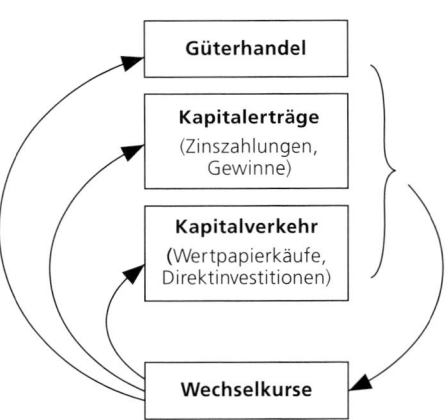

Grafik 16.4:
Die Wechselwirkung zwischen Außenhandel, internationalem Kapitalverkehr und Wechselkursen

Tendenz zu einem globalen Kapitalmarkt

Der freie internationale Kapitalverkehr ermöglicht, dass Spargelder weltweit jenen Investitionen zufließen, die am meisten Ertrag versprechen. Gewinn maximierende Anleger schichten ihre Wertpapieranlagen so lange um, bis die erwarteten Renditen (natürlich unter Berücksichtigung der Risiken) für Anlagen im Inland wie im Ausland gleich hoch sind. Dieses Verhalten führt zu einer **weltweiten Angleichung der Zinssätze**.

Theorie der Zinsparität
Nach dieser Theorie gleichen sich bei freiem internationalem Kapitalverkehr die Renditen von in- und ausländischen Wertpapieren an – zuzüglich eines Auf- oder Abschlags für erwartete Wechselkursänderungen.

Wer ausländische Wertpapiere kauft, muss allerdings Wechselkursänderungen einberechnen. Muss z. B. ein Anleger annehmen, die türkische Lira werde gegenüber dem Euro pro Jahr 10% an Wert verlieren, wird er für eine türkische Obligation etwa 10% mehr Zins verlangen als für ein Europapier. Höhere Lirazinsen müssen den erwarteten Wechselkursverlust der Lira ausgleichen. **Die Erwartung von Wechselkursänderungen treibt einen Keil zwischen in- und ausländische Zinsen.**

Diese Theorie der Zinsparität und die Theorie der Kaufkraftparität beschreiben das langfristige Marktgleichgewicht für Zinsen und Wechselkurse.

Kurzfristig gibt es aber heftige Fluktuationen – besonders auffällig bei den Wechselkursen. Diese schwanken oft in kaum vorhersehbaren Mustern; es ist eine Kunst, Wechselkursänderungen zu prognostizieren. Wer ausländische Wertpapiere kauft und auch wer im Ausland direkt investiert, geht darum ein schwierig abschätzbares Risiko ein.

Wechselkursschwankungen entstehen vor allem, weil die Gelder für Käufe und Verkäufe von ausländischen Wertpapieren sehr viel unregelmäßiger fließen als die Zahlungen für Waren und Dienstleistungen. Wertpapiere sind spekulative Anlagen, sie werden heute in Milliardenhöhe nachgefragt und schon morgen wieder abgestoßen.

Spekulationsblasen haben uns schon dreimal beschäftigt: bei Kunstwerken, Aktien und Boden. In allen drei Fällen ist das mögliche Angebot limitiert. Verändert sich die Nachfrage, kann sich die angebotene Menge weder maßgeblich vergrößern noch verkleinern. So kann die Nachfrage den Preis hinaufschrauben oder ihn absacken lassen. Diese Grundbedingung für ein Spekulationsobjekt erfüllen nun auch Währungen – nämlich dann, wenn die Zentralbanken ihr Geldangebot beschränken.

Wie ahnt also ein internationaler Anleger die zukünftige Wechselkursentwicklung voraus, z. B. ein Engländer, der amerikanische Wertpapiere kauft? Wann könnte er den Eindruck haben, der Dollarkurs steige an?

- Vielleicht vermutet unser Anleger, dass die europäischen Exportprodukte teurer sind als die amerikanischen. Dann müsste nach der Kaufkraftparitätentheorie der Dollar auf lange Sicht steigen.
- Kennt er Prognosen, wonach die amerikanischen Exporte steigen werden? Dann könnte sich das amerikanische Leistungsbilanzdefizit verkleinern und der Dollar auf den Devisenmärkten knapper werden.
- Daneben vergleicht unser Engländer auch die amerikanische mit der europäischen Geldpolitik: Vielleicht schlägt die US-Notenbank einen zunehmend restriktiven Kurs ein. Dies lässt sich an steigenden Dollarzinsen ablesen, die Anleger anlocken. Der Dollarkurs wird steigen.
- Glaubt der Engländer an den Erfolg der restriktiveren Geldpolitik, erwartet er für die USA in Zukunft eine geringere Inflation. Der Dollar würde im Vergleich zum Euro kaufkräftiger, und der Dollarkurs müsste nach der Kaufkraftparitätentheorie steigen. Wird dies von den meisten Marktteilnehmern erwartet, sollten aber die Dollarzinsen gemäß der Zinsparitätentheorie tiefer sein als die Eurozinsen.
- Vielleicht bieten sich in den USA besonders lohnende Investitionsmöglichkeiten – deshalb boomt auch die amerikanische Aktienbörse stärker als die der übrigen Welt. Dann fließen Kapitalströme in die USA, und der Dollar wird auf den Devisenmärkten gesuchter.
- Schließlich verlässt er sich kaum ausschließlich auf eigene Einschätzungen. Er beobachtet auch, wie sich andere um ihn herum verhalten, er blickt »seitwärts«.

Wie dem auch sei: Wird der zu tief geglaubte Dollar auch noch von anderen nachgefragt, die in die gleiche Richtung spekulieren, dann steigt der Dollarkurs. Ist dann der Dollarkurs so hoch, dass viele nicht mehr an ein weiteres Ansteigen denken, sondern eher an ein Fallen, dann ist es höchste Zeit, aus dem Dollar auszusteigen und den Gewinn der Spielrunde in Euro zu zählen. Verkaufen viele Europäer ihre Dollarpapiere und tauschen ihre Dollars in Euro um (und kaufen jetzt viele Amerikaner Europapiere), dann sinkt der Dollar so schnell, wie er gestiegen ist.

Beispiel: Dollarspekulation der 80er Jahre

Ein Musterbeispiel für den hier beschriebenen Spekulationsmechanismus ist das Ansteigen des Dollars von 1980 bis Anfang 1985 gegenüber allen europäischen Währungen und dem japanischen Yen. Hauptgrund für den Anstieg des Dollarkurses waren nicht etwa Überschüsse in der Waren- und Dienstleistungsbilanz, sondern Geldströme, mit denen amerikanische Wertpapiere gekauft wurden oder direkt in Unternehmen investiert wurde. Ausgelöst wurde dieser Geldstrom durch eine restriktive Geldpolitik der amerikanischen Notenbank mit dem Ziel, die dort herrschende Inflation zu bekämpfen. Die Notenbank hob das Zinsniveau so stark an, dass die Zinsen für die sicheren Staatsobligationen 1981 bis auf 18% stiegen. Zwar wurde die Geldpolitik bald wieder etwas lockerer, mit Zinssätzen zwischen 8 und 11%. Dafür hatten die USA unterdessen niedrige Inflationsraten erreicht. So blieben Dollarpapiere weiterhin attraktiv, der Dollarkurs stieg weiter an, die Guthaben der europäischen und japanischen Spekulanten vergrößerten sich laufend und bestärkten sie in ihrer Strategie. Einmal begonnen, hielt sich der spekulative Dollaranstieg über mehrere Jahre.

Auswirkungen auf den amerikanischen Außenhandel

Während der Dollarkurs vor allem von spekulativen Geldströmen beeinflusst wurde, wirkten die Wechselkurse natürlich nach wie vor unvermindert auf den Güterhandel. Durch den Höhenflug des Dollars wurden die amerikanischen Güter für das Ausland teuer und entsprechend weniger gekauft, ein Desaster für die amerikanische Exportindustrie. Die ausländischen Güter wurden für die Amerikaner dafür billiger, ein Riesengeschäft für Europäer und Japaner. Das Resultat war das größte Waren- und Dienstleistungsbilanzdefizit, das die USA je hatten. Bis Anfang 1985 flossen aber weiterhin mehr als genug europäische und japanische Gelder in die USA, um dieses Defizit auszugleichen. Diese Gelder wurden in amerikanische Währung umgetauscht und in Wertpapieren und Unternehmen angelegt, der Dollar blieb darum weiterhin knapp, sein Wechselkurs stieg weiter.

Der Dollarkurs fiel vor allem dann, als die amerikanische Notenbank 1985 ihre Geldzügel so stark lockerte, dass das Zinsniveau in den USA auf 6% sank und die Inflationserwartung in den USA stieg. Das Vertrauen in den Dollar sank, der Dollar wurde weniger nachgefragt, der Dollarkurs sank, das Vertrauen in ihn sank noch mehr, usw. Etwa Mitte 1987 war der Dollar dann endlich so tief, dass die amerikanischen Exporteure wieder konkurrenzfähig wurden und auch die amerikanischen Importe schrumpften. Das riesige Waren- und Dienstleistungsbilanzdefizit begann sich langsam zu verringern.

Fazit: Neben den Geldströmen für Importe und Exporte beeinflussen auch die grenzüberschreitenden Kapitalströme den Wechselkurs. Dieser internationale Kapitalverkehr hat oft spekulativen Charakter und kann ausgeprägte Wechselkursschwankungen verursachen.[2]

16.5 Auswirkungen von Wechselkursschwankungen

Wie Sie sich nach dem Beispiel der USA in den 80er Jahren sicher vorstellen können, haben Wechselbäder zwischen zu hohen und zu niedrigen realen Wechselkursen sehr negative Folgen für alle Branchen, die international handelbare Produkte herstellen. Hier sind die wichtigsten Folgen am Beispiel USA–Europa und anhand der beiden Extremsituationen eines zu hohen und eines zu niedrigen realen Wechselkurses veranschaulicht:

■ Ist der Dollarkurs gegenüber europäischen Währungen zu hoch, gehen die amerikanischen Exporte nach Europa zurück. Zudem überschwemmen billige Importe aus Europa den amerikanischen Markt. Mit größeren Importen und kleineren Exporten geht die Gesamtnachfrage nach amerikanischen Gütern zurück. Reihenweise werden amerikanische Firmen ruiniert.

Und aus europäischer Sicht? Die europäischen Währungen sind zu tief bewertet, die Exporte steigen, und die Importe sinken. Die europäische Gesamtnachfrage könnte so stark expandieren, dass in Europa die Kapazitätsgrenzen überschritten werden – mit inflationären Folgen.

■ Ist umgekehrt der Dollar zu tief, steigen die amerikanischen Exporte, und die teureren Importe aus Europa verlieren Terrain gegenüber den einheimischen Produkten. Jetzt werden in den USA Unternehmen vergrößert, neue gegründet und Arbeitslose wieder angestellt. Wird darum das potentielle BIP überschritten, steigt die amerikanische Inflationsrate.

Analog gehen mit einem zu tiefen Dollar nun die europäischen Exporte zurück, und die Importe steigen. Viele europäische Firmen stehen nun vor dem Ruin. Besonders hart trifft es jene, die sich nur dank hohem Dollar erfolgreich vergrößern konnten. In Europa steigt die Arbeitslosigkeit.

Starke Wechselkursfluktuationen verursachen vor allem drei Übel:

1. Ist die eigene Währung zu teuer, verringert sich die Gesamtnachfrage nach einheimischen Gütern, die Exporte sinken und die Importe steigen. Betriebe müssen schließen, und ihre Kapazitäten sind nicht ausgelastet. Das bedeutet Arbeitslosigkeit.

2. Ist die eigene Währung zu billig, vergrößert sich die Gesamtnachfrage nach einheimischen Gütern, die Exporte steigen und die Importe sinken. Es besteht die Gefahr, dass damit das potentielle BIP überschritten wird,

---

[2] Zu den Wechselkurskrisen, in die Entwicklungs- und Schwellenländer verstrickt werden können, vgl. Abschnitt 21.4.2, Stichwort Portfolioanlagen.

sodass eine Inflation entsteht. (Im Abschnitt 16.7 werden wir diesen Zusammenhang gleich wieder aufnehmen und in unser Inflationsmodell einbauen.)

3. **Einmal zu hohe und dann wieder zu tiefe reale Wechselkurse provozieren unnötige Umstrukturierungen. Zur Zeit des hohen Dollars wurden in Europa Betriebe gegründet und erweitert, die bei tiefem Dollar ihren Standort in den USA hätten haben müssen. Steht dann der Dollar wieder tief, wandern solche Betriebe von Europa in die USA. Dies ist ein immenser Verschleiß an Ressourcen.**

Es ist nicht überraschend, dass Wirtschaftspolitiker versuchen, Wechselkursschwankungen abzumildern. Wir wenden uns also den Zentralbanken zu, die versuchen, die Wechselkurse zu stabilisieren.

16.6 Wechselkurspolitik

Zentralbanken als Alleinanbieter

Die Devisenmärkte bestimmen die Wechselkurse nicht allein. Mit entscheidend ist, wie sich die Zentralbanken auf den Devisenmärkten verhalten. Sie sind ja die alleinigen Produzenten der jeweiligen Währung. Sie haben ein Monopol über die Herausgabe ihres Geldes.

Im Abschnitt 14.2.1 haben Sie die vier wichtigsten Kanäle kennen gelernt, durch die eine Zentralbank Geld herausgibt: Sie kauft für ihr Geld Wertpapiere oder ausländische Währungen, und sie leiht den Banken oder auch dem Staat gegen Zins Geld aus.

Währungskäufe und -verkäufe

- Einer der Wege führt also direkt zu den Devisenmärkten. Dort kauft und verkauft die Zentralbank fremde Währungen gegen ihr eigenes Geld. Betreibt die EZB eine expansive Geldpolitik, indem sie mehr Euro anbietet, sinkt der Wert des Euro gegenüber anderen Währungen. Ist dagegen die EZB restriktiv und nimmt Euro zurück, steigt der Außenwert des Euro.

Zinspolitik

- Und wie wirkt die Zentralbankpolitik über die Zinsen? Bei einer lockeren Geldpolitik sinkt in der Regel das europäische Zinsniveau gegenüber dem ausländischen. Damit werden die ausländischen Zinssätze für Anleger attraktiver. Europäische wie ausländische Spargelder werden vermehrt in Dollar, Pfund oder Yen angelegt. Die Nachfrage nach dem Euro sinkt, und er wird billiger.

  Verknappt hingegen die Zentralbank ihr Geld, steigt in der Regel das europäische Zinsniveau. Europapiere werden damit attraktiver als Dollar-, Pfund oder Yenpapiere. Auf den Devisenmärkten wird der Euro stärker nachgefragt, und damit wird er teurer.

Auf welchen Wegen auch immer eine Zentralbank Geld in Umlauf bringt oder aus dem Verkehr zieht – mit einer expansiven Geldpolitik wird die eigene Währung billiger, während sie mit einer restriktiven Geldpolitik teurer wird. Mit dem Angebot von eigenem Geld bestimmen die Zentralbanken den Wechselkurs mit.

Je nachdem, wie sich die Zentralbanken nun gegenüber den Bewegungen ihrer Wechselkurse verhalten, unterscheiden wir drei verschiedene Währungssysteme: frei floatende, gelenkte oder feste Wechselkurse.

frei floatende Wechselkurse
Wechselkurse, die allein durch Angebot und Nachfrage auf den Devisenmärkten bestimmt werden

gelenkte Wechselkurse
Wechselkurse, die neben Angebot und Nachfrage auch durch die Zentralbanken bestimmt werden

feste Wechselkurse
Wechselkurse, die dank Käufen und Verkäufen der Zentralbanken praktisch unverändert bleiben

einseitige Anbindung
currency board

Vertrag zwischen
gleichberechtigten Partnern

Verträge können geändert werden

Es gibt Zentralbanken, die genau so viel Geld herausgeben, wie sie es für nötig halten. Sie bieten zwar eigenes Geld auf den Devisenmärkten an, ihr Ziel ist es aber, die kurzfristigen Zinssätze auf einer gewünschten Höhe zu halten. Welche Wechselkurse sich dabei bilden, bleibt Nebensache, den Wert ihrer Währung überlässt die Zentralbank dem Spiel von Angebot und Nachfrage. Man spricht dann von frei schwankenden oder frei floatenden Wechselkursen. Die USA oder England beispielsweise ließen von 1980 bis 1985 ihre Währungen praktisch frei schwanken.

Viele Zentralbanken lassen ihre Währung zwar floaten, haben aber trotzdem Vorstellungen über die Höhe der Wechselkurse. So erhöht beispielsweise die Notenbank von Kanada ihr Geldangebot, sobald der Wert ihrer Währung gegenüber dem US$ zu stark steigt. Umgekehrt verknappt die kanadische Notenbank ihr eigenes Geld, wenn der Wert ihrer Währung zu stark fällt. Das Gleiche tut die schweizerische Notenbank gegenüber dem Euro. Greifen die Notenbanken ein, um die Kurse zu beeinflussen, spricht man von gelenkten oder gesteuert floatenden Wechselkursen. Gelenkt floatende wie auch frei floatende nennt man auch flexible Wechselkurse.

Einige Zentralbanken gehen so weit, dass sie ihre Währung fest an die Währung eines wichtigen Handelspartners anbinden. So sorgt z. B. Hongkong seit 1983 dafür, dass 7,8 HK$ genau einem US$ entsprechen. Um dieses Ziel zu erreichen, muss ein Komitee der Notenbank Hongkongs (ein sog. currency board) ständig auf den Devisenmärkten präsent sein: Droht dort der Hongkongdollar teurer zu werden, bietet die Notenbank sofort so viel ihrer Währung an, bis ein US$ wieder 7,8 HK$ kostet. Und wenn der Hongkongdollar fällt? Dann wird die Notenbank Hongkongs restriktiver und kauft ihre Währung zurück.

Innerhalb der EU legte eine Gruppe von Notenbanken die Wechselkurse untereinander vertraglich fest. Allerdings war es mit einem Vertrag (z. B. 100 Franc = 30 DM) allein nicht getan. Alle Partner mussten zu Gunsten des vereinbarten Kurses intervenieren: Stieg auf den Devisenmärkten der Wert des Francs zu stark an, musste die französische Notenbank Francs anbieten, und auf der anderen Seite musste die deutsche Notenbank als Vertragspartner DM zurückkaufen. Wenn umgekehrt der Franc zu tief fiel, musste die französische Notenbank restriktiver werden und die deutsche expansiver.

Bei festen Wechselkursen müssen die Notenbanken jede angebotene oder nachgefragte Menge der Partnerwährungen zum gewünschten Preis gegen eigenes Geld kaufen oder verkaufen. Sonst kann sich auf den Devisenmärkten ein anderer Kurs bilden.

Ein Vertrag über feste Wechselkurse kann immer noch gekündigt werden. Oder die abgemachten Kurse können den unterschiedlichen Inflationsentwicklungen (d. h. den veränderten Kaufkraftparitäten) angepasst werden. Währungsspekulanten wittern deshalb immer wieder ihre Chancen, bei solchen Änderungen Geld zu verdienen. Änderungen der Wechselkurse kamen innerhalb der europäischen Verträge über feste Wechselkurse auch mehrmals vor.

gemeinsame Währung Euro

Währungsunion
Raum mit einer einheitlichen Währung.

Die letzte Konsequenz von festen Wechselkursen ist eine Währungsunion. Zwölf europäische Länder (Deutschland, Frankreich, Italien, Benelux, Spanien, Portugal, Irland, Finnland, Österreich und Griechenland), die in den 90er Jahren **ähnliche Inflationsraten** und geringe gegenseitige Wechselkursänderungen auswiesen,[3] haben sich am 1. Januar 1999 definitiv gebunden. Aus dem Vertrag über feste Wechselkurse ist eine gemeinsame Währung, der Euro, gewachsen.

Konsequenzen der Wechselkursstrategien für die Geldpolitik

Die Geld- und Wechselkurspolitik ist ein äußerst wichtiger Bestandteil der Konjunkturpolitik (wie wir im Kapitel 19 noch sehen werden). Darum vergegenwärtigen wir uns nochmals, welch einschneidende Konsequenzen die verschiedenen Wechselkursstrategien haben:

flexible Wechselkurse

■ Mit flexiblen Wechselkursen hat die Zentralbank zwar nur einen beschränkten Einfluss auf den Außenwert ihrer Währung. Dafür behält sie die Kontrolle über das Zentralbankgeld und die kurzfristigen Zinsen. **Bei flexiblen Wechselkursen bleibt die Zentralbank selbständig.**

gelenkte Wechselkurse

■ Will eine Zentralbank ihre Geldpolitik auch auf Wechselkursziele ausrichten, geht das nur auf Kosten anderer Ziele: Möchte etwa die kanadische Notenbank den Wechselkurs zwischen dem kanadischen und amerikanischen Dollar einigermaßen stabil halten, kann sie ihre Zinsen nicht mehr autonom steuern, sondern muss sich nach der amerikanischen Zentralbank richten.

Vertrag über feste Wechselkurse

■ Mit einem Vertrag über feste Wechselkurse ist eine eigenständige Geldpolitik nicht mehr möglich. Nun muss die Zentralbank jede angebotene oder nachgefragte Menge der Partnerwährung kaufen oder verkaufen und ihre Zinspolitik mit den Vertragspartnern absprechen. **Zentralbanken mit fest aneinander geketteten Währungen müssen eine gemeinsame Geldpolitik formulieren und einhalten.**

gemeinsame Währung

verschiedene Konjunkturlagen

■ Selbstverständlich gibt es auch innerhalb eines Gebietes mit einer gemeinsamen Währung (wie den USA oder dem Euro-Gebiet) für einzelne Regionen (Kalifornien, Texas, Finnland oder Frankreich) keine eigenständige Geldpolitik mehr. Auch wenn Finnland sich in einem Boom befindet und Frankreich in einer Rezession – die Eurozinsen sind überall gleich hoch.

trotzdem verschiedene Inflationsraten

Und wenn ein Land – wie heute Italien – trotz gemeinsamer Währung schleichend höhere Inflation hat als wichtige andere Euro-Mitglieder? Die italienischen Güter werden im europäischen Vergleich immer teurer, sie verkaufen sich zunehmend schlechter und die Beschäftigung leidet. Aber Italien kann seine Währung nicht mehr den veränderten Kaufkraftparitäten entsprechend abwerten. Vielmehr kann nur noch die verstärkte Konkurrenz durch europäische Güter und eine höhere Arbeitslosigkeit die hartnäckige Preis-Lohn-Spirale brechen.

---

[3] Zusätzliche Konvergenzkriterien (die sog. **Maastricht-Kriterien**), die auch nach der Einführung des Euros gelten, betreffen die Staatsdefizite und die Staatsschulden: Die jährliche Neuverschuldung soll 3% und die Brutto-Staatsschulden (ohne Berücksichtigung der Finanzvermögen des Staates) sollen 60% des BIP nicht überschreiten. Dies soll die Gefahr bannen, dass die europäische Zentralbank je in die Lage kommen müsste, mit neuem Geld bankrotte Staatsfinanzen zu retten. Die Folgen dieser zwei Kriterien für die Konjunkturpolitik Europas werden im Abschnitt 19.5 kurz thematisiert.

16.7 Viertes, erweitertes Inflationsmodell: Auslandsbeziehungen und Inflation

Aus dem letzten Kapitel kennen Sie ein Inflationsmodell, in dem Impulse aus dem Ausland fehlen. Dies wollen wir hier nachholen. Wir sind ja im Verlaufe dieses 16. Kapitels an verschiedenen Orten darauf gestoßen, wie Inflation und Geldpolitik mit den Wechselkursen und dem Außenhandel verquickt sind. Gerade für kleine, mit dem Ausland stark verflochtene Länder ist der Einbezug des Auslandes besonders wichtig.

Mundell-Fleming-Wechselkurseffekt

Das um die Auslandimpulse erweiterte vierte Inflationsmodell zeigt die Grafik 16.5. Auf der linken Seite finden Sie die inländischen Impulse wieder, auf der rechten Seite sind neu die Impulse aus dem Ausland eingezeichnet. Weil hier in den 60er Jahren vor allem die beiden Ökonomen Robert A. Mundell und Marcus Fleming Pionierarbeit geleistet haben, bezeichnet man die im Modell dargestellte Wirkung über die Wechselkurse als Mundell-Fleming-Wechselkurseffekt.

Grafik 16.5:
Inflationsmodell 4
für eine mit der übrigen Welt
verbundene Volkswirtschaft

kurzfristige Mechanismen

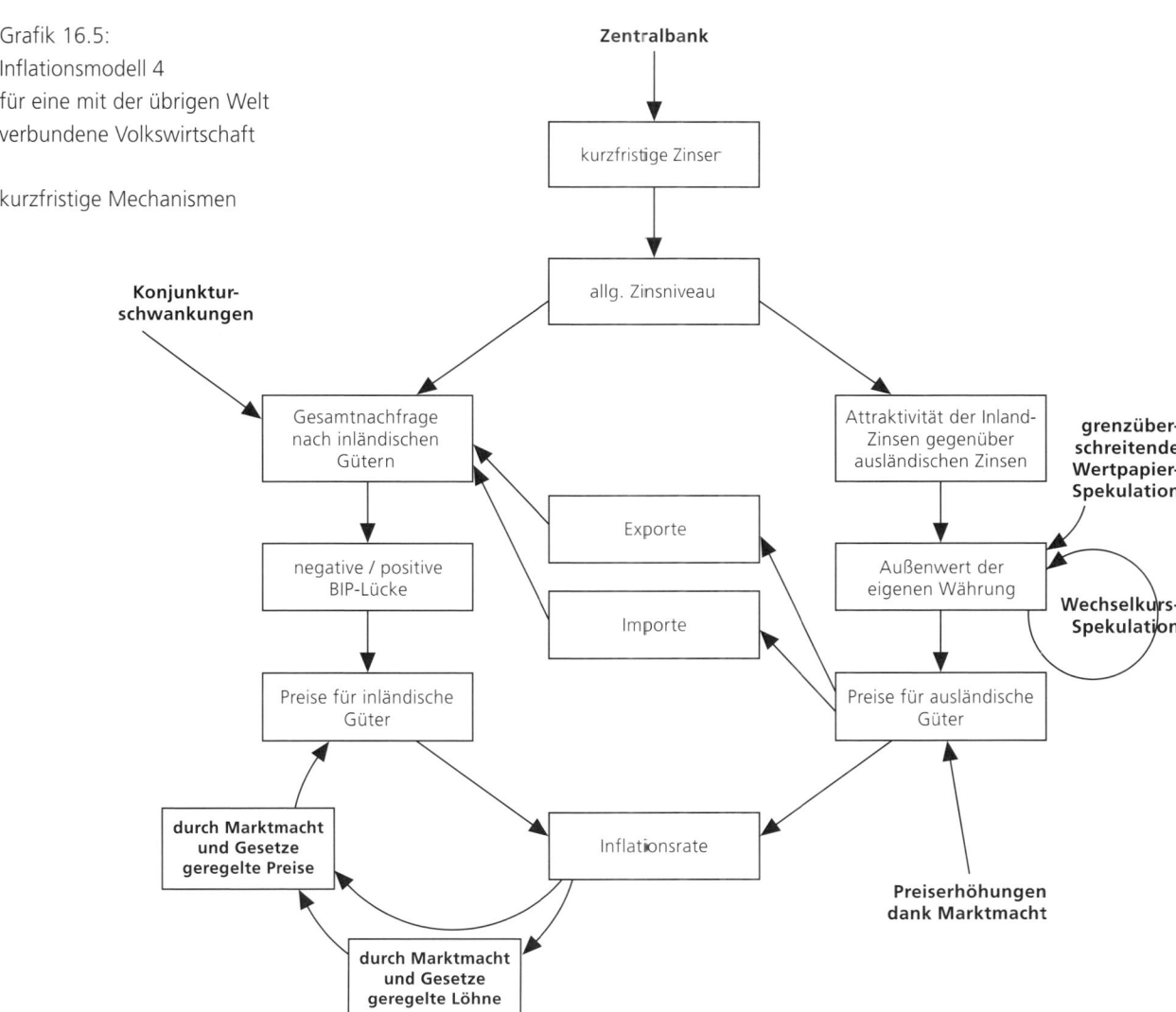

Folgen einer expansiven Geldpolitik	Verfolgen wir zuerst die Wirkung einer expansiven Geldpolitik. Mit ihr sinken die Kurzfristzinsen und in der Regel auch die Langfristzinsen.
inländische Inflationsimpulse	Wie schon im 15. Kapitel analysiert, kurbeln sinkende Zinsen die Investitionen an. Die Gesamtnachfrage steigt stärker, und die Produktionskapazitäten werden besser ausgelastet. Werden sie sogar überlastet, steigen die Preise für inländische Güter generell an. (Daneben kann die Gesamtnachfrage auch aus konjunkturellen Gründen steigen, und eine einmal angeheizte Inflation kann sich angebotsseitig über die Preis-Lohn-Spirale fortsetzen.)
nachfrageseitige Inflationsimpulse aus dem Ausland **sinkender Außenwert**	Und wie wirken nun (am Beispiel der Euro-Zinsen) fallende Inlandzinsen über das Ausland zurück auf das Inland? Mit niedrigeren Euro-Zinsen werden Geldanlagen in Euro weniger attraktiv (ceteris paribus, v. a. wenn sich bei ausländischen Zinsen oder auf in- und ausländischen Aktienbörsen nichts ändert). Spargelder werden jetzt vermehrt in ausländischen Währungen angelegt. Die Euronachfrage sinkt und damit auch der Euroaußenwert.
Wechselkursspekulation	Nehmen Spekulanten an, dass mit gelockerter Geldpolitik der Euro in Zukunft noch mehr an Wert verlieren wird, verstärkt ihre Flucht aus dem Euro den Abwärtstrend.
	Ein sinkender Euro kann auf zwei verschiedenen Wegen inflationäre Folgen haben:
ausländische Güter teurer	1. Mit einem sinkenden Euro werden die ausländischen Güter im Euroraum direkt teurer. Sie machen etwa 8% der im Euroraum gekauften Güter aus.
sinkende Importe, steigende Exporte	2. Werden die ausländischen Güter teurer, sinken die Importe. An ihrer Stelle werden vermehrt einheimische Güter gekauft. Zudem werden mit sinkendem Euroaußenwert die europäischen Güter im Ausland billiger und verkaufen sich besser. Vergrößerte Nettoexporte steigern die Gesamtnachfrage nach europäischen Gütern – und übersteigt sie das potentielle BIP, steigen die Inflationsraten.
Folgen einer restriktiven Geldpolitik	Die Folgen einer restriktiven Geldpolitik (mit steigenden Kurzfristzinsen und in der Regel auch steigenden Langfristzinsen) sind genau umgekehrt. Darum nur kurz die Wirkung über das Ausland:
steigender Außenwert **Wechselkursspekulation**	Mit höheren Zinsen werden Europapiere im Vergleich zu ausländischen attraktiver (ceteris paribus). Die Euronachfrage steigt und damit der Euroaußenwert. Und wird jetzt auf einen besonders inflationssicheren Euro spekuliert, wird der Trend hin zum Euro nochmals verstärkt.
	Ein teurer Euro wirkt nun auf zwei verschiedenen Wegen restriktiv:
ausländische Güter billiger	1. Die ausländischen Güter im Eurogebiet werden direkt billiger, und damit wird die Inflation recht schnell etwas verringert.
steigende Importe, sinkende Exporte	2. Zudem werden mehr billige Importgüter gekauft, und die europäischen Exporte werden erschwert. Beides verringert die Gesamtnachfrage nach europäischen Gütern. Dies kann die Auslastung der Produktionskapazitäten derart verringern und Arbeitslosigkeit hervorrufen, dass weder Unternehmen noch Gewerkschaften es wagen, neue Preis- und Lohnforderungen zu stellen.

angebotsseitige Inflationsimpulse aus dem Ausland

Wie uns die Erdölpreiserhöhungen gezeigt haben, können angebotsseitige Inflationsimpulse auch aus dem Ausland kommen: Teurere ausländische Güter können die Lohn-Preis-Spirale nachhaltig zum Drehen bringen. Denn mit höheren Preisen für ausländische Güter fließt Kaufkraft ins Ausland – außer die Nachfrage sei preiselastisch. So wird es keine Verteilung innerhalb Europas geben können, bei der alle gleich viel haben wie vorher. Wenigstens eine Gruppe oder auch alle werden Kaufkraft verlieren – selbst wenn auf der einen Seite die Arbeiter, Angestellten, Beamten und Rentner die Kaufkraft ihrer Löhne, Gehälter und Altersrenten verteidigen können und einen Teuerungsausgleich durchsetzen und selbst wenn auf der anderen Seite die Unternehmen ihre gestiegenen Kosten für die Vorprodukte aus dem Ausland und für die Löhne im Inland auf ihre Preise überwälzen.

Fragen zum 16. Kapitel, Wechselkurse

1. Ordnen Sie jedem Fachbegriff die passende Ziffer zu:
..... Zahlungsbilanz
..... Waren- und Dienstleistungsbilanz
..... Handelsbilanz, Warenbilanz
..... Bilanz der laufenden Transaktionen, Leistungsbilanz
..... internationaler Kapitalverkehr
..... Kapitalverkehrsbilanz
..... Wechselkurs
..... Devisen
..... Devisenmärkte
..... Kaufkraftparität/KKP
..... Theorie der Kaufkraftparität
..... Theorie der Zinsparität
..... Spekulation
..... frei floatende Wechselkurse
..... gelenkte Wechselkurse
..... feste Wechselkurse
..... Währungsunion

a   Teil der Zahlungsbilanz, umfasst den gesamten über die Grenze fließenden Kapitalverkehr während eines Jahres
b   Teil der Zahlungsbilanz, umfasst die Importe und Exporte von Waren während eines Jahres
c   Wechselkurse, die neben Angebot und Nachfrage auch durch die Zentralbanken bestimmt werden
d   Die Landesgrenzen überschreitende Geldströme, denen kein Waren- oder Dienstleistungsstrom entgegenfließt
e   Wechselkurse, die dank Käufen und Verkäufen der Zentralbanken praktisch unverändert bleiben
f   Märkte, auf denen Währungen verschiedener Länder gehandelt werden. Hier werden die Wechselkurse gebildet.
g   Nach dieser Theorie spiegelt der Wechselkurs einer Währung langfristig ihre Kaufkraft für international handelbare Güter wider.

h   Teil der Zahlungsbilanz, umfasst alle über die Landesgrenze fließenden laufenden Zahlungen eines Jahres: den Handel mit Waren und Dienstleistungen, die Entgelte für Arbeit und Kapital sowie die laufenden Übertragungen.
i   Austauschverhältnis zweier Währungen
j   Wechselkurs, der einen gegebenen Güterkorb im Inland und im Ausland genau gleich teuer macht
k   Erfasst alle Zahlungen eines Landes an das und aus dem Ausland während eines Jahres
l   Kauf- und Verkaufsentscheidungen beruhen auf Erwartungen über zukünftige Preise.
m   Teil der Zahlungsbilanz, umfasst alle Importe und Exporte von Waren und Dienstleistungen während eines Jahres
n   Wechselkurse, die allein durch Angebot und Nachfrage auf den Devisenmärkten bestimmt werden
o   Nach dieser Theorie gleichen sich bei freiem internationalem Kapitalverkehr die Renditen von in- und ausländischen Wertpapieren an – zuzüglich eines Auf- oder Abschlags für erwartete Wechselkursänderungen.
p   Raum mit einer einheitlichen Währung.
q   ausländisches Geld, d. h. ausländisches Bargeld und Guthaben in ausländischen Währungen

2. Die Handelsbilanz eines Landes schließt mit einem Überschuss von 3 Mrd. $ ab, die Kapitalverkehrsbilanz mit einem Überschuss von 13 Mrd. $. Wie groß ist der Saldo der Leistungsbilanz?

3. Japanische Güter kommen in den USA stark in Mode und verkaufen sich vermehrt, während die japanische Nachfrage nach amerikanischen Gütern unverändert bleibt.

   a) Wie wirkt sich das auf die Waren- und Dienstleistungsbilanz der beiden Länder aus?

   b) Wie reagiert der Wechselkurs Yen/Dollar?

   c) Welche Rückwirkung hat der veränderte Wechselkurs auf die Waren- und Dienstleistungsbilanz der beiden Länder?

4. a) Am 26. Januar betrug der Wechselkurs zwischen Euro und Schweizer Franken in Frankfurt 0,625 und in Zürich 1,60. Wie ist das zu erklären?

   b) Am 17. Mai stand der Franken in Frankfurt auf 0,645. Ist der Kurs des Franken gesunken oder gestiegen? Und wie steht es mit dem Euro?

   c) Wer von den folgenden Personengruppen freut sich über die Veränderung des Wechselkurses vom Januar auf den Mai und wer nicht? Begründen Sie Ihre Antwort.

   1. Hotelier in St. Moritz, 2. Genfer Uhrenhersteller, 3. Autoimporteur in Bern, 4. Schweizer Tourist in Italien.

5. Weil die Strände verschmutzt und die Korallenriffe zerstört sind, geht der Tourismus einer Inselrepublik zurück. Welchen Einfluss hat dies auf seine Währung? Was bedeutet das für die Textilexporte dieser Insel? Was für die Importe von Fernsehgeräten?

6. Für die Berechnung von Kaufkraftparitäten benötigt man einen gemeinsamen Güterkorb für die zu vergleichenden Länder. Die Zeitschrift »The Economist« versucht es mit Hamburgern von McDonald's, die ja überall gleich gut schmecken. Berechnen Sie also Kaufkraftparitäten gegenüber dem US-Dollar aufgrund von Hamburgerpreisen vom April 2004:

   USA: $ 2,90   Großbritannien: £ 1,89
   Euroland: € 2,73   Japan: Yen 261

7. Wie stark lagen die gehandelten Wechselkurse gegenüber dem US-Dollar über oder unter den eben berechneten Kaufkraftparitäten? D. h. wie stark waren die verschiedenen Währungen gegenüber dem Dollar über- oder unterbewertet (in %)?

   (Dollarkurs April 04: £ 0,56, € 0,83, Yen 112)

8. Stellen Sie sich zwei benachbarte Länder mit freiem Güter- und Kapitalverkehr vor, wie Norwegen und Schweden. Der Wechselkurs sei flexibel und Ende des Jahres 2000 sei eine norwegische Krone zwei schwedische wert, es gibt keine Wechselkursschwankungen.
   In Norwegen beträgt die jährliche Inflation ständig etwa 2 %, in Schweden immer etwa 9 %.

   a) Welchen Einfluss hat dies auf den nominalen Wechselkurs? Wo etwa stehen die Währungen zueinander nach drei Jahren, d. h. Ende 2003?

   b) Wie entwickelt sich der reale Wechselkurs?

   c) Welche Theorie haben Sie bei der Lösung von a) und b) angewendet?

   d) In Norwegen liegen die Nominalzinsen (für 1 Jahr) bei 5 %. Auf welchem Niveau liegen die schwedischen Nominalzinsen? Erklären Sie mit der Theorie der Zinsparität.

   e) Wie hoch sind in diesem Fall die Realzinsen in Norwegen, wie hoch in Schweden?

9. Sie besitzen Obligationen in US$. Wegen Überhitzung der amerikanischen Wirtschaft steuert die amerikanische Notenbank Anfang Sommer einen restriktiven Kurs. Das amerikanische Zinsniveau steigt stark an. Damit wird der Boom leicht gebremst.

   Frage: Was geschieht in den Sommermonaten mit dem Eurowert Ihres ausländischen Vermögens, wenn sich beim Euro sonst nichts ändert? Analysieren Sie nur die wichtigsten unmittelbaren Effekte.

10. Was geschieht in einem System flexibler Wechselkurse mit der malaysischen Währung gegenüber der thailändischen, wenn folgende Ereignisse eintreten (und sich jeweils sonst nichts ändert):

Der Außenwert der malaysischen Währung

steigt	fällt	
O	O	Die Realzinsen in Malaysia steigen.
O	O	Die thailändische Investitionstätigkeit bricht zusammen.
O	O	Die Inflationserwartung in Malaysia steigt.
O	O	Die malaysische Geldpolitik wird lockerer.
O	O	Die malaysischen Importe aus Thailand nehmen zu.
O	O	Die malaysischen Importe aus den USA nehmen zu.
O	O	Mehr amerikanische Touristen besuchen Malaysia.
O	O	Die malaysischen Exporte nach Thailand nehmen ab.
O	O	Die malaysischen Exporte nach den USA nehmen ab.
O	O	Die malaysische Aktienbörse boomt dank ausländischen Anlegern.
O	O	Ausländische Anleger verkaufen in Panik malaysische Aktien.

11. Man spricht von »Herdenverhalten« auf Devisenmärkten.

   a) Gibt es unmittelbar messbare Auswirkungen davon?

   b) Geben Sie noch vier andere Märkte an, wo das »Herdenverhalten« zu beobachten ist.

   c) Welche spezifische Voraussetzung muss erfüllt sein, dass auf Märkten »Herdenverhalten« auftritt?

12. Wie kann die kanadische Notenbank einem gegenüber dem US$ zu starken kanadischen Dollar begegnen?

13. Was unternehmen Staaten, wenn sie untereinander ein System von fixen Wechselkursen einführen wollen?

14. Angenommen, der Dollar sinke stark und diese Dollarschwäche sei für Japan wie auch die USA in ihrem Ausmaß unerwünscht: Welche der folgenden Maßnahmen wäre ein Schritt in die richtige Richtung?

   O   Die amerikanische Notenbank verkauft Yen.
   O   Die japanische Notenbank verkauft Dollars.
   O   Die US-Notenbank senkt die Zinsen.
   O   Die japanische Notenbank senkt die Zinsen.
   O   Die US-Notenbank erhöht die Zinsen.
   O   Die US-Notenbank bringt mehr Geld in Umlauf.

15. Die Schweiz ist ein großes Gläubigerland. Die Bewohner der Schweiz haben Netto-Auslandguthaben im Wert von etwa 600 Milliarden Franken, zum größten Teil natürlich in fremder Währung. Jedesmal, wenn sich nun die Weltlage etwas verdüstert, versucht ein Teil der Schweizer und Schweizerinnen ihr Wechselkursrisiko zu verringern.

   a) Welches sind die Folgen für den Frankenaußenwert?

   b) Welches sind die Folgen für die Gesamtnachfrage nach schweizerischen Gütern?

17. Arbeitslosigkeit – Strukturwandel und konjunkturelle Dynamik

existenzielle Unsicherheit

In den Kapiteln 17 bis 19 geht es um das größte soziale Problem der meisten Marktwirtschaften, die Arbeitslosigkeit. Sie bedeutet für viele Betroffene große existenzielle Unsicherheit. Arbeitslose plagt das deprimierende Gefühl, nicht mehr gebraucht zu werden, und arbeitslosen Jugendlichen werden die Zukunftsperspektiven genommen. Einerseits ist Arbeit ein zentraler Wert in unserer Gesellschaft, anderseits bringen wir es aber nicht fertig, uns so zu organisieren, dass alle Arbeitswilligen eine Arbeit haben.

Veschwendung

Daneben ist Arbeitslosigkeit auch eine riesige Verschwendung unserer wichtigsten Ressource, der menschlichen Arbeitskraft. Ohne Arbeitslosigkeit wäre das deutsche BIP um über 100 Milliarden Euro höher. Arbeitswillige müssten nicht Milliarden vom Staat beziehen, sondern Steuern und Sozialbeiträge zahlen. Über das Haushaltsdefizit würde dann nicht mehr diskutiert und Staatsschulden wären bald getilgt.

Grund für steigende Staatsverschuldung

17.1 Was ist Arbeitslosigkeit? Wie wird sie gemessen?

Arbeitslosigkeit
Teile der arbeitswilligen und arbeitsfähigen Bevölkerung finden keine Beschäftigung in Unternehmen oder beim Staat.

Als arbeitslos gilt, wer keine Beschäftigung findet, obwohl er eine Anstellung sucht und arbeitsfähig ist. Da es sich bei der gesuchten Arbeit immer um eine bezahlte Beschäftigung in Unternehmen oder beim Staat handelt, würde man genauer von Erwerbslosigkeit sprechen.

Arbeitslosenquote, Arbeitslosenrate
Anzahl Arbeitslose in % der Erwerbsbevölkerung (Erwerbstätige und Erwerbslose)

Das Verhältnis der Arbeitslosenzahl zur Zahl der Erwerbspersonen ergibt die Arbeitslosenquote oder auch Arbeitslosenrate (zu den Erwerbspersonen zählt man die Erwerbstätigen und die Erwerbslosen).

Arbeitslosenstatistiken werden stark beachtet, sie sind politisch brisant, und nicht zuletzt darum sind sie auch stark umstritten. Die Zahl der Arbeitslosen wird auf zwei Wegen erhoben – zum einen, indem gezählt wird, wie viele Personen bei den Arbeitsagenturen als arbeitslos gemeldet sind, und zum anderen mit repräsentativen Umfragen.

zwei Erhebungsmethoden:

1. Statistik der Arbeitsagenturen

verdeckte Arbeitslosigkeit

- In Deutschland wird die von der Bundesagentur für Arbeit monatlich veröffentlichte Zahl mit den bei den Arbeitsämtern gemeldeten Arbeitslosen am meisten beachtet. Im Jahr 2004 waren es 4,4 Millionen. Nicht gezählt wird aber, wer an Weiterbildungsmaßnahmen der Bundesagentur für Arbeit teilnimmt, wer aufgrund der Beschäftigungslage in den Vorruhestand oder die Invalidität abgeschoben wurde. Der Sachverständigenrat schätzt ihre Zahl für 2004 auf etwa 1,6 Millionen. Hinzu kommen vermutlich über eine Million Menschen, die zwar gerne arbeiten würden, aber nicht regelmäßig den manchmal deprimierenden Gang zur Arbeitsagentur unternehmen. Insbesondere ziehen sich viele Frauen unfreiwillig ins Haus zurück.

2. Umfragen

- Für die Durchführung der Umfragen gibt die Internationale Arbeitsorganisation ILO Richtlinien heraus. Erfasst werden soll, wer nicht erwerbstätig ist, eine Arbeit sucht und innerhalb der nächsten vier Wochen eine Arbeit aufnehmen kann. Umfragen werden in der Regel vierteljährlich durchgeführt und sind aufwändig. Dafür erreichen sie auch Arbeitslose, die sich nicht bei Arbeitsagenturen registrieren wollen oder dürfen. Leider werden aber die Richtlinien von den verschiedenen Ländern sehr unterschiedlich ausgelegt. So haben auch die statistischen Büros der internationalen Organisationen (ILO, OECD oder EU) die größte Mühe, die verschiedenen nationalen Daten nachträglich einigermaßen vergleichbar zu machen. In den USA und den meisten europäischen Ländern werden die Umfrageergebnisse den Statistiken der Arbeitsagenturen vorgezogen.

Grafik 17.1:
OECD-standardisierte Arbeitslosenquoten für USA, BRD und EU
Jahresdurchschnitte seit 1960
(für BRD auch Quoten der
Bundesagentur für Arbeit)

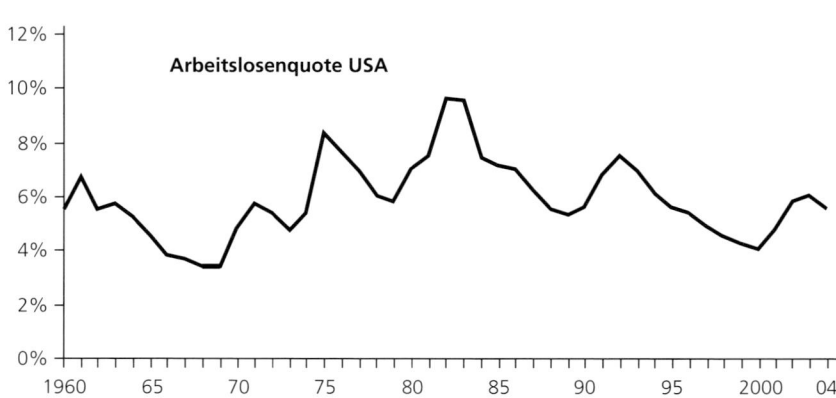

Quellen:
OECD (www.oecd.org)
Statistisches Bundesamt

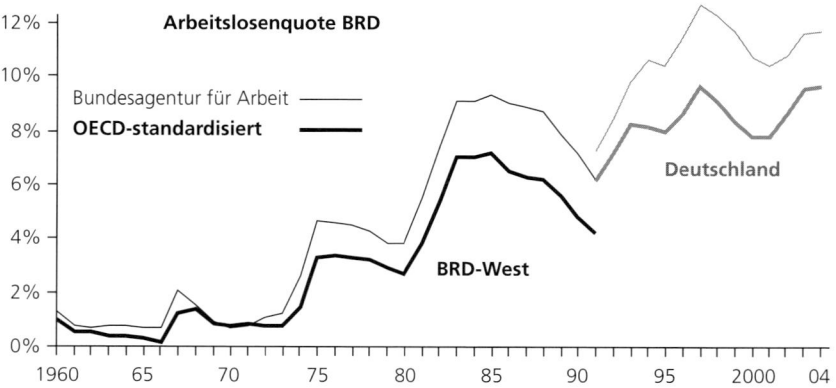

Weil das Verfügbarkeitskriterium strenger ausgelegt wird, fällt die deutsche Arbeitslosenquote gemäß OECD kleiner aus als gemäß Bundesagentur für Arbeit.

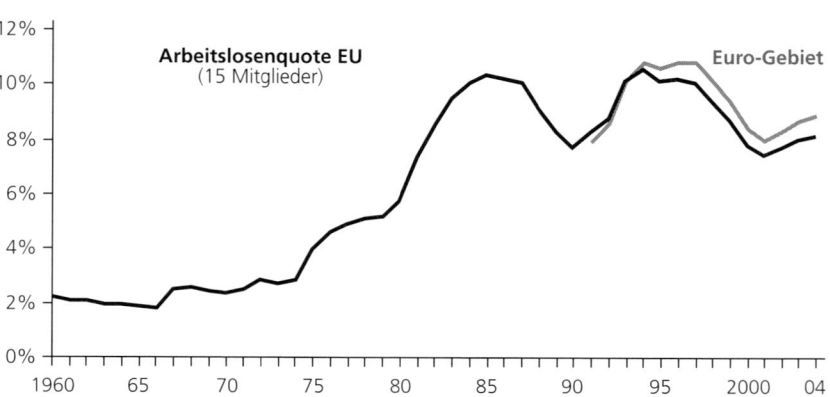

Der Anstieg der europäischen Arbeitslosigkeit wird unterschätzt, denn im Laufe der 80er und 90er Jahre haben einige der europäischen Länder ihre Kriterien verschärft

Die Grafik 17.1 zeigt den Verlauf der amerikanischen und europäischen Arbeitslosigkeit:

- Auffallend ist, wie in den USA die Arbeitslosenquote in schlechten Zeiten 7 bis 10 % erreichen kann – und in besseren Zeiten wieder auf 4 bis 5 % sinkt.
- Dramatische Bilder zeigen dagegen die deutschen und europäischen Daten: Die Arbeitslosigkeit stieg in schlechten Zeiten an, ohne in guten Zeiten wieder auf das frühere Niveau zu sinken! Die Arbeitslosenquote stieg treppenartig an.

So drängend das Problem der Arbeitslosigkeit in Europa ist, so schwierig scheint es, dafür Lösungen zu finden. Doch darüber denken wir erst im übernächsten Kapitel nach. Zuerst wollen wir uns ein Bild über die verschiedenen Mechanismen machen, die zu Arbeitslosigkeit führen – es gibt nämlich verschiedene Gründe für Arbeitslosigkeit.

17.2 Wie verarbeitet ein Marktsystem Veränderungen?

In einer modernen Wirtschaft leben wir mit den vielfältigsten Veränderungen – mit langsamen, schleichenden Entwicklungen oder auch mit unerwarteten, plötzlichen Umwälzungen. Wie reagiert nun unser Wirtschaftssystem darauf? Um das zu verstehen, wollen wir hier die Reaktionen auf eine schlagartige technische Veränderung verfolgen. Dabei vereinfachen wir, denn es kommt nicht auf die Genauigkeit des Beispiels an, sondern auf das Prinzip, das wir erkennen wollen.

Nehmen wir eine große Branche wie das grafische Gewerbe. Hier habe man bisher nur mit Papier und Farbstiften gearbeitet. Nun wird es möglich, die Arbeit dreimal so schnell zu verrichten – dank Computern und Programmen, in die man sich schnell einarbeiten kann. Was wird geschehen? Versuchen wir das im Rahmen eines sehr einfachen makroökonomischen Modells, dargestellt in der Grafik 17.2, zu beantworten:

- Dank extremer Rationalisierungsmöglichkeiten wird nur noch ein Drittel der Beschäftigten gebraucht. Tausende werden entlassen.
- Die Produktion wird billiger. Zwar kosten die Computer und die Programme Geld, die Einsparungen an Lohnkosten sind aber viel größer, sodass große Gewinne für die Unternehmen übrig bleiben.
- Größere Gewinne regen die Produktion an. Dadurch werden wieder mehr Grafiker und Grafikerinnen eingestellt. So finden einige wieder eine Stelle in ihrem alten Beruf – allerdings müssen viele lange suchen, denn der Arbeitsmarkt ist unübersichtlich.
- Die meisten Arbeitslosen müssen sich neu orientieren. Einigen gelingt es, sich selbständig zu machen und selber Leute einzustellen. Viele schulen um, werden Innenarchitektin, Tennislehrer oder arbeiten in einem Computerserviceladen.
- Alte wie neue Firmen bieten mehr grafische Erzeugnisse an. Das drückt die Preise. Damit verschwinden die anfänglich hohen Gewinne, die durch die leistungsfähigere Technik möglich wurden. Doch niedrigere Preise lassen die nachgefragte Menge ansteigen. Die Zeitungen werden

Grafik 17.2:
Wirtschaftskreislauf mit
Güter- und Faktormärkten
(ohne Umweltgüter, Staat und Ausland)

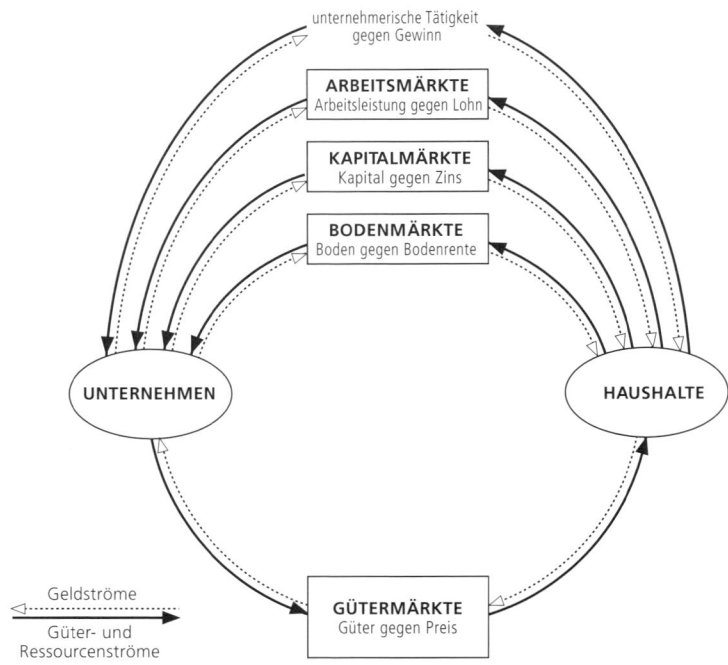

aufwändiger gestaltet, auch der Nachbar hat jetzt eigene Visiten-
kärtchen, die Prospekte werden luxuriöser und dicker und unsere
Briefkästen verstopfter.

- Das Gleiche – wenn auch abgeschwächt – geschieht in jenen Branchen, die Leute aus dem grafischen Gewerbe aufgenommen haben.
Durch das höhere Angebot von Tennislehrern sinken vielleicht die
Tarife etwas, was mehr Leute dazu animiert, ihr Tennis in einem Kurs
zu verbessern. Und geschmackvoll gestaltete Werbebroschüren, die
im neu eröffneten Tennisclub aufliegen, verbreiten neue Ideen; so
etwa, die Wohnungseinrichtung mit professionellem Beistand zu erneuern, usw. Auf diese Weise kann die Produktion in vielen Branchen
leicht steigen.

- Nur kurz soll erwähnt werden, dass auch die Kapital- und Bodenmärkte betroffen sind. Spargelder fließen jetzt vermehrt in Computer
und Software-Entwicklungen. Und wo früher ein grafisches Atelier
eingemietet war, arbeitet jetzt eine Gruppe von Innenarchitektinnen.

**Und welches vorläufige Fazit ziehen wir? Die große technische Veränderung
bringt zwar Arbeitslosigkeit mit sich. Aber sie wird nach kürzerem oder längerem Suchen und nach einer kürzeren oder längeren Umstrukturierung
wieder verschwinden. Auf den Arbeitsmärkten wie auch auf allen anderen
Märkten werden sich früher oder später Angebot und Nachfrage wieder
ausgleichen. Auf diese Weise führt die Effizienzsteigerung in einer Branche
mit der Zeit zu einer Produktionserhöhung in mehreren Branchen.**

Das alles kommt Ihnen zwar bekannt vor (aus den Kapiteln 6 und 13).
Trotzdem haben Sie diese Ausführungen vermutlich mit Skepsis gelesen
und sich dabei gedacht, dass wir weniger optimistisch gestimmt sind,

wenn Arbeitslosigkeit auftritt. Das stimmt. Darum machen wir einen zweiten Versuch und fangen unsere Geschichte nochmals ganz von vorne an – wiederum im Rahmen des einfachen Wirtschaftsmodells der Grafik 17.2:

Variante 2

- In einer großen Branche wird es möglich, die Arbeit nach kurzer Umstellung dreimal so schnell wie bisher zu verrichten.
- Darum werden weniger Arbeitskräfte gebraucht. Tausenden droht die Entlassung, viele werden entlassen.
- Die Entlassenen haben (trotz Arbeitslosengeld) weniger Geld. Sie kaufen weniger. Zwangsläufig müssen sie neu beurteilen, was nötig und was weniger nötig ist
- Auch wer nicht entlassen wird, aber Angst vor einem Stellenverlust hat, schränkt sich ein und verschiebt größere Anschaffungen auf später.
- Es werden merkbar weniger Möbel, Autos, Kleider, Fernsehapparate usw. verkauft. In vielen Läden und Fabriken stockt der Absatz. Die Warenlager wachsen. Es wird weniger produziert.
- Weit verstreut kommt es zu Entlassungen, Menschen aus den verschiedensten Branchen sind jetzt arbeitslos. Noch mehr Leute müssen sich einschränken.
- Immer mehr sind verängstigt, zum Teil weil viele von ihren Vorgesetzten nun schnöder behandelt werden. Noch mehr halten sich aus Vorsicht zurück, weil sie damit rechnen müssen, entlassen zu werden. Damit sinken die Verkäufe noch stärker.
- Vielleicht sinkt sogar das allgemeine Preisniveau, sodass viele Käufer abwarten, die Produktion wird noch stärker eingeschränkt. Das führt zu noch mehr Entlassungen.
- Je stärker die Einkommen sinken, desto weniger wird gekauft und desto mehr Personal wird entlassen.

Fazit: Eine große Einkommenseinbuße führt zu einer sich selbst verstärkenden Reaktion – man spricht von einem Teufelskreis. Kleinere Einkommen führen zu kleineren Ausgaben, diese zu Arbeitslosigkeit in verschiedensten Branchen, worauf die Einkommen noch mehr sinken, usw. Es kommt nicht zu einem allgemeinen Ausgleich wie bei der ersten Variante.

Aber was stimmt nun? Die erste oder die zweite Variante? Beide ! Unsere Analyse ist plötzlich sehr raffiniert geworden. Wir beobachten zwei Abläufe mit grundlegend verschiedenen Folgen für die gesamte Wirtschaft im gleichen System, zur gleichen Zeit. Im Wirtschaftssystem, wie es in der Grafik 17.2 dargestellt ist, laufen also gleichzeitig zwei grundverschiedene Prozesse ab: der Marktmechanismus, der früher oder später Angebot und Nachfrage ausgleicht, sowie eine sich selbst verstärkende Kreislaufwirkung.

Beide Prozesse wollen wir noch etwas genauer anschauen, zuerst den ausgleichenden Mechanismus (in den Abschnitten 17.3 bis 17.5) und dann die sich selbst verstärkende Dynamik (im Abschnitt 17.6 und im Kapitel 18).

Wirtschaftskreislauf mit Güter- und Faktormärkten
Makroökonomisches Modell, das in einfachster Form die Zusammenhänge zwischen Haushalten, Unternehmen und Staat erklärt. In diesem Modell laufen gleichzeitig sowohl ausgleichende wie auch sich selbst verstärkende Prozesse ab.

17.3 Das klassische Preissystem

klassischer Ausgleich

Die auf den Güter- und Faktormärkten ausgehandelten Preise bringen im gesamten Marktsystem Angebot und Nachfrage ins Gleichgewicht.

Bis jetzt haben wir in diesem Buch immer die ausgleichende Sichtweise gepflegt. Seit der Begründung der modernen Ökonomie durch Adam Smith wird auf diese Weise erklärt, wie Angebot und Nachfrage durch Preise ausgeglichen werden. Diese klassische Sichtweise ist seither weiter entwickelt und verfeinert worden, von Neo- und Neuklassikern. Ihre gemeinsame Grundlage ist in der Grafik 17.3 hervorgehoben. Die Pfeile von Angebot und Nachfrage stoßen auf Märkten aufeinander. Dort werden die Preise ausgehandelt, und diese Preise bringen dann Angebot und Nachfrage in Übereinstimmung.

Grafik 17.3:

Die klassische Betrachtungsweise: Preise führen auf einzelnen Märkten zu einem Ausgleich. Dies führt zu einem Ausgleich im ganzen System.

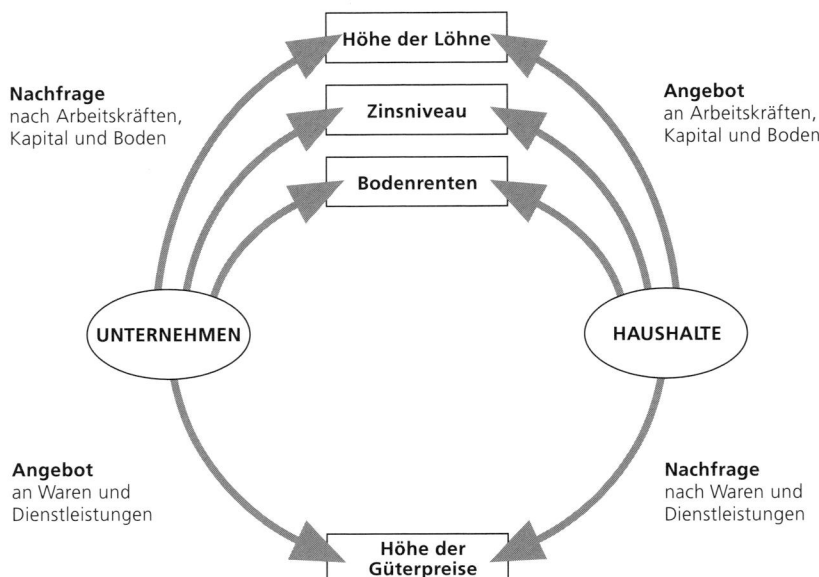

Mit dieser Sicht verstehen wir, wie uns Veränderungen zu Anpassungen zwingen. Auf Änderungen im Konsum, in der Produktionstechnik oder in der Umwelt reagieren die Preise auf den verschiedensten Märkten. Die Preisänderungen geben dann Signale zu unzähligen Umstrukturierungen, die früher oder später vollzogen sind.

Nach diesen Umstrukturierungen, die der ausgleichende Marktmechanismus erzwingt, sind alle Ressourcen wieder so eingesetzt, dass unsere Konsumwünsche bestmöglich befriedigt sind. Man schwärmt darum auch gerne von den »selbstheilenden« Kräften des Marktsystems.

17.4 Strukturelle und friktionelle Arbeitslosigkeit

Es gehört zum Marktsystem, dass Branchen ihre Produktion verkleinern und darum Leute entlassen werden. Dafür gibt es auf der anderen Seite rentablere Branchen, die ihre Produktion vergrößern und neue Leute einstellen. Alte Berufe werden überflüssig, neue entstehen. Daten zum deutschen Strukturwandel wurden schon im Abschnitt 13.4 gezeigt.

strukturelle Arbeitslosigkeit
Arbeitslosigkeit, die sich ergibt, weil auf den Arbeitsmärkten das Angebot an Arbeitskräften in qualitativer oder regionaler Hinsicht nicht mit der Nachfrage übereinstimmt

Der Strukturwandel vollzieht sich oft sehr schmerzhaft, denn die geforderte Anpassung ist bei aller beruflichen und geografischen Mobilität der Arbeitskräfte nicht immer möglich. Häufig werden Arbeitskräfte durch Umstrukturierungen für längere Zeit arbeitslos, besonders dann, wenn ganze Wirtschaftszweige oder Regionen von Entlassungen betroffen sind. Diesen Arbeitslosen können dann zwar viele offene Stellen in anderen Branchen und Regionen gegenüberstehen. Man braucht aber eine längere Ausbildungszeit, oder man muss in eine andere Gegend umziehen, um Chancen wahrzunehmen.

Werden im Laufe des Strukturwandels Leute arbeitslos, spricht man von struktureller Arbeitslosigkeit. Strukturelle Arbeitslosigkeit gibt es, wenn auf den Arbeitsmärkten das Angebot an Arbeitskräften in qualitativer oder regionaler Hinsicht nicht mit der Nachfrage übereinstimmt.

Strukturelle Arbeitslosigkeit entsteht, wenn einzelne Branchen schrumpfen, während andere, vielleicht sogar an anderen Orten, wachsen. Es kommt zu einem offenen Nebeneinander von Arbeitslosigkeit und unbesetzten Stellen.

Kehrseite von Spezialisierung

Die strukturelle Arbeitslosigkeit zeigt die Kehrseite unserer extremen Arbeitsteilung. Die Spezialisierung erhöht zwar die Produktion stark, aber sie birgt auch die Gefahr von struktureller Arbeitslosigkeit in sich. Millionen von Arbeiterinnen, Arbeitern und Angestellten sind auf etwas spezialisiert, das eines Tages nicht mehr gefragt sein könnte. Oft sind Arbeitskräfte so stark spezialisiert, dass sie nicht mehr flexibel genug sind für das heutige große Tempo des Wandels.

Aber auch die Ausbildungen in den Unternehmen und in den staatlichen Schulen oder die Berufsberater sind vom rasanten Strukturwandel oft überfordert. So wird es immer Arbeitslose in aussterbenden Berufen geben, während Mangel an Arbeitskräften mit neuen Qualifikationen herrscht.

Sucharbeitslosigkeit, friktionelle Arbeitslosigkeit
Arbeitslosigkeit, die sich ergibt, weil man beim Stellenwechsel wegen fehlender Transparenz nicht immer sofort wieder eine neue Stelle findet

Der ständige Wandel in unserer Gesellschaft hat noch eine andere Art von Arbeitslosigkeit zur Folge: die Sucharbeitslosigkeit, auch friktionelle Arbeitslosigkeit genannt. Sie entsteht, weil unsere Arbeitsmärkte unübersichtlich sind. Viele Stellensuchende wissen nicht, wo jemand gebraucht wird, und auch Unternehmen wissen nicht, wo sie die passenden Arbeitskräfte finden. So sind nicht wenige arbeitslos, obwohl genau die richtige Stelle für sie offen wäre.

Sucharbeitslos sind vor allem Personen, die den Beruf wechseln oder in eine andere Gegend ziehen, Schulabsolventen und Frauen, die nach einer Unterbrechung ins Berufsleben zurückkehren, wenn die Kinder größer geworden sind.

Friktionelle Arbeitslosigkeit, Sucharbeitslosigkeit, gibt es vor allem wegen der fehlenden Transparenz der Arbeitsmärkte.

17.5 Institutionelle Arbeitslosigkeit

institutionelle Arbeitslosigkeit
Arbeitslosigkeit, die sich ergibt, weil institutionelle Schranken (z. B. Mindestlöhne) den Strukturwandel erschweren und den Ausgleich zwischen Angebot und Nachfrage verhindern

Auch die politischen und gesellschaftlichen Rahmenbedingungen haben einen Einfluss auf die Höhe der Arbeitslosigkeit. Sie können den Strukturwandel erleichtern oder erschweren. Vor allem in Europa wird viel um institutionelle Behinderungen gestritten. Darauf gehen wir aber erst im 19. Kapitel ein. Hier soll nur gezeigt werden, wie Mindestpreise (die Sie schon aus dem Abschnitt 5.4 kennen) auch auf Arbeitsmärkten den Ausgleich zwischen Angebot und Nachfrage verhindern könnten:

Wirkung von Mindestlöhnen

Schauen wir, was geschieht, wenn es beispielsweise gelingt, für Hilfsarbeiterinnen und Hilfsarbeiter generell Mindestlöhne zu erreichen, die eindeutig über dem Marktpreis liegen, sei es nun durch kollektive Verhandlungen oder durch ein staatliches Gesetz. Wie auf jedem Markt ist es auch hier wichtig, wie empfindlich Angebot und Nachfrage auf Preisänderungen reagieren:

Arbeitsangebot steigt vermutlich

- Angezogen durch höhere Löhne könnte das Angebot der Hilfskräfte steigen. Einige überlegen sich einen Wiedereinstieg, andere treten früher ins Erwerbsleben ein. Ausbildungen werden weniger lohnend, wenn man als Hilfskraft mehr verdient. Die Versuchung wächst, früh zu verdienen, anstatt eine Lehre zu machen.
  Allerdings könnte das Angebot auch fallen, denn die Hilfskräfte gewinnen durch die höheren Löhne mehr finanziellen Spielraum. Um den gleichen Lohn zu erreichen, müssen sie jetzt weniger arbeiten. Vollbeschäftigte leisten weniger Überstunden, Teilzeitangestellte melden sich für weniger Stunden. Welche Wirkung höhere Löhne auf das Angebot hätten, ist nicht sicher. Wir wissen wenig darüber, wie preiselastisch das Hilfskräfteangebot ist. Es würde aber vermutlich ansteigen.

Arbeitsnachfrage sinkt

- Und die Nachfrage der Unternehmen? Die höheren Lohnkosten werden die Anreize erhöhen, einfache Arbeiten zu rationalisieren. Andere einfache Arbeiten werden eingestellt oder ins billigere Ausland verlegt. Die Nachfrage nach Hilfskräften wird sinken.

Grafik 17.4:
Je stärker der Mindestlohn über dem Gleichgewichtslohn liegt und je preiselastischer Angebot und Nachfrage, desto größer ist der resultierende Arbeitskräfteüberschuss.

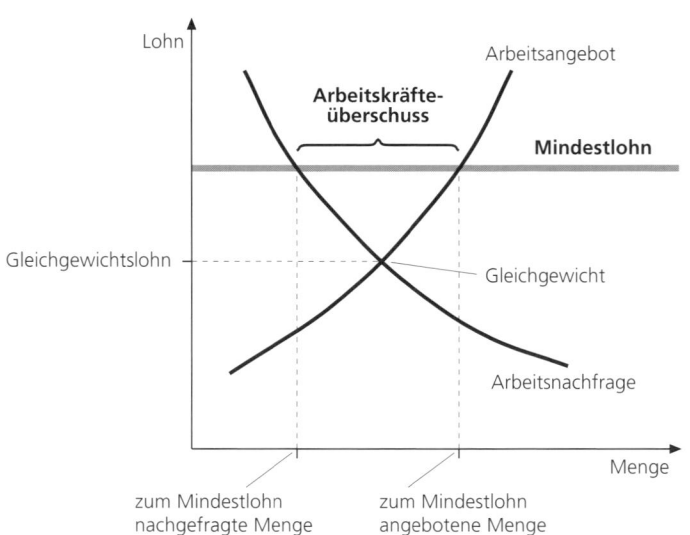

Wirkung abhängig von Nachfrage- und Angebotselastiziäten

Unklar ist, wie viele Hilfskräfte entlassen werden. Reagieren die Unternehmen wie auch die Hilfskräfte unelastisch auf höhere Lohnkosten, profitieren viele bisher schlecht Bezahlte von höheren Löhnen, während nur wenige entlassen werden.

Gewinner und Verlierer

Geht jedoch die Nachfrage der Unternehmen nach Hilfskräften stark zurück und nimmt gleichzeitig das Angebot zu, dann werden zwar die weiterhin angestellten Hilfskräfte mehr verdienen, viele aber werden arbeitslos. Diesen Ärmsten wäre damit wenig geholfen, dass ihnen Unternehmen mehr zahlen müssen, wenn sie gerade wegen der höheren Mindestlöhne keine Stelle bekommen.

Insider und Outsider

Mit Mindestlöhnen entsteht ein Insider-Outsider-Problem. Die Insider profitieren von höheren Löhnen und bleiben trotzdem angestellt. Die Outsider verlieren wegen höherer Löhne ihre Stelle oder erhalten keine.

Sonderfall Einwanderung

In einem Einwanderungsland führen Mindestlöhne nicht im gleichen Maße zu Arbeitslosigkeit: Zwar verringern höhere Löhne für Hilfskräfte die Nachfrage nach wenig qualifizierten Arbeitskräften. Falls aber ein wesentlicher Teil des Arbeitsangebots im Ausland auf eine Arbeitsbewilligung warten muss, verringern die Mindestlöhne vor allem die Einwanderung. Gewinner ist, wer schon in Deutschland arbeitet, Verlierer sind jene Arbeitskräfte, die wegen der Mindestlöhne nicht nach Deutschland einreisen können.

Strukturelle, friktionelle und institutionelle Arbeitslosigkeit können wir mit der klassischen Theorie verstehen. Doch es gibt auch das Phänomen, dass in der ganzen Marktwirtschaft die Nachfrage nach Arbeitskräften zurückgeht und nicht nur in einzelnen kriselnden Branchen oder Gegenden. Dann werden Arbeitskräfte fast aller Berufsrichtungen arbeitslos. Damit sind wir beim sechsten und letzten Marktversagen dieses Buches angelangt – den Konjunkturschwankungen. Hier reicht unsere bisherige klassische Ökonomie, die davon ausgeht, dass sich früher oder später Angebot und Nachfrage ausgleichen, nicht mehr aus. Wollen wir Konjunkturschwankungen verstehen, brauchen wir eine neue Sichtweise.

sechstes Marktversagen Konjunkturschwankungen

17.6 Die konjunkturelle Dynamik

John Maynard Keynes

Unter dem Eindruck der Wirtschaftskrise der 1930er Jahre (damals wurden in den USA 25 % aller Arbeitskräfte arbeitslos, in Deutschland sogar über 30 %) hat der englische Ökonom John Maynard Keynes (1883–1946) eine bahnbrechende Theorie entwickelt, um Konjunkturschwankungen zu verstehen.

Ungleichgewichtstheorie

Seither wurde seine Sichtweise in der manchmal leidenschaftlichen Diskussion von Gegnern und Befürwortern verfeinert und neuen wirtschaftlichen Entwicklungen angepasst. Allen keynesianischen und neukeynesianischen Theorien, so auch der in den letzten 25 Jahren entwickelten »Ungleichgewichtstheorie«, ist aber eine Grundannahme gemeinsam: Sie vertrauen nicht allein auf die »selbstheilenden« Kräfte des

Marktsystems, sondern analysieren auch die sich selbst verstärkenden Mechanismen im Wirtschaftskreislauf – so, wie sie in der Grafik 17.5 dargestellt sind.

Grafik 17.5:
Die Kreislaufwirkung: Zunahmen oder Abnahmen von Einkommen und Ausgaben verstärken einander, bevor ein Ausgleich auf den Märkten zustande kommen kann.

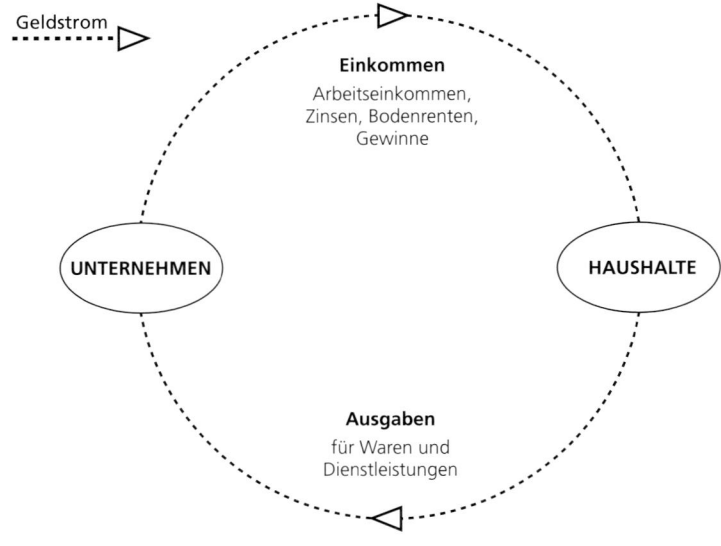

konjunkturelle Dynamik
ein sich selbst verstärkender Mechanismus von Einkommen und Ausgaben, Grund für Konjunkturschwankungen; wirkt, bevor ein Ausgleich auf den Märkten zum Abschluss kommen kann

Konjunkturabschwung: konjunkturelle Dynamik als Teufelskreis

konjunkturelle Arbeitslosigkeit
Arbeitslosigkeit als Folge eines Konjunkturabschwungs

Deflation verstärkt den Abschwung

Im Modell sind nur noch die Geldströme eingezeichnet: Einkommens- und Ausgabenströme. Das Modell hebt hervor, wie niedrigere Einkommen direkt zu kleineren Ausgaben führen und diese wiederum direkt zu einer Verminderung der Produktion und der Einkommen. Mit dieser Sichtweise verstehen wir, wie die Gesamtwirtschaft auf eine große Veränderung reagiert, bevor ein Ausgleich auf den betroffenen Märkten zustande kommen kann. Die Märkte sind darum in der Grafik 17.5 nicht eingezeichnet. Die Entscheidungen der Unternehmen wirken direkt auf die Haushalte, und die Entscheidungen der Haushalte wirken wiederum direkt auf die Unternehmen.

Mit diesem Modell verstehen wir, wie sich Konjunkturabschwünge verstärken können:

■ Stocken die Absätze, werden selten sofort die Preise gesenkt, um auf den Märkten neue Kunden zu finden. Schneller schränken die Unternehmen die Produktion ein und entlassen Personal.

■ Arbeitslose haben weniger Einkommen und kaufen weniger. Auch wer Angst vor Arbeitslosigkeit bekommt, schränkt sich ein.

■ Die Verkäufe nehmen noch stärker ab, noch mehr Menschen werden entlassen. Es wird noch weniger gekauft usw. – ein sich selbst verstärkender Mechanismus.

■ Dauert die Rezession länger, werden vermehrt auch die Preise gesenkt. Die Preisnachlässe könnten sich so ausbreiten, dass wir eine Deflation (negative Inflationsraten) erleben. Bei sinkenden Preisen werden nun aber viele Käufer abwarten. Die Produktion muss noch stärker eingeschränkt werden usw.[1]

---

[1] Vielleicht widersprechen Sie hier: Tiefere Preise regen doch zu vermehrten Käufen an! Das kann dann zutreffen, wenn man annimmt, die Preise hätten (bald) den Tiefpunkt erreicht. Erwartet man jedoch weitere Preissenkungen, werden möglichst viele Käufe aufgeschoben.

Konjunkturaufschwung: konjunkturelle Dynamik als Engelskreis

Der konjunkturelle Mechanismus wirkt aber auch in die positive Richtung. Dann erleben wir einen konjunkturellen Aufschwung:

- Verkaufen die Unternehmen viel, wachsen ihre Auftragsbestände. Es wird mehr produziert. Mehr Personal wird eingestellt.
- Die Einkommen steigen, die Angst vor Arbeitslosigkeit sinkt.
- Die Verkäufe nehmen noch stärker zu, noch mehr Personal wird eingestellt, es wird noch mehr gekauft, usw. – Wiederum ein sich selbst verstärkender Mechanismus.

Das 17. Kapitel zusammengefasst: In einer Marktwirtschaft laufen gleichzeitig sowohl ausgleichende als auch sich selbst verstärkende Prozesse ab:

- **Auf den Märkten reagieren die Preise auf Änderungen in der Konsumstruktur, in der Produktionstechnik usw. Die Preisänderungen veranlassen dann Umstrukturierungen, die früher oder später abgeschlossen sein werden. Im Rahmen dieser klassischen Betrachtungsweise können wir strukturelle, friktionelle und institutionelle Arbeitslosigkeit verstehen.**
- **Bevor jedoch ein Ausgleich auf den Märkten zum Abschluss kommt, kann eine sich selbst verstärkende konjunkturelle Dynamik in Gang kommen: Sinkende Einkommen führen zu sinkenden Ausgaben, was zu einem Sinken der Produktion und der Einkommen führt, usw. Umgekehrt führen steigende Einkommen zu steigenden Ausgaben, diese wiederum zu steigenden Einkommen usw. Mit dieser keynesianischen Kreislaufsicht lässt sich konjunkturelle Arbeitslosigkeit verstehen.**

So viel zum Prinzip von Strukturwandel und konjunktureller Dynamik. Im folgenden Kapitel 18 werden nun die Konjunkturschwankungen noch etwas konkreter und vertiefter analysiert.

Fragen zum 17. Kapitel, Arbeitslosigkeit, Struktur, Konjunktur

1. Ordnen Sie jedem Fachbegriff die passende Ziffer zu:

..... Arbeitslosigkeit

..... Arbeitslosenquote, Arbeitslosenrate

..... Wirtschaftskreislauf mit Güter- und Faktormärkten

..... strukturelle Arbeitslosigkeit

..... Sucharbeitslosigkeit, friktionelle Arbeitslosigkeit

..... institutionelle Arbeitslosigkeit

..... klassischer Ausgleich

..... konjunkturelle Dynamik

..... konjunkturelle Arbeitslosigkeit

a Arbeitslosigkeit als Folge eines Konjunkturabschwungs

b Ein sich selbst verstärkender Mechanismus von Einkommen und Ausgaben, Grund für Konjunkturschwankungen. Wirkt, bevor ein Ausgleich auf den Märkten zum Abschluss kommen kann.

c Anzahl Arbeitslose in % der Erwerbsbevölkerung (Erwerbstätige und Erwerbslose)

d Teile der arbeitswilligen und arbeitsfähigen Bevölkerung finden keine Beschäftigung in Unternehmen oder beim Staat.

e Makroökonomisches Modell, das in einfachster Form die Zusammenhänge zwischen Haushalten, Unternehmen und Staat erklärt. In diesem Modell laufen gleichzeitig sowohl ausgleichende wie auch sich selbst verstärkende Prozesse ab.

f Die auf den Güter- und Faktormärkten ausgehandelten Preise bringen im gesamten Marktsystem Angebot und Nachfrage ins Gleichgewicht.

g Arbeitslosigkeit, die sich ergibt, weil man beim Stellenwechsel wegen fehlender Transparenz nicht immer sofort wieder eine neue Stelle findet

h Arbeitslosigkeit, die sich ergibt, weil auf den Arbeitsmärkten das Angebot an Arbeitskräften in qualitativer oder regionaler Hinsicht nicht mit der Nachfrage übereinstimmt

i Arbeitslosigkeit, die sich ergibt, weil Schranken (z. B. Mindestlöhne) den Strukturwandel erschweren und den Ausgleich zwischen Angebot und Nachfrage verhindern.

2. Auf welche zwei Arten wird die Zahl der Arbeitslosen in den meisten reichen Ländern gemessen?

3. Die ABB Mannheim schließt auf einen Schlag. Alle Arbeitskräfte werden entlassen. Was wird in der Region Mannheim geschehen? Unterscheiden Sie dabei zwischen:

a) dem Erklärungsrahmen des klassischen langfristigen Gleichgewichts und

b) dem konjunkturellen Erklärungsrahmen.

4. Die Löhne für jugendliche Hilfsarbeiter in allen Branchen lägen bei 6 €/Std. Hier seien Angebot und Nachfrage ausgeglichen. Die 6 Euro werden aber als skandalös niedrig empfunden, und deshalb schreibt die Regierung einen Mindestlohn von 10 €/Std. vor.

Was wird geschehen? Nennen Sie je eine Gruppe von Jugendlichen auf der Gewinner- und auf der Verliererseite.

5. Welche Arten von Arbeitslosigkeit kann man mit der klassischen Betrachtungsweise erklären? Welche nicht?

6. Die durchschnittlich pro Arbeitsstunde geschaffenen Werte betrugen in der DDR weniger als ein Drittel derjenigen Westdeutschlands. Die Produktivität erhöhte sich im Vergleich zu Westdeutschland bis 1993 auf etwa 52 %, bis 1996 auf 60 % und holt seither kaum noch auf. Löhne entsprechend der Produktivität zu zahlen, war aber politisch nicht durchsetzbar. Auch aus Furcht, die meisten gut Qualifizierten würden abwandern, einigte man sich in den ersten Tarifverträgen auf ein gegenüber dem Westen um etwa 30 % niedrigeres Lohnniveau.
Frage: Welche Beschäftigungswirkung der Tariflöhne in den neuen Bundesländern war zu erwarten?

7. Welche der folgenden Aussagen wurden im Erklärungsrahmen des klassischen langfristigen Gleichgewichts gemacht? Welche eher im Erklärungsrahmen der konjunkturellen Dynamik? Begründen Sie Ihre Wahl.

klass. konj.

O O »Der Buchhandel ist in einer tiefen Krise. Es werden kaum mehr Bücher gekauft, weil alle nur noch Videos sehen.«

O O »Die Krise ist viel schlimmer. Die Leute kaufen überhaupt nichts, weil sie kein Geld mehr haben.«

O O »Die Computer erhöhen unsere Produktivität. Sie tragen zur Vergrößerung unseres Wohlstandes bei.«

O O »Je mehr Menschen aber durch die Computer arbeitslos werden und nicht mehr teuer ausgehen, desto mehr verlieren auch andere ihre Stelle, und so sinkt unsere Produktion.«

O O »Mit dem Börsencrash von 1929 wurde viel Geld verloren. Darum brachen die Verkäufe von St. Galler Spitzen ein.«

O O »In den 1920er Jahren veränderte sich die Mode. Dadurch wurde der Absatz von St. Galler Spitzen hart getroffen.«

O O »Die Konsumentenstimmung hat sich verschlechtert.«

O O »Konsumwünsche sind unabsehbar.«

O O Jean Babtiste Say: »Jedes Angebot schafft auch eine entsprechende Nachfrage, eine größere Produktion wird größere Käufe nach sich ziehen.«

18. Konjunkturschwankungen

18.1 Konjunktur und Arbeitslosigkeit

Potentielles BIP wächst recht gleichmäßig

potentielles BIP, Produktionspotential, mögliches Gesamtangebot
drei synonyme Begriffe für die Produktionsmöglichkeiten von Unternehmen und Staat bei voller Kapazitätsauslastung, d. h. bei gut ausgelasteten, aber nicht überlasteten Kapazitäten

Verbrauchsmöglichkeiten steigen stetig

Rezession
leichter bis mittelschwerer Konjunkturabschwung
Depression
besonders starker und langer Konjunkturabschwung

konjunkturell Arbeitslose bei negativer BIP-Lücke

Durch eine ständig wirkungsvollere Nutzung von immer mehr und immer leistungsfähigeren Ressourcen kann das Gesamtangebot unaufhörlich ansteigen. Zwar erleben wir manchmal spektakuläre Produktionssteigerungen in einzelnen Unternehmen oder Branchen; doch das mögliche Gesamtangebot nimmt in der Regel recht gleichmäßig zu – außer wenn durch Krieg oder andere Katastrophen Ressourcen zerstört werden.

Im Durchschnitt der 80er Jahre stieg das potentielle BIP in Deutschland um etwa 2,4% pro Jahr – um etwa 0,7% nahm die Zahl der Erwerbsbevölkerung zu, und um etwa 1,7% stieg die Produktion pro Erwerbstätigen.

Seit 1991 ist das potentielle BIP noch etwa um 1,8% gewachsen, weil die Zahl der Erwerbstätigen praktisch stagnierte.

Mit diesem stetigen Produktivitätsanstieg könnten wir jedes Jahr um etwa 1 bis 2% pro Kopf mehr konsumieren und investieren. Erinnern Sie sich daran, dass unsere Konsumwünsche weit über die vorhandenen Güter hinauszielen. Der Wunsch nach noch mehr Gütern ist bei den meisten Menschen, bei armen wie bei reichen, ungebrochen vorhanden. Und ob Sie dieses Jahr 1 bis 2% mehr ausgeben als letztes Jahr, fällt Ihnen wahrscheinlich gar nicht auf.

Die Gesamtnachfrage nach Gütern dagegen wächst sehr unregelmäßig. Seit ihrem Bestehen werden alle Marktwirtschaften von immer wiederkehrenden Abschwächungen oder gar Rückgängen der Gesamtnachfrage geplagt.

Dabei sind in der Regel alle Branchen betroffen. In solchen Rezessionen und Depressionen wachsen die Verkäufe der Unternehmen nicht mehr entsprechend den steigenden Produktionsmöglichkeiten. Manchmal – wie in den Jahren 1967, 1975, 1982 und 1993 – gingen die Verkäufe sogar zurück.

Auch während einer Rezession geht aber der Produktivitätsanstieg unaufhaltsam weiter, sodass das potentielle BIP ebenso unaufhaltsam ansteigt. Kann das BIP aber nicht mithalten, öffnet sich eine negative BIP-

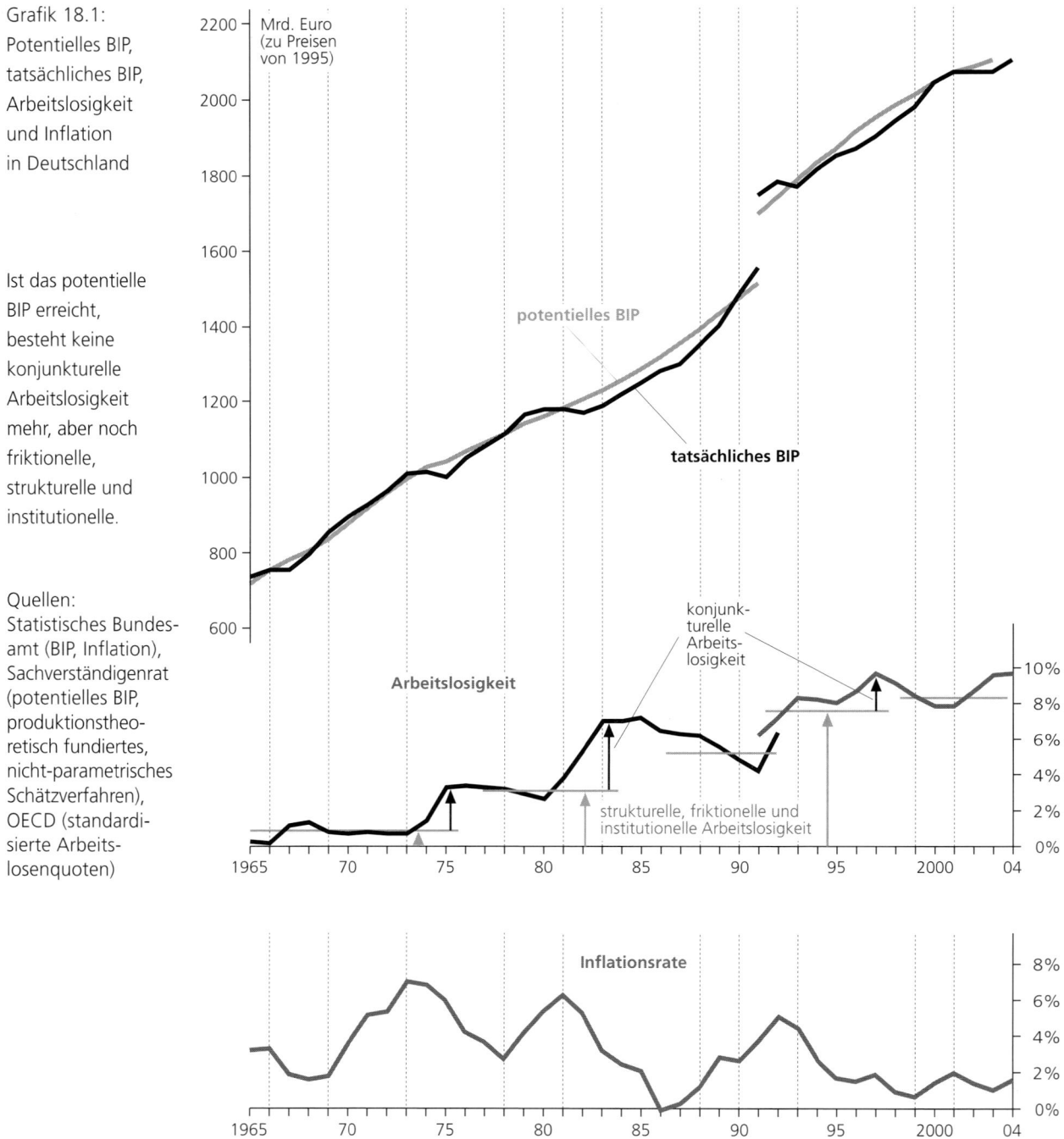

Grafik 18.1:
Potentielles BIP,
tatsächliches BIP,
Arbeitslosigkeit
und Inflation
in Deutschland

Ist das potentielle
BIP erreicht,
besteht keine
konjunkturelle
Arbeitslosigkeit
mehr, aber noch
friktionelle,
strukturelle und
institutionelle.

Quellen:
Statistisches Bundes-
amt (BIP, Inflation),
Sachverständigenrat
(potentielles BIP,
produktionstheo-
retisch fundiertes,
nicht-parametrisches
Schätzverfahren),
OECD (standardi-
sierte Arbeits-
losenquoten)

BIP-Lücke

Differenz zwischen dem potentiellen
und dem tatsächlichen BIP.
Je nachdem, ob das tatsächliche unter
oder über dem potentiellen BIP liegt,
spricht man von einer negativen oder
einer positiven BIP-Lücke.

Lücke. Das bedeutet unausgelastete Kapazitäten, die Arbeitslosigkeit –
konjunkturelle Arbeitslosigkeit – zur Folge haben.

Stagnieren z. B. die gesamten Verkäufe ein Jahr lang und steigt gleichzeitig das potentielle BIP um 2%, werden etwa 2% weniger Arbeitskräfte benötigt als im Vorjahr. Werden sie entlassen, steigt die Arbeitslosigkeit um 2%. Und gehen die gesamten Verkäufe gar um 1% zurück,
werden 3% der Erwerbstätigen arbeitslos.

BIP-Lücke und Arbeitslosigkeit in Deutschland

In der alten BRD lässt sich die Beziehung zwischen sich erweiternden negativen BIP-Lücken und steigender Arbeitslosigkeit gut beobachten:

- 1967 sank das BIP um 0,3%, die Arbeitslosenquote wuchs um 1,4%.
- 1974/75 sank das BIP um insgesamt 0,5%, die Arbeitslosenquote wuchs in diesen beiden Jahren um 3,4%.
- Und als 1982 bis 1984 stieg das BIP nur um insgesamt nur 0,9% anstieg, wuchs die Arbeitslosenquote in diesen drei Jahren um etwa 5,2%.

In den Daten des vereinigten Deutschland ist der Zusammenhang nicht mehr so leicht erkennbar.

- 1996 wuchs das BIP nur um 1%, worauf in den folgenden beiden Jahren die Arbeitslosigkeit um 2,3% anstieg.
- 2002 und 2003 stagnierte das BIP, worauf die Arbeitslosenquote nochmals um 1,2% wuchs.

Die Verkäufe von deutschen Waren und Dienstleistungen müssen (wenn sich sonst nichts ändert) wenigstens um 1,5 bis 2% wachsen. Sonst werden wir sofort von zunehmender Arbeitslosigkeit geplagt.

weniger konjunkturell Arbeitslose bei kleinerer negativer BIP-Lücke

Bis jetzt ist jedem Abschwung wieder ein Aufschwung gefolgt. Dann wächst die Gesamtnachfrage schneller als das mögliche Gesamtangebot, und die negative BIP-Lücke verringert sich. Die Beschäftigung nimmt in praktisch allen Branchen zu, und die Arbeitslosigkeit sinkt. Steigt in Deutschland die Gesamtnachfrage um mehr als 1,5 bis 2%, sinkt die konjunkturelle Arbeitslosigkeit.

keine konjunkturell Arbeitslose bei geschlossener BIP-Lücke

Entspricht die Gesamtnachfrage genau dem möglichen Gesamtangebot, gibt es keine konjunkturelle Arbeitslosigkeit mehr – aber immer noch friktionelle, strukturelle und institutionelle. **Das bedeutet, dass die mögliche Produktion der friktionell, strukturell und institutionell Arbeitslosen[1] nicht zum potentiellen BIP gerechnet wird.**

Hochkonjunktur, Boom
Das tatsächliche BIP steigt über das potentielle BIP, die BIP-Lücke ist positiv. Von Boom spricht man auch bei einem starken Konjunkturaufschwung.

In einem Aufschwung kann die konjunkturelle Dynamik die Gesamtnachfrage so stark ankurbeln, dass sie über das potentielle BIP hinauswächst. Die Wirtschaft boomt, die Auftragsbestände sind groß, die Lieferfristen lang. Durch außergewöhnliche Anstrengungen kann die Produktion das Produktionspotential überschreiten: Überstunden werden geleistet, intensiver Arbeitskräfte gesucht und es werden auch Leute eingestellt, die sonst nicht so schnell eine Anstellung fänden. Sie erhalten jetzt die Chance, die nötigen Qualifikationen während der Arbeit zu erwerben. Mit anderen Worten: In der Hochkonjunktur können sich friktionelle, strukturelle und institutionelle Arbeitslosigkeit etwas verringern!

weniger friktionell, strukturell und institutionell Arbeitslose bei positiver BIP-Lücke

Konjunkturschwankungen
Wachstumsschwankungen der gesamtwirtschaftlichen Aktivität, in der Regel Schwankungen der Gesamtnachfrage, treffen praktisch alle Branchen gleichzeitig.

Zusammengefasst: Das potentielle BIP wächst recht gleichmäßig – doch die Gesamtnachfrage schwankt. Konjunkturschwankungen sind meist Schwankungen der Gesamtnachfrage. Dabei erleben praktisch alle Branchen ein gleichzeitiges Auf und Ab.

Steigt die Gesamtnachfrage langsamer als das potentielle BIP und sinkt dabei die Kapazitätsauslastung so stark, dass sich eine immer größere

---

[1] Zu den umstrittenen Gründen für deren treppenartigen Anstieg siehe Abschnitt 19.4

negative BIP-Lücke öffnet, spricht man von Konjunkturabschwung oder Rezession. In einem Aufschwung dagegen wächst das tatsächliche BIP schneller als das potentielle BIP.

Eine negative BIP-Lücke bedeutet konjunkturelle Arbeitslosigkeit. Sie geht erst wieder zurück, wenn sich die BIP-Lücke verringert. Wächst das BIP über das potentielle BIP hinaus, können sogar die friktionelle, strukturelle und institutionelle Arbeitslosigkeit etwas kleiner werden.

18.2 Konjunktur und Inflation

Nachfrageinflation

Boomjahre werden als goldene Jahre gefeiert. Doch leider gibt es auch hier ein Problem. Bei längeren Lieferfristen heben die Unternehmen die Preise an. Und sind die Arbeitskräfte besonders knapp, steigen auch die Löhne stärker, was die Preise noch stärker nach oben drückt. Kurz: Eine zu große Gesamtnachfrage (eine positive BIP-Lücke) hat immer höhere Inflationsraten zur Folge. Dies wurde schon im 15. Kapitel gezeigt – ebenso, wie eine zu kleine Gesamtnachfrage (negative BIP-Lücke) zu fallenden Inflationsraten führt.

inflationsstabile Arbeitslosenquote
Arbeitslosenquote, die mit einer konstanten Inflationsrate vereinbar ist. Wird sie unterschritten, nimmt die Inflation zu – wird sie überschritten, geht die Inflation zurück.

In diesem Kapitel beachten wir neu, dass die Arbeitslosenquote eine bestimmte Höhe hat, wenn die BIP-Lücke geschlossen ist. Dieses spezielle Niveau der Arbeitslosenquote ist für die Inflationstheorie interessant, weil dann die Inflationsrate von der Nachfrage her keine Impulse zum Steigen oder Fallen erhält. Die Arbeitslosenquote, bei der die Inflationsrate sich nicht ändert, bezeichnet man als inflationsstabile Arbeitslosenquote.[2] Sie entspricht der friktionellen, strukturellen und institutionellen Arbeitslosigkeit.

Konjunkturschwankungen und Inflation in Deutschland

steigende Inflationsraten bei positiver BIP-Lücke

Kontrollieren Sie selber anhand der Grafik 18.1, wie die Inflationsrate davon abhängt, wie die beiden Grenzen potentielles BIP und inflationsstabile Arbeitslosenquote über- oder unterschritten werden:

- Kaum wächst das tatsächliche BIP etwas über das potentielle BIP hinaus und sinkt die effektive Arbeitslosenquote unter die inflationsstabile, nimmt die Inflation zu. Und die Inflationsraten steigen weiter an, solange die BIP-Lücke positiv bleibt.

sinkende Inflationsraten (Desinflation) bei negativer BIP-Lücke

- Öffnet sich aber eine negative BIP-Lücke und gibt es wieder konjunkturell Arbeitslose, sinken manchmal mit etwas Verzögerung die Inflationsraten (d. h. das Preisniveau steigt immer noch an, aber jedes Jahr etwas langsamer).

lang anhaltende negative BIP-Lücke, Deflation

1986/87 und 1998/99 sank die offiziell gemessene Teuerung unter 1% – effektiv an der Grenze zu einer Deflation.

---

[2] Anstelle der »inflationsstabilen Arbeitslosenquote« spricht man auch von der **»natürlichen Arbeitslosenquote«**. Dabei entschuldigt man sich meistens, dass dieser Begriff unglücklich sei, weil eine bestimmte Höhe der Arbeitslosigkeit nichts Natürliches an sich habe.
In den Medien hört man oft von **»Sockelarbeitslosigkeit«**. Doch ist dies eigentlich kein Begriff der Volkswirtschaftslehre. Es wird darunter denn auch Verschiedenes verstanden, z.B. auch jene Arbeitslosigkeit, die am Ende eines starken Aufschwungs immer noch bestehen bleibt. In einem starken, inflationären Boom wäre sie damit kleiner als die inflationsstabile Arbeitslosenquote.

Grafik 18.2:
Fünftes, um die konjunkturelle Dynamik
erweitertes makroökonomisches Modell:
Konjunkturschwankungen,
Arbeitslosigkeit und Inflation
in einer mit der übrigen Welt
verbundenen Volkswirtschaft

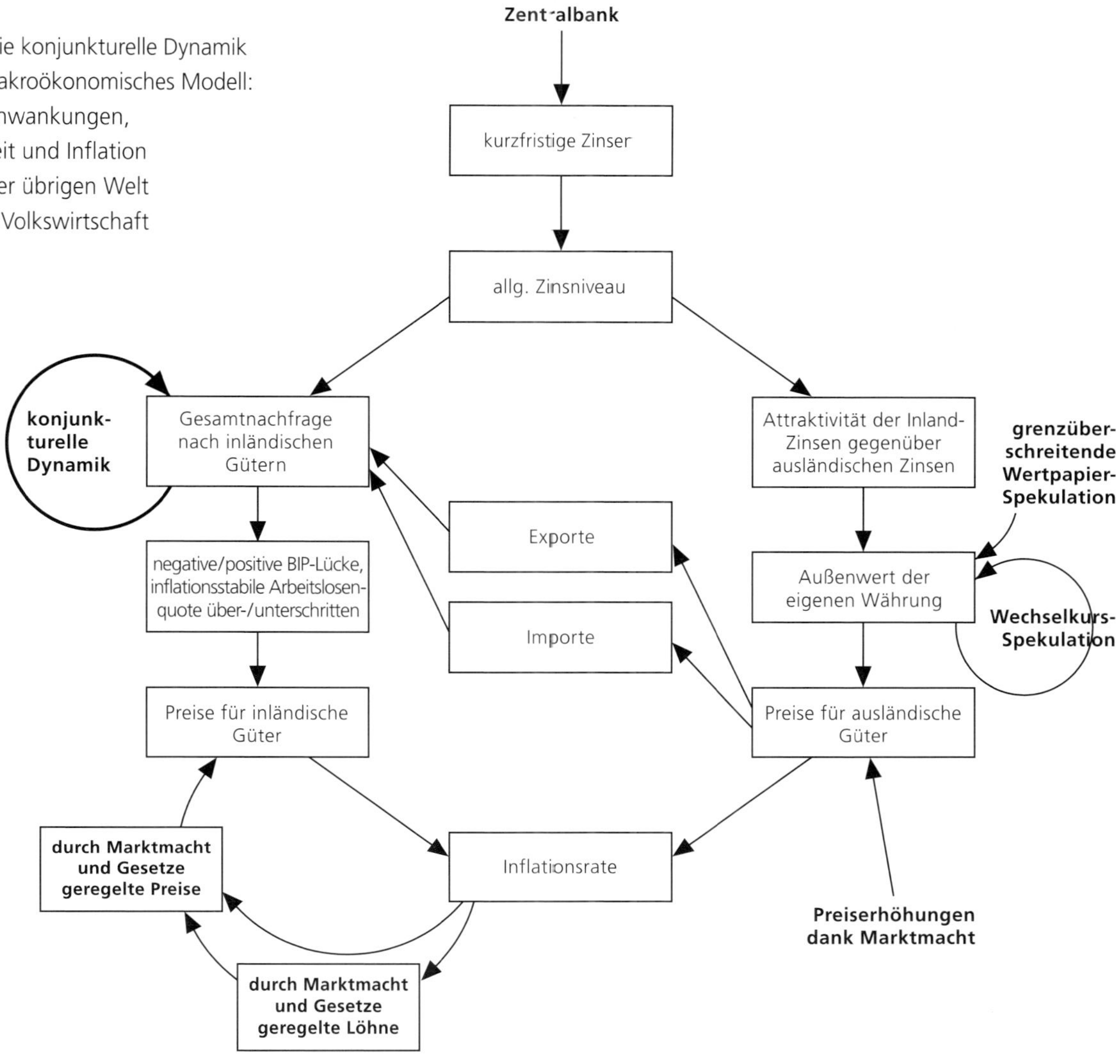

```
                                    Zentralbank
                                        │
                                        ▼
                                ┌───────────────┐
                                │ kurzfristige  │
                                │    Zinser     │
                                └───────────────┘
                                        │
                                        ▼
                                ┌───────────────┐
                                │ allg.         │
                                │ Zinsniveau    │
                                └───────────────┘
```

konjunk-
turelle
Dynamik

Gesamtnachfrage
nach inländischen
Gütern

Attraktivität der Inland-
Zinsen gegenüber
ausländischen Zinsen

grenzüber-
schreitende
Wertpapier-
Spekulation

negative/positive BIP-Lücke,
inflationsstabile Arbeitslosenquote über-/unterschritten

Exporte

Importe

Außenwert der
eigenen Währung

Wechselkurs-
Spekulation

Preise für inländische
Güter

Preise für ausländische
Güter

durch Marktmacht
und Gesetze
geregelte Preise

Inflationsrate

Preiserhöhungen
dank Marktmacht

durch Marktmacht
und Gesetze
geregelte Löhne

Die Inflationstheorie zusammengefasst: Während in den Kapiteln 15 und 16 die Nachfrageinflation als Folge von zu lockerer Geldpolitik begriffen wird (zu niedrige Zinsen, zu niedriger Wert der eigenen Währung), tritt mit der konjunkturellen Dynamik ein eigenständiger Nachfrageimpuls auf:

- **In einem Boom steigt die Inflationsrate. Es entsteht ein Inflationsschub auch ohne übermäßig expansive Geldpolitik. Der bargeldlose Zahlungsverkehr und die Umlaufgeschwindigkeit des Geldes lassen noch viel Spielraum für ein höheres Preisniveau.**

- **Öffnet sich hingegen in einer Rezession eine negative BIP-Lücke, sinkt die Inflationsrate (Desinflation). Dauert die BIP-Lücke lange an, kann sogar eine Deflation entstehen, die den Abschwung weiter verstärken würde.**

Neben den nachfrageseitigen Inflationsimpulsen gibt es auch angebotsseitige: Sie treten vor allem dort auf, wo Marktmacht Preiserhöhungen ermöglicht. Eine fortwährende Überwälzung von höheren Kosten auf die Preise und Löhne aufgrund von Marktmacht haben Sie im Abschnitt 15.4 als Preis-Lohn- oder Lohn-Preis-Spirale kennen gelernt.

Exkurs: Die Phillips-Kurve

Für die Erklärung von Arbeitslosigkeit und nachfrageseitigen Inflationsschüben ist das Verhältnis von Gesamtnachfrage und möglichem Gesamtangebot zentral. Oft argumentiert man aber verkürzt und stellt Arbeitslosigkeit und Inflation direkt einander gegenüber.

Die Beziehung zwischen Arbeitslosigkeit und Inflation kennt man unter dem Namen Phillips-Kurve – nach dem neuseeländischen Ökonomen und Krokodiljäger A.W. Phillips, der Ende der 50er Jahre untersuchte, wie tiefere Arbeitslosenquoten mit steigenden Nominallöhnen und höheren Inflationsraten gepaart sind – und umgekehrt.

Grafik 18.3:
Die alte Phillips-Kurve: Arbeitslosenquote und Inflationsrate

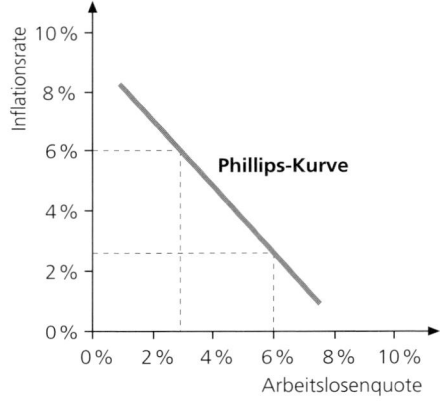

Mit den deutschen Inflationsraten und Arbeitslosenquoten (aus der Grafik 18.1) ergibt sich folgendes Bild:

Grafik 18.4:
Die alte Phillips-Kurve im Test: Arbeitslosenquoten und Inflationsraten in Deutschland 1965 bis 2004

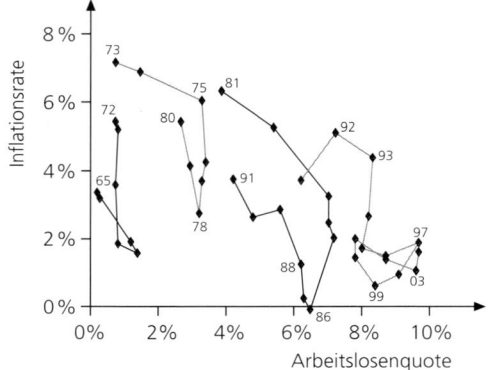

Der inverse Zusammenhang zwischen den beiden Größen ist nur schwach. Deutlicher wird eine schrittweise Verschiebung nach rechts – ein Abbild der treppenartig steigenden Arbeitslosenquote.

Inwieweit ein einfacher inverser Zusammenhang zwischen der **Höhe** der beiden Größen theoretisch begründet werden kann, ist heute noch ein Streitpunkt. Hier wollen wir die Theorie, die Sie in diesem Abschnitt 18.2 gelernt haben, in einer modifizierten, moderneren Form der Phillips-Kurve darstellen, welche die Arbeitslosigkeit mit der **Veränderung** der Inflation in Beziehung setzt:

- Liegt die Arbeitslosenquote auf der Höhe der inflationsstabilen Arbeitslosenquote, bleibt die Inflationsrate auf dem bisherigen Niveau.
- Gerät in einem Boom die Arbeitslosenquote unter die inflationsstabile Arbeitslosenquote, steigt die Inflationsrate – und zwar so lange, wie die niedrige Arbeitslosigkeit andauert.
- Wird umgekehrt die inflationsstabile Arbeitslosenquote überschritten, beobachten wir sinkende Inflationsraten.

Grafik 18.5:
Die neue Phillips-Kurve im Test: Arbeitslosenquote und Veränderung der Inflationsrate in Deutschland 1965 bis 2004

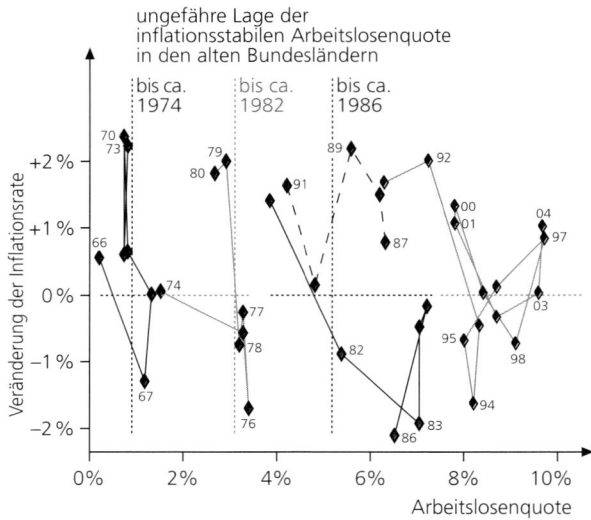

Die Grafik 18.5 zeigt, dass die inflationsstabile Arbeitslosenquote um 1970 bei unter 1% liegen musste. Die Jahrespunkte 1965–74 liegen entweder links davon im Bereich von zunehmenden Inflationsraten – oder rechts davon im Bereich von abnehmenden Inflationsraten (Desinflation). Ein ähnliches Muster, aber mit höheren inflationsstabilen Arbeitslosenquoten, ergibt sich für die Jahre 1975–82 und 1983–86.

Nachher und auch für das vereinigte Deutschland ist der Zusammenhang etwas verborgener. Sicher aber ist, dass die inflationsstabile Arbeitslosenquote nochmals gestiegen ist. Warum sich die inflationsstabile Arbeitslosenquote verändern kann, wird Thema der Abschnitte 19.3 bis 19.5 sein.

18.3   Wie werden Abschwünge ausgelöst?

Die Gesamtnachfrage kann durch verschiedenste schwere Störungen, durch Schocks, brüsk verringert werden. Und zwar können solche Schocks sowohl die Angebots- als auch die Nachfrageseite treffen.

Wie angebotsseitige Schocks wirken, lässt sich am Beispiel eines Erdölpreisschocks zeigen: In den 70er Jahren wurden zweimal die Erdölpreise brüsk erhöht. Nach 1973 wie nach 1979 floss dadurch ein ansehnlicher Teil der europäischen, japanischen oder indischen Kaufkraft in die Hände der Erdölproduzenten in Arabien oder Mexiko. Haushalte, die von einem Tag auf den anderen mehr Geld für Benzin und Heizöl ausgeben sollten, gerieten in Budgetprobleme. Schwierigkeiten erhielten auch alle Unternehmen, die viel Erdöl für ihre Produktion verwendeten. Zwar versuchten die Unternehmen die Kostensteigerungen auf die Preise abzuwälzen, und die Haushalte versuchten sich mit höheren Löhnen schadlos zu halten. Dies waren aber vor allem Umverteilungsversuche innerhalb der Erdöl importierenden Länder. An der Tatsache, dass Kaufkraft in die Ölländer abfloss, änderte sich dadurch nichts.

Und wie gehen die Haushalte mit ihren Budgetproblemen um? Sie versuchen zwar in der Regel, möglichst lange ihren Konsumstandard zu halten. Dies gilt vor allem für Nahrung, Körperpflege oder Versicherungen.

Bei dauerhaften Konsumgütern jedoch, wie Autos, Stereoanlagen, Kameras, Möbeln oder auch Herrenbekleidung, schieben die Haushalte ihre Wünsche eher um ein oder mehrere Jahre hinaus, oder sie beschränken sich auf billigere Produkte. Bei größeren Anschaffungen reagieren also viele sensibel auf Einkommensrückgänge. Dies kann eine Rezession auslösen.

Gehen die Konsumausgaben zurück, verdüstern sich die Absatz- und Gewinnaussichten der Konsumgüterproduzenten – worauf diese weniger investieren. Dabei gehen die Investitionen viel stärker zurück als Konsumausgaben, sodass die Investitionen trotz ihres kleinen Gewichts die Gesamtnachfrage sehr fühlbar mitbestimmen.

Weiter kommen eine ganze Reihe von nachfrageseitigen Schocks als Auslöser von Rezessionen in Frage: zum Beispiel Kriegsangst oder auch einfach die Angst vor einem neuen Konjunkturabschwung. Wird die Zukunft düster eingeschätzt, dann kann die Gesamtnachfrage zurückgehen. Um für die kommenden schlechten Zeiten gerüstet zu sein, sparen viele Haushalte und schränken ihre Konsumausgaben ein; und viele Unternehmen verzichten vorläufig auf Investitionen, weil sie in naher Zukunft mit einem Rückgang ihres Absatzes rechnen.

Spekulationskrisen können die Zukunftsaussichten stark beeinträchtigen. Ein Preissturz im Immobilienhandel ist häufig das Signal für eine beginnende Rezession.

Ein viel diskutierter Grund für einen Konjunkturabschwung ist ein Börsenkrach. Nach einem Crash fühlen sich viele Leute ärmer als vorher.

Manche, die sich vorher steinreich fühlen konnten, haben nach einem Crash sogar Schulden. Die Kurse können so stark fallen, dass die Altersvorsorge gefährdet scheint. Wenn deshalb mehr gespart und weniger konsumiert wird, geht die Gesamtnachfrage zurück. Dieser Rückgang kann stark genug sein, um einen Konjunkturabschwung einzuläuten.

oder Folge?

Vielleicht sind aber platzende Spekulationsblasen oft nicht Auslöser einer Krise, sondern nur eine Folge von Krisenängsten. Immobilienpreise und Börsenkurse reagieren ja auf Vorstellungen über zukünftige Erträge. Gibt es also Anzeichen für einen Konjunkturabschwung mit niedrigeren Erträgen oder steigt auch nur die Angst davor, dann sinken die Preise für Immobilien und Aktien.

Gesamtnachfrage nach inländischen Gütern
Summe aller nachgefragten Waren und Dienstleistungen:
privater Konsum
+ Staatsausgaben
+ Investitionen
+ Nettoexporte

Schocks können alle Komponenten der Gesamtnachfrage treffen, also sowohl die private Konsumnachfrage, die private Investitionsnachfrage, die staatliche Nachfrage als auch die Nachfrage aus dem Ausland.

internationaler Handel

Vergessen wir also nicht, dass heutige Volkswirtschaften durch internationalen Handel eng verbunden sind. Geht in irgendeinem Land aus irgendeinem Grund die Gesamtnachfrage zurück, importiert es weniger aus anderen Ländern, das heißt, seine Handelspartner können weniger exportieren. Ein Konjunkturabschwung in wichtigen Handelsländern wie den USA oder Japan hat so für fast alle Länder der Welt Verkaufsschwierigkeiten zur Folge. Besonders in kleinen Volkswirtschaften, bei denen die Exporte eine besonders große Rolle spielen, beginnt ein Konjunkturabschwung meist damit, dass die Exporte zurückgehen. Aber auch für Deutschland ist der Rückgang der Exporte gerade ein wichtiger Auslöser von Rezessionen.

Lecks und Zuflüsse – eine Kreislaufanalyse

Konjunkturschwankungen sind in der Regel Schwankungen der Gesamt-nachfrage. Im Abschnitt 17.6 wurde das An- und Abschwellen dieser Ge-samtnachfrage mit einem ganz einfachen Kreislaufmodell beschrieben: Haushalte kaufen ein und so fließt ein Geldstrom für Konsum zu den Unternehmen. Unternehmen bezahlen für die Produktionsfaktoren, wo-mit ein Einkommensstrom zurück zu den Haushalten fließt. Je größer der Geldstrom von den Haushalten zu den Unternehmen, desto größer der Geldstrom zurück zu den Haushalten – und umgekehrt.

Hier soll noch etwas genauer analysiert werden, wie der Geldstrom ab- und zunehmen kann. An welchen Stellen des Kreislaufs fließt Geld ab, und wo strömt Geld zu?

18.4.1 Sparen und Investieren

In einem ersten Schritt wollen wir mit der Grafik 18.6 die beiden Ab- und Zuflüsse anschauen, die mit dem Sparen und dem Investieren entstehen:

■ Schon besprochen haben wir, wie dem Kreislauf Kaufkraft entzogen wird, wenn die Haushalte weniger konsumieren und mehr sparen. Durch das Sparen entsteht ein Leck im Kreislauf. Je größer die Ersparnisse, desto weniger Geld fließt für Konsumausgaben zu den Unternehmen. (Neben den Haushalten bilden auch die Unternehmen Ersparnisse. Doch sind diese hier der Einfachheit halber in den Ersparnissen der Haushalte mit eingeschlossen.)

Grafik 18.6:
Kreislaufmodell mit Sparen/Investieren
(ohne Ausland und Staat)

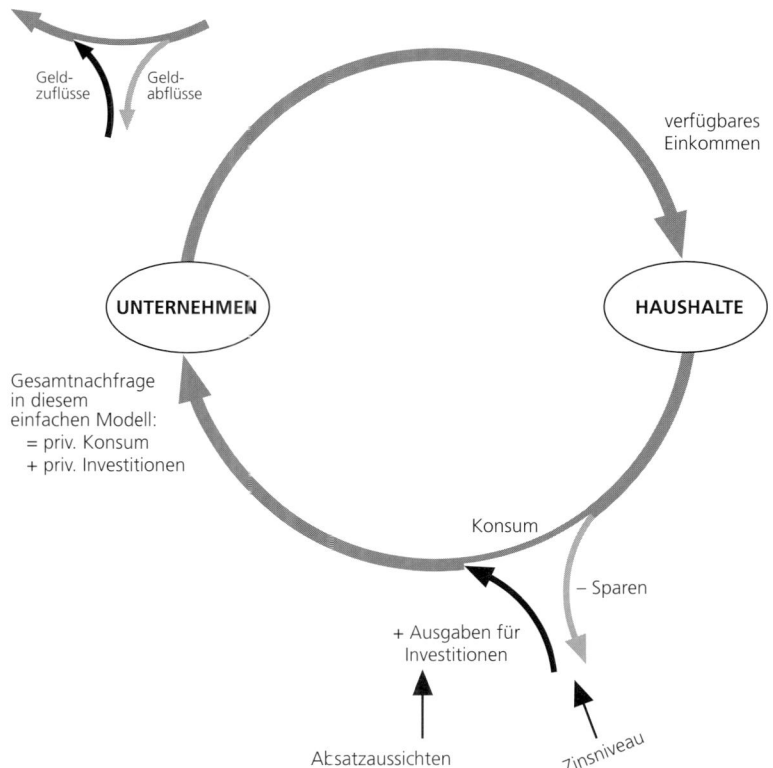

plus Investitionen	■ Gespartes Geld wird wieder dem Kreislauf zugeführt, wenn investiert wird. Unter Investieren versteht man hier den Aufbau von Kapitalgütern und Humankapital – und nicht etwa das Anlegen von Geld in Aktien oder sonstigen Wertpapieren. Zuflüsse zum Kreislaufstrom sind also die Ausgaben für neue Gebäude, Maschinen, Leitungen oder Fahrzeuge sowie für die Forschung und die Entwicklung neuer Produkte.

Wären Ersparnisse und Ausgaben für Investitionen die einzigen Ab- und Zuflüsse des Kreislaufs, würden sie allein die Konjunkturlage bestimmen. In diesem einfachen Modell ist also das Verhältnis von Sparen und Investieren wichtig: **Sind die Ersparnisse größer als die Investitionen, wird der Kreislaufstrom dünner, die Gesamtnachfrage wächst schwächer oder nimmt sogar ab. Sind dagegen die Investitionen größer, schwillt der Geldstrom an, die Gesamtnachfrage wächst stark.**

klassischer Ausgleich?

Halten wir hier kurz inne! Der allergrößte Teil der Spargelder fließt auf die Kapitalmärkte und steht so für Investitionen zur Verfügung. Sorgt dort nicht die Zinshöhe dafür, dass sich Sparen und Investieren ausgleichen? Dank diesem Ausgleich sollten doch die gesparten Gelder nie stark abweichen von den Ausgaben für Investitionen. Die Ab- und Zuflüsse zum Kreislauf wären also immer etwa gleich groß! Das ist die langfristige, klassische Sicht des Ausgleichs auf allen Märkten, mit der man Konjunkturschwankungen nur schwer verstehen kann.

Was erschwert den Ausgleich zwischen Sparen und Investieren?

Weshalb kommt es nicht immer zu einem Ausgleich zwischen Sparen und Investieren und damit zu Konjunkturschwankungen? Dafür gibt es vor allem drei Gründe:

1. Absatzerwartungen

■ Unternehmen richten sich bei ihren Investitionsentscheidungen nicht nur nach den Zinsen, sondern auch nach dem erwarteten Absatz. Bei guten Absatzaussichten wird investiert, bei schlechten wird eher abgewartet. Damit können die Investitionen der konjunkturellen Dynamik entscheidende Impulse geben: Verschlechtern sich aus irgendeinem Grund die Aussichten auf Absatz und Gewinn, werden Investitionsprojekte redimensioniert oder zurückgestellt. Als Folge sinken die Einkommen, und es wird weniger konsumiert. So verschlechtern sich die Absatzaussichten noch mehr, und es wird noch weniger investiert, usw. Die Investitionen können damit über längere Zeit bedeutend kleiner sein als die Ersparnisse.

sich selbst verstärkende Dynamik zwischen Konsum und Investitionen

Die sich selbst verstärkende Dynamik zwischen Konsum und Investitionen wirkt natürlich auch im Aufschwung. Verbessern sich die Absatzaussichten, wird mehr investiert, Einkommen und Konsum steigen, es wird noch mehr investiert usw.

2. internationaler Kapitalverkehr

■ Öffnen wir unser Modell für das Ausland, wird klar, dass Sparen und Investieren in einem Land auch langfristig nicht mehr gleich groß sein müssen: Spargelder fließen ins Ausland ab oder strömen von dort zu. So wird in Japan oder China mehr gespart als investiert. In anderen Ländern, wie den USA, sind dafür seit vielen Jahren die Investitionen größer als die Ersparnisse.

3. Zentralbank

■ Schließlich kann das Zinsniveau, das Sparen und Investieren ins Gleichgewicht bringen soll, von der Zentralbank beeinflusst werden. Wie schon im Abschnitt 15.2 besprochen, kann sie mehr Geld in den Wirtschaftskreislauf schleusen, sodass die kurzfristigen Zinsen und in der Regel auch die langfristigen Zinsen sinken. Dank dem neuen, billigeren Geld können so die Investitionen die Ersparnisse weit übersteigen.

Entzieht umgekehrt die Zentralbank dem Wirtschaftskreislauf Geld, steigen in der Regel nicht nur die kurzfristigen, sondern auch die langfristigen Zinsen. Ein Teil der Spargelder fließt so nicht zu den Investoren, sondern zurück zur Zentralbank.

(Im 19. Kapitel werden wir auf die Einflussmöglichkeiten der Zentralbank zurückkommen.)

18.4.2   Importe und Exporte

Neben dem ständig drohenden Ungleichgewicht zwischen Sparen und Investieren bringen vor allem noch zwei weitere Ab- und Zuflüsse Unruhe in den Wirtschaftskreislauf (vgl. Grafik 18.7):

minus Importe

■ Zahlungen für Importe sind ein Leck im Kreislaufstrom. Denn kaufen wir ausländische Waren und Dienstleistungen und unternehmen wir Auslandreisen, fließt Kaufkraft ins Ausland.

plus Exporte

■ Dafür steigen die Verkäufe, wenn wir Waren und Dienstleistungen exportieren und an ausländische Touristen verkaufen. Einnahmen aus Exporten verstärken den Kreislaufstrom.

Grafik 18.7:
Kreislaufmodell mit Sparen/Investieren und Außenhandel (ohne Staat)

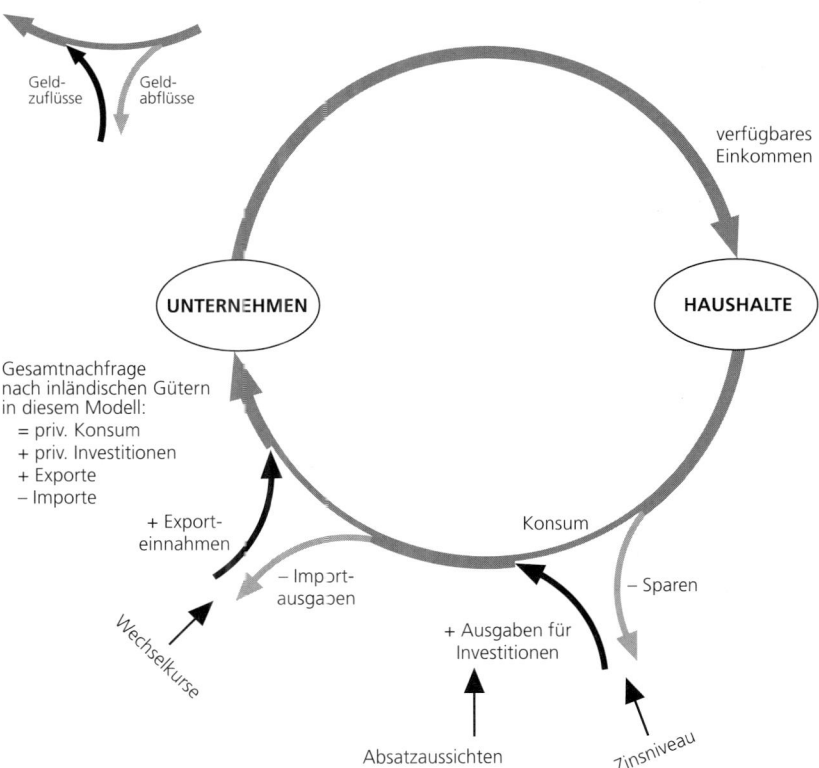

Der Außenhandel prägt die Konjunkturschwankungen in hohem Maße mit. **Nehmen die Exporte stärker zu als die Importe (bei unverändertem Verhältnis von Sparen und Investieren), wird auch der Kreislaufstrom stärker – die Gesamtnachfrage wächst stark. Nehmen hingegen die Exporte schwächer zu, schwillt der Geldstrom ab. Die Gesamtnachfrage wächst schwächer oder nimmt sogar ab.**

klassischer Ausgleich?

Auch hier können wir uns fragen, ob die Marktkräfte nicht automatisch für einen Ausgleich zwischen Exporten und Importen sorgen. Erinnern Sie sich, wie Wechselkurse Exporte und Importe ausgleichen? Erzielt ein Land einen Exportüberschuss, wird seine Währung gefragter, und deren Wert steigt. Damit sinken die Exporte, und die Importe steigen, bis sie ins Gleichgewicht kommen. Und umgekehrt bei einem Exportdefizit.

Was erschwert den Ausgleich im Außenhandel?

Doch aus drei Gründen kann der Ausgleich zwischen Importen und Exporten behindert werden:

1. langsame Reaktion

- Importe und Exporte reagieren nur langsam auf die Veränderungen von Wechselkursen. Der ausgleichende Marktmechanismus benötigt also Zeit.

2. internationaler Kapitalverkehr

- Kurzfristig werden die Wechselkurse weniger durch den Außenhandel als vielmehr durch die internationalen Kapitalströme bestimmt (vgl. Abschnitt 16.4). Damit können die Wechselkurse ihre ausgleichende Wirkung auf Importe und Exporte verlieren – oder ein Ungleichgewicht zwischen Importen und Exporten erst hervorrufen. Erinnert sei an die spekulative Überbewertung des US$ um 1984, die den USA ein riesiges Exportdefizit bescherte.

3. Zentralbank

- Und natürlich hat auch die Zentralbank einen Einfluss auf die Kapitalströme, die Wechselkurse und damit auch auf den Außenhandel. (Das wurde schon im 16. Kapitel gezeigt und wird nochmals Thema des 19. Kapitels sein.)

18.4.3   Staatsausgaben und Steuern

Zum Schluss zu Sickerverlusten und Zuflüssen, hinter denen der Staat steht (vgl. Grafik 18.8):

plus Staatsausgaben (inkl. staatliche Investitionen)

- Eine wichtige Komponente der Gesamtnachfrage sind die Ausgaben des Staates (laufende Ausgaben und Investitionen). Seine Nachfrage nach Waren und Dienstleistungen verstärkt den Kreislaufstrom.

minus Steuern (netto)

- Auf der anderen Seite schöpft der Staat auch Geld aus dem Kreislauf ab, indem er direkte und indirekte Steuern, Abgaben und Sozialversicherungsbeiträge aller Art erhebt. Damit sind die verfügbaren Einkommen der Haushalte kleiner als die erwirtschafteten. Allerdings fließen den Unternehmen und Haushalten auch Geldtransfers zu, v.a. Subventionen und Zahlungen der Sozialversicherungen.

Verändert die Regierung ihre Ausgaben und Einnahmen, verändert sich auch die Kreislaufstärke. Die Gesamtnachfrage kann also durch staatliche Einnahmen- und Ausgabenpolitik beeinflusst werden.

Grafik 18.8:
Kreislaufmodell zur Analyse von
Konjunkturschwankungen –
mit Sparen/Investieren, Außenhandel
und Staat

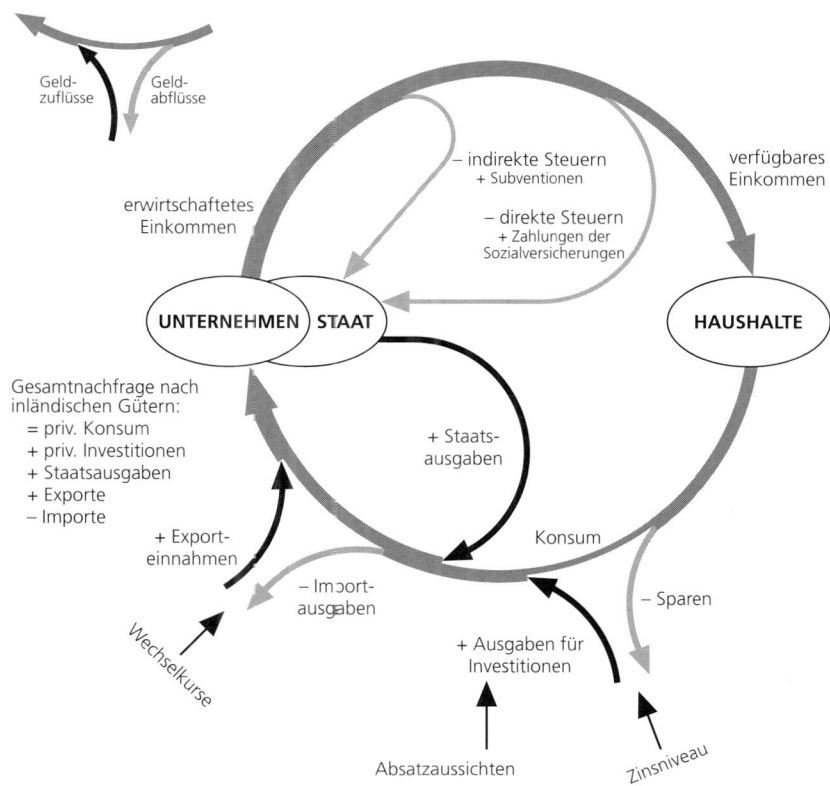

Fazit: Der Kreislauf von Einkommen und Ausgaben ist nicht geschlossen. Vielmehr hat er verschiedene größere Lecks und Zuflüsse.

- **Sind die Abflüsse größer als die Zuflüsse, wird der Kreislaufstrom dünner. Die Gesamtnachfrage geht zurück, Produkte bleiben unverkauft, die Arbeitslosigkeit steigt.**
- **Fließt hingegen mehr Kaufkraft zu, als absickert, schwillt der Einkommens- und Ausgabenstrom stark an, die Arbeitslosigkeit sinkt.**

Im makroökonomischen Gleichgewicht sind Abflussströme und Zuflussströme gleich groß.

Soll die Wirtschaft weder in eine Rezession noch in einen Boom geraten, müssen die Lecks (Sparen, Zahlungen für Importe und Netto-Steuern) kompensiert, aber nicht überkompensiert werden durch die drei Zuflüsse (Investitionen, Einnahmen aus Exporten und Staatsausgaben).

Diese einfache Modellvorstellung von einem Gleichgewicht zwischen je drei Lecks und Zuflüssen im Wirtschaftskreislauf kann in ebenso einfache Formeln, die Formeln des makroökonomischen Gleichgewichts, gegossen werden (algebraisch ausgedrückt, mit Buchstaben, die sich an den englischen Begriffen orientieren):

makroökonomisches Gleichgewicht in zwei Formeln

$$S + M + T = I + X + G$$

saving + imports + taxes = investment + exports + government expenditure

$$(S - I) + (M - X) + (T - G) = null$$

| Spar- oder Investitionsüberschuss | Import- oder Exportüberschuss | Überschuss oder Defizit der Staatsrechnung | |

18.5   Der Multiplikator-Effekt

Wie stark reagiert das Kreislaufsystem auf Impulse?

Die Kreislaufanalyse mit Zuflüssen und Lecks erlaubt uns nun, abzuschätzen, wie stark das Kreislaufsystem auf Veränderungen reagiert. Hier soll dies am Beispiel eines einmaligen Impulses von einer Million Euro gezeigt werden:

Beispiel eines Investitionsimpulses

Angenommen, in einer Rezession mit großen ungenutzten Kapazitäten werde einer Sägerei mitten in Deutschland ein Auftrag von einer Million Euro erteilt. Um wie viel steigert sich dadurch die Gesamtnachfrage? Der Effekt muss sehr viel größer sein als eine Million, weil sich selbst verstärkende Kreislaufmechanismen ausgelöst werden. Doch wie wirken sich die Lecks im Kreislauf aus? Eine Analyse, welche die drei wichtigsten Sickerverluste berücksichtigt, kann uns eine grobe Antwort geben. Verfolgen wir also den Millionen-Impuls Schritt für Schritt:

- Der Auftrag vergrößert zuerst einmal die Gesamtnachfrage um eine Million Euro. Nehmen wir an, die Sägerei importiere für diesen Auftrag nichts.

- Diese Million schafft Einkommen für Wald- und Sägereiarbeiter sowie für den Sägereiunternehmer. Allerdings werden noch Steuern aller Art abgezogen. Nehmen wir hier an, dass von jedem zusätzlich verdienten Euro 25 % an Steuern abfließen (d. h. die Grenzbesteuerung betrage 0,25). Dann haben die Haushalte noch 75 % des erwirtschafteten Einkommens zur Verfügung.

Grenzneigung zum Sparen
Teil jedes zusätzlich verdienten Euros, der gespart wird

Grenzneigung zum Konsum
Teil jedes zusätzlich verdienten Euros, der konsumiert wird

- Einen Teil der verfügbaren Einkommen werden die Haushalte sparen. Doch welcher Prozentsatz von jedem zusätzlichen Euro Einkommen wird auf die Seite gelegt? Nehmen wir hier an, dass es 20 % sind (im ökonomischen Jargon spricht man dann von der Grenzneigung zum Sparen von 0,2). Somit verbleiben noch 80 % für den Konsum (die Grenzneigung zum Konsum ist 0,8).

- Das dritte große Leck im Kreislauf sind die Ausgaben für Importe. Gehen wir hier beispielsweise davon aus, dass 30 % der zusätzlichen Ausgaben ins Ausland abfließen. 70 % der zusätzlichen Konsumausgaben treffen also auf die einheimischen Unternehmen.

Multiplikator
Faktor, mit dem die konjunkturelle Dynamik einen ursprünglichen Impuls vergrößert

Wie viel von der ursprünglichen Million wirkt also ein zweites Mal auf die Gesamtnachfrage? Am Steuerleck wurden 75 % vorbeigeschleust, davon am Sparleck 80 % und davon am Importleck 70 % – insgesamt 42 % (70 % von 80 % von 75 %). In einer zweiten Runde wurde die Gesamtnachfrage also um 420 000 Euro erhöht.

Diese 42 % gehen als zusätzliches Einkommen in eine dritte Runde. Davon erhöhen wiederum etwa 42 % die Gesamtnachfrage, worauf sich in einer vierten Runde das Gleiche wiederholt, usw. Der gesamte Effekt? Er hat die Form einer geometrischen Reihe, in diesem Beispiel: $1 + 0{,}42 + 0{,}42^2 + 0{,}42^3 + 0{,}42^4 + \ldots = 1 / (1 - 0{,}42) = 1{,}7$. Hier wird also der ursprüngliche Nachfrageimpuls um den Faktor 1,7 vergrößert.

Den Faktor, mit dem die konjunkturelle Dynamik einen ursprünglichen Impuls vergrößert, nennt man Multiplikator. Seine Größe ist abhängig von der Größe der verschiedenen Kreislauflecks: Je kleiner / größer die Abflüsse, desto größer / kleiner der Multiplikator.

Die Abhängigkeit des Multiplikators von der Größe der Sickerverluste soll anhand eines zweiten Beispiels illustriert werden: Stellen wir uns ein Land wie die USA vor, in dem wenig gespart wird und die Ausgaben für Importe gering sind. Würden dort 90 % eines Konjunkturimpulses am Sparleck und davon 90 % am Importleck vorbeigeschleust (und wie im obigen Rechenbeispiel 75 % am Steuerleck), könnten rund 60 % des ersten Impulses die zweite Runde erreichen. Der Multiplikator würde in diesem Fall 1 / (1 − 0,60) = 2,5 betragen.

Große Länder haben generell einen kleineren Außenhandelsanteil als kleine Länder. Die USA kennen darum kleinere Sickerverluste und entsprechend größere Multiplikator-Effekte als etwa die Niederlande. Mit der steigenden Außenhandelsverflechtung, wie wir sie weltweit beobachten, werden aber in allen Ländern die Multiplikator-Effekte kleiner.

Multiplikator-Effekte in positive und negative Richtung

Selbstverständlich können Multiplikator-Effekte in positive wie in negative Richtung wirken: Erleidet ein Unternehmen einen Auftragseinbruch von einer Million Euro, könnte sich schließlich die Gesamtnachfrage, je nach Multiplikator, um das Anderthalb- bis Dreifache verkleinern.

Investitionsmultiplikator, Exportmultiplikator, Staatsausgabenmultiplikator, Steuermultiplikator

Zudem können alle Veränderungen von Zu- und Abflüssen Multiplikator-Effekte auslösen. Je nach Quelle des ersten Konjunkturimpulses spricht man so von Investitionsmultiplikator, Exportmultiplikator, Staatsausgabenmultiplikator oder Steuermultiplikator. Die Effekte, die der Staat mit seiner Fiskalpolitik auslöst, kommen im 19. Kapitel nochmals zur Sprache.

Multiplikator schwankt mit der Konjunkturlage

Der Multiplikator schwankt im Konjunkturverlauf. In der Rezession ist er in der Regel kleiner als im Aufschwung, denn unser Sparverhalten ändert sich mit der Konjunkturlage:

- In der Rezession wird aus Angst gespart, die Grenzneigung zum Konsum wird kleiner, das Sparleck größer, der Multiplikator-Effekt kleiner.
- Im Aufschwung dagegen geben wir unser Geld leichter aus. Das Sparen lässt weniger Kaufkraft aus dem Wirtschaftskreislauf versickern, der Multiplikator-Effekt wird größer.

Multiplikator nur ein nachfrageseitiges Konzept

Aber Achtung: In positiver Richtung kann der Multiplikator nur dann wirken, wenn noch unausgelastete Kapazitäten vorhanden sind. Im Boom führt ein zusätzlicher positiver Impuls nur zu mehr Inflation.

18.6 Träge Preise

Öffnet sich aus irgendeinem Grund eine größere negative BIP-Lücke, kommt eine konjunkturelle Dynamik in Gang, die diese Lücke noch vergrößert. Doch dieser sich selbst verstärkende Prozess kann sich nur fortsetzen, weil die ausgleichenden Marktkräfte Zeit brauchen. So kann es Jahre dauern, bis das Geflecht von Güter-, Arbeits-, Boden- und Kapitalmärkten wieder für einen Ausgleich zwischen Angebot und Nachfrage sorgt. **Das Problem ist also: Warum reagieren die Märkte nicht schneller? Ein wichtiger Grund sind träge Reaktionen der Preise. Aber warum passen sich die Preise auf den meisten Märkten nur langsam an?**

wenig Wettbewerb	Zwar müssen Unternehmen, die auf umkämpften Märkten verkaufen, ihre Preise recht schnell senken, wenn die Nachfrage zurückgeht, sonst verlieren sie ihre Kunden an die Konkurrenz. Tiefere Preise ziehen mehr Nachfrager an, sodass die Produktion nicht zurückgehen muss. Auf vielen Märkten herrscht aber bekanntlich sehr wenig Wettbewerb. Und wo kaum ein Abwandern zur Konkurrenz droht, lohnt es sich, die Preise zu halten, einen möglichen Rückgang der Verkäufe in Kauf zu nehmen und weniger zu produzieren.
aufwendige Preisänderungen	Für die meisten Firmen wäre es sehr aufwändig und teuer, die Preise für ihre unzähligen Produkte ständig anzupassen, oder sie wollen ihren Kunden nicht ständige Preisänderungen zumuten. Die Konkurrenz möchte es vermutlich auch nicht tun, und bei einem Konjunkturaufschwung müssten ja die Kunden wieder mit einem Preisanstieg geärgert werden. **Im Konjunkturverlauf werden vor allem die Mengen und erst in zweiter Linie die Preise verändert.**
staatlich regulierte Preise	Viele Preise sind staatlich reguliert oder festgelegt, wie viele Agrarpreise oder die Preise für Strom, Post und Bahn. Natürlich sind diese Preise nicht ein für alle Mal festgelegt, aber es dauert in der Regel Jahre, bis eine Tarifänderung besprochen, politisch durchgesetzt und eingeführt ist.
Preise auf hintereinander geschalteten Märkten	Trotzdem gibt es Märkte, auf denen die Preise sehr schnell reagieren und so auch schnell Angebot und Nachfrage in Übereinstimmung bringen. So reagieren der Kupferpreis an der Kupferbörse in London von Minute zu Minute oder die Gemüsepreise von Tag zu Tag. Doch gibt es Preisträgheiten, die über das Funktionieren eines einzelnen Marktes hinausgehen: Die Preise der meisten Güter werden nicht nur auf einem Markt bestimmt, sondern es sind unzählige Märkte hintereinander geschaltet. In unserem komplizierten Marktgeflecht gibt es häufig lange Reihen von Märkten. So beispielsweise von der Bauxitbörse über die Aluminiumbörse, den Markt für Motorblöcke aus Aluminium, den Handel zwischen Autofabriken und Autohändlern bis zum Autokäufer. Die Aluminiumfabriken, die Gießereien, die Automobilhersteller sowie auch der Autohändler könnten zwar recht schnell auf Preisänderungen reagieren. Es kann aber sehr lange dauern, bis selbst eine drastische Preissenkung bei Bauxit auf die Autopreise durchschlägt.
Arbeitsmärkte	Eine zentrale Position im Geflecht von hintereinander geschalteten Märkten nehmen die Arbeitsmärkte ein, machen doch die Löhne oft über die Hälfte der Produktionskosten eines Betriebs aus. Wie flexibel sind nun aber die Löhne? Wie schnell kann ein einzelnes Unternehmen die Löhne senken, um mit tieferen Verkaufspreisen seine Absatzschwierigkeiten zu überwinden?
kollektive Verträge	Es gibt Unternehmen, die ihre Löhne nicht sofort ihren Verkaufspreisen anpassen können, u. a. weil sie in Tarifverträge eingebunden sind, die brüske Lohnsenkungen verbieten.

Effizienzlohntheorie
Unternehmen zahlen mehr als den Gleichgewichtslohn. Damit wollen sie die Arbeitsmoral und die Loyalität ihrer Angestellten erhöhen und gut qualifizierte Arbeitskräfte anziehen.

adverse Selektion, negative Auslese
Wenn eine Marktseite wichtige Eigenschaften eines Produktes nicht kennt (asymmetrische Information), können die Preise nicht entsprechend der Qualität gestaltet werden, und gute wird von schlechter Qualität verdrängt. Kürzt z.B ein Unternehmen die Löhne, droht sich die Zusammensetzung der Belegschaft in einer Art zu verändern, die negativ für das Unternehmen ist.

Entlassungen statt sofortiger Lohnsenkungen

Viele Unternehmen sind auch selber interessiert an stabilen Löhnen. Sie halten die Löhne sogar etwas über dem Gleichgewichtslohn. Denn hohe Löhne sollen sich positiv auf die Effizienz der Produktion auswirken. Die Effizienzlohntheorie gibt dafür eine dreifache Erklärung:

- Mit hohen Löhnen sind die Angestellten zufriedener und identifizieren sich stärker mit ihrem Unternehmen. Man macht sich ein gegenseitiges Geschenk: Das Unternehmen zahlt besser, als es müsste, und die Angestellten arbeiten besser, als sie müssten.
- Bei guter Bezahlung schauen sich die gut Qualifizierten weniger nach einem neuen Job um. Wird weniger gekündigt, spart das Unternehmen auch Such-, Einarbeitungs- und Ausbildungskosten.
- Ein Unternehmen, das hohe Löhne zahlt, erhält mehr Bewerbungen von besonders gut qualifizierten Arbeitskräften.

Kommt nun ein Unternehmen in Absatzschwierigkeiten, wird es nicht leichtfertig die Vorteile von hohen Löhnen aufs Spiel setzen. Würde es die Löhne generell senken, könnten die Betriebskultur und die Produktivität zu stark leiden. Schlechter bezahlte Angestellte würden weniger loyal zu ihrer Firma, die qualifizierteren, fleißigeren, ehrgeizigeren und kreativeren würden eher kündigen und die übrigen mehr bummeln. Niedrige Löhne halten gut qualifizierte Bewerber von vornherein ab, es meldet sich nur noch, wer an anderen Orten auch nicht mehr verdienen kann.

Erkennen Sie den adversen Selektionsprozess? Mit generell niedrigen Löhnen verdienen die initiativeren Arbeitskräfte zu wenig. Sie verlassen die Firma so bald wie möglich, und gute Neubewerber fehlen. Zurück bleiben ängstliche Angestellte und solche, die an anderen Orten nicht höhere Löhne erwarten können. Damit sinkt aber die Produktivität des Unternehmens, worauf die Löhne nochmals gekürzt werden müssten.

Die Gefahr von adverser Selektion ist für Unternehmen ein starker Grund, bei einem Rückgang der Verkäufe nicht die Löhne und die Verkaufspreise zu senken, um neue Kunden zu finden. Vielmehr fährt es seine Produktion zurück und entlässt weniger qualifizierte Arbeitskräfte.

Fazit: Preise und Löhne reagieren in der Regel träge und führen damit zu langsamen Anpassungen von Angebot und Nachfrage auf einzelnen Märkten wie auch im gesamten Marktgeflecht. Diese Langsamkeit hat Folgen: Schneller als die Preise und Löhne werden die verkauften und produzierten Mengen sowie die Zahl der Beschäftigten verändert. Bevor es also dem

trägen Marktsystem gelingt, eine BIP-Lücke zu schließen, entwickelt sich eine konjunkturelle Dynamik, die sich lange in Gang halten kann.

träge Preise auch im Aufschwung

Hier sind nur Trägheiten in der Rezession analysiert worden. Aber auch ein Aufschwung wird von den beschriebenen Trägheiten aufrechterhalten. So sind im Boom die Auftragsbestände groß, und es herrscht Arbeitskräftemangel. Zwar steigen Preise und Löhne – doch nicht genug, um die Lieferfristen zu verkürzen und den Arbeitskräftemangel schnell zu beseitigen.

18.7 Pseudoexterne Effekte in der Konjunkturtheorie

**pseudoexterne Effekte,
auch pekuniäre externe Effekte**
Effekte, die nicht am Markt vorbei wirken, sondern eine Folge des Wettbewerbs auf den Märkten sind und Auswirkungen auf andere Märkte haben; Eröffnung und Vernichtung von Marktchancen

Erinnern Sie sich an die pseudoexternen Effekte aus dem 7. Kapitel? Pseudoexterne Nutzen sind die unzähligen Marktchancen, die wir uns auf den Märkten eröffnen – und pseudoexterne Kosten sind Marktchancen, die zunichte gemacht werden.

Erinnern Sie sich an die Beispiele für pseudoexternen Nutzen? Ein Frisör profitiert von einer neuen Wohnsiedlung, die ihm neue Kunden bringt. Genau solche Marktchancen, die sich auf andere Märkte auswirken, spielen doch die zentrale Rolle im konjunkturellen Aufschwung! Nehmen Unternehmen Marktchancen wahr, können sie mehr Leute anstellen, d.h. sie eröffnen neue Marktchancen auf den Arbeitsmärkten. Damit steigen die Einkommen, und es werden wieder Marktchancen für die Unternehmen geschaffen, usw. In einem sich selbst verstärkenden Mechanismus führen pseudoexterne Nutzen zu weiteren pseudoexternen Nutzen. **Ein Konjunkturaufschwung ist also eine sich selbst verstärkende Abfolge von unzähligen pseudoexternen Nutzen.**

Und Rezessionen? Am Anfang steht oft ein Schock, der besonders große pseudoexterne Kosten verursacht. Den Unternehmen werden so viele Marktchancen zerstört, dass sie Leute entlassen. Damit machen die Unternehmen auf den Arbeitsmärkten Marktchancen zunichte. Als Folge schränken sich die Haushalte ein und vernichten Marktchancen auf den Gütermärkten. Jedes Unternehmen, das Kunden verliert, leidet unter pseudoexternen Kosten. Es wird pseudoexterne Kosten an seine Lieferanten und Angestellten überwälzen... **Aus dem teufelskreisartigen Zusammenspiel von vielen pseudoexternen Kosten resultiert ein Konjunkturabschwung.**

Im 7. Kapitel haben wir die pseudoexternen Effekte beiseite gelegt, und untersuchten im Rahmen der klassischen Denkweise die echten (technischen) externen Effekte, die verhinderten, dass die Ressourcen langfristig möglichst gut genutzt werden. In der klassischen Sicht konnten wir in den pseudoexternen Effekten keine Probleme erkennen, denn die Ressourcen können auf lange Sicht nur dann möglichst gut genutzt werden, wenn Marktchancen geschaffen und vernichtet werden können.

Echte externe Effekte sind ein Konzept der klassischen Ökonomie. Pseudoexterne Effekte dagegen beschreiben die Folgen von Umstrukturierungen. Und da pseudoexterne Effekte in der Regel weitere pseudoexterne Effekte auslösen, gehören sie auch in die Konjunkturtheorie. Mit ihnen können wir konjunkturelle Auf- und Abschwünge sehr elegant definieren: **In einem Aufschwung überwiegen die pseudoexternen Nutzen, in einer Rezession die pseudoexternen Kosten.**

18.8 Stimmungen und konjunkturelle Dynamik

Die konjunkturellen Berg- und Talfahrten werden in hohem Maße von Stimmungen begleitet. In Aufschwüngen ist man optimistisch und in Rezessionen pessimistisch. Interessant ist, dass diese Stimmungen ansteckend sind. **Die Zukunftsvorstellungen vieler Menschen schwanken gleichförmig und verstärken die konjunkturelle Dynamik:**

Optimisten informieren Optimisten

Im Aufschwung spricht man ringsum von neuen Möglichkeiten:

Produktivitätsfortschritt begrüßt

- Dank effizienteren Herstellungsverfahren können neue Märkte erobert werden, neue Produkte werden verstärkt lanciert, Produktionsanlagen werden erweitert, Unternehmen haben Mühe, Arbeitskräfte zu finden. Darum wird geklagt, der Produktivitätsfortschritt sei zu klein, man verliere Kunden wegen zu langer Lieferfristen.

Konkurse seltener

- Die Gewinne steigen, Konkurse werden seltener. Es gibt aber auch immer mehr Unternehmen, die nur dank dem generellen Aufschwung überleben.

Kreditgewährung großzügiger

- Die Banken sind großzügig und werden unvorsichtiger bei der Kreditvergabe. Es werden großzügige, manchmal auch überzogene Projekte in Angriff genommen.

Staatsleistungen ausgebaut

- Die Bürger werden wohlhabender und verlangen bessere Staatsleistungen, sodass der Staat immer mehr Aufgaben übernimmt. Im Aufschwung fließen ja auch die Steuereinnahmen reichlicher.

Spekulationshaussen

- Die Preise steigen, auch die Immobilienpreise. Jetzt ist die Zeit für Spekulanten gekommen. Sie kaufen Immobilien, um sie kurze Zeit später sehr viel teurer weiterzuverkaufen. Um sich vor der Inflation zu schützen, flüchten sich viele in Sachwerte, was die Inflation weiter anheizt. Es lohnt sich, geplante Projekte (Produktionserweiterungen, Straßen- und Schulbauten) lieber heute statt morgen in Angriff zu nehmen.

Eine kommende Rezession wird nur wenig in die Entscheidungen mit einbezogen. Es ist ja auch kein Grund dafür in Sicht (außer dass bis jetzt noch jeder Aufschwung durch einen Abschwung beendet worden ist).

Pessimisten informieren Pessimisten

Viele Probleme, die in der Hochkonjunktur verborgen blieben und kaum mehr wahrgenommen wurden, treten dafür im Abschwung umso heftiger auf:

Konkurse häufiger

- Viele Unternehmen geraten in Schwierigkeiten, Konkurse häufen sich. Zum Teil sind es Unternehmen, die nur dank dem Boom so lange überlebt haben, viele geraten aber auch in vorübergehende, rein konjunkturelle Probleme. Leider ist es im konkreten Fall nicht immer klar, ob die Probleme vorwiegend struktureller oder eher konjunktureller Art sind. Im Abschwung aber tendiert man dazu, auch konjunkturelle Probleme als langfristige wahrzunehmen.

Kreditgewährung vorsichtiger

- Die Banken werden zurückhaltender. Neue Projekte erscheinen riskanter und erhalten weniger Kredit. Versetzen Sie sich einmal in einen Bankprokuristen, der die Bonität von Unternehmen beurteilt: Wo würden Sie sich Ihre Orientierung holen? Vermutlich bei Kollegen, die ebenfalls Kredite vergeben. Damals im Boom verglichen Sie vor allem die abgewickelten Kreditvolumen. Jetzt im Abschwung vergleicht man auch den Umfang der faulen Kredite, die abgeschrieben werden müssen. Jetzt werden Sie im Zweifelsfall nein sagen, wenn auch Ihre Kollegen mit allen Mitteln größere Verluste zu vermeiden versuchen. Der Pessimismus der Banken verstärkt den Teufelskreis.

Spekulationsblasen platzen

- Ist es im Boom zu Immobilienspekulation und Flucht in die Sachwerte gekommen, platzt im Abschwung die spekulative Blase. Die Bodenpreise sinken, Büroräume und auch Wohnungen stehen leer, so wie nach 1974 und nach 1991. Dass noch mehr gebaut werden müsse, können sich viele nicht vorstellen. So verzichtet man nicht nur auf kurzfristige Projekte, sondern auch auf viele längerfristige.

Prouktivitätsfortschritt bedrohlich

- Wer investiert, versucht eher die Kosten zu senken. Auch wenn die Verkäufe nicht steigen, geht der organisatorische und technische Fortschritt weiter, und Arbeitskräfte können eingespart werden. Auch wer das konjunkturelle Auf und Ab schon manchmal erlebt hat, ist beeindruckt, wie Arbeitsplätze vernichtet werden. So taucht in längeren Abschwüngen stets die Sorge auf, der technische Fortschritt nehme uns die Arbeit weg.

Staatsleistungen stärker überprüft

- Im Abschwung sinken die Steuereinnahmen des Staats; Gemeinden, Länder und Bund erzielen hohe Defizite. Politiker, die nicht daran glauben wollen, dass ein Aufschwung wieder Überschüsse bringen würde, sparen und verstärken damit den Abschwung noch. Die Rufe nach einem Abbau der Sozialeinrichtungen werden im Abschwung lauter. Bildungsinvestitionen gehen zurück. Das trägt dazu bei, dass die Bevölkerung pessimistischer in die Zukunft blickt. – Wir werden das ganze nächste Kapitel den staatlichen Maßnahmen im Konjunkturgeschehen widmen.

In den Medien, in Vorträgen sowie bei Diskussionen in Unternehmerverbänden, Gewerkschaften und unter Politikern bestätigt man sich gegenseitig (wo sonst soll man sich orientieren, wie anders orientiert man sich gewöhnlich als bei Gleichgesinnten?): Man rechnet nicht mit einem baldigen Aufschwung; und wenn er doch kommen sollte, würde er nie mehr so stark sein wie der vergangene.

Ist dann der Aufschwung einmal da, ändert sich die Zukunftseinschätzung nach und nach. Man orientiert sich neu, man vergisst besser, was man im Abschwung gedacht hat. Ringsum spricht man jetzt von neuen Möglichkeiten … So, wie Sie noch manchen Ab- und Aufschwung erleben werden, werden Sie auch noch manche Änderungen in der Einschätzung der Zukunft bei sich, in Ihrer Umgebung und in den Medien beobachten können.

Fragen zum 18. Kapitel, Konjunkturschwankungen

1. Ordnen Sie jedem Fachbegriff die passende Ziffer zu:

..... potentielles BIP,
Produktionspotential,
mögliches Gesamtangebot

..... Rezession

..... Depression

..... BIP-Lücke

..... Konjunkturschwankungen

..... Hochkonjunktur, Boom

..... Gesamtnachfrage nach inländischen Gütern

..... Grenzneigung zum Sparen

..... Grenzneigung zum Konsum

..... Multiplikator

..... Effizienzlohntheorie

..... adverse Selektion, negative Auslese

..... pseudoexterne Effekte, pekuniäre externe Effekte

..... Sockelarbeitslosigkeit

..... inflationsstabile Arbeitslosenquote

a Summe aller nachgefragten Waren und Dienstleistungen: privater Konsum + Staatsausgaben + Investitionen + Nettoexporte

b Produktionsmöglichkeiten von Unternehmen und Staat bei voller Kapazitätsauslastung, d. h. bei gut ausgelasteten, aber nicht überlasteten Kapazitäten

c Faktor, mit dem die konjunkturelle Dynamik einen ursprünglichen Impuls vergrößert

d Differenz zwischen dem potentiellen und dem tatsächlichen BIP

e Effekte, die nicht am Markt vorbei wirken, sondern eine Folge des Wettbewerbs auf den Märkten sind und Auswirkungen auf andere Märkte haben; Eröffnung und Vernichtung von Marktchancen

f Arbeitslosenquote, die mit einer konstanten Inflationsrate vereinbar ist.

g Besonders starker und langer Konjunkturabschwung

h Wachstumsschwankungen der gesamtwirtschaftlichen Aktivität, in der Regel Schwankungen der Gesamtnachfrage, treffen praktisch alle Branchen gleichzeitig.

i Kürzt ein Unternehmen die Löhne, droht sich die Zusammensetzung der Belegschaft in einer Art zu verändern, die negativ für das Unternehmen ist.

k Teil jedes zusätzlich verdienten Euros, der konsumiert wird

l Teil jedes zusätzlich verdienten Euros, der gespart wird

m Leichter bis mittelschwerer Konjunkturabschwung

n Unternehmen zahlen mehr als den Gleichgewichtslohn. Damit wollen sie die Arbeitsmoral und die Loyalität ihrer Angestellten erhöhen und gut qualifizierte Arbeitskräfte anziehen.

o Das tatsächliche BIP steigt über das potentielle BIP, die BIP-Lücke ist positiv.

p Es wird darunter Verschiedenes verstanden, z. B. jene Arbeitslosigkeit, die am Ende eines starken Aufschwungs immer noch bestehen bleibt. Eigentlich kein Begriff der Volkswirtschaftslehre.

2. Welche Inflationsentwicklung erwarten Sie bei folgenden Pressemeldungen?

Inflationsrate
steigt / fällt

steigt	fällt	
O	O	Die konjunkturelle Arbeitslosigkeit steigt auch dieses Jahr wieder.
O	O	Nicht nur hochqualifizierte Spezialisten sind heute gesuchter denn je, sondern auch Hilfsarbeiter findet man kaum noch.
O	O	Die Auftragsbestände praktisch aller Firmen sind überdurchschnittlich hoch und steigen weiter.
O	O	Wir sind den letzten Jahren in einen rekordverdächtigen Arbeitskräftemangel geraten.
O	O	Unternehmen haben seit Jahren kaum Probleme, passende Facharbeiter zu finden.
O	O	Facharbeiter haben seit Jahren größte Mühe, eine passende Stelle zu finden.
O	O	Das potentielle BIP liegt über dem BIP.
O	O	Das Wachstum des BIP hat sich stark abgeschwächt, aber das BIP liegt immer noch über dem potentiellen BIP.

3. Man kann die konjunkturelle Arbeitslosigkeit als Schwester der negativen BIP-Lücke bezeichnen – und die inflationsstabile Arbeitslosenquote als Schwester des potentiellen BIP. Können Sie erklären, warum?

4. Wie kann eine Rezession ausgelöst werden? Nennen Sie mehrere Beispiele.

5. Oft werden Börsencrashes und Anfänge von Rezessionen in einen Zusammenhang gebracht. Erklären Sie die möglichen Zusammenhänge.

6. Den folgenden Aussagen liegt das Kreislaufmodell mit Lecks und Zuflüssen zugrunde.

richtig	falsch	
O	O	Konsum und Sparen sind beide Lecks im Wirtschaftskreislauf.
O	O	Sparen und Importe sind beide Lecks im Wirtschaftskreislauf.
O	O	Importe und Subventionen sind beide Lecks im Wirtschaftskreislauf.
O	O	Exporte und Sparen sind beide Lecks im Wirtschaftskreislauf.
O	O	Eine Kürzung der Staatsausgaben senkt den privaten Konsum.
O	O	Eine Steuersenkung führt zu niedrigerem Konsum.
O	O	Eine Zunahme der Exporte führt zu höheren Staatseinnahmen.
O	O	Eine Erhöhung der Staatsausgaben wird z. T. kompensiert durch größere Staatseinnahmen.
O	O	Steigende Importe führen zu kleineren Einkommen.
O	O	Steigende Einkommen führen zu kleineren Importen.

7. Nach dem Zusammenbruch der Sowjetunion verringert Russland seine Importe aus Finnland schlagartig um 20 Mrd. $. Welchen Einfluss auf die finnische Gesamtnachfrage hat allein dieser Exporteinbruch, wenn innerhalb nützlicher Frist keine neuen Exportmärkte gefunden werden?

   Verwenden Sie für Ihre Antwort das Multiplikator-Modell und gehen Sie von einer Grenzneigung zum Konsum von 0,8 aus. 20 % der Ausgaben fließen ins Ausland, und 22 % des erarbeiteten Einkommens werden versteuert. Der Staat verändert in dieser Krise seine Ausgaben nicht.

8. In einer tiefen Rezession wird im Parlament über zusätzliche Staatsausgaben von 1 Mrd. Euro debattiert. Ein Gegner behauptet, die Wirkung dieser Konjunkturspritze auf die Gesamtnachfrage betrage höchstens 900 Mio. Euro.

   Ist dies überhaupt möglich? Wenn nein, warum nicht? Wenn ja, unter welchen Umständen?

9. Die Regierung will die konjunkturelle Wirkung eines Investitionsprogramms abschätzen. Wie verändert sich der Multiplikator?

wird größer	wird kleiner	
O	O	Die Grenzneigung zum Sparen nimmt zu.
O	O	Die Grenzneigung zum Konsum nimmt zu.
O	O	Der Importanteil am BIP nimmt zu.
O	O	Der Exportanteil am BIP nimmt zu.
O	O	Der Steueranteil am BIP nimmt zu.
O	O	Der Investitionsanteil am BIP nimmt zu.

10. Ein Unternehmen für medizinische Geräte erleidet einen Verkaufseinbruch. So steht es für die nächsten Monate vor folgenden zwei prinzipiellen Varianten:

    1. Preise senken, um die Verkäufe wieder aufs alte Niveau zu heben, damit auch die Kosten senken, vor allem die Löhne (pro Angestellten).

    2. Produktion der geschrumpften Nachfrage anpassen und Personal entlassen.

    Was spricht (aus der Sicht der Unternehmensleitung, die die Entscheidung ja fällt) für und gegen die erste Variante, was für und gegen die zweite Variante? Welche Variante wird das Unternehmen wählen?

11. Träge Preise verhindern, dass sich auf den Güter- und Arbeitsmärkten Angebot und Nachfrage schnell ausgleichen können. Welches sind die fünf hauptsächlichen Gründe für die langsame Anpassung der Preise?

12. Je ein Gegner und ein Befürworter der kapitalgedeckten Altersvorsorge streiten sich:

    »Mit dem Kapitaldeckungsverfahren wird mehr gespart, das schadet der Wirtschaft.«

    »Genau, mit dem Kapitaldeckungsverfahren wird mehr gespart, doch das nützt der Wirtschaft!«

    Fördert Sparen die Investitionstätigkeit und damit die wirtschaftliche Entwicklung? Beantworten Sie diese Frage

    a) aus klassisch-langfristiger Sicht

    b) aus konjunktureller Sicht mitten in einer Rezession

    c) aus konjunktureller Sicht mitten in einem Boom

13. Welche der folgenden Begriffe sind vornehmlich im Rahmen der klassischen Ökonomie sinnvoll, welche in der keynesianischen Konjunkturtheorie?

klass.	konj.	
O	O	Strukturreform
O	O	Umweltökonomie
O	O	Kreislaufanalyse
O	O	Marktausgleich
O	O	Wettbewerbspolitik
O	O	sich selbst verstärkend
O	O	Konsumentenstimmung
O	O	unabsehbare Konsumwünsche
O	O	BIP
O	O	strukturelle Arbeitslosigkeit
O	O	Exportmultiplikator
O	O	Steuermultiplikator
O	O	Ziel: volle Nutzung des Produktionspotentials
O	O	Ziel: Wachstum des Produktionspotentials
O	O	Pigou-Steuer

14. Die Volkswirtschaftliche Gesamtrechnung wurde für konjunkturelle Analysen konzipiert. Mit dem Wirtschaftskreislauf (ohne Märkte!) und seinen wichtigsten Zu- und Abflüssen kennen Sie nun ein rein konjunkturelles Modell – und damit auch ein passenderes Modell als im 12. Kapitel, um zu zeigen, wo BIP, BNE und VE gemessen werden. (Wir müssen dazu nur noch zwei zusätzliche Zu- und Abflüsse einzeichnen: Zum einen fließen Netto-Faktoreinkommen aus dem Ausland zu, zum andern fließen schon früh jene Ersparnisse weg, die für die Abschreibungen zurückgestellt und nicht als VE werden.)

    Frage: An welchen Stellen im unten stehenden Kreislauf werden also BIP-Produktion, BIP-Verwendung, das BNE und das VE erfasst? (Eine Hilfe gibt Ihnen die Tabelle 12.1 im 12. Kapitel.)

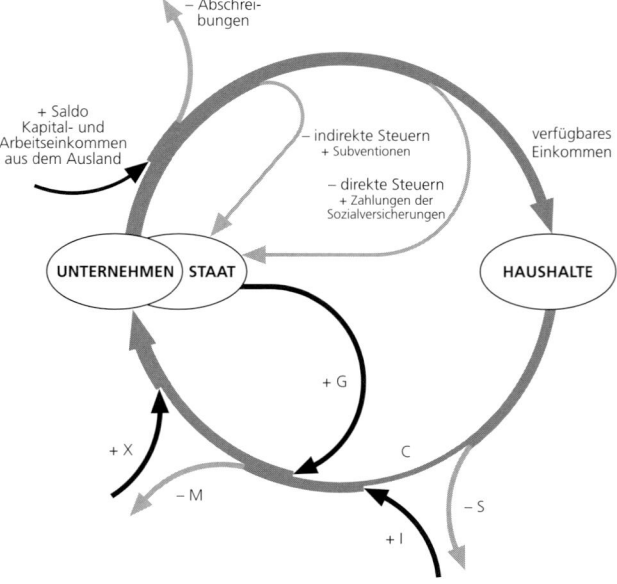

19. Der Kampf gegen Arbeitslosigkeit

19.1 Das Prinzip der antizyklischen Konjunkturpolitik

Was lässt sich gegen Konjunkturschwankungen, konjunkturelle Arbeitslosigkeit und Inflation tun? Wie schon bei den anderen Marktversagen ruft man auch hier nach dem Staat. Er soll Konjunkturpolitik betreiben und dafür sorgen, dass die Gesamtnachfrage möglichst gleichauf mit dem potentiellen BIP wächst.

restriktive Konjunkturpolitik

- In einem Aufschwung besteht die Gefahr, dass die Gesamtnachfrage über das Gesamtangebot hinauswächst und das Preisniveau steigt. Dann soll der Staat die Gesamtnachfrage drosseln, d. h. er soll eine restriktive Konjunkturpolitik verfolgen.

expansive Konjunkturpolitik

- In einem Abschwung sind die Kapazitäten einer Volkswirtschaft nicht voll ausgelastet. Der Staat soll dann mit einer expansiven Konjunkturpolitik die Gesamtnachfrage ausweiten.

antizyklische Konjunkturpolitik
Versuch von Regierung und Zentralbank, durch aktive Maßnahmen Konjunkturschwankungen zu glätten

Verfolgt der Staat in einem Boom eine restriktive und in einer Rezession eine expansive Konjunkturpolitik, spricht man von einer antizyklischen Konjunkturpolitik. Dabei hat der Staat hauptsächlich zwei Möglichkeiten, das BIP-Wachstum zu stabilisieren:

- Antizyklische Fiskalpolitik: Darunter versteht man das Bestreben der Regierung, durch Veränderung ihrer Ausgaben und Einnahmen die Gesamtnachfrage gleichmäßiger ansteigen zu lassen.
- Antizyklische Geldpolitik: Mit ihrem großen Einfluss auf Zinsniveau und Wechselkurse eröffnen sich der Zentralbank auch Möglichkeiten zur Einflussnahme auf Konsum, Investitionen, Exporte und Importe.

Grafik 19.1:
Regierung und Zentralbank können alle Lecks und Zuflüsse des Wirtschaftskreislaufs beeinflussen.

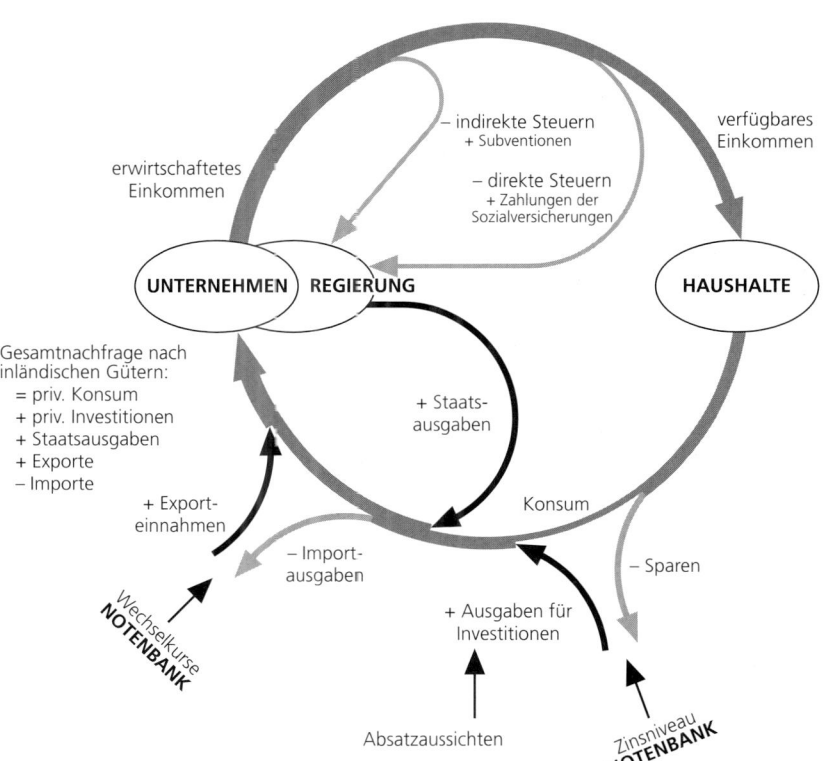

19.1.1 Antizyklische Fiskalpolitik

expansiv im Abschwung:

Ausgaben steigern und Steuern verringern

Droht eine Rezession, kann die Regierung direkt eingreifen, indem sie die Gesamtnachfrage mit Staatsaufträgen stützt. Dabei sollte sie mehr Geld ausgeben, ohne die Steuern anzuheben, denn mit höheren Steuern würden sich ja der Konsum der Haushalte und die Investitionsmöglichkeiten der Unternehmen wieder verkleinern. Die Regierung sollte vielmehr die Steuern verringern und so die Ausgabemöglichkeiten der Haushalte und Unternehmen vergrößern. Mit niedrigeren Steuern steigt die Kaufkraft der Haushalte und Unternehmen, und diese gesteigerte Kaufkraft kann den Teufelskreis des Abschwungs brechen.

Staatsdefizit

Gibt die Regierung mehr aus, während sie die Steuern senkt, wird natürlich die Staatsrechnung defizitär. Mit ihrem Defizit versucht die Regierung, die Nachfragelücke der Haushalte und der Unternehmen zu schließen. Da aber ein Konjunkturabschwung nicht ewig dauert, sollte das Staatsdefizit nur vorübergehend sein. Je schneller eine Rezession dank einer klugen Konjunkturpolitik aufgefangen wird, je früher also ein sich selbst verstärkender Aufschwung einsetzt, desto kräftiger fließen auch wieder die Steuereinnahmen.

restriktiv im Boom:

Ausgaben senken und Steuern anheben

Genau in die umgekehrte Richtung muss eine antizyklische Fiskalpolitik zielen, wenn in einem Boom die Gesamtnachfrage über das Gesamtangebot hinauswächst und die Preise auf breiter Front steigen: Jetzt muss die Regierung ihre Ausgaben senken. Vergibt sie weniger Aufträge, verringert sich die Gesamtnachfrage. Zugleich müsste sie die Steuern anheben. Damit bleibt den Investoren und Konsumenten entsprechend weniger Geld für ihre Nachfrage.

Multiplikator-Effekte

Staatsausgabenmultiplikator größer als Steuermultiplikator

Die Regierungsanstrengungen werden unterstützt durch Multiplikator-Effekte. Je kleiner die Sickerverluste im Wirtschaftskreislauf (durch Sparen, Importe und Steuern), desto eher kann sich der ursprüngliche Impuls vervielfachen. Dabei zeigt eine Multiplikatoranalyse, dass direkte Staatsaufträge einen größeren Gesamtimpuls auslösen als Steuererleichterungen. Durch Steuern vergrößerte Ausgabemöglichkeiten müssen nämlich zuerst an zwei Kreislauflecks (Sparen und Importen) vorbeifließen, bevor sie Teil der Gesamtnachfrage nach inländischen Gütern werden. Damit kommt in der ersten Runde nur ein Teil der Steuererleichterungen den einheimischen Unternehmen zugute.

mit größerem Importanteil kleinere Multiplikator-Effekte

In Deutschland, wo etwa ein Drittel der nachgefragten Güter aus dem Ausland stammt, dürfte auch etwa ein Drittel einer zusätzlichen Nachfrage ins Ausland versickern. Auf der anderen Seite ist die exportorientierte BRD auch besonders offen für Konjunkturimpulse aus dem Ausland. So profitiert sie auch von der ausländischen Konjunkturpolitik.

Trittbrettfahrer von ausländischen Konjunkturimpulsen

Je tatkräftiger ihre Handelspartner eine antizyklische Politik verfolgen, desto eher kann sich die BRD als Trittbrettfahrerin die Kosten einer solchen Politik sparen. Weil sich kaum ein Staat gerne im Alleingang verschuldet, um damit die Gesamtnachfrage der übrigen Welt anzukurbeln, gibt es heute Wirtschaftsgipfelkonferenzen, wo die führenden Volkswirtschaften ihre Konjunkturpolitik abzustimmen versuchen.

antizyklische Fiskalpolitik

Bestreben der Regierung, das BIP-Wachstum durch Veränderung ihrer Ausgaben und Einnahmen zu stabilisieren

Fazit: Konjunkturschwankungen können mit antizyklischer Fiskalpolitik geglättet werden:

- **In der Rezession erhöht der Staat seine Ausgaben und senkt die Steuern. Damit macht er zwar Schulden, aber gerade damit sorgt er für eine Belebung der Gesamtnachfrage.**
- **In der Hochkonjunktur verringert der Staat seine Ausgaben und erhöht die Steuern. So baut er seine Schulden aus dem letzten Abschwung ab und dämpft gleichzeitig die überbordende Gesamtnachfrage.**

automatische Konjunkturstabilisatoren

im Abschwung

Selbst wenn die Regierung keine aktive Konjunkturpolitik betreibt, werden Konjunkturschwankungen durch die Staatstätigkeit von selbst etwas gedämpft:

- In einer Rezession gehen die Steuereinnahmen automatisch zurück, die progressiven Steuern sogar überproportional. Die Steuerentlastung stützt die Kaufkraft für Konsum- und Investitionszwecke. Zudem steigen die Staatsausgaben, v. a. für die Arbeitslosenversicherung und andere soziale Aufgaben. Eine gut ausgebaute Arbeitslosenversicherung lindert nicht nur die Not, sie verhindert auch, dass die Kaufkraft der Arbeitslosen zu stark sinkt. Zudem baut sie Zukunftsängste ab – auch bei Menschen, die nicht arbeitslos sind.

im Aufschwung

- Umgekehrt wird in einem Aufschwung den Haushalten und Unternehmen mit steigenden Steuern zunehmend Kaufkraft entzogen. Vor allem progressive Steuern steigen stark an. Zudem gehen im Aufschwung die Zahlungen der Arbeitslosenversicherung und der Sozialhilfe zurück.

automatische Konjunkturstabilisatoren

im staatlichen System eingebaute Mechanismen mit antizyklischer Wirkung, ohne dass die Regierung ihre Einnahmen- und Ausgabenpolitik im Konjunkturverlauf ändert

Automatische Stabilisatoren können natürlich nur dann wirken, wenn die Regierung keine gegenläufigen Entscheidungen trifft. Im Abschwung dürfen sinkende Einnahmen nicht zu höheren Steuersätzen und Sozialversicherungsbeiträgen führen, und die Ausgaben dürfen nicht gekürzt werden. Analog dürfen höhere Steuereinnahmen im Aufschwung kein Anlass für höhere Staatsausgaben oder Steuersenkungen sein.

19.1.2 Antizyklische Geldpolitik

antizyklische Geldpolitik

Bestreben der Zentralbank, mit ihrem Einfluss auf Zinsniveau und Wechselkurse das BIP-Wachstum zu stabilisieren

Der Einfluss der Zentralbank auf das BIP-Wachstum wurde schon in den Kapiteln 15 und 16 analysiert – mit dem makroökonomischen Modell in der Grafik 19.2 auf der nächsten Seite. Hier repetieren wir mit der Frage, wie die Zentralbank Konjunkturschwankungen glätten kann. Die Geldpolitik der EZB allerdings muss sich auf die Wirtschaftslage im ganzen Euroraum ausrichten und kann keine Rücksicht auf unterschiedliche Konjunkturlagen in den einzelnen Mitgliedsländern nehmen.

Einfluss auf die Binnenwirtschaft:

lockere Geldpolitik belebt Investitionen und Konsum

Die linke Seite des Modells zeigt den Einfluss der Zentralbank auf die Binnenwirtschaft:

- Steckt die Wirtschaft in einer Rezession, kann die Zentralbank die kurzfristigen Zinsen senken, worauf in der Regel auch das allgemeine Zinsniveau sinkt. Wer investieren will, kann nun mit günstigeren Zinsen rechnen. Es wird lohnender, Wohnungen zu bauen oder Maschinen zu kaufen. Haushalte sparen eher weniger und geben mehr für Konsumgüter aus. Als Resultat wird die Gesamtnachfrage angekurbelt.

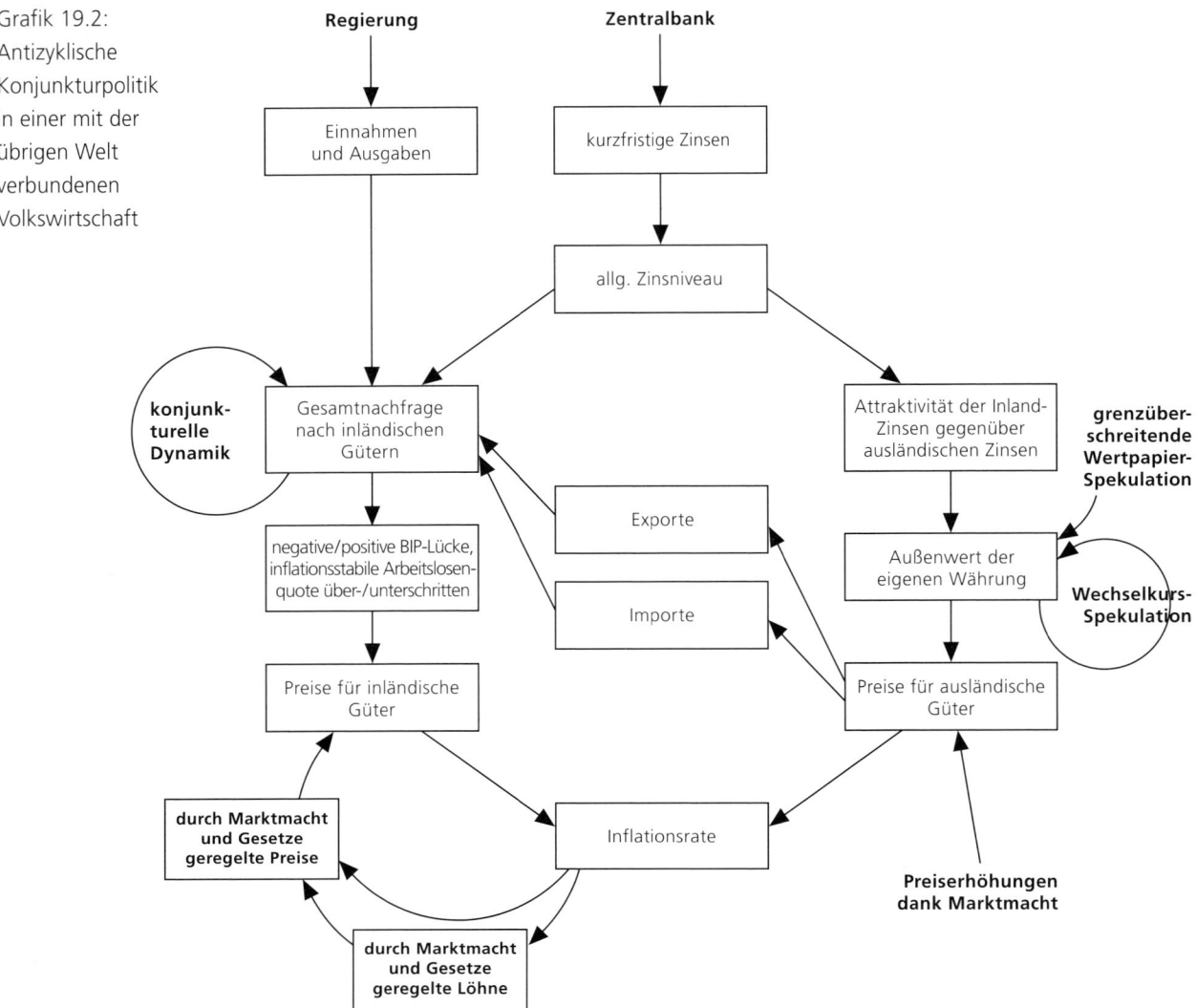

Grafik 19.2:
Antizyklische
Konjunkturpolitik
in einer mit der
übrigen Welt
verbundenen
Volkswirtschaft

Regierung

Zentralbank

Einnahmen
und Ausgaben

kurzfristige Zinsen

allg. Zinsniveau

**konjunk-
turelle
Dynamik**

Gesamtnachfrage
nach inländischen
Gütern

Attraktivität der Inland-
Zinsen gegenüber
ausländischen Zinsen

**grenzüber-
schreitende
Wertpapier-
Spekulation**

negative/positive BIP-Lücke,
inflationsstabile Arbeitslosenquote über-/unterschritten

Exporte

Importe

Außenwert der
eigenen Währung

**Wechselkurs-
Spekulation**

Preise für inländische
Güter

Preise für ausländische
Güter

**durch Marktmacht
und Gesetze
geregelte Preise**

Inflationsrate

**Preiserhöhungen
dank Marktmacht**

**durch Marktmacht
und Gesetze
geregelte Löhne**

**Erfolg in einem tiefen Abschwung
unsicher**

**restriktive Geldpolitik drosselt
Investitionen und Konsum**

Allerdings könnten in einem tiefen und langen Abschwung die Absatzerwartungen der Unternehmen derart sinken, dass sie sich selbst bei
sehr niedrigen Zinsen kaum zu mehr Investitionen verleiten lassen.
Dann gibt es keine Garantie dafür, dass mit niedrigeren Zinsen mehr
investiert wird.

■ Will die Zentralbank eine Inflation bekämpfen, die ein Boom mit sich
bringt, hebt sie die kurzfristigen Zinsen an, worauf in der Regel auch
die langfristigen Zinsen steigen. Damit fallen viele Berechnungen von
Investitionsvorhaben weniger rentabel aus, und es wird weniger investiert. Es wird weniger gebaut, und auch viele andere Investitionspläne
werden wegen steigender Zinsen verschoben. Bei höheren Zinsen wird
eher mehr gespart und weniger konsumiert. Auto- oder Möbelverkäufe
werden gedrosselt. Gebremster Konsum und gebremste Investitionen
ergeben zusammen eine weniger stark ansteigende Gesamtnachfrage.

**Erfolg braucht Zeit
und kann teuer sein.**

Allerdings wissen Sie bereits, dass sich der Erfolg einer restriktiven Geldpolitik über mehrere Jahre hinausziehen kann, weil viele Preise und Löhne durch Marktmacht und Gesetze mitbestimmt werden. Bremst die Zentralbank eine Inflation auch dann noch mit hohen Zinsen, wenn sich eine negative BIP-Lücke öffnet, kann die Arbeitslosigkeit drastisch ansteigen. Der Preis, der für eine Inflationsbekämpfung bezahlt werden muss, kann sehr hoch sein.

Mit einer restriktiven Geldpolitik lässt sich also die Gesamtnachfrage drosseln. Dabei zeigen sich höhere Arbeitslosenzahlen in der Regel schneller als verringerte Inflationsraten. Dagegen ist der Erfolg weniger garantiert, wenn die Binnennachfrage ausgeweitet werden soll.[1]

Einfluss der Außenwirtschaft

**lockere Geldpolitik senkt Wert der
eigenen Währung**

Über das Ausland eröffnen sich zusätzliche stabilisierende Mechanismen. Dies zeigt die rechte Seite des Modells in der Grafik 19.2:

- Sinken die Euro-Zinsen und wird das Zinsgefälle zum Ausland größer, wird der Außenwert des Euro sinken. (Falls dieser Mechanismus nicht funktionieren sollte, etwa weil spekulative Geldströme dagegen wirken, könnte die Zentralbank zur Not direkt am Devisenmarkt intervenieren.)

**größere Nachfrage
nach inländischen Gütern**

Sinkt der Euro, werden deutsche Güter im Ausland (außerhalb der Europäischen Währungsunion) billiger und finden dort besseren Absatz. Und ausländische Güter werden in Deutschland teurer, die Importe gehen zurück, inländische Güter verkaufen sich entsprechend besser. Sinkt der Euro, genießen deutsche Unternehmen Preisvorteile im In- und Ausland, ihre Güter verkaufen sich besser, die Gesamtnachfrage erhöht sich.

**restriktive Geldpolitik
hebt Wert der eigenen Währung**

verstärkte Auslandskonkurrenz

- Auch eine restriktive Geldpolitik wird über die Wechselkurse unterstützt: Steigt der Euro, werden deutsche Güter im Ausland (außerhalb des Euroraums) teurer und verkaufen sich schlechter. Die ausländischen Güter werden bei uns billiger, bremsen sehr schnell einen Teil unserer Inflation, und konkurrieren die inländische Produzenten. Ein hoher Euro dämpft die Nachfrage nach deutschen Gütern.

Fazit: Die Zentralbank hat über Zinsen und Wechselkurse Einfluss auf die Gesamtnachfrage.

- **In einem Abschwung kann die Zentralbank, das Zinsniveau und den Wert der eigenen Währung senken. Damit beleben sich Investitionstätigkeit und Konsum, Exporte werden erleichtert und Importe erschwert.**
- **Droht hingegen in einem Aufschwung eine Inflation, kann die Zentralbank das Zinsniveau und den Wert der eigenen Währung anheben. So werden Investitionen und Konsum gedrosselt, Exporte erschwert und Importe erleichtert.**

---

[1] Darüber, dass die Geldpolitik in die lockere Richtung ungewisser wirkt als in die restriktive, gibt es verschiedene berühmte Sprüche: »Man kann wohl an einer Schnur ziehen und so eine Notbremse einleiten – aber versuchen sie einmal eine Schnur zu stoßen« (J.K. Galbraith). Eine Ausdehnung der Geldmenge zur Ankurbelung der Wirtschaft ist, wie wenn Sie »zunehmen wollen und deshalb einen weiteren Gürtel kaufen« (J.M. Keynes). Oder auch: »Ich kann meine Kühe zum Brunnen führen, aber saufen müssen die Kühe selber.«

19.2 Makroökonomische Kontroversen und konjunkturpolitische Probleme

19.2.1 Aktivisten gegen Nichtaktivisten

So überzeugend eine antizyklische Politik im Prinzip klingt, so umstritten ist, wie stark sich Regierung und Zentralbank bei der Glättung von Wachstumsschwankungen engagieren sollen. Vor allem in den 70er und 80er Jahren standen sich die Lehrmeinungen schroff gegenüber:

Aktivisten: Keynesianer und Neukeynesianer

Auf der einen Seite stehen Aktivisten. Keynesianer und Neukeynesianer wie Edmond Malinvaud, Robert Gordon oder Alan Blinder sind der Meinung, eine aktive Fiskal- und Geldpolitik könne und solle eingesetzt werden, um ein möglichst gleichmäßiges Wachstum ohne konjunkturelle Arbeitslosigkeit und Inflation zu erreichen. **Die Politik soll jeweils auf die konkrete konjunkturelle Situation reagieren, von Fall zu Fall entscheiden. Man spricht im Fachjargon von diskretionärer Politik.**

Nichtaktivisten:

Dem halten Nichtaktivisten die klassische Ansicht entgegen, mit freien Preisen, Löhnen und Zinsen finde das Marktsystem von selbst ein Gleichgewicht, Wachstumsschwankungen seien vorübergehend. Aktive Konjunkturpolitik sei darum den Aufwand nicht wert, nutzlos oder schlimmer als nutzlos. **Um keine unnötige oder schädliche Verwirrung zu stiften, soll die Konjunkturpolitik an fixe Regeln gebunden werden.**

regelgebundene Konjunkturpolitik

Monetaristen ...

Der bekannteste Nichtaktivist ist Milton Friedman. Er und seine Anhänger, die Monetaristen, vertraten mit großem Echo die Lehre, wonach zwar die Geldpolitik eine große reale Wirkung habe. (Eine Inflationsbekämpfung dämpft das Wirtschaftswachstum und eine Lockerung der Geldpolitik kann vorübergehend expansiv wirken.) Doch unheilvolle Fehler seien unvermeidlich, und so sei antizyklische Politik keine Kur für Konjunkturschwankungen, sondern das Virus selber! Sprunghafter und fehlerhafter geldpolitischer Aktivismus seien der Hauptgrund für Konjunkturschwankungen.[2]

... und Neuklassiker

Theorie der rationalen Erwartungen

Neuklassiker um Robert Lucas und Thomas Sargent traten schließlich mit der radikalen und anfangs enthusiastisch gefeierten Theorie der rationalen Erwartungen auf. Danach lassen sich Unternehmen und Haushalte selten durch staatliche Maßnahmen täuschen. Denn bei Entscheidungen würden alle verfügbaren Informationen, auch jene über die staatliche Konjunkturpolitik, einbezogen. Erinnern Sie sich an die Frage im Abschnitt 15.2.2, ob die Langfristzinsen über die Kurzfristzin-

---

[2] Welche **regelgebundene Konjunkturpolitik** schlugen Monetaristen vor? Ihre Antwort war die Einfachheit selber: Die Gesamtnachfrage wird nur (oder fast nur) von der Geldmenge beeinflusst. Inflation ist demnach die Folge von zu viel und Rezession die Folge von zu wenig Geld. Um ein BIP-Wachstum ohne konjunkturelle Arbeitslosigkeit und mit stabilen Preisen zu erreichen, brauchten die Monetaristen nur eine Regel: Die Geldmenge soll im gleichen Tempo wachsen wie das reale BIP. Dass eine solche Regel heute nicht mehr praktikabel wäre, wurde schon im Abschnitt 15.1.5 gezeigt – erinnern Sie sich? Welche Geldmenge ist heute relevant? Wie kann eine Zentralbank M1, M2 oder M3 steuern? Zudem sind die Veränderungen der Geldumlaufgeschwindigkeit schwer prognostizierbar.

sen steuerbar seien? Möglich war, dass als Folge von sinkenden Kurzfristzinsen eine Inflation erwartet wird, und dann das allgemeine Zinsniveau nicht sinkt. Mit solchen Überlegungen kommen die Neuklassiker zum Schluss, dass diskretionäre Politik kaum eine Wirkung haben
könne, sie sei ineffektiv und damit nutzlos.

Tabelle 19.1
Grabenkämpfe der 70er/80er Jahre

	Klassiker (Neo-, Neu-)	Monetaristen	Keynesianer (Neo-. Post-)
Kann sich die Gesamtnachfrage vom Gesamtangebot lösen?	nicht nennenswert, das Angebot schafft seine Nachfrage	ja	ja-
Gibt es sich selbst verstärkende gesamtwirtschaftliche Instabilitäten?	nicht nennenswert, das Gesamtsystem tendiert zum Gleichgewicht	nicht nennenswert, das Gesamtsystem tendiert zum Gleichgewicht	ja
Warum Rezession?	Strukturprobleme	fehlerhafte Geldpolitik + Strukturprobleme	sich selbst verstärkende konjunktuelle Dynamik + fehlerhafte Geldpolitik + Strukturprobleme
Warum Inflation?	fehlerhafte Geldpolitik	fehlerhafte Geldpolitik	sich selbst verstärkende konjunkturelle Dynamik + fehlerhafte Geldpolitik
Hat Geldpolitik eine reale Wirkung?	nein	ja	ja
Antizyklische Politik empfohlen?	nein, weil nicht nötig und unwirksam	nein, zwar wirksam, aber Unheil stiftend	ja, konjunktuelle Dynamik macht sie nötig

Forschungsergebnisse

Die unterschiedlichen Lehrmeinungen haben große Forschungsan-
strengungen ausgelöst. Diese haben gezeigt, dass Fiskal- und Geldpolitik durchaus Konsequenzen für das reale BIP und die Beschäftigung
haben. Aber auch die Anwendungsprobleme einer antizyklischen Politik wurden offengelegt (wovon in den folgenden Abschnitten drei näher
beleuchtet werden). Auf der anderen Seite bereitete es den Nichtaktivisten Mühe, die von ihnen geforderten fixen Verhaltensregeln für eine
sich ständig wandelnde Wirtschaft zu formulieren.

**alle drei Ansätze in der
modernen Theorie integriert**

Alle drei Erklärungsansätze sind heute in der modernen Wirtschafts-
theorie integriert. Wie stark klassische, monetaristische oder keynesia-
nische Effekte wirken und wie sie sich lang- oder kurzfristig zeigen,
muss in einer konkreten Situation empirisch beurteilt werden.

In der Politik, in populärwissenschaftlichen Büchern oder in Talk-
shows hingegen wählt man weiterhin einseitig jenen Erklärungsansatz,
der den eigenen Zielen gerade am besten dient.

19.2.2 Wirkungsverzögerungen

unzuverlässige Konjunkturprognosen

Der Erfolg antizyklischer Maßnahmen kann durch zeitliche Verzögerungen (time lags) in Frage gestellt werden. Vorerst ist der Konjunkturverlauf schwierig vorauszusagen, und so wird die Konjunkturlage oft zu spät richtig eingeschätzt.

Wirkungsverzögerungen bei Staatsausgaben ...

Dann kann viel Zeit vergehen, bis geeignete Maßnahmen ergriffen werden. Will eine Regierung mit Investitionen die Gesamtnachfrage ankurbeln, müssten die Planung und die politische Entscheidung für Straßen, Eisenbahnen, Turnhallen, Krankenhäuser oder Rüstungsgüter abgeschlossen und die rechtlichen Fragen geklärt sein. Allerdings steht der Regierung zumindest offen, schon beschlossene Programme beschleunigt in Angriff zunehmen. Es kann aber nochmals lange dauern, bis die Maßnahmen ihre konjunkturelle Wirkung entfalten. Vor allem bei großen Projekten könnte sich die Bauzeit weit in den nächsten Aufschwung hineinziehen.

... und geldpolitischen Maßnahmen

Zwar kann eine Zentralbank schnell entscheiden – doch auch sie steht vor dem Problem von Wirkungsverzögerungen. Bis sich eine Änderung der Zinssätze auf Investitionen und Konsum auswirkt, kann ein halbes Jahr und mehr verstreichen. Und stellt man (wie die Monetaristen) auf die Geldmengen ab, ergeben sich sogar time lags von mehreren Jahren!

19.2.3 Politischer Prozess mit Nebenwirkungen

Verteilungskampf zwischen Interessengruppen

Ein zweites Bündel von Problemen erwächst aus dem politischen Prozess, in dem Zinsen, Steuern und Staatsausgaben gesenkt oder angehoben werden. Jede Änderung dieser wichtigen Größen bringt die Verbände dazu, für ihre Interessen zu kämpfen. Die Bauwirtschaft macht sich für Infrastrukturbauten stark, die Exportwirtschaft profitiert davon wohl nur in geringem Maße und tritt eher für einen tieferen Außenwert der eigenen Währung ein. Dies ist aber weniger im Interesse der Importeure, usw. Durch den häufigen Gebrauch von diskretionärer Politik mischen sich Sonderinteressen mehr ein und gewinnen an Macht. Sind staatliche Gremien dann noch in der Lage, so komplexe Probleme, wie sie in der konjunkturpolitischen Praxis auftreten, fachgerecht zu lösen?

prozyklische Praxis

Nicht selten torpedierte die Ausgabenpolitik der Länder und Gemeinden die antizyklischen Bemühungen der Bundesregierung. In Boomphasen flossen die Einnahmen, und so gaben Länder und Gemeinden das Geld großzügiger aus: z. B. für Straßen, Schulhäuser, Gemeindezentren oder Bäder. In der Rezession wurde dann der Sparzwang entdeckt: Staatsaufträge und Staatsstellen gestrichen oder Bäder geschlossen. So verhielt sich ein Teil des Staats häufig prozyklisch. Das heißt, Rezessionen wurden verschlimmert und verlängert und Boomphasen verstärkt.

politische Konjunkturschwankungen?

Fiskal- und Geldpolitik kann auf vielfältige Weise missbraucht werden, z. B. um Wahlen zu gewinnen: Etwa zwei Jahre vor einer Wahl steuert die Regierung (zusammen mit dem befreundeten Zentralbankdirektorium)

Ich gehe de fakto nur noch zur Schule, um unserer Lehrerin den Arbeitsplatz zu erhalten!

einen expansiven Kurs. Die Arbeitslosigkeit sinkt relativ rasch. Hat die Regierung Glück mit der Wirkungsverzögerung, finden die Wahlen mitten im Aufschwung statt, aber noch bevor sich die Inflation meldet. In einer solchen Situation werden Regierungen in der Regel wiedergewählt. Nach den Wahlen wird die Regierung die Gesamtnachfrage wieder drosseln, weil die Wähler Inflation so wenig lieben wie Arbeitslosigkeit. Herrschen zwei Jahre vor den nächsten Wahlen tiefe Inflationsraten, aber hohe Arbeitslosigkeit, wird die Konjunkturpolitik wieder expansiv. Hier kann man von politischen Konjunkturschwankungen sprechen. Eindeutig nachweisen konnte man sie aber bisher nicht.

zyklisch ausgeglichene Staatsrechnung
Ausgaben und Einnahmen des Staates sind über einen Konjunkturzyklus hinweg ausgeglichen.

Zwar kann man sich im Prinzip auf eine Politik einigen, mit der das staatliche Budget und dann die Finanzrechnung des Staates über einen ganzen Konjunkturzyklus hinweg etwa ausgeglichen sein sollten. So würden im Boom Schulden aus der letzten Rezession zurückbezahlt oder Reserven für die nächste Rezession angelegt.

Schulden machen ist einfacher als sie abtragen

Doch im politischen Prozess ist es einfacher, Steuern zu senken, als sie nachher wieder anzuheben. Ebenso werden Ausgaben leichter erhöht als verringert. Antizyklische Fiskalpolitik kann so eine Einbahnstrasse werden. Im Abschwung wächst das Staatsdefizit – wird aber im Aufschwung nicht im gleichen Maß abgebaut. Als Ergebnis verschuldet sich der Staat zunehmend. Vor allem seit den 80er Jahren sind die Staatsschulden in den USA, in Japan und auch in vielen europäischen Ländern angewachsen.

viele Gründe für zunehmende Staatsverschuldung

Umstritten ist aber, ob die steigenden Schulden vornehmlich eine Folge antizyklischer Ausgaben sind, oder ob gerade eine zu zögerliche Konjunkturpolitik zu anhaltenden Rezessionen führte und damit erst zu stagnierenden Einnahmen und steigenden Ausgaben. In Deutschland hat der Staat zudem mit der Wiedervereinigung eine riesige Aufgabe über-

nommen, und auch die Senkung von Steuern für mobile Produktionsfaktoren hat Löcher in die Staatskasse gerissen.

Kampf um Staatsdefizite und Staatsschulden

Unterdessen haben sich starke Kräfte formiert, um die Schulden wieder abzubauen, und im Kampf um Staatsdefizite und Staatsschulden ist
das Ziel einer antizyklischen Fiskalpolitik in Europa in den Hintergrund
getreten. Im folgenden Abschnitt wollen wir darum noch etwas vertiefter auf die ökonomischen Wirkungen von Defiziten und Schulden des
Staates eingehen.

19.2.4 Staatsschulden und Staatsdefizite

Defizite der öffentlichen Haushalte werden oft fälschlicherweise mit
Schulden der öffentlichen Haushalte gleichgesetzt. Vergegenwärtigen
wir uns darum zuerst, dass Schulden die Folge aller vergangenen Defizite abzüglich aller vergangenen Überschüsse sind.

Fakten zur Staatsverschuldung

Zuerst zu den öffentlichen Schulden, und da vorweg zur Staatsschul-
denquote: Sie misst die Staatsschuld in Prozent des BIP (oder auch des
BNE). Mit dieser Maßzahl werden internationale Vergleiche angestellt –
doch in der Regel sehr ungenau und fahrlässig!

Brutto-Staatsschulden

- Meistens vergleicht man nur die Bruttoschulden. Auch die Maastricht-
  Kriterien (an die sich die Euroländer halten müssen) orientieren sich an
  der Bruttoschuldenquote, 60% des BIP sind erlaubt, und eine Defizit-
  quote von 3%.[3] Für Deutschland betrug diese im Jahr 2004 67%.
  Schweden kam auf 61%, Italien auf vermutlich geschönte 120%, das
  Eurogebiet auf 78% und die USA auf 64%.

Netto-Staatsschulden

- Doch Bruttoschulden geben nur beschränkt Auskunft über die Vermö-
  gensposition der öffentlichen Haushalte. Den Schulden stehen ja auch
  Vermögenswerte gegenüber. Eine seriöse Buchhaltung berücksichtigt
  wenigstens die Finanzvermögen, aus denen Zinserträge fließen. So be-
  rechnete Nettoschulden der Staatshaushalte geben zum Teil ein anderes Bild: Deutschland 54%, Schweden nur noch 4%, Italien 96%, das
  Eurogebiet 53% und die USA 44%. Nicht berücksichtigt sind hier die
  realen Vermögenswerte, wie öffentliche Bauten, Infrastruktur oder
  Land.[4]

Welche ökonomische Wirkung entfalten nun öffentliche Schulden?

Inflationsgefahr?

- Mit einer unvorhergesehenen Inflation verringern sich Schulden. So
  könnte ein hoch verschuldeter Staat an einer sehr lockeren Geldpolitik interessiert sein. Er könnte seine Schulden auch mit neuem Geld

---

[3] Warum gerade 3% und 60%? Bei der Festlegung der Kriterien betrug die Schuldenquote der
Euro-Kandiaten 60%. Und wächst das BIP nominal (also nicht inflationsbereinigt) 5% pro Jahr,
stabilisiert eine Neuverschuldung von 3% die Schuldenquote auf 60%. (So wie beim gleichen
nominalen BIP-Wachstum eine Defizitquote von 4% die Schuldenquote auf 80%, und eine
Defizitquote von 2% die Schuldenquote auf 40% stabilisieren würde.) Eine tiefere wirtschafts-
wissenschaftliche Begründung gibt es nicht.
[4] OECD Economic Outlook
Verkauft der Staat Vermögenswerte, wie etwa Beteiligungen an der Telekom, kommen sich
Brutto- und Nettoschulden näher.

der Notenbank zahlen lassen. In der Vergangenheit wurde dies nicht selten gemacht, natürlich auch mit inflationären Folgen. Die Inflationsverlierer zahlen dann die Staatsschulden.

Je unabhängiger aber die Zentralbanken von Regierung und Parlament sind, desto geringer ist diese Gefahr. Die EZB ist in keiner Weise dazu verpflichtet, Schulden von Regierungen zu übernehmen.

Handlungsfähigkeit eingeschränkt?

- Mit höheren Schulden wachsen auch die Zinszahlungen. Das schränkt den Handlungsspielraum der Regierung ein – auch wichtige Staatsaufgaben könnten gefährdet werden. Salopp gesprochen ist der Staat dabei, sich mit zunehmenden Schulden selbst zu strangulieren.

Belasten Staatsschulden unsere Nachfahren?

- Beachten wir auch die Umverteilungswirkungen zwischen den Generationen: Zinsen zahlen ja nicht nur wir, sondern auch zukünftige Generationen. Wird so mit einer Staatschuld der Nachwelt eine unfaire Last aufgebürdet?

Zinszahlungen und Zinserträge

Die zukünftigen Steuerzahler werden Zinsen zahlen müssen. Diese Zinsen erhalten jene, die ihre Ersparnisse in Staatsobligationen angelegt haben – oder ihre Erben. Den Zinszahlungen der Steuerzahler werden die Zinserträge, die einige Steuerzahler erhalten, gegenüberstehen.

wofür verschuldet?

Wichtig ist, wofür wir uns heute verschulden. Macht der Staat Defizite, um Konsumausgaben zu zahlen, nimmt er also Konsumkredite auf, dann werden unsere Nachfahren nicht davon profitieren. Daraus leitet sich die Regel ab, dass **für laufende Konsumausgaben und Transferzahlungen keine Schulden gemacht werden sollten.**

Was hinterlassen wir real?

Verschuldet sich der Staat aber, um zu investieren, hängt die Beurteilung davon ab, wie gut investiert wurde, d.h. wie stark man in Zukunft davon profitieren wird. Die zukünftigen Generationen wird vor allem interessieren, welche realen Ressourcen wir ihnen überlassen, d.h. wie gut wir in Kapitalgüter, Forschung, Bildung und Ausbildung investiert haben und in welchem Zustand wir ihnen die Umweltgüter und unsere Gesellschaft übergeben.

Staatsdefizit und Zinsniveau:

ein Disput zwischen Aktivisten und Nichtaktivisten

Die ökonomischen Folgen von Staatsschulden sind empirisch schwierig nachweisbar – doch wie steht es mit den laufenden Staatsdefiziten? Im Vordergrund steht hier die Frage, ob ein hohes Staatsdefizit die langfristigen Zinsen in die Höhe treibt. Rund um zunehmende Staatsverschuldung und Zinsniveau schwelt denn auch ein langer Disput zwischen Nichtaktivisten und Aktivisten:

Verdrängungseffekt
Expansive Fiskalpolitik führt zu Zinssteigerungen, die private Investitionen und Konsumausgaben zurückdrängen.

Nichtaktivist: »Verschuldet sich eine Regierung, tritt sie auf den Kapitalmärkten als Nachfragerin auf, z. B. indem sie Obligationen herausgibt. Sie treibt damit das Zinsniveau in die Höhe. Mit höheren Zinsen investieren Unternehmen aber weniger, und es wird auch weniger gebaut. So befürchte ich einen Verdrängungseffekt, ein crowding out. Die höhere Staatsnachfrage verdrängt einfach die Privatnachfrage. Die antizyklische Konjunkturpolitik bleibt so wirkungslos.«

in der Rezession Überangebot an Spargeldern

Aktivist: »Ein crowding out gibt es nur, wenn das Kreditangebot tatsächlich begrenzt ist. Rezessionszeiten zeichneten sich aber gerade durch ein Überangebot an Spargeldern aus, eine zusätzliche Nachfrage des Staates drückt dann die Zinsen kaum in die Höhe. In einer Rezession möchten Unternehmen ihre Produktionskapazitäten besser auslasten. Solange antizyklische Staatsausgaben nur die negative BIP-Lücke verkleinern, ist ein crowding out nicht wahrscheinlich.«

Nichtaktivist: »Das Problem ist eben, dass in Boomzeiten weiter Defizite gemacht werden, und das Zinsniveau langfristig ansteigt.«

Aktivist: »Der Verdrängungseffekt mag dort ein Thema sein, wo wenig gespart wird, wie z. B. in den USA oder Australien. Für Europa dagegen kann der Verdrängungseffekt über das Zinsniveau kaum eine Rolle spielen. Die Länder der Europäischen Währungsunion exportieren ja überschüssige Spargelder (vgl. Zahlungsbilanz Abschnitt 16.1). Vor allem aber sind die Kapitalmärkte international verbunden, und so kann eine Regierung viel Geld aufnehmen, ohne dass im eigenen Land die Zinsen merkbar steigen.«

Nichtaktivist: »Verschuldet sich nur ein einziges Land, werden die weltweiten Zinsen nur ganz leicht nach oben gedrückt. Doch je mehr Regierungen sich verschulden, desto höher steigt mit der Zeit das internationale Zinsniveau. Die steigende Staatsverschuldung ist ein wichtiger Grund für den weltweiten dreiprozentigen (!) Anstieg der langfristigen Realzinsen von 1960/1970 bis 1985/1995.«

Aktivist: »Die Realzinsen sind damals tatsächlich gestiegen, aber als Folge einer restriktiven Geldpolitik in den USA und Europa. (Seit die Zentralbanken wieder expansiver sind, sind auch die Zinsen wieder tiefer.) Doch in einem sind wir uns einig: Höhere Zinsen können negative Folgen für die Gesamtnachfrage haben. Sind die Zinsen über längere Zeit hoch, dürfte dies die Investitionstätigkeit längerfristig verringern.«

auch in Boomzeiten Defizite

Europa exportiert Spargelder

Kapitalmärkte international

Zinsen stiegen weltweit

Realzinsen stiegen wegen restriktiver Geldpolitik

19.3 Grenzen der Konjunkturpolitik – die inflationsstabile Arbeitslosenquote in den USA und in Europa

Beginnen wir unsere Überlegungen mit einem typischen Konjunkturaufschwung: Die Gesamtnachfrage wächst schneller als das potentielle BIP. Die Unternehmen stellen mehr Leute ein, die Arbeitslosigkeit sinkt. Und die Inflationsrate sinkt in der Regel so lange, wie noch eine große negative BIP-Lücke besteht.

Doch sobald die Gesamtnachfrage größer ist als das mögliche Gesamtangebot, wird die Inflation anziehen. Und wie Sie schon aus dem Abschnitt 18.1 wissen, wird das potentielle BIP erreicht, bevor alle Arbeitslosen eine Stelle gefunden haben. Ein weiteres Anwachsen der Gesamtnachfrage kann die Arbeitslosigkeit zwar weiter verringern, aber nur zum Preis einer steigenden Inflationsrate.

inflationsstabile Arbeitslosenquote
Arbeitslosenquote, die mit einer konstanten Inflationsrate vereinbar ist. Wird sie unterschritten, nimmt die Inflation zu – wird sie überschritten, geht die Inflation zurück.

Diese Arbeitslosenquote, die nur unterschritten werden kann, wenn man dafür eine steigende Inflation in Kauf nimmt, ist die inflationsstabile Arbeitslosenquote. Falls nun die entscheidenden Gremien, wie Regierung und Zentralbank, steigende Inflationsraten fürchten, werden sie ihnen spätestens beim ersten Anzeichen begegnen. So wird der Aufschwung gebremst, und zurück bleiben Arbeitslose.

Grafik 19.3:
Inflationsstabile Arbeitslosenquote
in den USA, Deutschland und Europa

Quelle: OECD, OECD-standardisierte
Arbeitslosenquoten

Der Anstieg der europäischen
Arbeitslosigkeit wird unterschätzt,
denn im Laufe der 80er und 90er
Jahre haben einige der europäischen
Länder ihre Kriterien verschärft

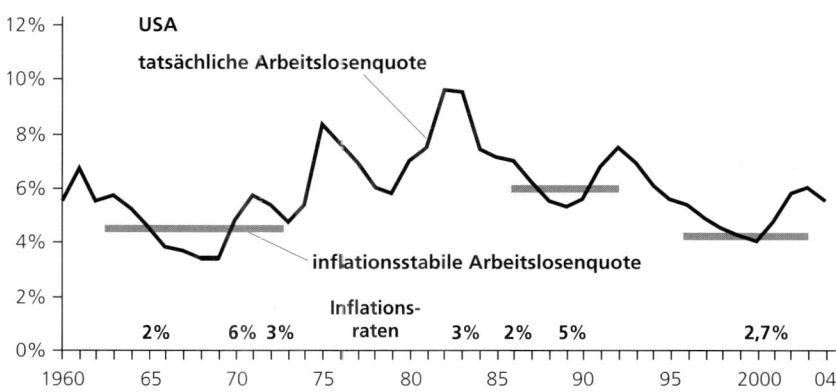

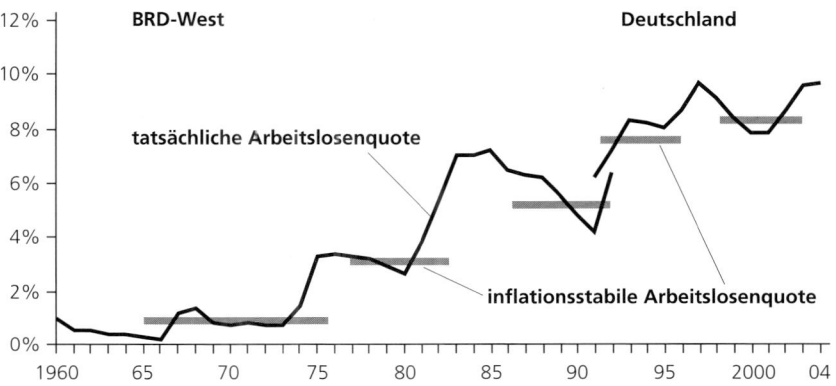

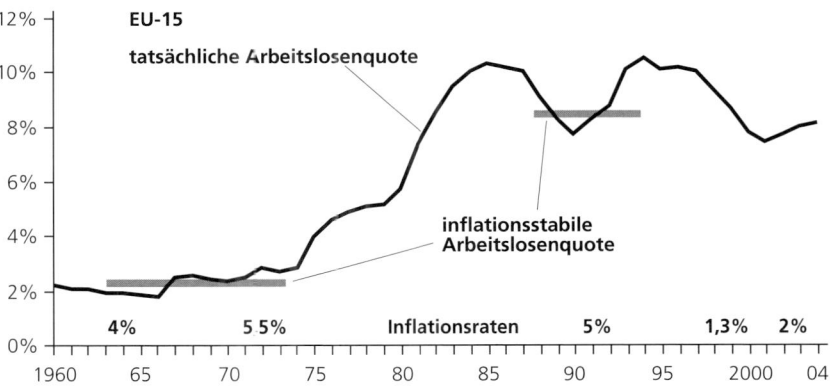

**inflationsstabile Arbeitslosenquote
in den USA**

Wie hat sich nun die inflationsstabile Arbeitslosenquote entwickelt? Vergleichen Sie zuerst drei Perioden der amerikanischen Arbeitslosenkurve in der Grafik 19.3:

- Ende der 60er Jahre lag die inflationsstabile Arbeitslosenquote bei etwa 4,5%. Als nämlich in den Jahren 1966 bis 1969 diese 4,5% unterschritten wurden, stieg die Inflation von 2 auf 6% – und sobald die Arbeitslosigkeit wieder darüber stieg, sank die Inflationsrate auf 3%.
- Ende der 80er Jahre lag die inflationsstabile Arbeitslosenquote bei etwa 6%. Im Aufschwung nach 1983 nahm die Arbeitslosigkeit zunächst ab, bei leicht sinkender Inflation. Doch als die Arbeitslosenquote im Jahr 1988 unter 6% sank stiegen die Inflationsraten wieder.

- Heute jedoch ist die inflationsstabile Arbeitslosenquote auf Rekordwerte gesunken. Denn bis 1999 verringerte sich die Arbeitslosigkeit auf unter 4%, ohne dass die Inflation anzog.

inflationsstabile Arbeitslosenquote

In Deutschland wie in der EU jedoch ist **die inflationsstabile Arbeitslosenquote in den 60er bis 80er Jahren auf das Vier- bis Fünffache angestiegen:**

in Deutschland

- Der treppenartige Anstieg der deutschen Arbeitslosenquote war schon Thema des Exkurses zur Phillips-Kurve im Abschnitt 18.2: Bis Mitte der 70er Jahre vertrug sich eine Arbeitslosenquote von etwa 1% mit einer stabilen Inflationsrate, Ende der 80er Jahre war es eine Arbeitslosenquote von etwa 5%

    Mit dem Einbezug der neuen Bundesländer kam die inflationsstabile Arbeitslosenquote auf ein höheres Niveau, und hat sich seither vermutlich noch etwas erhöht.

und EU-15

- In Europa lag in den 60er Jahren die Inflationsrate bei etwa 4% und die Arbeitslosenquote bei 2%. Anfang der 90er Jahre aber hatten die Europäer mit einer Inflation von 5%, und einer Arbeitslosenquote von 8% zu kämpfen! Und zwar wurden diese 8% nach einem langen Konjunkturaufschwung erreicht.

    In den 90er Jahren ist die inflationsstabile Arbeitslosenquote offenbar gesunken; doch die offiziellen Daten einiger europäischer Länder unterschätzen den Anstieg der europäischen Arbeitslosigkeit.

19.4 Die hohe deutsche und europäische Arbeitslosigkeit

Für das Rätsel der hohen deutschen und europäischen Arbeitslosigkeit findet man verschiedene Vermutungen, umstrittene Theorien und empirische Studien.[5] Auf zwei recht verschiedene Erklärungsansätze – einen klassischen und einen neukeynesianischen – wollen wir hier näher eingehen.

Strukturwandel behindert?

- Viel diskutiert wird die Ansicht, in Europa werde der klassische Umstrukturierungsprozess (so wie er im Abschnitt 17.3 beschrieben ist) behindert. Darum leide heute Europa unter größeren Strukturproblemen als die USA.

falsche Konjunkturpolitik?

- Dem halten Neukeynesianier entgegen, die steigende europäische Arbeitslosigkeit sei vor allem eine Folge von Fehlern in der Konjunkturpolitik. Man bekämpfe in Europa Rezessionen zu wenig effizient und würge Aufschwünge zu früh ab. Je länger die konjunkturelle Arbeitslosigkeit dauere, desto dauerhafter werde sie nämlich verharren. Mit jedem zu lange andauernden Abschwung wachse so die inflationsstabile Arbeitslosenquote.

---

[5] O. J. Blanchard und L. Katz: What we know and do not know about the natural rate of unemployment, in Journal of Economic Perspectives 1997, S. 51–72
Eine breite Übersicht bringt C. R. Bean: European Unemployment. A Survey, in Journal of Economic Literature 1994, S. 573–619
Ein Standardwerk in deutscher Sprache: W. Franz: Arbeitsmarktökonomik, 5. Aufl., Berlin 2003

19.4.1 Klassische Erklärungen

Die klassische Sichtweise sucht nach friktionellen, strukturellen oder institutionellen Gründen, welche die inflationsstabile Arbeitslosenquote ansteigen lassen.

friktionelle Arbeitslosigkeit gestiegen?

■ Die Zeit, die man für die Stellensuche braucht, hat vermutlich zugenommen. Heute gibt es viel mehr verschiedene berufliche Tätigkeiten, die Stellensuche ist komplizierter geworden.

strukturelle Arbeitslosigkeit gestiegen?

■ Die internationale Arbeitsteilung hat sich stark ausgeweitet. Konkurrenten aus immer mehr Ländern produzieren heute Güter, die früher aus den alten Industrieländern stammten. Darum sind Europa und die USA seit den 70er Jahren einem verstärkten Strukturwandel unterworfen.

So bauten viele Branchen wie die Bekleidungs- und Textilindustrie oder die Kohle- und die Stahlindustrie in verstärktem Maße Arbeitsplätze ab. Die hier Entlassenen fanden aber nicht ohne Weiteres eine neue Stelle in den aufstrebenden Branchen, die auf den internationalen Märkten viel versprechende Exportchancen nutzen, wie Banken, Kommunikation, Flugzeug- oder Elektronikindustrie. Zudem befinden sich die niedergehenden Branchen oft an einem anderen Ort als die aufstrebenden. Es ist nicht für jeden leicht, von Ohio nach Kalifornien, von Liverpool nach London oder gar von Belgien nach München zu ziehen. Weil sie stark spezialisiert, ungenügend ausgebildet oder in ihrer Gegend verwurzelt sind, scheinen immer mehr Arbeitskräfte mit dem Tempo des wirtschaftlichen Wandels nicht mehr mitzukommen.

Europa mit besonderen institutionellen Problemen?

Nun gelten aber die beschriebenen friktionellen und strukturellen Gründe sowohl für die USA wie für Europa. So bleibt die Frage, warum die inflationsstabile Arbeitslosenquote in Europa so viel stärker zugenommen hat als in den USA. Die klassische Sicht antwortet mit institutionellen Gründen. Wegen staatlicher Behinderungen könnten in Europa die Strukturprobleme nicht schnell genug gelöst werden:

1. unflexible Löhne

■ Die Löhne für Berufe oder Qualifikationen, die sich im Niedergang befinden, seien zu hoch. Die Löhne reagierten dort zu unflexibel.

Nun zeigten aber Untersuchungen, dass in allen modernen Volkswirtschaften die Löhne ziemlich gleich stark auf Arbeitslosigkeit reagieren. Wenn in einer Branche oder einer Region die Arbeitslosenquote steigt, sinken amerikanische Löhne nicht schneller als europäische.[6]

2. Mindestlöhne

■ Kritisiert werden Mindestlöhne, die vom Staat vorgeschrieben, von Gewerkschaften erkämpft oder mit gesellschaftlichem Druck durchgesetzt werden. Löhne, die klar über dem Gleichgewichtspreis liegen, nützen zwar jenen, die noch einen Job haben; wenn aber darum weniger Leute angestellt werden, sind Mindestlöhne auch ein Grund

Insider und Outsider

für Arbeitslosigkeit. (Dieses Insider-Outsider-Problem ist Ihnen schon aus dem Abschnitt 17.5 bekannt.)

---

[6] Ein grundlegendes Werk zu diesem Forschungsgebiet stammt von D. G. Blanchflower und A. J. Oswald: The Wage Curve, MIT Press, 1994
vgl. auch S. Nickel u.a.: Why do jobless rates differ? CESifo Forum, Spring 2002, S. 50–59

Sozialhilfe

Auch Sozialhilfeleistungen haben faktisch einen Mindestlohn festgelegt. Wer diesen am Arbeitsmarkt nicht erzielen kann, gerät in große Versuchung, von Sozialhilfe zu leben.

3. Arbeitslosenversicherung

- Kritisiert wird auch die Arbeitslosenversicherung. Dank zu großzügiger Unterstützung nähmen sich Europäer zu lange Zeit bei der Suche nach einer passenden Arbeit. Dem wird entgegengehalten, dass die Arbeitslosengelder in der Zeit, in der die Arbeitslosigkeit stieg, nicht etwa zu-, sondern abgenommen haben. Und es ist auch nicht so, dass etwa immer mehr offene Stellen immer mehr Arbeitslosen gegenüberstehen. Die offenen Stellen steigen nicht, nur die Arbeitslosenzahlen. In Westdeutschland kommen heute 13 Arbeitslose auf eine offene Stelle, in Ostdeutschland 40.

4. Kündigungsschutz

Insider und Outsider

- In Europa – und gerade auch in Deutschland – sind Gesetze zur Sicherung der bestehenden Arbeitsplätze weit verbreitet. Für die Arbeitskräfte mit einer Stelle (die Insider) wird dadurch das Risiko einer Entlassung kleiner; für die Unternehmen hingegen wird die Entlassung von Arbeitskräften teuer und die Anstellung von neuen Arbeitskräften (Outsidern) risikoreicher. Damit sind viele Unternehmen zurückhaltend bei Neuanstellungen. Sind sie nicht sicher, dass die Geschäfte längere Zeit gut laufen, verlangen sie eher Überstunden oder legen sich ein Auftragspolster zu. Wer also in Europa einmal arbeitslos ist, bleibt länger ohne Stelle als in den USA. Betroffen sind davon vor allem die jüngsten und die ältesten Arbeitskräfte.

5. Strukturprobleme außerhalb der Arbeitsmärkte

- Damit müssen wir den Blickwinkel auch auf die Strukturprobleme außerhalb der Arbeitsmärkte richten.

  So ist die Arbeitslosenquote eines Landes oder einer Region umso höher, je schwieriger es ist, den Wohnort zu wechseln – sei es, weil dort viele ein Eigenheim besitzen, weil komplizierte Regeln über Kauf und Verkauf von Wohneigentum bestehen oder weil das Wechseln von Mietwohnungen erschwert wird.

  Viel beklagt wird, dass unternehmerisch denkende Leute davon abgehalten würden, neue Geschäftsfelder zu erschließen und neue Arbeitsplätze zu schaffen. Die angeblichen oder echten Behinderungen reichen hier von Steuern, die wirtschaftlich erwünschte Aktivitäten zu stark belasten, über eine Unzahl von staatlichen Vorschriften, die auf-

hohe Zinsen

strebende Branchen behindern, bis zu den hohen Zinsen, die in den 80er und 90er Jahren bezahlt werden mussten.

Mit den hohen Zinsen sind wir bei den Klagen über die europäische Konjunkturpolitik, denn hohe Zinsen sind auch die Folge einer restriktiven Geldpolitik.

19.4.2 Neukeynesianische Erklärungen – Hysterese auf den Arbeitsmärkten

längere Rezessionen, kürzere Aufschwünge wegen restriktiver Konjunkturpolitik

In Europa waren in den letzten Jahrzehnten die Rezessionen länger und die Aufschwünge kürzer als in den USA. Eine wichtige Ursache liegt in der unterschiedlichen Ausrichtung der Konjunkturpolitik: Die Europäer bekämpfen Rezessionen weniger zielstrebig als die Amerikaner. Die Zinsen werden weniger forsch gesenkt, und auf ein ausgeglichenes

Staatsbudget wird mehr Gewicht gelegt. Zudem sind vor allem die Deutschen im Boom ängstlicher, die Bekämpfung der Inflation hat eine hohe Priorität. In den USA hingegen halten Zentralbank wie Regierung länger an einem expansiven Kurs fest. Alan Greenspan wurde berühmt dafür, wie er eine lockere Geldpolitik verfolgt, ohne dass es deshalb in den USA zu einer Inflation gekommen wäre. Und die amerikanische Regierung hat in der jüngsten Rezession gezeigt, dass sie kein Defizit scheut, um die Gesamtnachfrage anzukurbeln.

Langzeitarbeitslosigkeit

Dass in Europa die konjunkturelle Arbeitslosigkeit leichter hingenommen wird als in den USA, hat gefährliche Folgen: Je länger nämlich eine Rezession dauert, desto größer ist in der Regel die Langzeitarbeitslosigkeit. In europäischen Abschwüngen erhalten also zu viele konjunkturell Arbeitslose allzu lange keine Chance, in den Arbeitsprozess zurückzukehren.

Hysterese auf Arbeitsmärkten

Wenn Arbeitslosigkeit länger dauert, hat sie die Tendenz, auf dem einmal erreichten Niveau zu verharren.

Aus einer ursprünglich konjunkturellen Arbeitslosigkeit kann sich so eine hartnäckige Arbeitslosigkeit entwickeln. Ein solches Verharren, eine Hysterese, können wir auf den europäischen Arbeitsmärkten beobachten. Die europäische inflationsstabile Arbeitslosenquote erhöht sich allein schon mit der langen Dauer einer Rezession. Jene Länder, die am wenigsten taten, um die Arbeitslosen rasch an die Arbeit zurückzuholen, leiden heute tatsächlich am meisten unter einer hohen inflationsstabilen Arbeitslosenquote.

Für Hysterese auf Arbeitsmärkten gibt es im Wesentlichen drei Gründe:

1. Fachkenntnisse verloren,

- Je länger die Arbeitslosigkeit dauert, umso mehr verlieren die Arbeitslosen ihre Berufsqualifikation. Und Jugendliche, die aus konjunkturellen Gründen arbeitslos werden, bekommen kaum Gelegenheit, sich an eine geregelte Arbeit zu gewöhnen. Recht schnell kann ein großer Teil der Arbeitslosen nicht mehr mit denen mithalten, die eine Stelle haben. Nun dauert die europäische Arbeitslosigkeit viel länger als die amerikanische. In den USA sind nur 6% der Arbeitslosen über ein Jahr ohne Stelle – in vielen europäischen Ländern hingegen sind es mehr als 50%, in Ostdeutschland 44%, in Westdeutschland 36%.

entmutigt,

Mit steigender Dauer der Arbeitslosigkeit wird auch weniger intensiv eine Stelle gesucht. Viele resignieren und gewöhnen sich an einen niedrigeren Lebensstandard. Viele Unternehmen anderseits vermeiden die Einstellung von Langzeitarbeitslosen, da ihnen allein schon die Länge der Arbeitslosigkeit wenig Gutes über die Qualifikation des Bewerbers verspricht.

bei Einstellungen gemieden,

auch im Aufschwung
weniger gefragt

So wird es möglich, dass die Unternehmen in einem Aufschwung bald keine geeigneten Arbeitskräfte mehr finden, obwohl es immer noch mehr Arbeitslose gibt als im letzten Boom. Dann haben die Unternehmen eine Grenze erreicht, wo sie ihre Preise hinaufsetzen und bereit sind, höhere Löhne zu zahlen. Die Stellenhalter können trotz immer noch hoher Arbeitslosigkeit schon wieder höhere Löhne verlangen, weil es unter den Arbeitslosen kaum mehr Leute gibt, die ihre Stelle einnehmen könnten.

2. Insider-Outsider-Problem

Lohn-Preis-Spirale

■ Weiter gibt es einen Gegensatz zwischen den Insidern, die den Vorteil einer Anstellung haben, und den arbeitslosen Outsidern. Steigt die Gesamtnachfrage, verbessert sich die Verhandlungsposition der Gewerkschaften. Können sie schon Lohnforderungen durchsetzen, bevor alle konjunkturell Arbeitslosen wieder eine Stelle haben, und wälzen die Unternehmen ihre gestiegenen Lohnkosten wieder auf die Verkaufspreise ab, zieht die Inflation an.

Aber warum werden dann die Insider nicht entlassen und dafür arbeitslose Outsider zu niedrigeren Löhnen eingestellt? Dies kann ein menschlich heikles Unterfangen sein, die Anstellung und Einarbeitung verursacht Kosten, und gewerkschaftlich organisierte Arbeiter können sich gegenüber solchen Kündigungen wehren. Verstärkt wird das Insider-Outsider-Problem, wenn durch Arbeitslosigkeit die Mitgliedschaft in einer Gewerkschaft erlischt.

3. Produktionskapazität verringert sich

■ Schließlich passen die Unternehmen in einem Abschwung auch ihren Maschinenpark und ihre Produktionsräume der sinkenden Gesamtnachfrage an. Je länger die Rezession anhält, desto dauerhafter verringert sich die Produktionskapazität. Hat der Abschwung lange gedauert, können in einem Aufschwung nur viele neue Leute angestellt werden, wenn auch viel in neue Arbeitsplätze investiert wird.

Das Hysterese-Phänomen zusammengefasst: Mit jedem längeren Anstieg der Arbeitslosigkeit steigt auch die inflationsstabile Arbeitslosenquote. Dafür kann es drei Gründe geben:

1. Langzeitarbeitslose verlieren Fachkenntnisse und Wertschätzung. In einem Aufschwung kann es für die Unternehmen leichter sein, durch höhere Löhne den Konkurrenten Facharbeiter abzuwerben, statt Arbeitslose einzustellen.

2. Wo Insider Marktmacht ausspielen können, werden sie bei einem Anstieg der Gesamtnachfage höhere Löhne durchsetzen, auch wenn noch Arbeitswillige draußen warten.

3. Sind in einem langen Abschwung die Produktionskapazitäten geschrumpft, werden bei steigender Nachfrage schnell Engpässe auftreten, was zu steigenden Preisen führt.

Viele, die bloß aus konjunkturellen Gründen arbeitslos werden, bleiben im folgenden Aufschwung ohne Stelle, wenn dieser Aufschwung zu lange auf sich warten lässt. So wird ein konjunkturelles, im Prinzip vorübergehendes Problem hartnäckig. Ursprünglich rein konjunkturelle wird zu friktioneller, struktureller und institutioneller Arbeitslosigkeit.

19.5 Wie lässt sich die inflationsstabile Arbeitslosenquote verringern?

Ist die hohe europäische Arbeitslosigkeit vor allem friktioneller und struktureller Art, und ist sie wegen Behinderungen des Strukturwandels angestiegen? Oder leidet Europa unter den Folgen einer verfehlten Konjunkturpolitik? Beide Analysen – die klassischen, strukturellen, mikroökonomischen Nahaufnahmen wie auch die neukeynesianische Gesamtsicht – führen zu Vorschlägen, wie die inflationsstabile Arbeitslosenquote verringert werden könnte:

Hindernisse beseitigen

- Der Staat könnte Arbeitslosigkeit bekämpfen, indem er eigene Hindernisse beseitigt. Die Fragen, die hier aufgeworfen werden, sind in diesem Buch schon mehrfach behandelt worden. Im Prinzip wenig umstritten ist, dass der Staat nur bei Marktversagen aktiv werden soll, dass seine Maßnahmen marktkonform sein sollen und dass Märkte nur bei Wettbewerb und genügender Information befriedigend funktionieren. Vor allem die Deregulierung von Gütermärkten, die neuen Unternehmen den Zutritt erleichtern würde, könnte neue Arbeitsplätze schaffen. Umstrittener ist die Forderung nach flexibleren Arbeitsmärkten und sehr kompliziert eine Reform des Sozialstaats.

Informations- und Vermittlungsdienste

- Friktionelle Arbeitslosigkeit verringert sich, wenn der Arbeitsmarkt transparenter wird. Unternehmen wie Stellensuchende müssen effiziente Informations- und Vermittlungsdienste zur Verfügung haben.

Aus- und Weiterbildung

Lohnsubventionen

- Wo die passende Berufsqualifikation fehlt, bietet der Staat Programme zur Schulung und Umschulung an. Doch oft hilft ein Arbeitsplatz mehr. Dann ist eine aktive Arbeitsmarktpolitik, die über die Vermittlung von Stellen hinausgeht, gefragt: Subventionen für Arbeitsplätze können einen wichtigen Beitrag zur fachlichen Qualifikation von Arbeitslosen leisten. Deutschland versucht hier viel – wenn es aber wenig offene Stellen gibt, steht der Erfolg solcher Programme in einem ungünstigen Verhältnis zu ihren Kosten.

  Wo das Angebot an Arbeitskräften in regionaler Hinsicht nicht mit der Nachfrage übereinstimmt, kann der Staat Arbeitslose animieren, ihren Wohnort zu wechseln. Der Staat versucht auch, zukunftsträchtige Unternehmen in Gebiete mit hoher Arbeitslosigkeit zu locken.

konsequente antizyklische Konjunkturpolitik gegen Hysterese

- Wer sieht, wie die inflationsstabile Arbeitslosenquote mit jeder längeren Rezession steigt, möchte vor allem lange Rezessionen verhindern und propagiert eine energischere Konjunkturpolitik. Zentralbank und Regierung müssen reagieren, bevor die Arbeitslosen ihre fachliche Qualifikation und ihren Kontakt zur Arbeitswelt verlieren. Ein Aufschwung soll weniger früh gebremst werden, denn während eines verlängerten Booms, so wie ihn die USA in den 90er Jahren genossen, würden viele Arbeitslose ihre fachliche Qualifikation zurückgewinnen, viele Outsider würden wieder zu Insidern, und Investitionen würden die Produktionskapazitäten wieder vergrößern. Mit einer expansiven Konjunkturpolitik würde also auch ein Teil der strukturellen, friktionellen und sogar institutionellen Arbeitslosigkeit verringert.

immer noch restriktives Europa

Allerdings scheint Europa auch heute noch nicht zu einer aktiven Konjunkturpolitik zu finden. Die Europäische Zentralbank legt sich weiterhin fast ausschließlich auf Preisstabilität fest. Und die Fiskalpolitik muss sich innerhalb der engen Maastricht-Kriterien bewegen (Brutto-Staatsschuld nicht größer 60% des BIP und vor allem jährliche Neuverschuldung nicht größer als 3% des BIP). Auch Länder, die dem Euro beitreten wollen, werden sich an diese Vorgaben halten müssen. Erst mit der Rezession seit 2001 werden die restriktiven geld- und fiskalpolitischen Leitlinien Europas breiter und heftiger kritisiert.

**keine Gegensätze,
sondern Ergänzung**

In der politischen Diskussion werden die strukturellen und konjunkturellen Positionen gerne als unversöhnliche Gegensätze dargestellt: die Beseitigung von institutionellen Hindernissen gegen die Ankurbelung der Gesamtnachfrage. Beim komplexen Problem der Arbeitslosigkeit ergänzen sich jedoch die zwei Lösungsansätze gegenseitig:

- So sind schmerzliche Strukturmaßnahmen eher durchzuführen, wenn eine Wirtschaft boomt. Werden Strukturreformen erst in einem Abschwung eingeleitet, werden zu viele Menschen verunsichert. Die Stimmung kann sich derart verschlechtern, dass sich der konjunkturelle Abschwung laufend weiter fortsetzt.

- Umgekehrt könnte man eine expansive Konjunkturpolitik eher wagen, wenn sie durch strukturelle und institutionelle Maßnahmen ergänzt wäre. Der Preisauftrieb (der zu erwarten ist, sobald die inflationsstabile Arbeitslosenquote unterschritten wird) könnte durch verschärften Wettbewerb auf den Güter- und Arbeitsmärkten eher in Schach gehalten werden.

Fragen zum 19. Kapitel, Konjunkturpolitik

1. Ordnen Sie jedem Fachbegriff die passende Ziffer zu:
..... antizyklische Konjunkturpolitik
..... antizyklische Fiskalpolitik
..... automatische Konjunkturstabilisatoren
..... antizyklische Geldpolitik
..... zyklisch ausgeglichene Staatsrechnung
..... Verdrängungseffekt
..... inflationsstabile Arbeitslosenquote
..... Hysterese auf Arbeitsmärkten

a   Bestreben der Regierung, das BIP-Wachstum durch Veränderung ihrer Ausgaben und Einnahmen zu stabilisieren

b   Im staatlichen System eingebaute Mechanismen mit antizyklischer Wirkung, ohne dass die Regierung ihre Einnahmen- und Ausgabenpolitik im Konjunkturverlauf ändert

c   Wenn Arbeitslosigkeit länger dauert, hat sie die Tendenz, auf dem einmal erreichten Niveau zu verharren.

e   Bestreben der Zentralbank, mit ihrem Einfluss auf Zinsniveau und Wechselkurse das BIP-Wachstum zu stabilisieren

f   Versuch von Regierung und Zentralbank, durch aktive Maßnahmen Konjunkturschwankungen zu glätten

g   Arbeitslosenquote, die mit einer konstanten Inflationsrate vereinbar ist

h   Ausgaben und Einnahmen des Staates sind über einen Konjunkturzyklus hinweg ausgeglichen.

i   Expansive Fiskalpolitik führt zu Zinssteigerungen, die private Investitionen und Konsumausgaben zurückdrängen.

2. Welche Wirkung haben die Arbeitslosengelder auf den Konjunkturverlauf?

3. Wie wirken automatische Konjunkturstabilisatoren im Bereich staatlicher Einnahmen?

4. a) Wann dürften in einer zyklisch ausgeglichenen Staatsrechnung Defizite und wann Überschüsse auftreten?
   b) Wo liegen die Risiken?

5. In einem Boom mit Inflation erhöht die Regierung die Mehrwertsteuer.
   Ist das ein Beitrag zur Bekämpfung der Inflation, oder wird durch diese Steuer die Inflation nicht vielmehr angeheizt?

6. Das allgemeine Zinsniveau in einem Land sinkt um 4 %. Welche Wirkung hat das auf die folgenden Aktivitäten?

steigt	sinkt	
O	O	das Sparen
O	O	das Schuldenmachen
O	O	das Konsumieren
O	O	das Investieren
O	O	die Obligationenkurse
O	O	die Gesamtnachfrage
O	O	den Kapitalexport des Landes

7. Welches sind die vier Hauptkomponenten der Gesamtnachfrage? Wie würde jede dieser Komponenten durch eine konventionell antizyklische Politik der Zentralbank beeinflusst?

8. Expansive Konjunkturpolitik in einem Land mit großer Außenhandelsverflechtung:

    a) Wie wird die Wirkung der Fiskalpolitik tangiert?

    b) Wie die Wirkung der Zentralbankpolitik tangiert?

9. Welche der folgenden Beispiele sind solche für diskretionäre Konjunkturpolitik?

    a) Die Zentralbank verkauft Wertpapiere, damit die Zinsen ansteigen.

    b) Im Parlament wird ein Gesetzesartikel angenommen, der einen jährlich ausgeglichenen Staatshaushalt verlangt.

    c) Die Steuereinnahmen steigen, weil die Beschäftigung und die Einkommen zunehmen.

    d) Die Regierung subventioniert Bauvorhaben, damit die Investitionstätigkeit steigt.

10.

richtig	falsch	
O	O	Fiskalpolitik hat eine verzögerte Wirkung, Geldpolitik aber nicht.
O	O	Zuverlässigere Konjunkturprognosen würden den Erfolg von diskretionärer Politik verbessern.
O	O	Nach dem Grundsatz der diskretionären Konjunkturpolitik handelt die Regierung nach klar ersichtlichen und allgemeinen Regeln.
O	O	Aktivisten treten für diskretionäre Konjunkturpolitik ein.
O	O	Je schneller Steuersätze geändert werden können, desto sicherer der Erfolg von diskretionärer Politik.
O	O	Häufiger Gebrauch von diskretionärer Politik stärkt die Macht von Sonderinteressen.
O	O	Aktivisten befürchten, dass Zinssteigerungen, ausgelöst durch eine expansive Fiskalpolitik, private Investitionen und Konsumausgaben zurückdrängen.
O	O	Klassiker, Keynesianer und Monetaristen sind sich im Großen und Ganzen darüber einig, wie sich eine Volkswirtschaft in der langen Frist entwickeln wird.

11. Welche der folgenden Maßnahmen sind förderlich, um aus einer Rezession herauszukommen, welche nicht?

förderlich	nicht förderlich	
O	O	Realzinsen hoch halten
O	O	zulassen, dass der Außenwert der eigenen Währung ansteigt
O	O	das Defizit, das sich in der Rezession öffnet, mit Sparmaßnahmen bekämpfen
O	O	die Dauer des Bezugs von Arbeitslosengeld kürzen
O	O	Sparen für das Alter subventionieren
O	O	Rentenzahlungen kürzen und weitere Kürzungen in Aussicht stellen

12. Welche der obigen Maßnahmen trafen Zentralbank und Regierung für Deutschland in jüngster Zeit?

13. Auch Mehrfachnennungen möglich.

(Neu-) Klassiker	Monetaristen	(Neu-) Keynesianer	
O	O	O	Vertrauen auf die Selbstheilungskräfte der Wirtschaft.
O	O	O	Stehen dem Glauben an die Selbstheilungskräfte des privaten Sektors kritisch gegenüber.
O	O	O	Glauben, dass eine Wirtschaft in Massenarbeitslosigkeit stecken bleiben kann.
O	O	O	Vertreten als Nichtaktivisten eine an fixe Regeln gebundene Konjunkturpolitik.
O	O	O	Halten diskretionäre Konjunkturpolitik für unnötig oder schädlich.
O	O	O	Glauben, dass diskretionäre Konjunkturpolitik eine Wirtschaft aus einer Depression führen kann.
O	O	O	Sind Aktivisten, weil eine flexible Reaktion auf neue volkswirtschaftliche Bedingungen nötig sei.
O	O	O	Glauben, dass Konjunkturpolitik für das reale BIP und die Beschäftigung keine Konsequenzen hat.
O	O	O	Glauben, dass Konjunkturpolitik für das reale BIP und die Beschäftigung Konsequenzen hat.
O	O	O	Führen Inflation immer auf Fehler der Zentralbank zurück.
O	O	O	Glauben, auch eine eigenständige konjunkturelle Dynamik könne die Gesamtnachfrage über das Gesamtangebot hinaustreiben und Inflation verursachen.
O	O	O	Glauben, diskretionäre Konjunkturpolitik, v. a. unstete Geldpolitik, sei der Hauptgrund für Konjunkturschwankungen.

14. Die Fiskalpolitik der Mitgliedstaaten der europäischen Währungsunion ist den so genannten Maastricht-Kriterien unterworfen. Eines dieser Kriterien besagt, dass die jährliche Neuverschuldung, d.h. das Budgetdefizit, nicht mehr als 3% des BIP betragen darf.

»Der Stabilitätspakt hat einen automatischen Destabilisierungsprozess in Gang gesetzt,« kritisiert der amerikanische Nobelpreisträger Joseph Stiglitz.

Erläutern Sie die zitierte Aussage, indem Sie sich die Kritik von Stiglitz zu eigen machen.

15. a) Eine lange Bezugsdauer von Arbeitslosengeld wird oft als Grund für Arbeitslosigkeit angesehen – mit welcher Begründung?

    b) Nun hat aber der US-Kongress zu Beginn der jüngsten Rezession die Dauer des Bezugs von Arbeitslosengeld vorübergehend verdoppelt – warum wohl?

16. »Konjunkturelle Arbeitslosigkeit ist zwar auch hart, aber immer bloß ein vorübergehendes Problem.«

    a) Finden Sie Argumente, die diese Aussage stützen.

    b) Finden Sie Argumente, die diese Aussage widerlegen.

19. Konjunkturpolitik

17. Warum ist in Europa – anders als in den USA – die inflationsstabile Arbeitslosenquote gestiegen? Erstellen Sie ein systematisches Stichwortverzeichnis für die verschiedenen Gründe.

18. Welche der folgenden Aussagen zum Einfluss der Lohnentwicklung auf die Arbeitslosigkeit gelten vor allem im Erklärungsrahmen des klassischen Gleichgewichts, welche im Rahmen der keynesianischen Konjunkturtheorie?

klass.	konj.	
		Zur Lohnentwicklung in der Rezession:
O	O	»Höhere Löhne helfen aus Rezession und Arbeitslosigkeit: Höhere Löhne stärken die Massenkaufkraft, erhöhen die Konsumnachfrage der Haushalte und damit den Absatz der Unternehmen. Das führt zu Neueinstellungen und die Arbeitslosigkeit sinkt.«
O	O	»Nein, niedrigere Löhne helfen aus Rezession und Arbeitslosigkeit: Die Lohnkosten sinken, die Unternehmen können ihre Produkte billiger verkaufen, Umsätze und Produktion steigen, die Unternehmen stellen mehr Personal ein und die Arbeitslosigkeit sinkt.«
O	O	»Niedrigere Löhne helfen nicht aus der Arbeitslosigkeit, das wurde in den letzten drei Jahrzehnten in Deutschland erfolglos versucht: Fehlen die Aufträge, produzieren die Unternehmen nicht mehr, und sie stellen nicht mehr Leute ein, nur weil die Löhne etwas gesunken sind.«
		Zur Lohnentwicklung im Boom:
O	O	»In der Hochkonjunktur helfen höhere Löhne mit, den Arbeitskräftemangel zu verringern: Zu höheren Löhnen wollen sich mehr Arbeitskräfte anbieten und die Unternehmen wollen weniger teure Leute anstellen. Höhere Löhne führen den Arbeitsmarkt wieder ins Gleichgewicht.«
O	O	»Nein, niedrigere oder wenigstens stagnierende Löhne helfen mit, den Arbeitskräftemangel in der Hochkonjunktur zu verringern: Stagniert die Kaufkraft der Haushalte, stagniert auch der Konsum, die Gesamtnachfrage wird geschwächt, Produktion und Beschäftigung steigen nur noch schwach, der Arbeitskräftemangel ist behoben.«

19. Der amerikanische Ökonom und Nobelpreisträger Robert Solow hat unlängst verlauten lassen, wie er die gegenwärtige Konjunkturschwäche in der EU mit wirtschaftspolitischen Mitteln überwinden würde. Sein Vorschlag:

Im Rahmen einer konzertierten Aktion sollen sich die EZB und die für die Fiskalpolitik zuständigen Entscheidungsträger im EU-Raum auf eine Kombination aus expansiver Geldpolitik und restriktiver Fiskalpolitik verständigen.

Nehmen wir an das geschehe auch genau so. Welche Wirkungen erwartet der Keynesianer Solow wohl für

a) die Zinsen?

b) den Wechselkurs des Euro zum Dollar?

c) für die privaten Investitionen?

d) die Staatsdefizite?

e) für die Arbeitslosigkeit in der EU?

f) für die Inflation?

g) Und übrigens: Warum soll im Euroraum nur die Fiskalpolitik, nicht aber die Geldpolitik auf regionale Unterschiede Rücksicht nehmen?

20. Ein heftiges negatives Ereignis trifft die europäische Wirtschaft. Allerdings sind nicht alle Länder gleich stark betroffen – man spricht in diesem Fall von einem asymmetrischen Schock. Finnland wird in eine tiefe Rezession gerissen, Frankreich leidet etwa durchschnittlich stark, und die spanische Konjunktur überhitzt sich sogar mit diesem Ereignis.

a) Welche Konjunkturpolitik würden die Notenbanken der drei Länder verfolgen, wenn sie nicht Mitglieder der Währungsunion wären, sondern alle über eine eigene Währung verfügten und keynesianisch inspiriert wären?

b) Welche Konjunkturpolitik diskutiert wohl die Europäische Zentralbank?

c) Wie stellen sich wohl strenge Monetaristen zum Problem der asymmetrischen Schocks?

Außenhandel, Entwicklungsökonomie

20. Internationaler Handel: Chancen und Risiken

20.1 Was ist Globalisierung?

Definition

Unter Globalisierung versteht man den Trend zur internationalen Ausdehnung wirtschaftlicher, politischer und kultureller Aktivitäten.
- Waren und Dienstleistungen,
- Kapitalströme sowie
- Informationen aller Art

fließen immer ungehinderter um die Welt.

Voraussetzungen

Ermöglicht wurde die zunehmende internationale Verflechtung durch ein Bündel von Entwicklungen:

sinkende Transport- und Kommunikationskosten

- Die Transport- und Kommunikationskosten sind stark gesunken und sinken weiter. Englisch dient dabei als Weltsprache. Züge wurden schneller, Flugzeuge, Schiffe und Lastwagen größer, genormte Container vereinfachten den Gütertransport enorm. Noch eindrucksvoller ist die Entwicklung bei den Computern und der Datenübermittlung (Internet, E-Mails). Die riesigen internationalen Kapitalströme wären ohne die neuen Kommunikationstechnologien nicht denkbar.

neue Konkurrenten, neue Märkte

- Die ehemaligen Sowjetrepubliken, China, Indien und viele weitere Länder Asiens, Lateinamerikas und Afrikas führten einschneidende politische und wirtschaftliche Reformen durch. Dazu gehörte, dass sie sich weniger gegenüber dem Ausland abschotteten und sich den Weltmärkten öffneten. Damit treten nicht nur viele neue Länder auf den Weltmärkten auf – es kommt auch zu intensiveren politischen und kulturellen Kontakten.

staatliche Barrieren gefallen

- Zwischenstaatliche Handelsbarrieren für Waren und Dienstleistungen sowie für Kapitalströme werden abgebaut durch internationale Verträge (WTO, EU, ASEAN, NAFTA), aber auch durch Auflagen des Internationalen Währungsfonds/IWF und der Weltbank.

internationale Organisationen

staatliche

- Nicht nur Wirtschaftsorganisationen gewinnen an Gewicht. Die UNO setzt sich für den Frieden zwischen den Ländern ein, die Internationale Arbeitsorganisation (ILO) für menschenwürdige Arbeitsbedingungen, die Weltgesundheitsorganisation (WHO) für eine verbesserte Gesundheit in den Entwicklungsländern. Kriegsverbrechertribunale setzen weltweit verbindliche Strafrechtsnormen durch, und ein internationaler Strafgerichtshof (ICC) wird aufgebaut. Zudem verstärkt sich auch die internationale Zivilgesellschaft: Neben die alten NGOs (Non-Governmental Organizations) wie das Rote Kreuz treten Amnesty International, Greenpeace oder das Netzwerk Attac.

nichtstaatliche

multinationale Unternehmen

- Schon seit mehreren Jahrzehnten überwinden große multinationale Unternehmen Distanzen und Schranken. Innerhalb einer Firma lassen sich Güter, Kapital und Technologien leichter über Grenzen bewegen. Mit dem Abbau von Handelsbarrieren könnte aber dieser Vorteil von Multis gegenüber mittleren und kleineren Firmen schwinden.

Folgen

globale Arbeitsteilung, globaler Wettbewerb

effiziente Verwendung von Spargeldern

Risikostreuung

Spekulation

verstärkter Wissenstransfer

verstärkter Steuerwettbewerb

Die zunehmend grenzüberschreitenden Güter-, Geld- und Informationsströme haben nun eine Vielzahl von Folgen:

■ Steigt der internationale Handel, werden die Arbeitsteilung und der Wettbewerb globaler. Es treten neue Konkurrenten mit neuen Produkten auf – es öffnen sich aber auch neue Absatzmärkte.

Natürlich gibt es viele Güter, die in Kundennähe hergestellt werden müssen und vom internationalen Handel nicht betroffen sind: Zur Frisörin fährt man nicht weit, und Häuser werden zum größten Teil dort gebaut, wo sie am Schluss stehen. Immer mehr Güter sind aber international handelbar. Besonders der Handel mit Dienstleistungen ist mit der leichteren Übertragbarkeit von Daten sprunghaft angestiegen. (Die Chancen und Risiken, die sich durch die zunehmende Arbeitsteilung ergeben, sind das Thema dieses 20. Kapitels.)

■ Die Spargelder fließen heute im globalen Rahmen jenen Investitionen zu, die am meisten Ertrag versprechen. So vergrößern sich die Chancen, dass die Spargelder dort verwendet werden, wo sie den größten Effekt zeigen. Vor allem in armen Ländern können so mehr Projekte finanziert werden (vgl. Abschnitt 21.3).

Zudem können die Sparer ihre Risiken breiter streuen. Wer Geld hat, kann sein Geld nicht nur in seinem Land anlegen, sondern auch in Australien, Japan, Südamerika oder China.

Doch internationales Kapital wird auch spekulativ angelegt. So verstärkt fremdes Geld die Spekulationsblasen auf nationalen Aktien- und Immobilienmärkten. Wenn dann die Spekulationsblasen platzen, wird das fremde Geld schnell zurückgezogen, womit die Abstürze verstärkt werden (vgl. Abschnitt 21.4.2).

■ Kulturelle Einflüsse verbreiten sich heute viel ungehinderter. Und auch technisches und organisatorisches Wissen kann heute leichter als früher kopiert und auf den offenen Weltmärkten zugekauft werden. Und da Wissen der zentrale Produktionsfaktor für anhaltendes Wirtschaftswachstum ist, eröffnet der immer leichtere Fluss von Wissen bisher ungeahnte Entwicklungschancen – für reiche wie für arme Länder. Die armen Länder, die Nachzügler der wirtschaftlichen Entwicklung, sollten hier besonders stark profitieren können (vgl. Abschnitt 21.3).

■ Sind Unternehmen und reiche Privatpersonen weniger an bestimmte Regionen gebunden, entfacht sich ein Steuerwettbewerb zwischen den Staaten.

Der zunehmende Steuerwettbewerb ist eines der größten Globalisierungsprobleme. Zudem ist der Übergang vom Steuerwettbewerb zur Begünstigung von Steuerflucht und zur Beihilfe zum Steuerbetrug fließend. Weltweit wird damit die Steuerlast auf jene gelegt, die zu wenig verdienen, als dass es sich für sie lohnte, den Wohn- oder Firmensitz ins Ausland zu verlegen.

Vor allem Entwicklungsländer gehören zu den Verlierern des Steuerwettbewerbs. Er erschwert ihnen zunehmend, einen funktionierenden Staat zu finanzieren. Mindestens der moralische Druck auf die so genannten Steueroasen wird sich darum wohl verstärken.

20.2 Der deutsche Außenhandel

Seit dem Zweiten Weltkrieg erleben wir eine ständige Zunahme der internationalen Handelsverflechtung. Die Weltproduktion hat sich seither etwa verachtfacht der Welthandel aber verfünfzehnfacht. Allerdings ist die heutige Weltoffenheit nicht neu: Schon vor dem Ersten Weltkrieg lagen die Exporte der westlichen Industrieländer bei 8% des Bruttoinlandsprodukts – ein Wert, der erst in den achtziger Jahren wieder überboten wurde. Heute liegt der Prozentsatz mit zirka 17% zwar höher, doch die heutigen Exporte enthalten weniger einheimische Wertschöpfung als früher.

Deutschland ist schon seit dem 19. Jahrhundert stark mit dem Ausland verbunden. Schauen wir in der Tabelle 20.1, mit welchen Gütern die BRD heute internationalen Handel betreibt.

2004, in Mrd. Euro	Exporte	Importe	Saldo
Total Waren und Dienstleistungen	**848**	**736**	**+ 112**
Waren	**732**	**588**	**+ 144**
Energieträger	14	53	– 39
Holz, Papier, Steine, Kunststoffe	53	40	+ 13
Metalle, Metallerzeugnisse	58	44	+ 14
Nahrungs- und Genussmittel	32	43	– 11
Chemikalien, Medikamente	95	63	+ 32
Textilien, Bekleidung, Schuhe	22	33	– 11
Maschinen	103	39	+ 64
Fahrzeuge	160	82	+ 78
Informationstechnologie	87	82	+ 5
Übrige Waren	108	109	– 1
Dienstleistungen	**116**	**148**	**– 32**
Fremdenverkehr	22	58	– 36
Transport, Transit, Post	34	25	+ 9
Privatversicherungen	3	4	– 1
Finanzdienstleistungen	5	3	+ 2
Übrige Dienstleistungen	52	58	– 6

Tabelle 20.1:
Deutsche Exporte und Importe von Waren und Dienstleistungen

Quellen:
Statistisches Bundesamt
(www.destatis.de)
Deutsche Bundesbank
(www.bundesbank.de)

Importüberschüsse

Deutschland ist auf Importe von Energie und einer Reihe von Rohstoffen angewiesen. Das wird sichtbar an den großen Importüberschüssen bei Energieträgern. Zudem hat Deutschland auch einen Importüberschuss bei Nahrungsmitteln, es könnte sich mit der heutigen Produktions- und Konsumstruktur nicht selber ernähren. Große Importüberschüsse finden sich auch bei Textilien, Bekleidung, Schuhen und beim Fremdenverkehr.

Exportüberschüsse

Die größten Exportüberschüsse erzielt Deutschland mit Fahrzeugen, Maschinen, Chemikalien und Medikamenten.

20.3 Zwei Kräfte hinter dem Außenhandel

Warum betreibt Deutschland in so großen Umfang Außenhandel? Die Frage kann man vorerst einfach beantworten: **Länder treiben Handel, weil sie verschieden sind.** So tauscht Deutschland Güter, die es am besten und effizientesten herstellt, gegen Güter, die es nur mit Mühe oder gar nicht herstellen kann. Darum importiert Deutschland beispielsweise Ananas von den Philippinen oder Erdöl aus Libyen, und Libyer kommen dafür nach Deutschland zum Oktoberfest. Doch nicht nur die klimatischen oder geografischen Eigenschaften der Länder sind verschieden, sondern auch die technischen, organisatorischen oder kulturellen Möglichkeiten. Darum exportiert Deutschland Meißner Porzellan und CDs mit Seemannsliedern in die USA, während es von dort Unterhaltungsfilme importiert.

absoluter Vorteil
Ein Land (oder auch eine Region, ein Unternehmen, eine Person) ist fähig, ein bestimmtes Gut mit weniger Ressourcen zu produzieren als die Konkurrenz.

In der ökonomischen Fachsprache: Gegenüber Deutschland haben die Philippinen einen absoluten Vorteil bei Ananas, Deutschland hat dafür einen absoluten Vorteil beim Porzellan. Ein Land hat dann einen absoluten Vorteil, wenn es fähig ist, ein Gut mit weniger Ressourcen zu produzieren als die Konkurrenz.

Aber Deutschland importiert auch Güter, die es selber sehr gut herstellen könnte. Dazu gehören auch Güter, die es früher mit viel Erfolg exportiert hat. Vor 40 Jahren fabrizierte Deutschland noch die meisten seiner Kleider selber, heute weniger als 20%. Warum importiert Deutschland heute seine Kleider aus Asien, obwohl doch die deutschen Schneiderinnen immer noch produktiver sind als die asiatischen? In der Fachsprache gefragt: Warum exportiert Asien Kleider nach Deutschland, wenn die absoluten Vorteile in der Kleiderkonfektion weiterhin in Deutschland liegen?

komparative Vorteile im Abschnitt 20.4

Eine erste Erklärung suchen wir mit der Theorie der komparativen Vorteile, die besagt, dass es sich für Deutschland selbst dann lohnen würde, mit einem anderen Land Handel zu treiben, wenn es bei allen Produkten leistungsfähiger wäre!

intraindustrieller Handel
Handel mit ähnlichen Gütern zwischen ähnlichen Ländern

Interessant ist, dass innerhalb jeder Branche erhebliche Güterströme in beide Richtungen fließen. Das heißt, innerhalb einer einzelnen Branche, wie der Nahrungsmittel- oder Autoindustrie, treibt Deutschland sowohl Import- wie Exporthandel. Deutsche kaufen Toblerone, und Schweizer Kinder haben Freude an Smarties. Iren singen zu Carlsberg und Dänen zu Guiness. Franzosen sind stolz auf ihren Volvo und Schweden auf ihren Citroën. Man spricht hier von intraindustriellem Handel.

zunehmende Skalenerträge und Gütervielfalt

Länder treiben intraindustriellen Handel, wo die Unternehmen von zunehmenden Skalenerträgen profitieren wollen und die Konsumentinnen und Konsumenten eine große Auswahl von Produkten verlangen.

Ausblick

Die internationalen Handelsströme spiegeln sowohl komparative Vorteile als auch zunehmende Skalenerträge und den Wunsch nach einer großen Produktevielfalt wider. Gleich im folgenden Abschnitt werden wir uns mit der grundlegenden und interessanten Theorie der komparativen Vorteile beschäftigen. Im Abschnitt 20.5 werden die Auswirkungen von zunehmenden Skalenerträgen bei gleichzeitiger Freude an einer unübersehbaren Gütervielfalt analysiert.

20.4 Die Theorie der komparativen Vorteile

20.4.1 Ein Modell mit zwei Ländern und zwei Gütern

Stellen Sie sich eine abgelegene kleine Insel vor, nennen wir sie Kuba. Dort wohnen 10 Bäcker, die je 20 Brote pro Woche herstellen, sowie 10 Fischer, die ebenfalls je 20 Fische pro Woche fangen. Jede Woche gehen alle mit der Hälfte ihrer Produktion auf den Markt, um die ihnen fehlende andere Hälfte einzukaufen. Ein Fisch kostet wie ein Brot einen Dollar.

zwei Inseln mit unterschiedlicher Produktivität

Diese Kubaner entdecken nun eine noch weiter abgelegene karge Insel, Japan, die von 40 Familien bevölkert ist. Hier fängt ein Fischer in einer normalen Arbeitswoche nur 12 Fische (40% weniger als auf Kuba). Die Bäcker bringen es sogar nur auf 4 Brote (fünfmal weniger als auf Kuba). Weil auch in Japan alle Menschen gleich viel verdienen, kostet ein Brot dreimal so viel wie ein Fisch. Ein Fisch kostet 1 Yen, ein Brot 3 Yen. Und da auch in Japan zu jedem Brot ein Fisch gegessen wird, sind dreimal so viele Leute mit der Herstellung von Brot beschäftigt wie mit dem Fischen. 10 Fischern stehen somit 30 Bäckern gegenüber.

Um das Inselbeispiel realistisch zu halten, wollen wir annehmen, die Auswanderung von einer Insel zur anderen sei verboten. Die Transportkosten sind aber unbedeutend, sodass dem Güterhandel keine Grenzen gesetzt werden. Wenn die Bewohner der beiden Inseln ahnen würden, was jetzt auf sie zukommt! Kennen sie doch die Theorie der komparativen Vorteile noch nicht.

Globalisierungsängste

Was denken Sie, welche Insel wird vom Handel profitieren – und um welche Insel müssen wir Angst haben?
- *Fürchten Sie um die karge Insel Japan? Denn das üppige Kuba ist bei Brot wie bei Fischen viel leistungsfähiger und wird so Japan bei freiem Wettbewerb unterbieten und seine Bewohner arbeitslos machen. Kuba hat absolute Vorteile beim Backen wie beim Fischen!*
- *Oder sorgen Sie sich um Kuba? Denn in Konkurrenz mit Japan werden die kubanischen Löhne auf das japanische Niveau absinken.*
- *Oder sehen Sie das Problem differenzierter? Wir haben ja nicht zwei, sondern vier Gruppen: die kubanischen Fischer, die japanischen Fischer, die kubanischen Bäcker und die japanischen Bäcker. Wer gewinnt, wer verliert?*

Außenhandel beginnt

Verfolgen wir nun Schritt für Schritt, wie sich der Handel zwischen den beiden Inseln entwickelt: Am Anfang betrachten alle Inselbewohner einen Dollar und einen Yen als gleichwertig. Da lohnt es sich für die kubanischen Bäcker, ihr Brot in Japan zu verkaufen, wo es dreimal so teuer ist. Aber was sollen die Kubaner mit den Yen kaufen? Etwa Fische, die gleich teuer sind wie die eigenen? So sammeln sich auf Kuba Yen an, die immer weniger begehrt sind, der Wert des Yen wird fallen. Der Wechselkurs zwischen Dollar und Yen wird sich vielleicht auf dem Niveau 2:1 einpendeln. Damit werden die japanischen Fische halb so teuer wie die kubanischen. Und die japanischen Brote sind nur noch 50% teurer als die kubanischen.

Die Bäcker Kubas verkaufen ihre Brote mit Vorliebe nach Japan und kaufen mit dem Erlös dort billig Fische. Von einer kargen Insel, wo ein Fischer nur 12 Fische pro Woche fangen kann, importiert man also Fische auf eine Insel, wo ein Fischer 20 Fische pro Woche fängt!

Entscheidend sind die Alternativen.

Auf Kuba leiden die Fischer natürlich unter der billigen Konkurrenz. Um ihren Absatz zu halten, senken sie ihre Preise, ihr Einkommen sinkt. Zwar verdienen sie immer noch mehr als ihre japanischen Konkurrenten, denn sie fangen ja weiterhin mehr Fische – doch die kubanischen Fischer haben eine lohnendere Alternative: Sie beginnen zu pflügen und zu backen. Sie verkaufen ihre Brote nach Japan. Kuba spezialisiert sich auf Brote.

Drüben in Japan sind es die vielen Bäcker, die sich über das billige Importbrot beklagen. Wie sollen sie ihre Preise senken, wenn sie nur 4 Brote pro Woche herstellen können? Auch sie haben eine Alternative: Immer mehr Bäcker versuchen sich als Fischer. Nach einer harten Umstellungszeit verdienen sich alle Japaner ihren Lebensunterhalt mit Fischen.

Interessant ist ein Vergleich der Produktionsmengen der beiden Inseln vor der Aufnahme des Handels und nach dem abgeschlossenen Strukturwandel (Dabei geraten die Produzenten weder in abnehmende Grenzerträge noch profitieren sie von steigenden Skalenerträgen):

	üppige Insel Kuba	karge Insel Japan
Zustand ohne Handel:	10 x 20 Brote = 200 Brote 10 x 20 Fische = 200 Fische	30 x 4 Brote = 120 Brote 10 x 12 Fische = 120 Fische

Total 320 Brote und 320 Fische

	üppige Insel Kuba	karge Insel Japan
Zustand mit Handel:	20 x 20 Brote = 400 Brote	34 x 12 Fische = 408 Fische 6 Leute für den Transport

Total 400 Brote und 408 Fische – eine Steigerung um 25%!

Die kubanischen Fischer sind zwar fast doppelt so leistungsfähig wie die japanischen, aber die kubanischen Bäcker sind fünfmal so leistungsfähig wie die japanischen. Die komparativen Vorteile Kubas liegen damit beim Brotbacken. Und die Japaner sind zwar überall weniger produktiv, aber beim Fischen noch vergleichsweise gut. Die komparativen Vorteile Japans liegen also beim Fischen.

Bei freiem Handel sorgen die Marktkräfte dafür, dass sich jede Insel auf jene Produktion spezialisiert, bei der ihre komparativen Vorteile liegen. Und als Belohnung für den schmerzlichen Strukturwandel erreichen sie eine Steigerung der gesamten Produktion von 25%.

20.4.2   Die Theorie der komparativen Vorteile im Alltag

David Ricardo

Hätten Sie das alles auch selber herausgefunden? Dann wird es Sie sicher ärgern, dass der englische Ökonom David Ricardo Ihnen schon im Jahre 1817 zuvorgekommen und dafür sehr berühmt geworden ist.

So überraschend das Resultat sein mag, so selbstverständlich geht die Theorie der komparativen Vorteile nämlich in unsere alltäglichen Berufsentscheidungen ein: Übernehmen z. B. zwei Geschwister das Malergeschäft ihres Vaters und ist die Schwester sowohl die bessere Malerin (50% besser) als auch die bessere Organisatorin (100% besser), macht dann die Schwester alles und der Bruder nichts? Sicher nicht. Oder arbeiten sie je zur Hälfte in der Werkstatt und im Büro? Auch das nicht. Die Schwester wird organisieren und er malen. Die komparativen Vorteile der Schwester liegen (im Vergleich zu ihrem Bruder) im Büro, die komparativen Vorteile des Bruders liegen in der Werkstatt.

komparative Vorteile, wo die geringsten Opportunitätskosten anfallen

Opportunitätskosten, Alternativkosten
entgangener Nutzen der nächstbesten nicht gewählten Alternative; das, was wir aufgeben müssen, um ein Ziel zu erreichen

Die Entscheidung lässt sich einfach in Alternativkosten ausdrücken:
- Mit der Schwester als Malerin und ihm im Büro gingen eine sehr gute Organisatorin und ein mittelmäßiger Maler verloren. (Mit Organisieren könnte sie in einem anderen Unternehmen monatlich 3000 Euro verdienen und er mit Malen 1600.)
- Geht sie aber ins Büro und er in die Werkstatt, kostet das den Familienbetrieb nur eine recht gute Malerin (etwa 2400 Euro pro Monat) und einen schlechten Organisator (etwa 1500 Euro).

So sind die Alternativkosten am kleinsten, wenn er malt und sie organisiert.

komparativer Vorteil
Ein Land (oder auch eine Region, ein Unternehmen, eine Person) ist fähig, ein bestimmtes Gut zu niedrigeren Opportunitätskosten zu produzieren als die Konkurrenz.

Alle Menschen haben irgendwo ihre komparativen Vorteile. Vielleicht sind Sie in allen Gebieten überdurchschnittlich begabt. Sie sind schnell im Maschinenschreiben, haben einen guten Zugang zu Kindern usw. Noch überdurchschnittlicher begabt sind Sie aber im Umgang mit Kunden. Dann liegen Ihre komparativen Vorteile dort, und man könnte Ihnen raten, im Verkauf Ihr Einkommen zu verdienen.

Doch auch wenn jemand auf der ganzen Linie unterdurchschnittlich begabt ist, zwei linke Hände hat, schlecht rechnen kann und keine Geduld hat mit anderen Leuten, hat er doch irgendwo seine komparativen Vorteile. Er ist nämlich nicht in allen Punkten gleich unterdurchschnittlich begabt, sondern bei irgendeiner Tätigkeit wird er dem Durchschnitt etwas näher kommen und dort seine Fähigkeiten am effizientesten einsetzen.

Fazit: Die Theorie der komparativen Vorteile erklärt die Arbeitsteilung innerhalb einer Region, eines Landes wie auch die internationale Spezialisierung. Denken wir wirtschaftlich, fällen wir unsere Entscheidungen aufgrund der Alternativkosten. Und wählen wir jene Produktion, die mit den niedrigsten Alternativkosten verbunden ist, organisieren wir unsere Arbeitsteilung bei freiem Wettbewerb aufgrund unserer komparativen Vorteile.

20.4.3 Viele Länder und viele Güter

Die Theorie der komparativen Vorteile wurde mit einem Modell erklärt, in dem nur zwei Länder und zwei Güter vorkamen. In Wirklichkeit wickelt sich der Handel aber zwischen 150 Ländern mit Millionen von verschiedenen Gütern ab.

vervielfältigte Handelsmöglichkeiten

Damit vergrößern sich die Handelsmöglichkeiten. So kann z.B. ein Land einem anderen etwas verkaufen, ohne gleichzeitig von diesem etwas kaufen zu müssen. In der Grafik 20.1 sehen Sie, wie Handel zwischen vier Ländern möglich ist – aber erschwert wäre zwischen zwei oder drei Ländern. In diesem Modell liefert Kanada Deutschland Weizen, möchte aber nichts von uns kaufen. Wir verkaufen Porzellan nach Mexiko, beziehen aber Erdöl lieber aus der Nähe, usw. Dank multilateralem Handel kann Deutschland die Importe aus Kanada mit Exporten nach Mexiko bezahlen – und die Mexikaner zahlen ihre Importe mit Erdölexporten nach Jamaika, das den Kanadiern Bauxit liefert.

Grafik 20.1:
Multilateraler Handel

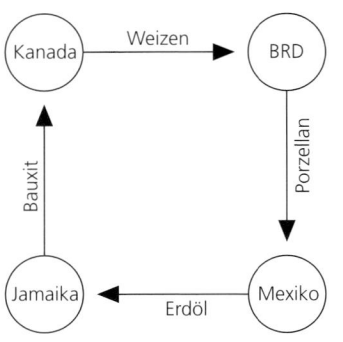

Je mehr Länder am Handel teilnehmen, desto größer sind die Handelsmöglichkeiten und desto bessere Resultate liefert er. Aus diesem Grund ermöglichen multilaterale Handelsabkommen eine effizientere Nutzung der Ressourcen als bilaterale Abkommen.

20.4.4 Die komparativen Vorteile Deutschlands

Die Vielfalt der gehandelten Güter kann in der Reihenfolge ihrer komparativen Vorteile geordnet werden. Die Grafik 20.2 illustriert dies für den Fall der BRD. Sie spezialisiert sich auf Güter der rechten Seite des Diagramms. Je weiter links, desto eher liegen die komparativen Vorteile bei den Handelspartnern.

Grafik 20.2:
Offenbarte komparative Vorteile
der BRD 2004

$$\frac{(\text{Exporte} - \text{Importe})}{(\text{Exporte} + \text{Importe})}$$

Daten der Tabelle 20.1

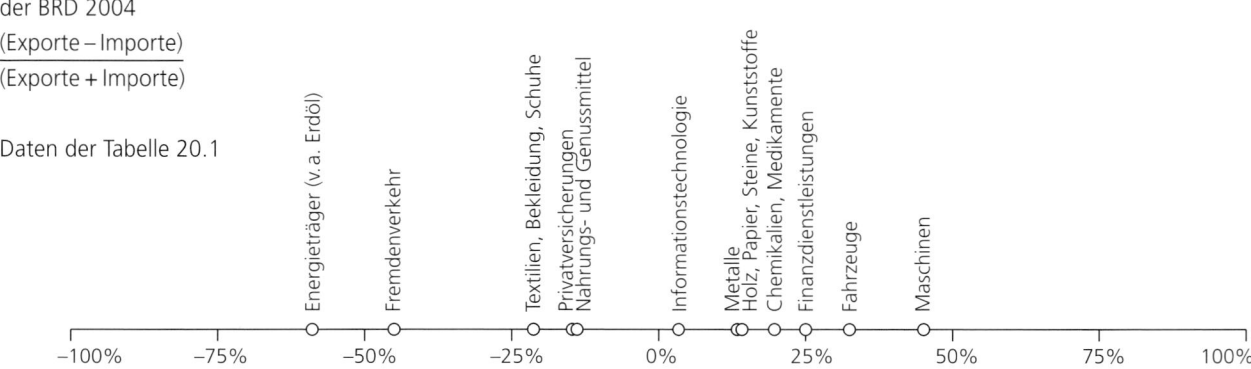

Sofern die Handelsströme ungehindert fließen können, kommen die komparativen Vorteile eines Landes in seinem Außenhandel zum Ausdruck: Hohe Exportüberschüsse für eine Produktegruppe zeigen komparative Vorteile an, hohe Exportdefizite dagegen komparative Vorteile bei den Handelspartnern. Die hier verwendete Messziffer für die offenbarten komparativen Vorteile / OKV (engl. Revealed Comparative Advantage / RCA) setzt die Nettoexporte einer Gütergruppe in Beziehung zum gesamten Außenhandel dieser Gütergruppe:

$$\text{offenbarte komparative Vorteile} = \frac{\text{Exporte minus Importe}}{\text{Exporte plus Importe}}$$

Handel mit Niedriglohnländern

Ein viel diskutiertes Merkmal der starken Ausweitung des internationalen Handels in den letzten drei Jahrzehnten ist die zunehmende Bedeutung von Entwicklungsländern als Exporteure von einfachen Konsumgütern, vor allem von Schuhen und Kleidern. Zwar sind die deutschen Schneiderinnen produktiver (innovativer, modischer, besser ausgerüstet) als die Schneiderinnen aus asiatischen Entwicklungsländern, aber der Vorsprung ist nur gering. In anderen Branchen hingegen, im Maschinenbau, bei Fahrzeugen, Finanzdienstleistungen sowie immer noch bei Chemie und Pharma sind die deutschen Arbeitskräfte, unterstützt von einer Infrastruktur auf dem neuesten Stand, enorm viel produktiver als die Arbeitskräfte in konkurrierenden Entwicklungsländern. Hier hat die BRD ihre komparativen Vorteile.

Beispiel Bekleidung

Dieser Sachverhalt sei mit einem einfachen Zahlenbeispiel illustriert: Gehen wir davon aus, die deutsche Arbeitsproduktivität sei durchschnittlich etwa fünfmal so hoch wie jene in Malaysia. Damit wäre bei uns auch das Lohnniveau etwa fünfmal so hoch. Nun sind aber die deutschen Schneiderinnen nur dreimal so produktiv wie ihre malaysischen Kolleginnen. Damit wären unsere Schneiderinnen nur dann konkurrenzfähig, wenn sie sich mit dem Dreifachen der malaysischen Löhne begnügen würden. Aber selbst wenn sie das könnten, würden sie es nicht lange tun, denn andere deutsche Branchen (z. B. Banken oder Maschinenfabriken) zahlen ja im Durchschnitt fünfmal so hohe Löhne wie in Malaysia. Ist hier die deutsche Arbeitsproduktivität zehnmal so groß wie die malaysische, kann mit nur fünfmal so hohen Löhnen die malaysische Konkurrenz geschlagen werden.

Auch in Zukunft werden jene Bekleidungsateliers schließen müssen, denen es nicht gelingt, so spezielle Produkte herzustellen, dass diese sehr teuer verkauft werden können. Nur dann können sie auch hohe deutsche Löhne bezahlen. Im Trend werden aber immer mehr Schneiderinnen in Banken und Maschinenfabriken arbeiten wollen, und mehr Schulabgängerinnen werden eine Bank- oder Computerlehre beginnen anstelle einer Lehre als Schneiderin

Die komparativen Vorteile Deutschlands liegen nicht mehr bei der Herstellung von einfachen Gütern, sondern bei anspruchsvolleren Tätigkeiten, bei denen das höhere Know-how, die komplexeren Kapitalgüter und die wirkungsvollere Organisation zur Geltung kommen.

20.5 Zunehmende Skalenerträge

20.5.1 Gütervielfalt und zunehmende Skalenerträge

differenzierte Produkte

Bei der Analyse der komparativen Vorteile sind wir immer davon ausgegangen, es würde mit Gütern einheitlicher Qualität gehandelt. In der Realität haben wir aber eine Vorliebe für feine Unterschiede. Ein Auto ist nicht einfach ein Auto, und Wein nicht Wein. So wird, um unsere anspruchsvolle Nachfrage zu befriedigen, eine überaus breite Auswahl von differenzierten Produkten angeboten.

zunehmende Skalenerträge
Das Produktionsergebnis steigt überproportional zum Einsatz aller Ressourcen.

Würde nun jedes Land eine riesige Vielfalt von Gütern herstellen und auf seinem kleinen nationalen Markt verkaufen, könnte dies nur in kleinen Stückzahlen geschehen. Doch das wäre in der Regel sehr teuer, die beliebte Vielfalt müsste mit einer Einbusse an Wohlstand erkauft werden. Denn bei vielen Produkten spielen zunehmende Skalenerträge eine wichtige Rolle (vgl. Abschnitt 4.5). Um aber von Kosteneinsparungen dank Massenproduktion zu profitieren, müssen die Absatzmärkte groß sein.

Der internationale Handel bringt hier die Lösung für die Angebots- wie die Nachfrageseite:

zunehmende Skalenerträge ...

- Die Unternehmen können sich auf eine eingeschränkte Auswahl von Gütern konzentrieren und von zunehmenden Skalenerträgen profitieren. Der Handel erweitert die Absatzmärkte.

bei Produktevielfalt

- Konsumentinnen und Konsumenten müssen nicht auf Gütervielfalt verzichten. Wir können nach Lust und Laune ausgewählte Produkte aus der ganzen Welt beziehen.

So steigert selbst der Handel zwischen sehr ähnlichen Ländern den Wohlstand. Die Folge ist ein intraindustrieller Handel. Ähnliche Güter überqueren die Grenzen in beiden Richtungen.

intraindustrieller Handel

Der intraindustrielle Handel spielt sich vor allem zwischen den fortgeschrittenen Volkswirtschaften ab. Ihre Produktionsstrukturen, die Ausbildung der Arbeitskräfte, die verwendete Technologie und die Kapitalausstattung haben sich im Laufe der Zeit angenähert. Innerhalb der EU und auch zwischen Japan, den USA und Europa gibt es immer weniger klar ausgebildete komparative Vorteile. Der Großteil des Handels geschieht darum innerhalb einzelner Branchen, angetrieben von zunehmenden Skalenerträgen und der Nachfrage nach differenzierten Produkten.

interindustrieller Handel aufgrund komparativer Vorteile

Der übrige Handel, der interindustrielle Handel, wickelt sich zwischen Ländern ab, die sich in ihren Produktionsbedingungen unterscheiden. Die klarsten Unterschiede gibt es zwischen den reichsten Ländern und den Entwicklungsländern. Hier werden komplexe Industriegüter gegen Rohstoffe, Halbfabrikate und einfache Industriegüter gehandelt. Dieser interindustrielle Handel spiegelt die komparativen Vorteile wider.

intraindustrielles Handelsmuster nicht prognostizierbar

Je ähnlicher sich aber Länder werden, desto größer wird der Anteil des intraindustriellen Handels, der sich nicht mit der Theorie der komparativen Vorteile erklären lässt, sondern mit zunehmenden Skalenerträgen und der Nachfrage nach differenzierten Produkten. Damit ist das Muster für den intraindustriellen Handel kaum vorherzusagen. Sicher wissen wir nur, dass die Länder unterschiedliche Güter herstellen werden. Warum exportiert Deutschland Kühlgeräte und Japan Fotokopierer? Warum hat Finnland Stärken in der Produktion von Handys entwickelt und die Schweiz bei Swatch-Uhren? Warum produziert Dänemark Legos und Schweden Holzbahnen? **Die Geschichte, Zufälle und Leistungen einzelner Personen und Unternehmen bestimmen in hohem Maße den intraindustriellen Handel.**

monopolistische Konkurrenz, Oligopole, Monopole

Prognosen sind auch schwierig, weil der intraindustrielle Handel auf komplexen Märkten stattfindet. Der Wettbewerb ist selten vollständig. Die immense Gütervielfalt begünstigt vielmehr monopolistische Konkurrenz. Zudem entstehen weltweite Oligopole und seltener auch weltweite Monopole. Denn nun können große Unternehmen über die Landesgrenzen hinaus zunehmende Skalenerträge ausspielen und allein aufgrund ihrer Größe kleinere Unternehmen verdrängen (vgl. Abschnitt 8.1).

Fazit: Länder treiben intraindustriellen Handel, weil sie von zunehmenden Skalenerträgen profitieren und trotzdem nicht auf eine größtmögliche Vielfalt von Gütern verzichten wollen. So steigert auch Handel zwischen sehr ähnlichen Ländern den Wohlstand. Das Muster des intraindustriellen Handels ist aber kaum vorhersehbar.

20.5.2 Externe Skalenerträge und regionale Konzentration

Wie entstehen komparative Vorteile?

Zwar haben sich die Produktionsstrukturen, die Ausbildung der Arbeitskräfte, die verwendete Technologie und die Kapitalausstattung der fortgeschrittenen Volkswirtschaften angenähert. Aber es entstehen auch neue Unterschiede. In vielen Fällen bauen nämlich Branchen, die sich aus irgendeinem Grund einmal in einer bestimmten Gegend etabliert haben, ihre eigenen komparativen Vorteile auf: Dies geschieht in einem sich selbst verstärkenden Prozess, in dem (echte, technische) externe Effekte wie auch pseudoexterne Effekte eine zentrale Rolle spielen:

externe Nutzen von Wissen

externe Nutzen
unentgeltliche Nutzenstiftungen an Außenstehende, an Trittbrettfahrer

- Baut ein erfolgreiches Unternehmen technisches oder organisatorisches Wissen auf, wird dieses spezielle Wissen auf die Unternehmen der näheren Umgebung ausstrahlen. Wechseln Arbeitskräfte ihre Stelle, werden sie einen Teil des Wissens mitnehmen und am neuen Arbeitsplatz produktiv verwenden. Unternehmen profitieren gegenseitig von Wissen und Erfahrungen. Die Ausbildung erfordert aufgeschlossene Schulen, Schulen profitieren von modernen Unternehmen, und diese von externen Effekten der Schulen. Spezialisten (auch solche, die von den Möglichkeiten der Telekommunikation schwärmen) treffen sich in denselben Bars und fachsimpeln über die neuesten Entwicklungen.

pseudoexterne Nutzen, pekuniäre externe Nutzen
Nutzen, die nicht am Markt vorbei wirken, sondern eine Folge des Wettbewerbs auf den Märkten sind und Auswirkungen auf andere Märkte haben.

- Kann sich eine Branche erfolgreich etablieren, eröffnen sich dadurch laufend neue Marktchancen. Eine sich selbst verstärkende Spirale von pekuniären externen Effekten kommt in Gang: Erfolgreiche Unternehmen ziehen spezialisierte Arbeitskräfte und Lieferanten an – und eine breitere Basis von Arbeitskräften und Lieferanten verstärkt den Erfolg der Unternehmen.

externe Skalenerträge
Skalenerträge, die innerhalb einer Branche oder Region erzielt werden

interne Skalenerträge
Skalenerträge, die innerhalb eines Betriebes oder einer Unternehmung erzielt werden

Cluster
Cluster sind regionale Netzwerke von Herstellern ähnlicher Produkte, Zulieferern, Dienstleistungsanbietern, anspruchsvollen Kunden, Hochschulen und Forschungseinrichtungen. Sie erzeugen durch Wissensaustausch (externe Effekte) und nahe Marktkontakte (pekuniäre externe Effekte) Innovation und höhere Produktivität.

Dank externer und pseudoexterner Effekte profitieren auch kleinere Unternehmen von zunehmenden Skalenerträgen. Aber hier spricht man von externen Skalenerträgen, weil sie nicht innerhalb eines Unternehmens, sondern innerhalb einer Branche oder innerhalb einer Region erzielt werden. Mit externen Skalenerträgen sind kleinere Unternehmen und Betriebe nicht mehr unbedingt im Nachteil gegenüber größeren. Lassen sie sich in der Nähe anderer, passender Unternehmen nieder, können auch sie billiger produzieren.

Es kann uns nicht mehr überraschen, dass wir oft einzelne Produktionszweige auf einem eng umgrenzten Gebiet finden. Man spricht dann von einem Cluster: Uhren werden im Schweizer Jura hergestellt und Schuhe um die italienische Stadt Fermo. Frankfurt ist das Banken- und München das Versicherungszentrum Deutschlands. In Mailand wird Mode und im Silicon Valley werden Chips entworfen. Und in Hollywood, Bombay, Hongkong und Caracas werden Unterhaltungsfilme gedreht.

In vielen Fällen ist also die Ansiedlung einer Branche nicht die Folge von vorgegebenen Ressourcen, sondern das Resultat von sich selbst verstärkenden externen und pseudoexternen Nutzen. Diese Kräfte tragen dazu bei, eine bestehende Spezialisierung zu erhalten – unabhängig davon, wie sie einmal entstanden ist. Im Abschnitt 20.6.5 über strategische Außenhandelspolitik werden wir auf die Frage zurückkommen, wie beeinflussbar solche Produktionsstrukturen sind.

20.6 Freier internationaler Handel – Pro und Kontra

20.6.1 Wohlstandsgewinn durch Außenhandel

Warum Außenhandel?

1. Wohlstandsgewinne durch Spezialisierung aufgrund der komparativen Vorteile

2. Wohlstandsgewinne durch größere Auswahl und zunehmende Skalenerträge

3. Wohlstandsgewinne durch intensiveren Wettbewerb

Kehren wir zurück zur Frage, warum sich Länder spezialisieren und Außenhandel treiben. Zwei Gründe haben wir analysiert:

- Es gibt Länder, die sehr verschieden ausgestattet sind mit Arbeitskräften, Technologie, Kapital, Boden und Bodenschätzen. Auch ihre Kultur und die politische Ordnung unterscheiden sich. Darum eröffnet der Welthandel – neben dem lokalen Handel – neue Möglichkeiten, den Wohlstand zu erhöhen. Mit freiem Welthandel kann sich jedes Land auf jene Bereiche spezialisieren, in denen es komparative Vorteile hat. Dies war das Thema des vergangenen Abschnitts 20.4.

- Aber auch Länder mit praktisch gleichen Produktionsbedingungen treiben Außenhandel. Denn so genießen sie eine immense Gütervielfalt und profitieren gleichzeitig (wie im Abschnitt 20.5 gezeigt) von zunehmenden Skalenerträgen.

Darüber hinaus gibt es noch zwei weitere (und nicht weniger wichtige) Gründe, den Welthandel zu erleichtern:

- Die größere Zahl von Anbietern und Nachfragern macht den Wettbewerb härter. Freier Außenhandel erschwert die Möglichkeiten von nationalen Monopolen, Kartellen und Absprachen. Offene Grenzen sind ein wirksames Mittel gegen Marktmacht – allerdings beobachten wir auch eine zunehmende Monopolisierung auf globaler Ebene.

4. Wohlstandsgewinne durch größeren Informationsfluss

- Weiter beschleunigt der internationale Handel den weltweiten Informationsfluss. Ein großer Teil des neuen Wissens fließt nämlich in Form von modernen Kapitalgütern über die Grenzen. Angesichts der zentralen Bedeutung von Know-how für wirtschaftliches Wachstum ist dies ein wichtiges Argument.

Nicht zuletzt gibt es auch politisch und kulturell viel von fremden Völkern zu lernen und zu genießen.

Zusammengefasst: Freie internationale Märkte eröffnen Chancen, alle unsere Ressourcen der jeweils effizientesten Verwendung zuzuführen und unseren Wohlstand zu steigern.

Allerdings gibt es auch Gegenargumente. Auf der Basis der eben ausgebreiteten Theorie kann durchaus auch begründet werden, wann unbeschränkter internationaler Handel schädlich ist und wann ihm – wenn auch meist nur vorübergehend – Schranken gesetzt werden müssten.

20.6.2 Gewinner und Verlierer des Strukturwandels

Russland hat starke komparative Vorteile in der Stahlproduktion, Indien in der Bearbeitung von Buchhaltungen, und beide Volkswirtschaften integrieren sich stärker in die Weltwirtschaft. Für deutsche Stahlunternehmen kann das bedeuten, dass sie einen Teil ihrer Produktion stilllegen müssen. Und Buchhaltungsfirmen verlegen einen Teil ihrer Produktion in das Niedriglohnland Indien.

Strukturwandel in neue Richtung

Dabei werden in Deutschland Stellen abgebaut, wenn die betroffenen Unternehmen zu wenig Vorstellungen darüber entwickeln, in welche neue Richtung die Produktion ausgeweitet werden könnte. Und die Arbeitslosigkeit steigt, wenn auch andere Unternehmen zu wenig neue Marktchancen nutzen (wie echte deutsche Luxusartikel oder Ferien im Schnee für die besser verdienende Mittelschicht Indiens). Der Strukturwandel erfordert auch große Anpassungsfähigkeit von den Arbeitskräften: Wie werden sich arbeitslose Stahlarbeiter und Buchhalterinnen in die Produktion von neuen Artikeln integrieren?

Wo liegen aussichtsreiche Zukunftsbranchen?

Verteilungsproblem

Dehnen sich die internationale Arbeitsteilung und der weltweite Wettbewerb aus, gibt es nicht nur Gewinner, sondern auch Verlierer – zumindest in der kurzen Frist. Kann uns das Ausland billigeren Stahl und billigere Buchhaltungen liefern, dann profitieren viele in Deutschland. Aber deutsche Stahlkocher und Buchhalterinnen sind vorerst auf der Verliererseite. Allerdings verändert jeder ökonomische Wandel die Einkommensverteilung – seien es veränderte Konsumwünsche, technischer und organisatorischer Fortschritt, die Erschöpfung von natürlichen Ressourcen oder die Entdeckung von neuen.

Befürworter des freien Welthandels schwärmen gerne von Wohlstandsgewinnen und verschweigen dabei die oft enormen Anpassungskosten: zerstörte Arbeitsplätze und Konkurse. Gegner sind oft Vertreter von möglichen Verlierern und schätzen die langfristigen Wohlstandschancen für die gesamte Gesellschaft tiefer ein.

brüske Öffnung als Auslöser für Abwärtsspiralen

Die Anpassungskosten sind vor allem dann hoch, wenn zentrale, bisher geschützte Branchen schlagartig der internationalen Konkurrenz ausgesetzt werden. Eine brüske Strukturkrise kann zusätzlich eine konjunkturelle Krise auslösen. (Darüber hinaus können die soeben im Abschnitt 20.5.2 beschriebenen komplexen sich selbst verstärkenden Prozesse in negativer Richtung wirken und die Krise vertiefen.)

Strukturwandel im Abschwung besonders schmerzhaft

Und wenn sich ein Land in einer Rezession befindet (wie Deutschland von 1993 bis 1997 und schon wieder nach 2001), dann kann jeder Stellenabbau den Abwärtsstrudel verstärken, den Glauben an neue Märkte in Frage stellen und die Risikobereitschaft zu Produktionserweiterungen vermindern. In pessimistischen Rezessionszeiten ist die Schaffung von neuen Arbeitsplätzen erschwert. Und je länger der Abschwung dauert, desto stärker wird unsere Sicherheit erschüttert, dass der Strukturwandel, der durch den Außenhandel provoziert wird, unseren Wohlstand erhöht.

flexible Wechselkurse hilfreich

Schließlich müssen sich auch die Wechselkurse auf dem richtigen Niveau einpendeln. Die Folgen von falsch bewerteten Wechselkursen wurden in den Kapiteln 16 und 19 beschrieben: In den 80er Jahren erschwerte ein überhöhter Dollarwert die Exporte der USA, und in den 90er Jahren schmälerte eine zu teure D-Mark oder nach 2002 ein zu teurer Euro die Chancen der deutschen Exportwirtschaft.

Fazit: Soll der Welthandel uns Wohlstandsgewinne verschaffen, müssen die Märkte Angebot und Nachfrage möglichst schnell ins Gleichgewicht bringen. Die internationale Arbeitsteilung erfordert von den Arbeitskräften wie von den Unternehmen eine hohe Anpassungsfähigkeit. Und auch die Wechselkurse müssen richtig bewertet sein.

Umstrukturierungen sind aber oft sehr teuer und schmerzhaft. Eine zu brüske Öffnung der Grenzen kann sogar eine Rezession auslösen – und in Rezessionszeiten kann sich die Anpassungszeit stark verlängern.

20.6.3   Wohlstandsgewinne und Umwelt

Der freie Welthandel eröffnet zwar Möglichkeiten, die Ressourcen weltweit besser zu nutzen. Doch dazu sind die Weltmärkte nur in der Lage, wenn keine nennenswerten Marktversagen auftreten. Neben den schon erwähnten konjunkturellen Problemen stehen vor allem die externen Kosten im Vordergrund:

Stärkerer internationaler Warenhandel führt zu größerem Verkehr. Damit wachsen auch die Umweltschäden. Als externe Kosten werden sie nicht in die Entscheidungen der Handel treibenden Unternehmen einbezogen. Damit werden die Umweltressourcen verschwendet, und der Welthandel wird zu weit ausgedehnt. Die Umweltschäden verringern die Wohlstandsgewinne, die durch internationale Arbeitsteilung erreicht werden.

Damit die Marktkräfte alle Ressourcen der bestmöglichen Verwendung zuführen, müssen die externen Kosten internalisiert werden. **Je stärker sich der Welthandel ausdehnt, desto nötiger werden effiziente Umweltmaßnahmen auf internationaler Ebene (z. B. eine globale CO_2-Abgabe).**

20.6.4 Gewinnen alle Länder? Spezialisierung in die richtige Richtung?

Die Theorie der komparativen Vorteile sagt nur, dass es den Handel treibenden Ländern insgesamt besser geht. Sie sagt nicht, dass alle Länder gleich stark vom Außenhandel profitieren. Wie viel ein einzelnes Land gewinnt, hängt entscheidend von zukünftigen Entwicklungen ab – Entwicklungen, die in der Regel zum Zeitpunkt der Spezialisierung noch kaum abschätzbar sind.

Als erstes wollen wir festhalten, dass die Theorie der komparativen Vorteile nichts darüber aussagen kann, wie sich die Güternachfrage und die Produktivität entwickeln und welche Folgen dies für die Preise und Einkommen hat.

Schauen wir unsere beiden Modellinseln an, nachdem sie den Strukturwandel erfolgreich überstanden haben und reicher geworden sind: Man wird entdecken, dass reichere Leute vermehrt Fisch und weniger Brot essen. (Im Fachjargon des 3. Kapitels: Brot ist ein inferiores Gut, die Einkommenselastizität der Brotnachfrage ist negativ.) Geht aber die Nachfrage nach Brot zurück, sinken die Brotpreise relativ zu den Fischpreisen. So wird die Brotinsel kaum vom gegenseitigen Handel profitieren.

Wie steigt die Nachfrage?

Das hier angesprochene Problem betrifft vor allem Entwicklungsländer: Viele Länder in Afrika, Asien oder Lateinamerika haben sich auf Produkte wie Zucker, Jute oder Kaffee spezialisiert, deren Nachfrage weltweit nur schwach zunimmt. Weiten sie ihre Produktion aus, müssen sie damit rechnen, dass die Preise sinken und sie ärmer dastehen als vorher.

Wie steigt das Angebot?

Zudem haben sich die Entwicklungsländer aufgrund ihrer komparativen Vorteile eher auf einfache Produkte spezialisiert. Das bedeutet, dass viele dieser Länder sehr ähnliche Güter exportieren – und sobald sie ihre Exporte stark ausweiten, besteht die Gefahr, dass sie sich gegenseitig die Preise drücken.

Terms of Trade

Verhältnis von Export- zu Importpreisen; es gibt an, wie viele Güter ausgeführt werden müssen, um eine bestimmte Menge von Gütern einführen zu können.

Wie sich die Wohlstandsgewinne aus dem Außenhandel entwickeln, lässt sich am Verhältnis der Exportpreise zu den Importpreisen ablesen. In der ökonomischen Fachsprache bezeichnet man dieses Verhältnis als Terms of Trade. Wenn sich Entwicklungsländer auf Produkte mit schwacher Nachfrage und stark steigender Konkurrenz spezialisieren, verschlechtern sich ihre Terms of Trade. Sie gehören dann zu den Verlierern der internationalen Spezialisierung.[1]

---

[1] Es wird oft gesagt, die Terms of Trade hätten sich für die Entwicklungsländer verschlechtert. Doch diese generelle Aussage ist stark umstritten. Zwar haben die Zucker exportierenden Länder tatsächlich unter tief gefallenen Preisen zu leiden. Doch bei den übrigen Produkten spielt es eine große Rolle, welche Zeitperiode man für die Untersuchung auswählt. Zudem leiden die häufig zitierten Messungen der Terms of Trade an einem Fehler: Die Preise werden an den Grenzen der reichen Länder gemessen. Damit sind in den Exportpreisen der Entwicklungsländer die Transportkosten enthalten, in den Exportpreisen der reichen Länder hingegen nicht. Nun sind aber die Transportkosten enorm gesunken, und da sie früher einen großen Teil der Preise ausmachten, sind die gemessenen Preise unserer Importe viel stärker gefallen als die Exportpreise der Entwicklungsländer.

Internationale Arbeitsteilung kann auch zu übergroßer Abhängigkeit einer Region oder eines Landes von einem Produkt führen. Es droht die Gefahr von zu einseitiger Spezialisierung.

einseitige Produktionsstruktur
in Entwicklungsländern

Monokultur

Wir diskutieren viel über unsere Abhängigkeit vom Erdölimport. Unvergleichlich stärker leiden aber viele Entwicklungsländer unter der Spezialisierung auf wenige, meist sogar nur auf ein einziges Exportprodukt. So stammt der Exporterlös Ghanas zu 40% aus dem Kakao, für Mauretanien zu 50% aus dem Eisenerz, für Kuba zu 70% aus dem Zucker, für Burundi zu 80% aus dem Kaffee und für Sambia gar zu 90% aus dem Kupfer. Diese einseitige Produktionsstruktur ist auch eine Folge der Kolonialzeit, in der die Kolonialmächte ihre Kolonien als Quelle für billige Rohstoffe einrichteten. Doch heute noch ist es für diese Länder schwierig, sich aus ihrer Einseitigkeit zu lösen, denn kurzfristig ist die Produktion ihrer angestammten Güter am lukrativsten. Das heißt, ihre komparativen Vorteile liegen heute durchaus bei der Produktion von Rohstoffen.

Preisschwankungen an
Rohstoffbörsen

Weil sie aber alles auf eine Karte setzen, sind sie manchmal enormen Preisfluktuationen an den Rohstoffbörsen ausgesetzt. Die Exporteinnahmen einer ganzen Volkswirtschaft können sich von einem Jahr zum anderen verdoppeln oder halbieren. Wir haben im 18. Kapitel gesehen, wie schon eine Preisverdoppelung für Erdöl, das nur 5% unserer Güterimporte ausmacht, unsere Wirtschaft in eine Rezession stürzen konnte. Um wie viel stärker muss da ein Land wie Sambia betroffen sein, wenn der Kupferpreis von einem Jahr aufs andere auf die Hälfte sinkt!

einseitige Produktionsstruktur
in Industrieländern

Auch Europa hat negative Erfahrungen gemacht mit Spezialisierung: So leiden heute noch die ehemaligen Kohlenreviere in England, Belgien und Deutschland unter ihrer früheren Einseitigkeit. Die Schließung der Kohlebergwerke wegen billigeren Erdöls hat diese Gegenden in einen Jahrzehnte dauernden Abwärtsstrudel gerissen.

Die längerfristig zentralste Frage betrifft die technische und organisatorische Zukunft eines Landes. Werden mit der Spezialisierung aufgrund der momentanen komparativen Vorteile hier die Weichen immer richtig gestellt?

Auf unsern beiden Inseln könnten der Fischfang und die Fischverarbeitung zukunftsträchtiger sein als die Brotherstellung. Dann etwa, wenn der Aufbau einer Fischindustrie viele technische und organisatorische Impulse für die Weiterentwicklung der Wirtschaft gibt, bei Landwirtschaft und Brotbacken jedoch nicht viel dazu gelernt werden muss und kann. Durch die Spezialisierung auf Fische hat sich die karge Insel die Möglichkeiten für neue lukrative Sparten offen gehalten, ihre Entwicklung wurde vielfältig stimuliert. Die üppige Insel dagegen hat mit ihrer Spezialisierung auf Brot Zukunftswege verbaut.

unglückliche Weichenstellungen

Tatsächlich können wir in vielen Entwicklungsländern beobachten, wie mit einer früheren Spezialisierung die zukünftigen Möglichkeiten erschwert wurden. Die Spezialisierung auf so simple Produkte wie Kaffee, Kakao, Zucker, Erdnüsse, Jute, Kupfer, Aluminiumerze oder auch Erdöl hat in eine wirtschaftliche Sackgasse geführt.

Die Gefahr, sich einseitig oder auf wenig Zukunft versprechende Produkte zu spezialisieren, veranlasst viele Staaten, ihren Außenhandel zu kontrollieren. Sie wollen eine Volkswirtschaft aufrecht erhalten oder ausbauen, die auf möglichst viel versprechende Branchen diversifiziert ist – eine Strategie, die das Thema des folgenden Abschnitts ist.

20.6.5 Strategische Außenhandelspolitik

Ein wichtiger Teil des internationalen Handels ist die Folge von komparativen Vorteilen, die von vornherein gegeben waren und fortbestehen: Kuba exportiert Tabak aus klimatischen und Nigeria Erdöl aus geologischen Gründen, die österreichischen Berge und die kenyanische Tierwelt ziehen Touristen an. Warum aber produziert Japan Fotoapparate und die USA Großflugzeuge? Warum nicht umgekehrt? Der Handel mit modernen Produkten ist schwieriger zu erklären.

Wie im Abschnitt 20.5.2 festgehalten, ist in vielen Fällen die Ansiedlung einer Branche nicht die Folge von vorgegebenen Ressourcen, sondern das Resultat eines sich selbst verstärkenden Prozesses, bei dem die Verbreitung von Wissen und ein Fundus von spezialisierten Arbeitskräften und Lieferanten eine zentrale Rolle spielen.

das Ziel:
viel versprechende komparative Vorteile erschaffen

Wird befürchtet, dass sich ein Land oder eine Region aufgrund seiner momentanen komparativen Vorteile in eine Sackgasse hinein spezialisieren könnte? Besteht die Gefahr, dass sich selbst verstärkende Effekte eine Region von viel versprechenden Entwicklungen ausschließen oder verdrängen? Dann könnte es sich lohnen, eine strategische Außenhandelspolitik zu verfolgen. **Die Regierung will sich selbst verstärkende Mechanismen zu Gunsten von neuen Branchen auslösen und so neue, lukrativere komparative Vorteile entwickeln.** Ist dann der unterstützte Wirtschaftszweig einmal führend und sind die sich selbst verstärkenden Kräfte in Gang gekommen, könnte der Staat seine Förderung oder seinen Schutz wieder abbauen.

Entwicklungsländer wie auch hoch entwickelte Volkswirtschaften versuchen zukunftsweisende Wirtschaftszweige aufzubauen. Sie fördern diese Branchen durch gezielte Investitionen in die Infrastruktur, Forschung und Subventionen (Cluster ist das Zauberwort der Wirtschaftsförderer). Zudem schützen Regierungen zukunftsträchtige Branchen durch Importbeschränkungen vor der Weltkonkurrenz (und oft auch innovative Unternehmen vor einheimischen Nachahmern).

Erziehungszoll-Argument
Eine Erfolg versprechende Branche soll vor internationaler Konkurrenz abgeschirmt werden, bis sie die dafür nötige Größe hat.

Erfolgsgeschichten

Vor allem die ersten Schritte einer »jungen« Branche werden häufig abgeschirmt. Komplizierte Branchen brauchen Zeit, um sich zu organisieren. Auch bei Gütern, die in Massenproduktion hergestellt werden, braucht man Zeit, bis ein Unternehmen so groß ist, dass es der internationalen Konkurrenz standhalten kann.

Die Länder mit den größten Entwicklungserfolgen praktizieren eine solche strategische Handelspolitik: Südkorea und Taiwan in den 60er und 70er Jahren, China seit den 80er Jahren und Vietnam seit den 90er

Problem des Missbrauchs

Jahren. Allerdings bleibt die kritische Frage, ob ohne staatliche Unterstützung die Produktion in diesen Ländern nicht ebenso schnell gewachsen wäre.

Ein Problem kann dann entstehen, wenn die jungen Branchen groß geworden sind und man den Schutz wegnehmen möchte. Es gibt viele Beispiele von Industrien in anderen, weniger erfolgreichen Ländern, die hinter schützenden Mauern nie international konkurrenzfähig wurden. In solchen Fällen wurden Ressourcen verschwendet, die anderweitig vermutlich besser eingesetzt worden wären.

Rolle von Bildung und Forschung in Deutschland

Strategische Überlegungen zur Förderung bestimmter komparativer Vorteile werden auch in Deutschland gemacht: An erster Stelle steht die Bildungs- und Forschungspolitik. Fördert der Staat die Forschung, werden die komparativen Vorteile in science-based industries gestärkt. Forschungsintensive Branchen sind die Pharmaindustrie, die Medizin, die Biotechnologie oder die Mikroelektronik. Betont Deutschland die Berufslehre gegenüber einer langen Schulausbildung und fördert es Fachhochschulen, verschafft es sich komparative Vorteile in skill-based industries. Dazu gehören Branchen wie der Maschinenbau, der in der Fertigung und Weiterentwicklung hoch qualifiziertes Personal benötigt.

Interview mit Paul Bairoch, Professor an der Universität Genf und an der Université Libre de Bruxelles.

CASH, 8. Mai 1998

Ein Wirtschaftshistoriker bricht eine Lanze für protektionistische Maßnahmen

Die ökonomische Theorie neigt dazu, die historische Realität zu ignorieren oder gar zu unterdrücken. Auf diese Weise entstehen immer wieder Mythen. Einer davon ist der zum Glaubenssatz erhobene Mythos von der schädlichen Wirkung des Protektionismus.

CASH (Werner Vontobel): Über nichts anderes sind sich – wie Umfragen zeigen – die Ökonomen so einig wie über die Rolle des Außenhandels als Motor des Fortschritts und des Wachstums. Oder umgekehrt formuliert: über die schädliche Wirkung jeglicher Protektion.

Bairoch: Man kann sicher sagen, dass dies einer der meistüberschätzten Zusammenhänge in der Ökonomie ist. Zum einen ist die Behauptung schon deshalb gewagt, weil es sehr schwer ist, einen einzelnen Grund für das Wachstum zu isolieren und zu messen. Die meisten haben es gar nicht erst versucht, und die wenigen, die sich die Mühe genommen haben, sind zu sehr ernüchternden Ergebnissen gekommen. Danach ist der grenzüberschreitende Handel, für sich allein genommen, noch nicht einmal für einen Zwanzigstel des Wirtschafts-

wachstums verantwortlich.

Im Gegensatz zur Mehrzahl der Ökonomen bin ich der Ansicht, dass der Protektionismus oder vielmehr einzelne gezielte protektionistische Maßnahmen das Wirtschaftswachstum eines Landes besser und nachhaltiger fördert als eine konsequente Politik des Freihandels.

Und mit welcher Theorie begründen Sie das?

Bairoch: Theoretisch begründen kann man in der Ökonomie grundsätzlich immer alles und auch das Gegenteil. Lassen Sie mich zuerst über die historischen Beobachtungen reden. Es wird auch unter Ökonomen – sofern sie sich überhaupt mit Wirtschaftsgeschichte befassen – kaum bestritten, dass beispielsweise die USA die Entwicklung zum Industriestaat nur geschafft haben, weil sie nach ihrer Unabhängigkeit insbesondere die Industriegüter mit hohen Zöllen von durchschnittlich gut 40 Prozent belegt haben. Umgekehrt ist beispielsweise in Indien die damals durchaus vorhandene Industrie durch den von England aufgezwungenen Freihandel im Keime erstickt worden. Und was wäre wohl aus den asiatischen Schwellenländern geworden, wenn ihre Regierungen nicht eine ausgesprochen protektionistische Industriepolitik geführt hätten?

Die neueste Entwicklung zeigt doch auch die Gefahren einer solchen Politik: Filz, Klientelismus, große, schwerfällige Konglomerate und so weiter.

Bairoch: Es ist nicht zu bestreiten, dass auch der Protektionismus seine Gefahren birgt. Deshalb plädiere ich ja auch für einen aufgeklärten, flexiblen, situativen Protektionismus. Die Veränderung der Strukturen muss möglich bleiben. Ein gewisser Wettbewerbsdruck muss aufrechterhalten bleiben, auch wenn die Grenzen nicht total offen sind.

Ist denn eine solche Gratwanderung überhaupt möglich? Kann ein Land ein bisschen protektionistisch sein, ohne immer neue Schutzbegehren zu wecken? Oder anders gefragt, ist nicht zumindest unter etwa gleich entwickelten Volkswirtschaften der reine Freihandel letztlich die einzig gangbare Lösung?

Bairoch: Es gibt Tausende von Ökonomen, die genau diesen Standpunkt theoretisch überzeugend belegen können. Doch ich misstraue der Theorie und befrage die Geschichte, und da gibt es zunächst einmal ein Problem – das Anschauungsmaterial ist nämlich knapp. Entgegen einem weit verbreiteten Mythos war nämlich der Freihandel in der Vergangenheit keineswegs die Regel, sondern eine eher seltene Ausnahme. Eine solche waren die – je nach Land – 25 bis 30 Jahre nach 1860, als unter dem Einfluss von England in ganz Europa die Zölle drastisch gesenkt wurden. Das Ergebnis war – für die Anhänger des Freihandels paradoxerweise – ein deutlicher Rückgang der Wachstumsraten.

Die Ergebnisse waren derart überzeugend und einheitlich, dass man sie nicht durch statistische Fehler wegerklären kann: In der Periode des Freihandels lagen die durchschnittlichen Wachstumsraten des Bruttosozialprodukts bei 1,7 Prozent. Danach, also in der protektionistischen Periode, lagen sie in allen Ländern höher und erreichten im Schnitt 2,4 Prozent. Interessanterweise lagen nach ein paar Jahren auch die Wachstumsraten des Außenhandels höher als in der Phase des Freihandels. Das zeigt, dass das Wachstum den Handel antreibt und nicht umgekehrt.

Kommen wir zur Gegenwart. Der französische Politologe Emmanuel Todd, der sich stark auf Ihre Studien abstützt, schreibt die sinkenden Wachstumsraten seit 1970 und insbesondere nach 1990 dem zunehmenden Freihandel zu. Teilen Sie seine Meinung?

Bairoch: Seine Analyse tönt gut, aber ich bin mir über die neuere Entwicklung noch nicht im Klaren. Wir sollten uns vor neuen Legenden hüten. Zwar hat die Arbeitslosigkeit stark zugenommen, das ist wahr, aber das Wachstum pro Kopf der Bevölkerung hat sich zumindest in der Periode von 1974 bis 1993 nicht grundlegend abgeschwächt.

Zum Schluss vielleicht doch noch etwas Theorie: Todd sagt, dass der Freihandel deshalb schädlich ist, weil er die Fähigkeit des Nationalstaates zerstört, die Nachfrage zu organisieren. Und der US-Ökonom Professor Dani Rodrik sagt dasselbe in andern Worten, nämlich, dass die Globalisierung die nationalen Institutionen und Spielregeln zerstört, die bisher für ein Gleichgewicht gesorgt haben.

Bairoch: Sie werden es gemerkt haben, ich ziehe die Beobachtung der Theorie vor. Beobachtungen und Studien habe ich beispielsweise jahrelang im Industriegürtel um Charleroi gemacht. Man hat dort meiner Meinung nach die Minen unter dem Diktat des Freihandels viel zu schnell geschlossen. Dadurch sind die Arbeitskräfte – viele davon Ausländer – schnell abgewandert. Damit brachen der Arbeitsmarkt und die lokale Nachfrage zusammen. Neue Industrien konnten so gar nicht entstehen. Alles brach zusammen.

Und wie hätten Sies denn gemacht?

Bairoch: Man hätte die Minen dank auslaufenden Subventionen langsamer sterben lassen und in der Zwischenzeit neue Industrien fördern sollen. Der Staat kann nicht abseits stehen, wenn in einer Region alte Industrien sterben und neue entstehen sollen. Eine gesunde Dosis aufgeklärten Protektionismus hätte in Charleroi zweifellos Wunder gewirkt. Wenn Sie das eine Theorie nennen wollen, bitte sehr.

Das Interview basiert vor allem auf dem Buch «Economics and World History. Myths and Paradoxes», New York, 1993. 1997 hat Bairoch das dreibändige Buch «Victoires et déboires. Histoire économique et sociale du monde du XVIe siècle à nos jours» veröffentlicht.

20.7 Umweltpioniere und Außenhandel

Viel diskutiert werden die Folgen für ein Land, das als Pionier strengere Umweltschutzmaßnahmen einführt als andere Länder, beispielsweise mit einer Energieabgabe. Damit leistet das Pionierland einen Beitrag zur Verbesserung der globalen Umweltsituation, während es umgekehrt weiterhin unter der Luftverschmutzung der anderen Länder zu leiden hat.

Vergessen wir aber nicht, dass nur ein Teil unserer Umweltprobleme aus dem Ausland zu uns verfrachtet werden. Die hausgemachten Probleme (wie etwa Lärm, Abfall oder Bodenzerstörung) können wir im

Alleingang lösen – auch wenn wir mit den dafür eingeführten Umweltabgaben gleich noch die globale Umwelt etwas schonen.

Umweltabgaben und Außenhandel

Gewichtige Folgen ergeben sich aber über den Außenhandel. Kann ein Land, das in großem Umfang mit dem Ausland Handel treibt, strengere Umweltschutzmaßnahmen einführen als seine Handelspartner und Konkurrenten?

Gehen wir davon aus, die umweltschädliche Produktion unseres Pionierlandes würde neu mit einer Energieabgabe belastet, während andere Steuern (am einfachsten die Mehrwertsteuer oder Abgaben auf den Produktionsfaktoren Kapital und Arbeit) im gleichen Umfang verringert würden. Damit wird die einheimische umweltschädliche Produktion teurer als die ausländische, während die einheimische Umwelt schonende Produktion billiger wird (für eine schonende Produktion würden nur geringe Energieabgaben bezahlt, aber dafür weniger Steuern auf Kapital und Arbeit). Als Folge sinken die Exporte von umweltschädlichen Produkten, und die Importe solcher Produkte steigen. Gleichzeitig steigen die Exporte von Umwelt schonenden Produkten, und die Importe solcher Produkte sinken.

komparative Vorteile bei Umwelt schonenden Gütern

Führt ein Land einseitig Umweltabgaben ein, verschieben sich seine komparativen Vorteile in Richtung Umwelt schonende Güter. Bei freiem Außenhandel spezialisiert sich der Umweltpionier auf schonendere Güter, während Länder mit laxer Umweltpolitik die Umwelt belastende Produktion übernehmen. Prescht ein Land im Umweltschutz vor, geht die Produktionsumstellung besonders schnell vor sich, weil die belastenden Produkte aus dem Ausland bezogen werden können. Um brüske Entlassungen zu vermeiden, müsste darum die Umweltabgabe mit einem besonders niedrigen Satz beginnen und dürfte nur behutsam ansteigen.

Wissensvorsprung

Anders als die meisten Verschiebungen der komparativen Vorteile (infolge neuer Konkurrenzländer und veränderter Technik) würden Verschiebungen in Richtung Umwelt schonende Güter durch eine bewusste Politik hervorgerufen. Dies ist eine große Chance für die einheimischen Unternehmen, denn die Umweltsituation wird sich weltweit verschärfen und früher oder später die anderen Länder ebenfalls zu einer umweltfreundlicheren Politik zwingen. So nimmt ein Pionierland nicht nur eine unvermeidliche Entwicklung voraus, sondern es verschafft seinen Unternehmen auch einen Wissensvorsprung auf dem Weltmarkt. Dank den ökologischen Rahmenbedingungen forschen Unternehmen frühzeitig nach Umwelt schonenden Produkten und Produktionsverfahren. Müssen später andere Länder umweltpolitisch nachziehen, können die Pioniere ein überlegenes technisches und organisatorisches Wissen ausspielen, das sich sehr bezahlt machen kann.

strategische Handelspolitik

Erfolgreiche strategische Handelspolitik baut komparative Vorteile bei Know-how-intensiven Gütern aus. Solche Güter lassen sich teuer exportieren, während einfache Güter billig importiert werden. Die Umwelttechnologie ist eine solche neue Know-how-intensive und lukrative Sparte.

Keine Theorie kann exakt voraussagen, welche Effekte überwiegen: die Verluste der Umweltgüter verschleißenden Industrien und die Kosten der ökologischen Umstrukturierung oder die Gewinne der Umwelt schonenden Branchen und die Chancen, frühzeitig in Zukunftsbranchen Fuß zu fassen. Interessant sind darum die Erfahrungen, die Japan schon in den 70er Jahren mit pionierhaften Umweltanstrengungen gemacht hat:

Ifo-Institut für Wirtschaftsforschung in München, Juni 1990:
»Die im Vergleich zu anderen Industrienationen wesentlich strengeren Umweltschutzregelungen und höheren Umweltschutzinvestitionen Japans hatten im Allgemeinen günstige gesamtwirtschaftliche Effekte. Negative Auswirkungen auf Wirtschaftswachstum, Beschäftigung, Geldwertstabilität, technischen Fortschritt und Exporte sind nicht bekannt oder aber äußerst gering. Insgesamt überwog der gesamtwirtschaftliche Nutzen: Die strengen Regelungen zur Emissionsbegrenzung gaben Industrie und Energieversorgungsunternehmen einen kräftigen Anstoß zu Energieeinsparungen; dies wirkte sich nach den Ölpreiskrisen von 1973 und 1979 besonders günstig aus.
Die Strategie des Ausbaus der Schwerindustrie wurde zugunsten von modernen, ressourcen- und energieschonenden Branchen aufgegeben. Personenkraftwagen wurden schon sehr frühzeitig mit Katalysatoren ausgestattet, weshalb die Automobilindustrie keine Exporteinbußen zu befürchten brauchte, als die europäischen Länder striktere Abgasgrenzwerte zur Pflicht machten. Die strengeren umweltpolitischen Maßnahmen haben also die Wirtschaft gestärkt und entscheidende Impulse zu einem industriellen Wandel gegeben.«

Fazit: Umweltpioniere gewinnen komparative Vorteile bei Umwelt schonenden Gütern und Verfahren. Länder mit besonders laxer Umweltpolitik hingegen verstärken ihre komparativen Vorteile in umweltschädlichen Bereichen. Das heißt, solche Länder werden die Umwelt belastenden Industrien anziehen. Heute sind das vor allem arme Länder. Ihre Regierungen versuchen mit milden Umweltauflagen Unternehmen zu ködern. Damit degradieren sich diese Länder langfristig zum Zufluchtsort der Umwelt belastenden Produktion aus der ganzen Welt.

Falls jedoch eine Produktion ihre internationale Wettbewerbsfähigkeit nur unter Vernachlässigung der Umweltkosten erhalten kann, handelt es sich aus gesamtwirtschaftlicher Sicht um ein Verlustgeschäft. Entwicklungsländer verschachern so ihre Umweltgüter und verkaufen ihre Produkte im Ausland unter den Selbstkosten (Dumping). Auch für die ärmsten Länder ist eine solche Wirtschaftspolitik längerfristig nicht vorteilhaft.

Fragen zum 20. Kapitel, internationaler Handel

1. Ordnen Sie jedem Fachbegriff die passende Ziffer zu:

..... Globalisierung

..... absoluter Vorteil

..... intraindustrieller Handel

..... Opportunitätskosten, Alternativkosten

..... komparativer Vorteil

..... zunehmende Skalenerträge

..... Terms of Trade

..... externe Nutzen, positive externe Effekte

..... pseudoexterne Effekte, pekuniäre externe Effekte

..... interne Skalenerträge

..... externe Skalenerträge

..... Cluster

..... Erziehungszoll-Argument

a   Entgangener Nutzen der nächstbesten nicht gewählten Alternative; das, was wir aufgeben müssen, um ein Ziel zu erreichen

b   Unentgeltliche Nutzenstiftungen an Außenstehende, an Trittbrettfahrer

c   Skalenerträge, die innerhalb einer Branche oder Region erzielt werden

d   Verhältnis von Export- zu Importpreisen; es gibt an, wie viele Güter ausgeführt werden müssen, um eine bestimmte Menge von Gütern einführen zu können.

e   Ein Land (oder auch eine Region, ein Unternehmen, eine Person) ist fähig, ein bestimmtes Gut zu niedrigeren Opportunitätskosten zu produzieren als die Konkurrenz.

f   Eine Erfolg versprechende Branche soll vor internationaler Konkurrenz abgeschirmt werden, bis sie die dafür nötige Größe hat.

g   Effekte, die nicht am Markt vorbei wirken, sondern eine Folge des Wettbewerbs auf den Märkten sind und Auswirkungen auf andere Märkte haben; Eröffnung und Vernichtung von Marktchancen

h   Ein Land (oder auch eine Region, ein Unternehmen, eine Person) ist fähig, ein bestimmtes Gut mit weniger Ressourcen zu produzieren als die Konkurrenz.

i   Skalenerträge, die innerhalb eines Betriebes oder einer Unternehmung erzielt werden

k   Handel mit ähnlichen Gütern zwischen ähnlichen Ländern

l   Das Produktionsergebnis steigt überproportional zum Einsatz aller Ressourcen, z. B. führt eine Verdoppelung der Inputs zu mehr als nur einer Verdoppelung des Outputs.

m   Trend zur internationalen Ausdehnung wirtschaftlicher, politischer und kultureller Aktivitäten. Waren und Dienstleistungen, Kapitalströme sowie Informationen aller Art fließen immer ungehinderter um die Welt.

n   Regionale Netzwerke, die durch Wissensaustausch und nahe Marktkontakte Innovation und höhere Produktivität erzeugen

2. Der deutsche Schokoladeliebhaber profitiert nicht vom internationalen Handel, denn die ausländische Schokolade ist nicht billiger als die deutsche!
    Was meinen Sie dazu?

3. David Ricardo argumentierte mit folgendem berühmt gewordenen Beispiel: Portugal und England könnten beide Wein und Tuch produzieren. Ihre Produktivität bei den beiden Gütern unterscheidet sich aber stark:

	Wein pro Arbeitstag	Tuch pro Arbeitstag
Portugal:	40 l	60 m
England:	20 l	40 m

a) Welches Land hat wo absolute Produktionsvorteile?

b) Gibt es komparative Vorteile? Wenn ja, wo?

c) Welches Land wird sich auf welche Güter spezialisieren?

4. Die Geschäftsleitung von Fiat in Turin gibt zu, dass man für kurze Zeit hinter die Produktivität der ostasiatischen Autobauer zurückgefallen sei. Seither habe man aber aufgeholt und sei jetzt wieder so produktiv wie die Südkoreaner. Argumentieren Sie mit dem Gesetz der komparativen Vorteile, ob die Turiner mit ihrer Produktivität zufrieden sein können.

5. Welche der folgenden Faktoren begünstigen intraindustriellen Handel, welche wirken dagegen?

begünstigen	wirken dagegen	
O	O	Produktedifferenzierung
O	O	internationale Integration
O	O	Zollschranken
O	O	zunehmende Skalenerträge bei der Produktion einzelner Marken
O	O	hohe Transportkosten
O	O	einheitliche Güterqualität

6. Wägen Sie im Folgenden die Wichtigkeit von zunehmenden Skalenerträgen und komparativen Vorteilen ab:

komp. Vorteile	Skalen- erträge	
O	O	Die meisten Kameras werden in Japan hergestellt.
O	O	Sambia ist ein wichtiger Produzent von Kupfer.
O	O	Anders als Novara ist Turin eine Autostadt.
O	O	Das deutsche Speditionsgewerbe konzentriert sich auf Hamburg.
O	O	Auch wichtige Buch- und Zeitungsverlage haben ihren Sitz in Hamburg.

7. Innerhalb der EU wie auch innerhalb der NAFTA (USA, Mexiko und Kanada) hat der Handel stark zugenommen – aber welche Art von Handel wird es wohl sein? Vornehmlich intraindustrieller oder interindustrieller Handel?

a) z.B. der Handel zwischen Frankreich und Deutschland

b) z.B. Handel zwischen den USA und Mexiko

c) In welchen der vier erwähnten Länder wird wohl der zunehmende Handel größere Umstrukturierungen zur Folge haben?

8. Beurteilen Sie folgende Aussagen:

richtig falsch

O O Das Land, das ein Gut am effizientesten produzieren kann, hat dort gegenüber jedem anderen Land einen komparativen Kostenvorteil.

O O Hat Deutschland bei einem Produkt absolute Vorteile, hat sie dort auch komparative Vorteile.

O O Ein Land, das überall eine niedrige Produktivität hat, kann gegenüber ausländischer Konkurrenz nur verlieren.

O O Nein, freier Außenhandel führt immer zu einer besseren Nutzung der Ressourcen.

O O Es gibt Menschen, die so talentiert sind, dass sie in praktisch allen Bereichen komparative Vorteile haben.

O O Kleine Länder profitieren in der Regel mehr vom freien Welthandel als große.

O O Es gibt Länder, die so ineffizient produzieren, dass sie keine absoluten Vorteile haben.

O O Die komparativen Vorteile reflektieren die verschiedenen Alternativkosten bei der Güterproduktion.

O O Die komparativen Vorteile führen bei freiem Außenhandel zu Effizienzsteigerungen, von denen alle Beteiligten profitieren.

O O Internationaler Handel ist ein Nullsummenspiel; was das eine Land gewinnt, verliert das andere.

O O Große Länder, die alles selber produzieren können, profitieren nicht vom Welthandel.

O O Kann ein Land ein Produkt billiger als zum herrschenden Weltmarktpreis exportieren, ist das nur möglich, weil es seine Produktion subventioniert.

O O Herrscht vollständiger Wettbewerb, steuern die Marktkräfte den Ressourceneinsatz aufgrund der komparativen Vorteile.

O O Intraindustrieller Handel reflektiert zunehmende Skalenerträge, interindustrieller Handel dagegen komparative Vorteile.

O O Je ähnlicher sich die Länder sind, desto größer ist der Anteil des intraindustriellen Handels.

O O Ohne internationalen Handel könnten nur große Länder von zunehmenden Skalenerträgen profitieren.

9. Handelt es sich bei den folgenden Beispielen um interne oder externe Skalenerträge?

interne externe

O O Die Uhrenfabrikation konzentriert sich im Schweizer Jura.

O O Die Produktion von Tütensuppen wird von zwei großen Konzernen beherrscht.

O O Diamantschleifereien konzentrieren sich in Amsterdam und Antwerpen.

O O Die Airbusse werden in Toulouse montiert.

10. a) Welche Wohlstandsgewinne ergeben sich durch Handel aufgrund von zunehmenden Skalenerträgen?
b) Hängen die Wohlstandsgewinne von der Form der zunehmenden Skalenerträge (interne oder externe) ab?

11. In welche Probleme könnten Entwicklungsländer geraten, wenn sie ihre Produktion bloß auf die Ausnützung der gegenwärtigen komparativen Vorteile ausrichten?

12. Welche der folgenden Aussagen geben das Erziehungszoll-Argument richtig wieder?

a Die Ausbildung der Jugend ist zentral für zukünftiges Wachstum.

b Neue Industrien brauchen Unterstützung, um gegen subventionierte ausländische Firmen zu bestehen.

c Solange eine junge Branche international nicht konkurrenzfähig ist, sollte sie nicht gefördert werden.

d Um einer Branche Gelegenheit zu geben, international konkurrenzfähig zu werden, kann sie gefördert werden.

e Neue Industrien brauchen dauernde Unterstützung, um gegen etablierte ausländische Konkurrenz zu bestehen.

13. Beurteilen Sie folgende Liste der Argumente, die für Außenhandelszölle ins Feld geführt werden:

bedenkenswertes Argument

schwaches Argument

O O Niedriglohnländer wie Bangladesh haben unfaire Vorteile mit ihren tiefen Löhnen.

O O Die einheimische Wirtschaft ist daran, überall ihre komparativen Kostenvorteile zu verlieren.

O O Die Regierung z. B. von Russland braucht dringend eine einfach erhebbare Einnahmequelle.

O O Ein ineffizientes Land kann gegenüber ausländischer Konkurrenz nur verlieren.

O O Neue Branchen, wie die Software-Produktion in Sri Lanka, sollen heranwachsen können.

O O Hat man die Wahl, wäre es vorteilhaft, Importbeschränkungen erst im Boom zu verringern.

14 Wirtschaftsförderer berufen sich gerne auf das Erziehungszoll-Argument. Warum kommen dann Zölle tendenziell nicht jungen, Erfolg versprechenden, noch unentwickelten Branchen zugute, sondern eher alten und veralteten Wirtschaftszweigen?
(Erinnern Sie sich an die Frage im 11. Kapitel, welche Interessen sich im politischen Prozess durchsetzen.)

15 Welche komparativen Vorteile gewinnen Umweltpioniere?

16 Welche komparativen Vorteile gewinnen Länder mit laxem Umweltschutz?

17. Welche der folgenden Aussagen zu Vor- und Nachteilen der gemeinsamen Währung Euro wurden vor allem im Erklärungsrahmen des klassischen langfristigen Gleichgewichts gemacht, welche eher im Rahmen der keynesianischen Konjunkturtheorie?

klass.   konj.

O   O   Mit der Einführung des Euro sind Wechselkursschwankungen zwischen den Mitgliedsländern sind nicht mehr möglich. Damit sind rund 50% der Exporte der am Euro beteiligten Länder nicht mehr dem Währungsrisiko ausgesetzt.

O   O   Mit einer gemeinsamen Währung fallen administrative Hürden: Firmen, die in verschiedenen europäischen Ländern aktiv sind, müssen nur noch in einer Währung rechnen, man muss kein Geld mehr wechseln und umrechnen.

O   O   Es fällt leichter, die Preise in den verschiedenen Ländern zu vergleichen. Die heute sehr unterschiedlichen Preise in den verschiedenen Ländern werden sich etwas angleichen.

O   O   Werden die Märkte transparenter, wird der Wettbewerb schärfer. Dies führt zu höherer Produktivität.

O   O   Fallen mit einer gemeinsamen Währung administrative und andere Hürden, nimmt der Handel innerhalb der Währungsunion zu. Jede Region kann sich noch stärker auf jene Produkte spezialisieren, für die sie am besten geeignet ist. Ein größerer Markt erlaubt, die Vorteile aus der Massenproduktion auszunutzen und gleichzeitig eine größere Produktevielfalt zu genießen.

O   O   Der größte Nachteil des Euro ist, dass im ganzen Euroland nur noch eine gemeinsame Geldpolitik möglich ist.
Die Geldpolitik kann nicht mehr auf die unterschiedlichen Konjunkturlagen, Arbeitslosenquoten und Inflationsraten der einzelnen Länder reagieren.

21. Zur Ökonomie der Entwicklungsländer

eigene ökonomische Theorie für Entwicklungsländer?

Benötigen wir zur Erklärung der Wirtschaft von Entwicklungsländern eine eigene ökonomische Theorie? Früher wurde diese Frage bejaht. Es gab noch vor ein paar Jahrzehnten eine klare Grenze zwischen reichen industrialisierten Staaten und dem Rest der Welt. Unterdessen aber haben vier asiatische Länder (Singapur, Taiwan, Hongkong und Südkorea) zu den reichen aufgeschlossen, und viele ehemals mausarme Länder (wie China und Ägypten) sind daran, ihre wirtschaftliche Lage in dramatischem Tempo zu verbessern. Doch es gibt daneben auch Regionen (vor allem Afrika südlich der Sahara), die weiterhin arm bleiben. Daraus resultiert eine riesige Vielfalt von ökonomischen Entwicklungsstadien – mit kontinuierlichen Abstufungen von den reichsten bis zu den ärmsten – und von sich rasant entwickelnden bis zu stagnierenden Volkswirtschaften.

fließende Grenze zwischen entwickelten und weniger entwickelten Ländern

Wissen, politische und soziale Institutionen, technischer und organisatorischer Wandel

Weiter betont die heutige ökonomische Theorie die zentralen Rollen des Wissens, der politischen Institutionen (Rechtsstaat, Eigentumsrechte), der sozialen Einrichtungen sowie des technischen und organisatorischen Wandels für die wirtschaftliche Entwicklung. Auch unter diesem Blickwinkel verwischen sich die Grenzen zwischen den unterschiedlichen Kräften, die das Wirtschaftswachstum in ärmeren und reicheren Ländern vorantreiben

Eine wichtige Trennlinie bleibt aber bestehen – und zwar zwischen wachsenden Volkswirtschaften und armen Ländern, in denen die Einkommen seit jeher stagnieren. Länder, die noch nie ein anhaltendes Wirtschaftswachstum erlebt haben, haben vermutlich gesellschaftliche und politische Strukturen, die vom Rest der Welt sehr verschieden sind. Wenn die Menschen in solchen Ländern modernes Wirtschaftswachstum wünschen, müssen sie wohl fundamentale Änderungen in ihrer Tradition, ihrer Gesellschaft und ihrer Wirtschaftspolitik in Betracht ziehen.

Theorien über Wachstums-hemmnisse und ihre Überwindung

Entwicklungsländer, unterentwickelte Länder
Ihre Wirtschaft ist im Vergleich zu den reichen Ländern wenig entwickelt.

Wer sich heute mit Entwicklungsländern befasst, kommt sowohl mit rasant wachsenden als auch mit stagnierenden Volkswirtschaften in Berührung. So kommen auch in diesem Kapitel spektakuläre Wachstumsraten zur Sprache – hauptsächlich konzentrieren wir uns aber auf Entwicklungshemmnisse und auf mögliche Strategien, diese zu überwinden.

Dritte Welt
Dieser Name stammt aus der Zeit des Kampfes zwischen den westlichen Ländern (der Ersten Welt) und den kommunistischen Ländern (der Zweiten Welt), in der sich die aus kolonialer Abhängigkeit befreiten Länder als dritte Gruppe verstanden.

Zum Einstieg wollen wir im folgenden Abschnitt die Vielfalt der Entwicklungsländer aufgrund von zwei ausgewählten Wohlstands- und Wohlfahrtsindikatoren (dem Einkommen und der Lebenserwartung) genauer ansehen.

21.1 Die Kluft zwischen Arm und Reich

21.1.1 Die Einkommenskluft zwischen armen und reichen Ländern

Eine Übersicht über die weltweite Verteilung der Produktion gibt uns die Tabelle 21.1 mit mehr oder weniger genauen Schätzungen des Bruttonationaleinkommens pro Kopf für neunzig Länder.

Tabelle 21.1:
Bruttonationaleinkommen pro Kopf in 90 Ländern für 2003, in Kaufkraftparitäten-US$ zu Preisen von 2003

Quellen:
Weltbank, Weltentwicklungsbericht 2005 (www.worldbank.org/wdr), und IWF, World Economic Outlook 2004 (www.imf.org)

Europa, USA, Australien		Lateinamerika		Süd- und Ostasien		Nahost und Afrika	
USA	37500						
Norwegen	37300						
Schweiz	32030						
Irland	30450						
Österreich	29610						
Niederlande	28600			Hongkong	28810		
Australien	28290			Japan	28620		
Großbritannien	27650						
Deutschland	27460						
Frankreich	27460						
Finnland	27100						
Italien	26760						
Schweden	26620			Singapur	24180		
Spanien	22020			Taiwan	23000		
Griechenland	19920					Israel	19200
Portugal	17980			Südkorea	17930		
Tschechien	15650						
Ungarn	13780					Saudi-Arabien	12850
Polen	11450					Südafrika	10270
		Argentinien	10920				
		Chile	9810				
Russland	8920	Mexiko	8950	Malaysia	8940		
Rumänien	7140	Brasilien	7480	Thailand	7450	Iran	7190
		Kolumbien	6520			Tunesien	6840
Kasachstan	6170	Dominik. Rep.	6210			Türkei	6690
Weißrussland	6010	Peru	5090			Algerien	5940
Ukraine	5410	El Salvador	4890	China	4990		
		Venezuela	4740	Philippinen	4640		
		Guatemala	4060			Marokko	3950
		Jamaika	3790	Sri Lanka	3730	Ägypten	3940
		Ekuador	3440	Indonesien	3210	Syrien	3430
				Indien	2880		
		Bolivien	2450	Vietnam	2490	Ghana	2190
		Nicaragua	2400	Pakistan	2060	Simbabwe	2180
				Kambodscha	2060	Kamerun	1980
						Angola	1890
Usbekistan	1720						
		Haiti	1630	Bangladesh	1870	Senegal	1660
						Uganda	1440
				Nepal	1420	Elfenbeinküste	1390
						Burkina Faso	1180
						Tschad	1100
						Moçambique	1070
						Kenia	1020
						Mali	960
						Nigeria	900
						Sambia	850
						Niger	820
						Jemen	820
						Madagaskar	800
						Äthiopien	710
						Kongo/Zaire	640
						Burundi	620
						Tansania	610
						Malawi	600
						Sierra Leone	530

Bruttonationaleinkommen/BNE

Wert der in einem Jahr von Unternehmen und Staat produzierten Waren und Dienstleistungen, über die alle Bewohner eines Landes verfügen können

nicht als Wohlfahrtsmaß konzipiert

BNE-Vergleich mit Kaufkraftparitäten-Dollars

Kaufkraftparität/KKP

Wechselkurs, der einen gegebenen Güterkorb im Inland und im Ausland genau gleich teuer macht

Afrika südlich der Sahara

Afrika nördlich der Sahara

Süd- und Ostasien

Lateinamerika

Zur Tabelle sind zwei kritisch-statistische Vorbemerkungen nötig:

- Wir haben schon im 12. Kapitel gesehen, dass das BNE nicht als Wohlstandsmaß konzipiert wurde und deshalb BNE-Daten nur mit Vorsicht als Wohlstandsindikatoren zu interpretieren sind. Insbesondere bei internationalen Vergleichen müssen wir beachten, dass in einfachen Gesellschaften die Anteile von Haushaltsarbeit, Selbstversorgung und Schwarzarbeit größer sind als in hoch entwickelten – und all dies wird im BNE ja nicht mit gezählt. Darum wird in unserer Tabelle der Unterschied zwischen armen und reichen Ländern zu hoch ausgewiesen.

- Eine weitere Unsicherheit lässt sich bei internationalen Vergleichen nicht vermeiden, weil die Werte der verschiedenen Länder in eine einheitliche Währung umgerechnet werden müssen. In der Tabelle 21.1 sind alle BNE-Daten in US$ umgerechnet – aber es wurden nicht die offiziellen Wechselkurse verwendet, sondern Kurse, die den Kaufkraftparitäten entsprechen. Diese Kaufkraftparitäten wurden aufgrund von Gütern des täglichen Verbrauchs berechnet und nicht wie im 16. Kapitel aufgrund von international handelbaren Gütern. Unser Ziel ist ja ein Vergleich des Lebensstandards in einzelnen Ländern.

Die Daten für das Pro-Kopf-BNE in Kaufkraftparitäten-Dollars zeigen uns, dass die ärmsten Länder der Erde in Afrika südlich der Sahara liegen. Aber auch in diesem ärmsten Teil der Erde sind die Unterschiede zwischen den Staaten sehr groß: In Ghana ist das BNE pro Kopf mit 2190 KKP-$ mehr als viermal so groß wie in Sierra Leone. Im Gegensatz dazu sind die Unterschiede zwischen den Ländern der Ersten Welt kleiner. In den USA ist das BNE pro Kopf nur zweimal so groß wie in Portugal.

In Afrika nördlich der Sahara und im Nahen Osten ist der Lebensstandard höher (über 3900 KKP-$ für Marokko oder Ägypten, über 6800 KKP-$ für Tunesien), und nochmals um vieles höher ist er bekanntlich in den Erdölländern.

Ein fast ebenso weites Spektrum wie Afrika und der Nahe Osten weisen die Entwicklungsländer Süd- und Ostasiens auf. Sehr arm sind die bevölkerungsreichen Länder Indien, Pakistan und Bangladesh. Etwas höher ist der Lebensstandard in China. Daneben scheren einige kleinere Länder Ost- und Südostasiens nach oben aus. Die vier kleinen Tiger Hongkong, Singapur, Taiwan und Südkorea erreichen Werte, die sich mit europäischen vergleichen lassen.

Die großen Länder Lateinamerikas (Brasilien, Argentinien und Mexiko) haben einen deutlich höheren durchschnittlichen Lebensstandard als Asien oder Afrika. Hier sind es kleinere Länder wie Bolivien, Nicaragua und Haiti, die nach unten ausscheren.

Dennoch ist Elend nicht nur in Afrika und Asien, sondern auch in Lateinamerika weit verbreitet. Warum das?

Die Einkommenskluft innerhalb der Entwicklungsländer

personelle Einkommensverteilung
Aufteilung der Einkommen
nach Personen

Daten für das durchschnittliche Pro-Kopf-BNE verdecken etwas sehr Wichtiges, nämlich die oft riesige Kluft innerhalb der einzelnen Entwicklungsländer. Ein Bild über diese Kluft gibt uns die Tabelle 21.2, wo wir enorme Ungleichheiten in der Einkommensverteilung beobachten können – besonders krass in lateinamerikanischen Entwicklungsländern. In Brasilien sind die ärmsten 10 % 20mal ärmer als der Durchschnitt oder 85mal ärmer als die reichsten 10 % der Bevölkerung.

Tabelle 21.2:
Ungefähre Einkommensverteilung
in 24 Ländern

[a] Die Angaben beziehen sich auf
Pro-Kopf-Einkommen
[b] Die Angaben beziehen sich auf
Pro-Kopf-Ausgaben

Quellen:
UNO Human Development Report 2004
(hdr.undp.org)
R. Hauser, I. Becker u.a: Verteilung
der Einkommen 1999 – 2003,
Frankfurt a. M. 2004

	Anteile am Volkseinkommen in %		Verhältnis reichste 10 % zu ärmsten 10 %
	ärmste 10 %	reichste 10 %	
Japan (1993 [a])	4,8	22	4,5
BRD (2003 [a])	4,1	21	5,2
Finnland (2000 [a])	4,0	23	5,6
Schweiz (1992 [a])	3,2	24	7,5
Indonesien (2002 [b])	3,6	29	7,8
Sri Lanka (1995 [b])	3,5	28	7,9
Niederlande (1994 [a])	2,8	25	9,0
Frankreich (1995 [a])	2,8	25	9,1
Nepal (1995/96 [b])	3,2	30	9,3
Tansania (1993 [b])	2,8	30	10,8
Marokko (1998/99 [b])	2,6	31	11,7
Thailand (2000 [b])	2,5	34	13,4
Kenia (1997 [b])	2,3	36	15,6
USA (2000 [a])	1,9	30	15,9
Philippinen (2000 [b])	2,2	36	16,5
China (2001 [b])	1,8	33	18,4
Russland (2000 [b])	1,8	36	20,3
Nigeria (1996/97 [b])	1,6	41	26,0
Chile (2000 [a])	1,2	47	40,6
Mexiko (2000 [a])	1,0	43	45,0
Peru (2000 [a])	0,7	37	49,9
Kolumbien (1999[a])	0,8	47	57,8
Südafrika (1995 [b])	0,7	47	65,1
Brasilien (1998 [a])	0,5	47	85,0

Armut ist mehr als Einkommensschwäche

Armut beeinflusst alle Bereiche des Lebens. Arme sind nicht nur von Hunger bedroht, sie sind auch anfälliger für Krankheiten, sie haben weniger Zugang zu öffentlichen Dienstleistungen und zu Wissen, und sie müssen sich unter höher gestellte gesellschaftliche und wirtschaftliche Schichten unterordnen. Armut bedeutet sehr oft den Verlust von Würde und Selbstachtung.

Vergegenwärtigen wir uns hier auch, dass es in fast allen Entwicklungsländern eine Oberschicht gibt, die einen äußerst luxuriösen Lebensstil führt. Sie bewohnt abgeschirmte Wohnviertel mit erstklassigen Straßen, Krankenhäusern und Schulen.

Lebenserwartung und Einkommen

Wie unterschiedlich die Lebensqualität in den einzelnen Ländern sein kann, erahnen wir aus der Tabelle 21.3, mit Daten über die Lebenserwartung:

Tabelle 21.3:
Lebenserwartung bei der Geburt 2002 in 75 Ländern

Quelle:
UNO Human Development Report 2004
(hdr.undp.org)

Europa, USA		Lateinamerika		Süd- und Ostasien		Nahost und Afrika	
				Japan	82		
Schweiz	79			Hongkong	80		
Deutschland	78			Singapur	78	Israel	79
USA	77	Chile	76				
Portugal	76	Jamaika	76				
Tschechien	75	Mexiko	75				
Polen	74	Argentinien	74	Sri Lanka	73		
		Venezuela	74	Südkorea	75		
				Malaysia	73	Tunesien	73
						Saudi-Arabien	72
		Kolumbien	72				
Rumänien	71	El Salvador	71	China	71	Syrien	72
		Ekuador	71				
Usbekistan	70	Peru	70	Philippinen	70	Algerien	70
Ukraine	70					Türkei	70
						Iran	70
		Nicaragua	69	Thailand	69	Ägypten	69
				Vietnam	69	Marokko	69
		Brasilien	68				
Russland	67	Dominik. Rep.	67	Indonesien	67		
Kasachstan	66	Guatemala	66				
		Bolivien	64	Indien	64		
				Pakistan	61		
				Bangladesh	61		
				Nepal	60	Jemen	60
						Ghana	58
				Kambodscha	57		
						Madagaskar	53
						Senegal	53
						Nigeria	52
		Haiti	49			Mali	49
						Südafrika	49
						Kamerun	48
						Burkina Faso	46
						Niger	46
						Äthiopien	46
						Uganda	46
						Tschad	45
						Kenia	45
						Tansania	44
						Kongo/Zaire	41
						Elfenbeinküste	41
						Burundi	41
						Angola	40
						Moçambique	39
						Malawi	39
						Simbabwe	34
						Sierra Leone	34
						Sambia	33

Hängt die Lebenserwartung vom Einkommen ab?

Die höchste Lebenserwartung haben die reichen Länder. In den schwach entwickelten Ländern hingegen führen Unterernährung, schlechte hygienische Verhältnisse und ungenügende medizinische Versorgung weiterhin zu einer Lebenserwartung, die viel niedriger ist als in stark entwickelten Ländern. Am niedrigsten ist sie in den ärmsten Ländern

Südamerikas, auf dem indischen Subkontinent und vor allem in Afrika südlich der Sahara, wo die Lebenserwartung als Folge der Aids-Epidemie sogar wieder abnimmt. Und was die Tabelle nicht zeigen kann: Auch innerhalb der einzelnen Länder ist die Lebenserwartung der Armen niedriger.

Die Grafik 21.1 zeigt, dass die Lebenserwartung positiv mit dem Einkommen korreliert: Je höher das BNE pro Kopf, desto höher die Lebenserwartung. Erwähnenswert sind aber Länder wie Sri Lanka oder Jamaika, in denen man sich trotz niedrigem Lebensstandard auf ein sehr langes Leben einstellen kann. Diese Länder richten große Anstrengungen auf die Verbesserung der hygienischen Verhältnisse, der medizinischen Versorgung und der Ernährung der Armen.

Grafik 21.1:
BNE pro Kopf und
Lebenserwartung
2003/2002

(Daten der Tabellen
21.1 und 21.3)

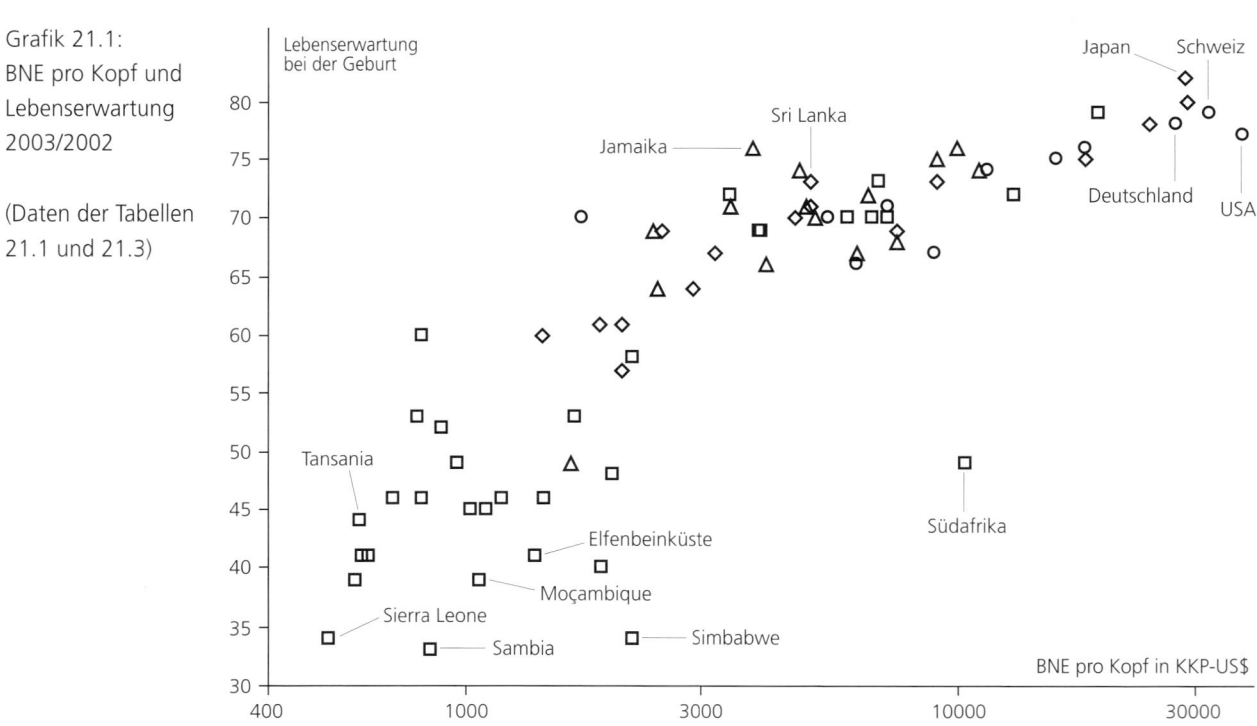

21.1.4 Wirtschaftswachstum oder Stagnation

Entwicklung des realen BNE pro Kopf

Wirtschaftswachstum
Ausdehnung der Produktionsmöglichkeiten, die zu mehr und begehrteren Waren und Dienstleistungen führt

Auch in den heute reichen Ländern herrschte früher Armut. Im Gegensatz zu den heutigen Entwicklungsländern ist ihre Produktion pro Kopf aber in den letzten zwei- bis dreihundert Jahren kontinuierlich gewachsen – wie schon zu Beginn des 13. Kapitels gezeigt wurde.

Wirtschaftswachstum ist heute ein weltweites Phänomen. Auf dem Weg, der Armut zu entrinnen, sind die einzelnen Entwicklungsländer aber sehr unterschiedlich erfolgreich. Dies zeigt in eindrucksvoller Weise die Tabelle 21.4 mit dem Wachstum des realen BNE pro Kopf seit 1965:

Tabelle 21.4:
Wachstum des realen BNE pro Kopf von 1965 bis 2003 in 50 Ländern

Quelle:
Weltbank, Weltentwicklungsberichte, div. Jahrgänge

Europa, USA		Lateinamerika		Süd- und Ostasien		Nahost und Afrika	
				China	6,9%		
				Südkorea	6,1%		
				Singapur	5,5%		
				Thailand	4,6%		
				Indonesien	3,9%		
				Malaysia	3,5%	Ägypten	3,3%
				Japan	3,0%		
Portugal	2,9%			Sri Lanka	2,9%	Tunesien	2,9%
				Indien	2,6%		
Italien	2,3%			Pakistan	2,6%	Israel	2,3%
		Brasilien	1,9%			Marokko	2,0%
Deutschland	1,7%	Kolumbien	1,9%			Türkei	1,7%
USA	1,6%	Chile	1,8%	Bangladesh	1,7%	Kamerun	1,5%
Polen	1,4%	Mexiko	1,4%				
Schweiz	1,1%			Nepal	1,1%	Kenia	1,1%
				Philippinen	1,0%	Mali	0,9%
						Burundi	0,8%
		Guatemala	0,7%			Saudi-Arabien	0,6%
		Peru	0,1%			Nigeria	0,2%
						Südafrika	0,1%
Rumänien	0,0%					Ghana	0,0%
		Argentinien	−0,1%			Senegal	0,0%
		Bolivien	−0,3%			Äthiopien	−0,3%
		Haiti	−0,8%			Elfenbeinküste	−0,9%
		Venezuela	−1,6%			Sambia	−1,6%
						Madagaskar	−1,6%
						Niger	−1,9%
						Kongo/Zaire	−3,5%

Ostasien

Schwellenland
ein Land im Übergang zu einer entwickelten Industrie- und Dienstleistungsgesellschaft

Afrika südlich der Sahara

Die höchsten Wachstumsraten erreicht Ostasien. Mit über 6% pro Jahr stieg dort das Pro-Kopf-BNE seit 1965 bis auf das Zehnfache. Damit haben heute Südkorea, Singapur, Hongkong und Taiwan Anschluss an die reichen Länder gefunden.

Nach diesen vier kleinen Tigern stehen auch andere Länder an der Schwelle zu entwickelten Industrie- und Dienstleistungsgesellschaften. Man nennt sie deshalb Schwellenländer. Dazu gehören Malaysia, Thailand, der große Tiger China, Indonesien, Brasilien, Kolumbien, Chile, Ägypten, Tunesien oder die Türkei.

Im Gegensatz dazu haben die Staaten südlich der Sahara und auch einige lateinamerikanische Staaten große Schwierigkeiten, ihre Massenarmut zu überwinden. Beachten Sie, in wie vielen Staaten das Pro-Kopf-BNE zurückgeht!

Grafik 21.2:
Wachstum des realen BNE pro Kopf
von 1965 bis 2003 in 12 Ländern

berechnet aufgrund von Daten
der Tabellen 21.1 und 21.4

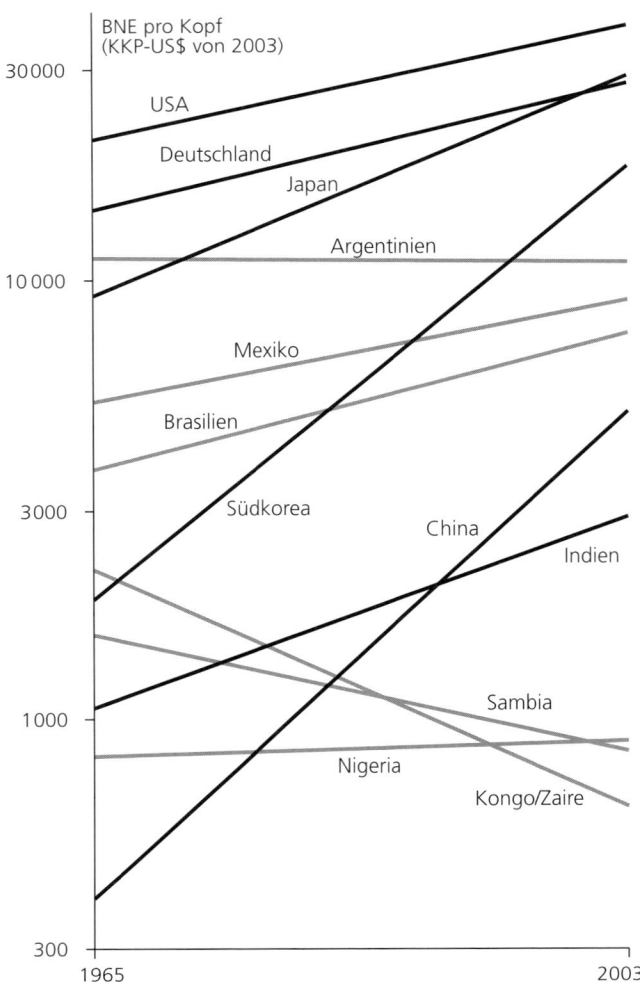

**sehr unterschiedliche Wirtschafts-
entwicklung in Afrika und Ostasien**

Die Grafik 21.2 zeigt unter anderem, welch unterschiedliche Entwicklung Afrika und Ostasien seit 1965 genommen haben. So hatten vor 40 Jahren Sambia und Kongo/Zaire noch das etwa gleich große Pro-Kopf-BNE wie Südkorea. Heute aber ist Südkorea ein reiches Land, während die beiden afrikanischen Staaten zu den ärmsten der Welt gehören.

Gerade ärmste Länder fallen zurück.

Viele der Länder, die schon 1965 zu den ärmsten gehörten, haben seither nur ein schwaches oder sogar ein negatives Wachstum des Pro-Kopf-BNE erreicht. Dazu gehören neben den Ländern südlich der Sahara auch Haiti, Guatemala, Bolivien, Peru, Nepal und die Philippinen. Der Abstand der ärmsten Länder zu den reichsten hat sich seit 1965 vergrößert.

Die wichtigste Frage für den nächsten Abschnitt drängt sich damit auf: **Warum gelingt es vielen Ländern bis heute nur zögernd oder gar nicht, sich aus materieller Armut zu befreien – während doch andere Länder auf so spektakuläre Weise erfolgreich sind?** Wir werden im Folgenden eine Liste von Entwicklungshemmnissen studieren. Sie treten in allen Entwicklungsländern auf – in den ärmsten Ländern wiegen sie aber am schwersten.

21.2 Entwicklungshemmnisse

21.2.1 Mangel an natürlichen Ressourcen

Mangel an fruchtbarem Land

Arme Länder sind arm an Produktionsfaktoren. Viele dicht bevölkerte Regionen (Ägypten, Pakistan, Indien, Bangladesh, Java, Philippinen, China) leiden unter einem starken Mangel an fruchtbaren Böden. Die meisten Landwirte bearbeiten winzige Äcker oder müssen gar ihren Lebensunterhalt als landlose Knechte, meist nur mit saisonaler Anstellung, verdienen. Und mit dem starken Wachstum der Bevölkerung dramatisiert sich die Lage scheinbar unaufhaltsam. Zwar konnten bis heute weltweit die Ernteerträge – vor allem dank der Entwicklung neuer, ertragreicherer oder schädlingsresistenterer Getreidesorten – mit der Weltbevölkerung mehr als Schritt halten. Doch die Verteilung des knappen Landes und damit der Nahrung ist damit noch nicht gelöst – etwa ein Viertel der Menschen in den Entwicklungsländern ist weiterhin unterernährt und von Hunger bedroht. (Auf die Landverteilung kommen wir in den Abschnitten 21.2.5 und 21.4.3 zurück.)

lebensbedrohende Umweltkatastrophen vor allem in armen Ländern

In vielen stark bevölkerten Regionen sind die Umweltressourcen schwer beschädigt. Umweltprobleme haben sich in den letzten Jahrzehnten vor allem in den ärmsten Ländern in gefährlichem Maße aufgebaut. Sie lesen es allzu häufig in der Zeitung: Wälder werden in beängstigendem Tempo abgeholzt, Überschwemmungen sind die Folge, und die Wüste dringt vor. Wer eine ökologische Katastrophe auf unserer Welt befürchtet, muss erkennen, dass diese in vielen Entwicklungsländern (in Nepal, Bangladesh und Teilen Indiens, in Haiti, in Nordafrika, Äthiopien, Somalia, Burundi, Ruanda und im Sahel) bereits angefangen hat. Die Luft- und die Wasserverschmutzung bedrohen die Gesundheit, die Bodenerosion bedroht die zukünftige Lebensmittelproduktion.

Bodenschätze als Gefahr für wirtschaftliche Entwicklung

Einige der Entwicklungsländer sind allerdings reich an Bodenschätzen. Bekannt ist ja der märchenhafte Reichtum, den einige Ölscheichtümer oder -sultanate anhäufen können. Doch häufig gefährdet der Reichtum an Bodenschätzen die wirtschaftliche Entwicklung, weil politische Kämpfe um die Verfügungsgewalt über die leicht zu plündernden Bodenschätze mehr Gewinn versprechen als die Produktion von Gütern. Die Verteilungskämpfe führen nicht selten zu Bürgerkriegen (wie in Kongo/Zaire oder Angola) und zerrütten die Basis für anhaltendes Wirtschaftswachstum.

natürliche Ressourcen kein Garant für wirtschaftliche Entwicklung

Reiche natürliche Ressourcen können zwar wirtschaftliches Wachstum fördern, doch garantieren können sie es nicht. Neben Kongo/Zaire und Angola haben auch die mit natürlichem Reichtum gesegneten Länder Uganda, Sambia, Argentinien und Russland wenig beeindruckende wirtschaftliche Fortschritte gemacht – während Japan, Taiwan oder die Schweiz ohne Bodenschätze und besonders fruchtbare Erde zu Reichtum aufgestiegen sind.

Bevölkerungswachstum – der demografische Übergang

Hohes Bevölkerungswachstum verschärft die Armut: Nicht nur der Druck auf das knappe bebaubare Land wächst. Auch die Investitionen in Kapitalgüter und Ausbildung werden gehemmt – Hemmnisse, die fast jede kinderreiche Familie erlebt. Wer viele Kinder hat, kann weniger sparen und weniger in die Gesundheit und die Ausbildung seiner Kinder investieren.

In den vergangenen 250 Jahren hat sich die Erdbevölkerung auf 6 Milliarden verachtfacht, und bis zum Jahr 2025 werden voraussichtlich fast 8 Milliarden Menschen unsere Erde bevölkern. Wie die Tabelle 21.5 zeigt, tragen seit 1950 vor allem die Entwicklungsländer zu diesem Wachstum bei.

Tabelle 21.5:
Wachstum der Weltbevölkerung
in Millionen

	1750	1800	1850	1900	1950	2000	2025
Europa/N-Am./Austr./Japan	200	250	340	560	830	1 270	1 350
Lateinamerika/Afrika/Asien	590	730	950	1 090	1 720	4 810	6 490
Weltbevölkerung	790	980	1 260	1 650	2 550	6 080	7 840

Quellen:
W.W. Rostow: The Great Population Spike and After, New York 1998;
US Census Bureau (www.census.gov)

vorindustrielle Phase

Frühphase der industriellen Entwicklung

fortgeschrittene industrielle Entwicklung

Die Bevölkerungszahl der reichen Länder nimmt hingegen heute nur noch schwach zu. Hier können wir in den vergangenen 250 Jahren vier Phasen – dargestellt in der Grafik 21.3 – unterscheiden:

1. In der vorindustriellen Phase ließen hohe Geburtenraten wie auch hohe Sterblichkeitsraten die Bevölkerungszahl nur schwach anwachsen. Diese Phase dauerte in Europa bis etwa ins Jahr 1700.
2. In der Frühphase der industriellen Entwicklung führten Fortschritte in der Hygiene und der Medizin zu einem Rückgang der Sterblichkeit. Die Geburtenzahlen blieben aber weiterhin hoch, sodass die Bevölkerungszahl Europas und Nordamerikas von 1700 bis 1870 in die Höhe schnellte.
3. Mit fortgeschrittener industrieller Entwicklung, etwa von 1870 bis 1970/1980, riefen eine geringere Säuglingssterblichkeit und ein höheres Bildungsniveau bei vielen Ehepaaren den Wunsch nach kleineren

Grafik 21.3:
Die vier Phasen des demografischen Übergangs

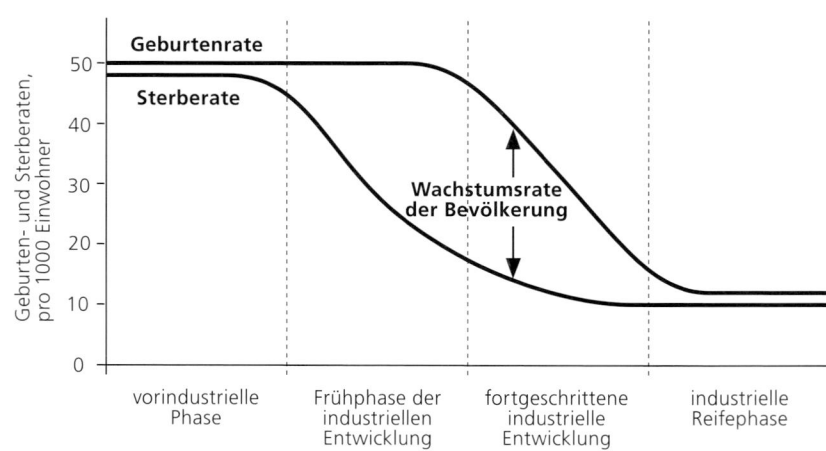

Familien hervor. Die Geburtenzahlen senkten sich, die Bevölkerung vermehrte sich langsamer

4. In der Reifephase werden die Geburtenzahlen erfolgreich kontrolliert, die Zahl der gewollten und geborenen Kinder geht auf unter zwei pro Familie zurück, sodass die Bevölkerungszahl leicht abnimmt. Etwa 1970 sind Deutschland und Dänemark in diese Phase eingetreten, seit 1975 Großbritannien und Italien und seit 1980 auch Spanien. Ihre Einwohnerzahl steigt heute nur noch durch Einwanderung.

Auch die heute reichen Länder haben also im Laufe ihrer wirtschaftlichen Entwicklung eine stürmische Bevölkerungszunahme erfahren. Mit höherem Wohlstand stagnierte aber die Bevölkerungszahl wieder – und heute geht sie in vielen europäischen Ländern und auch in Japan sogar zurück.

Wie die Tabelle 21.6 zeigt, zeichnet sich auch in den Entwicklungsländern ein Rückgang des Bevölkerungswachstums ab. Es wiederholt sich also nicht nur die starke Vermehrung in der Frühphase, sondern auch die Verlangsamung in der fortgeschrittenen Phase:

Tabelle 21.6:
Die Abnahme von Geburten- und Sterberaten im Verlauf der wirtschaftlichen Entwicklung

Quelle: Weltbank,
World Development Report 1991 und World Development Indicators 2004, Population dynamics
(www.worldbank.org/data)

	Geburtenrate pro 1000 Einw.		Sterberate pro 1000 Einw.		natürliche Wachstumsrate	
	1965	2002	1965	2002	1965	2002
Angola	49	50	29	19	20	31
Mali	50	48	27	22	23	26
Indien	45	24	20	9	25	15
Brasilien	39	19	11	7	28	12
Thailand	41	15	10	8	31	7
Südkorea	35	12	11	7	24	5
Italien	19	9	10	11	9	–2
BRD	17	9	12	10	5	–1

Angola und Mali in der 2. Phase

Die ärmsten Länder wie Angola oder Mali sind in der Frühphase der industriellen Entwicklung. Dort werden heute noch 50 Babys pro 1000 Einwohner geboren, obwohl die Sterberate schon vor 30 Jahren um einiges tiefer war als die Geburtenrate und seither weiter gesunken ist. Ihre Einwohnerzahl steigt darum wie nie zuvor.

Indien schon in der 3. Phase

Auch Indien, Brasilien, Thailand und Südkorea waren 1965 alle noch in der zweiten Phase des hohen Wachstums. Heute sind Indien und Brasilien in der dritten Phase. Südkorea und Thailand sind bereits weiter als Italien 1965. Und Italien seinerseits hat unterdessen, so wie andere reiche Länder auch, das Reifestadium erreicht.

Phasen mit hohem Bevölkerungswachstum dauern oft lang.

Viele Entwicklungsländer verweilen sehr lange in den Phasen 2 und 3 mit hohem Bevölkerungswachstum. Nicht zuletzt deshalb, weil es ihnen nicht gelingt, ihre Armut so schnell zu überwinden wie Südkorea – und diese Entwicklungsländer haben wiederum so wenig Erfolg im Kampf gegen die Armut, weil ein hohes Bevölkerungswachstum die wirtschaftliche Entwicklung hemmt. Armut und hohe Geburtenziffer bedingen sich gegenseitig – ein fataler Kreislauf.

Teufelskreis der Armut

21.2.3 Ungenügende Kapitalbildung

Mangel an Kapital

Investitionen
Aufbau von Kapitalgütern (Fabriken, Wohnhäuser oder Verkehrswege), Ausgaben für Forschung und Entwicklung, Schul- und Berufsbildung

Sparen
Verzicht auf Konsum, ermöglicht Investitionen

Teufelskreis der Armut?

einheimisches Sparen

schlecht funktionierende Kapitalmärkte

erzwungenes Sparen in kommunistischen Ländern

erzwungenes Sparen auf Kosten der Landbevölkerung

Folge: niedrigere Nahrungsmittelproduktion

Entwicklungsländer sind arm an Kapitalgütern pro Kopf. Es fehlt an Maschinen, Produktionsräumen, Speichern sowie Verkehrs- und Kommunikationsmitteln. Zudem wird in der Regel eine ältere, ineffiziente Technik verwendet. So kann selbst ein gut ausgebildeter Arbeiter viel weniger produzieren als sein Kollege in einem reichen Land.

Für den Aufbau von Kapitalgütern muss zuerst gespart werden. Die wichtigste Quelle zur Finanzierung von Kapitalgütern sind die Ersparnisse von Unternehmen und Haushalten. Zwar kann Kapital auch aus dem Ausland zufließen (vgl. Abschnitte 21.3 und 21.4). Doch will sich eine Volkswirtschaft nicht allzu stark in ausländische Schuldenabhängigkeit begeben, muss auch im Inland gespart werden. Sparen geschieht aber auf Kosten des Konsums, und ist der Lebensstandard schon tief, ist ein Konsumverzicht besonders schwierig. So spricht man auch hier von einem Teufelskreis der Armut: Weil ein Land über wenig Kapital pro Kopf verfügt, ist es arm – und weil es arm ist, kann es wenig sparen, um Kapitalgüter und Wissen aufzubauen.

Allerdings kann dieser Teufelskreis durchbrochen werden: Erstens gibt es in jedem Land eine schmalere oder breitere Mittel- und Oberschicht, die durchaus sparen kann. Und zweitens sparen auch arme Leute. Doch verzichten sie nur dort auf momentanen Konsum, wo sie die Aussicht haben, ihr Leben zu verbessern. So investieren z. B. nur Landwirte, die eigenes Land besitzen, in Geräte und Saatgut (vgl 21.2.5). Zudem wird erspartes Geld nur dann zur Bank gebracht und Investoren zur Verfügung gestellt, wenn man Vertrauen in diese Bank hat.

Die geringe Vertrauenswürdigkeit der finanziellen Institutionen ist denn auch in vielen Entwicklungsländern ein großes Wachstumshemmnis. Eine Verbindung zwischen Sparern und Investoren kann so nicht zustande kommen, investitionsfreudige Unternehmen erhalten keine Kredite.

Regierungen haben auch immer wieder versucht, das Sparen zu erzwingen. Ein wichtiges Ziel von Wirtschaftsplänen kommunistischer Staaten war es, auf Kosten des Konsums das Sparen und Investieren zu fördern – um später umso mehr konsumieren zu können.

In vielen Entwicklungsländern war bis Anfang der 80er Jahre eine rasche Industrialisierung, finanziert durch eine hohe Besteuerung der Landwirtschaft, die am meisten favorisierte Entwicklungsstrategie. (Diese Auffassung wurde damals von den meisten internationalen Entwicklungsorganisationen geteilt.) Damit entzogen die reicheren, regierenden Städte den ärmeren und rechtloseren Landregionen systematisch Kapital. Afrikanische Staaten wie die Elfenbeinküste, Sambia oder Ghana belasteten die Einkommen der Landwirte mit 50%! Fälschlicherweise wurde lange geglaubt, dass dies auf die Landwirtschaft keinen Einfluss habe. Doch auch in Entwicklungsländern gilt: Erzielen die Anbieter niedrigere Preise, wird weniger produziert. So nahm in vielen afrikanischen Staaten die Nahrungsmittelproduktion ab. Der Abfluss von Einkommen aus den ärmeren ländlichen Gebieten in die reicheren Städte verringerte die Zukunftsaussichten auf dem Land und verstärkte die Flucht in die städtischen Slums. Durch die Bevorteilung der Städte wurden Spargelder in weniger produktive Kanäle geleitet und vergeudet, wo doch auf dem Land schon kleine Investitionen große Steigerungen beim Handwerk und bei der wichtigen Nahrungsmittelproduktion hätten bewirken können.

Verschwendung von Kapital

Der Landbevölkerung abgepresste Steuergelder wie auch ausländisches Kapital wurden von den Regierungen allzu oft verschwendet und in unrentable nationale Fluggesellschaften und Paläste, in Stahlwerke oder überdimensionierte Staudämme gesteckt.[1] Hier hat der Staat seine Kräfte nicht nur überfordert – er hat sie auch in die falsche Richtung eingesetzt. Der Staat sollte sich auf die Finanzierung und Produktion von

ungenügende Infrastruktur

Infrastrukturleistungen konzentrieren: Straßen, Eisenbahnlinien, Häfen, Strom- und Wasserleitungen sowie Abwasserkanalisation. Überall, wo solche öffentlichen Güter fehlen, ist ein anhaltendes Wachstum gefährdet. Unternehmerische Aktivität wird entmutigt und verunmöglicht, wo die wichtigsten Infrastrukturen fehlen.

21.2.4 Ungenügende Fähigkeiten

Ausbildung und Erfahrung der Arbeitskräfte spielen im Wachstumsprozess die entscheidende Rolle.

ungenügende Gesundheit

- Vorweg soll nicht vergessen werden, dass eine gute Gesundheit der Arbeitskräfte die Basis für jede Produktion ist. Schlecht ernährte und in Slums wohnende Menschen sind oft körperlich schwach und werden öfter krank. Es geht dann viel Arbeitszeit verloren, und hohe Leistungen können seltener erwartet werden.

wissensintensives Wachstum

Mangel an technischem und organisatorischem Wissen

- Heute ist ein immer größerer Teil der Produktion wissensintensiv. Dies rückt die Ausbildung noch stärker in den Vordergrund: Die Anforderungen reichen von Lesen, Schreiben und Rechnen über die Fähigkeit, Computer zu bedienen und komplexe Anweisungen zu befolgen, bis zu Führungskompetenzen und kreativem Können. Wo solche Fähigkeiten zu knapp sind, wird das Wirtschaftswachstum gebremst. In den ärmsten Entwicklungsländern sind die meisten Arbeitskräfte sehr schlecht ausgebildet. So liegt die Alphabetisierungsrate in Bangladesh, Pakistan und in vielen afrikanischen Staaten bei den Männern um die 50% und bei den Frauen unter 30%. Auch in Indien können erst 40% der Frauen lesen und schreiben. Noch deutlicher zeigt sich der Rückstand der Entwicklungsländer bei der Berufsbildung und der höheren Ausbildung.

Mangel an unternehmerischen Fähigkeiten

- Unternehmerische Fähigkeiten sind in armen Ländern besonders rar. Das mag daran liegen, dass leitende Positionen in der eigenen Familie oder aufgrund von politischer Zugehörigkeit vergeben werden. Vielleicht verhindern kulturelle Hürden, dass durch eigene Arbeit Reichtum angehäuft wird. Oder es kann auch an der nötigen Ausbildung mangeln.

---

[1] Ein Wasserkraftwerk in Zaïre kostete fast 3 Mrd. US$ (zu Preisen von 1990). Das Projekt war nie zu mehr als 30% ausgelastet, und Anfang der 90er Jahre musste es saniert werden, obwohl es erst 1982 in Dienst genommen worden war.

21.2.5 Hemmende Rahmenbedingungen

Arme Länder haben nicht nur weniger Ressourcen pro Kopf, die vorhandenen Ressourcen werden auch schlechter genutzt. Sie benötigen mehr Boden, Bodenschätze, Kapitalgüter und Fachkräfte, um ein Produkt herzustellen, als ein reiches Land.

Oft verhindert der staatliche und gesellschaftliche Rahmen, dass die verfügbaren Ressourcen bestmöglich genutzt werden können. So liegen Ressourcen brach oder werden nicht dort eingesetzt, wo sie den größten Ertrag versprechen. Wie Regierungen durch steuerliche Bevorzugung der Städter auf Kosten der Landbevölkerung und durch Förderung unrentabler Unternehmen auf Kosten der Landwirtschaft knappe Ersparnisse in wenig produktive Kanäle lenken, wurde eben gezeigt. Vier weitere Beispiele sollen verdeutlichen, auf welch vielfältige Weise knappe Ressourcen verschwendet werden können:

■ Viele Entwicklungsländer streben eine rasche Industrialisierung hinter schützenden Zollmauern an. Diese (schon im Abschnitt 20.6.5 besprochene) Strategie birgt aber große Risiken. Industrien werden mit der Hoffnung aufgebaut, sie seien nach der Startphase konkurrenzfähig. Ob das Experiment Erfolg hat, ob das Entwicklungsland wirklich seine komparativen Vorteile in der geförderten Industrie hat, wird erst sichtbar, wenn der Schutz verkleinert wird. Taiwan und Südkorea beispielsweise ließen dann unrentable Unternehmen in Konkurs gehen. Viele Länder hingegen (z. B. die Philippinen oder Indien und die meisten Staaten Afrikas und Lateinamerikas) erhielten die schützenden Mauern aufrecht. Hinter diesem Schutz überleben daher Branchen, für die das Land wenig geeignet ist. Damit werden Ressourcen verschwendet, die anderweitig besser eingesetzt werden könnten.

■ Um die Industrialisierung in die gewünschte Richtung zu lenken, haben viele Staaten ein System von Lizenzen für neue Unternehmen, Bewilligungen für Investitionen und Importe oder Quoten für die Produktion aufgebaut. In vielen Entwicklungsländern haben sich die Vorschriften, mit denen die Wirtschaft gelenkt werden sollte, zu eigentlichen Dschungeln verdichtet, die jetzt allerdings gelichtet werden. Ein Übermaß an Vorschriften erschwert und verteuert nicht nur die wirtschaftliche Tätigkeit, es überfordert auch den Staat und hält ihn davon ab, sich seinen dringendsten Aufgaben zu widmen.

Wird eine Wirtschaft staatlich gelenkt, erhalten Politiker und Beamte aller Stufen die Möglichkeit, regelmäßig bei Industrieprojekten mitzuentscheiden, Lizenzen zu vergeben und mitzukassieren. Das ist eine Einladung zur Korruption! Der entscheidende Minister und Chefbeamte lässt sich bezahlen, wenn der Staat Investitionen subventioniert, wenn er Auslandskredite vermittelt oder dafür sogar die Bürgschaften übernimmt. Kaum ein Politiker gibt Bewilligungen gerne gratis ab. Viele Entwicklungsländer sind belastet durch eine parasitäre Oberschicht, die natürlich auch die Staatsverwaltung beherrscht. Der Staat ist unter solchen Bedingungen sehr weit davon entfernt, Vertreter des Gemeinwohls zu sein.

Rahmenbedingungen
Umfeld für wirtschaftliche Aktivität, das von einzelnen Unternehmen und Haushalten nicht verändert werden kann. Sie werden zu einem wichtigen Teil durch den Staat geschaffen.

1. forcierte Industrialisierung hinter Zollmauern

Erziehungszoll-Argument
Eine Erfolg versprechende Branche soll vor internationaler Konkurrenz abgeschirmt werden, bis sie die dafür nötige Größe hat.

2. Markteingriffe ...

... laden zur Korruption ein.

3. falsche Preissignale
Höchstpreise

z. B. bei Trinkwasser

■ In vielen Entwicklungsländern beeinträchtigt der Staat auch durch falsche Preissignale eine effiziente Nutzung von Ressourcen: So wird Wasser vielerorts stark verbilligt abgegeben. Die Konsequenzen sind voraussehbar: Mit dem Wasser wird zu verschwenderisch umgegangen, die Nachfrage nach Wasser steigt übermäßig. Die Wasserwerke hingegen, wegen tiefer Preise von Finanznöten geplagt, investieren zu wenig in neue Wasseraufbereitungsanlagen. Die Leitungsnetze werden zu wenig gewartet und werden so löchrig, dass nicht selten die Hälfte des Trinkwassers versickert. Es kommt zu häufigem Wassermangel, und zu bestimmten Tageszeiten muss das Wasser abgestellt werden. Wasserleitungsbrüche führen zu teuren Unterbrechungen bei Produktionen, die auf regelmäßige Wasserzufuhr angewiesen sind. Die Ärmsten, die dem Wasserleitungsnetz am schlechtesten angeschlossen sind und denen das Wasser zuerst abgestellt wird, müssen privat angebotenes Wasser kaufen, das in Lateinamerika bis 100mal so viel kostet wie Leitungswasser. Ähnliche Preisverzerrungen gibt es auch bei Wasser für die Landwirtschaft, bei Benzin und Diesel, Holz oder Elektrizität.

4. durch ungleiche Landverteilung zur Untätigkeit verurteilt

ohne Landrechte keine Kredite

■ Das wirtschaftspolitische Umfeld behindert oft auch die Landwirtschaft: Nicht nur in dicht besiedelten Ländern sind viele Kleinbauern oder landlose Landarbeiter für den größten Teil des Jahres zur Untätigkeit verurteilt, sondern auch in dünn besiedelten Ländern wie Brasilien oder Paraguay. Hier lässt der Großgrundbesitz den meisten Landwirten nur wenig Raum. Die extrem ungleiche Landverteilung verhindert, dass die Landbevölkerung ihre Kraft voll einsetzen kann. Landarbeiter ohne Landrechte oder mit unklaren Landrechten haben keine Basis, um Kredite zu bekommen. Deshalb können sie kaum investieren. In Afrika sind zudem viele Höfe ohne Männer, weil diese versuchen, in den Städten Geld zu verdienen. Frauen haben aber oft kein Landrecht und sind so von Krediten abgeschnitten. Es fehlen ihnen damit geeignete Geräte, Dünger und ertragreiches oder den lokalen Verhältnissen angepasstes Saatgut. Das Resultat sind niedrige Erträge pro Flächeneinheit.

Die niedrige Produktivität der Landwirtschaft in den Entwicklungsländern zeigt sich darin, dass eine große Zahl von Menschen damit beschäftigt ist, Nahrungsmittel herzustellen. Während in reichen Gesellschaften 3 bis 6% der Bevölkerung von und in der Landwirtschaft leben, sind es in den Schwellenländern Kolumbien und Malaysia 27%, in Indonesien 55%, in Indien 64%, in China 72%, und in Afrika südlich der Sahara sind es bis zu 90%.

zusammenbrechende Staaten

Auf ein grundlegendes und damit äußerst schwerwiegendes Staatsversagen treffen wir in einigen der ärmsten Länder (vor allem in Afrika südlich der Sahara). Der Staat kann dort Recht und Ordnung nicht mehr aufrecht erhalten, das Straßennetz zerfällt, Schulen und Krankenhäuser werden nicht mehr staatlich unterstützt. Es entstehen staatsfreie Räume mit kriminellen Gangs, Kriegsherren und Kriegsökonomien, die weitgehend nach anderen als in diesem Buch beschriebenen Regeln funktionieren.

Werden Entwicklungsländer ausgebeutet?

**Warum wird
von Ausbeutung gesprochen?**

Früher wurden Afrika, Lateinamerika und Asien durch die europäischen Kolonialmächte ausgeraubt, so etwa Mexiko durch Spanien oder Bengalen durch England. Heute sind die ehemaligen Kolonialländer politisch unabhängig, dennoch spüren sie die überlegene Macht der ökonomisch weiter entwickelten Länder.

Kritiker sprechen von Ausbeutung. Dabei werden eine ganze Reihe von Vorwürfen an die reichen Länder gemacht:

1. Parasitäre Oberschichten werden gestützt und man verhilft ihnen zur Macht.

- Regierungen reicher Länder (wie auch die großen internationalen Organisationen Weltbank und IWF) stützen auf vielfältige Weise ausbeuterische Machteliten in armen Ländern. Damit helfen sie mit, entwicklungshemmende Strukturen zu erhalten:

Der Sturz von reformfreudigen Regierungen wurde von außen aktiv unterstützt, wenn Interessen von wichtigen Unternehmen aus reichen Ländern tangiert wurden (so, wenn in Zentralamerika eine Regierung eine Landreform durchführen wollte).

Im Kalten Krieg heizten Interventionen von Ost und West interne Spannungen in Entwicklungsländern an und unterstützten fürchterliche Bürgerkriege (wie z. B. in Nicaragua, Afghanistan, Angola oder Moçambique).

Wer mit Gewalt an die Macht kommt, wird nach heutiger internationaler Praxis als Regent anerkannt und darf im Namen des Landes und seiner Bewohner Kredite aufnehmen und Rohstoffe rechtsgültig verkaufen. Gewaltherrscher kommen so zu Geld, mit dem sie sich (oft mit Waffenkäufen aus reichen Ländern) an der Macht halten können. Die Bevölkerung kann sich gegen die von uns finanzierten Beherrscher kaum wehren. Sie wird vielmehr gezwungen, für die Kosten der eigenen Unterdrückung aufzukommen.

2. Ressourcen werden geplündert.

- Gegen den Willen der betroffenen Bevölkerung werden in Zusammenarbeit mit abhängigen Regierungen und bestochenen Offiziellen natürliche Ressourcen geplündert (so etwa bei den Waldrodungen in Sarawak/Malaysia oder Indonesien).

3. Qualifizierte Arbeitskräfte wandern ab.

- Gut ausgebildete Arbeitskräfte aus armen Regionen wandern auf der Suche nach einem besseren Lebensstandard in reiche Länder ab. So verlassen z. B. Tausende afrikanische Ärzte ihre Länder in Richtung USA oder Europa.

4. Externe Kosten werden überwälzt.

- Die Überfischung der Meere und auch der drohende Klimawandel sind zum größten Teil von den reichen Ländern verursacht; die Menschen in armen Ländern sind aber vermutlich am stärksten betroffen. Externe Kosten von riesigem Ausmaß werden hier von reichen auf arme Länder überwälzt. So würde z. B. ein Anstieg des Meeresspiegels um einen Meter die Reisproduktion von Bangladesh halbieren.

5. Der Welthandel wird einseitig eingeschränkt.

- Seit jeher wird geklagt, arme Länder würden auf den internationalen Märkten benachteiligt. Waren wichtige Sonderinteressen in reichen Ländern tangiert, wurde vor allem der Import aus Entwicklungsländern behindert. Zwar sind nun im Rahmen der WTO viele Handelshemmnisse weltweit abgebaut. Die Agrarmärkte der reichen Länder sind aber weiterhin vor Importen aus Entwicklungsländern weitgehend abgeschirmt. Darüber hinaus drücken insbesondere die EU und die USA die Weltmarktpreise für Nahrungsmittel und Baumwolle mit Subventionen an ihre Landwirtschaft. Die Handelsbarrieren und Subventionen treffen die ärmsten Länder besonders hart, denn gerade bei Agrarprodukten haben sie komparative Vorteile.

6. Schuldenabhängigkeit

■ Schließlich würden ärmere Länder durch riesige Schulden abhängig gehalten und finanziell ausgequetscht.

Hier fehlt der Platz, um alle Ausbeutungsvorwürfe zu verfolgen und zu beurteilen. Nur die Geschichte der Verschuldung der Entwicklungsländer soll näher betrachtet werden. Allerdings ist die Verschuldung mit anderen der obigen Punkte verquickt. Denn hätten nur freie Unternehmen und das Wohl ihrer Völker verfolgende Regierungen agiert, wären wohl kaum so viele Länder in so folgenschwere Schulden geraten.

21.2.7 Die Verschuldung der Entwicklungsländer

der Weg in die Verschuldungskrise

Erdölkrise

Die Schulden armer Länder begannen rasant zu steigen, als die OPEC 1973 die Erdölpreise vervierfachte (und 1979 nochmals verdoppelte). In der Leistungsbilanz vieler Erdöl importierender Länder öffnete sich ein großes Defizit, während die Erdöl produzierenden Länder entsprechende Überschüsse verzeichneten. Zum Bankengeschäft gehörte nun, anlagesuchende OPEC-Gelder an Entwicklungsländer zu vermitteln.

und Rezession

Zudem stürzten die gestiegenen Erdölpreise alle fortgeschrittenen Volkswirtschaften in eine Rezession. Was lag näher, als den Entwicklungsländern Kredite zu besonders günstigen Konditionen zur Verfügung zu stellen, damit sie bei uns Güter kauften und unsere BIP-Lücke verringerten? Von 1973 bis 1983 stieg damit der Schuldenberg der armen Länder von 113 auf 843 Mrd. US$, eine (nominale) Steigerung auf das Siebenfache in zehn Jahren.

unrentable Projekte
v. a. in Afrika und Lateinamerika

Ein Teil der Gelder wurde intelligent investiert, sodass damit die nötigen Erträge erwirtschaftet werden konnten, um die Zinsen und die Rückzahlung der Kredite zu finanzieren. Ein großer Teil der Kredite wurde aber in unrentable Projekte gesteckt. Südamerikanische und afrikanische Regierungen kauften Rüstungsgüter. Bekannt sind auch überzogene Großprojekte, die damals auch bei uns von Entwicklungsorganisationen bekämpft wurden, die aber gegen die Übermacht der Lieferanten wenig ausrichten konnten.

unwirtschaftliche Entscheidungen
aufgrund von Bestechungen

In der Regel wurde die Zustimmung der Regierungsstellen der armen Länder durch Bestechungsgelder erkauft. Die meisten Kreditgeber unternahmen wenig, um die Verwendung der Kredite zu überprüfen, und verließen sich stattdessen auf Staatsgarantien. Für die meisten Schulden versprachen bestochene Regierungen der Entwicklungsländer zu haften. Die Erträge aus den Investitionen, die mit den verbliebenen Geldern getätigt werden konnten, reichten in den wenigsten Fällen aus, das ganze Darlehen zurückzuzahlen und für die ganzen Zinsen aufzukommen.

durch niedrige Realzinsen verführt

Als die hohen Kredite aufgenommen wurden, waren die Zinsen niedrig und verleiteten dazu, auch weniger rentable Investitionen in Angriff zu nehmen. In den USA herrschte eine hohe Inflation, sodass die Realzinsen für $-Schulden sogar negativ waren. Hätte die hohe Inflation angedauert, wären die Schulden schnell geschmolzen. Zu Beginn der 80er Jahre veränderten aber die USA diese Rahmenbedingungen: Die Inflation wurde durch hohe Zinsen gebremst, die Zinsen für $-Guthaben stiegen unverhofft auf zweistellige Werte. Zwar müsste dies jene Schuldner nicht plagen, die vorsichtigerweise langfristige Schuldverträge abgeschlossen haben – und die Laufzeit von Krediten sollte ja der Dauer entsprechen, in der ein Projekt durch seine Erträge amortisiert werden kann. Doch sehr viele Projekte waren nur mit kurzfristigen Krediten finanziert. Wurden die Verträge verlängert, wurden die Zinsen nach oben angepasst. Die Schuldner gerieten in Zahlungsschwierigkeiten.

Staatsschulden können nicht abgeschrieben werden

In der Regel müssen Gläubiger Schulden, die nicht bezahlt werden können, einfach abschreiben – das übliche Los für jeden Bankier, wenn er bei der Kreditvergabe zu wenig sorgfältig prüft oder wenn er das Risiko falsch einschätzt. Schulden, für die ein Staat garantiert, werden aber nicht so leicht abgeschrieben – auch wenn diese Garantie auf dubiose Weise zustande gekommen ist. Einzelne reiche Staaten und internationale Organisationen wie der Internationale Währungsfonds stellen sich auf die Seite der Gläubiger, kaufen Privatbanken Schulden ab und setzen Entwicklungsländer unter Druck. Auf solch umstrittenen Druck hin, und auch, um kreditwürdig zu bleiben, werden seit Jahren viele Schulden abgestottert. Dabei sorgen die Machtverhältnisse in Ländern mit extrem

Folgen der Verschuldungskrise

ungleicher Einkommensverteilung dafür, dass weniger die Profiteure der damaligen Kredite und Bestechungsgelder zahlen müssen und dass nicht die milliardenschweren europäischen, amerikanischen und japanischen Bankkonten der lateinamerikanischen und afrikanischen Oberschicht erleichtert werden. Vielmehr werden durch staatliche Sparprogramme die Einkommen der armen Leute verringert. Zudem fördert die Wirtschaftspolitik den Export auf Kosten der Produktion für den Inlandkonsum. Dadurch werden oft soziale Unruhen ausgelöst. Polizei und Militär werden eingesetzt, um diese Politik durchzuführen. Die Geschichte der Verschuldung der Entwicklungsländer ist auch die Geschichte der Bereicherung der Oberschicht und der Verelendung der Ärmsten.

Wie stark Lateinamerika und vor allem Afrika südlich der Sahara in ihrem Wirtschaftswachstum betroffen sind, hat Ihnen schon die Tabelle 21.4 gezeigt: Viele Länder aus diesen Regionen sind in den vergangenen zwanzig Jahren ärmer geworden.

Fazit: Die Schulden der ärmsten Entwicklungsländer sind auch heute noch eine enorme Last. Wo das geliehene Geld entweder in ineffiziente Projekte gesteckt wurde oder in die Bestechung der Oberschicht, hat es zur Entwicklung nichts beigetragen. Heute aber müssen jene über Steuern für die Schuld aufkommen, die wenig oder gar nicht davon profitiert haben. Dies bremst die wirtschaftliche Entwicklung seit zwei Jahrzehnten.

21.3 Entwicklungschancen für Nachzügler

Die Geschichte vieler ökonomisch rückständiger Länder zeigt, wie schwierig es ist, sich neben fortgeschrittenen Ländern zu behaupten. Anderseits können vergleichsweise arme Länder auch von fortgeschritteneren profitieren. Um diese Wachstumschancen geht es nun in diesem Abschnitt.

internationaler Kapitalverkehr
Die nationale Grenzen überschreitenden Geldströme, denen kein Waren- oder Dienstleistungsstrom entgegenfließt.

Direktinvestitionen

Portfolioanlagen, Bankkredite und öffentliche Gelder

Investitionen gerade in armen Ländern sehr rentabel

Nachzügler profitieren vom Kapitalzufluss aus reichen Ländern. Etwa zwei Drittel der Kapitalimporte machen heute die Direktinvestitionen aus. Bei Direktinvestitionen kauft eine Firma aus einem fremden Land Immobilien oder Unternehmen, sie gründet eine Tochtergesellschaft und baut Produktionskapazitäten auf. Nestlé beispielsweise errichtet eine Produktionsstätte in Uganda. Noch etwa ein Drittel der Kapitalimporte von Entwicklungländern fallen heute auf Portfolioanlagen, Bankkredite und öffentliche Gelder. Mit ihnen investieren ausländische Geldgeber nicht im volkswirtschaftlichen Sinn, sondern sie leihen Geld an eine Firma oder an den Staat.

In armen Ländern können bereits geringe Investitionen in Kapitalgüter und Wissen einen großen Effekt zeigen. Wo noch wenig Kapital und Ausbildung vorhanden ist, kann ihr Grenzprodukt sehr groß sein. In armen Ländern können darum Investitionen sehr rentabel sein. Das gibt Sparern aus reichen Ländern einen Anreiz, einen Teil ihres Geldes in armen Ländern anzulegen oder dort zu investieren. In Ländern mit ungenügender Kapitalbildung können gut gezielte Investitionen die Produktivität stark erhöhen und das Wirtschaftswachstum entscheidend beschleunigen.

Wissenstransfer mit Direktinvestitionen

Direktinvestitionen haben noch einen zweiten positiven Effekt. Mit ihnen kann ein Entwicklungsland den neuesten Stand der Technik kennen lernen und anwenden. Mit Direktinvestitonen fließt nicht nur Kapital, sondern auch technisches und organisatorisches Know-how ins Land. Und hier soll einmal mehr betont werden, dass Wissen der zentrale Produktionsfaktor für anhaltendes Wirtschaftswachstum ist.

externe Nutzen
unentgeltliche Nutzenstiftungen an Außenstehende, an Trittbrettfahrer

neue Kommunikationstechniken verstärken Wissenstransfer

Wissen hat sich schon immer weltumspannend verbreitet, die externen Nutzen von Wissen haben eine globale Reichweite. So ist die Zunahme der Lebenserwartung auch in den ärmsten Ländern zum großen Teil auf eine Verbreitung von Wissen über Hygiene und einfache Medizin zurückzuführen. Doch heute können Informationen und Technologie leichter als früher kopiert und auf den offenen Weltmärkten zugekauft werden. Neue Kommunikationstechnologien, v. a. das Internet, steigern die Möglichkeiten, von neuestem Wissen zu profitieren, immens.

Fazit: In vergleichsweise armen Ländern wird die Produktivität schon durch geringe Investitionen in hohem Maße gesteigert. Zudem wachsen die Möglichkeiten, vom technischen und organisatorischen Wissen der reichen Volkswirtschaften zu profitieren. Entsprechend groß sind die Chancen der Nachzügler, ihren Abstand zu den reichen Ländern zu verringern.

Aufholeffekt
Nachzügler steigern ihre Produktion schneller als die ökonomischen Pioniere.

Konvergenz

und Divergenz

Wie Entwicklungsländer gegenüber den reichen Ländern aufholen, kann denn auch beobachtet werden. So hat sich in erfolgreichen Ländern die Zeitspanne, die für substanzielle Veränderungen der Lebensqualität erforderlich ist, in den vergangenen 200 Jahren ständig verkürzt. Großbritannien, das erste sich industrialisierende Land, brauchte von 1780 bis 1840 ganze 60 Jahre, um seine Pro-Kopf-Produktion zu verdoppeln. Die USA benötigten dafür ab 1840 noch 45 Jahre, und Japan schaffte es ab 1885 in 35 Jahren. Nach dem 2. Weltkrieg verdoppelten viele Länder ihre Pro-Kopf-Produktion noch rascher als Japan: die Türkei ab 1957 in 20 Jahren, Korea ab 1966 in 11 und China ab 1977 sogar in nur 10 Jahren.

Wie Sie schon der Tabelle 21.4 entnehmen konnten, profitieren heute vor allem die Länder Ost- und Südostasiens von ihrer Nachzüglerposition. Ihre Wirtschaft wächst schneller, als dies je eine Wirtschaft vor ihnen getan hat – und die vier kleinen Tiger haben die hoch entwickelten Länder ja schon eingeholt.

Doch daneben gibt es auch viele Länder, in denen die Pro-Kopf-Produktion nur langsam zunahm oder sogar zurückging: in fast allen Ländern südlich der Sahara, in einigen lateinamerikanischen Staaten, in Nepal und auf den Philippinen: Hier waren in den vergangenen Jahrzehnten die Wachstumshemmnisse so groß, dass der Abstand zu den reichen Ländern wuchs. Vor allem in den ärmsten Ländern zeigt sich, dass es nicht so einfach ist, vom Wissensvorsprung der fortgeschrittenen Länder zu profitieren. Die hohe Technologie kann meist nicht so einfach transferiert werden. Eine intensive Schulung ist nötig, um Technologien zu übernehmen und um komplizierte Anlagen in Gang zu halten. Neue Forschung und Entwicklung ist nötig, um sie den eigenen Verhältnissen und Wünschen anzupassen. Erst recht muss ein weiter Entwicklungsweg zurückgelegt werden, bis die benötigte Technologie auch selbständig entwickelt und hergestellt werden kann.

Interview mit Patrick Chabal, King's College der Universität London. Seine Forschungsgebiete sind Politik und Staatenbildung im nachkolonialen Afrika. Mit Jean-Pascal Daloz publizierte er »Afrika Works: Disorder as Political Instrument«, Oxford 1999.

NZZ am Sonntag; 20. Juli 2003

Afrikanische Unternehmer stecken in der Falle des Klientelismus

NZZ am Sonntag (Markus M. Haefliger): Ist der Klientelismus im afrikanischen Unternehmertum so verbreitet wie in der Politik?

Chabal: Man kann Unternehmertum und Politik in Afrika nicht trennen. In einem kapitalistischen System wird Reichtum zum Zweck des Gewinns und der produktiven Investitionen angehäuft. In Afrika aber werden Unternehmer durch ihre soziale Umgebung dazu gezwungen, Einfluss zu gewinnen – und schon sind wir im Bereich der Politik.

Wie erklären Sie dann die Frustration mit der Politik, die afrikanische Unternehmer häufig zum Ausdruck bringen?

Chabal: Man muss unterscheiden zwischen Individuen und dem soziokulturellen Umfeld. Tausende von Unternehmern würden gerne als normale Kapitalisten arbeiten, aber sie können nicht.

Gar nie?

Chabal: Je mehr ein Unternehmen längerfristige Investitionen bedingt, desto schwieriger wird es. Die meisten Unternehmer bevorzugen darum kurzfristige, relativ einfache Investitionen – ein Beispiel ist die Mobiltelefonie. Investitionen, die einen hohen Einsatz an Geld und menschlichem Kapital erfordern, werden eher gemieden.

Was nützt umgekehrt der Klientelismus einem afrika-nischen Unternehmer?

Chabal: Zunächst gar nichts; er hat damit nur Probleme. Er muss nach oben und unten Geschenke verteilen – an die Mächtigen, deren Schutz er benötigt, und an seine Familie, die ihm mit Forderungen im Nacken sitzt. Aber er gewinnt sehr viel, wenn sein Ziel gar nicht darin besteht, ein Kapitalist zu bleiben, sondern eine einflussreiche Persönlichkeit zu werden. Dann ist sein Unternehmen ein Mittel zum Zweck. Der wahre Kapitalist, der weder politisch noch sozial besonders ehrgeizig ist, wird frustriert.

Können diese Frustrierten das System, das ihre Initiative erstickt, umgehen?

Chabal: Ich glaube, wenn sie in ihrem eigenen Land arbeiten – diese Unterscheidung ist sehr wichtig –, dann können sie es nicht. Je erfolgreicher sie sind, desto größer wird die Sippe, die sie versorgen müssen. Diese Verpflichtungen werfen das Einmaleins kapitalistischer Buchführung über den Haufen. So wird es einem Unternehmer nicht gelingen, sein Betriebskapital von seinem privaten Besitz zu trennen. Die Unternehmer spielen ständig auf zwei Klaviaturen der Vernunft: der des Kapitalisten einerseits, andererseits müssen sie sich als soziale Wesen an die Gepflogenheiten halten.

Warum sind Afrikaner erfolgreiche Händler, aber kaum je Fabrikanten?

Chabal: Der Handel benötigt wenig Infrastruktur, dafür starke soziale Beziehungen. Genau darin liegt die Stärke der Afrikaner. Auf diesen Beziehungen beruht auch ein sehr lebendiger informeller Wirtschaftssektor. Leider kann man auf Handel allein keine Volkswirtschaft aufbauen. Wenn der informelle Sektor wachsen soll, müssen die Handwerksbuden in den Städten zu geregelten Betrieben mit klaren Besitzverhältnissen und entlöhnten Angestellten werden.

Ändern die Globalisierung und der Vormarsch liberaler Wirtschaftspolitiken die Voraussetzungen?

Chabal: Das glaube ich nicht. Die Globalisierung hat die Möglichkeiten der Afrikaner nicht nachhaltig verbessert. Und die Privatisierung sollte das Klientelsystem untergraben, aber sie wurde von diesem vereinnahmt: Sie hat vor allem die Möglichkeiten der Eliten verbessert, sich zu bereichern.

Vielleicht ist das eine Übergangsphase.

Chabal: Vielleicht, aber wenn man sieht, was privatisiert wurde, sind es Unternehmen, die relativ wenig Risiko mit sich bringen: Kommunikation, Fluggesellschaften, Banken. Bei komplizierteren, produktiven Unternehmen klappt es nur, wenn es sich bei den Unternehmern um Ausländer handelt. Wegen der widrigen Umstände investieren aber nicht viele Ausländer in Afrika – es ist ein Teufelskreis. Es gibt kleine Erfolge, zum Beispiel in Ghana Call-Center, die internationalen Konzernen zu-arbeiten. Aber wenn diese zu einer Software-Industrie ausgebaut werden sollten, wie das in Indien geschehen ist, benötigte man qualifizierte Berufsleute, eine gute Infrastruktur und die Möglichkeit für Unternehmer, ohne Einschränkungen Entscheidungen fällen zu können. Diese Voraussetzungen fehlen in Afrika.

In vielen Ländern müssen Unternehmer mit bewaffneten Konflikten umgehen. Welche Schwierigkeiten lauern da?

Chabal: Das sind schlimmere Probleme. Bisher sprach ich nur von funktionierenden Staaten, nicht von gescheiterten. Je schwächer ein Staat ist, desto schwieriger wird es für Unternehmer. In einigen afrikanischen Ländern trifft man heute nur noch die Überbleibsel eines Staatswesens an. Das Klientelsystem, mit dem so ein Staat vorher funktionierte, ist ursprünglich ja nicht etwa räuberisch; es wird es aber dann, wenn dieser Staat zusammenbricht.

Kann die Frustration vieler Unternehmer eine politische Bewegung auslösen?

Chabal: Allenfalls dann, wenn sie ehrlich gemeint ist. In Einzelfällen kann das zutreffen, vor allem bei der wachsenden Zahl von afrikanischen Unternehmern, die es in Europa oder Amerika zu etwas gebracht haben und in relativ erfolgreiche Staaten wie Ghana, Senegal oder Uganda zurückkehren. Die Mehrheit, die so spricht, meint es nicht ehrlich, fürchte ich. Man beklagt sich über die Politiker, hätte aber nichts dagegen, an ihrer Stelle zu sein.

Man kann also die Unzufriedenheit einer afrikanischen Mittelklasse nicht vergleichen mit dem europäischen Bürgertum des Ancien Régime, das sich gegen den Adel auflehnte?

Chabal: Ich glaube nicht, dass die afrikanische Mittelklasse revolutionär ist. Aber das muss nicht so bleiben. Es herrscht ja kein Mangel an Talent und Initiative – Afrikaner sind außerhalb ihrer Umgebung oft sehr erfolgreich.

Die «gute Regierungsführung» ist ein Slogan, den afrikanische Regierungen neuerdings selbst predigen, vor allem in der vor zwei Jahren lancierten Neuen Partnerschaft für Afrika (Nepad).

Chabal: Die Nepad erklärt erstmals, dass der Mangel an Entwicklung nicht wirtschaftlich, sondern politisch begründet ist. Das ist ein bedeutender Schritt, denn die Regierungen anerkennen, dass sie Teil des Problems sind. Eine andere Konsequenz müsste lauten, dass gute Regierungsführung für Entwicklung wichtiger ist als Demokratie: lieber das Modell Singapur als eine eher chaotische Demokratie wie in Nigeria, könnte man sagen. Aber der Kontrollmechanismus der Nepad, bei dem unter anderem schlechte Regierungen darüber wachen, was gute Regierungsführung sei, ist unrealistisch. Am Schluss wird wohl die ganze Übung in die Forderung nach demokratischen Wahlen münden. Freie Wahlen sind eine wunderschöne Sache. Aber bei den gegenwärtigen Verhältnissen in Afrika können sie das Problem nicht lösen. (leicht gekürzt)

21.4 Entwicklungsstrategien

21.4.1 Märkte, rechtlicher Rahmen und Infrastruktur

Was leisten Märkte?

In diesem Buch werden Märkte mit Wettbewerb als leistungsfähiger, effizienter Koordinationsmechanismus beschrieben. Märkte verbinden Milliarden von Menschen bei der Produktion und der Verteilung von Waren und Dienstleistungen. Wettbewerb sorgt für Anreize, die Qualität, Unternehmergeist und technischen Fortschritt stimulieren.

Rechtsordnung

Allerdings entstehen Märkte nicht automatisch. **Märkte brauchen einen sicheren rechtlichen Rahmen, den nur der Staat schaffen und durchsetzen kann.**

Infrastruktur

Weiter wissen wir, dass Märkte auch versagen können. Darum finanziert der Staat die Infrastruktur: Leitungen und Verkehrswege, die den Zugang zu Märkten öffnen. Er versucht, Konjunkturschwankungen zu glätten, schützt die Umwelt und engagiert sich in der Ausbildung und der Sozialpolitik.

Zwar werden wir bei der Vielfalt der Entwicklungsländer kaum annehmen können, dass für alle Länder gleiche Maßnahmen zum Erfolg führen. Doch ist man sich einig, dass der Staat die klassischen Grundaufgaben erfüllen muss, die er auch bei uns zu erfüllen versucht. Um ihre Ressourcen besser zu nutzen, sind heute die meisten Entwicklungsländer daran, die Rahmenbedingungen für ihre Märkte zu reformieren.

Wirtschaftsreformen in Richtung mehr Markt

Reformländer heben produktionshemmende Steuern und Subventionen auf, beseitigen einengende Vorschriften zur Produktionslenkung und erleichtern die Gründung von Unternehmen. Zudem verringern sie Zollmauern und kartellartige Reglemente, in deren Schutz sich unproduktive Industrien erhalten haben.

auch mit Verlierern

Solche Reformen bringen für viele, die bisher von Schutzmaßnahmen und Preisverzerrungen profitiert haben, schwere Einkommenseinbußen und für viele Menschen großes Elend. Unrentable Stellen sind rasch gestrichen, neue produktive Arbeitsplätze werden aber nur langsam geschaffen. Häufig werden solche »Strukturanpassungsprogramme« von ausländischen Kreditgebern und vom Internationalen Währungsfonds gefordert – als Voraussetzung für Kredite. Die Initiative geht aber auch von Regierungen der Entwicklungsländer aus. Denn die Reformländer erwarten, dass die Nutzung ihrer Ressourcen langfristig effizienter wird und dass sich damit die wirtschaftlichen Möglichkeiten für möglichst alle Menschen verbessern werden.

verbesserte Ressourcen-Allokation

Allokation
Zuteilung von knappen Ressourcen für die Herstellung von Gütern

Wo es z. B. gelingt, den staatlich gelenkten Abfluss der auf dem Land erwirtschafteten Einkommen in die Städte zu stoppen, leiden zwar die Stadtbewohner unter höheren Nahrungsmittelpreisen. Doch dies motiviert die Landbevölkerung zu bleiben und zu investieren. In jenen Staaten Afrikas, die die Lebensmittelpreise ansteigen ließen, reagierten die Landwirte denn auch umgehend mit größeren Ernten.

Investitionen in den Dörfern erzielen einen höheren Ertrag als in den Städten. Dabei wird nicht nur in die Landwirtschaft investiert, sondern auch in dörfliche und kleinstädtische Gewerbe und Industrien. Kommt man in den Dörfern und Kleinstädten auf einen grünen Zweig, gibt es weniger Gründe für die Landflucht.

21.4.2 Öffnung für Außenhandel und ausländisches Kapital

internationaler Güterhandel siehe Kapitel 20

Wer mehr Markt und Wettbewerb will, öffnet sich in der Regel auch gegenüber den Weltmärkten. Die Chancen, die der internationale Güterhandel gerade auch für Entwicklungsländer bietet, wurden schon im Kapitel 20 analysiert – aber auch die Risiken. Vor allem Entwicklungsländer, die (z. T. auf westlichen Druck) ihre Märkte dem internationalen Wettbewerb zu brüsk öffneten, erlebten schmerzliche Anpassungen, die nicht selten in eine lang anhaltende Depression mündeten. Sie mussten erfahren, dass international nicht wettbewerbsfähige Unternehmen schneller Konkurs gehen, als neue Branchen aufblühen. Die erfolgreichen Schwellenländer Ostasiens bauten darum ihre Einfuhrbeschränkungen nur in dem Maße ab, wie neue Arbeitsplätze entstanden.

internationaler Kapitalverkehr

Mehr Markt bedeutet oft auch, dass die Grenzen für den internationalen Kapitalverkehr geöffnet werden. Damit können nicht nur einheimische, sondern weltweite Spargelder genutzt werden. Allerdings ergeben sich mit unterschiedlichen Formen von Kapitalflüssen auch unterschiedliche Chancen und Probleme:

1. Direktinvestitionen

Verbreitung von Wissen

- Heute sind die Grenzen der meisten Entwicklungsländer offen für Direktinvestitionen, denn ihnen fließt damit nicht nur Kapital zu, sondern auch technisches und organisatorisches Wissen. Siedeln sich nicht einfache Plantagen- oder Bergbaufirmen an, sondern Industrie- und Dienstleistungsunternehmen, kann neues Wissen konkret erfahren werden: von der Arbeitsorganisation und Managementmethoden über Buchhaltung und Marketing bis zu Finanz- und Kommunikationsnetzen.

Entgegenkommen der Entwicklungsländer

Um Direktinvestitionen anzuziehen, müssen allerdings die Eigentums- oder Nutzungsrechte der ausländischen Kapitalgeber gesichert sein. Dazu gehört auch, dass die Kapitalgeber Zinsen und Gewinne in ihr Land abziehen dürfen. Ausländische Direktinvestitionen sind an vielen Orten derart willkommen, dass ihnen beträchtliche Steuervergünstigungen gewährt werden – eine Strategie, die im Rahmen des Steuerwettbewerbs auch europäische Staaten anwenden.

2. Portfolioanlagen

Wertpapierspekulation ...

- Stärker unter Kritik sind ausländische Portfolioanlagen, d.h. grenzüberschreitende Käufe von Obligationen und Aktien ohne Beteiligungsabsichten. Auf Wertpapiermärkten wird ja spekuliert, und sind sie international geöffnet, können sie in Boomzeiten durch Kapitalströme überschwemmt werden – und in Krisensituationen (oder auch schon bei den kleinsten Unsicherheiten) kann eine Panik ausbrechen und schnell viel Geld ins Ausland abfließen. Spekulative Ausschläge nach oben wie nach unten werden so enorm verstärkt.

**... führt auch zu Währungs-
problemen.**

Dabei werden auch die Wechselkurse stark in Mitleidenschaft gezogen. Bewegen sich Kapitalströme in ein Entwicklungsland, wird seine
Währung auf den Devisenmärkten gesuchter, und ihr Außenwert
steigt. Umgekehrt fließt bei einem Aktienbörsenkrach Geld aus dem
Land und reißt den Außenwert der Währung in die Tiefe.

Abwehrmaßnahmen

Deshalb stehen immer wieder Abwehrmaßnahmen gegen spekulative
Gelder zur Diskussion – so z. B. eine weltweite Steuer auf Wertpapier-
und Devisentransaktionen (sog. Tobinsteuer). Realistischere Maßnahmen, mit denen einzelne Länder ihre Finanzmärkte schützen könnten,
sind obligatorische Einlagen bei der Zentralbank oder auch Kapitalverkehrsbeschränkungen.

3. kurzfristige Kredite

internationales Konkursrecht

■ In welche Probleme sich Schuldnerländer mit Darlehen stürzen können, wurde schon im Abschnitt über die Verschuldungskrise besprochen. Deshalb wird seit langem ein internationales Konkursrecht
gefordert, das die Rechte der Schuldner und Gläubiger im Fall von
Zahlungsschwierigkeiten verbindlich festlegt. Damit würde verhindert, dass in Panik geratene Geldgeber nach dem Rezept »Rette sich,
wer kann« ihr Geld zurückfordern und dadurch die Situation des
Schuldnerlandes noch verschlimmern. Ein Konkursrecht würde einerseits die Gläubiger stärker an den Risiken beteiligen und anderseits
die Schuldner vor der heutigen Willkür schützen und die härtesten
sozialen Konsequenzen der Verschuldung mildern.

21.4.3   Soziale und politische Reformen

**Nur eigenständige
Marktteilnehmer ...**

**... erzielen
befriedigende Marktresultate.**

Marktreformen dürfen nicht bei reduzierten Preisverzerrungen, Zollmauern oder Vorschriften stehen bleiben. Wenn vermehrter Wettbewerb
möglichst allen Menschen Erfolg bringen soll, müssen Frauen und Männer ihr Leben und Wirtschaften selber bestimmen können. Verstärkte
Marktkräfte können nur dort befriedigende Resultate hervorbringen, wo
freie, selbstverantwortliche und ausgebildete Akteure mitwirken.

Gleichzeitig mit Marktreformen müssen also auch gesellschaftliche und
politische Reformen angestrebt werden. Für viele arme Länder bedeutet
dies dezentralere Verwaltungen, örtliche und regionale Kooperativen, in
denen sich Landwirte und Gewerbetreibende organisieren, mehr Rechte
für Frauen (die oft die Hauptlast der Arbeit tragen, aber weniger Rechte
als die Männer haben) sowie Selbsthilfegruppen für Erziehung, Gesundheit oder Familienplanung. Wichtig und erfolgreich sind Bildung und
Ausbildung, eine effiziente Sozialpolitik sowie Landreformen.

Bildung und Ausbildung

Eine erstrangige Staatsaufgabe in Entwicklungsländern ist die Ausbildung
der Bevölkerung. Laut Weltbank sind sowohl in der Industrie als auch in
den Dienstleistungen die Erträge aus Bildungsinvestitionen höher als die
Erträge aus Investitionen in Kapitalgüter. Besonders deutlich zeigt dies die
Erfahrung der ostasiatischen Schwellenländer, die einen hohen Anteil
ihres Einkommens für die Ausbildung ihrer Kinder ausgeben. Ihr hohes
Ausbildungsniveau machte sie offen für die Übernahme der neuesten und
wirksamsten ausländischen Produktionstechnik.

Bildung in der Landwirtschaft

In der Landwirtschaft, wo ja die meisten Menschen in den Entwicklungsländern arbeiten, zahlt sich eine Grundschulbildung am stärksten aus. Gebildeten Bäuerinnen und Bauern fällt es leichter, effizientere Techniken zu verwenden. Untersuchungen in Afrika und Südostasien zeigen, dass Landwirte, die lesen, schreiben und rechnen können, mehr produzieren als Landwirte ohne Schulbildung.

Bildung der Frauen

Besonders wichtig ist die Bildung der Frauen – nicht nur weil in vielen Ländern die Frauen mehr arbeiten als die Männer. Bei der zentralen Rolle, welche die Frauen bei der Kindererziehung spielen, zielt die Bildung der Frauen weit in die Zukunft. Die Kinder von gebildeten Müttern sterben weniger oft, und gebildete Mütter haben auch weniger Kinder (wie noch im Abschnitt 21.4.4 gezeigt wird).

Sozialpolitik

Die Förderung von Bildung und Ausbildung trägt sowohl zur Produktionssteigerung wie zur sozialen Gerechtigkeit bei. Stark umstritten ist aber ein weiter gehendes Engagement des Staates in der Sozialpolitik: Wie weit soll der Sozialstaat die Marktwirtschaft in Richtung mehr Sicherheit und Gerechtigkeit korrigieren? Kann es sich ein armes Land überhaupt leisten, Almosen zu verteilen, anstatt zu investieren? Schaut man genauer hin, stellt sich der Konflikt in armen Ländern aber nicht unbedingt in dieser Art. Denn erst gut genährte und gesunde Menschen können eine volle Leistung erbringen.

Widerstand der wohlhabenden Schichten

Bei gezielten Sozialausgaben besteht somit nicht von vornherein ein Konflikt zwischen Almosen für heute und Investitionen für morgen. Wo aber eine breite Ausbildungs- und Gesundheitspolitik vorerst einmal den Armen zugute käme, trifft sie in der Regel auf den Widerstand der wohlhabenden Schichten. Und die besser gestellten Schichten verfügen auch in den Entwicklungsländern über die politische Macht.

höheres Wirtschaftswachstum dank mehr Gleichheit

Auch hier haben die ostasiatischen Schwellenländer gezeigt, wie die Produktion überdurchschnittlich wachsen kann, wenn es gelingt, die Ungleichheit in Grenzen zu halten. Dies geschieht nicht nur, weil durch bessere Gesundheit und Ausbildung die menschlichen Fähigkeiten besser genutzt werden, sondern auch weil die höhere Gleichheit eine größere gesellschaftliche Stabilität hervorbringt.

Fazit: Mit einer effizienten Ausbildungs- und Sozialpolitik werden mehrere Entwicklungshemmnisse überwunden, die Familienplanung wird erfolgreicher, und die Masse der Bevölkerung wird leistungsfähiger und motivierter.

Landreform

Allerdings müssen die leistungsfähigen Leute auch Möglichkeiten finden, ihre Fähigkeiten zu gebrauchen. An wichtiger Stelle steht hier eine gerechte Verteilung des Bodens. Erst mit dem Eigentum an Boden ernten die Bauern selber die Früchte ihrer Anstrengung. Erst dann erhalten sie die Möglichkeiten, ihre Kenntnisse und ihre Energie voll einzusetzen. Erfolgsgeschichten sind die Landreformen in Taiwan und Südkorea. Sichere Eigentumsrechte legten einen der Grundsteine für das hohe Wachstum der Güterproduktion, mit dem diese beiden Länder heute zu den hoch entwickelten Ländern aufgeschlossen haben. Aber auch wenn eine Landreform die gesamtwirtschaftliche Entwicklung voranbringt, gibt es natürlich Großgrundbesitzer, die sich dagegen wehren. Die Groß-grundbesitzer von Südamerika bis zu den Philippinen waren bis heute mächtig genug, um eine Aufteilung ihrer Ländereien zu verhindern.

Kreditwesen und Landbesitz

Zum Erfolg einer Landreform gehört, dass sich die Landwirte auch aus der Abhängigkeit der Geldverleiher lösen können. Oft sind die Landwirte nämlich so stark verschuldet, dass sie ihre Produkte gleich nach der Ernte billig verkaufen müssen. Im Verlauf des Jahres müssen sie dann Nahrungsmittel teurer zurückkaufen. Eine Bodenreform aber, die mit der Bereitstellung von fairen Krediten (beispielsweise durch eine Ko-operativbank) kombiniert ist, kann das Leben der Landbevölkerung be-trächtlich verbessern. Erst wenn die Landwirte sehen, dass sie für ihre Produkte gute Preise erhalten, wenn es sich also lohnt, mehr zu produ-zieren, werden sie es auch tun.

Fazit: Erst wenn die Landwirte ihr ökonomisches Leben selber bestim-men können, werden sie die Qualität des Bodens verbessern, neue An-baumethoden versuchen und ertragreichere Sorten anpflanzen. Erst in ei-nem solchen Umfeld kommen übrigens auch Projekte der Entwicklungs-zusammenarbeit vor allem den Ärmsten zugute, statt die Privilegierten noch weiter zu bevorteilen.

21.4.4 Bevölkerungspolitik

In fast allen Entwicklungsländern versuchen die Regierungen, das Be-völkerungswachstum zu verringern. Sie wollen den demografischen Übergang beschleunigen und sind zu aktiven Geburtenbeschränkungen übergegangen: recht drastisch in China, eher mit Überzeugungsarbeit in anderen Ländern. Die Familienplanungsprogramme gehen davon aus, dass es nicht direkt die Armut ist, die zu hohen Geburtenraten führt:

soziale Sicherheit

- Es ist die wirtschaftliche Unsicherheit, die so viele arme Eltern dazu bewegt, viele Kinder zu haben. In armen Ländern müssen die Kinder für den Unterhalt sorgen, wenn die Eltern alt sind. Je besser also die soziale Sicherheit ist, besonders für das Alter und bei Arbeitslosigkeit, desto erfolgreicher wird die Geburtenkontrolle. Auch die Geburten-planung in China wurde erst dann erfolgreich, als ein genügender so-zialer Schutz gewährleistet wurde.

 Allerdings hört man in Entwicklungsländern häufig, dass es schöner sei, von den eigenen geliebten Kindern gepflegt zu werden statt von einer staatlichen Bürokratie. So wünscht man sich weiterhin Kinder als Trost für das Alter. Aber vier bis fünf (wie heute noch in den ärms-ten Ländern) wünscht sich vor allem, wer Angst hat, seine Kinder könnten früh sterben. **Je niedriger also die Kindersterblichkeit auch bei den ärmsten Menschen ist, desto eher werden Eltern überzeugt sein, dass die Familie auch mit zwei Kindern ausreichend gesichert ist.**

Bildung und Stellung der Frauen

- Besser ausgebildete Eheleute, vor allem besser ausgebildete Frauen, haben weniger Kinder. Schulung, Ausbildung, Beschäftigungsmög-lichkeiten und gesellschaftliche Besserstellung der Frau sind darum ein wichtiges Instrument der Bevölkerungskontrolle. So ist es nicht überraschend, dass gerade in muslimischen Ländern (in denen die

Alphabetisierungsrate der Frauen besonders niedrig ist) die Geburtenraten besonders langsam zurückgehen. Im muslimischen Bangladesh werden mehr Kinder pro Einwohner geboren als im vergleichbaren Indien. Und auch die Geburtenrate in Nordafrika ist immer noch hoch im Vergleich etwa zu Brasilien oder gar Thailand.

Selbst wenn die Wachstumsraten in der beschriebenen Weise zurückgehen, ist das Bevölkerungsproblem noch lange vordringlich. Dramatisch ist die Situation vor allem in den Entwicklungsländern, die sehr lange in den frühen Phasen mit hohem Bevölkerungswachstum verharren. Die Bevölkerungszahl wird sich auf dem indischen Subkontinent in den nächsten 40 Jahren um etwa die Hälfte erhöhen. Im Nahen Osten und in Afrika wird sie sich verdoppeln!

21.4.5   Umweltpolitik

Umweltprobleme sind in den meisten armen Ländern größer und bedrohender als in den reichen. Neben der riesigen Luftverschmutzung in den Großstädten oder der Wasserverschmutzung (z. B. in Java) wird eine zukünftige Entwicklung gefährdet durch die Erschöpfung der Wasserreserven (Naher Osten, Java), die Vernichtung von Wäldern (Malaysia, Brasilien), den Raubbau am Boden und die Überweidung (Sahel).

Preise für Umweltgüter

Sachgerechte Gegenmaßnahmen wären auch hier Preise für Umweltgüter, die die Knappheit der Umweltressourcen widerspiegeln. Erste Schritte wären angemessene Preise für Energie, Holz oder Wasser und die Abschaffung von weit verbreiteten Subventionen, welche die Umwelt schädigen, wie die Verbilligung von Dünger und Pestiziden. Daneben werden aber auch strengere Vorschriften nötig sein.

Umweltressourcen in die Kontrolle der Bevölkerung

Nicht zuletzt müssen die Umweltressourcen in die Kontrolle der betroffenen Bevölkerung gelangen. Kann diese über ihre Lebensgrundlage selber bestimmen, kann eine weit vom betroffenen Gebiet wohnende Oberschicht nicht mehr ausländischen oder einheimischen Firmen erlauben, ganze Landstriche zu zerstören, so wie das etwa bei Staudämmen in Lateinamerika, China, Indien oder Afrika oder bei Abholzungen auf Borneo oder im Amazonasgebiet geschieht.

Umweltschutz ein Luxus?

Umweltschutz sei eben ein Luxus, den sich nur reiche Länder leisten können, hören wir oft. Ein fataler Fehlschluss, denn gerade arme Länder können es sich am wenigsten leisten, ihre Ressourcen zu verschwenden. So sind in vielen Entwicklungsländern ökologische Bewegungen entstanden. Und in Indien beispielsweise werden sie nicht nur von Menschen aus der Mittelschicht getragen, sondern auch von armen Landwirten, die als Erste von Umweltkatastrophen bedroht werden.

wirtschaftliche Entwicklung auch ohne zusätzliche Gefährdung der Umwelt möglich

Nicht nur globale Umweltgefahren, sondern auch die hohe Umweltgefährdung in vielen Entwicklungsländern hat die Einsicht geweckt, dass die Mehrheit der Menschheit nie im gleichem Maße Umweltressourcen verbrauchen kann wie heute in Europa oder den USA. Die heute armen Länder werden ihre Umwelt viel stärker schützen und schonen müssen, als wir das mit der unsrigen bisher getan haben. Dies muss die Entwicklungsländer aber nicht daran hindern, alle ihre menschlichen Ressourcen, ihre Fähigkeiten und das ganze vorhandene Wissen so anzuwenden, dass eine vielfach breitere und tiefere Befriedigung ihrer Bedürfnisse erreicht wird.

auch Umweltressourcen effizient einsetzen

Aber dann darf die ökonomische Grundregel, dass knappe Ressourcen effizient eingesetzt werden müssen, nicht derart stark verletzt werden wie heute. Mit Rahmenbedingungen hingegen, die den sorgsamen Umgang mit den knappen Umweltressourcen fördern, wird eine wachsende Produktion von Waren und Dienstleistungen ohne zunehmende Umweltzerstörung möglich.

Fragen zum 21. Kapitel, Entwicklungsökonomie

1. Ordnen Sie jedem Fachbegriff die passende Ziffer zu:

..... Entwicklungsländer, unterentwickelte Länder

..... Dritte Welt

..... Bruttonationaleinkommen/BNE

..... Kaufkraftparität/KKP

..... Personelle Einkommensverteilung

..... Wirtschaftswachstum

..... Schwellenland

..... Investitionen

..... Sparen

..... Rahmenbedingungen

..... Erziehungszoll-Argument

..... internationaler Kapitalverkehr

..... externe Nutzen, positive externe Effekte

..... Aufholeffekt

..... Allokation

a Zuteilung von knappen Ressourcen für die Herstellung von Gütern

b Unentgeltliche Nutzenstiftungen an Außenstehende, an Trittbrettfahrer

c Aus kolonialer Abhängigkeit befreite Länder, die sich als Gruppe zwischen den westlichen und den kommunistischen Ländern verstanden

d Ausdehnung der Produktionsmöglichkeiten, die zu mehr und begehrteren Waren und Dienstleistungen führt

e Wechselkurs, der einen gegebenen Güterkorb im Inland und im Ausland genau gleich teuer macht

f Nachzügler steigern ihre Produktion schneller als die ökonomischen Pioniere.

g Verzicht auf Konsum, ermöglicht Investitionen

h Aufbau von Kapitalgütern (Fabriken, Wohnhäuser oder Verkehrswege), Ausgaben für Forschung und Entwicklung, Schul- und Berufsbildung

i Wert der in einem Jahr von Unternehmen und Staat produzierten Waren und Dienstleistungen, über die alle Bewohner eines Landes verfügen können (ohne Abzug der Abschreibungen)

j Ihre Wirtschaft ist im Vergleich zu derjenigen der reichen Länder wenig entwickelt.

k Die nationalen Grenzen überschreitende Geldströme, denen kein Waren- oder Dienstleistungsstrom entgegenfließt

l Ein Land im Übergang zu einer entwickelten Industrie- und Dienstleistungsgesellschaft

m Aufteilung der Einkommen nach Personen

n Umfeld für wirtschaftliche Aktivität, das von einzelnen Unternehmen und Haushalten nicht verändert werden kann

o Eine Erfolg versprechende Branche soll vor internationaler Konkurrenz abgeschirmt werden, bis sie die dafür nötige Größe hat.

2. Welche Merkmale sind typisch für arme Länder?
   - O schlechte Infrastruktur
   - O niedriges Bevölkerungswachstum
   - O hoher Beschäftigungsanteil in der Landwirtschaft
   - O niedrige Produktivität in der Landwirtschaft
   - O schnell ansteigende Zahl der erwerbsfähigen Bevölkerung
   - O Reichtum an Bodenschätzen
   - O Armut an Bodenschätzen
   - O hohe Kindersterblichkeit
   - O hoher Analphabetismus
   - O hohe Zahl von Unterbeschäftigten

3. Das Pro-Kopf-BNE von Südkorea wuchs von 1965 bis 2003 durchschnittlich um 6,1 % pro Jahr. Wie viel mal größer war das Pro-Kopf-BNE von 2003 im Vergleich zu 1965?

4. Das Pro-Kopf-BNE von China wuchs von 1965 bis 2003 um etwa 6,9 % pro Jahr, dasjenige der USA um 1,6 % pro Jahr. Überschlagen Sie, wie viele Jahre diese beiden Länder brauchten, bis sich ihr Pro-Kopf-BNE jeweils verdoppelte.

5. Wie kann es sein, dass ein Reichtum an Bodenschätzen unter Umständen nicht nur ein materieller Segen ist, sondern Wirtschaftswachstum gefährdet?

6. a) Welches sind die vier Phasen des demografischen Übergangs?

   b) In welcher Phase des demografischen Übergangs ist die Wachstumsrate der Bevölkerung am größten?

   c) Welche Länder befinden sich in dieser Phase?

7. In Indien besuchten nur etwa halb so viele Mädchen wie Jungen weiterführende Schulen. Inwiefern würde sich das Wirtschaftswachstum verändern, wenn mehr Mädchen weiterführende Schulen besuchten? Beschreiben Sie mindestens drei Mechanismen.

8. Staatlich niedrig gehaltene Nahrungsmittelpreise – gegen Hunger und Armut – haben oft ein noch größeres Elend auf dem Land und in den Slums der Großstädte bewirkt. Erklären Sie diesen scheinbaren Widerspruch.

9. Welche Probleme verursacht eine Regierung wohl, wenn sie die Preise für Elektrizität künstlich niedrig hält?

10. Reichen Ländern wird vorgeworfen, dass sie heute noch Entwicklungsländer ausbeuten. Welche (sechs) Wege der Ausbeutung werden heute am stärksten diskutiert?

11. Was ließe sich auf folgende Aussage erwidern?

    »Im Zusammenhang mit der Verschuldungskrise von Ausbeutung zu sprechen, ist falsch. Schließlich kann jeder Mensch frei entscheiden, ob er einen Kredit aufnehmen will oder nicht. Nimmt er einen Kredit auf, muss er auch die Folgen tragen, wenn er ihn nicht zurückzahlen kann.«

12. Wie erleichtert ein Anstieg der Produktivität in der Landwirtschaft das Wachstum von Gewerbe und Industrie?

13. Warum soll es möglich sein, dass ausländische Anleger und Investoren Zinsen und Gewinne in ihr Land zurücktransferieren können? Was würde geschehen, wenn dies verboten würde?

14. Welche (drei) Bedingungen sind einer erfolgreichen Geburtenregelung förderlich?

15. Eine gleichmäßigere Verteilung des Bodens durch eine Landreform verbessert in der Regel die Entwicklungschancen eines Landes. Warum?

16. Können sich arme Länder keinen Umweltschutz leisten?

21. Entwicklungsökonomie

Weiterführende Literatur

VWL-Lehrbuch mit Schwerpunkt UK	Begg Davis, Fisher Stanley, Dornbusch Rüdiger Economics, London, immer wieder neue Auflagen
VWL-Lehrbuch mit Schwerpunkt USA	Samuelson Paul A., Nordhaus William D. Economics, New York, immer wieder neue Auflagen, 18. Aufl. in deutscher Übersetzung: Volkswirtschaftslehre, Heidelberg 2005
Arbeitsmärkte und Arbeitslosigkeit	Franz Wolfgang Arbeitsmarktökonomik, 5. Aufl., Berlin 2003
Lehrbücher zu Umwelt und Marktversagen allgemein	Endres Alfred Umweltökonomie, 2. Aufl., Stuttgart u.a. 2000
	Fritsch Michael, Wein Thomas, Ewers Hans-Jürgen Marktversagen und Wirtschaftspolitik, 6. Aufl., München 2005
Außenwirtschaft	Krugman Paul R., Obstfeld Maurice International Economics, Amsterdam 2003 deutsch: Internationale Wirtschaft, München 2004
	Senti Richard WTO, System und Funktionsweise der Welthandelsordnung, Zürich 2000 Kurzfassung: WTO, Die neue Welthandelsordnung nach der Uruguay-Runde, Zürich 2003
aktuelle Analysen und Thesen zur deutschen Wirtschaftslage	Bofinger Peter Wir sind besser als wir glauben, 3. Aufl., München 2005
	Siebert Horst Jenseits des sozialen Marktes, 2. Aufl., München 2005
	Sinn Hans-Werner Ist Deutschland noch zu retten?, München 2005
aktuelle Analysen und Thesen, v. a. zu Konjunktur, Wirtschaftswachstum und Außenwirtschaft	Krugman Paul R. Pop Internationalism, Cambride Mass. 1997 deutsch: Der Mythos vom globalen Wirtschaftskrieg, Frankfurt a.M. 1999
	Krugman Paul R. The Accidental Theorist, TB New York 1999 deutsch: Schmalspur Ökonomie, TB Berlin 2002
	Krugman Paul R. The Return of Depression Economics, TB London 2000 deutsch: Die große Rezession, TB München 2001

Wirtschaftsgeschichte	Landes David The Wealth and Poverty of Nations, Why Some Are So Rich and Some So Poor, New York 1998 deutsch: Wohlstand und Armut der Nationen, Warum die einen reich und die andern arm sind, TB München 2004
	Diamond Jared Guns, Germs, and Steel, The Fate of Human Societies, TB New York 1999 deutsch: Arm und Reich, Die Schicksale menschlicher Gesellschaften, TB Frankfurt a.M. 2000
erstes Buch der modernen Ökonomie	Smith Adam An Inquiry into the Nature and Causes of the Wealth of Nations, 1776 deutsch: Der Wohlstand der Nationen, TB München 2003
Politikwissenschaft	Böhret Carl, Jann Werner, Kronenwett Eva Innenpolitik und politische Theorie, 4. Aufl., Opladen 2001
Entwicklungsländer Transitionsländer	Ray Debraj, Development Economics, Princeton 1999
	Gros Daniel, Steinherr Alfred Economic Transition in Central and Eastern Europe, Cambridge 2004
Lexika	Geigant Friedrich u. a. Lexikon der Volkswirtschaft, Landsberg am Lech, immer wieder neue Auflagen
	Gabler Wirtschaftslexikon, Wiesbaden, immer wieder neue Auflagen
	Wirtschaftsforschungsinstitute und Wirtschaftsinstitutionen veröffentlichen alle auf ihren Webseiten zahlreiche Studien und Daten. Eine Auswahl:
deutsche Wirtschaftsforschungsinstitute	Deutsches Institut für Wirtschaftsforschung in Berlin / DIW (www.diw.de)
	Hamburger Welt-Wirtschafts-Archiv / HWWA (www.hwwa.de)
	ifo-Institut für Wirtschaftsforschung in München (www.ifo.de)
	Institut für Weltwirtschaft in Kiel (www.uni-kiel.de/ifw)
	Institut für Wirtschaftsforschung in Halle / IWH (www.iwh-halle.de)

Rheinisch-Westfälisches Institut für Wirtschaftsforschung / RWI in Essen
(www.rwi-essen.de)

Zentrum für Europäische Wirtschaftsforschung, Mannheim / ZEW
(www.zew.de)

Volkswirtschaftliche Abt. der Deutschen Bundesbank, Frankfurt a. M.
(www.bundesbank.de)

Statistisches Bundesamt in Wiesbaden (www.destatis.de)

Sachverständigenrat

Der Sachverständigenrat, fünf von der Bundesregierung ausgewählte
Wissenschaftler (»fünf Weise«), veröffentlicht jeweils im November ein
Gutachten zur gesamtwirtschaftlichen Entwicklung Deutschlands.
(www.sachverstaendigenrat-wirtschaft.de)

**europäische
Wirtschaftsinstitutionen**

Europäische Kommission in Brüssel
(http://europa.eu.int/comm/dgs/economy_finance/index_en.htm)

Europäische Zentralbank in Frankfurt (www.ecb.int)

Statistisches Amt der EU / EUROSTAT in Luxemburg
(http://europa.eu.int/comm/eurostat)

**internationale
Wirtschaftsinstitutionen**

Internationaler Währungsfonds / IWF (International Monetary Fund /
IMF) in Washington (www.imf.org)

Weltbank (Worldbank) in Washington (www.worldbank.org)
veröffentlicht jährlich den World Development Report (englisch und
deutsch)

Organization for International Cooperation and Development / OECD
in Paris (www.oecd.org)

Entwicklungsprogramm der Vereinten Nationen (United Nations
Development Programme / UNDP (www.undp.org)
veröffentlicht jährlich den Human Development Report

Lösungen zu den Fragen

1. Kapitel, Grundfragen

1. d
   a
   h
   o
   q
   f
   g
   m
   j
   r
   c
   l
   k
   b
   p
   i
   n
   e

2. a) Bedürfnisse (nach Maslow) sind uns oft nicht bewusst – so v. a. die Bedürfnisse nach Zugehörigkeit, Achtung und Selbstverwirklichung. Konsumwünsche hingegen sind uns bewusster und konkreter.

   b) Während die Bedürfnisse (nach Maslow) ihrer Natur nach endlich sein können, sind die Konsumwünsche kaum begrenzt.

3. Arbeitskraft, Boden, Kapitalgüter, Umweltgüter, unternehmerische Tätigkeit

4. Mit einem Konsumgut befriedigen wir direkt unsere Konsumwünsche. Mit einem Kapitalgut werden andere Güter (Konsumgüter oder wieder Kapitalgüter) hergestellt.

5. kein Unterschied

6. Heute gibt es kaum mehr Umweltgüter, die frei sind – auch nicht der Sand am Meer.

7. Freie Güter sind im Überfluss vorhanden, bei knappen Gütern dagegen übertreffen unsere Wünsche das Vorhandensein.

8. Die medizinische Versorgung ist kein freies Gut. Man hätte alle verwendeten Ressourcen auch für etwas anderes verwenden können. Und wenn sie jetzt für die Medizin gebraucht werden, müssen die Steuerzahler zahlen.

9. Der Multimillionär hat nur begrenzt Zeit. Zudem könnte auch er unter der Verschmutzung und Verschandelung der Umwelt leiden, im Verkehrsstau stehend wünscht er sich vermutlich bessere staatliche Infrastrukturen, oder er wünscht sich mehr spannende Konzerte oder lustigere Filme, usw.

10. Die entgangenen Wohnmöglichkeiten, ausgedrückt etwa in der Höhe der Miete

11. Die Ressourcen werden nicht effizient genutzt.

12. V. a. durch Zerstörung von Ressourcen, z. B. durch Krieg

13. mögliche Lösungen:

X	O	O
O	X	O
X	X	O
O	O	X
O	X	O
X	O	O
O	X	O
X	O	X
O	O	X
O	X	O

14. Tradition, Solidarität in Kleingruppen, Interessensolidarität, Hierarchie in Unternehmen, Hierarchie im Staat, Markt

15. Beim Geschenk geht es um die Beziehung. Es ist wichtig, wie das Geschenk angenommen wird: Bekommen Sie ein Lächeln? Wirkt sich das Geschenk positiv auf Ihre Beziehung aus? Sie sind nicht in erster Linie darauf erpicht, ein Gegengeschenk zu erhalten, aber Sie freuen sich über ein Gegengeschenk, wenn dies zeigt, dass Sie ebenfalls geschätzt werden. Geschenke werden ausgetauscht, um mit anderen in Beziehung zu treten, um Beziehungen zu vertiefen.

    Beim Tausch geht es um die Sache. Sie erhalten einen materiellen Gegenwert (eine Ware oder eine Dienstleistung), ein Entgelt. Die Silbe »Ent« zeigt an, dass Sie nachher frei sind, mit dem Buch zu machen, was Sie wollen, es woanders weiterzutauschen, wieder einmal zum gleichen Händler zu kommen oder auch nicht. Das Ziel des Tauschs war nicht, eine persönliche Beziehung anzuknüpfen oder zu festigen.

16. Die Wirtschaft wird v. a. von einer staatlichen Planungsbehörde gelenkt.

17.
X	O
O	X
X	O
O	X
X	O
X	O
X	O

    Positive Aussagen können richtig oder falsch sein; auch falsche Aussagen sind positive Aussagen.

2. Kapitel, Angebot und Nachfrage

1. e
    a
    l
    p
    i
    d
    s
    f
    b
    o
    m
    h
    c
    k
    r
    n
    q
    g
    j

2. Eine Nachfrage ist ein Konsumwunsch, hinter dem der Wille und die Fähigkeit stehen, Geld dafür zu zahlen. Eine Nachfrage ist also ein Konsumwunsch, der durch Geld ausgedrückt wird.

3. 1. Sehr viele Anbieter und Nachfrager: erfüllt, da der Markt (anders als bei Hamburgern) nicht von Warenketten beherrscht wird

    2. Einheitliche Güter- und Servicequalität: erfüllt, in der Großstadt auch viele etwa vergleichbare Standorte

    3. Vollständige Information aller Marktteilnehmer: recht gut erfüllt, da einfaches Produkt. Liegen alle Imbissbuden entlang der Hauptstrasse, unterscheiden sie sich auch nicht in Bezug auf den Standort.

    4. Freier Marktzutritt oder -austritt: erfüllt, sofern keine staatlichen oder mafiösen Hindernisse

4. • Konsumwünsche • Preis des gehandelten Gutes • Einkommen • Preise für Substitutions- und Komplementärgüter • Erwartungen

5. Die Kurve repräsentiert das Gesetz der Nachfrage: Die nachgefragte Menge nimmt – ceteris paribus – mit sinkenden Preisen zu.

6. Nachfragekurve für Eiscrème
O	X	O
O	O	X
O	X	O

    Nachfragekurve für CDs
O	X	O
O	O	X
O	X	O
X	O	O
O	O	X
O	X	O

    Nachfragekurve für Hotelübernachtungen im Engadin
O	X	O
X	O	O
O	O	X
O	X	O

7. • Preis des gehandelten Gutes • Preise für Inputs • Technik und Organisation • Erwartungen

8. Die Kurve repräsentiert das Gesetz des Angebots: Die angebotene Menge nimmt – ceteris paribus – mit steigenden Preisen zu.

9. Nein, und zwar aus zwei Gründen: Erstens sind unsere Wünsche unbegrenzt, und zweitens kann auf Märkten nur nachfragen, wer vorher zu Geld gekommen ist.

10. Nein, Veränderungen von anderen Bestimmungsgründen als dem Marktpreis werden Angebots- und Nachfragekurven verschieben und so neue Ungleichgewichte provozieren.

11. Angebotskurve für Plüschtiere
X	O	O
O	X	O
O	X	O
O	X	O
O	O	X

    Angebotskurve für Automobile
X	O	O
O	X	O
O	O	X
O	X	O

12. a) Die Anbieter unterbieten einander im Preis, um Kunden zu gewinnen. Wir beobachten vermutlich einen Angebotsüberschuss mit sinkenden Preisen.

    b) Wohnungssuchende können fast keine Wohnung finden, das bedeutet Nachfrageüberschuss.

13. Ins kalte New York wollen im Februar offenbar weniger Leute fliegen: Angebotsüberschuss. Statt mit halbleeren Flugzeugen zu fliegen, sprechen die Fluggesellschaften mit tieferen Preisen jene Leute an, die zu höheren Preisen nicht geflogen wären.
    Im September dagegen ist New York beliebt. Die Fluggesellschaften haben volle Flugzeuge, oft mit Wartelisten: Nachfrageüberschuss. Die Preise können steigen, wer einen Platz will, muss mehr zahlen, und viele sind auch bereit dazu.

14. • inflationsbereinigte Brotpreise: + 2 %
    • inflationsbereinigte Flugpreise: – 4 %

15. In den 60er Jahren sind die Preise gestiegen, der reale Konsum ist weniger stark gestiegen. Zudem hat die Bevölkerung zugenommen.

3. Kapitel, Elastizitäten

1. c
   e
   g
   a
   d
   f
   b

2. a) Taxifahrten –1,2 ($^{-12}/_{10}$)
   Kinobesuche –0,9 ($^{-9}/_{10}$)
   Schuhe –0,7 ($^{-7}/_{10}$)

   b) Am steilsten verläuft die Nachfragekurve bei Schuhen, weniger steil bei Kinobesuchen und am flachsten bei Taxifahrten.

3. a) unelastisch

   b) Sinken die Kleiderpreise, kann Serge entsprechend mehr kaufen, und umgekehrt. Damit ist die Preiselastizität –1, d. h. die Nachfrage ist einheitselastisch.

   c) elastisch

   d) Wird das Spielen um 20 % teurer, verkürzt sich Toms Spielzeit um 20 %. Damit ist die Preiselastiziät –1, d. h. die Nachfrage ist einheitselastisch.

4. a) Trifft die Missernte alle Landwirte des Marktgebietes und ist zudem die Nachfrage unelastisch, steigen die Preise stärker an, als die Mengen zurückgehen (z.B. um 50 % bei einem Mengenrückgang von 30 %). Dann steigen die Einnahmen.

   b) Der Umsatz geht jedoch zurück, wenn Konkurrenten aus nichtbetroffenen Gegenden die Preise niedrig halten oder wenn sich die Nachfrage elastisch auf andere Lebensmittel verlagert, sodass die Preise weniger stark ansteigen, als die Mengen zurückgehen (z.B. nur um 10 % bei einem Mengenrückgang von 30 %).

5. • Das Angebot von Kleidern ist preiselastischer. Kleider werden von unzähligen größeren und kleineren Fabriken und Ateliers auf der ganzen Welt hergestellt und in einer Vielzahl von konkurrierenden Läden verkauft. Dieses System ist flexibel genug, auf Kundenwünsche und Preisänderungen sofort zu reagieren.

   • Wohnungen dagegen werden lokal gebaut und geplant. Die Produktionskapazitäten können weniger schnell auf- und abgebaut werden.

6. Verkäufer von inferioren Gütern erleiden eine Verkaufseinbusse.

7. a) Preiselastizität der Nachfrage für Ferienreisen:
   $(^{-200}/_{800}) / (^{25}/_{125}) = ^{-0,25}/_{0,2} = -1,25$

   Preiselastizität der Nachfrage für Geschäftsreisen:
   $(^{-100}/_{1900}) / (^{25}/_{125}) = ^{-0,05}/_{0,2} = -0,25$

   b) Wer eine Geschäftsreise nach London unternehmen will, hat weniger Alternativen (alternative Reiseziele wie alternative Verkehrsmittel) als Ferienreisende.

8. a) Kohle   –2,0
   Kleider   +1,2
   Tabak   –0,5
   Gemüse   +0,9

   b) Kleider und Gemüse sind normale Güter, Kohle und Tabak sind inferiore Güter.

9. richtig falsch
    O   **X**
    X   O
    O   **X**
    X   O
    O   **X**
    X   O

10. Die beiden Begriffe inferiore und normale Güter beschreiben, wie sich die Nachfrage verändert, wenn sich das Einkommen verändert. Um diese Frage geht es aber nur bei c) und g):
    c) ist ein inferiores, g) ein normales Gut.

11. Das erste Modell, von dem er möchte, dass damit spekuliert wird, muss er in limitierter Auflage produzieren.

    Beim zweiten Modell wird er die Produktion an der Nachfrage ausrichten. Bei zu großer Nachfrage wird er so viel nachproduzieren müssen, dass der Preis nicht über 90 Euro steigt. Und ist die Nachfrage unverhofft niedrig, muss er bereit sein, Uhren zurückzukaufen, wenn er nicht will, dass sie zu billig verramscht werden (Preisstützungskäufe, Aufkaufsgarantie).

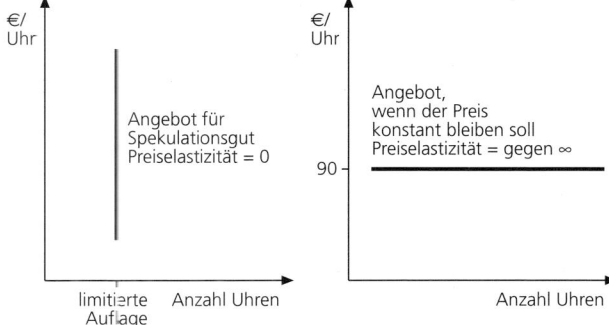

4. Kapitel, Produktion und Kosten

1. p
   k
   g
   c
   t
   n
   r
   b
   e
   i
   h
   a
   q
   m
   l
   d
   o
   u
   j
   s
   f

2. Ist in den Gesamtkosten der Lohn des Kioskinhabers (und evtl. seiner Frau) schon eingerechnet? Hat er Erspartes in den Kiosk gesteckt und sich dafür einen angemessenen Zins verrechnet? Wenn nicht, könnte er mit dem Kiosk einen Verlust gemacht haben.

3. a)

Menge	Fix-kosten	variable Kosten	totale Kosten	Grenz-kosten	Ø variable Kosten	Ø totale Kosten
t	€	€	€	€	€	€
0	100	0	100			
1	100	30	130	30	30	130
2	100	50	150	20	25	75
3	100	90	190	40	30	63
4	100	150	250	60	37.50	62.50
5	100	240	340	90	48	68
6	100	380	480	140	63	80
7	100	580	680	200	83	97
8	100	880	980	300	110	122

b) Die durchschnittlichen Gesamtkosten erreichen ihren Tiefpunkt ungefähr bei einer Menge von 4 Tonnen.

c) Nach der Menge von 3 Tonnen beginnen die Grenzkosten zu steigen. Dies zeigt an, dass von dieser Menge an das Grenzprodukt sinkt.

d) Bei einem Preis von 200 Euro würden 7 Tonnen produziert.

4. Mit den ersten paar Freunden, die Ihnen helfen, macht der Umzug schnelle Fortschritte. Je mehr Leute aber mithelfen, desto eher stehen sie einander im Wege, wissen nicht wohin mit der Ware und diskutieren, statt zu tragen.

5. Der Gewinn wird größer, da die Produktion stärker ansteigt als die Kosten der Inputs.

6. Nein, nur dann wenn sich die Produktion im Bereich von zunehmenden Skalenerträgen befindet.

7. Ein sinkendes Grenzprodukt können wir dann beobachten, wenn einzelne Inputs erhöht werden, während andere konstant bleiben. Erhöht z. B. ein Landwirt den Düngereinsatz – aber bleibt die Landfläche gleich groß – wird der Landwirt pro zusätzlichem Düngereinsatz immer weniger Kartoffeln ernten können.

Sinkende Skalenerträge treten auf, wenn alle Inputs erhöht werden, der Output sich hingegen unterproportional vergrößert. Hier ist die optimale Betriebsgröße überschritten.

8. Bedingungen für vollständige Konkurrenz sind:
   1. sehr viele Anbieter und Nachfrager
   2. Güterqualität und Verkaufsservice einheitlich (homogenes Gut)
   3. vollständige Information aller Marktteilnehmer
   4. freier Marktzutritt oder -austritt

9.

richtig	falsch
O	X
X	O
O	X
X	O
O	X
O	X
X	O
X	O
X	O
X	O
X	O
X	O
O	X
X	O
X	O

10. Werden Verluste gemacht, müssen sie minimiert werden.

Die Produktion soll vorübergehend eingestellt werden, wenn die Verluste größer sind als die variablen Kosten – wenn also mit der Produktion nicht einmal die variablen Kosten getragen würden.

Es soll dann weitergearbeitet werden, wenn die Einnahmen wenigstens die variablen Kosten decken – wenn also mit der Produktion wenigstens ein Beitrag an die Fixkosten geleistet werden kann.

11. Wenn mit zunehmenden Skalenerträgen die Durchschnittskosten gesenkt werden können. (Werden durch tiefere Preise neue Käuferschichten angelockt, erlaubt der größere Absatz, die Produktionsanlagen weiter auszubauen und noch stärker von zunehmenden Skalenerträgen zu profitieren.)

12. Flugreisen, Fotoapparate, Haushaltmaschinen, Uhren, Hähnchen, Eier, Fastfood, auch durch technischen Fortschritt: PCs, Taschenrechner, Unterhaltungselektronik, Telefongespräche

5. Kapitel, Markteingriffe

1. e
   g
   a
   f
   c
   h
   d
   b

2. **X** O   O   O   O   **X**
   O **X** O   **X** O   O
   O **X** O   O   **X** O
   O O   **X** O   O   **X**

3. Die Nachfrage nach Zigaretten ist vermutlich preisunelastischer als die Nachfrage nach Kinobesuchen. Den Kinogängern stehen viele andere Alternativen offen, von Videos über Theater bis Spazieren. Das Angebot der Kinobetreiber wiederum ist wohl preisunelastisch, denn viele von ihnen betreiben ihre Kinos mit Leidenschaft.

   Die Zigarettensteuer würde damit vor allem von den Rauchern getragen, und der Zigarettenkonsum ginge kaum zurück. Die Kinosteuer hingegen würde von den Kinobetreibern getragen; würde die Steuer oder ein Teil davon auf die Besucher überwälzt, gingen die Kinobesuche stark zurück.

4. O   **X**
   O   **X**
   O   **X**
   O   **X**
   X O
   X O
   X O

5. a) Gleichgewichtspreis schon bekannt: 5 Euro, Gleichgewichtsmenge bei 1000 Pizze pro Tag

   b) Zum hohen Preisen von 6 Euro versuchen nun die Pizzabäcker mehr Pizze anzubieten – doch gleichzeitig geht die nachgefragte Menge zurück. Je preiselastischer beide Seiten reagieren, desto größer die mögliche Überschussproduktion. Verkauft und gegessen werden nur 800 Pizze.

   c) Zu den niedrigen Preisen von 4 Euro werden weniger Pizze angeboten – doch gleichzeitig steigt die nachgefragte Menge. Je preiselastischer beide Seiten reagieren, desto größer der Mangel. Verkauft und gegessen werden nur noch 600 Pizze.

6. O   **X**
   X O
   O   **X**
   O   **X**   kein Effekt
   X O

7. a) Es werden sich große Schlangen bilden bei jeder Wohnungsbesichtigung.

   b) Sie erhalten viel persönliche Macht bei der Verteilung. Sie können nun auswählen nach Kinderzahl, Nationalität, Parteizugehörigkeit, Geschlecht, Einkommen, Sympathie usw.

8. a) Staatliche Maßnahmen sind dann marktkonform, wenn sie zwar Angebot und Nachfrage beeinflussen, aber den Marktmechanismus weiter funktionieren lassen, sodass sich Angebot und Nachfrage ausgleichen können.

   b) Steuern und Subventionen

9. a) Nichtmarktkonform sind Höchst- und Mindestpreise.

   b) Bei beiden Maßnahmen kann der Marktmechanismus Angebot und Nachfrage nicht ausgleichen: Bei festgelegten Höchstpreisen gibt es Mangel, bei fixierten Mindestpreisen Überschuss.

6. Kapitel, Marktwirtschaft

1.
h	i
e	o
q	r
z	x
a	m
s	t
c	j
l	y
d	w
u	n
f	p
k	g
v	b

2. Blumenbinderin ist für viele junge Frauen ein Traumberuf. Das Angebot ist entsprechend hoch und trifft sich mit der Nachfrage zu einem entsprechend tiefen Preis. Zwar scheiden wegen der niedrigen Löhne viele Blumenbinderinnen nach ein paar Jahren wieder aus ihrem Beruf aus, doch eventuelle Lücken werden von neu zustoßenden jungen Mädchen rasch wieder gefüllt.

   Blumenbinderin ist ein vorwiegend weiblicher Beruf. Bei der Berufswahl beachten viele Frauen den Lohn wenig, und später kämpfen sie zurückhaltender um ihren Lohn. Es ist darum wohl möglich, dass der ausbezahlte Lohn oft noch unter dem eigentlichen, schon tiefen Marktlohn ist.

3. Der Angestellte muss sich in die Hierarchie des Unternehmens einordnen und die Anordnungen befolgen.

4. Die Zinsen werden wohl bald sinken. Dies verlockt einerseits die Unternehmen zu vermehrten Investitionen, womit die Nachfrage nach Spargeldern steigen wird. Anderseits werden mit niedrigeren Zinsen weniger Spargelder angeboten. Der Kapitalüberfluss sollte damit früher oder später verschwinden.

5. 1. Für lange Laufzeiten sind die zukünftigen Risiken (u.a. das Inflationsrisiko) schwieriger abzuschätzen. Für das höhere Risiko, das man damit eingeht, wird man entschädigt.

   2. Geldgeber wollen dafür entschädigt werden, dass sie über längere Zeit nicht mehr über ihr Geld verfügen können. Investoren zahlen diese Entschädigung, weil die längere Verfügbarkeit einen Kredit wertvoller macht.

6. Der Käufer orientiert sich nicht in erster Linie an der Dividende. Er spekuliert vielmehr darauf, dass die Zukunftsaussichten des Unternehmens gut sind. Dann steigen die Kurswerte.

7. Investieren nennt man in der Volkswirtschaftslehre den Aufbau und den Kauf von Kapitalgütern sowie Ausgaben für Forschung und Ausbildung. Wer hingegen nur Geld ausleiht oder Wertpapiere kauft, investiert im volkswirtschaftlichen Sinn nicht. (Auf den Kapitalmärkten hingegen ist der Sprachgebrauch anders. Dort tragen auch jene den Titel von Investoren, die nur Wertpapiere kaufen.)

8. a) Die ausbezahlten Zinsen werden unterschiedlich sein. (Der Zinsunterschied muss ungefähr 1 % ausmachen: 10 % Unterschied/10 Jahre Laufzeit)

   b) Der Kurs wird um etwa 5 % (10 Jahre zu 0,5 %) steigen.

9. Da der Boden begrenzt ist, sind Bodenpreise immer auch spekulative Preise. Die Spekulation steht auf umso schwankenderem Boden, als die Bodenpreise auch von den künftige Erträge abhängen, die schwierig abzuschätzen sind. Damit können die Preise auf unrealistische Höhen klettern und dann – vor allem in Rezessionen – auf einen zu pessimistisch geschätzten Ertragswert fallen.

10. Im Wohnungsbau konnte die Knappheit nicht im gleichen Maße überwunden werden wie bei vielen Industrieprodukten:
    • Der technische Fortschritt wirkte (bis jetzt) nicht so stark,
    • von zunehmenden Skalenerträgen konnte weniger profitiert werden, und
    • der Boden bleibt begrenzt, ist also relativ zu anderen Gütern und Ressourcen knapper geworden.

11.
O	X	Wollen Unternehmen mehr investieren, als gespart wird, steigt der Marktpreis für Spargelder.
O	X	Realzins **plus** Inflationsentschädigung = Nominalzins
X	O	
X	O	
X	O	
O	X	Bei den Umweltgütern fließt kein oder ein zu kleiner Geldstrom entgegen.

12. Für den Boden sind die Eigentumsrechte genau definiert. Bei den meisten Umweltgütern jedoch sind die Eigentumsrechte unklar definiert oder nur schwierig zu verteidigen. Darum können Umweltressourcen oft entschädigungsfrei benutzt werden.

13. a) Der einzelne Fischer fischt so viel wie möglich. Für einen Einzelnen lohnt sich Zurückhaltung nicht, denn der Teich gehört ja nicht ihm. Er müsste nur zusehen, wie andere so viel wie möglich fischen. Der Teich wird so lange übernutzt, bis fast keine Fische mehr darin leben.

    b) das Jagen von wilden Tieren und das Fangen von Meeresfischen, die Verschmutzung von Meerwasser und Luft, der Klimawandel

    c) Allmende-Problem: Die Allmende wird übernutzt, weil sie allen und niemandem gehört. Ressourcen werden überall dort zu stark genutzt und erschöpft, wo sie gratis sind, weil Eigentums- oder Nutzungsrechte nicht definiert oder durchgesetzt werden.

    d) Der freie Zugang zum Dorfteich muss beschränkt werden: z. B. durch Fischerlizenzen; mit Tagen, an denen Fischen verboten ist; oder mit Preisen pro gefangenem Fisch, welche die Knappheit der Fische widerspiegeln.

14. Die asiatischen Wasserbüffel ließen sich domestizieren, gehören darum seit langem immer jemandem und werden von den Eigentümern geschützt und gepflegt – die amerikanischen Bisons ließen sich nicht domestizieren, blieben wild, wurden nicht als Eigentum geschützt und konnten lange Zeit frei geschossen werden. Heute müssen die Eigentumsrechte vom Staat geltend gemacht und gegen Wilderer durchgesetzt werden.

7. Kapitel, Externe Effekte

1.

k	i
c	l
b	n
g	o
d	a
e	f
m	p
j	h

2. Die Urheber von externen Nutzen werden von den Trittbrettfahrern nicht entschädigt und dehnen darum ihre Aktivitäten zu wenig weit aus. Güter mit externen Nutzen würden also aufgrund von Marktkräften zu wenig produziert.

3. Weil Trittbrettfahrer als Nutzniesser kaum ausgeschlossen werden können, kann kein kostendeckender Preis verlangt werden.

4. • Pseudoexterne, pekuniäre externe Kosten wirken nicht am Markt vorbei, sondern sind eine Folge des Wettbewerbs auf den Märkten, wo Marktchancen zunichte gemacht und neue eröffnet werden. Diese Veränderungen auf den Märkten führen in der Regel dazu, dass die Ressourcen möglichst effizient genutzt werden.

   • Die echten externen Kosten hingegen wirken am Markt vorbei. Sie verhindern die bestmögliche Nutzung der Ressourcen.

5.

X	O	O
O	O	X
X	O	O
O	O	X
O	X	O
O	O	X
O	O	X

6. Der Staat hat ein Interesse daran, dass nicht er allein öffentliche Güter anbietet. Mit Steuerrabatten subventioniert er darum Organisationen, die externe Nutzen produzieren.

7. a) Erkenntnisse aus Grundlagenforschung sind allen zugänglich, niemand kann von der Nutzung ausgeschlossen werden. Gewinn maximierende Unternehmen warten demnach mit Vorteil darauf, als Trittbrettfahrer von der Grundlagenforschung anderer zu profitieren. Grundlagenforschung würde darum zu stark vernachlässigt.

   b) Allerdings muss eine Regierung bei ihrem Engagement berücksichtigen, dass Unternehmen aus der ganzen Welt von den Resultaten der Grundlagenforschung profitieren können. Die Finanzierung von Grundlagenforschung wird darum immer mehr eine überstaatliche Angelegenheit und wäre im Prinzip eine Aufgabe für UNO-Organisationen.

8. Für externe Nutzen mit kurzen Reichweiten sind eher lokale Körperschaften zuständig, für externe Nutzen mit grossen Reichweiten Staaten oder Staatenbünde.

9. Mit zunehmender Gruppengrösse verliert der individuelle Beitrag an Bedeutung. Die Anonymität nimmt zu, unkooperatives Verhalten wird weniger bemerkt, die Solidarität nimmt ab. So wird es schwieriger, Trittbrettfahrer für Beiträge zu gewinnen.

10.

X	O
O	X
X	O
O	X
X	O

11. a) Moralappelle sind dort wenig wirksam, wo Umwelt schonendes Verhalten umständlich und teuer ist.

    b) Besonders nötig ist ein ausgebildetes Umweltbewusstsein, um auf der politischen Ebene effiziente und durchführbare Regeln für alle einzuführen – und um sie beim Vollzug mitzutragen.

12. a) Eine Allmende ist eine allen zur freien Nutzung zugängliche Weide. Wenn die Allmende begrenzt ist, schadet jeder Benutzer den anderen Benutzern. Jeder fügt dem anderen externe Kosten zu.

    b) Es bieten sich verschiedene Lösungen an:
    • Aufteilung der Nutzungsrechte unter den Hirten, die Allmende würde aufgeteilt, und Zäune zwischen den einzelnen privaten Weiden verhinderten externe Kosten.
    • gesetzliche Begrenzung der externen Kosten durch Weidequoten
    • Internalisierung der externen Kosten durch eine Pigou-Steuer, welche die Knappheit des Grases widerspiegelt

13. Mit Umweltabgaben wird unser Umweltverhalten an den Güterpreisen ablesbar. Damit werden Haushalte und Unternehmen (auch ohne dass sie wissen, wie stark sie die Umwelt belasten) angehalten, Umweltgüter in der gleichen Weise effizient zu verwenden wie die übrigen Ressourcen.

14. Der Nutzen, der durch den Schwerverkehr gestiftet wird, ist unbestritten. Nur handelt es sich dabei um privaten Nutzen für die Kunden und nicht um externen Nutzen. Für die privaten Nutzen stellen die Transportunternehmer Rechnung, und damit fliessen die Transportleistungen in die Marktpreise der transportierten Güter ein.

15. Vom Standard zum Preis: Zuerst muss ein zulässiger Verschmutzungsstandard, ein Grenzwert, bestimmt werden. Dann werden die Preiselastizitäten von Angebot und Nachfrage abgeschätzt. Die Umweltabgaben so hoch bemessen, dass der festgelegte Standard eingehalten wird.

16.

O	X	
X	O	
X	O	
O	X	Oft treten Marktversagen auf.
O	X	
X	O	
X	O	
X	O	
O	X	
O	X	
O	X	Es gibt öffentliche Güter (z. B. Radiosendungen), die privat angeboten werden – und es gibt private Güter (z. B. Strom), die vom Staat angeboten werden.
O	X	
X	O	
X	O	

8. Kapitel, Marktmacht

1.
p	d
h	g
a	o
m	i
e	n
l	f
c	k
j	b

2. Bedingungen für vollständige Konkurrenz sind:
   1. sehr viele Anbieter und Nachfrager
   2. Güterqualität und Verkaufsservice einheitlich (homogenes Gut)
   3. vollständige Information aller Marktteilnehmer
   4. freier Marktzutritt oder -austritt

3. Fiat in Italien: Das ausgedehnte Servicestellennetz unterscheidet Fiat von allen anderen Automarken in Italien.

   Frisör in einem abgelegenen Dorf: Je weiter weg der nächste Frisör, desto größer seine Marktmacht.

   Kinokiosk: Wer in der Kinopause etwas trinken will, hat in seltenen Fällen Proviant mitgenommen und wird bereit sein, etwas mehr zu zahlen.

   Künstler auf dem Weihnachtsmarkt: Nur bei ihm kann man seine Werke kaufen. Je unverkennbarer sein Stil, desto größer sein Preissetzungsspielraum.

4. Es handelt sich eher um monopolistischen Wettbewerb. Die regionalen Zeitungen müssen mit überregionalen Zeitungen konkurrieren. Dazu kommen regionale und überregionale Radio- und Fernsehprogramme.

5.
O	**X**
O	**X**
X	O
X	O
X	O

6. Der Geschäftsführer hat nicht erklärt, warum er gerade 20 % aufschlägt. Es wäre interessant zu wissen, ob er seinen Gewinn maximieren will. Und wenn ja, wie er herausgefunden hat, dass er mit 20 % den größten Gewinn erzielt. Hat er mit verschiedenen Margen experimentiert und durch Versuch und Irrtum den Cournotschen Punkt gefunden?

7. a)

kg	Preis €	Gesamt-umsatz €	Grenz-umsatz €.	Gesamt-kosten €	Ø-Kosten €.	Grenz-kosten €	Gewinn €
1	40	40	40	65	65	65	−25
2	38	76	36	77	39	12	−1
3	36	108	32	86	29	9	22
4	34	136	28	98	25	12	38
5	32	160	24	113	23	15	47
6	30	180	20	131	22	18	49
7	28	196	16	152	22	21	44
8	26	208	12	176	22	24	32
9	24	216	8	203	23	27	13
10	22	220	4	233	23	30	−13
11	20	220	0	266	24	33	−46
12	18	216	−4	302	25	36	−86

b) Das Unternehmen hat einen Einfluss auf seinen Marktpreis, denn mit steigender Menge sinkt der Preis.

c) Bei der Menge von 6 kg ist der Grenzumsatz noch knapp über den Grenzkosten, hier wird der größte Gewinn gemacht, nämlich 49 Euro.

8. Bei der Produktion von Flugzeugen oder Fotoapparaten fallen hohe Entwicklungskosten an und sind große Einsparungen bei Massenproduktion möglich. Große Unternehmen sind darum gegenüber kleinen stark im Vorteil. Im Frisörgewerbe dagegen können in einem Salon von 100 Frisörinnen und Frisören die Haare nicht sehr viel effizienter geschnitten und gepflegt werden als in einem Salon mit einigen Angestellten.

9. Das Baugewerbe genießt häufig Distanzschutz, die Bekleidungsbranche hingegen ist internationalem Wettbewerb ausgesetzt. In kleinräumigen Märkten gibt es oft nur einige wenige Anbieter, die sich kennen – oder sogar nur ein einziger Anbieter.

10. Die Preiselastizität der Nachfrage ist unelastisch. Eine zehnprozentige Preiserhöhung würde die verkaufte Menge nur um 5 % verkleinern. Mit einer Preiserhöhung würde also der Umsatz steigen. Solange die Nachfrage unelastisch ist, bringt eine Preiserhöhung mehr Gewinn. Erst im elastischen Bereich der Nachfragekurve ist mehr Vorsicht geboten. Aber auch dann kann eine Preiserhöhung bis zum Cournotschen Punkt den Gewinn steigern.

11.
O	**X**
O	**X**
O	**X**
O	**X**
O	**X**
X	O
X	O
X	O
X	O
X	O
X	O
X	O

12. a) Beide Regeln dienen zur Ermittlung der gewinnmaximalen Produktionsmenge.

   b) Grenzumsatz = Grenzkosten: Der maximale Gewinn wird bei jener Menge erzielt, wo die Grenzkosten dem Grenzumsatz entsprechen. Diese Regel gilt allgemein, d. h. unabhängig von der Marktform.

   Bei vollständiger Konkurrenz entspricht der Preis dem Grenzumsatz. Damit gilt vereinfacht: Preis = Grenzkosten

13. Die Situation B wird den Oligopolisten dazu veranlassen, über eine Preiserhöhung nochmals nachzudenken. Denn ein Teil seiner Kunden wird abwandern, wenn seine Rivalen ihre Preise nicht erhöhen.

14. Hier mahnt die Situation A zur Vorsicht. Will der Oligopolist wirklich einen Preiskrieg anzetteln? Ist er sicher, dass er Marktanteile gewinnt, oder werden nur die Gewinne geschmälert?

15. Weil die drei Großen neunmal mehr Zement verkaufen als der Kleine, müssen die Großen auch neunmal mehr Tonnen unter den Selbstkosten anbieten und verlieren neunmal mehr Geld. Für jeden Euro den der Kleine verliert, verlieren die Großen neun Euro. Mit nur neunmal größeren finanziellen Reserven stehen die Chancen der Großen nicht besser als die des Kleinen.

16. Die Geschäftsleiterin des Vergnügungsparks betreibt Preisdifferenzierung, denn sie geht davon aus, dass die Nachfrage der Einheimischen preiselastischer ist als die Nachfrage von weiter her gereisten Besuchern. Mit niedrigen Spezialpreisen kann sie die Einheimischen zu einem mehrmaligen Besuch bewegen, ohne für die Auswärtigen den Preis senken zu müssen.

17. 1. Einzelne Unternehmen machen zusätzliche Gewinne auf Kosten der Kunden.

2. Die Güterversorgung verschlechtert sich.

3. Der Anreiz zu guten Leistungen und Neuentwicklungen ist kleiner – allerdings werden Neuerungen gerade durch die Aussicht auf eine Monopolstellung vorangetrieben.

4. Die wirtschaftliche Macht wird weniger begrenzt und kontrolliert, die Auswahlmöglichkeiten sind geringer.

18. Unterschiedliche technische Normen grenzen Märkte gegeneinander ab. Eine Vereinheitlichung der Normen macht die Märkte bestreitbarer und ermöglicht damit mehr Wettbewerb.
Zudem können technische Normen auch ein Schutz vor Wettbewerbern aus Nicht-EU-Staaten sein. Diese können weniger von steigenden Skalenerträgen profitieren, wenn sie ihre Exportgüter anders herstellen müssen als die für den inländischen Markt.

9. Kapitel, Informationsprobleme

1. a) adverse Selektion, negative Auslese

   b) moral hazard, Verführung zum Risiko

2. Diese Umfragen erhöhen die Transparenz auf den Arbeitsmärkten. Stellenwechsel und Anstellungen geschehen dann auf informierterer Basis.

3. Ein Aktienkäufer richtet sich danach, was andere Aktienkäufer unternehmen, er schielt seitwärts.

4. Auswärtige und Touristen kennen sich in der lokalen Restaurantszene wenig aus. Sind sie nicht bereit für Experimente, ziehen sie einen schon bekannten Namen vor. Hier essen sie vielleicht nicht besser und vermutlich etwas teurer – aber ein gewisser Standard wird garantiert.

5. Weil Markennamen höhere Preise ermöglichen, stellen sie ein bedeutendes Vermögen dar. Ein Vermögen, das mit gleich bleibend hoher Qualität gepflegt werden muss.

6. Im Modell der vollkommenen Konkurrenz werden homogene Güter angeboten, sie unterscheiden sich also nicht. Zudem herrscht Transparenz. Jede Anpreisung der besonderen Eigenschaften einzelner Güter wäre also sachlich falsch und würde sofort durchschaut.

Auch mit dem Preis kann nicht geworben werden, da dieser gemäß Modellvoraussetzungen selbst ein Resultat der Marktkräfte ist.

7. a) Durch Werbung werden Konsumenten auf neue Anbieter, neue Produkte oder tiefere Preise aufmerksam.

   b) Erstens ist der Zutritt in stark umworbene Märkte teuer. Zweitens schafft und festigt die Werbung Markenloyalität und reduziert die Preiselastizität der Nachfrage.

8. Ein hoher Informationsstand vieler Käufer und ein hart umkämpfter Markt führten dazu, dass die Preise etwa der Leistung des Gerätes entsprechen. Auf Märkten mit funktionierendem Wettbewerb und vielen informierten Teilnehmern haben die Preise einen hohen Informationsgehalt. Der eilige Käufer profitiert als Trittbrettfahrer von den Informationsleistungen anderer.

9. Der Staat tritt als Informationsvermittler auf, wenn man sich in hohem Maße darauf verlassen muss, dass die Informationen richtig sind. Das Vertrauen in staatliche Stellen ist in der Regel größer, weil sie öffentlich kontrolliert werden. Beispiele sind die Kontrolle von Medikamenten, Nahrungsmitteln und Personenaufzügen, des Trinkwassers oder der Arbeitsplatzsicherheit.

10. Schließen vor allem freche Fahrer eine Vollkaskoversicherung ab? Dies würde die hohen Prämien bei dieser Versicherung erklären.

11. Die Kollektivversicherung ist ein Mittel gegen adverse Selektion. Mit einer Kollektivversicherung erhält die Versicherungsgesellschaft eine größere Garantie, dass nicht nur besonders gefährdete Höhlenforscher eine Versicherung abschließen. Die eingegangenen Risiken entsprechen also eher dem Durchschnitt von Höhlenforschern, die Prämien sind damit niedriger, als wenn die Versicherungsgesellschaft befürchten müsste, sie hätte v. a. hohe Risiken versichert.

12.

X	O
O	**X**
X	O
O	**X**
O	**X**
X	O
X	O
X	O
O	**X**
X	O
X	O
O	**X**

13. a) Der Händler hat eine genauere Vorstellung als Käufer, ob ein Auto eine Gurke oder ein Schnäppchen ist. Darum gibt es adverse Selektion bei Gebrauchtwagen: Qualität und Preise tendieren nach unten.
Willigt der Händler ein, eine lange Garantiezeit zu geben, signalisiert er, die Qualität sei gut, der Preis muss also gerechtfertigt sein. Das reicht Ihnen.

   b) Wenn der Händler gemerkt hat, dass Sie bluffen, offeriert er eine Garantie, obwohl er weiß, dass das Auto schlecht ist.

10. Kapitel, Sozialpolitik

1.
j	a
c	l
m	o
p	e
b	n
h	k
f	g
i	d

2. 1. Schutz vor Risiken, 2. Hilfe für die Armen und 3. sozialer Ausgleich

3. Werden Leistungen auf ungehinderten Märkten bewertet, wird die Überwindung von Knappheit entlohnt.

4. Es besteht Vertragsfreiheit, auch gegenüber besonders geschützten Gruppen. Würden z. B. Frauen an Arbeitsplätzen besonders geschützt, bestünde die Gefahr, dass Unternehmen Männer bevorzugen. Der Schutz verkehrte sich so für jene Frauen, die nicht angestellt würden, ins Gegenteil.

5. 1. Sozialversicherungen verteilen um, in der Regel zu Gunsten der ärmeren Versicherten.

   2. Die Solidarität wird erzwungen, die Sozialversicherungen sind Pflicht.

   3. Sozialversicherungen sind in Gesetzen geregelt, die für alle gelten müssen und politisch ausgehandelt werden.

6. Werden meritorische Güter gratis abgegeben, können sie ebenso wie öffentliche Güter von allen gratis genutzt werden, in der Regel finanziert mit allgemeinen Steuermitteln.

   Bei den öffentlichen Gütern ist es technisch nicht möglich, Trittbrettfahrer auszuschließen – sind dagegen meritorische Güter für alle zugänglich, steht eine politische Entscheidung dahinter. (Weiter besteht bei vielen öffentlichen Gütern wenig Rivalität im Konsum, bei den meritorischen Gütern dagegen schon.)

7. Ja, aber man muss seine Bedürftigkeit nachweisen, und die Sozialhilfe deckt nur das Existenzminimum.

8. Sozialversicherungen sind vornehmlich nach dem Kausalprinzip konstruiert. Gleichgültig ist, ob der Bezieher der Versicherungsleistung bedürftig ist. So erhalten z. B. alle Versicherten ihre Altersrente, gleichgültig ob sie ihr Einkommen im Alter aus dem eigenen Vermögen bestreiten können oder nicht.

   Dagegen gilt bei der Sozialhilfe das Finalprinzip: Fürsorgeleistungen erhält nur, wer bedürftig ist. Entsprechend beschränken sich Leistungen auf das von der Sozialhilfe definierte Existenzminimum und sind vom Nachweis der Bedürftigkeit abhängig.

9. • Kostenloses Schulwesen
   • Durchlässiges Bildungssystem (Fachabitur)
   • Ausbau des Stipendienwesens
   • Erbschaftssteuer

10. 1. Schul- und Berufsbildung ist ein meritorisches Gut. Bildung und Ausbildung ist ein wichtiges Fundament zu einem selbständigen und erfolgreichen Leben in einer Leistungsgesellschaft. Für alle zugängliche Schul- und Berufsbildung erhöht die Chancengleichheit.

    2. Schul- und Berufsbildung ist sehr teuer, und der Erfolg wird erst in weiter Zukunft sichtbar. Weil der Erfolg zu wenig sicher ist, würden zu wenig Leute die finanzielle Last einer Ausbildung auf sich nehmen.

    3. Externe Nutzen: Private Unternehmen würden zu wenig in Schul- und Berufsbildung stecken, denn oft fehlt die Garantie, dass eine von ihnen ausgebildete Arbeitskraft bei ihnen bleibt und nicht nach der Ausbildung zur Konkurrenz abwandert, die keine Ausbildung betreibt.

11.
X	O
X	O
O	X
O	X
O	X

12.
O
X
O
O
X
X

13. • Die technischen Möglichkeiten steigen rasant.

    • Mit steigenden Einkommen wachsen unsere medizinischen Ansprüche.

    • Informationsproblem Nr. 1: Wissensvorsprung der Ärzte führt zu Mengenausdehnung und überhöhten Preisen.

    • Informationsproblem Nr. 2: Moral hazard gegenüber Krankenkassen führt zu Mengenausdehnung und überhöhten Preisen.

14. Zu systematischen Einkommensumverteilungen kommt es bei Hilfsmaßnahmen für die Armen und bei der Förderung des sozialen Ausgleichs. Ohne systematische Umverteilung lässt sich im Prinzip der Schutz vor Risiken organisieren. Hier könnten die Beiträge den vorhersehbaren Kosten entsprechen.

11. Kapitel, Staat

1.
f	i
e	a
h	d
g	

2. 1. externe Nutzen,
   2. externe Kosten,
   3. Wettbewerbsbeschränkungen,
   4. Informations- und Manipulationsprobleme,
   5. soziale Probleme,
   6. Konjunkturschwankungen

3. a) externer Nutzen

   b) soziales Problem / Hilfe für die Armen

   c) externer Nutzen

   d) Informationsproblem

   e) externe Kosten

   f) Informations- und Manipulationsproblem
   oder auch soziales Problem / demeritorisches Gut

   g) Informationsproblem

   h) gegen Marktmacht von Mono- und Oligopolen

   i) externe Nutzen, soziales Problem / meritorisches Gut
   (Anrecht auf und Pflicht zur Schulbildung)

4. Vgl. Abschnitt 11.2

5. Direkte Steuern belasten die Einkommen und Vermögen
   von Haushalten sowie die Gewinne von Firmen.

6. Indirekte Steuern werden bei den Unternehmen erhoben:
   auf Waren (wie Importzölle, Benzin-, Tabak- und Alkoholsteuern) oder auf fast alle Güter (wie die MWSt.).

7. 1. Einnahmen für den Staat

   2. Umverteilung

   3. Verringerung unerwünschter Produktion und
   unerwünschten Verbrauchs

8. a) Mit Steuerrabatten wie mit Subventionen haben die
   Begünstigten mehr Geld. Gewisse Güter werden billiger
   und eher gekauft, die anderen werden relativ teurer.

   b) Weil als Kompensation für die Steuerrabatte andere
   Steuern steigen müssen, bleibt die Steuerquote gleich.

   Weil zur Finanzierung der Subventionen andere Steuern
   steigen müssen, steigt die Steuerquote.

9. 1. die Macht von Sonderinteressen (auch die staatliche
   Verwaltung vertritt Eigeninteressen

   2. Informationsprobleme

   3. oft unverhältnismäßig großer Aufwand

10. Nein, ein Marktversagen allein sollte als Grund nicht
    genügen, man sollte auch die möglichen Staatsversagen
    bei der Lösung des Problems berücksichtigen.

11. Eine Auswahl von Gründen:

    • Asymmetrie in der Organisationsfähigkeit: Wer bei staat-
    lichen Maßnahmen gewinnt, nimmt das eher still hin –
    wer aber verlieren könnte, wehrt sich. Eine verlierende
    Minderheit organisiert sich schlagkräftiger als eine gewin-
    nende Mehrheit. Zu den Verlierern gehören eher altein-
    gesessene Branchen, die gut durch Verbände vertreten
    sind – zu den Gewinnern zählen eher neue Branchen, die
    noch wenig Energie in den Aufbau eines Netzes politi-
    scher Beziehungen investiert haben.

    • Kostenpoker unter Interessengruppen: Auch wenn allen
    mächtigen Gruppen mit Sonderinteressen klar ist, dass
    effiziente Umweltmaßnahmen unausweichlich sind, lohnt
    es sich für jede Gruppe immer noch, darum zu kämpfen,
    dass andere Gruppen zuerst etwas für die Allgemeinheit
    tun müssen.

    • Informationsproblem: Umweltfreundlicheres Produzie-
    ren und Konsumieren erfordert einen Strukturwandel mit
    Verlierern, die sich wehren. Es wird wenig beachtet, dass
    auch Umstrukturierungen, die in eine umweltschädliche
    Richtung gehen, schmerzlich sind.

    • Informationsproblem: Oft wird beim Kostenpoker gesagt,
    nur gemeinsam mit dem Ausland könne man effiziente
    Maßnahmen ergreifen. Hier wird damit gerechnet, dass die
    Zuhörer weder das Wesen einer Umweltabgabe noch das
    Funktionieren des Außenhandels verstehen. (Vgl. dazu Ka-
    pitel 20.)

12 Unter Deregulierung kann man die Abschaffung von
   Umweltnormen verstehen – wie auch den vermehrten
   Einsatz von marktkonformen Maßnahmen.

13 a) Die Zigarettennachfrage ist vermutlich preisunelastischer als die Kinonachfrage. Darum lohnt es sich eher, die
   Zigarettensteuer anzuheben.

   b) Arbeitskräfte sind weniger mobil als Kapitalgeber. Aus
   Angst vor einem Abfluss von Kapital ins Ausland wird
   deshalb eher die Arbeit besteuert.

14
X	O
O	X
X	O
X	O
O	X
X	O
X	O
O	X

12. Kapitel, Messung von wirtschaftlichem Erfolg

1. h
    c
    b
    a
    o
    l
    r
    p
    k
    f
    n
    j
    e
    m
    d
    i
    q
    g

2. Wir können messen,
    - wie gut unsere Bedürfnisse befriedigt werden,
    - welche Gütermenge wir produzieren und verbrauchen,
    - ob wir Ressourcen auf- oder abbauen.

3. - Es gibt wenige allgemein anerkannte Maßstäbe, welche die Lebensqualität anzeigen.
    - Um die vielen Indikatoren zusammenzufassen, müssten sie benotet und gewichtet werden. Es gibt darum keine allgemein akzeptierten Maßzahlen für die Lebensqualität.

4. a) € 10,–, abzüglich importierte Zutaten

    b) Nur das, was die Hausfrau an Zutaten eingekauft hat, plus Kochstrom, zusätzliche Heizung etc.

    c) Da die Flugzeuge in den USA fertig montiert gekauft werden, nichts.

    d) Die Handelsgebühren von € 500,–

    e) Die Handelsspanne des Importeurs, also € 10 000,–

    f) Die Marge des Reiseunternehmens (für Organisation etc.), ungefähr die Hälfte

    g) 3 Mio. €

    h) € 500,–

    i) € 3300,– pro Monat

    j) Nur der Verwaltungs- und Überweisungsaufwand von ein paar Euro.

5. Länder, die stark verschuldet sind, weisen bei den Kapitalerträgen einen negativen Saldo auf. Es sind vor allem Entwicklungsländer wie Indonesien, Nigeria, Argentinien, Brasilien usw.

6. Im Umsatz (in den Verkäufen eines Unternehmens) sind die Vorleistungen (d. h. die Käufe von anderen Unternehmen) mit enthalten. Darum kann v. a. für Handelsfirmen der Umsatz ein Mehrfaches seiner Wertschöpfung betragen. Das BIP jedoch misst die Wertschöpfung.

7. | O | X | X | O |
    |---|---|---|---|
    | O | X | X | O |
    | X | O | O | X |
    | X | O | O | X |
    | O | X | O | X |
    | O | X | X | O |

8. a) + Nettoeinkommen aus dem Ausland

    b) + Abschreibungen am Kapitalstock

    c) – indirekte Steuern
       + Subventionen

    d) + Staatsausgaben
       + Investitionen
       + Nettoexporte (Außenbeitrag)

9. a) privater Konsum   100
    + Staatsausgaben   + 30
    + Investitionen im Inland   + 40
    + Exportüberschuss   + 10
    = BIP   180

    b) BIP   180
    + Nettoeinkommen aus dem Ausland   + 10
    = BNE   190

    c) BNE   190
    – Abschreibungen   – 30
    NNE zu Marktpreisen   160
    + Subventionen   + 5
    – indirekte Steuern   – 15
    = VE   150

10. BIP und BNE der ganzen Erde sind gleich hoch, weil die grenzüberschreitenden Erträge für Kapital und Arbeitsleistungen sich ausgleichen.

11. Das nominale BIP stieg um 2,6 % an. Es wuchs, weil das Preisniveau in diesen Jahren um etwa 2,6 % anstieg. Das bedeutet, dass das reale BIP von 2001 bis 2003 stagnierte.

12. Alle fünf Ausdrücke sind Synonyme zum realen BIP.

13. Variante **c**

14. Das BIP ist zusammen mit dem BNE und dem NNE ein Maß für die Aktivität im Wirtschaftskreislauf und wurde für das Verständnis von Störungen in diesem Kreislauf konzipiert – nicht als Wohlstandsmaß.

15. Variante **b**

16. Zubereitung von Mahlzeiten, Putzen, Freizeitaktivitäten, Betreuung von Kranken, Umzüge

17. | O | X |
    |---|---|
    | X | O |
    | O | X |
    | X | X |
    | O | X |
    | X | X |
    | O | X |
    | X | X |

13. Kapitel, Wirtschaftswachstum

1.
h	i
e	k
j	m
b	c
p	a
o	f
q	d
g	l
n	

2.
O	X	X
X	X	X
O	O	X

3. Aus dem 12. Kapitel wissen Sie, dass Wohlstand steigernde Hausarbeit, ehrenamtliche Arbeit und Schwarzarbeit von der VGR nicht erfasst werden – dafür werden Schäden, die durch unser Wirtschaften entstehen, nicht abgezogen. Wächst nun der informelle Sektor sehr stark, und/oder nehmen Schäden bei Produktion und Konsum ab, kann der Wohlstand stärker wachsen als das BIP oder BNE.

In diesem 13. Kapitel lernten Sie, dass die stark verbesserte Güterqualität (insbesondere bei den Dienstleistungen) sowie völlig neue Konsummöglichkeiten durch neue Produkte von der VGR nur zum kleinen Teil erfasst werden können. Die VGR unterschätzt damit systematisch das Wohlstandswachstum.

4. Das reale BIP pro Kopf hat sich in den vergangenen 150 Jahren etwa verdreizehnfacht – es ist um durchschnittlich 1,7 % pro Jahr gestiegen.

5. Hätte unser Lebensstandard seit 400 oder gar 2000 Jahren im heutigen Tempo zugenommen, wären wir damals so arm gewesen, dass wir kaum überlebt hätten.

6.
O	X	X	X	X	O	X	X

7. Das BIP wächst schneller als das BIP pro Kopf, wenn die Bevölkerungszahl zunimmt. Aber diese kann auch einmal abnehmen, dann wächst das BIP pro Kopf schneller.

8. Das BIP pro Arbeitsstunde wächst dann stärker als das BIP pro Kopf, wenn die Arbeitszeit pro Kopf abnimmt – v. a. wegen kürzerer Wochenarbeitszeiten, mehr Teilzeitarbeit und längerer Ferien.

9.
X	O	X	X	X	X

10. Wir bauen v. a. unsere Arbeitskraft, unser Wissen und unsere Kapitalgüter auf, zerstören aber einen Teil unseres Bodens und unserer Umweltgüter.

11. Technischer Fortschritt: Entscheidender als das Wachstum des Kapitalstocks ist seine technische Verbesserung. Die Entwicklung von effizienteren Produktionsmethoden und Arbeitsabläufen (Prozessinnovationen) sowie neuen Produkten (Produktinnovationen) ist ungebrochen.

Wissen verströmt externe Nutzen: Die meisten Investitionen in Ausbildung, neue Ideen und Innovationen kommen früher oder später nicht nur dem Urheber zugute. Der Nutzen von Investitionen wächst damit weit über den Nutzen des Investors hinaus.

12. Als Erfolg – denn dies zeigt an, wie die Produktivität pro Beschäftigten gestiegen ist. Im Laufe der vergangenen 150 Jahre konnten so mehr Arbeitskräfte für die Produktion von anderen Produkten eingesetzt werden.

13. Produktivitätsfortschritte in der Produktion von Textilien, die weit über die zunehmende Textilnachfrage hinausgingen, sowie Abwanderung der Produktion in Niedriglohnländer.

14. Mehr Wettbewerb führt zu größeren Anstrengungen und besseren Produkten. Internationaler Handel erlaubt zudem, die Vorteile von Arbeitsteilung auf weltweiter Basis zu nutzen – dies wird noch das Thema des Kapitels 20 sein.

15. Von der Benutzung der Straßen kann in der Regel kaum jemand ausgeschlossen werden. Mit Ausnahme von Autobahnen, Brücken, Tunnels und Passstraßen (wo Eingangsbarrieren errichtet werden können) sind Straßen demnach Güter mit großen externen Nutzen. Private Unternehmen könnten hier keine Gewinne erzielen und würden darum nicht investieren.

16.
X	O	O	X

17. a) Das Angebot schafft sich eine entsprechende Nachfrage, denn jede Produktionsausweitung führt zu steigenden Einkommen, womit auch die Nachfrage entsprechend steigen kann. Auf einzelnen Märkten kann es zwar zu Überangeboten kommen – sinkende Preise werden diese aber beseitigen.

b) langfristig

18.
	1983
tatsächliches BIP	1189 Mrd. €
potentielles BIP	1230 Mrd. €
negative BIP-Lücke	41 Mrd. €
BIP-Lücke pro Kopf	668 €

19. Voraussagen über das langfristige Wachstum des Produktionspotentials sind einfacher zu wagen als Prognosen über die kurzfristige Gesamtnachfrage.
In den fortgeschrittenen Volkswirtschaften wächst das Potential recht gleichmäßig, die statistischen Fehler sind größer als etwaige Veränderungen der Trends.
Kurzfristig hingegen können die jährlichen Wachstumsraten des BIP stark variieren – in der BRD in den vergangenen 40 Jahren zwischen minus 1 und plus 7 Prozent.

20. • privater Konsum
• Staatsausgaben (Konsum via Staat)
• Investitionen (von Unternehmen, Staat und Haushalten)
• Nettoexporte (Außenbeitrag)

14. Kapitel, Geld und Inflation

1. j
   d
   g
   n
   m
   e
   q
   b
   f
   p
   i
   a
   k
   o
   c
   t
   u
   r
   s
   h
   l

2. Zahlungsmittel, Wertmaßstab und Wertaufbewahrungsmittel

3. O   X   X
   X   X   X
   O   O   O
   O   O   O
   O   O   O
   X   X   X
   O   O   O
   O   X   X

4. a) M1 wird kleiner, M2 und M3 bleiben unverändert.
   b) M1 bis M3 bleiben gleich, denn Bargeld wird in Sicht-geld umgetauscht.
   c) M1 sinkt um 3 Mrd. €, M2 und M3 bleiben unverändert.

5. O   X
   O   X
   O   X
   O   X
   X   O
   X   O

6. Ja: Wird Gold gegen US$ verkauft, verändert sich die Zentralbankgeldmenge nicht; wird Gold gegen Franken verkauft, verkleinert sich die Zentralbankgeldmenge.

7. Mit Mindestreserven von 2 % beträgt der Geldschöpfungsmultiplikator 50.
   Vergrößert sich der Mindestreservesatz auf 10 %, sinkt der Geldschöpfungsmultiplikator auf 10.

8. a) Die Zentralbankgeldmenge sinkt um € 2 Mio.
   b) Ein Reservesatz von 2 % erlaubt einen Geldschöpfungs-multiplikator von 50. Verringert sich die monetäre Basis um € 2 Mio., sinken die Geldschöpfungsmöglichkeiten (das Geldangebot) der Banken um € 100 Mio.

9. nur **b**

10. **X**   **X**   Inflationsrate nahm ab **und** wurde negativ.
    X   O
    O   O   Inflationsrate war zwar niedrig, aber nahm etwas zu.

11. 1. Käufer weichen auf billige Angebote aus, was das BFS oft erst bei der nächsten Revision berücksichtigen kann.

    2. Käufer kaufen in billigeren Läden ein, was das BFS eben-falls oft erst bei der nächsten Revision berücksichtigen kann.

    3. Güter werden erst in den Güterkorb aufgenommen, wenn sie eine gewisse Verbreitung gefunden haben. Vor-angegangene Preisstürze werden damit nicht erfasst.

    4. Preiserhöhungen wegen Produkteverbesserungen wer-den oft als reine Preiserhöhungen gemessen.

12. Ja, ein neuer BIP-Preisindex hätte Folgen für das reale BIP und die reale Arbeitsproduktivität. Das reale BIP erhalten wir, indem wird das nominale BIP durch den BIP-Preisin-dex teilen – und die reale Arbeitsproduktivität, indem wir das reale BIP durch die Anzahl geleisteter Stunden teilen. Steigt nun der neue Preisindex pro Jahr um 0,5 % schwächer an, wachsen das reale BIP und die reale Arbeitsproduktivität um 0,5 % stärker. Das korrekt preis-bereinigte BIP wäre somit in den 90er Jahren nicht um 0,5 %, sondern um 1 % pro Jahr gewachsen.

13. Sein Einkommen ist noch stärker gestiegen als die Inflation.

14. **b**

15. **b**

15. Kapitel, Inflationsursachen

1. l
   d
   f
   e
   b
   i
   m
   g
   j
   c
   k
   h
   n
   a

2. a) Zu Inflation kommt es nach dem Inselmodell, wenn die Geldmenge ansteigt und dadurch die Gesamtnachfrage stärker wächst als das Gesamtangebot.

   b) Ein Teil der Geldmengenzunahme wird durch ein vergrössertes Gesamtangebot absorbiert.

   c) Bei hoher Inflation wird es immer verlustreicher, Geld aufzubewahren. Die Leute beginnen darum ihre Kassen aufzulösen. Wann immer sie zu Geld gelangen, versuchen sie damit möglichst schnell Güter zu kaufen. Die Umlaufgeschwindigkeit des Geldes wächst, was sich wie eine zusätzliche Erhöhung der Geldmenge auswirkt. Daher kann die Inflation grösser sein als das Geldmengenwachstum.

   d) Der Inflationsimpuls geht von der Nachfrageseite der Märkte aus. Dank erhöhter Geldmenge haben die Leute mehr Geld zur Verfügung, mit dem sie auf den Märkten mehr nachfragen.

3. O   X
   O   X
   X   O
   X   O
   O   X
   O   X

4. a) Krieg führende Regierungen können ihre Ausgaben nur zu einem kleinen Teil mit Steuern oder der Herausgabe von Obligationen finanzieren. Darum müssen sie ihre Defizite durch neues Geld decken. Meist in einem derartigen Umfang, dass eine Hyperinflation entsteht.

   b) Es bezahlen alle, die durch die Inflation geschädigt wurden: die Leute, deren Guthaben, Altersrenten und Löhne durch die Inflation an Wert verloren haben.

5. Spontan wären wohl viele begeistert von dieser Idee. Doch wenn durch die höhere Geldmenge nicht auch brachliegende Ressourcen aktiviert würden, wäre eine Inflation unvermeidlich. Wenn die Produktion und somit die Gütermenge nicht gleichzeitig steigen, könnte die Bevölkerung nicht besser mit Gütern versorgt werden, sondern nur unter einer Inflation leiden.

6. • Welche Geldmenge soll die Zentralbank beobachten und lenken? Nur die Zentralbankgeldmenge, M1, M2 oder M3?

   • Die Zentralbank hat nur auf die Zentralbankgeldmenge einen direkten Einfluss. Falls sich aber gerade M1, M2 oder M3 als entscheidende Geldmengen herausstellen würden, sind die Handlungsmöglichkeiten der Zentralbank sehr eingeschränkt.

   • Wie entwickelt sich die Geldumlaufgeschwindigkeit?

   • Gibt es eine BIP-Lücke?

7. a) • Verkauf von Devisen,
   • Verkauf von Wertpapieren,
   • Anhebung der Zentralbankzinsen,
   • die Regierung zahlt Schulden bei der Zentralbank ab.

   b) Die kurzfristigen nominalen Zinsen werden stark ansteigen (z. B. auf 8 %), und wenn die Zentralbank es will, werden sie auch hoch bleiben.

   c) Wir können eine inverse Zinsstruktur erwarten.

   d) Die langfristigen Nominalzinsen könnten aus zwei Gründen steigen: erstens, weil Sparer ihr Geld vermehrt kurzfristig anlegen und Investoren sich neu eher längerfristig verschulden wollen; zweitens, weil die restriktive Geldpolitik Inflationsängste geweckt haben könnte.

   Anderseits könnten die langfristigen Nominalzinsen stabil bleiben oder gar sinken, wenn die restriktive Geldpolitik mögliche Inflationsängste besänftigt.

8. Wenn eine Desinflation genügend lange andauert (d.h. wenn die Inflationsrate genügend lange sinkt), kann die Inflationsrate negativ werden und das Preisniveau sinken.

9. a) Argumente für sinkende Zinsen: Offenbar lautet die Diagnose v. a. auf Angebotsinflation. Tiefere Kapitalkosten (nicht nur für Wohnungsvermieter) würden Preissenkungen erlauben.

   Argumente für steigende Zinsen: Diagnose Nachfrageinflation: Höhere Zinsen verringern die Nachfrage, sodass die Anbieter ihre Preise senken (oder weniger stark hinaufsetzen), um ihre Güter zu verkaufen.

   b) Vermittlung: Hier könnte ein Zielkonflikt zwischen der kurzen und der langen Frist auftreten:

   Niedrigere Zinsen führen kurzfristig zu einer verlangsamten Angebotsinflation (v. a. bei den Mieten), niedrigere Zinsen geben aber der Nachfrageseite neue Impulse, was langfristig zu noch stärkerem Preisanstieg führt.

   Höhere Zinsen führen kurzfristig zu grösserer Angebotsinflation, längerfristig aber zur Bremsung der Nachfrageinflation – meist aber nur über eine Konjunkturabschwächung.

10. X   O
    X   O
    O   X
    X   O
    O   X
    X   O
    X   O
    O   X
    X   O
    X   O
    O   X
    X   O
    O   X
    O   X
    O   X   (vgl. 6.4.3)
    X   O

16. Kapitel, Wechselkurse

1. k
    m
    b
    h
    d
    a
    i
    q
    f
    j
    g
    o
    l
    n
    c
    e
    p

2. Der Saldo der Leistungsbilanz muss (mit umgekehrtem Vorzeichen) dem Saldo der Kapitalverkehrsbilanz entsprechen, d. h. minus 13 Mrd. $.

3. a) Zunächst werden mehr japanische Güter in die USA importiert. Die amerikanische Handelsbilanz verschlechtert sich, die japanische verbessert sich.

    b) Zum Kauf der japanischen Güter werden Yen nachgefragt und Dollars angeboten. Der Yen gewinnt gegenüber dem Dollar an Wert.

    c) Dadurch werden amerikanische Güter billiger und japanische Güter für Amerikaner teurer.
    Beides zusammen bewirkt eine der ersten Handelsbilanzänderung entgegengesetzte Reaktion. Die amerikanische Handelsbilanz verbessert sich wieder, während sich die japanische verschlechtert.

4. a) In Frankfurt wird der Wechselkurs des Frankens in Euro ausgedrückt. Am 26. Jan. kostete 1 Franken also € –,625. In Zürich dagegen wird der Wechselkurs von 1 Euro in Schweizer Franken ausgedrückt, dort zahlte man also für einen Euro SFr. 1,60.

    b) Der Frankenkurs ist gestiegen, der Euroaußenwert gesunken.

    c) Wenig Freude haben der Hotelier in St. Moritz und der Uhrenhersteller in Genf, denn für Ausländer sind ihre Güter teurer geworden. Für den Autoimporteur und den Schweizer in Italien ist es umgekehrt, ausländische Güter wurden für sie billiger.

5. Die Währung dieses Landes wird weniger nachgefragt und sinkt. Die Textilexporte werden im Ausland billiger und nehmen damit zu. Die importierten Fernsehgeräte werden teurer, womit ihr Import sinkt.

6. Pfund: $ 2,90 = £ 1.88   →   1$ = £ 0,65
    Euro: $ 2,90 = € 2.73   →   1$ = € 0,94
    Yen: $ 2,90 = Yen 261 →   1$ = Yen 90

7. £ 0,65 : £ 0,56   = 1,16
    € 0,94 : € 0,83   = 1,13
    Yen 90 : Yen 112   = 0,80

    Gegenüber dem US-Dollar war das englische Pfund um 16 % und der Euro um 13 % überbewertet; der Yen um 20 % unterbewertet.

8. a) Die schwedische Krone verliert etwa 7 % mehr an Kaufkraft pro Jahr als die norwegische. Darum verliert die schwedische Krone etwa 7 % pro Jahr gegenüber der norwegischen. Am Anfang müssen 2 schwedische Kronen für 1 norwegische Krone bezahlt werden, nach drei Jahren schon 2,45 schwedische Kronen (2 x $1{,}07^3$).

    b) Der reale Wechselkurs bliebe damit unverändert.

    c) Theorie der Kaufkraftparität

    d) Weil die schwedische gegenüber der norwegischen Krone pro Jahr 7 % verliert, müssen die schwedischen Nominalzinsen 7 % höher liegen: bei 12 %.

    e) Norwegen: 5 % Nominalzins minus 2 % Inflation = 3 % Realzins. Schweden: 12 % minus 9 % = ebenfalls 3%.

9. Der Anstieg des amerikanischen Zinsniveaus hat zwei Wertänderungen zur Folge:
    1. In US$ sinken die Preise für bestehende Obligationen.
    2. Gegenüber dem € gewinnt der US$ an Wert.
    In € könnten sich beide Effekte ausgleichen.

10. X   O
    X   O
    O   X
    O   X
    O   X
    X   O
    O   X
    O   X
    X   O
    O   X

11. a) heftige Preisschwankungen infolge spekulativer Nachfrageschwankungen

    b) Kunstwerke, Boden, Aktien, Gold

    c) Angebot bezogen auf den Zeitraum der Spekulation begrenzt, seitwärts schielen

12. Die kanadische Notenbank könnte ihre Zinsen senken resp. ihre Geldmenge erhöhen. Durch eine Senkung der Zinsen wird der kanadische Dollar für Anleger weniger attraktiv, was zu seiner Abschwächung führen kann.

13. Sie legen den Wechselkurs untereinander vertraglich fest. Die Zentralbanken müssen dann allerdings auf den Devisenmärkten jede angebotene oder nachgefragte Menge der Partnerwährungen zum festgesetzten Preis kaufen oder verkaufen.

14. X
    O
    O
    X
    X
    O

15. a) Schweizer wechseln Teile ihrer Guthaben zurück in SFr., Nachfrage nach SFr. steigt, Frankenaußenwert steigt.

    b) Die Exporte werden erschwert und die Importe erleichtert. Damit sinken die Nettoexporte und die Gesamtnachfrage nach schweizerischen Gütern.

17. Kapitel, Arbeitslosigkeit, Struktur, Konjunktur

1. d
   c
   e
   h
   g
   i
   f
   b
   a

2. a) Zählung der bei den Arbeitsagenturen als arbeitslos Gemeldeten
   b) Repräsentative Umfragen

3. a) Das klassische langfristige Gleichgewicht: Alle Entlassenen versuchen eine Stelle in einem anderen Unternehmen zu finden. Viele werden umschulen müssen. Damit erhalten viele umliegende Unternehmen eine Chance, ihre Produktion auszudehnen. Einige Arbeitslose ziehen in eine andere Gegend, andere eröffnen selber ein kleines Unternehmen. Auch die Fabrikareale werden früher oder später von zuziehenden Unternehmen genutzt und die Spargelder, die bisher der ABB zugeflossen sind, fließen jetzt neu aufstrebenden Unternehmen zu.

   b) Die konjunkturelle Dynamik: Wer entlassen wurde, kauft weniger. Lebensmittelläden, Restaurants, Möbelfirmen usw. in der Region Mannheim verkaufen weniger und entlassen Leute. Nun kaufen auch diese weniger, ebenso alle Leute dieser Gegend, die Angst vor Arbeitslosigkeit bekommen. Die Region gerät in eine konjunkturelle Krise.

4. Für 10 Euro werden weniger Jugendliche angestellt – und auch das Angebot wird wachsen. Nicht wenige Jugendliche werden nun eher einen Ferienjob suchen, und einige verlassen vielleicht die Schule füher, wenn als Hilfskraft mehr verdient wird. Darum wird es mehr arbeitslose Jugendliche geben.

   Gewinner sind Jugendliche, die ihre Stelle behalten und mehr Lohn kriegen.

   Verlierer sind Jugendliche, die wegen des höheren Lohns ihre Stelle verlieren und so in die Arbeitslosigkeit gestoßen werden.

5. Mit der klassischen Betrachtungsweise lassen sich die friktionelle, die strukturelle und die institutionelle Arbeitslosigkeit erklären – nicht aber die konjunkturelle.

6. Viele ostdeutsche Unternehmen, die nicht innerhalb kurzer Zeit den Produktivitätsrückstand bis auf 30 % reduzieren konnten, gingen (wenn sie nicht von meist westdeutschen Firmen aufgekauft wurden) Konkurs. Für neue Investoren wirkten die überhöhten Löhne abschreckend. So stieg die 1991 schon hohe Arbeitslosigkeit – trotz des deutlichen Wirtschaftsaufschwungs von 1992 bis 95 – noch weiter an. Und seither ist das BIP-Wachstum in den neuen Bundesländern niedriger als in den alten.

7.

klass.	konj.	
X	O	Klassische Strukturkrise, Konsumwünsche ändern sich, Umstrukturierung zu Videos.
O	X	Konjunkturelle Dynamik: Die Leute kaufen weniger, weil sie weniger verdienen. Die Unternehmen verdienen weniger, weil weniger gekauft wird, usw.
X	O	Es geht darum, wie wir langfristig unsere knappen Ressourcen effizienter nutzen.
O	X	Es wird ein Teufelskreis von Stellenabbau und Konsumrückgang beschrieben.
O	X	Vermögen und Einkommen sinken, die Käufe (nicht nur von St. Galler Spitzen) gehen zurück, usw.
X	O	Klassische Strukturkrise: Konsumwünsche ändern sich, Umstrukturierung zu Damenkleidern mit geraderen Linien.
O	X	Zwar sind die Konsumwünsche unabsehbar, aber das Einkommen begrenzt unsere Nachfrage. Und da das Einkommen und die Einkommensaussichten schwanken, schwankt auch unsere Nachfrage.
X	O	Weil unsere Konsumwünsche unabsehbar sind, stellt sich erst das klassische ökonomische Problem, dass wir unsere Ressourcen bestmöglich nutzen sollten.
X	O	Das SAYsche Gesetz geht davon aus, dass die Märkte zum Gleichgewicht tendieren: Kurzfristig und auf einzelnen Märkten können zwar Überangebote auftreten – doch dort werden sinkende Preise dafür sorgen, dass überschüssige Produkte verkauft werden.

18. Kapitel, Konjunkturschwankungen

1.
b	k
m	c
g	n
d	i
h	e
o	p
a	f
l	

2.
O	X
X	O
X	O
X	O
O	X
O	X
O	X
X	O

3. Konjunkturelle Arbeitslosigkeit ist als jene Arbeitslosigkeit definiert, die sich ergibt, wenn sich eine negative BIP-Lücke öffnet. Je größer die negative BIP-Lücke, desto größer die konjunkturelle Arbeitslosigkeit.

   Wenn das potentielle BIP überschritten wird, steigt die Inflation. Das ist der Moment, wo die inflationsstabile Arbeitslosenquote unterschritten ist. Wenn die Arbeitslosigkeit auf den inflationsstabilen Rest sinkt, wird die wichtigste Kapazitätsgrenze einer Volkswirtschaft erreicht. Das potentielle BIP wird maßgeblich von dieser Kapazitätsgrenze bestimmt.

4. Eine Rezession kann durch einen Schock, d. h. eine große Störung im Wirtschaftskreislauf, ausgelöst werden. Bsp.:
   - starker Exportrückgang in einer oder mehreren Branchen
   - plötzliche massive Preiserhöhung beim Erdöl
   - Aktienbörsencrash
   - Immobilienkrise
   - Kriegsangst

   Manchmal ist kein offensichtlicher Auslöser vorhanden, wie z. B. beim weltweiten Abschwung Anfang der 90er Jahre.

5. Dass ein Aktienbörsencrash zeitlich meist vor einer Rezession liegt, lässt immer noch zwei Erklärungen zu:
   - Ein Börsencrash ist die Folge einer Rezession, denn die Börsenkurse reagieren auf sinkende Absatzaussichten. Kann die Rezession vorausgesehen werden, reagieren die Aktienkurse vor dem BIP.
   - Ein Börsencrash verursacht eine Rezession. Durch einen Börsenkrach fühlen sich viele Leute ärmer. Darum konsumieren sie weniger, usw.

6.
O	X
X	O
O	X
O	X
X	O
O	X
X	O
X	O
X	O
O	X

7.
1. Runde:		20 Mrd.
2. Runde: 20 Mrd. x 78 % x 80 % x 80 %	=	10 Mrd.
3. Runde: 10 Mrd. x 78 % x 80 % x 80 %	=	5 Mrd.
4. Runde: 5 Mrd. x 78 % x 80 % x 80 %	=	2,5 Mrd.

   Die Summe strebt gegen 40 Mrd. $. Die Gesamtnachfrage wird sich um etwa 40 Mrd. $ verringern.

8. Ein Staatsausgabenmultiplikator, der kleiner als 1 ist, ist möglich, wenn ein besonders großer Teil der Staatsausgaben für Importgüter ins Ausland fließt (und wenn dann ein besonders kleiner Teil des zusätzlich verfügbaren Einkommens für Konsum ausgegeben wird und davon wieder ein besonders großer Teil für Importgüter.)

9.
O	X	
X	O	
O	X	Ein größerer Teil des Einkommens fließt ins Ausland ab.
O	O	Kein direkter Einfluss
O	X	
O	O	Kein direkter Einfluss

10. 1. Variante, Preise und Löhne senken:

    Dafür: Das Unternehmen würde gegenüber Konkurrenten keine Marktanteile verlieren, evtl. sogar solche gewinnen. Es wäre keiner öffentlichen Kritik ausgesetzt.

    Dagegen: Wird das Unternehmen mit Preissenkungen innerhalb nützlicher Frist neue Kunden im medizinischen Bereich finden können?

    Das Unternehmen kann die Löhne dann nicht brüsk senken, wenn es fürchtet, dass die Betriebskultur und die Produktivität leiden würden. Werden die Angestellten weniger loyal, werden sie zu Minimalisten, werden die Ehrgeizigeren kündigen? Wer dafür neu angestellt werden müsste, hätte eine lange und teure Einarbeitungszeit. (Effizienzlohntheorie und adverse Selektion)

    Vielleicht gibt es auch einen Kollektivvertrag, der brüske Lohnsenkungen verbietet.

    2. Variante, Entlassungen:

    Dafür: Im Moment das kleinere Risiko; ohne große Visionen durchführbar

    Dagegen: Öffentliche Kritik, evtl. auch schlechtes Gewissen gegenüber langjährigen Angestellten

11.
    - Auf vielen Märkten herrscht wenig Wettbewerb.
    - Es ist in der Regel sehr aufwändig und teuer, die Preise ständig anzupassen.
    - Viele Preise sind staatlich reguliert oder festgelegt.
    - Heute sind unzählige Märkte hintereinander geschaltet, sodass es sehr lange dauern kann, bis sich Preisänderungen auf einem Markt auf das ganze Marktgeflecht auswirken.
    - Auf den Arbeitsmärkten sind viele Löhne für eine bestimmte Frist vertraglich geregelt.
    - Senkt ein Unternehmen generell die Löhne, drohen eine schlechte Arbeitsstimmung und eine Abwanderung der fähigsten Arbeitskräfte.

12. a) ja, Sparen ist ein Verzicht in der Gegenwart mit Blick auf höhere Erträge und höheren Konsum in der Zukunft. Erst Ersparnisse ermöglichen Investitionen, die das Produktionspotential erhöhen.

b) nein, Sparen verstärkt die Rezession

c) ja, Sparen bremst inflationäre Tendenzen im Boom

13.
X	O
X	O
O	X
X	O
X	O
O	X
O	X
X	O
O	X
X	O
O	X
O	X
O	X
X	O
X	O

14.

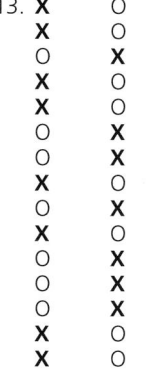
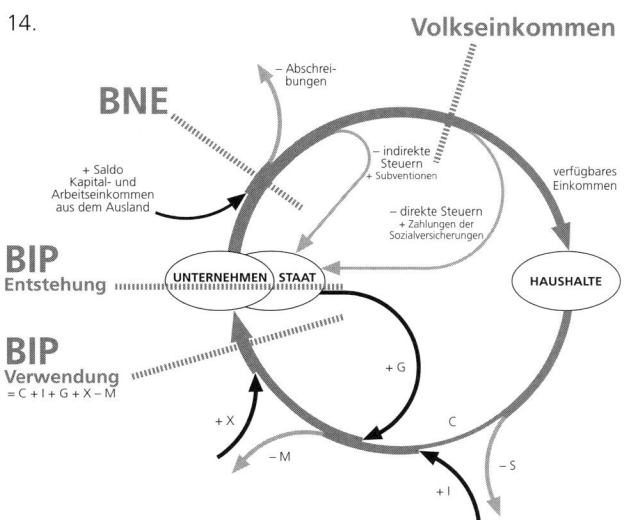

Volkseinkommen

BNE

– Abschreibungen

+ Saldo Kapital- und Arbeitseinkommen aus dem Ausland

– indirekte Steuern
+ Subventionen

– direkte Steuern
+ Zahlungen der Sozialversicherungen

verfügbares Einkommen

BIP
Entstehung

UNTERNEHMEN STAAT

HAUSHALTE

BIP
Verwendung
= C + I + G + X – M

+ G

+ X

– M

C

– S

+ I

19. Kapitel, Konjunkturpolitik

1. e
   a
   b
   d
   g
   h
   f
   c

2. Arbeitslosengelder haben eine antizyklische Wirkung:

   In einer Rezession stützen die Versicherungszahlungen die Kaufkraft der Arbeitslosen. Bleiben die Versicherungsprämien unverändert, macht die Versicherung Defizite. So gelangt mehr Geld in den Kreislauf. Zudem baut eine Arbeitslosenversicherung Zukunftsängste ab.

   Im Aufschwung nehmen die Versicherungszahlungen ab. Erzielt die Versicherung Überschüsse, entzieht sie dem Kreislauf Geld und dämpft so die Gesamtnachfrage.

3. In einer Rezession sinken die Einkommen, damit auch die Steuern. Weil die progressiven Einkommenssteuern sogar überproportional sinken, sinkt das verfügbare Einkommen (und damit auch die Ausgaben) weniger als das erarbeitete.

   Im Aufschwung steigen die Einkommen, die progressiven Einkommenssteuern aber überproportional. So steigt das verfügbare Einkommen (und damit auch die Ausgaben) weniger stark an als das erarbeitete.

4. a) Defizite sind im Abschwung, Überschüsse im Aufschwung zu erwarten.

   b) Wie ausgeprägt ist ein Abschwung, wie lange zieht er sich hin? Wie ausgeprägt und wie lang wird der folgende Aufschwung sein? Können die im Abschwung gemachten Schulden im Boom wieder reduziert werden?

5. In der Hochkonjunktur herrscht eine Nachfrageinflation. Steuern bremsen das Wachstum der Gesamtnachfrage. Sinkt sie unter die Kapazitätsgrenzen, sinkt die Inflation.

   Doch in einem Boom dreht sich oft auch eine Preis-Lohn-Spirale, es herrscht eine Angebotsinflation. Steuern werden, wie andere Kosten auch, auf die Kunden überwälzt. So steigt die Inflation.

   Bis die dämpfende Wirkung der Steuer wirken kann, wird vorerst wohl die Angebotsinflation angeheizt.

6.
O	X
X	O
X	O
X	O
X	O
X	O
X	O

7. 1. privater Konsum: Höhere Zinsen fördern das Sparen und bremsen das Konsumieren – und umgekehrt (empirisch allerdings wenig erhärtet).

   2. Investitionen: Höhere Zinsen bremsen das Investieren – und umgekehrt.

   3. Exporte minus Importe: Höherer Außenwert des Euro erschwert Exporte und erleichtert Importe – und umgekehrt.

   4. Staatsausgaben: Höhere Zinsen erhöhen den Sparzwang – wenn die Regierung hoch verschuldet ist.

8. a) Eine starke Außenhandelsverflechtung verringert die Wirkung der Fiskalpolitik. Je größer der Importanteil am BIP, desto größere Anteile eines Konjunkturimpulses sickern als Importnachfrage ins Ausland und stützen dort die Nachfrage.

   b) Eine starke Außenhandelsverflechtung erhöht dagegen die Wirkung der Zentralbankpolitik. Eine lockere Geldpolitik senkt ja nicht nur das Zinsniveau, sondern auch den Wechselkurs. Damit wird die Nachfrage nach inländischen Gütern auf zwei Arten recht schnell vergrößert: Die Exporte werden erleichtert und die Importe erschwert, sodass vermehrt einheimische Güter gekauft werden.

9. **a** und **d**

10. O   X
    X   O
    O   X
    X   O
    X   O
    X   O
    O   X
    X   O

11. O   X
    O   X
    O   X
    O   X
    O   X
    O   X

12. alle sechs (Der Realzins, Nominalzins minus Inflation, ist in Deutschland höher als in anderen europäischen Ländern, weil die Inflation geringer ist.)

13. X   X   O
    O   O   X
    O   O   X
    X   X   O
    X   X   O
    O   O   X
    O   O   X
    X   O   O
    O   X   X
    X   X   O
    O   O   X
    O   X   O

14. In einer Rezession sinken die Steuereinnahmen und steigen die Ausgaben. Nach der üblichen Auslegung des Stabilitätspaktes der EU müssen entweder die Steuersätze erhöht und/oder die Ausgaben verringert werden. Beides verschärft den Abschwung, destabilisiert also den Konjunkturverlauf.

15. a) Eine zu lange Bezugsdauer von Arbeitslosengeld halte zu viele Arbeitslosen davon ab, intensiv eine Stelle zu suchen.

   b) In einer Rezession gibt es typischerweise weit weniger offene Stellen als Arbeitslose. Wichtiger war in dieser Situation offenbar, die konjunkturstabilisierende Wirkung der Arbeitslosenversicherung zu verstärken.

16. a) Jedem Konjunkturabschwung folgte bisher wieder ein Aufschwung. Damit finden die konjunkturell Arbeitslosen wieder eine Stelle.

   b) Hysterese-Phänomen, vgl. 16. Aufgabe, 2. Teil

17. Klassische Argumente:
- friktionelle Arbeitslosigkeit gestiegen?
- strukturelle oder institutionelle Arbeitslosigkeit?
  - Reagieren Löhne zu unflexibel?
  - Mindestlöhne, implizit auch durch Sozialhilfe?
  - Sozialstaatliche Leistungen zu großzügig?
  - Schadet Kündigungsschutz?
- Strukturprobleme außerhalb der Arbeitsmärkte?
  - Hauskauf/-verkauf und Wohnungswechsel erschwert?
  - Steuern, die erwünschte Tätigkeiten zu stark belasten?
  - Behindern staatliche Vorschriften den Strukturwandel?
  - Zu hohe Zinsen?

Neukeynesianische Argumente, Hysterese-Phänomen: Zu schwache Konjunktur infolge restriktiver Politik?
- Qualifikationsverlust und Resignation mit langer Arbeitslosigkeit? Meiden Unternehmen Langzeitarbeitslose?
- Insider-Outsider-Problem?
- Verringert sich die Produktionskapazität mit längerer Rezession dauerhaft?

18. O   X
    X   O
    O   X
    X   O
    O   X

19. a) Die Zinsen fallen als Folge der expansiven Geldpolitik, zumindest die kurzfristigen. (Vielleicht fallen die Zinsen auch wegen der vermehrten öffentliche Ersparnisbildung bzw. geringeren Schulden.)

   b) Der Euro sinkt gegenüber dem Dollar.

   c) Die Investitionen steigen als Folge der niedrigeren Zinsen (und vielleicht auch wegen geringerem crowding out durch öffentliche Ausgaben).

   d) Die Staatsdefizite werden mit restriktiver Fiskalpolitik kleiner, vielleicht gibt es sogar Überschüsse.

   e) Zum einen sinkt die Arbeitslosigkeit, denn höhere Exporte und größere Investitionsnachfrage und damit größere gesamtwirtschaftliche Nachfrage führt zu einem Anstieg der Beschäftigung.
   Zum anderen könnte die Arbeitslosigkeit steigen, je nachdem, wie stark die Staatsausgaben gesenkt werden.

   f) Die Inflationsrate hängt davon ab, wie groß die BIP-Lücke ist.

   g) Für einen Währungsraum ist nur eine einheitliche Geldpolitik möglich, die Euro-Zinsen sind überall gleich hoch. Die Fiskalpolitik ist im Prinzip bis zu den Gemeinden hinunter eigenständig. Je kleiner allerdings das Gebiet, desto eher verpufft die konjunkturelle Wirkung ins »Ausland«.

20. a) Finnland würde (keynesianisch) eine recht expansive Geldpolitik verfolgen, Frankreich eine mäßig lockere und Spanien eine restriktive.

   b) Die EZB muss eine Geldpolitik finden, die möglichst allen Ländern hilft. Das ist hier wohl nicht möglich. Weder Finnland noch Spanien werden sich durchsetzen können, die EZB dürfte ihre Zinsen vielleicht ein wenig senken.

   c) Strenge Monetaristen sind eher froh, dass Finnland oder Spanien heute keine eigene Gelpolitik mehr verfolgen können. Gerade eine einheitliche und stetige Geldpolitik bringt erst den einzelnen Länder ein einheitliches und stetiges BIP-Wachstum.

20. Kapitel, internationaler Handel

1. m   b
    h   g
    k   i
    a   c
    e   n
    l   f
    d

2. Vielleicht ermöglicht erst der Außenhandel eine volle
    Ausschöpfung von Skalenerträgen, dann würde erst der
    Außenhandel so niedrige Preise ermöglichen.
    Zudem erhöht sich die Auswahl.
    Schließlich wären wohl die Schokoladenpreise höher,
    wenn sie vor ausländischer Konkurrenz geschützt wären.

3. a) Portugal produziert beide Güter, Wein wie auch Tuch,
    effizienter, es hat bei beiden Produkten einen absoluten
    Produktionsvorteil.

    b) England hat komparative Vorteile bei Tuch, Portugal
    bei Wein.

    c) England spezialisiert sich auf Tuch, Portugal auf Wein.

4. Die Turiner könnten damit zufrieden sein, wenn sie bereit
    wären, zu den gleichen Löhnen wie die Südkoreaner zu
    arbeiten. Das werden sie aber nicht, denn langfristig gibt
    es in Turin für die Arbeiter lohnendere Alternativen in Fir-
    men, die im Vergleich zum konkurrierenden Ausland klar
    produktiver sind. In diesem Fall lägen die komparativen
    Vorteile Turins nicht mehr beim Autobau.

5. **X**   O
    X   O
    O   **X**
    X   O
    O   **X**
    O   **X**

6. O   **X**
    X   O
    O   **X**
    X   O
    O   **X**

7. a) Zwischen Frankreich und BRD: <u>intra</u>industrieller Handel

    b) Zwischen den USA und Mexiko: <u>inter</u>industrieller Handel

    c) Der interindustrielle Handel wird die USA und Mexiko
    vor größere Umstrukturierungen stellen.

8. O   **X**
    O   **X**
    O   **X**
    O   **X**
    O   **X**
    X   O
    X   O
    X   O
    O   **X**
    O   **X**
    O   **X**
    O   **X**
    X   O
    X   O
    X   O

9. O   **X**
    X   O
    O   **X**
    X   O

10. a) Billigere Produktion und größere Auswahl

    b) Im Prinzip nein, aber bei internen Skalenerträgen ist
    die Gefahr von Oligopolen und Monopolen größer – mit
    all ihren möglichen Wohlstandseinbußen.

11. Viele Länder haben sich zu stark auf einzelne Produkte
    spezialisiert: Kaffee, Kakao, Zucker. Damit sind sie stark
    von den schwankenden Weltmarktpreisen dieser Pro-
    dukte abhängig.
    Weiter eröffnen diese Produkte oft wenig Zukunftsper-
    spektiven. Bei ihrer Produktion wird wenig gelernt, was
    auch bei der Herstellung von komplizierteren und
    einträglicheren Produkten nützlich wäre.

12. **d**

13. O   **X**
    O   **X**
    X   O
    O   **X**
    X   O
    X   O

14. Die alten Branchen verfügen über schlagkräftige Organi-
    sationen, die wissen, wie sie im politischen Prozess ihre
    Interessen verteidigen können. Mögliche Entwicklungs-
    branchen, die jetzt noch nicht existieren und erst mit Hilfe
    angemessener Zölle geschaffen werden könnten, sind
    nicht organisiert. Wenn also Branchen geschützt werden,
    sind es eher alte.

15. Umwelttechnologie ist eine neue und lukrative Sparte, die
    viel Know-how voraussetzt. Länder mit schärferen Um-
    weltschutzgesetzen entwickeln eine Umweltbranche, die
    anderen Ländern überlegen ist (z. B. Japan, Kalifornien).

16. Länder mit laxer Umweltpolitik verstärken ihre kompara-
    tiven Vorteile in umweltschädlichen Bereichen, d. h. sie
    werden die schmutzigsten Industrien anziehen. Heute
    sind es vor allem arme Länder, die mit milden Umweltauf-
    lagen Unternehmen anziehen.

17. **X**   O
    X   O
    X   O
    X   O
    X   O
    O   **X**

21. Kapitel, Entwicklungsökonomie

1. j
    c
    i
    e
    m
    d
    l
    h
    g
    n
    o
    k
    b
    f
    a

2. X
    O
    X
    X
    X
    O
    O
    X
    X
    X

3. $(1 + 6,1\%)^{38} = 1,061^{38} = 9,5$; das Pro-Kopf-BNE hat sich in 38 Jahren also mehr als verneunfacht.

4. China: $(1 + 0,069)^{11} = 2,08 \rightarrow 11$ Jahre
    USA: $(1 + 0,016)^{44} = 2,01 \rightarrow 44$ Jahre

5. Der Kampf um die Einkommen aus Bodenschätzen bindet Ressourcen, die für die Produktion eingesetzt werden könnten.
    An Bodenschätzen reiche Länder werden oft durch den Streit um die Gewinne aus den Bodenschätzen zerstört, durch Korruption, Bürgerkrieg oder Eroberung.

6. a) vorindustrielle Phase, Frühphase der industriellen Entwicklung, fortgeschrittene Entwicklung, Reifephase

    b) in der Frühphase der industriellen Entwicklung

    c) In der Frühphase der industriellen Entwicklung befinden sich die ärmsten Entwicklungsländer.

7. Mit besserer Ausbildung der Frauen
    • steigt die Produktivität jener Bevölkerungshälfte, welche die Hauptlast der Arbeit trägt
    • steigt das Bildungsniveau der Kinder
    • sinkt die Kindersterblichkeit
    • sinkt die Geburtenrate
    • steigen die Möglichkeiten der Familie, zu sparen und zu investieren

8. Bekommen Landwirte zu wenig für ihre Produkte, produzieren sie weniger. Bei schlechter Ernte fehlen Vorräte, sodass vermehrt Hungersnöte auftreten. Landwirte geben auf, wandern in die Städte ab und bevölkern die Slums.

9. Billige Elektrizität führt einerseits zu Verschwendung, anderseits wird weniger angeboten. Die Versorgung wird unregelmäßig, es gibt teure Produktionsunterbrechungen, die teure Investitionen in Notstromaggregate zur Folge haben.

10. 1) Regierungen reicher Länder (wie auch Weltbank und IWF) stützen ausbeuterische Eliten und verhelfen ihnen oft auch zur Macht. Damit helfen sie mit, entwicklungshemmende Strukturen in armen Ländern zu erhalten.

    2) Zusammen mit abhängigen Regierungen und bestochenen Offiziellen werden natürliche Ressourcen geplündert.

    3) Reiche Länder entziehen armen Ländern qualifizierte Arbeitskräfte.

    4) Die Menschen in den reichen Ländern leisten einen größeren Beitrag zu den globalen Umweltschäden – viele arme Länder sind aber stärker davon betroffen.

    5) Wo ärmere Länder profitieren könnten – v. a. im Agrarbereich – ist der Welthandel eingeschränkt.

    6) Ärmere Länder werden durch riesige Schulden abhängig gehalten und finanziell ausgepresst.

11. Bei jedem Kreditgeschäft besteht die Gefahr, dass der Schuldner zahlungsunfähig wird. Darum sind die Kreditgeber vorsichtig und verlangen je nach Risiko eine Risikoprämie. Konkurse werden bei uns im Rahmen eines Konkursrechts abgewickelt, das die Rechte von Gläubigern wie Schuldnern gleichgewichtig stützt.

    Bei Krediten an Entwicklungsländer herrschte nicht immer ein freier Markt. Vielmehr gewährten Regierungen (bestochen von Kreditnehmern oder -gebern) eine Staatsgarantie, oder die Kredite wurden über den Staat abgewickelt. Das ermöglichte den Kreditgebern, weniger vorsichtig zu sein. Und wo die damaligen Profiteure der Kredite nicht mehr belangt werden können, müssen andere für die Schulden geradestehen: der Staat mit den Steuerzahlern und den Empfängern von Staatsleistungen, wie Schüler oder Bedürftige. Ohne international anerkanntes Konkursrecht geschieht das Eintreiben der Schulden oft willkürlich.

12. Produktivere Landwirte können mehr in Geräte, Maschinen, Saatgut und Dünger sowie in die Ausbildung ihrer Kinder investieren. Sie können Spargelder für den Aufbau einer Industrie zur Verfügung stellen. Sie sind auch bessere Abnehmer von Konsumgütern der einheimischen Industrie.

13. Könnten Zinsen und Gewinne nicht in ihr Land zurück transferiert werden, wären die Anreize für ausländische Anleger und Investoren, sich finanziell in einem Entwicklungsland zu engagieren, sehr klein.

14. • soziale Sicherheit • kleinere Kindersterblichkeit
    • bessere Ausbildung der Frauen

15. Erst wenn die Landwirte über die Ergebnisse ihrer Arbeit verfügen können, werden sie sich einsetzen und investieren.
    Zudem werden sie oft erst als Eigentümer von Land kreditwürdig. Wer auf eigenen Beinen steht, bildet sich auch eher aus und spart auch für die Ausbildung seiner Kinder.

16. Je ärmer ein Land, desto kostbarer sind ihm die vorhandenen Ressourcen – auch die Umweltgüter. Sie zu zerstören, trifft arme Länder stärker als reiche. Sie haben weniger Möglichkeiten, den Verlust an Umweltqualität zu kompensieren, und sie verfügen über weniger Mittel, sich gegen Katastrophen zu schützen.

Glossar

Die Ziffern in Klammern verweisen
auf die entsprechenden Kapitel.

Abschreibung (12)
(depreciation)
Verschleiß von Kapitalgütern

Absoluter Vorteil (20)
(absolute advantage)
Ein Land (oder auch eine Region, ein Unternehmen, eine Person)
ist fähig, ein bestimmtes Gut mit weniger Ressourcen zu produzieren als die Konkurrenz.

Absprache, Kollusion (8)
(collusion)
informelle Abmachung zwischen Unternehmen, um den Wettbewerb zu verringern oder auszuschalten

adverse Selektion, negative Auslese (9, 18)
(adverse selection)
Wenn eine Marktseite wichtige Eigenschaften eines Produktes
nicht kennt (asymmetrische Information), können die Preise nicht
entsprechend der Qualität gestaltet werden, und gute wird von
schlechter Qualität verdrängt.

Aktie (6)
(stock)
Wertpapier, mit dem der Eigentümer Teilhaber einer Aktiengesellschaft ist

Allmende-Problem (6)
(dilemma of the commons)
Ressourcen erschöpfen sich überall dort, wo sie allen zugänglich
sind und gratis genutzt werden können, weil Eigentums-/ Nutzungsrechte nicht definiert oder nicht durchsetzbar sind.

Allokation (1, 21)
(allocation)
Zuteilung von knappen Ressourcen für die Herstellung von Gütern

Alternativkosten → Opportunitätskosten (1, 4, 20)

Angebot (2)
(supply)
Menge an Gütern, die Verkäufer auf Märkten absetzen wollen

Angebotsinflation (15)
(cost-push inflation)
Inflationsimpulse, die vom Angebot her kommen. Sie treten vor
allem dort auf, wo Preise oder Löhne durch Marktmacht und
gesetzlich verankerte Preisanpassungen erhöht werden können.

Angebotskurve (2)
(supply curve)
eine Linie, die das Verhältnis von Preis und angebotener Menge
eines Gutes zeigt

Angebotsüberschuss (2)
(excess supply)
Die angebotene Menge übersteigt die nachgefragte Menge zum
herrschenden Preis.

Anleihensobligation, Obligation, Rentenpapier (6)
(bond)
Wertpapier mit einem bestimmten Nominalwert, einer festgelegten
Laufzeit und einem fixen Zinssatz

antizyklische Fiskalpolitik (19)
(counter-/anti-cyclical fiscal policy)
Bestreben der Regierung, das BIP-Wachstum durch Veränderung
ihrer Ausgaben und Einnahmen zu stabilisieren

antizyklische Geldpolitik (19)
(counter-/anti-cyclical monetary policy)
Bestreben der Zentralbank, mit ihrem Einfluss auf Zinsniveau und
Wechselkurse das BIP-Wachstum zu stabilisieren

antizyklische Konjunkturpolitik (19)
(counter-/anti-cyclical policy)
Versuch von Regierung und Zentralbank, durch aktive Maßnahmen Konjunkturschwankungen zu glätten

Arbeit (6)
(labor)
jede körperliche und geistige Tätigkeit mit dem Ziel, Knappheit zu
überwinden; wird v. a. in Haushalten, Unternehmen und beim
Staat verrichtet

Arbeitslosenquote, Arbeitslosenrate (17)
(unemployment rate)
Anzahl Arbeitslose in % der Erwerbsbevölkerung (Erwerbstätige
und Erwerbslose)

Arbeitslosigkeit (17)
(unemployment)
Teile der arbeitswilligen und arbeitsfähigen Bevölkerung finden
keine Beschäftigung in Unternehmen oder beim Staat.
Je nach Ursache unterscheidet man zwischen friktioneller, struktureller, institutioneller und konjunktureller Arbeitslosigkeit,
je nach Dauer zwischen saisonaler sowie Kurz- und Langzeitarbeitslosigkeit.

Arbeitsproduktivität (13)
(labor productivity)
Wert der produzierten Güter pro Arbeitsstunde;
alle Unternehmen und den Staat umfassend: BIP pro eingesetzter
Arbeitsstunde oder potentielles BIP pro einsetzbarer Arbeitsstunde

asymmetrische Information (9)

(asymmetrical information)

Die Person auf der einen Seite des Handels weiß mehr über das, was gekauft und verkauft wird, als die Gegenseite.

Aufholeffekt (21)

(catch-up effect)

Nachzügler steigern ihre Produktion schneller als die ökonomischen Pioniere.

Ausschließbarkeit (7)

(excludability)

Der Besitzer eines Gutes kann andere von der Nutzung ausschließen, und mögliche Geschädigte können sich abgrenzen.

automatische Konjunkturstabilisatoren (19)

(automatic stabilizers)

im staatlichen System eingebaute Mechanismen mit antizyklischer Wirkung, ohne dass die Regierung ihre Einnahmen- und Ausgabenpolitik im Konjunkturverlauf ändert

Bedarfsgerechtigkeit (10)

(justice of need, justice based on need)

Dieses Konzept orientiert sich an den Bedürfnissen. Danach soll ein Mensch erhalten, was er braucht. Er hat ein Anrecht auf ein menschenwürdiges Leben und damit auf ein gewisses Wohlstandsniveau.

bestreitbare Märkte (8)

(contestable markets)

Märkte, zu denen der Zugang jederzeit offen ist, die also potentiell umkämpft sind

Bilanz der laufenden Transaktionen → Leistungsbilanz (16)

BIP-Lücke (13, 15, 18)

(GDP-gap, output gap)

Differenz zwischen dem potentiellen und dem tatsächlichen BIP. Je nachdem, ob das tatsächliche unter oder über dem potentiellen BIP liegt, spricht man von einer negativen oder einer positiven BIP-Lücke.

Bodenrente (6)

(land rent, soil rent)

Entgelt für die Nutzung des Produktionsfaktors Boden

Bruttoinlandsprodukt/BIP (12)

(gross domestic product/GDP)

Wert aller Waren und Dienstleistungen, die innerhalb eines Landes von Unternehmen und Staat in einem Jahr produziert werden (ohne Abzug der Abschreibungen)

Bruttonationaleinkommen/BNE (12, 21)

(gross national income/GNI)

früher Bruttosozialprodukt/BSP

Wert der in einem Jahr von Unternehmen und Staat produzierten Waren und Dienstleistungen, über die alle Bewohner eines Landes verfügen können (ohne Abzug der Abschreibungen)

Buchgeld (14)

(demand deposits)

Sichteinlagen, Giralgeld

ceteris paribus (2)

(ceteris paribus, other things equal)

lateinische Formel für die Annahme, dass alles andere unverändert bleibt

Cluster (20)

(cluster)

Cluster sind regionale Netzwerke von Herstellern ähnlicher Produkte, Zulieferern, Dienstleistungs-Anbietern, anspruchsvollen Kunden, Hochschulen und Forschungseinrichtungen. Sie erzeugen durch Wissensaustausch (externe Effekte) und nahe Marktkontakte (pseudoexterne Effekte) Innovation und höhere Produktivität.

Deflation (14)

(deflation)

Sinken des durchschnittlichen Preisniveaus

demeritorische Güter (10)

(merit bads)

Güter, vor denen nach Ansicht der Gesellschaft die Menschen geschützt werden sollten

Depression (13, 18)

(depression)

besonders starker und langer Konjunkturabschwung

Deregulierung (11)

(deregulation)

vieldeutiger und im politischen Kampf um die Staatstätigkeit gebrauchter Begriff. Allgemein versteht man darunter die Abschaffung, Lockerung oder Vereinfachung staatlicher Vorschriften.

Desinflation (14)

(disinflation)

Abnahme der Inflationsrate (nicht zu verwechseln mit einer Deflation, bei der die Inflationsraten negativ sind).

Devisen (16)

(foreign exchange)

ausländisches Geld, d. h. ausländisches Bargeld und Guthaben in ausländischen Währungen

Devisenmärkte (16)

(foreign exchange markets)

Märkte, auf denen Währungen verschiedener Länder gehandelt werden. Hier werden die Wechselkurse gebildet.

Dividende (6)

(dividend)

Anteil am Gewinn (inkl. Eigenkapitalverzinsung), der dem Aktionär ausbezahlt wird

Dritte Welt (21)

(third world)

Dieser Name stammt aus der Zeit des Kampfes zwischen den westlichen Ländern (der Ersten Welt) und den kommunistischen Ländern (der Zweiten Welt), in der sich die aus kolonialer Abhängigkeit befreiten Länder als dritte Gruppe verstanden.

Effizienzlohntheorie (18)

(efficiency wages)

Unternehmen zahlen mehr als den Gleichgewichtslohn. Damit wollen sie die Arbeitsmoral und die Loyalität ihrer Angestellten erhöhen und gut qualifizierte Arbeitskräfte anziehen.

Einkommenselastizität der Nachfrage (3)

(income-elasticity of demand)

gibt an, wie empfindlich die nachgefragte Menge auf eine Einkommensänderung reagiert; prozentuale Veränderung der nachgefragten Menge dividiert durch prozentuale Veränderung des Einkommens

Einkommensverteilung (12, 21)

(income distribution)

Aufteilung der Einkommen nach Produktionsfaktoren (funktionale Einkommensverteilung), nach Personen (personelle Einkommensverteilung) oder auch nach Branchen, Regionen usw. Man unterscheidet auch zwischen der Einkommensverteilung vor und nach staatlichen Umverteilungsmaßnahmen.

Elastizität (3)

(elasticity)

ein Maß für die Reaktion einer abhängigen Größe auf eine Einflussgröße: prozentuale Veränderung einer abhängigen Größe dividiert durch prozentuale Veränderung einer Einflussgröße

Entwicklungsländer, unterentwickelte Länder (21)

(developing countries, underdeveloped countries)

Ihre Wirtschaft ist im Vergleich zu derjenigen der reichen Länder wenig entwickelt.

Erlös → Umsatz (3, 4, 8)

Erwerbsquote (13)

(labor force participation rate)

Erwerbsbevölkerung in % der Wohnbevölkerung

Erziehungszoll-Argument (20, 21)

(infant-industry argument)

Eine Erfolg versprechende Branche soll vor internationaler Konkurrenz abgeschirmt werden, bis sie die dafür nötige Größe hat.

Exporte, Ausfuhren (6)

(exports)

Waren und Dienstleistungen, die im Inland produziert und ins Ausland verkauft werden

externe Effekte, Externalitäten (7)

(externalities, spillovers)

Kosten und Nutzen, die in der Produktion oder beim Konsum entstehen, jedoch nicht beim Verursacher anfallen, sondern bei Außenstehenden. Sie wirken am Markt vorbei und sind deshalb nicht in den Marktpreisen berücksichtigt.

externe Kosten, negative externe Effekte (7)

(negative externalities, negative spillovers)

Schäden und Kosten, die sich nicht in den Marktpreisen widerspiegeln und auf Außenstehende abgewälzt werden

externe Nutzen, positive externe Effekte (7, 10, 13, 20, 21)

(positive externalities, positive spillovers)

unentgeltliche Nutzenstiftungen an Außenstehende, an Trittbrettfahrer

Faktormärkte (6)

(factormarkets)

Auf diesen Märkten werden den Unternehmen die drei Produktionsfaktoren Arbeitsleistung, Kapitalgüter und Boden angeboten.

Finalprinzip (10)

(principle with the aim of achieving a specific end)

Zahlungsprinzip, nach dem Leistungen ausbezahlt werden, um ein bestimmtes Ziel zu erreichen

freie Güter (1)

(free goods)

Güter, die in so großen Mengen vorhanden sind, dass sie eine Gesellschaft problemlos frei und gratis zur Verfügung stellen kann

friktionelle Arbeitslosigkeit, Sucharbeitslosigkeit (17)

(frictional unemployment)

Arbeitslosigkeit, die sich ergibt, weil man beim Stellenwechsel wegen fehlender Transparenz nicht immer sofort wieder eine neue Stelle findet

funktionale Einkommensverteilung (12)

(functional income distribution)

Aufteilung der Einkommen nach Produktionsfaktoren

Geld (14)

(money)

alles, was allgemein im Austausch für Güter akzeptiert wird

Geldpolitik der Zentralbank (15)

(monetary policy)

Maßnahmen zur direkten Beeinflussung der Geldmenge, des Zinsniveaus und der Wechselkurse

Geldschöpfungsmultiplikator (14)

(money-supply multiplier)

Faktor, um den das Bankensystem einen Geldbetrag durch Kreditschöpfung vermehren kann

Geldumlaufgeschwindigkeit (15)
(velocity of money)
die Geschwindigkeit, mit der das Geld wieder ausgegeben wird

Gesamtangebot an inländischen Gütern (13, 15, 18)
(aggregate supply)
Summe aller Waren und Dienstleistungen (Konsum- und Investitionsgüter), die von Unternehmen und Staat angeboten werden

Gesamtnachfrage nach inländischen Gütern (13, 15, 18)
(aggregate demand)
Summe aller nachgefragten Waren und Dienstleistungen: priv. Konsum + Staatsausgaben + Investitionen + Nettoexporte (Außenbeitrag)

Gewinn, Profit (4)
(profit)
Gesamtumsatz minus Gesamtkosten, Folge erfolgreicher unternehmerischer Tätigkeit, Entgelt für unternehmerische Leistung

Gewinnmaximierung (4)
(maximizing of pofits)
der Versuch, den größtmöglichen Gewinn zu erzielen

Gleichgewichtsmenge (2)
(equilibrium quantitiy)
angebotene und nachgefragte Menge zum Gleichgewichtspreis

Gleichgewichtspreis, Markträumungspreis (2)
(equilibrium price)
Preis, zu dem die nachgefragte Menge gleich groß ist wie die angebotene

Gleichheit (10)
(equality)
Nach diesem Konzept haben alle Menschen die gleichen Rechte. Dem Gleichheitsgedanken entspringt auch die Forderung nach Chancengleichheit.

Globalisierung (20)
(globalization)
Trend zur internationalen Ausdehnung wirtschaftlicher, politischer und kultureller Aktivitäten. Waren und Dienstleistungen, Kapitalströme sowie Informationen aller Art fließen immer ungehinderter um die Welt.

Grenzertrag → Grenzprodukt (4)

Grenzkosten (4, 8)
(marginal costs)
zusätzliche Kosten für die Produktion einer zusätzlichen Einheit

Grenzneigung zum Konsum (18)
(marginal propensity to consume)
Teil jedes zusätzlich verdienten Euros, der konsumiert wird

Grenzneigung zum Sparen (18)
(marginal propensity to save)
Teil jedes zusätzlich verdienten Euros, der gespart wird

Grenznutzen (2)
(marginal utility)
Befriedigung oder Freude, die wir durch die zusätzliche Einheit eines Gutes erlangen

Grenzprodukt, Grenzertrag (4, 10)
(marginal product)
die Produktionszunahme, die durch den Einsatz einer zusätzlichen Ressourceneinheit erreicht wird

Grenzumsatz, Grenzerlös (4, 8)
(marginal revenue)
der zusätzliche Umsatz aus dem Verkauf einer zusätzlichen Einheit

Güter (1, 6, 7, 10)
(goods)
Güter umfassen **Waren und Dienstleistungen.**
Wir unterscheiden **knappe und freie Güter,**
Konsum- und Kapitalgüter (nach Verwendungszweck),
inferiore und normale Güter (nach Einkommenselastizität),
Komplementär- und Substitutionsgüter (nach Kreuzpreiselastizität der Nachfrage),
private und öffentliche Güter (nach Umfang der externen Nutzen).
Vgl. auch **meritorische Güter.**

Handelsbilanz, Warenbilanz (16)
(trade balance)
Teil der Zahlungsbilanz; umfasst nicht, wie der Name Handelsbilanz etwa vermuten lässt, den gesamten Güterhandel mit dem Ausland, sondern nur die Importe und Exporte von Waren.

Handelshemmnisse (8)
(trade barriers)
Maßnahmen, mit denen der Staat den Außenhandel, vor allem die Importe, einschränkt. Man unterscheidet tarifäre Hemmnisse (v. a. Grenzzölle) und nichttarifäre Schranken (wie Einfuhrverbote, Mengenbeschränkungen oder vom Ausland abweichende Produktnormen).

Haushalte (12)
(households)
Sie sind zum einen Konsumenten der Güter, die in den Unternehmen produziert werden; zum anderen produzieren sie auch selber. Die haushaltinterne Produktion wird jedoch von der Volkswirtschaftlichen Gesamtrechnung nicht erfasst. In einem privatkapitalistischen System sind sie Eigentümer der wichtigsten Kapitalgüter und des wichtigsten Teils des Bodens.

Hochkonjunktur, Boom (13, 18)
(boom)
Das tatsächliche BIP steigt über das potentielle BIP, die BIP-Lücke ist positiv.
Von Boom spricht man auch bei einem starken Konjunkturaufschwung.

Höchstpreis (5)

(price ceiling, maximum price)

staatlich festgelegte Preisobergrenze. Der Preis darf nicht darüber steigen, wohl aber darunter fallen.

Hysterese auf Arbeitsmärkten (19)

(hysteresis on labour markets)

Wenn Arbeitslosigkeit länger dauert, hat sie die Tendenz, auf dem einmal erreichten Niveau zu verharren.

Importe, Einfuhren (6)

(imports)

Güterströme aus dem Ausland ins Inland

Indexierung/Indexbindung → Preisindexierung (14)

inferiore Güter (2)

(inferior goods)

Ihre Nachfrage sinkt mit steigendem Einkommen.

Inflation, Teuerung, Geldentwertung (14)

(inflation)

drei synonyme Bezeichnungen für eine generelle Preissteigerung, ein Ansteigen des durchschnittlichen Preisniveaus.

Je nach den Ursachen unterscheidet man zwischen einer Nachfrageinflation und einer Angebotsinflation.

Inflationsbereinigung (12)

(price adjustment, adjustment of current prices)

statistisches Verfahren, mit dem nominale, d. h. zu laufenden Preisen bewertete Größen (z. B. nominales BIP, Nominallöhne oder nominale Benzinpreise) umgerechnet werden in reale oder inflationsbereinigte Werte (z. B. reales BIP, Reallöhne oder inflationsbereinigte Benzinpreise). Dabei werden die nominalen Werte durch einen geeigneten Preisindex (z. B. den BIP-Preisindex oder den Verbraucherpreisindex) dividiert.

Inflationsrate (14)

(inflation rate)

prozentuale Veränderung des Preisindexes gegenüber dem Vorjahr

inflationsstabile Arbeitslosenquote (18, 19)

(non-accelerating inflation rate of unemployment/NAIRU)

Arbeitslosenquote, die mit einer konstanten Inflationsrate vereinbar ist. Wird sie unterschritten, nimmt die Inflation zu – wird sie überschritten, geht die Inflation zurück.

Innovation, Neuerung (13)

(innovation)

Neues Wissen wird in wirtschaftlichen und gesellschaftlichen Nutzen umgewandelt. Eine Innovation ist das Ergebnis eines komplexen langfristigen Prozesses, in dem einer große Zahl von Akteuren mitwirken. Man unterscheidet → **Produktinnovationen** und → **Prozessinnovationen.**

institutionelle Arbeitslosigkeit (17)

(institutional unemployment)

Arbeitslosigkeit, die sich ergibt, weil institutionelle Schranken (z. B. Mindestlöhne) den Strukturwandel erschweren und den Ausgleich zwischen Angebot und Nachfrage verhindern

Internalisierung externer Kosten (7)

(internalizing of negative spillovers)

Externe Kosten werden den Verursachern angelastet. Damit berücksichtigen die Verursacher die externen Kosten bei ihren Entscheidungen.

internationaler Kapitalverkehr (6, 16, 21)

(international capital movements)

Die nationale Grenzen überschreitenden Geldströme, denen kein Waren- oder Dienstleistungsstrom entgegenfließt.

intraindustrieller Handel (20)

(intraindustry trade)

Handel mit ähnlichen Gütern zwischen ähnlichen Ländern

inverse Zinsstruktur (15)

(inverse structure of interest rates)

Zinsstruktur, bei der die kurzfristigen Zinsen über den langfristigen liegen

Investitionen (6, 12, 21)

(investment)

Aufbau von Kapitalgütern (Fabriken, Wohnhäusern oder Verkehrswegen), Ausgaben für Forschung und Entwicklung, Schul- und Berufsbildung.

Bestandteil des BIP und der Gesamtnachfrage. Die Volkswirtschaftliche Gesamtrechnung versteht unter Investitionen nur den Kauf von Produktionsanlagen, Gebäuden und Lagerbeständen, eingeschlossen der private Hausbau, nicht aber laufende Ausgaben für Forschung und Entwicklung, Schul- und Berufsbildung.

Investitionsgüter → Kapitalgüter (1, 6)

Kapital (6)

(capital)

Der Begriff umfasst verschiedene Dinge: Realkapital (Kapitalgüter wie Maschinen, Gebäude, Infrastruktur) und Humankapital (Knowhow), aber auch Finanzkapital (Geld und Wertpapiere).

Kapitalgüter, Investitionsgüter (1, 6)

(capital goods)

alle von Menschen hergestellten Waren und Dienstleistungen, die zur Produktion verwendet werden

Kapitalmärkte (6)

(capital markets)

komplexes Marktsystem, das die Spargelder den investierenden Unternehmen zuleitet

Kapitalstock (13)

(capital stock)

Summe aller Kapitalgüter einer Volkswirtschaft

Kapitalverkehrsbilanz (16)

(capital account)

Teil der Zahlungsbilanz; umfasst den gesamten über die Grenze fließenden Kapitalverkehr während eines Jahres. Ihr Saldo entspricht mit umgekehrtem Vorzeichen der Leistungsbilanz.

Kartell (8)

(cartel)

vertragliche Abmachung zwischen rechtlich selbständigen Unternehmen, um untereinander den Wettbewerb zu verringern oder auszuschalten

Kaufkraftparität/KKP (16, 21)

(purchasing power paritiy/PPP)

Wechselkurs, der einen gegebenen Güterkorb im Inland und im Ausland genau gleich teuer macht

Theorie der Kaufkraftparität (16)

(theory of purchasing power parities/PPP)

Nach dieser Theorie spiegelt der Wechselkurs einer Währung langfristig ihre Kaufkraft für international handelbare Güter wider.

Kausalprinzip (10)

(principle based on a specific cause)

Zahlungsprinzip, nach dem Leistungen nach der versicherten Ursache ausbezahlt werden

klassischer Ausgleich (17)

(classical general equilibrium)

Die auf den Güter- und Faktormärkten ausgehandelten Preise bringen im gesamten Marktsystem Angebot und Nachfrage ins Gleichgewicht.

Knappheit (1)

(scarcity)

Sie herrscht dort, wo der Wunsch nach Ressourcen oder Gütern größer ist als ihre Verfügbarkeit. Sie ist das grundlegende Problem, mit dem sich wirtschaftende Menschen auseinander setzen.

Kollusion → Absprache (8)

komparativer Vorteil (20)

(comparative advantage)

Ein Land (oder auch eine Region, ein Unternehmen, eine Person) ist fähig, ein bestimmtes Gut zu niedrigeren Opportunitätskosten zu produzieren als die Konkurrenz.

Komplementärgüter (2)

(complements)

Güter, die miteinander gebraucht werden, womit ein Preisrückgang beim einen Gut auch die Nachfrage nach dem anderen Gut erhöht

konjunkturelle Arbeitslosigkeit (17)

(cyclical unemployment)

Arbeitslosigkeit als Folge eines Konjunkturabschwungs

konjunkturelle Dynamik (17)

(cyclical dynamics)

ein sich selbst verstärkender Mechanismus von Einkommen und Ausgaben, Grund für Konjunkturschwankungen. Wirkt, bevor ein Ausgleich auf den Märkten zum Abschluss kommen kann.

Konjunkturschwankungen (13, 18)

(business fluctuations, trade cycles, business cycles)

Wachstumsschwankungen der gesamtwirtschaftlichen Aktivität, in der Regel Schwankungen der Gesamtnachfrage, treffen praktisch alle Branchen gleichzeitig.

In einem **Konjunkturabschwung** wird die negative BIP-Lücke größer, in einem **Konjunkturaufschwung** kleiner.

Konsumgüter (1)

(consumption goods, consumer goods)

Waren und Dienstleistungen, die direkt die Konsumwünsche erfüllen

Kosten (4)

(cost)

Preis für die Nutzung von Inputs bei der Produktion

fixe Kosten (4)

(fixed costs)

Kosten, die kurzfristig nicht verändert werden können und nicht mit der Produktionsmenge variieren

langfristige Durchschnittskosten (4)

(long-run average costs)

die tiefsten Stückkosten, die möglich sind, wenn alle Ressourcen verändert werden können

variable Kosten (4)

(variable costs)

Kosten, die kurzfristig verändert werden können und mit der Produktionsmenge variieren

Kreuzpreiselastizität der Nachfrage (3)

(cross-price elasticity)

gibt an, wie empfindlich die nachgefragte Menge auf eine Preisänderung eines anderen Gutes reagiert; prozentuale Veränderung der nachgefragten Menge dividiert durch prozentuale Veränderung des Preises eines anderen Gutes

kurze Frist (4)

(short run)

die Zeit, in der nur variable Kosten verändert werden können

kurzfristiges Betriebsminimum (4)

(shut down point)

kritische Preisuntergrenze, bei welcher der Umsatz genau den variablen Kosten entspricht – und der Verlust genau den Fixkosten

lange Frist (4)

(long run)

die Zeit, in der alle Kosten verändert werden können

langfristiges Betriebsminimum (4)
(break-even point)
kritische Preisuntergrenze, bei welcher der Umsatz genau den Gesamtkosten entspricht

Lebenshaltungskosten (14)
(cost of living)
Kosten, die anfallen, wenn die gewohnte Lebensweise mit dem bisherigen Lebensstandard und Konsumniveau aufrecht erhalten werden soll. Berücksichtigen wir die vielfältigen Zwänge, die unsere Ausgaben bestimmen, steigen die Lebenshaltungskosten stärker als die offiziell ausgewiesene Inflation.

Lebensqualität → Wohlfahrt (12)

Leistungsbilanz, Bilanz der laufenden Transaktionen (16)
(current account, in Deutschland und Österrreich Leistungsbilanz)
Teil der Zahlungsbilanz, umfasst alle über die Landesgrenze fließenden laufenden Zahlungen:
den Handel mit Waren und Dienstleistungen,
die Entgelte für Arbeit und Kapital sowie
die laufenden Übertragungen.

Leistungsgerechtigkeit (10)
(justice of equity, justice based on equity)
Nach diesem Konzept soll die Belohnung der Leistung entsprechen, die für die Gesellschaft erbracht wird.

Lenkungsabgaben (7)
(incentive-oriented taxes)
Abgaben mit dem Ziel, das Verhalten von Haushalten und Unternehmen zu beeinflussen

Lohn (6)
(wage, pay)
Entgelt/Preis auf den Arbeitsmärkten für Arbeitsleistung

Lohn-Preis-Spirale → Preis-Lohn-Spirale (15)

M1 (14)
(transactions money)
Bargeldumlauf + Buchgeld (Sichteinlagen)
M2 (14)
(broad money)
Bargeldumlauf + Buchgeld (Sichteinlagen) + Terminguthaben + Spareinlagen
M3 (14)
(broad money)
Bargeldumlauf + Buchgeld (Sichteinlagen) + Terminguthaben + Spareinlagen + div. Einlagen mit kurzen Laufzeiten

Makroökonomie (1)
(macroeconomics)
analysiert gesamtwirtschaftliche Größen wie z.B. Wirtschaftswachstum, Wechselkurse, Arbeitslosigkeit oder Inflation

Markt (2)
(market)
bezeichnet in der Ökonomie jedes Zusammentreffen von Angebot und Nachfrage

Marktgleichgewicht (2)
(market equilibrium)
Zustand, bei dem Angebot und Nachfrage gleich sind

marktkonforme Maßnahmen (5)
(market interventions compatible with the markets)
staatliche Maßnahmen, die zwar Angebot und Nachfrage beeinflussen, aber den Marktmechanismus selber nicht beeinträchtigen

Marktmacht (8, 15)
(market power)
die Fähigkeit, den Preis zu beeinflussen

Marktmechanismus (2)
(market mechanism)
Mechanismus, der durch Angebot, Nachfrage und Preis gesteuert wird

Markträumungspreis → Gleichgewichtspreis (2)

Marktversagen (6,11)
(market failures)
Fehlleistungen des Marktmechanismus, welche die bestmögliche Verwendung der knappen Ressourcen verhindern und zu Wohlstandsverlusten führen. Sie können Gründe darstellen für das Eingreifen des Staates in das Wirtschaftsgeschehen.

Marktwirtschaft, Marktsystem (6)
(market economy)
Wirtschaftssystem, bei dem Märkte die Vielzahl der individuellen Pläne und Entscheidungen der einzelnen Haushalte und Unternehmen koordinieren

Marktzutrittsbarrieren (8)
(barriers to entry, entry restrictions)
Umstände, die es neuen Unternehmen schwer machen, in einer Branche Fuß zu fassen

meritorische Güter (10)
(merit goods)
Güter, die nach Ansicht der Gesellschaft ein Mensch, unabhängig von seiner Leistung, verdient – die aber bei marktwirtschaftlicher Zuteilung nicht alle kaufen könnten oder wollten.
Sie werden bedürftigen oder allen Menschen durch einen fürsorglichen Staat verbilligt oder (wie öffentliche Güter) gratis angeboten.

Mikroökonomie (1)
(microeconomics)
befasst sich mit den Entscheidungen von Haushalten und Unternehmen sowie ihrem Zusammenwirken auf einzelnen Märkten

Mindestpreis (5)

(price floor, minimum price)
staatlich festgelegte Preisuntergrenze. Der Preis darf nicht darunter fallen, wohl aber darüber steigen.

Mindestreservenpolitik (14)

(reserve requirements policy)
Die Pflichtreserven der Banken werden von der Zentralbank festgesetzt und variiert.

Modell (1)

(model)
stark vereinfachtes Abbild der Wirklichkeit, das die Erklärung komplexer Zusammenhänge erleichtern soll

Monopol (8)

(monopoly)
Ein einziges Unternehmen bietet ein Gut an, zu dem es keine nahen Substitutionsgüter gibt (auch Angebotsmonopol).
Bei einem Nachfragemonopol existiert nur ein Nachfrager.

monopolistische Konkurrenz (8)

(monopolistic competition)
ein Markt ohne nennenswerte Zutrittsbarrieren, auf dem viele Unternehmen ähnliche, aber nicht gleiche Produkte anbieten

Moral hazard, Verführung zum Risiko (9)

(moral hazard)
Durch die Versicherung nicht beobachtbar, werden Versicherte nachlässiger beim Abwenden von Schäden. Sie gehen höhere Risiken ein, weil sie versichert sind.

Multiplikator (18)

(multiplier)
Faktor, mit dem die konjunkturelle Dynamik einen ursprünglichen Impuls vergrößert

Nachfrage (2)

(demand)
Menge an Gütern, die Käufer auf Märkten erwerben wollen

Nachfrageinflation (15)

(demand-pull inflation)
Inflation, die durch eine überhöhte Nachfrage ausgelöst wird. Wenn gegenüber dem Gesamtangebot die Gesamtnachfrage zu hoch wird, steigt das generelle Preisniveau.

Nachfragekurve (2)

(demand curve)
eine Linie, die das Verhältnis von Preis und nachgefragter Menge eines Gutes zeigt

Nachfrageüberschuss (2)

(excess demand)
Die nachgefragte Menge übersteigt die angebotene Menge zum herrschenden Preis.

natürliches Monopol (8)

(natural monopoly)
Ein einziges Unternehmen kann die bestehende Nachfrage kostengünstiger befriedigen als zwei oder mehrere Unternehmen.

negative Auslese → adverse Selektion (9, 18)

negative Einkommenssteuer (10)

(negative income tax)
Integration von Steuern und staatlichen Unterstützungen in einem Tarif. Alle Personen unter einer bestimmten Einkommensgrenze erhalten negative Steuerzahlungen.

Nettonationaleinkommen/NNE (12)

(net national income/NNI)
früher Nettosozialprodukt/NSP
Wert der in einem Jahr für Geld produzierten Güter, die alle Bewohner eines Landes verbrauchen können; errechnet sich aus dem BNE, abzüglich der Abschreibungen für den Verschleiß an Kapitalgütern

nichtmarktkonforme Maßnahmen (5)

(market intervention incompatible with the markets)
Staatliche Maßnahmen, die den Preismechanismus beeinträchtigen oder außer Kraft setzen. Die Folgen sind oft Probleme, die nach zusätzlichen Maßnahmen rufen.

normale Güter (2)

(normal goods)
Ihre Nachfrage steigt mit steigendem Einkommen.

normale Zinsstruktur (15)

(normal structure of interest rates)
Zinsstruktur, bei der die langfristigen Zinsen über den kurzfristigen liegen

normative Aussagen (1)

(normative statements)
beziehen sich darauf, wie die Welt sein sollte.

Notenbank → Zentralbank (14)

Nutzen (1)

(utility)
Ausmaß der Befriedigung oder Freude, die wir z. B. durch den Konsum oder den Besitz eines Gutes erlangen

Offenmarktpolitik (14)

(open market policy)
Kauf und Verkauf von Wertpapieren und ausländischen Währungen durch die Zentralbank zur Steuerung der Zentralbankgeldmenge

öffentliche Güter (7)

(public goods)
Güter mit bedeutenden externen Nutzen, sodass Trittbrettfahrer nicht ausgeschlossen werden können. Weil nicht von allen Begünstigten ein ausreichender Preis eingefordert werden kann, bieten Gewinn maximierende Unternehmen öffentliche Güter nicht in ausreichender Menge an.

Oligopol (8)

(oligopoly)

ein Markt, auf dem nur wenige Unternehmen ein gleiches oder ähnliches Produkt anbieten (auch Angebotsoligopol).
Bei einem Nachfrageoligopol existieren nur wenige Nachfrager.

Opportunitätskosten, Alternativkosten (1, 4, 20)

(opportunity cost)

entgangener Nutzen der nächstbesten nicht gewählten Alternative; das, was wir aufgeben müssen, um ein Ziel zu erreichen

optimale Betriebsgröße (4)

(efficient scale)

Die Stückkosten können mit größerem Einsatz aller Ressourcen nicht mehr gesenkt werden.

pekuniäre externe Effekte → pseudoexterne Effekte (7, 18, 20)

personelle Einkommensverteilung (12, 21)

(personal income distribution)

Aufteilung der Einkommen nach Personen

Pigou-Steuer (7)

(Pigovian tax)

eine Steuer in der Höhe der externen Kosten

positive Aussagen (1)

(positive statements)

versuchen die Welt zu beschreiben, wie sie ist.

potentielles BIP, Produktionspotential, mögliches Gesamtangebot (13, 15, 18)

(potential GDP, potential output)

drei synonyme Begriffe für die Produktionsmöglichkeiten von Unternehmen und Staat bei voller Kapazitätsauslastung, d.h. bei gut ausgelasteten, aber nicht überlasteten Kapazitäten

Preis (2)

(price)

der in Geld ausgedrückte Tauschwert eines Gutes oder einer Ressource auf einem Markt

Preisdifferenzierung (8)

(price discrimination)

Gleiche Produkte werden an verschiedene Kunden zu unterschiedlichen Preisen verkauft.

Preiselastizität der Nachfrage (3)

(price-elasticity of demand)

gibt an, wie empfindlich die nachgefragte Menge auf eine Preisänderung reagiert. Sie drückt die prozentuale Veränderung der nachgefragten Menge bezogen auf die prozentuale Veränderung des Preises aus.

Preiselastizität des Angebots (3)

(price-elasticity of supply)

gibt an, wie empfindlich die angebotene Menge auf eine Preisänderung reagiert. Sie drückt die prozentuale Veränderung der angebotenen Menge bezogen auf die prozentuale Veränderung des Preises aus.

Preisindex (12, 14)

(price index)

zeigt die Veränderung der Durchschnittspreise einer Gütergruppe an. Bei der Berechnung des Durchschnitts werden die einzelnen Güter nach ihrer Bedeutung gewichtet. Der wichtigste Index zur Messung der Inflation ist der Verbraucherpreisindex. Andere Preisindexe sind der Index der Produzentenpreise und der BIP-Preisindex.

Preisindexierung (14)

(price-indexation)

Bindung nominaler Größen (wie Renten, Löhne, Zinsen) an die Entwicklung eines Preisindexes, um ihren realen Wert abzusichern

Preis-Lohn-Spirale oder Lohn-Preis-Spirale (15)

(price-wage-spiral, wage-price-spiral)

Prozess der fortwährenden Überwälzung von höheren Kosten auf die Preise und Löhne mittels Marktmacht

private Güter (7)

(private goods)

Güter, deren Produktion und Konsum praktisch keine externen Effekte hervorrufen

Produktinnovation (13)

(product innovation)

das Erscheinen von neuen oder verbesserten Produkten

Produktionsfaktoren, Ressourcen (1)

(factors of production, resources)

die für die Produktion von Gütern eingesetzten Mittel – viele sind uns von der Natur gegeben, andere sind von Menschen geschaffen

Produktionsmöglichkeitenkurve (1)

(production possibilities frontier)

zeigt die verschiedenen Güterkombinationen, die eine Volkswirtschaft mit den vorhandenen Ressourcen und der gegebenen Produktionstechnik produzieren kann

Produktionspotential → potentielles BIP (13, 15, 18)

Profit → Gewinn (4, 6)

progressive Steuern (10)

(progressive taxes)

Steuern, die hohe Einkommen prozentual stärker belasten als niedrige

proportionale Steuern (10)

(proportional taxes)

Steuern, die niedrige und hohe Einkommen prozentual gleich stark belasten

Prozessinnovation (13)

(process innovation)

die Verbesserung der Produktionstechnik

pseudoexterne Effekte, pekuniäre externe Effekte (7, 18, 20)

(pecuniary spillovers, pecuniary externalities)

Effekte, die nicht am Markt vorbei wirken, sondern eine Folge des Wettbewerbs auf den Märkten sind und Auswirkungen auf andere Märkte haben. Eröffnung und Vernichtung von Marktchancen.

Quantitätstheorie des Geldes (15)

(quantity theory of money)

Nach ihr wird das Preisniveau durch die Geldmenge bestimmt.

Rahmenbedingungen (7, 21)

(framework, business environment)

Umfeld für wirtschaftliche Aktivität, das von einzelnen Unternehmen und Haushalten nicht verändert werden kann. Sie werden zu einem wichtigen Teil durch den Staat geschaffen.

Reallohn (14)

(real wage)

um den Effekt der Inflation korrigierter Lohn; die Reallohnerhöhung entspricht etwa der Nominallohnerhöhung minus der Inflationsrate.

Realzins (6, 14)

(real interest rate)

um den Effekt der Inflation korrigierter Zinssatz; zirka Nominalzins minus Inflationsrate

regressive Steuern (10)

(regressive taxes)

Steuern, die niedrige Einkommen prozentual stärker belasten als hohe

Rezession (13, 18)

(recession)

leichter bis mittelschwerer Konjunkturabschwung

Risikoprämie (6)

(risk premium)

jener Teil des Zinssatzes, der die Möglichkeit widerspiegelt, dass der Schuldner zahlungsunfähig wird

Schattenwirtschaft (12)

(shadow/hidden/underground/black/parallel economy)

nicht gemeldete Wirtschaftstätigkeit; umfasst sowohl Schwarzarbeit als auch illegale Aktivitäten; wird von der Volkswirtschaftlichen Gesamtrechnung nicht erfasst

Schwarzarbeit (12)

(undeclared employment, black wages, moonlighting)

Aktivitäten, die an sich legal sind, doch den Steuerbehörden, Sozialversicherungen und Ausländerbehörden nicht gemeldet werden

Schwarzmarkt (5)

(black market)

Hier halten sich die Teilnehmer nicht an die staatlichen Rahmenbedingungen (wie z. B. Preisvorschriften), sondern kaufen und verkaufen illegal (zum Preis, der sich aus Angebot und Nachfrage ergibt).

Schwellenland (21)

(newly industrializing country)

ein Land im Übergang zu einer entwickelten Industrie- und Dienstleistungsgesellschaft

Shareholder value (6)

(shareholder value)

Aktionärswert, d. h. Gegenwartswert aller zukünftigen Gewinne einer Aktiengesellschaft. Wer diesen Begriff benutzt, fordert in der Regel, dass Aktiengesellschaften ihren Gewinn maximieren und dass die Gewinne den Eigentümern, den Aktionären, zustehen – und nicht anderen Gruppen, wie etwa dem angestellten Management.

Skalenerträge (4, 8, 20)

(returns to scale)

Änderung des Produktionsergebnisses durch proportionale Änderung aller Ressourceneinsätze

konstante Skalenerträge

(constant returns to scale)

Das Produktionsergebnis steigt proportional zum Einsatz aller Ressourcen.

sinkende Skalenerträge

(decreasing returns to scale, diseconomies of scale)

Das Produktionsergebnis steigt unterproportional zum Einsatz aller Ressourcen.

zunehmende Skalenerträge

(increasing returns to scale, economies of scale)

Das Produktionsergebnis steigt überproportional zum Einsatz aller Ressourcen, z. B. führt eine Verdoppelung der Inputs zu mehr als nur einer Verdoppelung des Outputs.

interne Skalenerträge

(internal economies of scale)

Skalenerträge, die innerhalb eines Betriebes oder einer Unternehmung erzielt werden

externe Skalenerträge

(external economies of scale)

Skalenerträge, die innerhalb einer Branche oder Region erzielt werden

Sockelarbeitslosigkeit (18)

Es wird darunter Verschiedenes verstanden, z. B. jene Arbeitslosigkeit, die am Ende eines starken Aufschwungs immer noch bestehen bleibt. Eigentlich kein Begriff der Volkswirtschaftslehre.

Sozialindikatoren (12)
(social indicators)
Daten, die Entwicklungen in der Gesellschaft anzeigen und die Beurteilung der Lebensqualität ermöglichen

Sozialpolitik (10)
(social policy)
Versuch, die Marktwirtschaft mit staatlichen Maßnahmen in Richtung mehr Sicherheit und Gerechtigkeit zu korrigieren

Sozialversicherung (10)
(social insurance)
Versicherung, die in der Regel obligatorisch ist und bei der die Leistungen nicht direkt den einbezahlten Prämien entsprechen

Sparen (6, 21)
(saving)
Verzicht auf Konsum; ermöglicht Investitionen

Spekulation (3, 6, 16)
(speculation)
Kauf- und Verkaufsentscheidungen beruhen auf Erwartungen über zukünftige Preise. Man orientiert sich weniger am direkten Nutzen eines Gutes, sondern beobachtet die anderen Marktteilnehmer und versucht daraus die Preisentwicklung vorauszuahnen. Das ist dort möglich, wo das Angebot bezogen auf den Zeitraum der Spekulation sehr preisunelastisch ist.

Staatsquoten (11)
(ratio of government expenditure to GDP/GNI)
Kennziffern, welche die Ausgaben des Staates in Beziehung zum BIP oder BNE bringen

Staatsversagen (11)
(government failures)
Fehlleistungen von staatlichen Organisationen, die zu Wohlstandsverlusten führen

Stagflation (15)
(stagflation)
Kombination von Stagnation des BIP-Wachstums und Inflation

Standard-Preis-Ansatz (7)
(standard-price-approach)
Methode, um Umweltabgaben zu ermitteln. Die Abgabe muss so hoch sein, dass ein festgelegter Mengengrenzwert nicht überschritten wird.

Steuerinzidenz (5, 7)
(tax incidence)
die Frage nach dem Träger der Steuerlast

Steuern (5, 11)
(taxes)
obligatorische Zahlungen an den Staat. Er verwendet sie zur Finanzierung seiner Aktivitäten und zur Umverteilung.

strukturelle Arbeitslosigkeit (17)
(structural unemployment)
Arbeitslosigkeit, die sich ergibt, weil auf den Arbeitsmärkten das Angebot an Arbeitskräften in qualitativer oder regionaler Hinsicht nicht mit der Nachfrage übereinstimmt

Subsidiaritätsprinzip (11)
(subsidiarity principle)
Probleme sollen nur dann einer höheren gesellschaftlichen Ebene übertragen werden, wenn die tiefere Ebene nicht in der Lage ist, sie befriedigend zu bewältigen.

Substitutionsgüter (2)
(substitutes)
Güter, die einander ersetzen können, sodass ein Preisrückgang beim einen Gut die Nachfrage nach dem anderen Gut senkt

Subvention (5)
(subsidy)
eine Zahlung des Staates, um die Produktion eines bestimmten Gutes zu unterstützen

Sucharbeitslosigkeit → friktionelle Arbeitslosigkeit (17)

Terms of Trade (20)
(terms of trade)
Verhältnis von Export- zu Importpreisen; es gibt an, wie viele Güter ausgeführt werden müssen, um eine bestimmte Menge von Gütern einführen zu können

Trittbrettfahrer (7)
(free rider)
nutzt ein Gut, ohne dafür zu bezahlen

Umsatz, Erlös (3, 4, 8)
(revenue, sales)
verkaufte Menge mal Preis

Umweltabgaben (7)
(emission fees)
Abgaben für die Benutzung von Umweltgütern

Umweltgüter, Umweltressourcen (6)
(environmental resources)
Produktionsfaktor, der in praktisch allen heutigen Gesellschaften verschwendet wird, weil im Unterschied zu den anderen Ressourcenarten hier die Eigentums- /Nutzungsrechte nicht definiert oder nicht durchsetzbar sind

Umweltpolitik (7)
(environmental policy)
alle staatlichen Maßnahmen, die den Schutz und die bestmögliche Nutzung der Umweltgüter zum Ziel haben

unternehmerische Tätigkeit (1, 6)

(entrepreneurship)

Die Fähigkeit, die Produktionsfaktoren zu kombinieren. Ein Unternehmer entscheidet, was wie produziert wird, führt Neuerungen ein und trägt Risiken für seine Entscheidungen.

Verbände (11)

(federations, associations, unions, lobbies)

Interessenorganisationen. Die vertretenen Gruppen sollen besser gestellt werden, v. a. durch Beeinflussung staatlicher Organisationen, Absprachen auf Märkten und Information ihrer Mitglieder.

Verbraucherpreisindex (14)

(consumer price index)

der wichtigste Index zur Messung der Inflation; erfasst die Preisbewegungen jener Waren und Dienstleistungen, die für die privaten Haushalte eine wichtige Rolle spielen

Verdrängungseffekt (19)

(crowding out)

Expansive Fiskalpolitik führt zu Zinssteigerungen, die private Investitionen und Konsumausgaben zurückdrängen.

Verteilungsgerechtigkeit (10)

(distributive justice)

Nach dem Konzept der Leistungsgerechtigkeit soll die Belohnung der Leistung entsprechen, die für die Gesellschaft erbracht wird. Die Bedarfsgerechtigkeit orientiert sich an den Bedürfnissen. Danach soll ein Mensch erhalten, was er braucht. Er hat ein Anrecht auf ein menschenwürdiges Leben und damit auf ein gewisses Wohlstandsniveau.

Nach dem Gleichheitskonzept haben alle Menschen die gleichen Rechte. Dem Gleichheitsgedanken entspringt auch die Forderung nach Chancengleichheit.

Verteilungspolitik (10)

(distribution policy)

Versuch, mit staatlichen Maßnahmen die Einkommens- und Vermögensverteilung zu beeinflussen; Teil der Sozialpolitik im weiteren Sinn.

Volkseinkommen/VE (12)

(national income at factor costs)

alle Entschädigungen an die Bewohner eines Landes für die während eines Jahres erbrachten Leistungen: Lohn, Zins, Bodenrente und Gewinn;

Nettonationaleinkommen/NNE – indirekte Steuern + Subventionen

Volkswirtschaft (1)

(economy)

alle Einrichtungen und Verfahren, mit denen eine Gesellschaft Güter zur Bedürfnisbefriedigung produziert und verteilt

Volkswirtschaftliche Gesamtrechnung (12)

(national accounting)

erfasst die Aktivitäten im Wirtschaftskreislauf, v. a. um Konjunkturschwankungen zu verstehen und zu bekämpfen; weist Höhe und Zusammensetzung von BIP, BNE, NNE und VE aus.

Volkswirtschaftslehre (1)

(economics)

die Lehre darüber, wie eine Gesellschaft ihre knappen Ressourcen bestmöglich verwenden kann

vollständige Konkurrenz (2, 4)

(perfect competition)

Niemand kann den Marktpreis beeinflussen. Bedingungen für vollständige Konkurrenz sind:

1. sehr viele Anbieter und Nachfrager,
2. Güterqualität und Verkaufsservice einheitlich (homogenes Gut),
3. vollständige Information aller Marktteilnehmer,
4. freier Marktzutritt oder -austritt.

Wachstumspolitik (13)

(growth policy)

alle staatlichen Maßnahmen, die zum Ziel haben, das reale BIP-Wachstum (und letztlich den Wohlstand) zu fördern

Währung (14)

(currency)

gesetzliches Zahlungsmittel eines Landes

Währungsunion

(monetary union)

Raum mit einer einheitlichen Währung.

Waren- und Dienstleistungsbilanz (16)

(balance of goods and services)

Teil der Zahlungsbilanz; umfasst alle Importe und Exporte von Waren und Dienstleistungen während eines Jahres

Warenbilanz → Handelsbilanz (16)

Wechselkurs (16)

(foreign exchange rate)

Austauschverhältnis zweier Währungen. Wird der Preis der ausländischen Währung in inländischer Währung ausgedrückt, spricht man von Preisnotierung; wird umgekehrt der Wert der eigenen Währung in ausländischer Währung ausgedrückt, von Mengennotierung oder vom Außenwert.

feste Wechselkurse

(fixed exchange rates)

Wechselkurse, die dank Käufen und Verkäufen der Zentralbanken praktisch unverändert bleiben

frei floatende Wechselkurse

(floating exchange rates)

Wechselkurse, die allein durch Angebot und Nachfrage auf den Devisenmärkten bestimmt werden

gelenkte Wechselkurse

(steered exchange rates, managed floating, dirty floating)

Wechselkurse, die neben Angebot und Nachfrage auch durch die Zentralbanken bestimmt werden

Wertschöpfung (12)

(value added)

Differenz zwischen dem Umsatz und den Kosten für Material und Dienstleistungen von Dritten

Wettbewerbspolitik (8, 9)

(competition policy)

staatliche Maßnahmen, die das Funktionieren der Märkte garantieren und fördern, mit dem Ziel, durch mehr Wettbewerb zu größerem Wohlstand zu gelangen. Wettbewerbspolitik fördert die Markttransparenz und richtet sich v. a. gegen Handelshemmnisse, Absprachen und Monopole.

Wirtschaftskreislauf mit Güter- und Faktormärkten (6, 17)

(circular flow with product and factor markets)

makroökonomisches Modell, das die Zusammenhänge zwischen Haushalten, Unternehmen und Staat erklärt. In diesem Modell laufen gleichzeitig sowohl ausgleichende Marktprozesse als auch sich selbst verstärkende Kreislaufprozesse ab.

Wirtschaftswachstum (1, 13, 21)

(economic growth)

Ausdehnung der Produktionsmöglichkeiten, die zu mehr und begehrteren Waren und Dienstleistungen führt und damit die menschlichen Bedürfnisse und Konsumwünsche besser befriedigt. Wirtschaftswachstum ist damit gleichbedeutend mit Wachstum des Wohlstands.

Wohlfahrt, Lebensqualität (12)

(welfare, quality of life)

nicht genau definierte Begriffe, die neben Wohlstand auch die soziale Umwelt, menschliche Freiheiten und rechtliche Gleichheit umfassen; werden mit Sozialindikatoren erfasst

Wohlstand (12)

(prosperity, affluence)

Verfügungsmöglichkeiten über Güter, die wir zu unserem Lebensunterhalt herstellen und pflegen – unabhängig davon, ob dafür mit Geld bezahlt wird oder nicht

Zahlungsbilanz (16)

(balance of international payments)

erfasst alle Zahlungen eines Landes an das und aus dem Ausland während eines Jahres

Zentralbank, Notenbank (14)

(central bank, bank of issue)

staatliche Institution, welche die Zentralbankgeldmenge kontrolliert, die Kreditgebung der Banken überwacht und das Zinsniveau und die Wechselkurse beeinflusst

Zentralbankgeldmenge (14)

(central bank money)

das von der Zentralbank geschaffene Geld; besteht aus den herausgegebenen Banknoten und den Sichtguthaben der inländischen Geschäftsbanken bei der Zentralbank

Zins (6)

(interest)

Preis für ausgeliehenes Geld

Theorie der Zinsparität (16)

(theory of interest rate parities)

Nach dieser Theorie gleichen sich bei freiem internationalem Kapitalverkehr die Renditen von in- und ausländischen Wertpapieren an – zuzüglich eines Auf- oder Abschlags für erwartete Wechselkursänderungen.

zyklisch ausgeglichene Staatsrechnung (19)

(cyclically balanced fiscal accounts)

Ausgaben und Einnahmen des Staates sind über einen Konjunkturzyklus hinweg ausgeglichen.

Sachregister

Die fetten Ziffern verweisen
auf die Definitionen.

Sachregister

Bildnachweis